EDITOR'S PERSPECTIVE

澳門理工學報叢書

International Symposium on the Future Development of Chinese Social Sciences Academic Journals Proceedings

总编视角

华文学术期刊发展趋势国际研讨会论文集

李向玉／主编

社会科学文献出版社
SOCIAL SCIENCES ACADEMIC PRESS (CHINA)

序　言

澳门理工学院院长　李向玉

全球化、数字化、网络化的浪潮正在改变世界。传统的办刊理念、编辑模式、出版技术、营销策略，正经受着前所未有的冲击。学术期刊尤其是华文学术期刊将何去何从，成了学术界、期刊界所特别关注的话题。

学术期刊是学术传承的载体，也是学术活动的重要组成部分，被誉为众多报刊媒体中的“阳春白雪”。学术期刊之于学术研究，其意义是不言而喻的。早在350年前，人类历史上的第一份学术期刊《学者杂志》在法国巴黎诞生，为学者们提供了一个学术交流的平台。100年前，《清华学报》的发刊词就提出了博通今古、融贯中西、阐发学理、传播学术、集思广益、以资考镜之办刊旨趣。学术期刊的这种文化传承与学术担当对学界及期刊界具有广泛而深远的影响。

从历史文化和地理分布的视角看，所谓华文学术期刊，大致上应该是涵盖两个大的板块，其一即我们常说的“两岸四地”——中国大陆和台湾、香港、澳门的中文学术期刊，其二是广泛分布于“海外”——东南亚、北美洲和大洋洲等地区以华文为其主要文字的学术期刊。海外华文学术期刊是世界期刊家族中一个独特群体，也是一种特殊的历史现象组合。20世纪90年代以来关于“多元文化”及“文明冲突”的讨论，引起了学术界的高度关注。华文学术期刊的生存与发展，与多元文化语境下的身份认同有着极其重要的关系。

作为多元文化并存的澳门，成为近代以来中国对外交往的重要桥梁。四百多年东西文化的碰撞、交融与沉淀，造就了这座独领风骚的历史名城。澳门的这方水土为华文学术期刊的生存与发展提供了良好的生态条件。《澳门理工学报》的创办与发展，就是一个颇具特点的例证。

2011年《澳门理工学报》正式开办“总编视角”栏目时，编者在其“主持人语”中就曾饱含深情地写下这样一段话：“学术期刊是我们共同的精神家园。作为一群特殊的家园守护人，我们衷心地欢迎海内外学术界、期刊界的编辑同行、从事学术研究与期刊评论的专家学者、关注期刊事业发展的各界热心人士，从默默奉献的幕后走向台前，就学术期刊的学术导向、学术规范、学术争鸣、学风建设、学科发展、选题策划、期刊评价、电子网络等选题发表高见。本刊将乐于利用这一小小园地，开辟专栏，直面读者，广纳良言，共襄盛举。”对此，本人深表赞赏。五年过去了，该栏目在海内外专家学者的共同栽培下，发表论文近百篇，受到学术界、期刊界朋友的广泛关注，被誉为华文学术期刊中独树一帜、颇具影响力的品牌栏目。在一定的意义上，正是有了这个学术背景，才有了此次华文学术期刊盛会，这也是本论文集取名“总编视角”的缘起。

2015 年 4 月 20 ~ 24 日，华文学术期刊发展趋势国际研讨会在澳门理工学院隆重举行，这是一件很有意义的事情。本次研讨会由澳门理工学院和全国高等学校文科学报研究会联合主办、《澳门理工学报》承办。来自中国内地、台港澳地区及美国、加拿大、德国、新加坡等国家的 60 多位华文学术期刊界知名主编、专家学者出席了本次研讨会，可谓名家荟萃，成果丰硕。会议共收到学术论文 43 篇。与会嘉宾围绕“华文学术期刊发展趋势与战略”“学术评价与期刊评价”“华文社科学术期刊与国际化”等专题展开了充分的研讨。在学术期刊技术革命与制度创新任务日益紧迫的今天，本次研讨会更彰显其研究价值与学术影响。华文学术期刊界需要在与世界同行的交流与合作中相互理解、相互尊重、平等对话、平等合作，需要对其自身未来的发展趋势进行必要的思考。相信本书的出版将对未来华文学术期刊的数字化、现代化、国际化进程有重要的参考价值，其所提出的若干理论思考，也许会为政府有关部门所吸纳，“底层设计”与“顶层设计”之间的互动将会产生良好的效应。

《澳门理工学报》是澳门理工学院主办的，也是属于澳门、属于中国的，更是属于国际人文社会科学界的。作为澳门理工学院学报，我们将一如既往地秉持“扎根澳门，背靠祖国，面向世界，争创一流”的办校理念，继续为传承文明、光大学术，为我们共同的精神家园而不懈努力。

2015 年 12 月 20 日于澳门

研讨会剪影

2015 年 4 月 20 ~ 24 日，华文学术期刊发展趋势国际研讨会在澳门理工学院隆重举行。澳门中联办文化教育部徐婷部长，澳门高等教育辅助办公室何丝雅代主任，中国社会科学杂志社常务副总编辑王利民教授，全国高等学校文科学报研究会副理事长兼秘书长仲伟民教授，澳门理工学院院长李向玉教授、副院长殷磊教授、秘书长陈伟翔博士，以及来自中国内地、台港澳地区及美国、加拿大、德国、新加坡等国家的 60 多位华文学术期刊界知名主编、专家学者出席了本次研讨会。

与会嘉宾在澳门理工学院校园内合影

華文學術期刊發展趨勢國際研討會
International Symposium on the Future Development of
Chinese Social Sciences Academic Journals
20-24/4/2015 中國澳門
澳門理工學院
MACAO POLYTECHNIC INSTITUTE
劉澤生

李向玉院长致欢迎辞

开幕式主席台，右起依次为李向玉院长、仲伟民教授、何丝雅代主任、徐婷部长、王利民教授、刘泽生教授

徐婷部长、李向玉院长和与会嘉宾亲切交谈

殷磊副院长致闭幕辞

徐婷部长、何丝雅代主任、李向玉院长与主题演讲嘉宾合影

仲伟民教授在开幕式上致辞

王利民教授在开幕式上致辞

刘泽生教授主持研讨会

会场一角

分组讨论会场

第四次编委会全体会议会场

大三巴牌坊文化考察

黑沙滩海滨留影

《澳门理工学报》编委会部分成员合影

《澳门理工学报》编辑部全家福

目录
Contents

学术评价与期刊评价

华文社科学术期刊与国际化

期刊发展笔谈

华文学术期刊发展趋势国际研讨会欢迎辞

澳门理工学院院长　李向玉

尊敬的徐婷部长
尊敬的何丝雅代主任
尊敬的王利民教授
尊敬的仲伟民教授
尊敬的陈雨润理事长
尊敬的各位来宾、各位专家学者
女士们、先生们：

大家好！

今天，华文学术期刊发展趋势国际研讨会在这里隆重举行，首先，我谨代表澳门理工学院，代表主办方大会筹备组，向徐婷部长、何丝雅代主任，向各位嘉宾、各位专家学者，以及新闻出版界朋友们的拨冗光临，表示热烈的欢迎和衷心的感谢！

澳门，是一座充满诗意的美丽小城，面向南海，毗连珠海，与香港隔海相望，总面积仅有30平方公里，人口60万。然而，澳门却是近代以来中国对外交往的重要桥梁。正是四个半世纪以来东西方文化的碰撞、交融、沉淀，才造就了今日澳门这座独领风骚的历史名城。澳门并非“文化沙漠”。林则徐、郑观应、康有为、梁启超、孙中山，以及传教士利玛窦、汤若望、马礼逊等近代历史名人，都在此留下了他们的足迹。澳门的历史城区，是中国现存最古老的西式建筑遗产，被列为中国的第31个“世界遗产”项目，成为中国乃至世界文化宝库中的一颗璀璨明珠。中国的第一所西式大学——

圣保禄学院（1594～1762）就诞生在澳门。顺便说一句，本人当年的博士论文《汉学家的摇篮——澳门圣保禄学院研究》，写的就是这一段历史。澳门的历史文化背景，成就了她在东西文化交流中的独特地位。回归15年来，澳门经济社会的繁荣稳定发展，更为澳门的文化教育事业与学术研究事业奠定了丰厚的物质基础和文化基础。正是这一方水土为澳门学术刊物的生存与发展提供了良好的生态条件。

澳门理工学院是一所小而美、小而精的高等学府。澳门目前共有10所高等学校，澳门理工学院是其中成立较早的一所多学科、应用型的公立学校。创办20多年来，在中央政府和特区政府的关爱、支持下，理工学院在教学、研究、行政管理等各个方面都有长足的进步。2013年，澳门理工学院经过10年的努力，通过了国际权威学术评鉴机构英国高等教育质量保障局（QAA）的院校评鉴，成为亚洲第一所成功通过英国高等教育质量保障局院校评鉴的高等院校。

学术期刊之于大学，其重要性是不言而喻的。创办一份高水平的大学学报，乃理工人多年的梦想。《澳门理工学报》还是一份很年轻的学报，创刊迄今只有17年的历史。2011年以来，《澳门理工学报》进行了全新的改版。作为理工学报的创办人及其成长的见证人，本人对这份刊物怀有深厚的感情。我特别要向理工学报的历任编委、编辑同仁为此付出的不懈努力，对各兄弟刊物及社会各界的理解、支持和关爱，表示诚挚的感谢！也趁此机会，向在座各位从事华文学术期刊编辑出版工作的总编、专家学者们表达崇高的敬意！正是你们的专业、无私、执着、奉献，为我们共同的精神家园——华文学术期刊增添了一抹亮丽的彩虹。谢谢你们！

华文学术期刊发展趋势国际研讨会，是澳门理工学院与全国高等学校文科学报研究会联合举办的一次富有创意的学术研讨会，更是国际华文期刊界的一次盛会。非常感谢全国高等学校文科学报研究会为此次会议的成功举办所付出的多方努力和认真细致的组织工作。我们期待在未来的日子里有更多的合作。请转达本人对蒋重跃理事长的敬意。出席本次研讨会的嘉宾既包括中国内地和台港澳地区期刊界、学术界的专家学者，也有来自美国、加拿大、德国、新加坡等国家期刊界的朋友，可谓盛况空前。“有朋自远方来，不亦乐乎！”我们对来自世界各地的期刊界、学术界同行朋友们表示诚挚的欢迎，预祝大会取得圆满成功，并祝各位在澳生活愉快，身体健康，吉祥如意！

谢谢大家！

华文学术期刊发展趋势国际研讨会致　辞

全国高等学校文科学报研究会
副理事长兼秘书长　仲伟民

尊敬的徐婷部长
尊敬的何丝雅代主任
尊敬的王利民教授
尊敬的李向玉院长
尊敬的各位来宾、各位专家学者
女士们、先生们：

大家好！

华文学术期刊发展趋势国际研讨会今天在美丽的澳门理工学院隆重举行，全国高等学校文科学报研究会很荣幸能作为会议的主办方之一，我谨代表研究会，代表蒋重跃理事长，向与会各位嘉宾、各位专家学者，以及新闻媒体的朋友们，表示热烈的欢迎和诚挚的感谢！

全国高等学校文科学报研究会是经中华人民共和国教育部和原新闻出版署批准成立，由中华人民共和国民政部注册的全国高等学校文科学报工作者的群众性学术团体，属国家一级学会。研究会成立于1988年，主要职责是团结全国的文科学报，积极开展并组织海内外学术交流活动，不断提高学报质量，更好地为学术界、为广大学者服务。

由于各种条件的限制，此前研究会的活动基本局限于内地。随着我们国家经济实力的壮大，国际地位的提高，以及开放步伐的加快，学术研究国际化的趋势也越来越快，幅度越来越大。学术期刊作为学术研究成果发布的重要平台，理当顺应这种大趋势，为国家的发展做贡献，为学术研究搭建国际化的平台。此次研讨会在澳门举行，具有特别重要的意义，因为这是华文学术期刊走向国际化的一次有益尝试，具有里程碑式的意义。

在今天这个令人激动的场合，我代表全国高等学校文科学报研究会，以及我本人，要向此次会议的组织者——澳门理工学院表示衷心的感谢！向《澳门理工学报》全体同仁表示衷心的感谢！

《澳门理工学报》是中国期刊界的一个奇迹。在短短的几年时间中，这个此前不太为人所知的学报，一跃而成为中国学术界的一份著名期刊，无论在期刊界还是在学术界，《澳门理工学报》都得到了大家的一致好评；可以毫不夸张地说，如今的《澳门理工学报》已经真正成为名副其实的名刊，在全世界华文学术界、期刊界都产生了积极的影响。这个奇迹即使在北京，在上海，也是很难发生的——即便北京、上海有足够丰富的学术资源。《澳门理工学报》这些成绩的取得，是以刘泽生总编为首的编辑部全体同仁共同努力的结果。当然，我知道刘泽生总编背后有着强大的支持力量，这个支持力量就是以李向玉院长为核心的澳门理工学院理事会。因此，在这里，我也必须向李向玉院长，向澳门理工学院理事会表示敬意！

我刚才曾说到，此次在澳门召开高水平国际学术研讨会，具有特别重要的意义。我之所以这么认为，是因为以下两点。

第一，此次研讨会的主题特别好。研讨会所定三个讨论主题，即华文社科学术期刊发展趋势、学术评价与期刊评价以及华文社科学术期刊的国际化，都是国内外学术界和期刊界关注的问题。在目前全球化、数字化潮流中，学术期刊面临诸多的挑战，学术期刊要想继续发挥作用而不被淘汰，我们期刊人就必须深入思考并有所作为。国内学术界对学术评价与期刊评价的问题高度重视，而学术期刊在评价过程中既是评价主体，同时又是被评价的对象，因此学术期刊找准自己的位置就显得特别重要。关于华文社科学术期刊的国际化问题，国内更是众说纷纭，比如英文化就是国际化吗？在中国国际地位日渐提高的今天，为什么中文就不算国际化？这些问题，当然都值得认真讨论。我相信经过研讨，大家对这些问题的认识会有一个很大的提高，尽管不可能取得完全一致的意见，但我相信这次研讨会会更好地促进学术研究与学术期刊的进步。

第二，此次会议选择在澳门召开特别好。作为中国最早对外开放的城市，从历史上看，澳门在中国融入国际化进程中具有特别重要而独特的意义。改革开放以来，澳门的社会经济发展水平又上了一个大的台阶，因此，我相信澳门在中国内地进一步改革开放的过程中，在目前全球化的过程中，会发挥越来越重要的作用。同时，我也相信，澳门理工学院通过承办此次会议，会大大增加国际学术界期刊界对她的认识，加深对《澳门理工学报》的了解，从而扩大学院及学报的国际影响力。

最后，我预祝这次研讨会取得圆满成功，祝与会代表在澳门身体健康，精神愉快，万事如意！

谢谢大家！

华文学术期刊发展趋势国际研讨会致　辞

中国社会科学杂志社常务副总编辑　王利民

尊敬的徐婷部长

尊敬的何丝雅代主任

尊敬的李向玉院长

尊敬的仲伟民教授

尊敬的各位来宾、各位期刊界同仁：

上午好！

在这谷雨刚过、草长莺飞、山花烂漫的仲春时节，我们来自祖国内地、香港、澳门和台湾地区，以及美国、加拿大、德国、新加坡等国家的60多位华文学术期刊界代表，在澳门理工学院的感召下，跨过千山万水齐聚濠江，参加由贵院和全国高等学校文科学报研究会联合主办的华文学术期刊发展趋势国际研讨会，共襄华文期刊界这一盛举。在此，我谨代表中国社会科学杂志社，代表中国社会科学院秘书长、中国社会科学杂志社高翔总编向本届论坛的召开表示祝贺。

自启蒙以来，学术期刊就承担着见证、传播、引领、推动科学理论与智慧的独特功能。学术期刊的发展水平，是一个时代文明水平的重要标志，是一个时代认知能力和时代精神的重要体现。

“周虽旧邦，其命维新。”中华民族是世界上最古老最伟大的民族之一，在悠久的历史长河中创造出了源远流长、博大精深的灿烂文明。中华民族具有明道、求真、经世的优秀学术传统，格物、致知、诚意、正心、修身、齐家、治国、平天下是历代贤哲的人生追求。越是民族的，就越是世界的。中华民族世代相传的优秀学术传统，是当代中华学术发展迈进的基础和出发点。改革开放以来，中国学术又有了突飞猛进的发展，为世界所瞩目，而华文学术期刊也已成为传播当代中国学术的重要载体。刊发优秀成果，讲好中国故事，推进学术发展，传承人类文明是华文学术期刊界的崇高使命。

“明珠海上传星气，白玉河边看月光。”这是明代文学家汤显祖吟咏澳门的诗句。各位代表，今天，我们齐聚澳门这块祖国宝地，相互砥砺，相互启发，共同探讨全球化、数字化时代办好华文学术期刊的规律，共同促进当代学术的繁荣发展，共同推动华文学术名刊走向世界，这是时代赋予我们的责任。我们将好好珍惜澳门理工学院提供的这次难得的交流机会。澳门是中国南疆一颗璀璨的明珠，学术研究中西荟萃，交映生辉。自回归以来，尤其是近年来，澳门理工学院和《澳门理工学报》励精图治，走南闯北，延揽各界学术精英办院改刊，目前已成为中国重要的学术重镇。前不久，《澳门理工学报》在中国人民大学“复印报刊资料”2014 年度转载学术论文指数排行榜中，转载率及综合指数排名均跃居全国高校学报的第六位，转载量排名也居全国第八位，被称为高校学报中的一匹“黑马”，成为学界关注的焦点。你们成功的办刊经验堪称办刊经典。在此，请允许我代表各位华文期刊老总向贵院贵刊表示衷心的祝贺，你们付出的辛劳，流出的汗水，值得！也衷心感谢你们为华文期刊界创造了这么好的交流平台。

各位同仁，我们正处在一个继往开来的伟大时代。孔子曾经感喟“大道之行也，与三代之英，丘未之逮也”。今天，我们有幸生活在这样一个充满希望的时代。中国社会科学杂志社主办的《中国社会科学报》《中国社会科学》、中国社会科学网等“一报八刊一网”，将与世界华文学术期刊界一道，努力成为深刻反映时代精神、中国经验和学术前沿的权威阵地，成为引导、推动当代人文社会科学繁荣发展的高端媒介，成为展示中华民族具有世界意义的当代智慧的重要平台，为中国学术和中国学术名刊自立于世界民族之林做出积极的贡献。

谢谢大家！

华文学术期刊发展趋势国际研讨会闭幕辞

澳门理工学院副院长　殷　磊

尊敬的王利民教授

尊敬的仲伟民教授

尊敬的各位嘉宾、各位专家学者

女士们、先生们：

大家好！

由澳门理工学院和全国高等学校文科学报研究会联合举办的华文学术期刊发展趋势国际研讨会，经过主办方精心筹备，在全体与会嘉宾和工作人员的共同努力下，即将画上一个圆满的句号。我谨代表主办方对研讨会的圆满成功、对嘉宾们所取得的丰硕成果表示热烈的祝贺，对参与具体筹办工作的各位同事、朋友们的努力表示衷心的感谢！

华文学术期刊发展趋势国际研讨会选取了一个很好的议题。对于一所大学来说，如何办一份高质量的学术刊物，也是学校管理层十分关注的问题。多年来我一直分管学校的科研工作，对此体会尤深。《澳门理工学报》创刊至今虽然只有17年的历史，但经过多年的努力探索，尤其是2011年全新改版后，目前已经有了长足的进步，这是值得宽慰的事。前几天我刚刚获悉，在中国人民大学“复印报刊资料”2014年度转载学术论文指数排行榜中，《澳门理工学报》的转载率及综合指数排名均跃居全国高校学报的第六位，转载量排名也居全国第八位。取得这样的佳绩，对于理工学院这样的小学校来说，是非常不容易的。这与在座的各位编委、各位总编们的长期关爱、支持是分不开的。我谨代表澳门理工学院理事会和学报编委会，对大家长期以来对《澳门理工学报》的关爱表示崇高的敬意！

对于华文学术期刊，尤其是《澳门理工学报》，本人饱含着一份深厚的感情。学术期刊之于大学，其重要性是不言而喻的。在座的各位都是期刊界的高人，听了两天诸位的高论，实在令人感慨。理工学院有个好传统，理事会对学报的工作非常重视。每年的编委会，我们的李院长一定是坐在会议室，一天八个小时都不会离开的，认真倾听、记录着编委们的每一个意见。这一次的研讨会，包括前天先期举行的2015年度的学报编委会，以及昨天和今天的大会，我是一场不缺地来学习的。我非常认真地聆听了六位大主编的专题演讲和叶娟丽教授的综述报告，也听取了小组讨论的部分发言，得到了不少启发。非常感谢诸位的精心准备和肺腑之言。其实，我也深知《澳门理工学报》还存在不少值得我们去努力克服的困难。我真诚地希望在座的各位总编、专家学者，真诚地希望我们学术期刊界的朋友，真诚地希望全国高校文科学报研究会的各位领导，能够一如既往地关爱我们理工学院，关爱我们的《澳门理工学报》，希望她在祖国的学报大家庭中，在华文学术期刊的行列中健康成长，为我们共同的精神家园增添华彩！谢谢大家！

我们学院理事会对《澳门理工学报》一直寄予厚望。上周，理事会的三位成员，还专门为学报举行了一场“特殊”的理事会会议，与编辑部的五位同事就学报工作进行了认真的研讨。我完全赞同刘泽生教授刚才在主题演讲中对《澳门理工学报》的五点归纳。我们常说，《澳门理工学报》不仅仅属于澳门理工学院，属于澳门，更是属于国际人文社会科学界。这不仅仅是一种希望，也是我们的信念。我们对学报未来的发展还有更高的期待。我们也希望本院在推动学术期刊发展上，能与全国高校文科学报研究会有更多的合作。我个人认为，在条件成熟的时候，《澳门理工学报》还可以考虑改为双月刊。从理想到实现还需要一个比较长的努力过程。我是衷心地希望我们的事业能够做得更大一些。

按照会议的日程安排，这次研讨会的讨论阶段就要结束了。明天，大家还将参访我们学院的博彩教学与研究中心，以及澳门大学的新校区，也将参加澳门历史文化遗产的考察，这对加深大家对澳门历史文化变迁的了解将有很大的帮助。祝愿大家在澳门这座充满诗意的美丽小城度过一段美好的时光。再次感谢大家的光临。现在，我宣布，华文学术期刊发展趋势国际研讨会闭幕！祝愿大家身体健康，家庭幸福，万事如意！

华文学术期刊
发展趋势与战略

重建学术期刊的公信力和权威性

张耀铭

[提　要] 学术期刊存在的“假刊”牟利、增刊泛滥、买卖版面、学术平庸、虚假引用诸多乱象，严重损害了其公信力。究其根源，既有期刊自身问题、学术评价问题，更有学术生产体制的问题。重建期刊的公信力，既要政府管理部门整章建制，又要期刊道德自律，只有统筹协调，上下呼应，才能标本兼治，扶正祛邪。打造期刊的权威性，必须在学术创新、引领学术潮流、学术批评、独立风格等方面下大力气，才能见到成效。

[关键词] 学术期刊　公信力　学术创新

公信力，《现代汉语词典》的解释是：使公众信任的力量。公信力的概念在中国使用时间较短，2003 年以后才逐渐成为研究“热点”。从已有的研究来看，主要有“信用”观、“资源”观、“能力”观、“信任”观，这些观点分别从某一个侧面揭示了公信力的内涵。综合这些研究，周治伟对公信力做出这样的定义：“公信力是指公共权力领域与公民社会领域中以组织形态存在的行动者（公共机构）及其具有‘公共性’的抽象存在物（主要包括语言、制度、权力、货币、真理等）因赢得公民的普遍信任而拥有的权威性资源。”[①]公信力的权力主体主要包括政府、传媒、司法、组织，这些公共机构的行为不仅关涉到自身，更重要的是具有公开和公共的影响。由此，我们认为“公信力”的本质意义在于：第一，公信力映射的是一种公共权力，非公共权力也就无所谓公信力；第二，公信力是在长期的发展中日积月累而形成的信任资源，既是一种社会系统信任，同时也是公共权威的真实表达；第三，公信力指的是权力客体对权力主体在公正、公平、守信等方面的评价，获得权力客体信任、信赖的权力则具有公信力；第四，公信力权力主体与权力客体的非均衡性特征，决定了权力客体的弱势地位，一旦权力主体出现诚信、公正问题，必将导致信任的破裂。权威性，是指权力部门发布的信息或做出的决定是否具有相对的不可质疑性，如果这些信息和决定经常遭遇质疑，则不具权威性。公信力是权威性资源之一，一旦受到损伤，便会造成较大面积的“信任危机”。

就学术期刊而言，所谓“公信力”，当然与其掌握的权力有关，而其所掌握的权力实际就是学术成果的评价权，能否公平、公正地对待（评价）作者及其作品，是衡量其公信力的标准。所谓“权威性”，则是指其发表的学术成果的学术意义或贡献不会令人生疑（并非指不可商榷），创新性成为当然的标准。公信力与权威性有区别也有联系，两者都是针对期刊可信度的判断，但侧重不同。“公信力”更多地指向学术期刊的运作过程的公平、公正乃至公开；“权威性”更多指向学术期刊发布的学术成果的质量和影响力。

学术乃天下之公器，学术期刊则是学术成果最重要的传播平台。今天中国的学术期刊虽不至已完全沦为私器，但毋庸讳言，已陷入学术利益的泥淖之中，这是不争的事实，学术期刊正在遭遇公信力和权威性的空前危机。因此，要维护学术作为天下公器的本来属性，重建学术期刊的公信力和权威性就显得尤为重要。那么，学术期刊公信力和权威性危机主要体现在哪些方面，造成危机的原因是什么，如何挽救危机并重建学术期刊的公信力和权威性，这是亟须学术期刊界、政府管理部门和学术界回答和解决的问题。

一　学术期刊“乱象纷纭”及其根源

如果说，学术期刊公信力和权威性出现了危机，那么，一定是公信力和权威性的来源出现了严重问题。一般说来，媒体的公信力和权威性来源于其受众的信任和服膺，在这方面，学术媒体原本较之公共媒体具有天然的优势，因为公共媒体人与其受众（社会大众）不属于同一社会团体，要获取后者的信任需要多方努力；而学术媒体大多属于某个学术共同体，媒体人与受众是同体的。但是，在中国出现了例外，学术期刊体制不仅造就了期刊的“行政级别”，还有所谓“职业编辑”，加之众多的综合性期刊不再属于某一学术共同体，受众与期刊的疏离难以避免，这就为学术期刊公信力和权威性来源的断裂埋下了伏笔。可见，首先是学术期刊体制对公信力和权威性的直接影响。在很多时候，体制决定了一切，在这样的期刊体制下，造成公信力和权威性断裂的其他原因就乘虚而入了。

学术期刊公信力和权威性的断裂与学术期刊乱象纷纭基本上是同时态的。随着市场经济中的不良现象向学术领域的不断渗透，随着以量化为主导的学术评价越来越强势，学术期刊受到了双重压力的夹击，由原先的边缘地带被推向风口浪尖，屡屡成为被质疑、被抨击的对象。早在2012年，《中国社会科学报》就发表《祛痼扶正，学术期刊治理势在必行》的报道，记者在文中指出：学术期刊乱象纷纭，存在买卖版面、违规增刊、页数增多、“假刊”、虚假引用等现象，“诸多乱象是期刊异化的产物，严重败坏期刊自身形象，玷污学术风气，令学者深感忧虑乃至愤怒”。[②]把一切责任都推给期刊，显然不公平。不过，现状确实堪忧，在某种意义上说学术期刊得病了，而且还病得不轻。在笔者看来，主要存在以下乱象。

乱象之一：“假刊”牟利。

“假刊”现象早在20世纪90年代就已出现，据《法制日报》2001年报道，河北省《承德医学院学报》某些编辑人员为了捞钱，竟私自出版盗版学报，受到了新闻出版部门的查处。据《中国青年报》2013年报道，北京电力高等专科学校早在2000年就已合并至北京交通大学，但《北京电力高等专科学校学报》仍在出版，每月出版3期，收取版面费。为骗取外界信任，该学报还伪造了《期刊出版许可证》和学报官方网站。《北京电力高等专科学校学报》（社会科学版）2013年第2期共刊载259篇论文，涉及除港澳台外的31个省（区、市）的340名作者，其中既有副教授、教授，也有小学甚至幼儿园教师。国家新闻出版总署查明这是典型的“假刊”，根本不具备法定出版条件，因此依法予以注销。

乱象之二：增刊泛滥。

增刊是指由新闻出版管理部门批准后在正常刊期外增出的刊物，原本是为了解决刊物因刊期、篇幅所限，导致供过于求矛盾的一种变通办法。根据有关规定，每本合法期刊，一年可以出版1～2期增刊，并可适当收取一定数额的工本费用。由于增刊的主管单位、主办单位和刊号都与正常周期出版的刊物完全一致，不能称之为非法出版物或违规出版物，所以具有一定的“官方”背景和市场需求。不少学术期刊看到了“商机”，争先恐后地出版增刊。一时间，出现了形形色色的增刊：有待价而沽，不计稿件质量，只要给钱即可发稿的增刊；有出让增刊编审权，由某组织或个人买断编审权的增刊；有由几个编辑分版承包组稿合成的增刊；有企业或单位赞助因而也主要刊发这些单位作者文章的增刊。[3]学术期刊出版增刊，既有经济利益的驱动，也有“职称稿件”的压力，致使一些质量低劣的文章得以发表，并堂而皇之地以合法身份进入学术资源库中。2005 年，教育部曾通报批评《现代中小学教育》滥出增刊，以此作为创收手段，“严重损害了高校期刊界的形象，腐蚀了编辑队伍，破坏了出版工作秩序，在社会上造成了不良的影响”。2012 年，文学期刊《大家》违背办刊宗旨，擅自出版理论版，刊登论文，牟取钱财，在社会上造成恶劣影响，结果遭到停刊整顿的处罚。

乱象之三：买卖版面。

据了解，国内自然科学学术期刊收取版面费起源于 20 世纪 80 年代末，当时因纸张、出版及发行费用急剧增加，绝大多数科技期刊出现亏损，且数额日益增大。为解决这一棘手问题，1988 年中国科学技术协会出台了《关于建议各学会学术期刊收取版面费的通知》。通知称：“各学会的学术期刊是各学科领域全国同行共有的论坛和财富。在经费问题上，除受托承办单位给予支持外，还应该争取各有关部门和单位的支持。收取论文版面费是合理的，也是可能的。因此，建议各学会的学术期刊收取版面费。”不过，通知还特别强调学术期刊“不得以任何理由或形式出卖版面，使期刊质量受影响”。[4]人文社科学术期刊买卖版面的始作俑者虽无从查考，不过搭车跟风的现象却屡见不鲜。跟风者之所以热衷于“跟”，归根结底是利益驱动。其实，国内办得比较好的人文社科学术期刊都不收版面费，恰恰是一些经费短缺、学术水平差的期刊收取版面费，刊物越编越厚，论文越发越短，钱越收越黑。论文买卖，买了利益卖了学术，发表的多是粗制滥造的学术垃圾，从而陷入恶性循环。

乱象之四：学术平庸。

有人以“井喷现象”形容学术论文近年的生产和发表。在这种虚假繁荣的背后，是数量与质量的不成正比，是学术质量不高、学术观点雷同、论证重复的平庸之作泛滥，是“劣币驱逐良币”的现象大量发生。教育部科技发展中心的基本科学指标数据库统计显示，1997～2007 年的 10 年间，在前 145 个国家中，中国论文总数排第 13 位，论文引用数排第 6 位，但单篇论文的平均引用数却位居第 117 位；尤其在 2000 年以后，在论文总数加速增长的同时，单篇论文的平均引用数却下降至世界第 124 位。学术平庸的主要表现形式是低水平重复、肤浅分析和把学术变成“娱乐至死”的舞台，其本质特征是思想能力的缺失，阿伦特称之为“平庸之恶”。平庸之作表面上看具有某种吸引力，其实是无聊的伪学术，不可能长久。音乐教育家托马斯·塔珀曾这样评论：“平庸的作品最初会使人很开心，甚至会迷住我们，但很快就会让我们厌烦，使我们以后几乎没有耐心去听它。”[⑤]学术平庸对学术的蛀蚀，比学术不端更为普遍、更为严重，因此也更难揭露、更难治理。学术平庸与鸡肋期刊，互为因果，恶性循环，这是对学术生态的巨大伤害。所以，不少有识之士呼吁：拒绝平庸，[⑥]超越平庸！[⑦]

乱象之五：虚假引用。

学术期刊作为学术成果的发布平台具有学术评价的功能，同时作为期刊主体又是被评价的对象。专业评价机构借助行政权力部门的青睐，高举“量化评价”的指挥棒，通过采集各种引文数据对学术期刊分等定级，并发布排行榜或排名表，一时间搞得周天寒彻，进入者弹冠相庆，落选者垂头丧气。有的期刊为挤进核心期刊的行列不惜造假，拉帮结盟互相引用对方的论文；有的期刊要求作者提交的论文必须引用本刊发表过的论文，以提高影响因子；有的期刊公开悬赏学者在 CSSCI 来源期刊发表引用该刊的论文，每条“奖励”500 元；有的期刊为不跌出排行榜或排名表，甚至施加各种糖衣炮弹；有的期刊为了迎合核心、来源期刊评选的偏好，更在选稿、用稿和参考文献等方面投其所好，逐渐丧失了学术个性和活力。

从以上分析不难看出，“假刊”牟利、增刊泛滥、买卖版面、页数增多、虚假引用等现象，看似乱象纷纭，各不相同，但从中都可以看到利益纠葛清晰的影子，这是诸种乱象的共同动因。近年来，学术期刊与学术乱象、权学交易和钱学交易等不良风气越来越多地联系在一起，确有少数期刊人难辞其咎。他们丧失了道德底线，把学术期刊作为谋取私利的资源，暗箱操作越来越多。“毋庸讳言，某些二次文献期刊及其某些编辑的职业操守是令人怀疑的，如某些二次文献期刊要求原发刊购买其广告版面或增加订阅，更有某些编辑人员将二次文献作为谋取私利的资源。对于这些无理要求，部分期刊为了获取较高的文摘率，不得不屈从，甚至主动迎合。一个显见的事实是，有些学术水平很高的学术期刊，二次文献却很少；而有些学术水平非常一般甚至是低水平的学术期刊，其二次文献率却不低。如果说，在选稿标准上投二次文献期刊所好损害的是学术研究，那么，对二次文献期刊无理要求屈从和迎合，就在损害学术研究的同时还污染了学术空气。”[8]少数编辑与无良“学者”、学术“掮客”沆瀣一气，内外勾结，编发关系稿、人情稿、收费稿、垃圾稿，已经自觉或不自觉地沦为学术腐败的推手。

必须指出的是，与学术期刊乱象同时存在的是学术乱象和评价乱象，三者之间是有紧密关联的。事实上，学术功利主义笼罩着整个学术生产体制。当下的中国高校，可量化的学术研究被抬高到空前的、过度重要的位置。“学校是否优秀，教师是否能够升等、研究生是否可以毕业，科研的成绩单成为最重要的衡量指标。老师的教学可以马虎、学生的毕业论文可以勉强通过，但只要有相当量的论文发表，便一俊遮百丑。多数高校对教师的年度考核和升等要求，都有严格的论文发表量规定，而一个大学每年的论文发表篇数，都影响到官方和民间的各种大学排行榜的位置，是大学领导政绩工程的核心部分。于是千军万马写论文、拼数量，就像大跃进时期的全民大炼钢铁，产量是最重要的，而质量如何，倒是其次的。”[9]功利主义太重，学风浮躁，就会急功近利：急于发文章，急于拿学位，急于出专著，急于评职称，急于争课题，急于成名家。在这一切的背后，可以清晰地看到：“以科研资源分配和管理为中心的科研体制造就了一条交汇着学术权力与利益的链条，其顶端是掌握资源分配和管理权的行政权力部门，底端是仰仗资源而从事学术研究的高校和科研院所。作为学术研究重要组成部分的传统学术评价以与学术研究逐步分离为代价，在经历了五个层次的蜕变后，其与学术研究的同一性不仅彻底终结，而且凭借行政权力部门的采信，成为凌驾于学术研究之上的一种权力——评价权力，从而完成了连接两端的‘桥梁’身份的转变，成为学术权力和利益链上的重要一环，而促成评价蜕变的正是科研体制。伴随学术评价的这一蜕变过程，以制作学术期刊排行榜和排名表为主打产品的评价机构相继问世，争夺评价话语权，乱象遂接踵而至。所以，与其说是评价，不如说是科研体制导致了学术乱象。将评价视为学术乱象的根源，实际上遮蔽了科研体制对学术乱象之所以产生而应承担的责任。学术之乱和评价之乱，其实是同源的。”[10]学术研究本应是知识分子的一种精神诉求，“当学术研究中的非学术因素成为一种主导时，不仅带来研究者的精神变异，更带来学术的社会性危机，最终使学者和学术都失去了社会的公信力”。[11]一言以蔽之，我们在抨击学术期刊、学术评价乱象的时候，不能忽视或者遮蔽了体制所应承担的责任。

二　重建学术期刊的公信力

如前所述，能否通过公平、公正地对待（评价）作者及其作品以赢得作者和受众的信任，是衡量学术期刊公信力的标准。如何重建学术期刊的公信力？要义当然是修复趋于断裂的学术期刊公信力的来源，而改革不合理的学术体制、学术期刊体制和学术评价体制是首要的，在此基础上，逐一清除导致乱象的根源，使学术期刊真正回归学术，为学术研究服务，重新确立起在其作者和受众心目中公平、公正、公开、开放的学术平台的地位，如此，学术期刊方能赢得公信力的回归。但必须看到，这样的改革是一个复杂的系统工程，绝不可能一蹴而就，需要有一个相对漫长的过程，需要政府管理部门、学术界和期刊界共同努力。千里之行，始于足下，必须从点滴做起，而眼下最重要的是要还学术期刊一个清朗的环境，这已经开始。

学术期刊的治理，已到了刻不容缓的时候。如何治理？既要整章建制，又要道德自律，只有统筹协调，上下呼应，学术界和期刊界共同努力，才能标本兼治，扶正祛邪。

1. 国家社科基金资助学术期刊

国家社科基金来源于中央财政拨款，用于开展对社会主义现代化建设和改革开放事业，以及学科建设和发展具有重要理论和实践意义的哲学社会科学研究。全国哲学社会科学规划办公室从2012年开始，运用国家社科基金对200家社科类重点学术期刊进行资助。《国家社会科学基金学术期刊资助经费管理办法（暂行）》明确规定：国家社科基金期刊资助的宗旨是：通过有重点、持续性的资助，促进我国学术期刊改善办刊条件，提高办刊质量，扩大学术传播力和社会影响力。2013年度，有4家期刊因收取版面费或经费使用存在严重问题，考核“不合格”，停拨经费，限期整改。2014年度考核34家期刊为“优秀”，资助经费60万元；139家期刊为“良好”，资助经费50万元；22家期刊为“合格”，资助经费40万元；1家期刊为“不合格”，暂停资助，要求整改。这是国家社科基金管理工作的一大创新，推动学术期刊加强自身建设，推出更多优秀成果，具有十分重要的意义。总体看，资助期刊不仅缓解了经费短缺的压力，杜绝了版面费现象，而且办刊成效显著，学术水平和影响力明显提升，较好地发挥了学术引领作用。

2. 国家新闻出版广电总局对学术期刊进行资质认定

为进一步优化学术期刊出版环境，解决期刊刊发质量低劣论文等问题，国家新闻出版广电总局于2014年4月开展学术期刊资质认定和清理工作。总局制定了学术期刊认定标准，对期刊主办单位资质、办刊宗旨和业务范围、编辑队伍条件、审稿组稿制度、学术文章质量等提出了明确具体的要求。对定位不准确、一号多版的期刊，一律认定为整改的对象；对超越业务范围刊发论文、不具备学术出版条件的期刊不予认定；对败坏学术期刊声誉、以牟利为目的的“学术期刊”，坚决进行清理。2014年11月18日国家新闻出版广电总局《第一批认定学术期刊名单公示》，在提交审核的6060种期刊中，最终被认定为学术期刊的共5756种（社会科学2043种，自然科学3713种），需整改后再认定的有127种，不予认定的共177种。由国家新闻出版行政部门组织对学术期刊进行认定尚属首次，这对实施期刊分类管理和开展学术期刊质量评估奠定了基础，为规范期刊出版秩序创造了条件，有利于推动学术期刊优胜劣汰长效机制的建立。

学术期刊体现了一个国家在人文社会科学领域的研究水平和学术优势，是衡量国家综合软实力的一项重要指标。学术期刊有其特殊的社会公益性质，不应该实行完全市场化的改革。国家新闻出版广电总局应该在资质认定的基础上，探索扶持一流学术期刊的途径。“国家出版基金扶持一流学术期刊”的口号喊了好几年了，但是只听楼梯响，不见人下来，颇耐人寻味。假如国家出版基金也能资助一批学术期刊，那何尝不是件新鲜事，不是件好事，学术幸甚，期刊幸甚！

3. 教育部采取切实措施端正学风

近些年，学术不端已成为社会公害，尽管教育部和部分高校出台了一些措施，但学术失范、学术不端、学术腐败现象并未得到有效遏制。为此，2004年6月教育部制定了《高等学校哲学社会科学研究学术规范（试行）》，从学术研究的基本规范到学术引文、学术成果、学术评价、学术批评等诸多方面都制定了含义明确的原则条文。2006年5月，教育部成立社会科学委员会学风建设委员会，主要任务是针对高等学校哲学社会科学学术失范、学术不端行为，选择典型事例，通过组织调研、专家鉴定、召开听证会等方法，提出研究咨询意见和建议，供有关单位参考。2009年3月，教育部出台《关于严肃处理高等学校学术不端行为的通知》，进一步明确了学术不端行为的惩治范围：（1）抄袭、剽窃、侵吞他人学术成果；（2）篡改他人学术成果；（3）伪造或者篡改数据、文献，捏造事实；（4）伪造注释；（5）未参加创作，在他人学术成果上署名；（6）未经他人许可，不当使用他人署名；（7）其他学术不端行为。

针对学术评价存在的种种弊端，2011 年 11 月教育部又发布《进一步改进高等学校哲学社会科学研究评价的意见》，特别强调："正确认识《科学引文索引》（SCI）、《社会科学引文索引》（SSCI）、《艺术与人文引文索引》（A&HCI）、《中文社会科学引文索引》（CSSCI）等引文数据在科研评价中的作用，避免绝对化。摒弃简单以出版社和刊物的不同，判断研究成果质量的做法。"这些意见有的放矢，力度空前，具有强烈的导向作用。我们欣喜地看到，许多大学深化改革的目标中都有了相应的举措。从 2012 年开始，浙江省首次在高校职称评审申报中试行设立教学为主型、科研为主型、社会服务与推广型的资格申报类型。湖北省也对高校教师发表论文数量方面的硬杠杆进行调整，教师可提供 1～3 篇经专家评审委员会认定，在相关学科领域处于领先地位、较有影响力的代表作，作为职称评定的主要依据，从而引导教师从重数量转变到重质量。"风乍起，吹皱一江春水"，上述措施有利于营造和谐的学术生态和学术氛围。

4. 加强学术期刊自律

学术期刊是人类知识传承和学术积累的重要载体，是学术界进行学术讨论、学术批评的公共平台，同时也承担着倡导优良学风、维护学术诚信、创造良好学术氛围的社会责任。学术期刊如何构筑学术反腐"防火墙"，学术期刊如何加强自律，学术期刊如何重建学术公信力？我认为，首先要以管理为抓手，加强制度建设。一是建立同行专家双向匿名审稿制度，遏制论文选稿"潜规则"带来的腐败，实现公正选稿。二是建立学术不端行为备案制度，并及时向同行通报行为不端者的有关情况，联手遏制学术不端行为。三是建立刊后审读制度，对期刊的编校质量、学术质量定期检查，健全对编辑的制度监督。四是强化惩治措施，对顶风敛财不收手的无良编辑严肃处理，让他们不敢贪、不能贪。其次要加强编辑自律，提升综合素质。一是要树立责任意识，坚守职业道德，杜绝人情稿、关系稿，让学术回归"天下之公器"的本质。二是要培养编辑的审鉴能力，练就相应的眼力、判断力和洞察力，沙里淘金，百里挑一，编发学术名篇，发现学术新人，当好学术质量的"守门人"。三是要加强编辑的策划能力，要主动出击，不能守株待兔，更不能"捡到篮子里都是菜"。一个好的栏目，一次成功的选题策划，会提高期刊的学术影响力和社会知名度。四是要鼓励编辑敬畏学术，理解学者，服务读者，甘当园丁，厚待青年作者，不能"店大欺客"，更不能有权就是任性！

三　打造学术期刊的权威性

学术期刊的权威性，不是强制性的权力赋予的，不在于刊物的行政级别，不在于是国家一级学会或者国家重点大学主办，更不在于被哪家评价机构定为“顶级期刊”“权威期刊”“核心期刊”。学术期刊的权威性，关键体现在学术创新、引领学术潮流、学术批评、独立风格等方面的突出表现而得到学术共同体的普遍认可和读者发自内心的信服、尊重。

1. 学术创新

1911 年，梁启超在《学与术》一文中写道：“学也者，观察事物而发明真理也；术也者，取所发明之真理而致诸用者。”这是迄今看到的对学术一词所做的最明晰的分疏。“学与术连用，学的内涵在于能够揭示出研究对象的因果联系，形成建立在累积知识基础上的理性认知，在学理上有所发明；术则是这种理性认知的具体运用。”[12]由此可见，学术是要发明真理，学术重在创造出新的东西。我认为，学术创新大体应该包括以下几个方面：（1）提出新的问题，或采用不同理论对一个已经做过大量研究的问题给予新的诠释，或采用新的方法对一个旧问题进行再研究；（2）提出新的（或修正完善已有的）学说、思想、观点等；（3）提出新方法（或改进运用已有的）、新范式等；（4）发现新材料和新证据等。

学术期刊要把学术创新列为最重要的价值目标。这包含两层意思。一是指它的社会品质，它不应该是少数研究者醉心于概念演绎，致力于“纯思”的逻辑推论，无病呻吟、自说自话的“学术自留地”，而是敢于站在时代发展的制高点上，考察研究中国和世界现代化进程中的种种问题，高扬学术创新的旗帜，构建原创的话语权，自觉充当当代学术研究的“开放平台”。我们要从“思想被殖民”的状态中解放出来，要有我们自己的理论体系和话语体系，不能搞“贴牌加工”，更不能把不适合中国国情的西方理论模型的假设照搬过来。聚焦“中国问题”，坚守“中国立场”，创新“中国视域”，总结“中国经验”，诠释“中国道路”。我们期待学者回归学术研究的“中国关怀”，以自己的眼光关注中国和世界，并向世界展示“中国品格”。学术创新越来越受到学术界的高度重视，华东师范大学设立的“思勉原创奖”就是很好的例子。“思勉原创奖”希望以“原创”作为人文学科“最重要学术贡献”的具体示范和标杆，已经在学术界产生了一定的影响力。二是指它的价值品质，它不是隔靴搔痒的泛泛之作，不是停留在对传统的一味继承上，而是要扬弃，要创新，要发展，要具有明显的时代性。缺乏新意的学术理念，即使面对众多热点，也只能亦步亦趋、重复模仿；缺乏新意的学术论文，即使道理都是对的，但它没有灵魂，没有生命。学术期刊要善于提出有意义、有价值的真问题，坚决拒绝无意义、无价值的假问题。学术期刊在组织专题讨论、编发稿件时，不但要关心论文是否遵守形式上的学术规范，而且更要关心其内容是否具有学术上的原创性，是否对所研究的对象具有实质性的促进程度。说到底，学术期刊提倡创新研究，就是提升刊物的核心竞争力和品牌影响力。

2. 引领学术潮流

在现代学术发展史上，学术期刊一直扮演着引领学术潮流的重要角色。在一定程度上可以说，学术期刊引领着中国学术的发展。1922 年 1 月，留美归国的梅光迪、吴宓和胡先骕等人在南京东南大学创办《学衡》杂志，《杂志简章》旗帜鲜明地提出其编辑宗旨："论究学术，阐求真理，昌明国粹，融化新知。以中正之眼光，行批评之职事。无偏无党，不激不随。"《学衡》杂志创办时间前后不过 5 年，共出版 79 期，汇聚了一批对胡适倡导的文学革命或改良持不同意见的文人，逐渐形成了中国现代学术史上十分重要的学衡派。《禹贡》半月刊是顾颉刚 1934 年 3 月创办的历史地理、边疆史地和民族研究的权威学术刊物，至 1937 年 7 月被迫停刊，共出版 7 卷 82 期，刊登文章 700 多篇，开创了中国历史地理学和民族研究的新风气，有力地推动了历史、地理、边疆史地研究的发展。"《禹贡》在学术史上留下了浓墨重彩的一页，也给当下学术期刊主编诸多的启示：一是研编并举，互为促进；二是长袖善舞，广结人脉；三是扶植新人，造就新人；四是无间新旧，兼容并包；五是引领学术，创建学派；六是经世致用，学术救国。"[13]

1934 年 12 月，《食货》半月刊在上海发行。主编陶希圣声称办刊宗旨是：集合正在研究中国经济、社会史尤其是正在搜集这种史料的人，把他们的心得、见解、方法，以及随手所得的问题、材料披露出来。《食货》半月刊的出版，引起学术界各方面的重视，对当时及以后中国经济、社会史的研究具有一定影响。民国时期的"四大学术名刊"《国学季刊》《清华学报》《燕京学报》和《中央研究院历史语言研究所集刊》，就发表了大量高水平的学术研究成果，为现代历史学、考古学和语言学等学科的发展确立了学术标范，为中国传统学术的现代转型做出了重要贡献。20 世纪 50 年代《文史哲》崛起，它发起和推动的一场又一场学术论战和重大讨论，引领学术潮流，影响深远，有目共睹。

学术期刊能否引领学术潮流，期刊界一直存在争议。吴承学主编表示反对："如果编辑把用不用稿作为一种个人权力和资源，那是很危险的。我们要求编辑对作者绝不能有一种居高临下的心态，不要妄谈'引领学术'，而是要敬畏学术，理解学术，服务学术。"[14]原祖杰主编提出批评："职业编辑无视学术研究基本规律而单方面强调期刊引领学术，不仅颠倒了期刊与学术群体之间的关系，所透出的还有学术期刊对其所依归的学术共同体的傲慢。如果职业编辑以学术领袖自居，将其所服务的期刊当作一种权利资源，一种学术指挥棒，只会使不健康的学术生态进一步恶化。"[15]王学典主编是引领学术潮流的自觉推动者，他认为："学术期刊怎样才能引领学术潮流？最表层的一个方面，是改变已有的或者开创新的学术风气。在学术界，一种治学取向掩盖或者压倒另一种或几种治学取向，一种潮流排斥另外的学术选择是常有的现象，这就是通常所说的学术风气的形成。问题在于那些成为主流的东西未必就是健康的东西。这样的时候，如果一家甚或若干家期刊集中刊发所谓非主流的文章，给非主流的学者提供学术平台，那就会感染和影响学者们，引导和支持他们向另一个方向思考，久而久之，肯定能改变学术风气……另一个方面，在于能否更自觉更主动地提出学术话题，从而对学术界起到所谓的'引领'作用。学术话题当然首先或主要由学者提出，但编辑部在这方面也并非无能为力。这当然首先要求编辑部能看清方向，把握学术发展的脉动，甚至把握社会和国际学术的走势。编辑部可以通过自己提出的或自己感兴趣的话题和主题，把相关学者吸引和团结到自己的周围，从而推动学术的进步。如果这样做久了，就有可能形成以某一期刊为核心的学派。当年《禹贡》和《食货》杂志的成功经验表明，学术期刊发挥引领学术作用的空间是非常广大的。"[16]柯锦华主编提出学术期刊编辑的三种境界："从'旁观者'到'参与者'再到'引领者'，标志着学术期刊编辑办刊理念的成熟和办刊境界的提升，意味着其编辑思想的自我超越与主体意识的自觉。一流学术期刊编辑有勇气有能力不断超越自己，不断接近学术引领者的最高境界和理想目标。"[17]我赞成"引领学术"，因为不管哪家机构主管主办的学术期刊，只要制定编辑宗旨、设立学术专栏、策划论文选题、审读稿件、召开学术会议，刊发"编者按语"或者"主持人语"等，客观上就是一种选择，也就具有了干预学术走向、引领学术潮流的愿望和作用。需要特别强调的是，在学术发展的进程中，并非只有作者、学者是主动的，学术期刊也同样可以是主动的，特别是那些标志性的学术期刊。其实学者与期刊并非矛盾的两极，完全可以携手共进，协同创新。但我反对夸大其词，把学术期刊“引领学术”抬高到不适当的位置。因为“引领”是有条件的。学术期刊主编不仅需要有崇高的事业追求，更需要有超出单一专业的宽广视野，对前沿成果的高度敏感，以及对社会现实的深刻思考。在推动学术期刊发展和引领学术潮流方面，那些为社会所公认的名主编、名期刊发挥的作用更为突出。这里可以通过四个具体的例子来说明。

例一，《文史哲》杂志就一系列重大学术问题主办相关会议。从2006年起他们共主办了五次高端学术研讨会，名家荟萃，讨论热烈，影响深远，体现了主流大气、引领学术潮流的办刊追求。之一是“纪念《古史辨》第一册出版80周年暨上古史重建学术研讨会”，之二是“中国文论遗产的继承与重构”，之三是“传统与现代：中国哲学话语体系的范式转换”，之四是“秦至清末：中国社会形态问题”，之五是“反省与展望：中国人文研究的再出发”。学术会议一般由学术团体发起或主办，由学术期刊来举办如此之多的重量级学术研讨会，在学术界并不多见。《文史哲》主编王学典是著名的历史学家，他认为：“一份杂志的影响力取决于该杂志锻造的公共学术话题的能力，——提出的话题越多，覆盖面越广，敏感度越高，影响力可能就越大。”[18]

例二，《南京大学学报》倡立“专栏特约主持人”制度。特色栏目的相继推出，也暴露了期刊编辑人员在知识结构、前沿意识、学术水平方面的不足。诚如学者所言：“编辑人员素质的提高是有限度的。目前大量的文科学术期刊是以综合性作为自己的特征的……这样就产生了一个矛盾，假如一个编辑人员只熟悉一个二级学科（其实要做到这一点也是十分困难的，他可能至多只能熟悉一个二级学科中的某个研究方向）的话，那么，他又如何去判断来自人文社会科学其他一级学科、二级学科的论文质量呢？……这就启示我们，任何一个编辑人员，哪怕他再有天赋，也无法通晓整个一级学科，更不要说其他一级学科了。”[19]为了弥补这个短板，朱剑主编引领学术期刊潮流，在2000年第1期率先推出了“本专栏特约主持人”。此后几年《南京大学学报》独领风骚，其做法得到学术界和期刊界的广泛认可。自2004年开始，《北京师范大学学报》《浙江大学学报》《南开学报》《复旦学报》《上海师范大学学报》等相继推出了“栏目主持人”制度，一时间武林高手频现江湖，各使绝招，促进了学术期刊的发展，也推动了学术研究的繁荣。

例三，《清华大学学报》设立“百盛－清华学报优秀论文奖”。为了庆祝清华大学百年校庆，《清华大学学报》利用马来西亚金狮集团百盛基金会捐助基金设立了“百盛－清华学报优秀论文奖”，并于2011年召开了第一次颁奖会。首届评奖共有4篇文章获特等奖，每篇奖金2万元，13篇文章获一等奖，每篇奖金1万元。如王学典《“二十世纪中国史学”是如何被叙述的——对学术史书写客观性的一种探讨》、胡鞍钢《特大地震灾害的应对周期》等文章，皆在获奖之列。获奖文章全部发表于2006～2010年的《清华大学学报》。首届评委由李学勤、傅璇琮、童庆炳等先生担任，学界对这个奖项给予了很高的评价，称之为最有影响力的民间学术奖项之一。2013年该学报又举行了第二届“百盛－清华学报优秀论文奖”评奖，经认真审读，反复讨论，严格筛选，最终产生了罗志田《一次宁静的革命：清华国学院的独特追求》、许章润《论国民的法治愿景——关于晚近三十年来中国民众法律心理的一个描述性观察》等优秀论文15篇。获奖文章全部发表于2011～2012年的《清华大学学报》，每篇奖金1万元。本人荣幸担任第二届评委。评选优秀论文的举措，具有明确的导向功能，意在改变“以刊评文”的不正确做法，回归以文章质量论高下，引领学者经过长期潜心研究和学术积淀创作出学术名文或某一学术领域所认可的代表作。

例四，南京大学、清华大学、复旦大学、山东大学等17家学报主编提出创设的“中国高校系列专业期刊”（简称“网刊”）。“网刊”创刊于2011年2月，其宗旨是：打破校域界限，集中名校优势，在数字平台上实现学术期刊的专业化转型。具体做法是：联合编辑部对加盟期刊拟发表文章进行专业化选编和数字化重组，通过中国知网实现优先出版和整体传播，并利用网络和手机推送等全媒体新型手段强化传播效果。在17家学报主编的引领下，目前加入网刊的高校学术期刊已增至120余家。网刊已经形成了以学科为边界的专业期刊群和以问题为中心的专业期刊群两大体系，其中包括《马克思主义学报》《文学学报》《哲学学报》《历史学报》《政治学报》《经济学报》《法学学报》《社会学报》《教育与心理学报》《传播学报》《民族与人类学报》《艺术学报》等12个一级学科专业期刊，以及《三农问题研究》《资源环境研究》《性别研究》《青少年研究》《区域文化研究》《儒学研究》等6个专业期刊。网刊的运行获得了巨大成功，文章下载量大幅提升，在学术界的影响力不断扩大。学术期刊“借船出海”，通过与中国知网合作，不仅能实现内容与技术的融合、刊物与网络平台的融合，而且实现编者与作者、读者的融合，知识生产与传播扩散、利用过程的融合。

3. 学术批评

近年来学术生产的上、中、下游都出现了种种弊端，其中学术批评的弱化，可以说是主要问题之一。学科之间缺少学术争鸣，同行之间缺少学术批评，你好我好大家好。学术会议奉承“权威”、专家的声音多，敢于说真话直面批评的声音少。学术期刊自说自话的文章多，质疑批评的文章少。之所以出现如此局面，究其原因，“在学人方面，除了缺乏明锐的批判眼光和强劲的批判能力外，更重要的原因还在于畏首畏尾——怕惹麻烦，怕得罪人，怕冒犯权威，怕触怒强权。一句话，怕得不到种种实惠，反而招来一大堆祸患”。[20]在期刊方面，主编怕冒风险，怕得罪权势，怕树“敌”过多，怕给领导添乱，怕承担责任，导致学术批评的勇气不足，更别提批评的公正性、正义感、使命意识。面对权力关系、利益关系、利害关系、人情关系，批评之刀缺少了锋刃，批评的功能就大大打了折扣，也就成为一种自我阉割。

批评是学术的生命，是学术进步的必由之路。离开了学术批评，学术期刊、学术评价就有可能走向腐败；离开了学术批评，学术生产、学术共同体也就有自我塌陷的危险。学术批评大致应包括两个方面：首先是对学术不端、学术腐败行为的揭露、谴责和鞭挞，以维护学术尊严，净化学术生态；其次是对学术“问题”本身展开的辨伪、驳疑、商榷、对话等，以达至真理的发生。知识在争论中丰富，真理在批评中彰显。雅斯贝尔斯曾经说过：“对话便是真理的敞亮和思想本身的实现。”[21]所以，没有质疑性的批评，就没有真理的发现。学术批评从本质上讲是对学术成果的研究和评价，在其出发点上应当是一种“无罪推断”，而不是“有罪推断”，就是要深入地思考这些学术成果所具有的价值与意义，进而发现学术成果的理论局限或材料失当，提出批评并寻求解决问题的思路和办法。学术批评必须从事实出发，不虚美，不苛责，坦诚公允。学术批评不能避重就轻，更不能避实就虚，无论是“隔靴搔痒”之“赞”，还是“借题发挥”之“骂”，都不是正常的学术批评。“学术批评应该坚持‘五个提倡’：提倡指名道姓，这样既是对被批评者的尊重，也是批评者磊落的表示；提倡就事论事，反对上纲上线；提倡彼此尊重，反对相互诋毁；提倡理性态度，反对感情用事；提倡以理服人，反对以势压人。”[22]学术批评需要宽松宽容的社会氛围，需要学术期刊的主动作为敢于担当，需要批评家尖锐透彻的真知灼见。值得欣慰的是，当前部分学术期刊已经开辟了“学术争鸣”栏目，并发表了一些有深度的批评文章，期刊的学术影响力也越来越大。

4. 独立风格

“独立风格”就是学术期刊从内容到形式所体现出来的有别于其他期刊的个性和特色，它具有特殊性，不容易被别人模仿、克隆或替代。在大众传媒时代，报纸、杂志、书籍、广播、电视、互联网、微博、微信林林总总，铺天盖地，竞争激烈而残酷。学术期刊有一个最致命的弱点，就是“千刊一面”，了无个性，同质化严重。如果盖住刊名，你还真分不清楚这是张三李四还是王五赵六。没有独立风格，就没有核心竞争力，也就没有了继续发展的空间。学术期刊如何形成与众不同的独立风格，我认为，至关重要的有两点。

首先要具有独立性。正念坚固，如净水无波，不随物流，不为境转，坦荡无私，保持主见，敢于挑战权威，都是其中的应有之义。然而，众人喧哗之际，静者独难。因为，发什么不发什么，以什么样的话语方式言说或不以什么样的话语方式言说，入得了“核心”入不了“核心”，常常要受到“无形之手”的操控——经济利益、功利主义、短期行为，以及评价系统、影响因子、转载率，乃至权力、人情、关系等多重因素的制约。如果你没有独立的人格品质和过人之定力，便会为浮名近利所诱惑，被权力欲望所驱使，心神旁骛，或人云亦云、随波逐流，或追风猎奇、哗众取宠。学术期刊的公信力与权威性，决定了期刊必须与社会保持必要的独立，应当在世俗面前保持清醒的价值判断，才能真正拥有“独立之精神，自由之思想”。学术期刊的公信力与权威性，决定了期刊不应该是既有声音的一次次重复，而应该敢于发出独立思考的声音。

其次要具有思想性。学术期刊不仅是学术与知识的载体，更是思想的载体。李泽厚曾经批评：“90 年代大陆学术时尚之一是思想家淡出，学问家凸现。王国维、陈寅恪被抬上天，陈独秀、胡适、鲁迅则‘退居二线’。”[23]后来，又有人概括为“思想淡出，学术凸现”。一时间，学术思想领域出现一种弊端：“学术与思想之间纽带的断裂状态。”[24]许多人埋头于“我注六经、六经注我”的学问之中，避免思想论争，不再从痛苦中分娩思想。然而，没有思想就没有话语权，没有思想的国家是强大不了的，没有思想的文化是走不出去的！“为国为民，不落俗世，做有思想的学术，出有学术的思想，二者不可偏废。这样的追求，又何尝不是人文学科应有的品质？”[25]作为对社会有着深刻人文关怀的学术期刊，不妨少发一些充满“犬儒主义”情结的文章，多发一些道义担当和思想担当的文章，这对许多期刊来说是一种考验。

行文至此，意犹未尽。古人云“文如其人”，确实是至理名言。那么说杂志如主编，也大体不差，因为其中包含了我们所拥有的一切：我们的血汗，我们的激情，我们的智慧，我们的痛苦，我们的良知。美国总统肯尼迪在《时代》杂志10周年的贺词中就讲到：“伟大的杂志都是它主编身影的延长。”这话值得思考。一本优秀的学术期刊，总是投映着主编的胆识魄力、学术理念、人文精神、胸怀气度、操守格调，以及对学术公信力、权威性的追求和处理复杂问题的政治智慧。即使我们无力前行，至少，也应该像著名经济学家西蒙所要求的那样：“让世界不要比没有我们时更糟。”这是一种底线。学术期刊的价值，在其独立风格、思想力量和学术创新。什么样的人办什么样的杂志，华岗办《文史哲》，巴金办《收获》，黎澍办《历史研究》，宋振庭办《社会科学战线》，范用办《读书》《新华文摘》，都是很好的例子。办好杂志最重要的是主编，主编是杂志的一面旗帜。“主编的风格决定了期刊的风格，或强直；或柔弱；或机巧；或稳健；或庸碌度日，自得其乐；或逢迎讨好，‘朝扣富儿门，暮随肥马尘’。各种性格造成各种不同的结果，但惟有一条是共同的铁则，那就是：主编随时可以替换。铁打的营盘流水的兵，这在杂志体现的尤为明显。正因为如此，飘扬在营盘上的标志常有变幻，不时可见祭出新的图腾。”[26]不过，沧海之中能够站得住的总是品牌！至于我们个人，所有的跌宕悲喜，都是人生的历练。转过身，从容走进暮色，我们与夕阳一起沉落……

---

①周治伟：《公信力的概念辨析》，《攀登》2007年第1期。

②张春海：《祛痫扶正，学术期刊治理势在必行》，《中国社会科学报》2012年7月4日。

③郑培君：《关注“增刊现象”》，《光明日报》2002年4月25日。

④祁钰、周凯：《学术不端都是学术期刊惹的祸?》，《中国青年报》2009年7月13日。

⑤〔美〕托马斯·塔珀：《和孩子们聊音乐》，肖聿译，北京：中国广播电视出版社，2009，第74页。

⑥李醒民：《学术断然拒绝平庸》，《自然辩证法通讯》2010 年第 4 期。

⑦徐岱：《超越平庸：论美学的人文诉求》，《杭州师范大学学报》2012 年第 4 期。

⑧仲伟民：《缘于体制：社科期刊十个被颠倒的关系》，《南京大学学报》2013 年第 2 期。

⑨许纪霖：《回归学术共同体的内在价值尺度》，《清华大学学报》2014 年第 4 期。

⑩朱剑：《科研体制与学术评价之关系》，《清华大学学报》2015 年第 1 期。

⑪张福贵：《当下中国学术危机的三大症候》，《学术界》2010 年第 11 期。

⑫刘梦溪：《中国现代学术经典·总序》，石家庄：河北教育出版社，1996。

⑬张耀铭：《顾颉刚创办〈禹贡〉半月刊的学术启示》，《澳门理工学报》2014 年第 1 期。

⑭吴承学：《编辑莫妄谈“引领学术”》，《光明日报》2009 年 6 月 22 日。

⑮原祖杰：《学术期刊何以引领学术》，《澳门理工学报》2014 年第 1 期。

⑯王学典：《学术期刊如何引领学术潮流》，《中国政法大学学报》2007 年第 2 期。

⑰柯锦华：《学术期刊编辑三境界：从旁观者到引领者》，《中国社会科学报》2013 年 7 月 12 日。

⑱《文史哲》编辑部：《走一条不为时风所动的厚重办刊之路》，《文史哲》2011 年第 6 期。

⑲俞吾金：《文科学术期刊建设之我见》，《文汇报》2004 年 2 月 12 日。

⑳李醒民：《批判是学术的生命》，《中国社会科学报》2011 年 6 月 28 日。

㉑〔德〕雅斯贝尔斯：《什么是教育》，邹进译，北京：三联书店，1991，第 12 页。

㉒何中华：《当前学术批评亟待解决的几个问题》，《北京日报》2012 年 7 月 16 日。

㉓李泽厚致“三边互动”栏目函，《二十一世纪》1994 年 6 月号（总第 23 期）。

㉔倪梁康：《学术与思想：是否对立以及如何对立》，《学术月刊》2001 年第 10 期。

㉕吕绍纲：《让学术与思想贴近大地》，《人民日报》2010 年 10 月 29 日。

㉖徐南铁：《杂志的宿命》，《粤海风》2007 年第 3 期。

作者张耀铭，《新华文摘》原总编辑、编审，南开大学兼职教授。北京 100706

办刊境况与学术期刊发展的问题与思考

黄颂杰

[提　要] 学术期刊的管理体制由准入制改为注册制是社会制度进步的表现。注册制并不否定或削弱学术期刊的意识形态特征。学术期刊的“引领”作用目前主要表现为具有评价功能，也应表现为不同学术观点交流互动、争鸣交锋的平台，这种作用目前十分薄弱。学术共同体自身处在行政权力的掌控之中，要让它取代行政而主导学术评价必须有一个大转型。中国高校学报系列专业刊的实践经验，在某种程度上对于未来的学术期刊已经做出了暗示或端倪可察。新科技会催生人们新的思维和行为方式，办刊人要从中创新办刊思路和作为。

[关键词] 准入制和注册制　学术期刊“引领”作用　学术共同体　学术期刊网络化

谈论学术期刊的发展趋势，必须先认清学术期刊的境况（situation），从实际的境况出发才能明确发展趋势或发展战略。这里所谓的境况主要包括三个方面：学术期刊的管理体制，学术期刊所从属的学术界（学科领域、学术研究、学术评价），学术传媒的革命（电子化网络化）。本文主要从这三个方面思考和讨论学术期刊的发展问题。

一

学术期刊目前的管理体制是行政准入制、审查制。办刊必须经过行政主管机构审查批准，定时接受行政机构审查、评审，刊物编辑部具有行政级别。近年来，由于认定学术期刊过多、质量低劣，主管行政机构基本上已停止新刊物的审批。与此同时，国家以多种方式、多个层面大力支持教育与学术研究，在无法取得行政机构正式批准获取刊号的情况下，学术研究各个领域出现各种形式的以书代刊（集刊），其势如雨后春笋，不可阻挡。现行的准入制已被洞穿，但仍被坚守，不给这些“超生”的集刊颁发“出生证”，却又不指责查处这些按准入制原本属于“违规”的集刊。学术期刊管理体制的改革势在必行。怎么改？顶层设计至关重要。原新闻出版总署曾提出过学术期刊要转企走市场化的改革路向，[①]在遭到学术期刊界相当强烈反对的情况下，原总署并未采取具体的改革措施和行动，但也未改初衷。2013 年，原总署机构被合并，学术期刊改革的顶层设计方案究竟如何还不明朗。笔者以为，学术期刊的顶层管理体制是期刊改革的首要问题，而要设计管理体制就必须搞清楚学术期刊的本质、使命、任务究竟是什么。就办刊人的视角而言，学术期刊当属相关的学术研究事业。笔者以为，从当前及今后中国学术研究迅速发展的状况看，学术期刊的管理体制可以由准入制逐步改为注册制（非学术期刊类除外）。

学术自由符合社会主义核心价值，是国家和社会文明进步的重要标志。学术研究成果有助于实现中国梦、实现社会主义现代化，有助于克服和解决社会发展中的种种弊端和问题。西方国家之所以还能不断克服资本主义发展中的种种严重矛盾和问题，原因之一是西方学者从不同角度不同观点，以不同方法提出了各种不同的理论学说。其中有竭力维护、详加论证的，也有尖锐揭露、激烈批判的。改革开放以来，中国学术研究的自由度空前高涨（相比于改革开放之前），在学术、理论领域，各种思想、观点十分活跃，形成各种带上不同主义名称的派别，当然，相当一部分是活跃在网络上而非学术期刊上。然而，学术自由已成为社会进步发展的必然，任何力量都阻挡不了。国家对学术研究的支持鼓励，资金投入的力度越来越大。“凡是做研究的，总是有话要说，要表达自己在研究领域和研究课题上的观点、思想，要展现自己的研究结果，要与他人交流、讨论，等等。因而，学术研究，无论什么性质、归属于什么机构，总是会派生出各种不同类型和样式的刊物来，这是不以人的意志为转移的。”[②]当然，学术期刊不同于时政类、生活娱乐类、商业类期刊。许多学术期刊专业性极强，只在自身学术圈内流转和认可，是小众，甚至是精英。离开这个学术圈，它的内容的真假对错别人难以辨别，行政管理者也是难以判别的，它们的出版毋须得到期刊管理机构的批准。关键问题在于如何处理学术期刊与意识形态和政治的关系。

不可否认，学术研究和期刊尤其是人文社科类学术研究和期刊与意识形态关系密切，政治性强，有的关系特别密切，政治性特强，有些学术观点思想有害有损于意识形态和政治社会，这也是期刊管理机构长期采取准入制的重要原因。我们提出由准入制改为注册制并不是要否定或削弱学术研究和期刊的意识形态特征和政治性，而是为使两者更加相适合，更加相互促进。首先必须指出，意识形态是任何国家和社会都有的，它既像一堵防火墙，也像一面保护罩。学术研究和期刊想要摆脱意识形态的约束是不可能的。当然，意识形态的强弱程度在不同国家不同社会不同时段是有所区别的。其次，意识形态并非凝固不变的，它是要随着国家和社会的发展变化而有所调整的；意识形态也不可随意而为，它需要学术研究提供依据、论证，两者存在着互动关系。意识形态的某种主张或观点，如果始终不能得到学术上的认证和支持，就难以实施；反之，学术研究如果违背了有根有据符合国家利益的意识形态，则将被淘汰出局。意识形态和学术研究的一致，就会相互巩固相互增进。因此，意识形态应当积极主动地去寻求学术研究的支持，学术研究和期刊并不只是被动消极地去适应意识形态。学术期刊管理机构要用意识形态规制学术期刊，这是应该的，但必须谨慎，实事求是。这方面，历史已给我们提供了无数的经验教训。学术期刊的注册制绝不是放任自流。可以实施某种形式的检查制，例如可以将审核检查权交付给主办学术期刊的学校或学术机构、学术社团。高校或学术机构、学术社团应当具有这种能力，担当起这种责任。新闻出版广电总局则可定期或不定期地进行巡视检查。学术期刊由准入制改为注册制是学术自由度提升的重要标志，既不违背国家宪法，更是落实社会主义核心价值的重要举措。社会主义核心价值是在几十年社会主义革命和建设的基础上通过正反两方面的经验教训而总结提炼出来的，它们都是正能量。然而有些人却总是把自由、民主等从负面方向来加以理解，这是有碍于改革开放和社会主义核心价值的实施的。

有些人把自由理解为随心所欲，为所欲为。也有人将自由完全意识形态化，而且将其归属于资产阶级、资本主义的范畴，甚至将其贬义为与无产阶级、社会主义、马克思主义相对立、相敌对的用语。笔者认为，自由并非某个人某个阶级某种文化的专利品。自由属于个人，是人之为人的特性。但人的自由度并非天赋，而受制于自然环境和社会环境，随着人对自然的认识、利用、改造、掌握的程度而不断提高，随着社会的进步而不断提高。也就是说，人的自由度是随着社会生产力的提高而提高，随着社会制度的进步而提高的。所以，马克思指出，取代阶级和阶级对立的未来社会即共产主义社会应是“自由人的联合体”，这个社会的特征是劳动生产力的极高度发展，同时又保证每个人的自由的全面发展。“代替那存在着阶级和阶级对立的资产阶级旧社会的，将是这样一个联合体，在那里，每个人的自由发展是一切人的自由发展的条件。”[③]给予公民自由权的程度是衡量一种社会制度进步的重要标志。如今，自由已经明确成为中国社会主义核心价值的内容之一，这是在中国共产党领导下确定的。执掌经济、政治、思想、文化各个领域的政府机构应当充分尊重公民个人享有的各种自由权利。社会主义国家给予公民、学者以学术研究的自由权应当胜于资本主义国家。学术期刊由准入制转为注册制应是社会制度进步的表现，有助于提升中国的国际形象。当然，由于种种历史原因和主客观条件，学术期刊由准入制转为注册制应逐步分批进行，可以在某些地区（省、市）或某些高校、某些研究机构先行试验，也可对某些学术期刊、集刊（以书代刊）先行试验，取得经验后再推广。

如果实行注册制，现在的学术集刊都将成为正式期刊，这将对现有的综合性学术期刊造成巨大冲击，现有的专业性学术期刊也面临有力的竞争。现有的综合性期刊可有几种应对办法。一是继续按综合性办刊，但必须向高深、厚重、精英方向努力；这种办法只有在各种专业学科实力强大而且期刊编辑部也强有力的高校或研究机构才可行。二是根据高校或科研机构学科专业的具体情况（如某学科专业特别强大突出），将综合刊转为某种专业刊，这种专业刊势必会排除某些原本包含在综合刊中的专业，由于涉及各单位各种学科专业间的利益和其他方面的关系，这种转化难度较大；但由于实行注册制，被排除出的专业可以创办新的专业刊，故这种转化并非不可能，关键是学校或研究机构领导要给予支持。三是继续办综合性期刊，但缩小学科门类，将缩减的学科归入相关的专业刊或创办新专业刊；这种办法较之第二种办法难度小一些，缺点是仍然带有综合性期刊的某些弱点。四是转为某种主题的综合刊，如某个区域、某种文化、某类问题等；这种由某个主题带动的综合性期刊在中国发展得还不够成熟，应当适度发展，因为当代世界许多学术研究需要不同学科专业的协同创新，这类期刊正好适应这种需求。当然，如何转向须视实际情况而定。笔者认为，注册制将使现有的学术期刊和集刊在学术领域平等竞争，通过学术力量实现优胜劣汰，毋须通过行政手段封杀一批，扶植一批。学术期刊注册制仍应接受行政机构的管理，但可摆脱不必要的行政干预，促进学术研究和学术期刊的发展。

如果否定注册制而仍然坚持准入制，则首先应改善管理制度，明确应当管什么，即明确管理的范围和边界、权限和职责。其次要简化行政手续和程序，更多地关注各种学术期刊不同的学科专业特点，对症下药，摒弃形式主义和一刀切。第三，对现有的学术集刊做出认定，有个说法。如果依然不予刊号，那么，以书代刊的集刊是否予以合法的正式认定，可否纳入学术评价体系，应当明确，继续采取既不肯定又不否定的模糊态度，将不利于学术的发展。第四，准入制必定涉及对学术期刊的评估和评价，应当充分发挥办刊专家和相关学者在这方面的作用，改进和完善学术评价体系和制度，管理机构不要利用行政权力之便，争抢学术评价的指挥权。

二

近年来，中国的学术研究有了长足的进步，发展迅速，但问题和缺陷也很明显，可以说有喜有忧。喜的是：政府对于学术研究的投入逐年增加，经费、设备、房屋、场地等硬条件大幅提高和改善；学术成果丰硕，数量之多可以说是史无前例；学术队伍不断壮大，新人辈出；学术研究的触角伸向各个领域，几乎无空白；等等。忧的是：学术研究质量的提升远远比不上数量的增长；研究成果的影响力和实际的作用不如人意，研究的创新能力更乏善可陈；实证性的调查考察、经验性的资料积累和梳理、抽象思维能力的提高都存在着极大的局限、缺陷、障碍。有些课题研究的重复性太严重，缺乏新意。学术研究置于行政式框架之中，搬用量化评价指标，按照量化评价体系进行管理，导致某些学术研究对着评价指标进行。不能正确理解和把握意识形态而导致缩手缩脚，影响思想创新。研究学风堪忧，假大空的官话、套话、捧场话、颂扬话取代真知灼见，缺乏有针对性的揭露、批评、剖析，批判性思维缺失。学术期刊中出现的众多学术垃圾正是学术研究弊端的表现。关于学术研究的成就与不足、赞扬与抨击已有众多文章见诸媒体，这里仅就学术期刊与学术研究之关系讨论学术期刊究竟如何为学术研究做好服务工作，学术期刊在学术研究中究竟如何发挥引领作用，并由此考察学术期刊的发展趋势。

毋庸置疑，学术期刊是展现学术研究成果的窗口和进行交流的平台，刊发学术论文是期刊服务于学术研究的最基本任务。但当下的学术期刊正越来越被学术界教育界乃至行政部门当作申报、检查、结项、评奖、考核、排序、评职称（职务）的工具。这种工具作用无疑具有明确的功利性能和目的，而且还在不断被放大。笔者无意笼统抽象地反对、否定这种功利性，而且事实上也根本反不掉。功利原本就是现代化运动中的一面大旗、一枚指针，中国社会并不能免。在学术领域中的各种竞争和评判中，发表在学术期刊上的论文数是一个重要指标。这种评判和竞争对于学者（或官员）的前途和命运至关重要，因为遵循“成王败寇”的传统法则，赢者胜者将获得各种荣誉和升迁，败者则反之。从这个角度看，学术期刊在学术研究中具有举足轻重的评价作用。这种作用也使学术期刊迅速分化出高低不同的层次或等级。少数顶层的期刊成为学者争相发表文章的光荣榜，因为发表在这类刊物上的文章价值最高，功利最大；其次是所谓核心期刊，这是绝大多数学者发表成果的园地，其价值和功利虽不如顶级期刊，但也可以使学者在职称、奖项、考核等问题上如愿以偿；被排除在核心之外为数更多的期刊处境“悬置”，如果在这些期刊上发表的文章被排除在评判审核的计量之外，则期刊就会陷于困境，对期刊的种种诟病大多也源于此。当下学术期刊在学术研究中的地位和作用相当程度上就体现在这种评价功能上。基于这种评价功能，某些顶级或权威的学术期刊在学术界处于居高临下的地位，而众多核心期刊则主要听命于学术研究项目的要求。学术期刊的所谓引领作用目前主要恐怕也就是在这种评价功能方面。

事实上，如今学术期刊处于一种有趣的悖论境况之中：一方面它不满意于自身被陷于这种评价功能，更不满意于自身也被评价被排序，特别是被不公正地评价和排序；另一方面它自身又乐于发挥评价作用，而且竭力维护和提升自身的评价功能。学术期刊经过筛选评审而刊文，客观上的确具有一定的评价作用。问题在于，这种作用应是自然的结果而不应人为地事先制定，乃至拔高夸大，因而是被扭曲了的。学术评价是一个长远的历史过程，需经人类反复的实践经验和理性思考才能得出比较正确的结论，而我们现在所谓的学术评价都是即时的或短期的，只是为了达到某种明确的功利目的而做出的，许多成果并未真正经过实践经验的检验，甚至并未经过认真的阅读和思考。这种评价在相当程度上仰仗于评价机构从国外引进的量化数据方法，其中比较突出的是各类引文索引（CI）数据、二次文摘数据等。这些原本作为学术研究辅助工具、参照资料的数据，如今成了学术评价的基本依据。在市场化的社会环境中，利用数据制作各式各样的排行榜，以吸引人们的眼球，获取某一方面的话语权，已是司空见惯的社会现象，学术研究和学术期刊并不能幸免。

近年来众多学者对学术评价的计量化和行政化提出批评，主张以学术共同体作为评价主体。然而，如何让由学者组成的学术共同体取代行政主导的评价活动，恐怕需要走很长一段路。因为我们这个社会，其方方面面、条条块块都是由强大的行政力量链接、焊接起来的，局部的变革必定牵动其他局部乃至全局。在这个崇尚行政权力的环境中，学术共同体自身的生存状况就处在行政权力的掌控之中，它的强弱取决于行政权力支持的力度，要让它取代行政主导必须得有一个根本性的大转型。因为中国的学术研究依赖于各级政府财政拨款组建的各类基金，学术研究所需的资金完全由行政机构严格掌控，各种项目的申请、运作、结项等都须向行政机构汇报、交代；这就是说，在由项目制主导的学术研究中，行政机构是主体，组建学术共同体的学者是客体，由学术共同体主导学术评价，无疑需要一次主客体的大颠倒。再者，中国的学术共同体的数量和每个共同体的人数虽然不少，但对大多数学术共同体而言，核心力和凝聚力尚待形成，尤其缺乏“权威”性力量，缺乏强大的学术说服力，却惯于用行政力充作学术力，这样的学术共同体也难以担当起评价的主体。因此，要改善学术评价体制、正确发挥学术共同体在学术评价中的地位和作用，就必须从学术水平和道德素养两方面大力建设学术共同体，使之能够真正担当起学术评价的重任。而要做到这一点又必须改进整个学术研究的领导体制。根据中国的国情，笼统地提出去行政化是不切实际、不能解决问题的，因为学术研究所需要的资源都掌握在行政机构手中，不可能排斥行政领导，重要的是要界定清楚行政领导在学术研究中的地位和作用以及它的边界和范围。

如上所述，学术期刊发表学术成果是它的基本功能，这个功能也使它成为学术研究重要的储存、积累的宝库。一份真正有分量的学术期刊应该承载一个国家和民族的精神和文化，也应该承载多种文化和文明的精粹。从这个视角看，学术期刊也是各种不同学术观点交流互动、批评讨论、争鸣交锋的平台，这也应该是学术期刊发挥“引领”作用的重要表现。然而，学术期刊的这种作用目前显得十分薄弱。其原因当然是多方面的，意识形态的约束和规制是一个方面，现今的学术研究体制和评价机制也是重要原因。如果课题研究、评奖、评职称（职务）、考核等，一切都看你发了多少文章、出了多少书来加以衡量，那么讨论争鸣就显得不那么重要了，甚至可以忽略不计。批判和质疑本是学术进步的重要推动力，是学术创新的激发点，批评讨论、争鸣交锋本应是研究者积极参与介入的分内事，是学者的基本功，而在现今的学术研究体制中却成了可有可无甚至多余的事。因为积极参与者很可能会影响获奖、晋升等。当然，这绝不是因为缺少可争议的问题，相反，在我们这个社会急剧变化和转型的时代，在全球朝着现代化发展的历史进程中，可争议的问题实在太多，尤其在中与洋、东与西、古与今、传统与现代等一系列交集点上。当今中国各种社会思潮十分活跃，各种形式的马克思主义、各种版本的自由主义、各式各样的儒家和新儒家，各种名号的新老左派和右派、中间派、保守派和革新派、权威主义和新权威主义，等等，纷纷登场亮相。在当前的思想理论界，各式各样的思想、观点、看法、言论多得是，但大多出现在互联网上，流传于坊间，偶尔显露于某类期刊上的只是冰山之一角，真正发表在学术期刊上的就更是凤毛麟角了。改革开放的国策唤醒了沉睡的雄狮，突飞猛进的经济发展将封闭的文明古国推向世界舞台的中央区，矛盾、纠纷和问题也随之而来。怎样评价或看待中国这三十多年现代化事业的成就得失？如何处理中国当前面临的国内国际的一系列重大问题？中国的发展战略、路向究竟应该是什么？等等，正是在这些关系国计民生的最重大问题上存在着各种看法。学术期刊本应是研究讨论这些问题的最佳平台，但在当下的境况之中我们是难以办到的。

因此，最重要的应是从根本上改善我们学术研究的生态环境和氛围，首先当然是要改革我们的学术研究体制，包括领导管理体制。其次要从学术水平和道德素养两方面大力建设和强化学术共同体，发挥学术共同体在学术研究、学术期刊、学术评价等各种学术活动中的地位和作用。再次要根据各种学科、专业的不同性质、特点，不断修正完善评价规则、操作程序。最后要在全社会、在学术界、在学者层建设平稳和谐的心态，清除急功近利、虚假夸张、浮华炫耀、偏执妄断等不良行为和风气，营造相互切磋、相互讨论、相互批评、相互争论、相互包容、相互学习的氛围，培育平和淡定的心态和宽宏大量的胸怀，从容面对各类评审，不计较一时得失；处在弥漫着强烈的功利主义气息的国内国际社会的大环境中，追名逐利、急功近利的激流不断地侵袭学者的心灵，营造良好的学术生态环境更为必不可少，而健康合理的学术环境不是现成地摆在面前的存在物，也不能光等他人提供，需要学者自己不断去营造、建构，尤其是内环境：心灵的磨炼、净化和升华，更需要学者自身的努力。④

三

电子技术、网络技术的运用，使学术传媒正进行一场革命性变革，有关这方面的言和行已经很多。在高校学报界朱剑、徐枫等专家的引领尤为出色，他们不仅发表了富有真情实感、饱含真知灼见的大作，而且身体力行付诸实施。笔者在此只能说一些宏大叙事式的话语和设想。

首先，我们应当从世界现代化和工业革命的视角来看待学术期刊的数字化、电子化和网络化。纵观世界现代化进程，有两个因素最值得我们注意：资本和科技。发端于欧洲的现代化进程是从资本的原始积累开始的，正是以资本为轴心从小到大、从弱到强地扩展，现代化从欧洲北美发展为席卷全球的浪潮。资本的基本特性是不停地运动和不断地增值，运动使其增值，增值使其进一步运动，舍此二者，资本便不成其为资本。资本通过市场运作为人类社会增加了前所未有的物质财富，却也给人类社会带来了巨大的灾难。唯资本为重、以资本为准绳所构建的生产方式和经济政治制度便是资本主义，世界现代化进程中首先崛起的正是这种资本主义社会。马克思以历史的视野肯定这种生产方式极大地提高了社会生产力，推动了人类文明的进步，更以其卓越的才智洞穿了资本的本质，揭露了以资本为轴心所构建的社会经济政治制度的不合理性，特别是以资本的有无与大小获取社会财富的不合理不正当性，因为资本的增值和扩展并非自然生成，而必须通过无产者的劳动。这种制度制造了有产与无产两大阶级的对立，造成了贫富两极分化，导致阶级冲突和斗争。于是，在世界现代化进程中产生形成了与“唯资本”相抗衡的力量，并确信马克思提出的资本主义必然灭亡、人类社会的未来是共产主义的伟大理想，在“资本链”薄弱的环节构建了与“唯资本”相对立的社会主义社会，实行与“按资（本）分配”相对的“按劳（动）分配”，试图以“计划”将“资本”和“市场”关进铁笼。然而，挫折和失败的实践经验告诉人们，在全球走向现代化的进程中，社会主义的社会要实现现代化，也必须运用资本。这样就出现了欧美式的以私有制为基础的资本运作方式和中国式的以公有制为基础的资本运作方式。如今，资本依然像滚雪球那样在全球旋转翻动，不断扩展。资本的逻辑像一只看不见的手在主导世界的经济，呈不可阻挡之势。资本仿佛是游荡在地球上空的幽灵。因此，要实现现代化，问题就不是要不要资本，而是如何正确合理地驾驭资本、运作资本。这是资本逻辑的使然，也是历史的必然。当代中国的基本目标就是要让资本所增值的财富真正地服务于社会、分享于民众，抑制和打击以权力侵占资本侵吞财富，缩小社会贫富差距，全面建成小康社会。包括学术研究、学术期刊在内的任何改革都必须以达此目标为视域。

如果说资本是现代化进程的轴心，那么科技就是现代化进程的推动力。牛顿力学、蒸汽机（火车）的发明、煤的运用，引发了18世纪下半叶开始的第一次工业革命（1760～1860），把大英帝国打造成“日不落王国”，造就了“维多利亚时代”的辉煌。电磁理论、内燃机（汽车）、石油和电的运用，引发了从德国开始的第二次工业革命（1860～1914），由“蒸汽机时代”进入“电气化时代”，把欧美国家的生产力提升到史无前例的水平，成为世界列强，美国、德国成为世界第一、第二工业强国。相对论（爱因斯坦）和量子力学（普朗克等）、原子能和电子技术等高新科技引发由美国领先的第三次工业革命（20世纪下半叶至今）正方兴未艾。科技革命引发工业革命，提高生产力，推动社会经济，改变人们的生活方式。近两个半世纪现代化进程的实践充分证明，科技是促使资本运动转化和增值的根本动力。尤其值得注意的是由科技引发的第三次工业革命，科技内容比前两次丰富得多，除了上述，还有空间技术（航天等）、生物工程技术（包括转基因等遗传工程）等，而且科技转化为生产力的速度比以往更快，对人类社会影响更深更加广泛。[⑤]从产业性质、社会结构和人类文明发展的宏观角度来看，“这场仍在进行中的产业革命有理由被看作是继农业革命和工业革命之后而且与二者并列的第三次产业革命——信息产业革命，由此产生的新社会形态则可看作是有别于农业社会和工业社会的信息社会，如果以产业重心的变迁作为划分人类文明的标准的话，这个正在出现的人类文明新类型则可以称为信息文明，从而与传统的农业文明和工业文明相区别。”[⑥]据国内媒体报道，美国在2007年金融危机以后，正是通过科技创新（高端信息产业、页岩油气开发等），实现了经济复苏和增长的趋势。[⑦]我们并不主张科技万能，但必须认清，科技是第一生产力，谁在科技方面领先，谁就能在经济和社会发展上、在现代化进程中掌握主动权。人文社科学术研究必须牢牢盯住世界科技的进步发展，记住科技落后就会处于被动、受气、挨打和失败的处境。

学术传媒在科技创新日新月异的形势下要增强变革的时代感和紧迫感。时至今日，办刊人都感觉到电子化网络化对学术期刊所产生的影响，而且也意识到将导致学术期刊发生重大变革，但对于学术期刊如何电子化网络化，或者电子化网络化了的学术期刊究竟是什么样子，心中无数或者说不清楚、不踏实，观望情绪相当浓。笔者认为，中国高校学报系列专业刊的实践经验，在某种程度上对于未来的学术期刊已经做出了暗示（implication）或者说端倪（clue，inkling）可察。笔者不揣冒昧提出如下设想。

互联网等高新科技不仅在经济领域，而且在文化教育、医疗保健以及民众日常生活等全社会各个领域强势渗透发展，几乎是无孔不入、不可抗拒，各式各样的学术期刊几乎统统都已被有关网络数据库收入囊中。如今高校学生（本、硕、博）和青年教师大多从互联网上阅读和下载学术论文，关注的是论文内容而不是论文原发刊，按节时和方便的原则，大多会选择阅读网络数据库按学科专业编排的论文，不会逐个阅读分散在各家综合刊上的相关专业论文。随着时间的累积，这种阅读方式还将使读者渐渐淡忘各家原发刊的个体特征。因此，期刊网络化首先受冲击的是高校和社科院、社科联的综合性学术期刊。那么，未来的学术期刊编辑部是否还是像现在这样一家一户式的、分散的、各自为政的呢？编辑部是否还是像现在这样起核心作用呢？笔者曾撰文称："随着学术期刊的电子化数字化，学术期刊的编辑方式、流程也必然发生变化，但编辑和编辑部作为期刊的核心部分，其地位不变。"[⑧] 现在看来，学术期刊即使完全网络化，编辑还是少不了，但编辑部的运作方式和作用肯定会与现在不同。未来的学术期刊可有两种类型：一是完全网络版，取消纸质版；二是网络版与纸质版并存。就数量而言前者居多，后者只能少量；就质量而言，后者必须高于前者。无纸质版的网络版，可以适当增加版面和版期，包容一些研究经历不足、思想观点不够成熟或写作水平稍逊的文章，以利于青年学者的成长。有纸质版的网络版则着重于"精粹和厚重"，纸质版可与网络版相同，也可对网络版内容进行再筛选，印数可根据实际需要而定。未来的网络版期刊应在每篇文章和每期期刊末尾留有空间，供读者写下读后的想法、看法、评论、建议等，让读者与作者、编者随时进行互动。这是传统纸质版期刊无法企及的，也是未来网络版期刊与纸质版期刊的重要区别之一。

那么，未来学术期刊的主办方是谁？应该多元化，高校（包括院、系、所、学科点、基地、中心），研究机构（院、所、室、中心等），社科联，政府机构和企业中的研究部门，学术社团（各级专业学会、协会、中心等），民间学人，等等。作为教师，我们最熟悉最习惯于高校办刊。高校可以将专业性"集刊"逐步办成网刊，是否继续出相应的纸质版视具体情况而定。高校综合性“学报”可以继续做综合性纸质版和网络版，同时分学科做专业网络版，后者也可与院系学科点办的专业集刊合作出版；如果力量有限也可放弃综合刊，只做专业刊。从高校学报系列专业刊的经验看，高校应冲破一校办刊的模式，实行跨校联合办刊，特别是专业刊，更应打破校际界限，以聚集更多专业学者。当然，联合刊也可采取学术社团办刊方式。联合办刊当然要有联合编辑部，当下联合编辑部的运作有一定难度，主要因为各刊都归属各校所有，体制上有阻力。但随着高校改革的深入和网络技术运用的发展，这种困难一定会被克服。总之，网络时代办学术期刊应具备两个基本条件：学术方面的积累（人才、成果、水平）和经济上的支付能力。有此两条，只要对学术研究有兴趣和爱好，就可着手办刊，无论单位大小或强弱，甚至个人。学者撇开期刊利用网络即时发布自己研究成果也将成为“新常态”。

当前，各家学术期刊尤其是综合性期刊还保持自身个性，一方面是依仗自己归属的学校或研究机构（院、所等），另一方面则是由于现有的学术研究和学术期刊的评价体制使然，因为现有的评价体制还是因循原有的办刊规则和境况，学术评判讲究期刊的等级类别，在客观上也维护了一些综合性期刊的个性。但是，评价体制不可能是永恒的，而且现有的评价体制也已经渗入了网络技术的新因素。更重要的是，新兴科技是不讲情面、不以人的意志为转移的，新科技还会催生人们新的思维方式、表达方式和行为实践方式，办刊人要从新科技中创新办刊思路和作为。

---

①参见新闻出版总署《关于报刊编辑部体制改革的实施办法》，2012 年 7 月 30 日。

②参见黄颂杰《学术期刊改革的变与不变之辨》，《澳门理工学报》2015 年第 1 期。

③《马克思恩格斯选集》第 1 卷，北京：人民出版社，1995，第 294 页。

④参见黄颂杰《二次文摘、引证索引和学术评价》，《文汇报》2011 年 7 月 26 日。

⑤参见钱乘旦主编《世界现代化历程·总论卷》，南京：江苏人民出版社，2010，第 222～224 页；陈晓律主编《世界现代化历程·西欧卷》，南京：江苏人民出版社，2010，第 296～297 页。

⑥参见姚介厚、李鹏程、杨深《西欧文明》下册，北京：中国社会科学出版社，2002，第 1025～1026 页。

⑦参见徐明琪《欧洲经济到底出了什么问题?》，《文汇报》2015 年 2 月 21 日；宋国友《美国经济复苏：机遇中暗藏挑战》，《文汇报》2015 年 2 月 19 日。

⑧黄颂杰：《学术期刊改革的变与不变之辨》，《澳门理工学报》2015 年第 1 期。刘泽生先生曾提出，有关“不变”的那些观点要进一步考虑。这个意见很中肯，至今我仍经常在反思。

作者黄颂杰，复旦大学哲学学院教授、博士生导师，《复旦学报》原主编。上海　200433

体制改革与数字化潮流中的学术期刊*

——《澳门理工学报》"总编视角"专栏述评之一

朱　剑

［提　要］《澳门理工学报》于2011年开设的"总编视角"专栏让海内外学术期刊的总编从幕后走向了台前，这得益于该刊独特的地理位置和其办刊人特有的人格魅力。四年来，"总编视角"聚焦于诸多热点问题，提出了一系列独到的见解。其中，关于学术期刊体制改革和数字化转型这两个学术界、学术期刊界和政府权力部门共同关注的重大问题的研究尤为引人注目，所提出的重要观点也得到了政府有关部门的吸纳，"底层设计"与"顶层设计"有了良性的呼应和互动，从而在学术期刊体制改革和数字化转型问题上，为推动各方达成共识做出了独特贡献。

［关键词］学术期刊　体制改革　数字化转型　"总编视角"

引　言

学术期刊在学术研究中担当着学术交流平台这一十分重要的角色，绝大多数重要学术成果是首先在学术期刊这个平台上面世的。在现代学术发展史上，学术期刊书写下了浓墨重彩的篇章。这里面，凝结着编辑人特别是总编

* 本文系教育部人文社会科学研究规划基金项目"高校学术期刊发展战略研究"（项目号：14YJAZH116）的阶段性成果。

的心血和辛劳。但他们历来都以“为人作嫁”的幕后英雄自勉，除了偶尔走到前台，更多的时候是在默默地耕耘，人们只能从他们编辑的刊物中约略见到他们的风采。其实，作为学术传播者，他们了解每一项经他们之手发布的学术成果的由来，他们是学术发展最好的见证人。同时，因其跨越了学术研究与出版传播两个领域，他们对学术研究、学术评价、学术发展有着既不同于学者和读者也不同于管理者的独特视角和感受。因此，他们的所思所想，若能形诸文字刊布出来，无论是对学者还是对管理者，对读者还是对他们自己，都该是一件很有意义也很有意思的事。

当然，这需要有特别的期刊——具有相对超脱的地理位置——来提供这样的园地，也需要有特别的人——具有广泛的人脉能调动这些总编——来做这样事，《澳门理工学报》和她的总编刘泽生先生正是这样的刊和人。2011年，《澳门理工学报》在其主办单位——澳门理工学院院长和编委会以及刘泽生总编的精心策划积极筹备下，在海内外众多华文期刊中，率先开辟了这样的专栏——“总编视角”。在开栏的首期，亲自担任专栏主持人的刘泽生总编在“主持人语”中就有一段深情告白：

> 学术期刊是我们共同的精神家园。作为一群特殊的家园守护人，我们衷心地欢迎海内外学术界、期刊界的编辑同行、从事学术研究与期刊评论的专家学者、关注期刊事业的各界热心人士，从默默奉献的幕后走向台前，就学术期刊的学术导向、学术规范、学术争鸣、学风建设、学科发展、选题策划、期刊评价、电子网络等选题发表高见。本刊将乐于利用这一小小园地，开辟专栏，直面读者，广纳良言，共襄盛举。①

自2011年第4期开办以来，截至2015年第1期，《澳门理工学报》的“总编视角”专栏已一期不脱地连续开办了16期。在刘泽生总编的感召下，来自海内外著名华文人文社会科学期刊总编（主编）、著名人文社会科学文摘期刊总编和著名评价机构及其数据库的总编或负责人纷纷为该专栏撰写专文，由此也足见该刊在华文世界学术期刊中影响之大和人脉之广。

之所以说阅读这些出自海内外华文学术期刊总编的文字是一件有意义也有意思的事情，是因为尽管他们围绕共同关心的若干问题展开的讨论，与学术圈内一般问题的研讨并没有太多的不同，但有一点不同却不能不说，那就是所论问题并非限于某一学科专业领域，而皆与学术研究、学术评价、学术传播、学术发展紧密相关，站在学术传播最重要的平台——学术期刊的总编立场，解析当下学术研究和学术期刊发展中带有根本性的问题。正是由于这一特点，“总编视角”这个栏目才彰显出其特殊意义。同时，总编与一般学者一样，也要在文章中亮出各自的观点，罗列各自的资料，铺陈各自的理由，展开各自的论证，得出各自的结论；他们的文辞或简洁，或华丽，或朴实，或凝重；他们的观点或鲜明，或含蓄，或稳健，或周延，他们的视野或开阔，或专深，或两者兼而有之。人们常说，文如其人，其实，一个刊物的风格也如其总编（主编）的风格，或者说，总编（主编）的偏好在一定程度上会通过刊物的风格体现出来。读着总编们亲笔撰写的文字，再来印证一下其主编的刊物或主持的评价项目，确实是件颇有意思的事。因此，对于“总编视角”这一汇集了各大总编文稿的专栏，笔者不揣谫陋，有意择要做一述评。

纵观四年来的《澳门理工学报》“总编视角”专栏，讨论最多也令笔者最感兴趣的是“学术期刊体制改革”“学术期刊数字化转型”和“学术评价与学术期刊评价”这三个问题。问题不同，参与讨论的总编也不一样，各自的观点更是特色纷呈。对于前两个问题，积极参与讨论的主要是期刊总编，他们所面临的问题相同，尽管分析路径有异，但立场相近。而讨论第三个问题的重头文章主要来自专业评价机构的总编或负责人，作为评价产品的研制者，他们面临着相同的困境，但对困境的由来和未来的进路，却又有着不同的看法和选择。有鉴于此，笔者将分成两篇文字，就前两个问题和第三个问题分别做出综述和评论。又因为前两个问题讨论所呈现出的参与总编众多但立场却有着相当的一致性的特点，笔者的第一篇述评将以概览的形式尽可能展示讨论的全貌；而对于第三个问题，“总编视角”汇集了有着“三大核心”之称的三大评价机构总编就各自评价项目展开的关于定量评价原理与实践论述的长篇论文，迄今为止，还是首次出现，十分难得，故笔者的第二篇述评将以本文分析的方式仅对三位评价机构总编的论文展开尽可能深入的分析和评论。因此，两篇述评的篇章结构和行文风格均难免有较大差异，特此说明。不当之处，敬请指正。

学术期刊体制改革

“总编视角”开办之时，正值中国文化体制改革走入“攻坚战”——包括学术期刊在内的“非时政类报刊”体制改革。对于学术期刊而言，由于其在学术研究中的重要地位和作用，这场即将进行的改革，必然与学术评价、学风建设、科研体制、学术国际化以及数字化浪潮等近年来波及整个学术研究领域的最吸引眼球的问题紧密关联，于是吸引了社会各界特别是学术界和学术期刊界的广泛关注，当然也是学术期刊总编们最关心的问题。因此，“总编视角”开办伊始，即以期刊体制改革问题为切入点，展开了对相关一系列问题的热烈讨论，核心的问题则是：学术期刊的历史传统、期刊体制与现状是何种关系？应如何看待学术期刊体制改革的必要性和可能性？应如何看待改革的目标与路径问题、继承传统与体制创新问题？改革的“路线图”究竟应该如何设计？这些问题当然也引起了国内许多学术期刊的关注，但纵观所有参与讨论的学术期刊，没有任何一家能像《澳门理工学报》“总编视角”专栏那样，汇聚了如此阵容的期刊总编队伍，并对这些问题展开如此深入而持续的讨论，说这个栏目代表了总编的心声是恰如其分的。

1. 学术期刊的历史传统与现状

改革总是因为现状不尽如人意，而现状又多源于历史，因此，要谈论改革，首先必须对历史与传统有正确的认识和评判。

在中国学术期刊早期发展史上，大学学报因为曾起过无以替代的作用而尤为引人注目。早在20世纪80年代，河南大学宋应离先生即有《中国大学学报简史》这一专著问世，自那时候起，大学学报历史的研究就一直没有中断。但以往的研究多重于史实考证和人物研究，对于大学学报传统的产生与使命的演变、大学学报的发展规律以及对今天的学术期刊格局的影响则较少涉及。不仅如此，由于很少用发展的眼光来考察学报的传统与使命，往往将大学学报的初期形态视为学报不能改变的固定形态，大学学报就是反映本校科研成果的“窗口”和本校教师及科研人员发表作品的“园地”的功能定位已深入人心。尽管近年来，已有学报同仁对此进行了反思，指出这一定位已不合时宜，但是，讨论远未深入。因而，在涉及学术期刊改革的方向与路径的讨论中，学报的传统、使命与定位就成为一个绕不过去的“元问题”。“总编视角”不仅没有回避这个问题，而且从开栏之始，就直接切入了此问题。

仲伟民在《中国高校学报的历史、现状和将来》一文中，首先指出大学学报是因现代学术的产生而产生，他认为：“伴随着20世纪初期中国大学的纷纷创建，中国现代学术逐渐取代传统学术，其中学报就起到了非常重要的作用……学报作为发表学术论文的重要载体和推广学术成果的重要平台，正是在这个大背景下产生的。也就是说，学报的产生有其必然的合理性。”他将学报的传统概括为：(1) 学报是综合本校各学科科研成果的集中展现。(2) 开放的心态和追求真理、传播学术的精神。(3) 学报的核心作用在于学术交流，主要体现在本校学人间的交流、校际交流以及国内外学界的交流。(4) 本校学人的广泛参与。本校著名专家是办刊的主力，师生合力办刊。以上传统的形成与时代背景和当年高校的总体规模、发展水平是切合的。[②]在这里，仲伟民从学报这一新的期刊类别问世后，其整体对学术发展影响的角度来看待和总结其传统，从而在“窗口”和“园地”之外，“发现”了学报更为重要的价值。

朱剑的《传统与变革：体制改革前夜学术期刊的艰难抉择》一文也通过对学报早期历史的回顾和特点的分析，试图阐明学报传统的核心价值与外在形式的关系：“(1) 中国学术期刊传统从形成的那一刻开始，其核心价值就是追求真理、传播学术，这也是学术期刊的根本使命所在……(2) 学术期刊特别是高校学报综合性、分散性、孤立性、内向性是其外在形式或外部特征。(3) 追求真理、传播学术是学术期刊的根本属性，而外在形式是为这一根本属性服务的。”[③]

以上两篇论文的共同特点是，试图超越过去那种仅将学报置于某个学校的背景下来考察的做法，而从现代学术的产生和发展的背景来考察学报，因而更加注重学报与现代学术发展，以及学报状态与期刊体制之间的关系。基于这一视角，在论及早期学报传统和特点对新中国学报的影响时，仲伟民认为，从 1950 年代初到 1978 年，大学学报虽有所恢复，但深受政治运动的影响。1978 年后大学学报开始复苏，“基本上保持了其传统特点，综合性、内向性为主……到 1980 年代末以后，综合性学报的问题开始显现……学术交流的传统功能开始萎缩，一批专业期刊的创设加速了部分中小学报与学者的疏离，大学学报的固定读者逐渐流失……著名学者逐渐远离了大学学报的编辑，这使得众多大学学报从稿源到编辑的质量变得难以保证”。“1999 年开始的学报大扩容有一个显著特征，就是确立了一校一综合性学报的建制……一般院校均拥有了自己的学报……由于定位在综合性学术期刊，优质稿源和读者的缺乏使‘全、散、小、弱’的特征如影随形，始终难以摆脱，结果是学报数量虽然激增，学术声誉却大大下降。”[④]朱剑认为：“奠基于 1950 年代的学术期刊格局不仅一如既往，而且因期刊数量的激增，体制性和结构性矛盾被无形放大”，并且“造成了一个致命的问题——学者与学术期刊日渐疏离……执著于传统学术期刊的外在形式，与其说是忠实地捍卫了传统，不如说已丢弃了传统的核心价值”。[⑤]正是基于这一新的视角，他们对导致学报陷入困境的原因的分析说明了一个问题，即许多人眼中的学报传统实际上是不真实的表象，导致学报陷入困境的不是忠实地保持了传统，而恰恰是丢失了传统的核心价值，而期刊体制则固化了对传统形式的拘泥和对核心价值的忽视。

刘曙光则从另外的角度来讨论学报历史传统与现实体制问题，他在《高校社科学报功能定位的反思》一文中，表述了一些比较复杂的观点，一方面，他更强调高校学报的“高校性”和历史的“连续性”及功能的“窗口性”：“从高校社科学报一百多年的发展历史可以看出，高校社科学报是为了因应高校自身发展的需要而产生的，高校社科学报的功能定位是历史地形成的……高校学报存在的理由首先源于高校学术发展的需要，源于高校教学科研发展的需要……在本质上，它是高校功能的一部分，或者说是高校功能的具体化或分化。”“从传统的功能定位来看，高校社科学报是反映本校科研水平的学术理论刊物，是展示一所学校学术阵容和学术水平的窗口，是塑造学校形象、打造学校品牌的重要媒介。”政府对学报“‘功能定位指令’并不构成高校社科学报发展的瓶颈”。另一方面，他又认为：“传统的学报功能‘本校窗口论’，在很大程度上导致了学报群落综合实力不强、声誉不佳、质量不高、影响不大的状况，也带来对学报传统功能的反思与变革。”“在某种意义上说，管理制度的确是制约学报发展的‘瓶颈’。”[⑥]因此，他对部分学报走出封闭、延用外稿以及窗口功能的弱化都表示了谨慎的肯定。显然，刘曙光并不否认学报存在结构性和封闭性问题，只是强调问题的形成是一个历史的过程，且目前的结构也有一定的道理。

弄清历史，当然是为了说明当下。不管是强调学报传统在1950年代后的“断裂”，还是强调学报定位功能的历史性的“延续”，论者大多不否认学报在新时期的发展遭遇了困境，陷入了低谷，而这一切又在很大程度上源于对传统的理解和受体制的规约。正如仲伟民在《内地学报现状及改革路径》一文中所指出的：“目前中国内地学报有两个非常显著的特点，一是学报整体水平在提高，但两极分化极其严重……二是体制性依赖弊端渐显，其发展初期的优势已逐渐丧失，发展潜力越来越受到制约，改革势在必行。”“中国内地社科学术期刊目前最主要的问题不是数量多，而是结构不合理，即综合性学术期刊多，而专业期刊少。”[⑦]姚申在《多元化发展：中国高校人文社会科学学报的改革路径》一文中则指出：“高校人文社科学报曾经辉煌，曾经成为理论界学术界关注的中心，然而由于种种原因却从关注中心滑向边缘。”一方面，“总体上呈现出‘全、散、小、弱’状况”；另一方面，“‘泡沫论文’大行其道，依然充斥高校学报版面……严重损害了高校人文社科学报的权威形象，从而导致学报被外界认为是‘学术垃圾’出产地”。[8]可见，结构与布局问题确实是学报的主要问题，这个问题不解决，学报难有大的作为，而这个问题又是由期刊体制决定的。

结构和布局问题必然导致更为严重的问题——中国人文社会科学期刊与学术研究发展的需要脱节。张耀铭在《学术期刊肩负的使命和职责》一文开篇即提出了一连串问题：“一本优秀的社科学术期刊究竟应该具备哪些品质？应该承担何种学术职责？与学术研究、学术创新、学术发展是一种什么关系？”文章对此展开了论述，认为“一本优秀的学术期刊，必须突出问题意识……必须大力提倡创新研究……必须引领学术潮流……必须扶持新人、造就新人……必须关注学术的大众化”。[9]以上诸点可视为判断一本学术期刊是否优秀的标准，据此衡量如今大多数学术期刊，恐怕都难以达到，因此，现状不能令人满意。王利民则从国际学术期刊发展的最新动向着眼，警示中国学术期刊所面临的挑战，他的《中外学术期刊的新动向》一文概要地介绍了国外学术期刊发展的新动向：“第一，商业化导向的全球合作出版学术期刊的趋势明显。”“第二，学术期刊数字出版特征明显。”“第三，学术期刊的联系显示出全球化倾向。”“第四，评价研究成果以论文为导向，使论文刊载需求增大。”“第五，中国问题研究不仅受到海外区域研究杂志关注，也开始在西方主要专业杂志中频频出现。”[10]他同时还总结了中国学术期刊发展的新动向，两相比较，中国学术期刊发展的新动向虽然值得肯定，但与国际学术期刊的发展并不完全合拍。朱剑指出，学术期刊结构与布局等问题只是表象，在这些表象下还存在更深层次的问题，即“科学体系的缺失”“门户壁垒的阻隔”和“专家学者的疏离”，[11]同时，学术期刊还面临着三个方面的挑战，即“来自学术国际化的挑战”“来自期刊评价的挑战”和“来自数字化潮流的挑战”，[12]而目前的学术期刊还没有足够的能力来成功应对这些挑战。

2. 学术期刊体制改革的目标与路径

总编们如此集中地对学术期刊历史与现状的研究，既是因为“总编视角”主持人刘泽生主编的策划，更是对期刊出版行政管理部门发动的出版体制改革的回应。2011 年，中共中央办公厅、国务院办公厅下发了《关于深化非时政类报刊出版单位体制改革的意见》，在这个作为最高当局指导意见的文件中，关于改革的必要性是这样陈述的："在社会主义市场经济条件下，非时政类报刊出版单位的现行体制制约了报刊出版业发展，存在数量过多、规模过小、资源分散、结构不合理、市场竞争力弱等突出问题，部分单位长期靠行政摊派、买卖报号刊号维持生存，有的成为部门和单位的'金库'，助长了不正之风。这种状况既不适应社会主义市场经济深入发展的需要，也不符合社会主义文化大发展大繁荣的要求，迫切需要深化改革。"[13]学术期刊显然也是文件所针对的"非时政类报刊"之一，而且，在所有的近万种"非时政类报刊"中，学术期刊占据了大半江山，一般认为，人文社会科学期刊和自然科学期刊的总数在6000家左右，而文件所列出"数量过多、规模过小、资源分散、结构不合理、市场竞争力弱等突出问题"在学术期刊中也是普遍存在的。由此可见，在对学术期刊的现状评估和改革的必要性方面，行政主管部门与学术期刊的总编们有着一定的共识，但在问题的根源方面，两者的看法是有不同的，即使同时指向体制，所指仍然各有侧重，这为行政主管部门确定改革"路线图"并加以推进时必然遭到来自业界的抵制埋下了伏笔。

关于改革的办法，"中央两办"的文件规定："分期分批按照规范的程序转制，在清产核资的基础上，核销事业编制，注销事业单位法人，进行企业工商登记注册……整合出版资源，既充分发挥市场在资源配置中的基础性作用，又有效发挥政府在资源配置中的引导作用……实行严格的报刊出版市场准入机制，从主管主办资质、内容导向、资本来源、资产规模等方面制定具体的市场准入条件，同时建立健全市场退出机制。"简单地说，其实就是对期刊出版单位进行"转企改制"，"使其成为能独立承担社会法律责任的市场主体"，这是时任新闻出版总署署长柳斌杰对"中央两办"文件的解释。[14]但具体到学术期刊如何改革，"中央两办"的文件未做明确说明，只是表示"科研部门和高等学校主管主办的非独立法人科技期刊、学术期刊编辑部，另行制定具体改革办法"。在该文件发布的2011年，学术期刊如何进行体制改革，实际上还是一个悬而未决的问题。

"总编视角"适于其时开栏，总编们并没有坐等"具体办法"的出台，而是积极投入讨论中，继学术期刊传统与现状的分析之后，在学术期刊改革的目标与路径方面，提出了自己的主张。仲伟民在《内地学报现状及改革路径》一文中指出："政府倡导的期刊改革大方向没有错，但对于学术期刊不能一刀切，更不能盲目地将学术期刊推向市场——那是扼杀学术。因为，学术研究需要不断的积累，而承载学术成果的最主要的平台——学术期刊——则更需要支持，尤其是政府有关部门以及学校的大力支持……目前，我们国家对学术期刊的建设和发展尚无具体的规划，在政策上甚至有些乱作为，这是一件很遗憾的事。”⑮可见，改革应该在政府层面首先展开，而不是只针对期刊。姚申在《多元化发展：中国高校人文社会科学学报的改革路径》一文中指出：“在当下出版体制改革和文化体制改革不断深入的背景下，高校人文社科学报要讨论的其实不是需不需要改革，而是如何深化改革，包括改革的方向与重点、总体发展目标、优势与不足，以及高校人文社科学报与期刊市场关系、高校人文社科学报准入与退出机制的建立等，这些问题值得我们持续深入地去思考。”姚申提出了高校人文社科学报“多元化的改革路径是可能的”主张，并就“集约化发展路径”“专业整合发展路径”“联合办刊发展路径”“栏目共建发展路径”和“内涵式发展路径”分别做了阐述。⑯朱剑在《传统与变革：体制改革前夜学术期刊的艰难抉择》一文中解读“中央两办”将对学术期刊“另行制定具体改革办法”时说：“既下定了学术期刊改制的决心，又意识到了改革的复杂性和艰巨性，将慎重推进”，但是，负责具体改革实施的新闻出版总署很可能不会对学术期刊“网开一面”，“总署已定下所有非时政类期刊的改革的目标就是‘转企改制’……很可能也将‘转企改制’作为学术期刊改革最佳的目标选择”。朱剑认为：“‘转企改制’对于学术期刊来说，只是改革的手段，改变的是期刊制作单位的身份，但如今很可能被提升到目标的高度，甚至取代目标。”如果从学术期刊的实际出发，“改革的目的或目标应该是解决学术期刊结构性和体制性的矛盾，建立起符合学术发展规律和需要的合理的学术期刊体系”。“公正地说，这些矛盾的生成，根源不在期刊，而在管理部门。”显然，编辑部的“转企”并不能解决管理的问题。即使对编辑部进行改革，也有比一刀切地“转企”更好的改革路径：“就这一目标而言，存在着比‘转企改制’更为有意义的手段，这就是将纸本期刊与数字化期刊分开、将期刊编辑与出版发行分开对待的‘两分开’办法。”⑰可见，业界已意识到总署将会把一刀切地“转企”确定为学术期刊体制改革的唯一路径，所以着力分析这一可能已在拟议中的做法将给学术研究和学术期刊的发展带来负面影响，以向决策者发出业界的声音，与此同时，还明确提出了应实行包括将学术期刊编辑与出版发行分开改革在内的多元化改革办法。

但是，业界对“转企改制”的种种意见并没有引起新闻出版总署足够的重视，2012 年 7 月，总署发布了《关于报刊编辑部体制改革的实施办法》，诚如总编们所预料的，这个办法在“转企改制”以外并没有新的改革路径，也就是说，总署认为市场化导向也完全适用于学术期刊改革，或者说，市场化也是学术期刊改革的唯一路径和目标。[18]《实施办法》的出台，可谓一石激起千层浪，一时间，在学术界和学术期刊界，反对和质疑的声音响成了一片，也许是总署始料不及的。

“总编视角”也加入了对总署《实施办法》的讨论。得益于此前已开展的关于学术期刊历史、现状和改革的必要性及目标与路径的讨论，“总编视角”对于《实施办法》的讨论与业界一般情绪化的反应不同，理性分析是此后讨论这一文件的若干篇论文的共同特点。

罗骥在《报刊编辑部体制改革背景下学术期刊生存方式的转变》一文中指出：“我国从2003 年开始正式实施的文化体制改革，对国家新闻出版总署《关于报刊编辑部体制改革的实施办法》的出台起了决定性的作用，改革的实施只是时间和范围的问题。”罗骥从报刊体制改革并不是一个孤立的事件，而是整个国家文化战略的一部分的角度，不再聚焦于改革必要性的讨论，而是将讨论引申进入了路径可能性的分析。他从四个维度预测了如果按照《实施办法》来进行改革可能产生的正面的后果：（1）组织身份性质：从事业单位转变为不完全企业；（2）体量内涵：从单一刊物转变为集团刊群；（3）资金来源：从单一来源转变为多元来源；（4）政府监管：从行政主导转变为市场主导。[19]以上四个维度，无论从哪个方面来看，学术期刊都获得了以往所不具有的发展空间，期刊原有的计划经济时代的烙印将逐步消褪，市场的主导地位将逐步确立，期刊今后的生存将逐步从依赖政府过渡到依靠经营，期刊集群争取各种资助和抵御市场风险的能力将明显大于个刊，集团化和集约化经营将成为今后期刊的主要存在样态。这将是一场前所未有的变革。在这场变革中，利益关系的改变必然带来期刊界的重新洗牌，意味着原有体制中的一批期刊人将会脱颖而出，而另一部分期刊人将不可避免地丢失“铁饭碗”。同时，罗骥也指出，要真正能产生这样后果的前提是改革能够按照《实施办法》的“路线图”顺利进行，但是，这个“路线图”的制定并没有考虑到实施的条件是否已经成熟，过程是否合理，因此，留下了许多“不确定性”，“最大的不确定性是学术期刊转企改制后原有人员的身份问题……原有人员究竟是事业还是企业编制，就现有的信息而言，是非常不清晰的，而学术期刊原有人员的身份确定是影响此项改革最重要的变数”。[20]的确，不管改革以何种路线图进行，其顺利及成功与否，很大程度上取决于改革后的新体制能否容纳旧体制中的多数人，在现阶段任何事关从业人员利益的改革，都绕不过去这道坎。这样的分析入情入理，而学术期刊界中的许多人只是感受到了危机，却很少这样冷静地分析变革的前景，以选取更有利于自身变革的机会。

如果说罗骥的论文是在《实施办法》刚刚发布不久就具体条文所做的效果分析的话，那么，一年后，叶娟丽的《公共物品与市场化：一个关于中国学术期刊的悖论》一文则是“借用公共选择理论的相关概念，从公共物品的供给角度，就中国学术期刊为何不能市场化的问题进行了颇为深入的剖析”。自从“中央两办”《关于深化非时政类报刊出版单位体制改革的意见》发布之后，业界“强调学报的公益性是反对转企改制最常见的理由”，而总署的《实施办法》则不顾业界的反应，强推学术期刊的市场化，激起了期刊史上从未有过的被管理者的集体抵制。有鉴于此，叶娟丽指出：“学术讨论可以有情绪，但更需要理性。学术期刊的定性定位是什么，它为何必须市场化或者为何不能市场化，我们还需要更多更系统的理论研究。”叶娟丽首先分析了“公共物品及其特性”，然后论证了“学术期刊无疑是公共物品”。在此基础上，她指出：“一直以来，作为公共物品，中国的学术期刊大都由政府主管或者主办的。但是近年来，诚如在其他公共物品提供过程中所出现的政府失灵一样，中国学术期刊这个公共物品的提供也出现了明显的政府失灵……出现了比较典型的公共物品提供中的无效率、低效率、短缺和消费拥挤问题……其原因既有当今政府的共性，也有中国政府的个性。”“共性”在于政府存在垄断和决策机制导致的供给不均衡和不公平；“个性”在于社会对期刊这类公共物品的需求日益多元化和复杂化，“而政府提供方式却仍然单一，财力有限，对公众需求的数量与结构缺乏明晰的定位和及时的回馈……出现政府提供低效或者短缺的问题”，这正是“中国开始了轰轰烈烈的报刊体制改革”的原因。“改革的目标就是要让报纸期刊彻底告别过去的政府提供模式，改由新型的市场提供模式……市场化是当前报刊体制改革的导向，是学术期刊改革的唯一路径和目标。”然而，从理论上，“外部性为公共物品提供的市场化设置了障碍”，于是有所谓“准公共物品”概念的提出，学术期刊无疑“也是准公共物品的范畴”。政府、组织和个人都可以是准公共物品的提供者，前提则是“界定私人对某一公共物品的产权，并且有一系列制度来保护产权的行使”。但在事实上，目前中国“还不具备产权谈判的条件”。强推学术期刊市场化结果无非是，或者“社会整体收益最大化被私人利益最大化所取代……必然带来国家知识生产秩序的混乱，助长学术腐败”；或者“政府由以前的直接主办学术期刊，改为对出版学术期刊的企业进行税收减免和补贴”，但“这并非真正的市场化，也并不能减轻政府在提供学术期刊这一公共物品方面的成本支出，并没有解决公益效率的关键问题”。在做了以上分析后，叶娟丽郑重地提出了政府责任问题：“政府的职责就是建立集体的共享的公共利益，在公共物品提供政府失灵的情况下，政府的选择不是找到某些快速解决问题的方案，而是要创造共享利益和共同责任的新机制；同样，政府允许其他供给模式提供某些公共物品，也决不意味着政府在此方面责任的让渡……因此，出于公益的目的，政府急于脱手或撒手不管，都是不可取的……在决定学术期刊数量、规模、资源结构这些应该由政府解决的问题没有任何解决方案的情形下，一刀切地让期刊‘转企’，是明显的责任让渡。市场化对于中国学术期刊而言，与其说是救赎良方，倒不如说是一个新的悖论。”最后，叶娟丽在“继续交由政府主办，已经被证明并不是中国学术期刊的康庄大道；市场化提供，显然尚不成熟”的双重困境下，独辟蹊径，提出“寻求第三条道路，已经迫在眉睫”，而“非营利组织的替代提供，或许就是一种选择”，这并非异想天开，因为在西方国家“由非营利组织主办学术期刊，已经是一种比较普遍的现象”。即使如此，还是需要“对其可能带来的公共责任的空白”有充分的估计和警惕。所以，“无论是何种提供模式，政府都不应该把公共物品的供给当作包袱甩掉，提供模式可以让渡，但责任不能让渡，政府要为政府提供与市场提供之外的第三条道路创造良好的制度环境，这是政府退出公共物品提供后的重要职责。”[21]叶娟丽的分析是理性的，她的理性主要体现在对学术期刊的“准公共物品”性质的阐述、中国国情的理解和政府职责的认定上，办好学术期刊，或者说让学术期刊更多地发挥对学术研究发展乃至国家实力增强应有的作用，并非学术期刊人单方面的事，学术期刊的前景更多地取决于政府的职责担当上，而恰恰在这一点上，《实施办法》通过市场化将政府的职责全部让渡给期刊来承担，必定是行不通的。

与叶娟丽论文同期在“总编视角”专栏刊发的还有陈颖的《论高校学术期刊体制改革的目标与前提》一文，陈文指出，尽管《实施办法》至今未能真正实施，“但学术期刊必须改革，这个共识已基本达成，只是应该如何改革目前尚在争论和探讨中”，这是因为“改革的根本目的尚不十分明确”，“因此有必要围绕高校学术期刊体制改革的根本目标，认真思考和厘清以下四个方面的改革前提：一是改革之顶层设计应当与底层承受相适应；二是明确学术期刊与非学术期刊改革的异同；三是学术期刊的改革必须克服外部力量的牵制才能实现体制完善；四是要妥善处理好尊重历史沿革与体制创新的关系。”[22]该文重点在揭示《实施办法》所规定的目标和路径与学术期刊特别是高校学报的现实所存在的巨大鸿沟，要填平这条鸿沟，就要面向实际。

在经过了数年的热烈讨论之后，当时间进入2015年时，黄颂杰的《学术期刊改革的变与不变之辨》一文中提出了一个十分重要的观点：“改革发展成了现代化时代和社会的主题词，时刻触动着我们的神经中枢。改革意味着要改变、革除既有的东西，以重新构建、塑造新的东西取而代之。因此，改革首先要搞清楚的是，究竟哪些东西必须改变，哪些东西需要重构。明辨变与不变的内涵和边界是改革成败与否的重要条件。面对学术期刊的改革，我们需要探究学术期刊变与不变的面相和边界。”的确，改革既是一种断裂，也是一种延续，在断裂与延续的抉择时，我们必须保持清醒的头脑。“学术期刊首先要随着学术事业的变化而变化，但学术期刊作为学术事业的组成部分这一点则不会变。”这就道明了学术期刊改革的出发点和归宿点。黄颂杰从两个方面论证了学术期刊改革及与市场化的关系问题。一方面，学术期刊是由学术研究派生的，不符合学术研究需要的期刊自然会被淘汰，因而，“期刊的淘汰与否是它能不能适应社会变化发展，特别是能不能适应它所依附和承载的那个领域和事业的变化发展的历史过程的结果，而不是期刊改革的主要目标”。“只要一份学术期刊遵纪守法、纳入宪法和法律的框架范围，对它所从属的学术领域的研究具有积极作用，就毋须采取行政指令和手段来决定这份学术期刊的命运。”另一方面，“市场化是中国经济改革的基本方向，当前改革的主要问题是如何解决好政府权力与市场运作的关系……学术期刊作为学术事业的组成部分，它是否实行市场化或产业化，就取决于它所从属的学术研究是否市场化或产业化”。显然，学术研究是难以市场化的。但是，还应该看到，学术期刊又与学术传播相关，互联网时代“正在改变世间事物之间的许多关系”，“互联网正在将一些传统上远离市场甚至与市场无关或关系不大的行业逐步卷入市场，学术期刊也难以避免”。“学术期刊既会随着它所从属依附的学术事业的变化而与市场相关，也会随着传媒方式的变化而与市场相关”，我们必须正视这一点。“此时，学术期刊最重要的是既坚持自身的学术本性不变又处理好学术与市场的关系”。[23]如此，黄颂杰就从学术期刊与学术研究和市场的关系两个方面，辨明了学术期刊改革中变与不变的问题。他的观点是极有见地的，也可以视为对几年来“总编视角”关于学术期刊改革问题讨论的一个阶段性总结。

学术期刊数字化转型

除了体制改革以外，学术期刊如何应对数字化浪潮也是期刊人必须面对的紧迫问题，在2013年第1期“总编视角”的主持人语中，刘泽生就已有244年历史的《大不列颠百科全书》于2012年3月13日宣布停印纸质版，将实现完全的数字化在线出版一事感叹道：“纸版《百科全书》的绝唱，既是一种无奈，也是一种必须——不管它是被迫退出，还是主动转型，或是兼而有之，为重生而终结。数字出版乃是大势所趋。互联网改变了世界。一个新的出版时代到来了。”[24]那么，数字化潮流给学术期刊带来了怎样的挑战？学术期刊应该如何应对？如何看待数字化与期刊体制改革之间的关系？如何评价业界在数字化转型中的尝试？这些问题业界同人虽从十年前即开始有所讨论，但数字化潮流的真正临近，或者说真正让期刊人感受到压力则是近三五年的事，而“总编视角”有意识地引入了这一主题的讨论，发表了一系列很有见地的论文，对期刊界厘清面对的挑战，做出最好的应对不无启发作用。

1. 数字化的挑战与机遇

与体制改革不同，数字化对于学术期刊来说，只是出版技术和形式的改变，其意义和影响似乎无法与体制改革相提并论，但实际上可能正相反，其意义和影响一点也不亚于体制改革。一般说来，单纯的新技术的发明和投入使用，只会提高生产的效率，而不大可能形成对整个行业的挑战，换言之，能构成挑战的技术，一定是超越了技术的边界，能给整个行业的生产方式和行为观念都带来质的变化的技术，而互联网时代的数字传播正是这样一个技术。互联网不仅使人们获取信息的途径和习惯已彻底改变，而且导致了整个社会生态的改变。作为学术期刊的总编（主编）对这样的挑战可谓有切身的感受。

朱剑在《变革年代学术期刊的数字化生存》一文中分析了数字化浪潮在两个方面带来的严峻挑战。其一，期刊数据库的风行带来了读者阅读方式的改变——从阅读纸质期刊到阅读数据库。“这一变化给予以传统纸本期刊编辑为中心工作的人文社会科学期刊的影响是致命的……在中国知网等大型期刊数据库中，期刊已不再作为传播的基本单元而存在，最基本的单元已变为论文……这样的数据库对读者阅读方式的改变，已不仅仅是介质上的——纸本的还是数字化的，而且，更是实质上的——期刊不见了，因期刊而存在的刊物特色、编辑思想、编排风格、专栏结构、各专栏间的呼应对话统统不见了。社科期刊这一独立存在的个体已迷失在网络的海洋之中……随着期刊数据库的风行，期刊纸本的发行量直线下降，且无可挽回。”其二，传播中心的改变，期刊不再是学术论文传播的唯一中心，在传播领域正在逐步地边缘化。“今天的学术期刊人还必须直面这样一个事实：随着数字化的演进，期刊在学术传播中的中心地位已日趋旁落。如果说，学术论文是学术成果的主要形式，学术成果传播主要是学术论文的传播，那么，在纸本时代，学术传播的最小单元是学术期刊，论文不经学术期刊发表，根本无法进入广泛传播的过程……其在学术传播中的中心地位几乎不可动摇。在进入数字化互联网时代后，情况发生了改变，互联网的交互性在理论上使传播成了个人可以独立完成的行为……从信息时代信息聚合和权力分散的特征来看，传统期刊将从学术传播的中心被驱赶到边缘并非危言耸听。”[25]期刊迷失了，中心不再了，甚至还将消失，还有什么比这个挑战更为严峻呢？

赵东奎在《学术期刊的技术转型与制度转型——“中国高校系列专业期刊”的创新之路》一文中重点分析了随着信息化时代到来学术期刊所面临的技术转型压力。第一，“数字出版改变了学术期刊的编辑、出版和管理模式”；第二，“信息技术的新发展、深化发展要求学术期刊不断进行技术转型”，技术转型必然带来“学术期刊以及知识传播方式”的新变化，主要表现在“网络化在向移动网络化发展”，“‘云’技术的出现和大量应用也在改变着信息、知识传播、处理、计算、存储等方式”，“学术新知识、新观点的公布与发表呈零散化、多样化倾向”，“出现了大型的学术网络搜索引擎”。因此，“数字化成为学术期刊未来的发展趋势，整个期刊界都经历以数字化为推动力的出版形态方面的深刻技术变革。信息革命的深化发展要求学术期刊要不断进行技术转型，为自身的发展壮大奠定坚实的基础，将新技术、新方法应用到编审校印发各个流程，提高数字化出版的创新能力”。[26]这样的贯穿于整个编辑出版发行传播各流程的技术转型显然已不是单纯的、局部的技术革新，在这样的技术转型背后，需要信息时代全新的编辑出版理念的支撑。这对于习惯了内向性、封闭性办刊的学术期刊特别是高校学报来说，挑战也是全方位的。

武京闽在《学术期刊数字出版模式探析》一文中也直言："数字化已经成为学术期刊无法绕过的节点，不管你愿不愿意，计算机和互联网的广泛使用已经改变了人们的阅读方式、信息获取途径甚至生活方式，也给学术期刊的出版带来了便利、效益和挑战。在现代信息技术和网络技术迅猛发展的今天，已经不是讨论要不要进行数字出版的问题了，而是要研究如何实现从传统出版向数字出版转型，什么样的数字出版有益于推动学术期刊更好地发展，学术期刊如何摆脱'不做等死，做了找死'的尴尬局面。"可见，数字出版发展趋势已是不依个人的意志为转移的了，不管是否情愿，学术期刊终究得走在这条路上。但是，她同时又强调指出："数字媒体的出现并不意味着学术期刊将至'末日'，它改变的不是学术期刊的内容和本质，而是改变了传统的传播形式和展示方式。数字媒体是纸质媒体的内容扩展，弥补了纸质媒体传播方式的不足，使学术期刊的内容得到多样化的展现和更广泛的传播。"[27]

如果说，以上的讨论都是在"挑战—应战"的被动模式下展开，那么，徐枫、郭沁《传统学术期刊的数字化转型：做最好的在线传播》一文则以更为积极主动的心态来迎接和"拥抱"数字化的"挑战"。该文虽然也谈及数字化带给学术期刊的挑战，但更强调这同时也是机遇。"多年来，学术期刊的数字化问题一直纠结着办刊人。经过多年的冲击与磨合，面对网络、手机、平板电脑一波不平一波又起的新技术、新挑战，传统学术期刊的编者、作者、读者、审稿人已逐渐适应了不同的新媒体。如今再谈数字化，人们不再会有最初那种'狼来了'的悲哀和无措，以及关于纸媒消亡的担忧和恐惧，更多的是拥抱和接纳……互联网改变了人类的沟通方式……这一切都让办刊人着迷，也让传统学术期刊面临着新的机遇与挑战，新的困惑与选择，鼓动着期刊人不断去寻求期刊传播的新航线和新手段。"[28]徐枫、郭沁的描述是乐观而激动人心的，代表了一批告别互联网"恐惧症"之后的期刊人跃跃欲试的心态，但并不是所有的期刊人甚至不是多数期刊人都能有此心态。更为严峻的问题是，学术期刊的数字化并没有现成的道路可走，特别是对人文社会科学期刊编辑人来说，他们中的绝大多数与数字技术有很深的隔膜，如何从纸媒过渡到数媒，对他们来说，还是个没有答案的难题。

从以上分析可以看出，视数字化潮流为对传统学术期刊的挑战，这是论者的共识，但对挑战的内涵及可能导致的变化的认识却有分歧，一种观点认为数媒将取代纸媒成为学术传播的主要形式。这种转型始于传播，但不会局限于传播，必将带来从出版观念到所有流程的全方位转型，因此，学术期刊需要实现数字化转型。另一种观点认为，数字化所改变的只是技术，互联网只是一种学术期刊传播的介质，是纸媒的扩展，介质的增加和扩展并不会带来纸质期刊的必然死亡。

2. 学术期刊的数字化转型与媒体融合发展

对于数字出版将是学术期刊主要出版形态的观点似已为多数人所接受，但数字出版是一个极为宽泛的概念，数字出版可以有各种各样的形式，怎样的数字出版最适合学术期刊？或者说，学术期刊应该走怎样的数字化之路？在数字出版成为主要形态后，纸媒是否还有进一步发展的余地或空间？

徐枫、郭沁认为，在传统学术期刊体制不变的情况下，期刊不妨选择与数字技术运营商合作，在办好纸质期刊的同时，“精心选择一个或几个有实力的数字技术运营商作为合作伙伴。通过一个或多个平台，进入海内外大型学术数据库，从网络到移动，从手机到平板电脑，去获取更广阔的多媒体、多渠道、多业态的数字化应用空间，达到学术内容云传播的效果”。“但信息处理的分工并不意味着刊社与信息处理分离，更不等于学术期刊与数字化切割。”“在与大型数据库营运商合作的同时不忘自身做最好的线上传播，无疑将使传统学术期刊在数字时代获得展翅的双翼。”这可以视为“两条腿走路”的策略，不失为在纸媒为主的传统期刊出版模式未能有根本改变的情况下的明智选择。与此同时，学术期刊人还需具有国际眼光，“在传媒业发生巨变的今天，国际学术期刊的出版正在做什么？传统期刊出版将会发生什么变化？这是期刊人不得不关注的……学术期刊的印刷本会继续存在，但不再是唯一或最重要的出版形式，世界各地的学术期刊都为如何做最好的线上传播而各尽其能。传统学术期刊要做最好的线上传播，就必须关注国际期刊界最前沿的信息和变化，及时跟进”。[29]显然，瞄准国际学术期刊的最新动向，也是学术期刊在数字化转型中不可或缺的重要方面，诚所谓他山之石，可以攻玉。徐枫、郭沁的另一篇论文《中国学术期刊出版模式的变革》则集中介绍了数字出版特有的“在线优先出版”模式，这是基于互联网技术和互联网时代传播特征的“出版模式的革命”，主要通过对单篇论文先于整本期刊出版的时间差，更加快速地传播。[30]这可以视为传统期刊社努力做最好的在线传播的重要举措之一。

武京闽从对“为什么国外的大型出版商能够抢占先机，引领数字出版的潮流，而我国的传统出版业却寻路无门，不见起色”的问题追问出发，强调政府的引领作用，呼吁“传统的学术期刊管理体制、运营机制、领导体制等等都亟须做出调整和改革”。首先，“发挥政府宏观调控作用，为学术期刊从传统出版向数字出版转型营造良好的环境。”包括以下四点内容：(1)“改变现有的期刊管理体制，促进学术期刊出版单位的有效整合，打造具有一定规模的学术期刊出版集群。”(2)“政府应加大对学术期刊数字出版的扶植力度，在资金投入、税收政策倾斜方面对学术期刊提供支持。”(3)“鼓励学术期刊在出版纸质期刊的同时出版数字期刊。”(4)“政府应尽快完善与数字出版相适应的期刊管理办法，制定数字出版环境下的知识产权保护的法律法规。”其次，“借鉴国外经验，建立学术期刊非营利制度”。再次，“发挥期刊出版主体的作用，使学术期刊数字出版步入良性发展轨道”。[31]强调政府的作用是有道理的，不管学术期刊做何种改革，改革后的学术期刊都需要体制的保驾护航，而政府是体制的制定和管理主体，在中国特色的国情下，没有政府的引领和认可，仅凭期刊界的改革冲动，是不可能获得改革成功的。

一般论者在讨论学术数媒与纸媒关系时，往往喜欢将数媒和纸媒看成相互对立的一对概念，强调的是前者对后者的取代，或在这个前提下，传统纸媒的应对与转型策略；与这样的讨论不同，杜敏的《不同媒介形态下学术期刊的共生与变革》另辟蹊径，“从人类媒介形态的变革及新媒介发展应用的一般规律探求新旧媒介变革中（学术期刊）的生存与发展之路”。在分析了媒介形态的产生和符号差异的基础上，杜敏认为：“人类社会依靠不断丰富的媒介形态传输各种信息，实现组织社会、发展社会的基本功能。可以说，无论何种媒介形态均以自己的活力对社会成员及社会结构产生着有力的影响，均成为人类社会发展的基本动力和决定性力量之一……无论是书籍、杂志、报纸抑或广播、电视及网络，这些不同的媒介所代表的产业已成为不同时期的中心产业，不仅实现了信息传播的文化价值，也带来巨大的经济价值；不仅促进社会的发展，也促使人不断提升自己；不仅是社会进步的见证，也使媒介逐渐趋于综合化，形成多媒介融合的特点。”在互联网出现之前，人类社会已经历了多次媒介形态的更迭，从历史上看，新旧媒介之间“不是相互替代的关系而是一种相互融合、相互补充、相互促进的关系”。数媒与纸媒的关系同样如此。“这是来自科技、经济、社会等多方面因素相互影响的必然结果”。我们可以看到，新旧媒介的共存演进“是媒介发展的基本规律”，而新旧媒介的竞争与博弈“也是生存与自适应的一种必然”。基于此再来考察新媒介形态下学术期刊的发展之路，首先，应该看到纸质学术期刊的长处在于：“对获取信息的技术要求低，对获取信息的文化水平要求高，能长时间地被使用，便于读者深度阅读和思考”；“能够满足读者使用纸质文献、存储纸质文献的需求”；“在信息的处理和把关上较为严格，享有较高权威性”。其次，应该看到数字化学术期刊的优势在于：传播广泛而迅速；打破时空限制和便于反馈；打破线性阅读方式，可在信息间跳转和链接，实现立体化传播。如今的数字化学术期刊多是纸本期刊的数字传播，“如果说目前的数字化学术期刊是数字化技术与纸质媒介的一种融合，是对纸质期刊传播上的一种补救，那么在此基础上，两种媒介形态融合可进一步深化”。[32]如此来看待纸媒与数媒的关系，就可使我们摆脱非此即彼的简单化思维定式，从而寻找一条纸媒与数媒融合互补的发展之路。

尽管纸质学术期刊的数字化传播是目前各学术期刊社应对数字化浪潮的主要举措，但这种方式一般被看作学术期刊数字化的初级阶段，学术期刊要真正实现数字化转型，应该超越这样的模式。朱剑基于数字时代“信息聚合、权力分散”的特征，针对学术期刊的现状，提出了学术期刊数字化转型的要点。首先，“要将编辑工作的重心从纸本转移到数字化期刊上来”。其次，“完成必要的资源聚合……单一期刊的数字化转型是困难而没有多大意义的……没有足够量级的数据源，数字化这条高速公路就没有车跑，或跑的尽是空车，也就没有意义。因此，期刊数字化的转型必定是批量的和群体的”。再次，“要建立符合数字化要求的期刊体系及与之相对应的协同机制……在论文代替了期刊成为学术传播最小单元的数字化时代……论文的传播并非杂乱无章，而必定是有序的，只不过其序列较纸本期刊更为复杂和多变。以学科和问题为中心对来自各种期刊的数据进行有序组合，将是数字化期刊体系的基本形式……离开了期刊群体内的协同运作，数字化期刊体系的构建也就无从谈起”。最后，“在数字化传播方面，既要与大型数字库合作，又要掌握充分的自主权和控制权”。[33]

值得提出的是，在讨论面对数字化大潮学术期刊的可能应对的同时，总编（主编）们还特别强调期刊内容、学术质量是无可替代的。比如，徐枫、郭沁指出：“无论未来会怎样，相比全媒体出版而言，传统学术期刊首先要做的依然是提供高端内容，提升办刊质量和期刊品牌。数字化只是学术期刊的外在形式，期刊的核心竞争力离不开‘内容为王’，真正重要的在于媒体所传递信息的内容，而不是载体。”[34]朱剑指出：“在数字化时代，技术固然重要，但‘内容为王’永远也不会改变。只要牢牢控制住和运用好数据源——优质的学术论文，学术期刊就有了走出困境的资本，仍然可以从数字传播的边缘回到中心。”[35]当然，我们也应该看到，“内容为王”虽然不会改变，但对内容的评判标准有可能随着数字化转型而发生某些变化。

3. 数字化转型与期刊改革的关系

进入 21 世纪以来，如何应对报刊体制改革和数字化潮流是学术期刊总编们最关心的两个问题。这两个变革对于学术期刊来说，都是意义非凡的：前者将会使运行了 60 年的期刊体制真正从计划经济年代走入市场经济年代，从管理体制到期刊的运作机制都会有全面而深刻的变化；后者则会从根本上改变自学术期刊在中国诞生百余年来的基本载体和传播方式乃至编辑出版观念。这两个看似关系不大的问题在 21 世纪初可谓“不期而遇”。如前所述，尽管对于改革的必要性各界都已有共识，但在体制改革的目标与路径、数字化转型方案与纸质期刊命运等问题上，从管理者到业界都有不同看法，特别是行政权力部门与业界的分歧非常明显，从而造成了改革之路困难重重，总署颁布的改革办法甚至面临着不了了之的结局。显然，要确保改革的顺利进行并达到预期的效果，仅有对改革必要性的共识是远远不够的，更为现实的问题是如何求得在改革的“路线图”上达成各方共识。为了寻求这样的共识，并积极推进体制改革和数字化转型，部分入选教育部名刊工程的高校学报从 2011 年开始就积极进行尝试，联合推出了数字化的“中国高校系列专业期刊”。“总编视角”对这一尝试给予高度关注，结合体制改革和数字化转型，多篇论文对此进行了评论。

仲伟民在《中国高校学报的历史、现状和将来》一文中是这样评论的：“2011 年初，入选教育部名刊工程的 17 家学报联合推出‘中国高校系列专业期刊’，这是一次伟大创举，极有可能由此打开中国学报改革之门！我之所以对此项探索给予如此高的评价，一是因为在目前学报面临艰难困局的形势下，他们摸索出了一条最佳的改革路线，如果此次探索能够成功，那么将来中国学报的局面必将大为改观；二是此项探索不是迫于行政命令，而是完全由既有实践经验、又有切身感受的学报主编们所推动，是自觉自愿，是自由联合。”“鉴于中国学报的历史以及现实的复杂性，‘中国高校系列专业期刊’的改革探索采取了切实可行、逐步推进的方案，以既能延续学报的历史传统、又能兼顾学报现实情况的两全其美的办法……既创建了新的体系独立的专业化数字化期刊，又不会割断与名刊学报的血脉联系。也就是说，名刊综合性学报与系列专业期刊要相依共存，各展其长：在论文组合上，分别以综合性和专业性见长；在出版载体上，分别以纸本和数字版为主；在出版时间上，完全同步或后者更早；在传播途径上，前者以保持纸本传统为主，后者则主打更为迅捷的网络管道。”㊱

赵东奎在《学术期刊的技术转型与制度转型——“中国高校系列专业期刊”的创新之路》一文指出：“（中国高校系列专业期刊）是高校综合性学术期刊面对全球信息化浪潮的数字化、网络化发展特征所做出的技术转型；同时，也是高校综合性学术期刊为改革其自身固有的‘全、散、小、弱’的现状，实现教育部‘名刊工程’所确立的‘专、特、大、强’目标，积极顺应我国报刊体制改革的制度转型。中国高校系列专业期刊的创办与发展，可以说是学术期刊的一次重大创新之举。”“它的创办，并不是简单意义上的由纸质期刊重新组合为专业数字期刊，可以说，它开创了一种全新的办刊模式，在一定意义上实现了三个突破：一是突破了高校之间的门户壁垒，尝试了学报间联合办刊的方式；二是突破了纸质期刊的单一模式，尝试了专业网络期刊的方式；三是突破了单一主体的办刊模式，实现学术期刊共同体与企业合作办刊的方式。它探索了纸质期刊和数字期刊、综合期刊与专业期刊、单一期刊与学术共同体三个统一的实现路径，成为目前国内高校首次自主联合方式与国内主流数字出版媒体合作创办的系列专业期刊。”㊲

也有总编在肯定“中国高校系列专业期刊”积极意义的同时指出了这个尝试的不足之处，比如黄颂杰认为：“‘中国高校系列专业刊’，借助中国知网技术平台，正式出版了十种数字化专业学报，开启了中国高校综合性学术期刊向数字化网络化和专业化转型的探索之路。三年多的风雨历程为高校人文社科学术期刊的技术转型积累了成绩和经验。这一创举坚定了高校文科学报走数字化网络化的技术转型之路的信心，同时，也提出了实现技术转型之路中的一系列问题。笔者认为，最主要的问题是，数字化专业刊还没有真正解决高校学报自身的改革发展。因为参与的学报仍然在按原有的方式编辑出版纸质版期刊，只是将原有的综合性编排改制为按专业性编排，而将数字化的技术工作交由中国知网解决，各学报编辑部自身并未解决技术转型，甚至连编辑方式、流程都没有实现转型，还停留在纸质版的样式之中。进一步说，即使各家学报编辑部实现了编辑流程的电子化网络化，那么，由各家联合而成的专业刊编辑部是否有权或者有多大的权对各刊提供的论文进行筛选编辑？……更重要的问题是，数字化的联合专业刊与各家学报究竟是何种关系？是逐步取代学报，还是二者共存？……拥有主办权的综合性的纸质版的学报，与主办权不明确的联合而成的数字化的专业刊，是难以长期共生共存的，也不可能是各家学术期刊改革的目标。数字化联合专业刊是在现有的综合性学报难以改变为专业性期刊、新的专业性期刊无法获取正式刊号的情况下由‘民间’而非官方所做的尝试和探索，它显示了学术期刊改革的专业化和数字化网络化两个方面的问题，但并没有真正解决每个学术期刊自身专业化和数字化网络化的改革与转型问题。”[38]黄颂杰在这里提出的问题确实切中要害，得不到官方承认和支持的自下而上的“改革”是不可能获得成功的，与其说“中国高校系列专业期刊”是一个已获得成功的尝试，不如说这个尝试正说明了中国学术期刊体制改革的重点首先在期刊管理体制。“中国高校系列专业期刊”在设计之初就有多个阶段性计划，但都离不开体制的容忍和支持，目前，尝试仍然停留在初始阶段，问题不在没有好的“底层设计”，而在于缺乏真正的“顶层设计”的响应，而这种响应主要体现在期刊体制的改革上。

有感于“中国高校系列专业期刊”在推进过程中所碰到的体制障碍，朱剑在《变革年代学术期刊的数字化生存》一文中指出：“近年来学术期刊人已充分感受到了变革来临前山雨欲来风满楼的压力，一直在苦苦寻找应对体制改革和数字化潮流的合理路径。当笔者回顾近年来业界相关研究时，发现这样一个现象，就是很少有人将体制改革与数字化变革联系起来分析，更少有人将这两者结合起来设计改革方案，而在笔者看来，这两场历史性变革的不期而遇已注定了它们的进程必然会交织在一起，单独地针对其中的一个，很难找到真正的应对之道。”因此，“学术期刊体制改革必定是一项复杂的系统工程，改革必须在政府与期刊相关的各种制度层面上全面展开。‘转企’既不是改革的目标和唯一的手段，也无法承担所有的改革任务与责任。但是，自上而下发动的体制改革还是为革新学术期刊提供了一次难得的机遇和一个有力的支点，现在，我们需要找到一个杠杆，让政府与期刊可以联手撬动盘根错节的现行期刊体制，使学术期刊获得新生。在笔者看来，这个杠杆非数字化莫属。”“期刊体制改革只有与数字化变革结合起来，且立足于数字期刊体系的构建，才能获得成功。任何以纸本刊、单个刊为目标的发展规划都注定是落后于时代的，任何以纸本刊、单个刊为目标的改革措施也注定是没有前瞻性的，我们必须在纸本刊、单个刊之外，在期刊集群数字化转型上寻找突破口。”基于以上的观点再来看“中国高校系列专业期刊”的尝试，“如果从变革的角度来评价这个全新的办刊机制，可以看到它的两个重要特点：其一，它对现行的期刊体制提出了全面的挑战，不仅在于它不同于现行的体制，更在于它能有效地解决现行体制带给学术期刊的诸多问题；其二，数字化在其中起到了非常关键的作用，通过对数字化种种优势的发挥，实现了专业化转型和集约化、规模化发展。因此，尽管不符合现行的期刊体制和传统期刊模式，但它的出现，不仅是学术界所期盼的，而且恰恰是与报刊体制改革决策者预定的改革目标完全吻合的”。[39]

如果说“中国高校系列专业期刊”只是基于期刊层面的一个新的办刊模式的尝试，那么，周小华的《在学术共同体中实现中国学术期刊的新媒体转型》一文则提出了在更深的层面和更广的范围的学术期刊转型设想，即“学术期刊新媒体公共平台建设的模式”。这个公共平台的基本定位是“整合国内外学术期刊与学术研究的资源，创造方便快捷的链接服务，强化用户参与和分享，打造以学术期刊为纽带的产学研合作、人才对接、协同创新的互动平台”。依凭这一平台，得以“在学术共同体中实现学术期刊的新媒体转型”。周小华继而分析了这一全新平台的构成要素、特点和优势，最后从观念的转变、政府的推动、媒体的再造、法规的健全、商业模式的探索等五个方面为这一平台的构建提出了一些原则性的路径设想。应该说，周小华的这一充满想象力的设计，是极为大胆也极为诱人的，如果这一设想能够付诸实施并取得成功，那改变的将不仅是学术期刊，而是整个学术研究的根本格局。当然，因其大胆设想，更需小心论证，诚如周小华所言：“在学术共同体中实现学术期刊的新媒体转型，是一项系统工程，涉及流程再造、体制机制改革、价值重塑、品牌创新、边界拓展、战略设计等方方面面”，[40]不仅难度极大，而且在理论上是否能为学界所接受，也还有待进一步的观察。因为在传统上，学术研究与学术期刊是有明确分工的，学术期刊回归学术共同体是指让学术期刊成为学术共同体主导的传播平台，但不影响其作为一个独立体存在。而周小华的理论预设是，学术研究与学术期刊是完全可以也完全应该融为一体的（没有边界的共设平台），并以此作为全文立论的基础。因此，对这一理论预设还有必要进行详尽的论证。此外，尽管有了路径框架，但最为关键的如何操作的问题，比如旧的学术期刊体制如何打破？中国特有的遍布于各高校和科研机构，但一个刊社（编辑部）只拥有一两个刊物的现状如何改变？传统体制中的期刊人如何成为新媒体中的期刊人？新的期刊评价机制该如何建立？还需要设计更具体和精细的且具有操作性的方案。我们不妨视其为期刊人的美丽梦想，有时梦想也是非常重要的。

结 语

以上是对《澳门理工学报》“总编视角”栏目开栏四年来关于学术期刊体制改革和数字化转型讨论的一个简单述评。“总编视角”与学术期刊及其管理者一起度过了堪称中国学术期刊史上罕见的不平凡的四年。之所以说它“罕见”，一方面，不仅因为新中国六十余年的期刊史上，由作为管理者的政府权力部门发起并主导的体制改革是前所未有的，更因为一贯对管理者俯首帖耳的学术期刊界与政府权力部门围绕改革“路线图”的博弈也是前所未见的；另一方面，数字化浪潮所代表的新技术革命给学术期刊带来的挑战是空前严峻的，学术期刊已被数字化浪潮推到了技术革命的风口浪尖，面临着生死存亡的严峻考验，能否抓住机遇正确应对，关系到学术期刊能否凤凰涅槃浴火重生，开辟出一片光亮而广阔的新天地。之所以说它“不平凡”，一方面，不仅因为学术期刊体制改革牵动着作为改革对象的期刊人的心，也牵动了整个学术界，而且因为对改革的目标和路径，政府部门的“顶层设计”与学术期刊界的“底层设计”之间，既有共识，又有分歧，甚至是尖锐的分歧，而在学术期刊界内部，对改革的认识和利益诉求也不尽相同，由此导致的政府权力部门与学术期刊界的博弈复杂多变、波澜迭起。另一方面，面对数字化浪潮的冲击，学术期刊界并没有停留在坐而论道，而是勇于实践，试图奋力走出一条属于自己的数字化转型之路，虽然困难重重，但仍让人看到了希望。学术期刊人不会忘记这不平凡也不平静的四年。

“总编视角”可谓对这罕见的不平凡的四年历程的一个真实记录。透过四年来的“总编视角”，我们可以清晰地看到四年来围绕学术期刊体制改革和数字化转型的种种争议博弈及实践运作的基本走向。

如前所述，“总编视角”的开栏与“中央两办”《关于深化非时政类报刊出版单位体制改革的意见》的发布几乎是同时的（均为 2011 年），对于这一改革纲领性文件的认同是“总编视角”展开相关讨论的基点，早在 2012 年新闻出版总署《关于报刊编辑部体制改革的实施办法》发布之前，“总编视角”就已拿出了自己的“底层设计”，提出了将纸本期刊与数字化期刊分开、将期刊编辑与出版发行分开的“两分开”路径，遗憾的是，这一设计当时并没有得到总署的认同，而《实施办法》也无法让学术期刊界全盘接受，于是，博弈不可避免地展开。

“总编视角”中总编们对《实施办法》某些设计的批评并非一味地维护自身的利益，而是从学术事业的大局出发，发出了改革应尊重学术研究和学术期刊发展规律的呼声。令人欣慰的是，这不是一场零和博弈，通过博弈，学术期刊界不仅对“顶层设计”的目标的接受程度有所提高，而且政府权力部门对发自学术期刊界的呼声也有了积极回应，对改革的目标和路径设计都已有所修改。国家新闻出版广电总局于2014年4月3日发布了《关于规范学术期刊出版秩序促进学术期刊健康有序发展的通知》，尽管《实施办法》并没有正式废止，但在这个最新的通知中，事实上已对《实施办法》做了重要修正和补充。最值得关注的是以下两点。其一，强调“学术期刊要立足自身学科和研究领域，注重专业化发展”。[41]“在原总署和现总局的正式文件中，明确把专业性和专业化发展作为对学术期刊的基本要求而提出来，还是第一次。”[42]其二，确认“建构编辑和出版发行分开、分别由编辑部和出版企业运作的模式”。[43]“顶层”与“底层”终于达成了共识。“其实在原总署《实施办法》发布之前，学术期刊界就已提出这种改革方式……而总局《通知》发布之前，党的第十八届三中全会通过的《中共中央关于全面深化改革若干重大问题的决定》，在阐述‘建立健全现代文化市场体系’时也提出：‘在坚持出版权、播出权特许经营前提下，允许制作和出版、制作和播出分开。’中央的决定对这种分开方式做了原则上的肯定。”[44]无论是“专业化、数字化转型”，还是“建构编辑和出版发行分开、分别由编辑部和出版企业运作的模式”被写入总局文件乃至中央决策，都是“顶层设计”通过对“底层设计”的吸纳而做出的对学术期刊体制改革方案的重大修改，从而向改革路径问题上的共识迈出了关键一步。这一步的迈出，并不仅仅因为个别人提出了某些观点，更在于众多期刊人所做出的大量相关研究而发出的业界的声音打动和说服了决策者，这其中，《澳门理工学报》“总编视角”专栏有着可载入史册的特别贡献。

---

①刘泽生：《总编视角·主持人语》，《澳门理工学报》2011年第4期。

②④㊱仲伟民：《中国高校学报的历史、现状和将来》，《澳门理工学报》2011年第

4 期。

③⑤⑫⑰朱剑：《传统与变革：体制改革前夜学术期刊的艰难抉择》，《澳门理工学报》2012 年第 1 期。

⑥刘曙光：《高校社科学报功能定位的反思》，《澳门理工学报》2011 年第 4 期。

⑦⑮仲伟民：《内地学报现状及改革路径》，《澳门理工学报》2012 年第 3 期。

⑧⑯姚申：《多元化发展：中国高校人文社会科学学报的改革路径》，《澳门理工学报》2012 年第 3 期。

⑨张耀铭：《学术期刊肩负的使命和职责》，《澳门理工学报》2012 年第 3 期。

⑩王利民：《中外学术期刊的新动向》，《澳门理工学报》2012 年第 3 期。

⑪㉕㉝㉟㊴朱剑：《变革年代学术期刊的数字化生存》，《澳门理工学报》2013 年第 2 期。

⑬中共中央办公厅、国务院办公厅：《关于深化非时政类报刊出版单位体制改革的意见》，中办发〔2011〕19 号。

⑭柳斌杰讲话，见吴娜《非时政类报刊出版单位体制改革攻坚号角已吹响——柳斌杰接受专访介绍非时政类报刊出版单位体制改革的热点问题》，新闻出版总署网站，http：//www. gapp. gov. cn/cms/html/21/1006/201108/721385. html

⑱新闻出版总署：《关于报刊编辑部体制改革的实施办法》，2012 年 7 月。

⑲⑳罗骥：《报刊编辑部体制改革背景下学术期刊生存方式的转变》，《澳门理工学报》2013 年第 1 期。

㉑叶娟丽：《公共物品与市场化：一个关于中国学术期刊的悖论》，《澳门理工学报》2014 年第 2 期。

㉒陈颖：《论高校学术期刊体制改革的目标与前提》，《澳门理工学报》2014 年第 2 期。

㉓㊳黄颂杰：《学术期刊改革的变与不变之辨》，《澳门理工学报》2015 年第 1 期。

㉔刘泽生：《总统视角·主持人语》，《澳门理工学报》2013 年第 1 期。

㉖㊲赵东奎：《学术期刊的技术转型与制度转型——“中国高校系列专业期刊”的创新之路》，《澳门理工学报》2013 年第 1 期。

㉗㉛武京闽：《学术期刊数字出版模式探析》，《澳门理工学报》2014 年第 3 期。

㉘㉙㉞徐枫、郭沁：《传统学术期刊的数字化转型：做最好的在线传播》，《澳门理工学报》2013 年第 1 期。

㉚徐枫、郭沁：《中国学术期刊出版模式的改革》，《澳门理工学报》2015 年第 1 期。

㉜杜敏：《不同媒介形态下学术期刊的共生与变革》，《澳门理工学报》2014 年第 3 期。

㊵周小华：《在学术共同体中实现中国学术期刊的新媒体转型》，《澳门理工学报》

2015年第1期。

㊶国家新闻出版广电总局：《关于规范学术期刊出版秩序促进学术期刊健康有序发展的通知》，2014年4月3日。

㊷洪峻峰：《当前学术期刊改革的顶层设计与底层回应》，《清华大学学报》2015年第4期。

㊸国家新闻出版广电总局：《关于规范学术期刊出版秩序促进学术期刊健康有序发展的通知》，2014年4月3日。

作者朱剑，《南京大学学报》主编，编审。南京　210093

歧路彷徨：核心期刊、CSSCI的困境与进路*

——《澳门理工学报》"总编视角"专栏述评之二

朱　剑

[提　要] 解读核心期刊主要研制者的观点可以发现，他们将文献检索理论改造为评价理论，使指导订阅的期刊目录成了期刊质量排行榜，但其理论改造及其所标榜的评价作用都是十分可疑的，其对核心期刊负面影响的原因分析也是不能成立的。后起的CSSCI虽然比较忠实地遵循了加氏定律，但在起步阶段对评价功能的过度宣传，使其在影响迅速扩大的同时背离了初衷，检索工具变成了评价产品。在学术评价改革势在必行的背景下审视核心期刊和CSSCI的进路，唯有退出评价，回归数据开发者的定位，方不失为明智的选择。但数据服务平台建设的困难和对评价权力的留恋将构成其前行路上的两大障碍。

[关键词] 学术评价　核心期刊　来源期刊　CSSCI

引　言

自从北京大学图书馆等单位《中文核心期刊要目总览》（以下简称《总览》）于1992年问世以来，学术界、学术期刊界围绕核心期刊的争议就没

* 本文系教育部人文社会科学研究规划基金项目"高校学术期刊发展战略研究"（项目号：14YJAZH116）的阶段性成果。原载《清华大学学报》2016年第1期，副标题为收入本文集时所加。

有平息过，随着中国社会科学院文献信息中心《中国人文社会科学核心期刊要览》（以下简称《要览》）和南京大学中国社会科学研究评价中心“中文社会科学引文索引（CSSCI）”（以下简称 CSSCI）在数年间的相继问世，相关讨论更形热烈。其中，出自各学科学者和期刊编辑的批评性评论尤其引人注目，无论是对《总览》《要览》，还是对“CSSCI 来源期刊”，批评的矛头都主要指向其在学术评价和学术期刊评价中的负面影响，因为在这样的评价中，《总览》《要览》和 CSSCI 所起的实际作用相差无几，都是凭借其期刊排行榜的简单、实用而成为“以刊评文”这种被简化了的学术评价的基础的。故而学术界、期刊界和管理部门对这三者就有了“三大核心”这样的通称，而不大在意《总览》《要览》与 CSSCI 之间的差别。本文所要评论的正是这样的现象，所以沿用这样似乎已约定俗成的通称。

从“三大核心”研制者身份即可知其产品不过是文献情报学研究的成果，何以能越出其学科边界而在整个学术界引起如此巨大反响？这就不能不说到行政权力对学术活动的介入。随着中国经济的高速发展，国家对学术研究的投入逐年增多，来自国家财政的拨款成为最重要的学术资源。在理论上，这样的资源应该通过最合理的方式分配给最有能力的科研机构或研究者个人，方能发挥最大的效益；在实践中，资源首先以工程或项目的形式进行切割，然后通过类似竞标的程序评选出最合适的中标者。掌控和操作这一过程的当然是行政权力部门。行政权力部门的立项和分配以及后续的管理都必须有一个公认的标准，但行政权力部门并不懂科研业务，这个标准只能通过专业人员来制定并执行，这个制定标准和执行的过程遂成为代表权力意志的学术评价。本文所讨论的即是此类评价，而不是学者之间的学术批评或一般意义上的用户对产品的评论。

学术评价并非中国所特有，只要有政府或机构的投入，评价就必不可少。在国际学术界，同行评议被公认为最权威的学术评价方式；但是，在中国 1990 年代以来不断恶化的学术生态环境下，同行评议早已不具公信力，而服务于政府资源配置的评价却不可缺少，这就使号称定量评价的核心期刊和 CSSCI 适时补位，其研制者也被视为或自认为专业评价机构。近二十年来，评价机构的量化评价在政府主导的各种评价中已然发挥着不可替代的作用，被视为学术研究的“指挥棒”。

尽管遭到各方猛烈抨击，评价机构的期刊排行榜仍然每隔两三年就会高调发布，对铺天盖地的批评却很少有相应的回应，因此，在评价者与被评价者，即学者、期刊人与评价机构之间，并没有形成有效的学术对话。不过，笔者注意到，2011 年底，《澳门理工学报》开设了“总编视角”这一专栏，在此后的 4 年时间里，来自“三大核心”的主编或负责人皆曾在“总编视角”撰写长篇专文，阐述其产品的原理和作用。这就为我们提供了分析其观点及其产品的最新也是最全面的文本。本文意在通过对这些文本的解读，分析“三大核心”的意义与局限，明确其应有的定位和可能的作用，并就“三大核心”发展进路问题，提供一个思路。

一　核心期刊、CSSCI 的基本原理与适用范围

作为评价机构的负责人，“三大核心”的主编或负责人站在自己的立场来讨论评价问题是理所当然的，关键在于当他们试图将其产品越界推向整个学术界时，能否在共同的话语基础上与作为评价对象的各学科学者及学术期刊人形成对话并获得后者的认同。然而，难以平息的批评之声足以说明两点：其一，这样的越界已是事实；其二，这样的认同并不存在。从对“三大核心”的批评来看，首先遭遇的质疑是其产品是否具有科学的理论依据，其次是其产品能否合理和公正地评价学术和评价学术期刊，最后是“三大核心”的研制者是否具备对各学科的学术研究和学术期刊进行权威评价的主体身份。本文所要分析的几个文本对此都有所回应，总的说来，同属核心期刊的《总览》和《要览》主编的观点更为相似，而 CSSCI 则有所不同，故本文对两者分开论述并予以比较分析。

（一）似是而非的理论依据：布氏定律、加氏定律抑或其他

任何一个由文献情报学研究人员研制的评价产品，其研制者都会声称以一定的理论为依据，理论对评价方法与程序的成立固然至关重要，除此之外，还有一个更为重要的隐喻，即掌握评价理论和方法者自然就具有了评价主体的身份。所以，《总览》和《要览》的主编们在讨论其主持的评价项目时，大多没有直接切入评价主体身份这一多少令评价机构不大自信的话题，而是不约而同地从核心期刊的制作原理和方法说起。

1. 量与质的混淆：对布氏定律与加氏定律的解说

作为一种质量评价的核心期刊其理论源头在哪里？《要览》主编姜晓辉《核心期刊的评价功能与作用》（以下简称“姜文”）一文是从 1934 年英国文献计量学家布拉德福发现文献集中与分散定律追溯起的，该定律显示：“对某一学科或主题而言，将科学期刊按其登载相关论文数量的多少递减排

序，这些期刊就可以分成对该学科或主题最有贡献的核心区，以及论文数量与核心区相等的几个区。”“布拉德福定律的现实意义在于通过某个学科文章在期刊中的分布分析获取一定数量的核心期刊，从而减少读者面对众多期刊难以选择的迷茫，使读者选择专业期刊时更有针对性”。[①]姜文认为这是核心期刊的理论源头。在这里，姜文强调了文献分布的核心区，却模糊了核心区与质量的关系。但我们知道，一本期刊中，某学科载文量的多少，与其质量并无必然关系，布氏定律并不是一个关于期刊质量的定律，故与质量评价无关。

接着，姜文说到了1953年美国文献计量学家加菲尔德的发现：“期刊论文被引用的情况也符合布拉德福定律，期刊的分布也有一个比较集中的核心区域和一个比较分散的相关区域，这就形成了著名的加菲尔德文献集中分散定律。这是加菲尔德对布氏定律的重大突破和发展。”依凭这一定律，加氏相继研制了SCI、SSCI和A&HCI等期刊引文数据库，“形成了一个多学科、国际性和综合性的引文索引体系和引文分析理论体系，为人们提供了一种全新的文献分析与检索途径”。显然，加氏定律只是说明得到较多引用的文献会集中在部分刊物上，这与核心期刊有何关系呢？姜文认为：“加菲尔德强调的引用关系本身带有天然的评价关系，是核心期刊具有评价功能的出发点。”在这里，姜文强调引文与评价的关系，却模糊了另一个重要关系，即引文与质量的关系。诚然，某学者对某文献的引用代表了该学者的某种评价，但学者引用他人的动机是复杂的，“从现有的实证结果来看，引用关系是基于文献之间的相关关系建立的，并不能直接证明引用关系完全体现知识增长的累积性”。[②]所以，加氏定律只是指出了高效的引文索引和分析途径，充其量也只是说明被引用文献与其影响力之间具有某种相关关系，而影响力与质量是不能直接画等号的，要证明某文献被引用的数量与其质量之间的关系并给出量化的描述，对引文的分析，即对引用者的引用动机、目的、内容和对被引文献的学术贡献或对引用者研究的作用的专业分析，都是必不可少的重要程序，未经这样分析的简单的数量统计、运算并不能直接说明被引文献的学术质量或学术贡献，故不能视为学术评价。

2. 量与质的转换：对布氏定律和加氏定律的“发展”

布氏和加氏定律所揭示的是期刊论文和引文分布的规律，而不是期刊论文质量分布的规律，因此，作为文献检索工具的理论依据是成立的，但作为用途与检索无关而只与评价相关的核心期刊的理论依据则是说不通的。若要强说布氏、加氏定律是核心期刊的理论依据，那就必须对这个理论加以改造，使其通过量与质的勾兑变得看起来像一个评价理论，而核心期刊的研制者正是这样做的。《总览》主编蔡蓉华和何峻合作的《论期刊评价之目的、方法和作用》（以下简称“蔡文”）一文认为：“‘布拉德福文献离散定律’和‘加菲尔德引文集中定律’揭示了学科文献在期刊中的分布存在‘集中’和‘分散’的客观规律，为定量评价学术期刊奠定了理论基础。后人进一步研究证明，学科文献的被摘录、被转载、被阅读等多种特征在期刊中的分布都遵循集中和分散的规律。”③在这里，与姜文一样，蔡文将学科文献的集中与分散规律等同为质量分布规律，使之在核心期刊的理论中起到了基石的作用。除此之外，蔡文还创造性地将对学科文献的摘录、转载、阅读等带有一定目的性行为的简单计量都视为与引文计量一样的定量评价。于是，只要将这些数据累计后进行综合排序，就可以完成所谓的定量评价。在将数量与质量之间画上等号让其可以自如转换之后，文献集中分散定律被改造成了质量集中分散定律，布氏定律、加氏定律终于“发展”成了核心期刊的理论依据。可见，这一“发展”的要害不在增加了指标种类，而在于抽去了定量评价必不可少的程序——对数据的专业解读和分析，这个所谓的定量评价实际上也就成了只有数据而没有评价的单纯计量。

核心期刊研制者除了混淆了数量、影响力与质量的关系外，其“理论发展”的一个重要内容就是引入复合指标以掩盖其缺乏专业的数据解读和分析的局限，并造成增加了评价分量的假象。但是，从检索到评价的跨越并不是增加几个指标就能达成的，即使以所谓“指标体系”来看待核心期刊评选的复合指标，也不难发现，在作为排行榜依据的数量统计方面至少存在着两方面的问题。其一，这些增加的指标是否具有评价意义？比如被视为重要指标的“文摘量”“文摘率”，“在激化学术期刊界的内部竞争的同时，也招致学术期刊界对文摘评价功能的质疑和批评：它们为何能够凌驾其他客观学术体系之上具有如此显赫地位？”实证研究也证明，文摘的数据是不足以用来评价期刊的。④其他的指标或多或少也都存在类似问题。其二，依据复合指标制作排行榜所面临的普遍问题——如何加权？但凡组成复合指标的各单一指标的意义和价值是各不相同的，为了制作综合数据排行榜，必经加权运算这一程序，而加权却是一件极为主观的事，人为的干扰无以避免，最终的综合数据即使精确到小数点后若干位，对于制作者来说，稍稍修改一下加权方案就能轻而易举地予以改变，从而改变被评价者的排序，而对于被评价者或使用者来说，也早已脱离了实际内容的数据除排序外毫无意义。如果说，量化评价的最大特点或优势是指标的“客观性”“公正性”和“实用性”，那么，随着复合指标的加权，“客观性”“公正性”和“实用性”也已打了很大的折扣。可见，加入复合指标与将引文数据直接用于评价，其逻辑推演的荒诞性是一脉相承的。

加氏定律的发现者加菲尔德对这种将检索理论发展为评价理论的做法虽然没有直接的评论，但他在2009年9月访问中国科学院与学者和媒体见面时反复强调了“分析”的意义：“具有深入分析性的评估分析库，在某种意义上具有评估研究影响力的作用，但永远要记住SCI的主要功能是用于检索的。”[⑤]显然，只是为了给期刊排行而不是“深入分析性的评估分析库”的核心期刊的原理特别是用途与加氏定律并没有那么密切的关系，事实上，核心期刊从产生的那天起，与源于布氏加氏定律的SCI、SSCI和A&HCI就是风马牛不相及的产品，前者是“评价”产品，形式是期刊排行榜；后者是文献检索工具，形式是引文索引数据库，评价作用即使存在，也只是其衍生功能，且必须通过“深入分析”才能实现。将核心期刊归附为布氏定律和加氏定律的产物，只是为其寻找一个理论上的合法性而已。可见，核心期刊之于学术评价，其理论依据并不像姜文和蔡文说的那般坚实可靠。

（二）模棱两可的适用范围：指导订阅还是评价期刊

与所有的产品一样，核心期刊当然也是为了满足一定的需要而产生，并在一定的范围内适用，那么，核心期刊是因何种需要而生，又有什么样的适用范围呢？

1. 指导订阅：最初的适用范围

蔡文谈到了核心期刊产生的背景：“在文献爆炸的时代，人们获取有效文献的困难越来越大，社会需要快速有效查找文献的方法，于是文献情报工作者责无旁贷地承担起了这个任务，他们的研究在两个方面取得了重大进展。一是编制文献检索工具，使读者可以较方便地查找所需文献……近20年来，随着网络信息技术的发展，各种文献检索资料库发展迅速……二是对期刊进行评价，使读者可以选用最有价值的期刊。”“研究科学的方法，对期刊进行客观评价，成为图书馆界和情报界的重要任务之一。这类期刊评价研究，一般由图书情报部门主持，依据最初由国外传入而后在国内得到发展的文献计量学理论，采用文献计量统计方法进行评价，评价成果的名称也借用舶来术语‘核心期刊’”。在这里，蔡文说得非常清楚：信息时代到来导致的获取有效文献的困难催生了新型的文献检索工具——文献检索资料库；选择有价值期刊的困难催生了指导订阅期刊的工具——核心期刊，而这两项工作，都是由文献情报部门及其工作者“责无旁贷地承担”的。

可见，从一开始，文献情报工作者所从事上述两项工作的适用范围是清楚的，那就是提供文献检索服务和指导图书馆订阅期刊。与提供文献检索的单一性服务不同，指导订阅的工作涉及了对期刊的评价，但也仅是用“文献计量统计方法”生成的简单的评价结果，诚如蔡文所言：“评价结果是学科核心期刊表、引文资料库来源期刊表和期刊引证报告等，主要供需要对期刊进行宏观评价的读者使用。”说白了，文献情报人员所做的期刊评价工作，就是综合各种期刊阅读量（率）和引文量（率）等数据的排行榜或排名表，并定名为“核心期刊”。被列入排行榜的期刊只不过是被关注的程度较高而已。对于图书馆来说，为满足多数人的阅读需要，参考排行榜大致是合适的；但同时还必须尽可能满足读者个性化的需要，排行榜对此就无能为力了，所以，各馆在参考排行榜的同时，还必须根据本单位学科结构、学科特色增订部分未入榜但质量甚至更为优秀的期刊作为补充，不然，必然出现千馆一面的状况。因此，核心期刊即使在指导订阅方面，其功能也是有限的，只能作为参考，而不能作为标准。核心期刊的作用仅限于此，真理多走一步就意味着有可能成为谬误。

2. 越界：从指导订阅到学术期刊质量评价

如果核心期刊的适用范围仅限于指导订阅，社会各界也不会对其有如今这样的关注和争议，显然，核心期刊多走了不止一步。事实上，核心期刊研制者的切身利益恰恰在指导订阅之外。蔡文和姜文都认为，核心期刊有理由也有必要越出指导订阅的范围，而适用于学术期刊的质量评价。

蔡文的论证路径是这样的：首先，“期刊评价是科学技术发展到一定阶段，因社会需要而产生的一项科学研究活动，它随着社会科学文化的进步而产生、发展和繁荣，不为任何个人意志所左右”；其次，罗列了“三大核心”及类似评价机构的期刊定量评价项目，并分析各自的特点和作用，以间接地论证“文献情报工作者责无旁贷”的期刊评价主体身份；再次，论证这些定量评价项目构成了整体性的期刊评价；最后，综合以上几点可证明，核心期刊理应不限于指导订阅，而应该具有期刊评价的功能。顺着这个理路，蔡文通篇谈的都是期刊评价，而非仅仅是核心期刊，但通读全文不难发现，这个期刊评价实际上几乎就是越出了指导订阅功能而成为期刊学术质量评价意义上的核心期刊。

如果说，蔡文是从核心期刊发展史这一纵向路径来论证核心期刊适用范围扩展的合理性和正当性的话，那么姜文则选择了核心期刊测度标准与学术质量标准这一横向比较的路径。

首先，姜文对核心期刊的适用范围做了这样的解读："核心期刊常被解读为两种不同的概念……前者是指期刊群中学科情报信息的核心部分，主要为学术期刊的优化利用提供服务，其筛选过程一般要根据文献计量学的定理和统计原则进行；后者关注的是期刊的全面质量……其筛选过程是学术期刊的评优过程。"在这里，核心期刊的适用范围是两个，一个是为期刊的优化利用服务；另一个是对期刊全面质量的评价。但姜文不赞同这样的解读，因为两者之间"不存在同一关系"。在这个看似正确的出发点上，姜文已悄悄地将为订阅服务换成了为"期刊的优化利用服务"。当然，为订阅服务也是为期刊的优化利用服务之一种，但在逻辑上，前提被扩大了，优化利用并不仅指订阅这一项。

其次，在具体讨论核心期刊测度标准时，姜文立场却发生了重要的改变："它（核心期刊）的评选过程，也可以看作是对学术期刊质量的测度过程，因为根据其定义所选出的核心期刊，必须是'某学科或某领域学术使用率（含被引率、转摘率和流通率）较高、学术影响较大的期刊'。"在这里，通过将"使用率""影响力"与质量直接挂上钩，使核心期刊评选与学术期刊质量测度联结在了一起，但仅仅是"使用率"和"影响力"数据是不够的，所以，姜文马上又小心地补充道："上述定义显然不包含评优意义上的对学术期刊质量的全面认定"。虽然不是"全面认定"，至少也是部分认定了。

再次，既然核心期刊的"质量"与评优的"质量"不是一回事，即存在两个不同的质量标准，那么，核心期刊的适用范围还是不能扩展到期刊质量评价，所以，姜文又进一步说："（核心期刊）的评选过程，实际上是用定量统计与定性分析相结合的方式对学术期刊的学术质量做一定向的评比。不难看出，核心期刊的内容质量要求不亚于通用的评优标准。"至此，原本说得很清楚的"不存在同一关系"的两个质量标准终于变成没有区分度的"同一关系"了。

最后，姜文成功地说明了，正是因为核心期刊“非常适用于反映学术期刊的学术应用特征，因而很快被整个学术界、科研管理界广泛接受和使用”。何为“广泛接受和使用”？显然不仅仅是订阅参考，而且用作另一层面意义的学术评价，现实中两者也是合而为一了。所以，姜文最后认定：核心期刊是“目前其他方法难以取代的行之有效的评价模式之一”。

姜文和蔡文路径虽有不同，目的却都一样，说到底，还是要把核心期刊的评选标准等同为学术期刊质量评价的标准，可谓殊途同归。这样，就能既保持核心期刊指导订阅的原始功能，又能使其适用范围大大拓展，顺理成章地将其等同为臧否学术期刊质量的评价结果。读到这里，笔者不得不佩服两文作者的这一番苦心。

（三）数据库与排行榜：CSSCI与核心期刊的差异

从以上分析可知，《总览》和《要览》这两大核心期刊主编在其研制原理和评价意义方面的观点是基本一致的，那么，一般人眼中的“第三大核心”即CSSCI的研制者是否持有同一观点呢？我们不妨读一读CSSCI评价中心副主任王文军的《检索抑或评价：CSSCI功能论析——兼论构建引文索引数据库的若干问题》一文。

CSSCI之被列为“三大核心”之一，是因其也拥有一个期刊榜——《CSSCI来源期刊目录》，与《总览》和《要览》相比，《CSSCI来源期刊目录》是问世最晚的一个期刊榜，但近年来在学术评价中却大有后来居上之势，其中一个十分重要的原因就是在这个期刊榜的背后有着开放的引文索引数据库CSSCI，正是因为数据库的存在，使得王文在诸多问题上与姜文和蔡文的观点有了明显差异。

王文也将CSSCI遵循的理论溯源至布氏定律和加氏定律，事实上，CSSCI就是对SSCI的模仿，只是将数据源的范围限定在中文人文社会科学期刊，故而是一个用于引文分析的数据库产品。与姜文和蔡文对《总览》和《要览》学术评价意义的反复论述及对隐含的评价主体身份的认定不同，王文重点根本就不在评价。之所以如此，是因为姜文和蔡文如此劳心费力地论述其产品意义，无非要证明和彰显自己存在的价值，但其产品不过是一个期刊排行榜，能有的作用也就是所谓“评价”了，把所有的希望都放在一个排行榜的意义论说上，不费番气力当然不行；而王文却只需证明引文索引数据库的作用就足以证明自己的存在价值了。

王文是这样论证引文索引的意义的：“引文索引反映了科学文献之间相

互引证的关系和特点，通过分析科学文献之间的引用和被引用情况，可以揭示其数量特征和内在规律，从而发现科学文献之间的纵向继承与横向联系的形态，进而评估学科研究的发展规模和趋势。”[⑥]可见，数量特征只是一个方面，内在规律更加重要，只有把握规律，才能找到联系，进而做出科学评估，而CSSCI能做的只是前者，后者是各学科学者的事，所以，不仅要有数据库，而且还必须以一定的方式开放。当然，由此我们亦可推论，CSSCI并不具有独立的学术评价或学术期刊评价功能，其研制者也不具有独立的评价主体身份。但这些对于核心期刊来说头等重要的事，在CSSCI那里并不是那么重要，重要的是CSSCI是不是具有引文分析价值的数据库。

当然，对于CSSCI与学术评价的关系，王文所持的并不是CSSCI的一贯立场，CSSCI也有过大肆宣扬其评价功能的过去，从强调评价功能到强调服务学术功能的转变，对任何一个体会过权力滋味的机构来说，都是一个艰难的过程；对CSSCI来说，这个过程与其说已经完成，不如说刚刚开始，而促成这一转变的原因是多方面的，下文将予以分析。

二　核心期刊、CSSCI的正面作用与负面影响

正因为在核心期刊和CSSCI研制者是否具有评价主体身份以及其产品作为评价结果能否合法地存在等一系列问题上，“三大核心”研制者的观点有诸多不同，所以，对于核心期刊、CSSCI的正面作用与负面影响的问题，他们又有一番颇具特色的论述。

（一）核心期刊的评价作用能否成立

1. 核心期刊研制者认定的作用

关于核心期刊的作用，姜文以“中国人文社会科学核心期刊”的评选为例，通过对评选程序、方法和指标体系的分析，论证了核心期刊的“直接使用价值是为读者、作者和馆藏部门提供各学科使用率较高的少数学术期刊”。对于学术期刊而言，“核心期刊的评价功能既是积极客观的现实，也是极具应用价值的期刊发展推力……有利于期刊找出办刊中存在的问题及定位编辑方针”。尽管核心期刊评价只是按文献计量学的方法进行的统计排序，但在期刊评优中“也可以按需要进行任何形式的匹配应用，例如，作为地区部门评选优秀期刊的定量参考指标。它的客观评价功能是可以适应社会需要的。”蔡文的观点与此颇为相似，也从“为期刊采购、读者阅读和作者投稿提供参考工具”，“为引文资料库选择来源期刊”及“为期刊出版和

管理部门评选优秀期刊”等三个方面分别论述了包括核心期刊在内的期刊评价项目的目的及其可能发挥的作用。

2. 核心期刊的作用能否成立

在现实中，核心期刊的确在这三个方面都曾经或正在发挥着作用，问题在于，我们应该如何看待核心期刊在这三方面所表现出来的作用和影响。

首先，关于姜文和蔡文共同提及的核心期刊对订阅的指导作用。这是核心期刊研制的初衷，但那还是在期刊出版的纸本时代。随着期刊数字化和互联网时代的到来，特别是随着中国知网等期刊数据库的包库发行模式的普及和搜索引擎功能的日益强大，读者的阅读习惯已发生了根本性的改变，由读“刊”演变为读“库”，核心期刊指导订阅的功能已没有多少实际意义，至少与其问世之初相比已不可同日而语。仍然坚持述说这一功能在当下的意义，无非是为核心期刊的存在找到一个“最低”合法身份和理由。他们所要论说的核心期刊作用的重点并不在此。

其次，关于姜文提及的“极具应用价值的期刊发展推力”。姜文是这样解释的：“在于把期刊放在宏观的学术贡献率中确定自己的位置和档次，也就是说，看看自己在学术发展中的价值有多大、作了多大贡献，同时可以通过核心期刊的评价指标确定自己的纵向进步程度，以及和同行的横向比较量度。”正是这样的推力“有利于期刊找出办刊中存在的问题及定位编辑方针”。我们来看看事实是否如此。核心期刊是否具有这样的功能或作用，主要看核心期刊给期刊编辑提供了哪些相关的有价值的信息。事实是，核心期刊的研制者能给读者或期刊编辑提供的就是每一版的《总览》和《要览》或与之类似的排行榜，从这些“榜书”中，除了各种统计数字和排序外，期刊实在不能得到更多的信息。比如，期刊编辑从这些书中也许可以知道本刊的被引次数，但却无法获知究竟是哪篇文章被引用、被谁在什么文章和什么刊物上引用、引用的目的是什么、是正面引用还是负面引用等真正有用的信息，只能是知其然而不知其所以然。这样的信息除了鼓励期刊编辑关心自己的排名外，还能有什么呢？所以，所谓“推力”、所谓“找出办刊中存在的问题及定位编辑方针”云云，如果存在，也只是让期刊明白怎样做才能迎合核心期刊评选的偏好。如此说来，期刊“通过核心期刊的评价指标确定自己的纵向进步程度，以及和同行的横向比较量度”倒非虚言，这个“程度”和“量度”就是评价机构给打了多少分。核心期刊评选依据的是一套通用性的指标体系，如果从管理学视角来看，通用性指标体系都存在着

"共性指标偏好的问题，即赋予不同单元之间的共性指标过高的权重，而忽视对独特性指标信息的使用"。[7]尽管核心期刊的复合指标体系由多种指标构成，但并无针对不同期刊的个性化指标，其共性指标偏好十分明显。当被评价者无法改变指标体系时，就会研究其偏好并迎合之以求得高分。现实中，这种对评价机构指标偏好的研究在期刊界甚为普遍，甚至有期刊为了迎合这样的偏好而不惜造假，这样的例子不胜枚举。正是在这样的"推力"之下，原本应为期刊服务的评价机构却成了办刊的"指挥棒"，从而构成了"评价机构与学术期刊的颠倒关系"。[8]跟随着这样的"指挥棒"来调整编辑方针，结果也就可想而知了，难怪有那么多的学者认为"不合理的学术评价体系是当前学术成果问题存在的根源"。[9]至于蔡文所说"为引文资料库选择来源期刊"，这其实与核心期刊无关，因为来源期刊自有其不同于核心期刊的评选标准和目的。

再次，关于姜文和蔡文共同提及的核心期刊在评优中的作用。与核心期刊之于期刊的作用同理，判断核心期刊对评优是否有作用、作用的大小以及是正面作用还是负面作用，关键是看其能为期刊评优提供怎样的信息。且不说核心期刊的"质量指标"与评优的"质量指标"有何本质不同，即使具有某些相通之处，我们仍然很难认定，一个对期刊编辑并不能真正发挥正面作用的核心期刊榜能对期刊评优有何正面作用可言。那些只有排序信息的所谓"定量参考指标"充其量也只是给予评优活动一个名次预设而已，这样的预设在更多时候、更多情况下，只会干扰评价的专业性、公正性和导向性，鼓励期刊把追求数据的好看作为努力的方向。在现实的各种评优中，这样的预设所带来的干扰随处可见，而且在不少的评优项目中，甚至起到了主导作用。不然，核心期刊又何来"指挥棒"效应？

由此可见，姜文和蔡文关于核心期刊作用的论述，要么已是明日黄花，风光不再，要么似是而非，令人生疑。

（二）如何看待各界对核心期刊的批评

如前所述，学术界对核心期刊和来源期刊的批评从来都没有中断过，特别是近年来，核心期刊和来源期刊每有新版的发布，几乎都会掀起新一轮的批评高潮。那么，《总览》和《要览》的主编们是如何看待这些批评的，又是如何看待自己产品的负面影响的？

1. 虚实之间：对批评的回应

姜文指出："上世纪九十年代以后，核心期刊作为一种选刊工具得到较大发展，而作为一种评价工具则受到很多非议”。“对核心期刊的批评意见主要集中在其评价功能方面。持批评观点者认为，核心期刊是用数量化的方法进行学术期刊评价，先天不足，难以承担复杂的学术评估使命，其负面影响大大扰乱了学术期刊的正常发展。”姜文认为最具代表性的批评来自钱荣贵，“（钱）列出的核心期刊七大负面效应是颇具代表性的批判意见：一曰核心期刊遴选是操纵我国学术期刊生存与发展的一只‘黑手’；二曰‘唯核心期刊论’导致学术期刊的价值取向发生偏离；三曰庞杂繁乱的核心期刊遴选干扰了正常的编辑出版秩序；四曰核心期刊已成为某些学术期刊大肆敛财的金字招牌；五曰‘以刊论文’的科研评价方式恶化了我国的学术生态；六曰此起彼伏的‘核心期刊’遴选浪费了大量的物力、财力、人力；七曰要求研究生必须在‘核心期刊’上发文，侵蚀了学子的学术精神”。对于这些批评，特别是钱荣贵列出的“七宗罪”，姜文评论道：“应该说，批评者所谈到的核心期刊的负面影响，很多确有其客观依据，对这些负面影响有必要进行反思和匡正。如果撇去情绪化的言论，这些对核心期刊的分析和批评意见有利于全面了解和认识核心期刊在研究制作和实践中存在的问题，有利于找出实际应用中不良影响的症结所在。”从这段评论可知，姜晓辉所领导的评价机构不仅看到了批评，而且对批评颇为重视，至于他从批评中汲取了什么教训，下文再予分析。然而，不知为何，姜文忽略了钱荣贵在提出批评时，是区分了核心期刊与CSSCI的，钱荣贵的所有批评都是针对前者而非后者：“目前，我国已经建立起较为完备的‘引文索引’体系，这就是中国科学院《中国科学引文索引》（SSCI）（原文如此——引者注）和南京大学的《中文社会科学引文索引》（CSSCI）。这两个引文索引能够为科研评价提供多方面服务，不失为一种较为科学的评价工具。”[⑩]钱荣贵甚至将CSSCI没能发挥其应有作用归咎于核心期刊：“之所以这两个体系没有能够充分发挥科研评价的功能，就跟‘以刊论文’评价之风的影响有关。”[⑪]“以刊论文”正是钱荣贵所指核心期刊“七宗罪”之第五宗。

与姜文对学术界的批评有所回应不同，蔡文并未具体提及这些批评，不过，从文章的字里行间还是可以明确地感受到批评所带来的压力，但蔡文对这些批评表现得似乎不以为然：“期刊评价研究在它的产生和发展过程中，一直伴随着争议、批评和指责。其实，期刊评价是根据一定的标准，采用科学的方法，对期刊内在质量、使用规律和发展特点等各方面进行分析、评价，目的是为了揭示期刊文献整体的或某一具有特征部分的内在客观规律，以更好地发挥和实现其科学价值和社会功用，是一项科学研究活动，不应该有任何值得非议之处，关键在于如何认识和对待这一研究的价值和作用，任意夸大或全盘否定都是不正确的。”有好的动机的科研活动并不意味着就一定会有成功的结果，这是常识，怎么就不能有任何“非议”呢？如此，还要学术批评干什么？

2. 关键问题：谁是评价主体

以“七宗罪”为代表的学者对核心期刊的批评或者说批判的确不可谓不尖锐，但是，这些不失凌厉的批评，却多是停留在对核心期刊所造成的一些学术乱象的抨击，并未涉及问题的关键——这些核心期刊的制作者是否具备学术评价主体的身份以及其产品是否具有学术评价的功能。

姜文和蔡文都尽量不去直接触碰评价主体身份这一不无“敏感”的话题，实际上，对于核心期刊的原理和作用，以及适用于期刊质量评价的合理性讨论与专业评价机构的评价主体身份的认定是一体两面、互为表里的事。证成了前两者，后者也就不证自明了。从两文作者煞费苦心的论述中，我们还是可以明显地感受到一种身份的焦虑，因为只有同行评议才是权威评价的理念早已深入人心，从单一学科的研究者到整个学术领域的评价者的身份跨越毕竟是件很难令人信服的事，“独立的定量评价主要由专业评价机构作出，其评价主体的身份是十分可疑的。如果说，只有学术成果（作品）的阅读者和使用者才具备评价主体的资格，那么，评价机构既不是阅读者，也不是使用者，其对评价对象各种形式数据的统计大多与阅读和使用无关，应该是连起码的评价主体的资格也不具备的”。[12]

但是，评价机构之评价主体身份的获取并非取决于学术界，在笔者看来，只要评价机构坚持并得到行政权力部门默认其评价主体身份，钱荣贵所预言的“在不远的将来，目前这种异化的‘核心期刊’现象必将终结”的那一天永远也不会到来。所以，对钱荣贵的这个预言，姜文也不以为然：“而事非所愿，近十年来‘核心期刊’现象非但没有终结，而且越来越多，近期又有武汉大学‘RCCSE 权威期刊和核心期刊排行榜’高调加入到评价队伍中。”说这个 RCCSE“高调加入”并不为虚，它不仅要评选“核心期刊”，还要评选“权威期刊”，并且直接以“排行榜”为自己命名。然而，可以肯定的是，RCCSE 不会是最后一家，也许还会有更高调的加入。但万变不离其宗，这些评价机构的产品无一例外，都是期刊排行榜，最多也就是名称各异、规模不一、排序有别，目的都是要争夺学术评价的话语权，要抢夺“指挥棒”，其背后是谁都可以看得到的对学术利益的争夺。

（三）核心期刊负面影响的原因何在

1. 外界误用：因果颠倒的原因解释

尽管对于来自学术界的批评，核心期刊的主编们较少有系统的正面回应，但还是或多或少地涉及了核心期刊在学术评价活动中的负面因素。比如，姜文指出：“在使用核心期刊的评价功能时应注意其局限性，并注意与具体的评价体系相结合。”蔡文则说到定量评价的缺陷在于“缺乏权威经验”，比较隐晦地承认了专业评价机构对各学科研究和期刊编辑经验的缺乏导致的专业性欠缺，而我们知道，在学术评价中，这恰恰是不可或缺的。我们无法想象，一个缺乏本学科研究经验或期刊编辑经验的局外人，如何能够“责无旁贷”地承担起评价的重任，其所谓评价产品又是如何能够直接用来指导研究和办刊的？

除此之外，他们更多地将核心期刊这样的所谓定量评价产品的问题归因于外部环境。如蔡文说：“影响期刊定量评价结果的因素很多，评价过程中哪个环节出现问题都会直接影响评价结果的质量，特别在‘以刊评文’所产生的负面影响下，评价指标的资料质量呈下降趋势，使定量评价结果更加偏离客观实际。”蔡文还引用苏新宁的话：“客观地说，在 20 世纪 90 年代以前，定量评价期刊是科学可行的，资料也可以真实地反映期刊的学术水平与学术影响。但是，目前由于许多利益的驱使，出现了大量办刊不端行为，这就使人们开始怀疑定量评价的科学性和公正性。”[13]当然，学术生态的变化和学术环境的污染必定会影响学术评价的公正性，至于某一评价体系的科学性则不仅与环境有关，更与其自身的建构有关。评价机构不长的历史正好说明了这一点。在笔者看来，苏新宁的这段话提醒我们：1990 年是一个十分重要的时间节点，在那之前，还没有核心期刊这样的评价机构，那时的“定量评价”只是一种方法，而不是一种独立的评价体系，只要正确使用，当然是可行的。在那以后，评价机构问世了，事情就发生了变化，学术评价发生了分裂，定性评价和定量评价由一般的评价方法升格为两种不同的评价种类，甚至成为两个独立的评价体系，所谓“大量办刊不端行为”就是在那以后才出现并蔓延的。这正是核心期刊的导向性所导出来的结果，两者之间的因果关系是很清晰的，把“大量办刊不端行为”说成是造成定量评价的科学性遭到怀疑的原因，恰恰是因果颠倒了。

2. 属性之辩：工具与标准的错乱

在这里，我们还要着重分析在姜文中有所提及，而在蔡文结尾处特别提及的一个重要观点："要特别强调的是期刊评价成果只能作为参考工具使用，不能作为标准使用。原因之一是任何期刊评价体系都不可能尽善尽美，只能从某些角度对期刊进行评价，因此评价结果和客观实际从宏观而言是一致的，但具体到微观层面和各被评价个体，并不一定精确相符。原因之二是核心期刊或来源期刊在数量的选取上，虽然遵循一定的原则和规律，但没有绝对的界限标准。"这里的论证逻辑是有问题的。"期刊评价成果"是作为"工具"还是"标准"，与其是否"尽善尽美"并无关系，"工具"与"标准"之间并不存在"不完美"的作"工具"、"完美"的作"标准"这样的关系。从来就不存在因为不完美就成了工具，而完美就成了标准这样的事。换言之，工具再完美，也永远只能是工具，而标准再不完美也不会改变其属性而成为工具，只不过是个有欠缺甚至失败的标准而已。至于核心期刊或来源期刊在数量上没有绝对界限标准之说，与它们是工具还是标准之间，也不存在任何关系，况且，文献学意义上的"二八定律"对核心区所给出的大致界定标准也已为许多人所接受，这也是核心期刊之所以能问世和存在的"理论依据"。换言之，纵然对核心区有一个绝对的数量标准，核心期刊也不会因此而成为评价"标准"。

如果把"工具说"放在蔡文整篇文章中看，则不免与文章的主旨不大协调——"工具说"如何与通篇的"主体说"融为一体？首先，如果说，核心期刊只是一种评价工具，那么，其制作者并不具有评价主体的身份，只是某种工具的提供者，使用这个工具者才是评价主体，这与其前文所说的评价机构"责无旁贷"地承担起评价期刊的任务不免矛盾。其次，如果说核心期刊只是一种评价工具，那么，也就无所谓"评价结果"，因为工具是不可能等同为结果的，只有通过使用工具，完成了评价之后，才能有结果的出现。今天学术评价出的种种问题，把工具当作结果恰恰是主要原因之一。再次，如果说核心期刊只是一种评价工具，那么，这个工具落实到学术评价或期刊评价上时，应该有翔实的数据和丰富的内容，使工具的使用者能够利用这些数据和内容完成期刊评价，然而，遗憾的是，其所谓"评价结果"只是一个简单到不能再简单的已经排好了座次的期刊排行榜。笔者以为，核心期刊的评选，无论从其目的还是结果来看，与其说是为读者（学者）、期刊编辑和管理部门提供了一种评价工具，不如说是提供了一种既定的评价结果

（座次明确的排行榜）。将工具与结果混为一谈，只是在掩饰核心期刊真正存在的致命问题。

因此，我们才要追问，目前的学术环境问题与核心期刊本身的缺陷有无关系？与核心期刊研制者期望的在评价实践中所发挥的作用有无关系？可惜，这些问题姜文和蔡文都很少有正面回应。

（四）CSSCI是如何强调其工具作用的

与姜、蔡强调核心期刊的评价作用不同，王文在论及CSSCI作用时始终强调的是“CSSCI首先是一种检索工具，这是它的基本功能”。

1.数据库：CSSCI的工具性质

尽管只是工具，但这种工具的作用却有独到之处，就是为学术研究、学术期刊、学术评价和政府决策提供数据服务，如王文所言：“CSSCI可以从来源文献和被引文献两个方面向研究人员提供相关研究领域前沿的信息和各学科研究发展的现状，准确地记录了某一学科的学术积累、借鉴和继承发展的关系。社会科学研究者可以通过不同学科、领域的相关逻辑组配检索，挖掘学科新的生长点，展示实现知识创新的路径”。除了检索功能外，“CSSCI也是一种进行引文分析的重要工具，它可以利用文献计量方法对学术论文的发表和引用情况进行各种统计分析，自动生成详细的分析报告，为学术研究、评价评估、政策制定提供客观的文献计量数据。对于管理者，CSSCI可以提供地区、机构、学科、学者等多种类型的统计分析数据，从而为制定科学研究发展规划、科研政策提供决策参考。对于期刊主办者，CSSCI提供多种定量数据……通过多种定量指标的分析统计，可为期刊评价、栏目设置、组稿选题等提供依据”。

王文所描述的CSSCI的工具作用与姜文和蔡文所描述的核心期刊的工具作用是存在着本质差异的，根本的差别在于：工具的构成是什么，谁是工具的使用者，CSSCI提供的是各类数据，构成工具的正是这些数据，而工具（数据）的使用者至少在理论上是所有的学者、期刊人和政府决策者，故其工具性质十分明显。核心期刊提供的是排行榜，已是数据处理的结果，其数据的使用者只是研制者自己，故无任何工具作用可言。我们不妨以期刊办刊和评价为例，对比一下CSSCI与核心期刊在向期刊主编、编辑和主管部门提供的信息及其价值方面的差异，不难发现，对期刊而言，核心期刊的排行榜与CSSCI数据库所包含的信息根本不在同一个量级上。如果说，核心期刊的排行榜只能提供一些统计数字和排序信息，那么，CSSCI数据库则集成了以引文为中心的各种原始数据，无论是作为办刊人还是作为评价者，都可直接进行原始数据分析和解读，而且，这些数据都是可以溯源的。这些信息无论是对期刊编辑，还是行政权力部门评优，其意义均远非排行榜可比。从这个对比也可以看出，只有排行榜而不提供数据的核心期刊的所谓工具说有多么苍白。

2. 来源期刊：“被动”的评价

在论及 CSSCI 功能的最后，王文才提到了它的“评价功能”，但强调这只是一种衍生功能，“CSSCI 的设计原理是基于文献计量学中的期刊‘2/8 定律’，它不可能也无须收录所有期刊上的所有论文，因此在选择数据库来源期刊时，为了能够将最有影响力的高质量期刊收录其中，不可避免地要根据一些量化指标对期刊进行筛选，这样无形之中也就使 CSSCI 具有了一种评价功能”。可见，如果单纯从研制原理上看，评价并非 CSSCI 的主要目的，评价功能甚至可以视为“被动”的存在而非主动的追求，这与核心期刊不同（至于理论与现实的反差，下文再予分析）。显然，强调数据的工具性质是明智的，但是，并非是工具就有意义，工具是否适用，是否有助于使用者完成其使命，是衡量其意义的标准。

从王文可以看出，CSSCI 已经走过了靠期刊榜打天下的“原始积累”阶段，而开始转入为学术研究、编辑办刊和政府决策提供数据服务的新阶段。这一转型的资本在于经过了十多年的积累，其所独有的 CSSCI 数据库已渐成规模并走向成熟，但从指挥者转变为服务者，观念上的转变在某种意义上来说更为困难，而要论及 CSSCI 研制者观念上的转变，则不能不说到 2010 年初的那场对 CSSCI 的批判风暴。

（五）批判风暴给 CSSCI 带来了怎样的影响

与核心期刊相比，CSSCI 所遭遇批评的激烈程度可谓有过之而无不及，这些批评集中地出现于《2010—2011 年 CSSCI 来源期刊目录》发布不久的 2010 年初，主要阵地有学术批评网等网络媒体和《东方早报》等大众媒体。

1. 批判风暴：起于青萍之末

针对这个新版目录，代表性的批评意见有：其一，将来源期刊评选标准泛化为学术评价标准，损害了学术，助长了学风问题和学术腐败，“CSSCI 成为各高校对教师与学生进行学术评价的权威标准，成为中国学术界，特别是中国高校学风浮躁、学术不端的重要诱因。其结果，既对中国社会科学研究造成无以复加的重大损害，也成为一些学术期刊走向腐败的重要原因”。[14]

其二，对来源期刊的评选并不公正，“来源期刊有明显的地域偏向”，“有一些受到广泛批评、以收费而昭著的刊物被收入”，“一些受到学界广泛好评的学术刊物居然被排斥在该来源期刊之外”，“在学科分布方面，各大一级学科数量严重不平衡”，[15]部分二级学科问题更多。[16]其三，明知存在某些入选期刊收取版面费和数据造假问题，却“不纠正，不作为”，“把责任更多推给了期刊，而不是自身纠正”。[17]从以上的批评可以看出，批评者完全将来源期刊的遴选与期刊评优画上了等号，而对 CSSCI 数据库则未着一字，批评的内容和逻辑与核心期刊“七宗罪”大同小异，但是，介入批评的媒体和批评的方式却有很大不同，并非全无道理的批评被包裹在情绪化语言之中，诸如“窃国大盗”之类的攻击性语言在网络媒体和大众媒体的呈现与钱荣贵以学术论文和专著形式的商榷有天壤之别，语言暴力宣泄的淋漓尽致却阻断了可能的学术对话。CSSCI 除了发表一个对不实之词“保留追诉权利”的声明之外，并没有对此次暴风骤雨式的批评予以正面回应。

当我们在今天回看 2010 年初围绕 CSSCI 的这场风暴时，可以发现，这场风暴虽然来得突然，但并非毫无预兆。2010 年，恰逢 CSSCI 数据库问世 10 周年，这 10 年中，CSSCI 从一个不为人知的引文索引工具跃升为影响最大的评价标准，为几乎所有的高校、科研机构、学术期刊和学者个人所关注，其风头已压过了核心期刊。与核心期刊由为订阅服务过渡到学术评价不同，CSSCI 借助 SCI、SSCI 和 A&HCI 在中国已形成的巨大影响，以与国际通行学术评价全面接轨的姿态，从一开始就高调地直奔学术评价的主题，它是第一个以“评价中心”这样的招牌来为自己命名的文献情报研究机构。当 CSSCI 把自己打扮成专业评价机构之时，怎能指望对其并不真正了解的学者、期刊和管理者会理智地区分核心期刊与来源期刊之间、来源期刊目录与引文数据库之间的本质差别？这样的“成名”策略的确收效显著——“三大核心”之名不胫而走，且呈现取老牌核心期刊而代之的一家独大之势，许多高校和科研机构的“学术期刊榜”渐渐地由核心期刊换成了 CSSCI 来源期刊，“C 刊”之说风行一时，但同时却也埋下了日后为人诟病的伏笔。当“以刊评文”之“刊”由核心期刊变为“C 刊”之后，所有批评和抨击核心期刊的理由稍加改变即可加诸 CSSCI。伴随着“C 刊”的声名日隆，批评之声也越来越响，到 2010 年初终于爆发性地集中涌现。仔细分析这些攻击性的批评意见，可以发现许多批评者对引文索引和引文分析的方法和作用所知有限，矛头还是集中在 CSSCI 来源期刊的评选结果和在学术管理中的广泛应用。对这样的批评，作为 CSSCI 的研制者，怪罪批评者因不懂其原理的误解，或责怪管理部门为追求管理简单的误用，都是没有意义的，从某种意义上可以这样说，误解或误用的始作俑者正是 CSSCI 评价中心自己，2010 年这场突然来临的风暴，正是 CSSCI 多年来对核心期刊发迹的路径依赖而自酿的苦酒。

2. 风暴过后：转型设想的最初萌动

尽管 CSSCI 对 2010 年这场猛烈的批评没有正面回应，但其对 CSSCI 的影响还是显而易见的。在两年后的新一版即《2012～2013 年 CSSCI 来源期刊目录》编制时，CSSCI 的定位和来源期刊评选方式这两方面的改进都同时呈现出来，当然仍有批评之声，但两年前的情况已不复再现。对此，笔者已有专文分析，[18]在此不再重复。从王文对 CSSCI 的相关阐述中，仍然可以看到这场批评（当然，不仅是这场批评，还有来自其他途径的评论）带来的反思和影响。王文不纠缠于 CSSCI 研制者是否具有评价主体的身份，也不刻意强调 CSSCI 的学术评价作用，更不像姜文和蔡文那样很少谈论甚至闭口不谈核心期刊的局限性，与此当不无关系。CSSCI 的转型设想的萌动，当始于此时。

（六）CSSCI 功能局限与异化的根源何在

当不再纠结于自己的评价主体身份之后，再来看自己产品的评价功能，CSSCI 在评价方面的局限性就一目了然了。

1. 先天局限：CSSCI 的评价功能

王文是这样描述 CSSCI 评价功能的局限的：首先，“CSSCI 的评价功能只是它作为检索工具所衍生出来的一种附加功能，它不是也不可能是 CSSCI 的基本功能。因此，当学界将其无限放大为 CSSCI 的唯一功能时，恰恰阉割了 CSSCI 的基本属性”。其次，“CSSCI 虽然具有一定的评价功能，但引文索引的这种先天局限性，决定了它不可能代替同行评价，成为期刊和论文质量评价的唯一标准的”。再次，“CSSCI 实际上只是对各类期刊过去几年被引用情况所作的一种文献计量角度的分析和总结，它既不代表对学术期刊过去质量的评价，也不代表对学术期刊未来发展水平的定性”。故不能倒因为果，将对期刊过去的定量分析颠倒为对期刊发展的定性评价，更不能“以刊评文”，“这不仅违背了 CSSCI 的本质属性，也抹杀了 CSSCI 的基本功能”。

2. 后天异化：CSSCI 之用于评价

不仅承认局限，王文还列举了 CSSCI 在实际运用中所产生的种种“异化”现象，主要是在职称评审、工作考核、期刊质量评价、论文质量评价等方面将 CSSCI 作为唯一标准，使其评价功能绝对化了。王文接着分析了造成异化的原因：首先，对 CSSCI 的认识需要一个过程，误解和片面在所难免。其次，“现行的学术评价制度亟待进一步完善”，同行评议与定量分析是评价的两个重要维度，前者是主导，后者只是辅助手段，但在不正学风的影响下，同行评议已沦为一种形式，“这在一定程度上给片面强化 CSSCI 的评价功能提供了一种制度漏洞”。再次，科研管理部门缺乏科学的质量观，“以成果形式和数量评价人才”。最后，“学术研究功利化趋向助长了学界和期刊界对 CSSCI 的片面认识”。同时，王文并不否认，“出现这些不合理的趋向，CSSCI 的研制者也负有一定的责任”。与姜文、蔡文不同的是，王文承认 CSSCI 在学术评价方面有着“天然的局限性”，将其用于期刊质量评价已是一种“异化”，更不用说在学术评价的其他方面。然而，在 CSSCI 问世之初，其研制者曾不遗余力地宣传其评价功能和作用所造成的影响并非一朝一夕所能清除，这也许就是王文所说的“CSSCI 的研制者”也应该负有的“责任”。王文之所以能承认“局限”和“责任”，正是意识到 CSSCI 的价值并不在评价，而在于提供数据服务。

其实，评价机构的所谓定量评价的局限性对于文献情报研究者来说只是常识，学者和期刊人只要对这样的定量评价有所了解，也很容易发现；而定量评价特别是期刊排行榜在学术评价中的滥用所导致的种种异化现象，学界中人更是有目共睹。自身的局限与环境条件的不理想并不是同一件事，对两者都应有清醒的认识。因此，与其回避问题，或强说自己的价值，不如坦陈自己的局限，找到问题的根源，然后寻求解决的办法。如此，方不失为一种明智的做法。

三 核心期刊、CSSCI 的定位调整与进路设计

不管评价机构对自己的产品做什么样的辩护或反思，评价机制的改革已势在必行，这是不容各个评价机构忽视的来自现实的挑战。评价机构不仅要为自己及其产品存在的合理性做出证明，还要为适应评价的改革做出自己的应对，唯有这样，才有可能捍卫和拓展自己的利益。所以，姜文、蔡文和王文对今后各自产品的定位和进路都有所论述。

（一）核心期刊研制者对存在问题的认识及其改进思路

任何产品的研制者都会根据用户的需求不断地改进自己的产品，以适应市场的需要。如果把学术评价和期刊评价也看成一个市场的话，那么，评价机构的产品也不例外，只不过“三大核心”是一种特殊产品，所要面对的也是一个特殊的市场。其用户主要有三类，一是行政权力部门；二是期刊社；三是学术界。在现行的科研体制和期刊体制下，后两类用户必须接受第一类用户的管理。因此，要占领评价市场，满足行政权力部门的需求是最重要的，故总是被置于首位，除非放弃评价市场。如果能获得行政权力部门的认可，即使得不到第二、三类用户的肯定，也不会妨碍其产品应用于对他们的管理。核心期刊的研制者正是熟谙这个市场规则，所以，他们改进思路的重点并不在自己产品的改进，而是在产品的应用方面，即通过应用的改进，来守住自己的市场份额。

1. 问题之一：产品设计与实际应用的错位

如前所述，核心期刊为指导订阅而设计，却应用于评价期刊的质量，两者的矛盾不可避免。对此，核心期刊的研制者当然不会看不到。他们在设计改进方案时可能的选择是：要么改变产品设计，以符合期刊评价的需要；要么限定产品的适用范围，避免在学术评价中的“误用”。在这两个方面姜文和蔡文都有涉及。

姜文指出：“核心期刊评价体系建设还有不完善的地方，需要在长期的实践中不断修正，特别是统计源的建设和统计指标的研究还需要很大的改进。核心期刊的所谓‘负面效应’，主要来自应用领域，学术生态环境的影响起着举足轻重的作用，特别是科研管理部门的政策导向作用。”在他看来，一方面，核心期刊还需要改进，但这是次要的，主要的是另一方面，即对核心期刊“科学地理解与使用”。

蔡文更是只从核心期刊的应用角度来讨论今后的发展，除了强调核心期刊“只能作为参考工具使用”外，用了更多的篇幅来论述期刊评价与论文评价的关系，通过区分两者的不同，来说明因“以刊评文”而产生的诸多学术乱象错不在核心期刊的评选：“纵观各种负面意见，主要是由于将期刊评价成果‘核心期刊’或‘来源期刊’作为评价学术论文的标准而引起的。”“将‘核心期刊’或‘来源期刊’当作乱源是不公平的，将‘核心期刊’或‘来源期刊’的作用异化为评价论文的标准，才是产生混乱的真正根源”。蔡文关于错不在核心期刊而在外界对其作用的“异化”的观点可以视为其对今后改进思路的基础。蔡文通过区分期刊评价与论文评价为核心期刊的适用范围做出了非常明确的限定，即核心期刊用来评价论文是不科学的，但用来评价期刊则是科学的，从而为核心期刊确立合法性。

但是，姜文、蔡文还必须回答与评价论文不同的期刊评价之所以科学的基础是什么的问题，蔡文在做上述论证的时候显然忘记了为了论证核心期刊评价的科学性时曾经说过的话：“期刊评价的方法是从论文质量的微观角度出发对期刊进行宏观评价。”这个观点不错，科学地评价期刊的基础还在于科学的论文评价，因为期刊的内容主体是论文，要将两者割裂是不可能的。但蔡文又说：“学术论文评价涉及的因素比期刊评价更多更复杂，建立科学的（学术论文）评价体系是一项艰巨的任务……希望经过各方面努力，能尽快出现兼具科学性、客观性和权威性的学术论文评价系统，届时期刊评价作用被扩大化的局面将被彻底扭转。”笔者认同“建立科学的（学术论文）评价体系是一项艰巨的任务”的观点，但并不认为“学术论文评价涉及的因素比期刊评价更多更复杂”。仅从蔡文已认识到的“期刊评价的方法是从论文质量的微观角度出发”来看，期刊评价实际上已包含了论文评价，或者说论文评价是期刊评价的前提与基础，没有科学的论文评价就不可能有“从论文质量的微观角度出发”的科学的期刊评价，评价期刊的复杂程度恐怕要远远超过论文。既然“科学的（学术论文）评价体系”尚未出现，又何来建基于此的科学的期刊评价体系？“从论文质量的微观角度出发”又从何谈起？

显然，姜文和蔡文都意识到了核心期刊的产品设计与应用之间严重错位的存在，他们的“改进”思路在于：首先，不能放弃学术期刊评价的主体身份和学术评价话语权，在“以刊评文”难有替代品的现实中，掌握期刊评价权，也就意味掌握了学术评价权。其次，不能放弃期刊排行榜的产品形式。一方面，因为专业能力所限，他们无法深入内容层面进行评价，除了编制排行榜外，实难有其他形式的产品；另一方面，因为风险太大，排行榜毕竟深受行政权力部门青睐，放弃了排行榜，或破除了排行榜的神话，核心期刊是否还能有如今之风光，谁也不敢保证。

在笔者看来，循着姜文和蔡文这样的思路去解决核心期刊产品设计与实际应用的错位而造成的矛盾，无异于缘木求鱼，连自圆其说都很难做到，又怎能指望获得学界的认可和自身的真正发展？

2. 问题之二：个性化需求与共性化产品的矛盾

在讨论改进思路时，核心期刊的研制者还面临着一个必须解决的棘手问题，就是除了《总览》和《要览》的研制机构之外，还有若干个以期刊排行榜为最终产品的评价机构，核心期刊带来的利益总是在鼓动更多的单位生产更多的类似产品加入到竞争行列中来。面对这一问题，可能的选择是：要么展开竞争，优胜劣汰；要么各自走个性化、特色化之路，以免与对手狭路相逢。姜文和蔡文在设计改进方案时都选择了后者。

姜文是从产品设计的多样性角度来论述核心期刊的个性化存在的，“我国以文献计量方法为主要特征的评价体系各具特色，期刊评价工作可以根据它们的特点选择自己需要的参考标准或数据指标”。在姜文看来，差异的存在既是客观的，也是合理的，“那种建立一个包罗万象的通用的评价体系，或由官方出面建立一种权威的评价体系的构想，是不利于学术自由和不切实际的想法”。蔡文则从社会需要多样性的角度来论述这个问题，“期刊评价的根本目的是为了满足社会需求，而社会需求是复杂多样的，因此不同的期刊评价研究项目，都有自己特定的研究目的和特定的服务对象，这就是为什么有多个实用性期刊评价研究项目可以同时存在和发展的原因，它们之间是互相补充的关系”。也许为了证明以上观点，姜文和蔡文分别列出了他们认同的一些产品。值得注意的是，姜文和蔡文都将“来源期刊”归为“核心期刊”之一种。这让笔者颇为困惑，如果对文献情报学不甚了解的一般人，基于学术评价的现实视两者皆为“核心”尚情有可原，比如“三大核心”之说的流行，但作为文献情报学专家居然无视两者之间的本质差别，硬把具有本质不同的两种东西视为同类，其用意何在？笔者能想到的原因也就是为了证明不同的核心期刊产品各具特色。因为如不将来源期刊拉进核心期刊的行列，那么，所有剩下的核心期刊产品互相之间的差异，恐怕就不像姜文和蔡文说得那么大了。比如，《总览》和《要览》从目的到方法，再从指标体系到产品，都像一对孪生兄弟，而其他核心期刊的产品也是大同小异。其实，只要是核心期刊产品，就不会有多大的差异。对此，蔡文只好强说不同：“评价目的、评价方法不同必定会造成评价结果不同，主要表现为选出的期刊总体数量及侧重的学科范畴不相同。”但即使这样的不同也站不住脚，蔡文最后不得不承认：“尽管不同期刊评价项目评出的期刊数量各不相同，学科期刊排序也会有所差异，但是由于期刊学术水平是各评价体系所共有的重要指标，因此，在评价结果中存在着明显的共性，各学科中学术水平高的期刊往往会重复入选不同的核心期刊表或来源期刊表，公认度较高。”可见，各自的“个性”是多么的微不足道。

个性化需求是确实存在的，即使只看行政权力部门的科研管理，评价项目之多，早已令人目不暇接，更不用说期刊界与学术界的需求了，但个性化的核心期刊产品却未见得有。至少连姜文和蔡文也只能从理论上说有，而面对现实时却不得不承认，与其说那些产品是个性化的，不如说是共性化的。那么，将来会不会有呢？如果将来能有，个性化仍不失为核心期刊未来发展的一种进路。但若按照姜文和蔡文论说核心期刊只是期刊榜的特点来看，将来也注定不会有的。只要是以排行榜的形式出现的宏观评价，都没什么个性可言。核心期刊的权威性与个性必然陷入一个悖论：作为宏观评价，如结果不同，必将失去权威性；如结果相同，必将失去个性。对于核心期刊这样的排行榜产品而言，权威与个性是不可能共生共存的。

由此看来，循着姜文和蔡文的思路，既不能让核心期刊满足不同的社会需求，也无法避免相互之间的恶性竞争。顺着这样的所谓进路，可谓寸步难行。

（二）CSSCI研制者眼中的问题及改进思路

对于CSSCI研制者来说，来自各界批评的压力也是无时无处不在的，比起核心期刊，更容易被置于风口浪尖。化解这些压力，找到在未来发展中的定位，也是关系到CSSCI能否生存和发展的根本问题。

1. 问题所在：对核心期刊曾经的路径依赖

与核心期刊一样，CSSCI在面对评价这个特殊市场时也必须做出取舍，但与核心期刊不同的是，他们首先要考虑引文数据库这个主产品的未来，这个数据库可以服务于行政权力部门，但期刊界特别是学术界才是更主要的用户。近年来学术界对学术评价现状的批评让他们切身感受到来自权力结构底层的反作用已使行政权力部门在运用排行榜时谨慎了许多，因此，争取学术界和期刊界认可也许不如行政权力部门认可的作用那样直接，但却更稳定和持久。这在王文关于CSSCI未来进路的论述中有充分体现，从中可以清楚地看到极力摆脱对核心期刊路径依赖的明显倾向，主要表现在两方面：其一，淡化评价主体身份，强调CSSCI的工具性；其二，淡化CSSCI的评价作用，强调CSSCI服务平台的功能。“检索、分析文献和为学术评价提供帮助是CSSCI的主要功能”。

2. 进路设计：从评价产品到数据服务平台

当明确了工具定位和向数据服务平台转型的进路后，CSSCI 改进的思路自然就是完善工具，提升平台服务质量和水平。所以，王文不必回避 CSSCI 存在的缺陷，有缺陷才有改进的余地。在“三大核心”主编或负责人中，也只有王文军详细地列出了其产品所面临的问题和大致的解决方案。其一，“论文收录质量问题……CSSCI 应当改进收录方式，将那些不符合学术规范的论文或低质量的论文排除在 CSSCI 收录的范围之外……把那些非来源期刊上的高水平论文筛选出来收录到 CSSCI 之中”。此举意在提高数据源的质量，针对的是目前学术期刊质量不平衡的问题，不仅不同的期刊质量不一，即使同一本期刊中的论文质量也参差不齐。其二，“来源期刊遴选的问题……目前 CSSCI 主要是按一级学科分类来筛选来源期刊，这一方式导致一些二级学科、新兴学科、交叉学科、边缘学科和专深领域的期刊无法有效地收录进来，另一方面来源期刊的遴选范围也应当进一步扩大到全球范围”。此举是要细化来源期刊的分类，增强来源期刊的代表性。其三，“同行评议问题……必须通过进一步增强学科专家对来源期刊等的评选力度，建立科学完善的同行评议机制”。此举意在引入同行专家参与评选来源期刊，以同行评议来弥补纯量化评价的缺陷。其四，“引文质量问题”，“过度自引”和“互惠引用”会造成“引文资料失真”，必须予以杜绝。此举意在遏制学术不端行为，特别是数据造假。其五，“来源期刊数量的问题……应按照学术资源、学术成果、学科人群分布等指标对各学科文献的收录数量进行测算，并以此为依据来确定各学科来源期刊的数量，同时按照学科文献收录数量为依据对综合性期刊进行选择性收录”。此举也是要增强数据源的代表性。其六，“CSSCI 的国际影响力问题……从目前来看，CSSCI 的影响力还基本停留在国内，在国际上影响甚微”，如何“不断提升 CSSCI 的国际知名度，并通过这一平台积极推动中国哲学社会科学研究成果走向世界，是一个重大现实问题”。此举意在让 CSSCI 国际化。

以上几个方面的措施都是着力于提升 CSSCI 的数据质量和服务平台建设的水平，其方向无疑是正确的，但实施的困难也是可以想见的，即使能一一顺利实施，也必将是一个渐进的长期过程。

（三）对“三大核心”进路设计的分析

比较姜文和蔡文对核心期刊、王文对 CSSCI 今后发展进路的设计，不难发现，“三大核心”中的核心期刊与 CSSCI 已显示出了分道扬镳的趋势。那么，各自的前路如何？

1. 缘木求鱼：对核心期刊进路设计的分析

在进路选择上，尽管姜文和蔡文还是有些微的差别，但在对待研制者的身份、产品的性质和形式及用途等一系列问题时，他们的立场都高度一致，即这一切都无需改变，也不能改变，需要改变的主要是外界对核心期刊的“误用”。所谓“误用”核心期刊的外界，无非是学术界、学术期刊界和行政权力部门。核心期刊排行榜对学者的学术研究和学术编辑的办刊几乎无用，也就无所谓“误用”，唯一与他们有关的事就是被这些排行榜牵着鼻子走。因此，“误用”的主体就剩下行政权力部门了，而行政权力部门在实施其管理职能时最可能的误用就是“以刊评文”。

其实，“以刊评文”是有其逻辑的，那就是期刊的质量与论文的质量是不可分割的，期刊之所以优秀是因为其所发表的论文优秀，执行严格的审稿标准，特别是代表了同行评价的双向匿名评审，“可以使编辑对作者的‘发现’更为准确和全面”，[19]是确保期刊质量的重要手段，故能通过优秀期刊审稿的论文理应都是优秀论文。这样的逻辑演绎并没有太大的问题。如果“以刊评文”出现了问题，那只能出在对期刊是否优秀的认定上。姜文和蔡文都坚持认为核心期刊是期刊质量评价的结果，既然如此，能够上榜的期刊当然都足够优秀，那么，以核心期刊来评文就错不到哪里去。但现实却是“以刊评文”的结果十分荒唐，连姜文和蔡文也不得不承认这一点。这就足以证明，核心期刊评选的标准与论文质量无关或没有全然相关。事实也是如此。首先，核心期刊评刊的所有指标中，没有一项是与论文内容质量直接相关的，只是间接关系，而且这样的间接关系错综复杂，比如引文就有正面引用、负面引用和不涉及价值判断的所谓中性引用，仅用引文频次这样的简单数据，是无法衡量论文质量的，所谓“期刊评价的方法是从论文质量的微观角度出发”云云真不知是从何说起的。其次，退一步说，即使核心期刊的指标是科学的，核心期刊指标的数值也容易被个别论文的极端值所左右。期刊是论文的集合体，不同学科论文的各种指标数据差异固然巨大，同一学科不同质量的论文指标数据差异同样巨大，核心期刊评选时对此却无法区分，只要某刊有部分高指标论文，该刊即可能入选，这就造成了论文质量参差不齐的期刊照样可以入选核心期刊的结果。当期刊知晓了这一秘密之后，就可靠少量高指标论文获取评价数据，而其余论文的质量则可放任不管，更有甚者，拿出部分版面来牟利，这就是为什么有些核心期刊能够大肆敛财的秘密。那些靠钱买来版面的论文质量显然不会高，甚至大大低于非核心期刊的论文。这才是蔡文强调核心期刊不能用于论文评价的真正原因。

从评选方法上来看，只以刊为单位统计数据而不涉及所有论文的质量来评选核心期刊，绝不可能是期刊的质量评价，充其量只能评出含有部分影响较大论文的期刊，而影响大与质量高之间、部分论文与全部论文之间是不能画上等号的。正是评价机构极力将刊物的部分论文数据等同于全部论文数据、将期刊的影响力评价混同于质量评价，才造成了“以刊评文”恶果的蔓延。是评刊出了问题才导致“以刊评文”跟着出问题。不管是逻辑推演还是事实判断，“以刊评文”错都在评刊。因此，如果说行政权力部门误用了核心期刊，那也是评价机构的评刊误导在先。

如果今后核心期刊仍坚持现行的以排行榜为“成果”的评刊方法不改，并且仍然声称他们所做的是期刊质量评价，那么，对核心期刊的应用——无论是用于评刊还是评文抑或其他任何涉及质量评价的事项，结果都只能是误用。行政权力部门为避免“误用”的最好办法，就是让核心期刊退出行政权力部门主持的期刊评价，而不仅仅是退出学术论文评价。出现这样的结果并非完全不可能，一方面，期刊质量评价的方法必须改进，至少要以对全刊的内容而不是其局部进行评价为基础；另一方面，虽然目前还没有找到公认的替代“以刊评文”的学术评价方法，但这方面的尝试和努力一直在持续着，比如教育部近年来在职称评审、项目评审中努力推行的“代表作制”就是一个例证。

因此，如果真像姜文和蔡文所论述的进路那样，不从自身出发谋求改变，把核心期刊未来的生存与发展的全部希望寄托于与外界认可其产品为期刊质量评价，那么，核心期刊真的要走向穷途末路了。

2. 十字路口：对 CSSCI 进路设计的分析

CSSCI 所面对的问题与核心期刊有共同的一面。CSSCI 之所以被各界列为“三大核心”之一，并不因为其所拥有的引文数据库，而在于它一直以来都以评价产品的身份而存在。“C 刊”之说即因“以刊评文”而来，所以，“以刊评文”的种种恶果，“C 刊”也难辞其咎。

在 CSSCI 起步阶段，其研制者就曾高调地打出“学术评价”的旗帜，一个引文数据库的生产者却将自己命名为“评价中心”，从中足以看到他们是何等看重自己的评价作用的。在谈及 CSSCI 的功能和意义时，其研制者总是直言不讳地将文献检索功能与学术评价功能相提并论：“《中文社会科学引文索引》的研制成功填补了国内外的一个重要空白，它既是中文人文、社会科学文献信息的重要查询工具，又是人文、社会科学研究及学术期刊的主要评价工具。”[20]不仅是CSSCI的研制者如此标榜，他们的同行，来自多所高校的文献情报学的学者也是如此看待CSSCI的功能的。在CSSCI问世后的一段时间里，曾涌现出多篇充分肯定CSSCI评价功能的论文，甚至将其评价方面的意义置于索引功能之上，如：“（CSSCI）整个系统研制成功的意义不仅在于它可以提供多途径的检索通道，实现查新功能，重要的是它通过文献计量指标的排序和比较，为社会科学管理部门从宏观到微观、从不同角度管理和评价社会科学成果提供了可以操作的定量手段。”[21]再如：“《中文社会科学引文索引》（CSSCI）在引用率方面为社科成果的评价提供了一个比较公正、客观的标准，不少科研部门和管理机构都以此作为社科成果的评价标准，取得了好的效果并产生了积极的意义。”[22]尽管这些论文也都提及甚至重点指出了应用CSSCI评价功能的局限性，但都不妨碍他们将评价功能作为CSSCI主要功能来论述。

在这样的宣传攻势下，CSSCI以一种更科学、更公正、更客观的评价产品的形象走入了公众视野，其来源期刊表很快被用于科研管理中，成为很多高校认定本校学术期刊榜的蓝本，教师和科研人员只有在入榜的期刊上发表论文才能被各种考核所认可，“C刊”就这样成了继《总览》和《要览》后的“第三大核心”，而作为CSSCI主产品的引文数据库在很长时间里基本不为人知或鲜有人使用。这样的局面也许正是CSSCI研制者所希望的，至少在其起步阶段。因为作为CSSCI蓝本的SCI、SSCI在被引入中国时就被异化为评价产品了，CSSCI步其后尘并不奇怪。只是在“以刊评文”的恶果逐渐显现、CSSCI深陷舆论包围之中时，人们才重新“发现”了其引文索引功能的价值。

与核心期刊相类似，CSSCI来源期刊的遴选也不具有质量评价的意义，道理也是一样的，来源期刊评选的指标与论文内容质量并不直接相关，也不针对期刊中的所有论文，入选期刊中的论文质量同样参差不齐，这个漏洞同样可让入选期刊拿出部分版面来牟利。当“C刊”取代核心期刊而成为论文评价标准后，同样造成了学术乱象。与核心期刊一样，这也是CSSCI首先必须面对的问题。

但是，CSSCI还有着与核心期刊不同的另一面，那就是来源期刊并不是其最终产品，即使放弃了“C刊”在评价中的作用，CSSCI还有着继续生存下去的价值，而且，在重新“发现”引文索引的价值后，其对检索工具的价值回归会让其生存得更有意义，而这个意义以前却被“C 刊”的光环给遮蔽了。王文对 CSSCI 进路的设计正是基于此。其进路设计的重点是淡化评价功能，提升数据库质量，打造服务平台，从 CSSCI 自身的建设来说，自有其道理和意义。但是，若将 CSSCI 置于整个学术领域特别是当今的学术环境中，如何让学术界接受一个不同于以往印象中的 CSSCI 才是更为重要的问题。给人的第一印象毕竟是难以改变的。而且，从“指挥棒”到服务平台还意味着利益结构的改变，CSSCI 能轻易放弃既得利益而去寻求未知的新的利益吗？

四　回归数据开发者的定位是核心期刊、CSSCI 的根本进路

核心期刊和 CSSCI 之所以一直以“三大核心”合称于世，就是因为近年来其各自期刊排行榜几乎垄断了学术评价特别是学术期刊评价，但这种简单而异化的评价终于引起了公愤。在笔者看来，以排行榜为特点的评价，恰恰反映出评价机构不懂专业无法进行内容评价的致命弱点，仅靠数据是无法弥补这一缺陷的。因此，它们都不可能具备独立的评价主体的身份，换言之，即两者都不可能具备独立地从事学术评价或期刊评价的资格。如果它们坚持要进行学术评价或期刊评价，那么，将永远也摆脱不了外行评价内行所必然陷入的困境，也永远不可能赢得评价对象的认可。其实，这个道理，评价机构未见得不明白，然而，其各自的进路选择则又是另一回事。

（一）转型的资本：数据与数据库

姜文、蔡文与王文在未来进路问题上的最大区别在于对自身的定位：核心期刊坚持自己评价主体的身份，坚持以排行榜的形式进行期刊评价；CSSCI 则选择了淡出期刊评价，向服务平台转型。比较两者的选择，核心期刊将在评价的泥淖中继续深陷下去，而 CSSCI 则可以找到新的发展空间，显然后者更为明智。核心期刊为何放弃明智的选择？其实，我们不难看到其中的那份无奈：因为其别无选择。不同的进路选择与各自的处境、拥有的变革资本及对未来的利益期待是密切相关的。从所遭遇的抨击来看，核心期刊与 CSSCI 几乎一样，但各自拥有的变革资本却有不同，CSSCI 因拥有一个越来越为人所知的引文数据库而可以选择从评价产品到服务平台的功能转型；而核心期刊却只有排行榜这唯一的产品。有一个现象可以印证这一判断，检视

近年来众多出自各学科学者有关核心期刊和CSSCI的文章，可以发现，除了批评性的文章外，很少有《总览》和《要览》的应用性研究成果问世，但却有大量的运用CSSCI数据进行期刊分析和学科分析的应用性研究成果出现。[23]这是一个值得所有评价机构关注和思考的现象。显然，在经过了十多年的积累之后，CSSCI数据库的价值逐渐为人所识，各学科学者、期刊人已开始加入CSSCI数据库的使用队伍中来，CSSCI对学术研究的作用正在显现，而核心期刊则仍在原地踏步，在学术研究中几乎毫无作用，一个对于研究没有作用的评价，其存在有何意义？

那么，核心期刊的路是不是真的快走到头了？未必如此。我们不要忘了，核心期刊的评选也是以大量的数据为基础的，如《总览》编制时，就采用了被索量、被摘量、被引量、他引量、被摘率、影响因子、获国家奖或被国内外重要检索工具收录、基金论文比、Web下载量等9个评价指标，《要览》与此也大同小异，而且核心期刊的历史要比CSSCI长得多，如果它的数据真的有那么全面和可靠的话，那么，核心期刊理应拥有比CSSCI丰富得多的数据库；如果这个数据库真的存在的话，只要开放，哪怕是有条件的开放，其对学术研究和学术期刊的作用都要胜过CSSCI。基于此，核心期刊也完全可以选择从评价产品向服务平台的转型。但是，姜文和蔡文似乎并考虑他们用于制作核心期刊排行榜的数据对学术研究或学术期刊还能发挥什么作用，也未提及他们是否拥有这样的数据库以及是否打算让其对学术界开放，这是一件让人感到十分遗憾和不解的事。

作为数据“仓库”的数据库的基本功能就是为用户提供服务，一个与某些特定单位切身利益或公共利益相关的数据库理应向这些利益相关单位或公众开放。作为评价机构的数据库，其数据全部来自评价对象或公共领域，其数据质量和使用是否科学与评价结果直接相关，其评价结果与评价对象的利益又密切相关，这样的数据库是没有理由不开放的，哪怕是为了证明其评价结果的正确以应对公众的质疑，也应该开放。但是，一个能够开放的数据库是要有技术条件的，首先其硬件设备必须支持可能的访问量和服务要求，这一点在今天并不难做到。其次，这个数据库建库模式必须科学合理，数据采集必须规范准确，用户界面必须友好易用，这才是真正的难点。所以，核心期刊的研制者至今不提开放其数据库，就不能排除可能存在的技术上的原因，最大的可能是核心期刊数据库因数据质量问题而无法开放。笔者这样的猜测是基于数据库建设工程之浩繁，特别是《总览》《要览》这样涉及多种数据源的数据库，数据量之大、数据采集和校正之难是一般人难以想象的。由于人文社会科学的学科传统，期刊所刊论文并不像自然科学论文那般“规范”，比如，仅引文的标注方法就有页下、文末、文内等多种，与引文相关的数据很难通过机器来采集，这些数据的采集、校正主要靠人工；再如下载量，一篇论文同时呈现于不同的期刊数据库、不同的网页甚至微博、微信中，这已是学术传播的常态，每一处都是下载源，这个下载量数据如何采集？如何保证准确无误？如果数据不准确，运算再精确又有什么意义？不管以上的猜测准确与否，核心期刊用以加权运算的原始数据始终不开放都是一个事实。所以，尽快建立、完善和开放数据库是核心期刊能顺利走上转型之路的不二选择。

（二）转型的困难：对评价权力的留恋

对于评价机构来说，拥有数据库只是具备了转型的基础，是否愿意在此基础上转型，一个更为重要的问题就是，如何对待已握于手中的评价权力。这个问题不解决，核心期刊和CSSCI就都不可能实现真正的转型。“长期以来，学术评价一直是同行学者的事，但在专业评价机构诞生之后，这一传统被颠覆了，‘核心期刊’、‘来源期刊’榜单成了压倒一切的学术评价的利器；而数千种学术期刊各属什么级别，比如‘权威期刊’、‘核心期刊’等，基本上由发布这些期刊榜单的评价机构说了算。‘母以子贵’，制作学术期刊排行榜的评价机构也因此而走红，由学术研究的服务者而摇身一变为学术舞台上的主角，排行榜则成为他们手中极具魔力的指挥棒，本意是服务于学术研究的评价成为了凌驾于学者之上的支配力量”。[24]自评价机构产生以来这二十多年中，几乎所有的评价机构都迷恋上了与学者之间这样一种颠倒的关系，而学术界和期刊界不得不听命于评价机构的“指挥棒”，实是一种对权力不得已的屈服。这样的评价权力，主要来自排行榜而不是数据库，如果强调数据库的服务意义，相反可能冲淡排行榜的影响。这才是核心期刊从来不重视数据库建设和开放的主要原因。排行榜的产品形式历二十余年而不改，它已成为评价权力的象征，谁制作和发布排行榜谁即拥有评价权力。“三大核心”之得名，恰恰说明了对学术界和管理部门影响最大的是期刊榜（无论是核心期刊还是来源期刊）而不是数据库，如果CSSCI从一开始就以其数据库闻世的话，也就不会有“三大核心”这一对这三个性质不同的产品的统称。其实，到目前为止，尽管CSSCI数据库的作用已逐渐显现，但仍然无法与来源期刊榜的影响相比。

由此可见，权力的诱惑和对权力的留恋才是评价机构转型的最大障碍，而评价之成为权力的根源还在于现行的科研体制，这就要回到本文开头所说的行政权力对学术活动的强势介入。作为评价的当然组织者，行政权力部门采信什么样的评价，就会将什么样的评价者送上权力的宝座。近年来，评价机构正是依靠排行榜在涉及利益分配与管理的评价中起到了关键作用，才牢牢把控了学术评价权力。所以，只要他们留恋评价权力，就不会放弃期刊排行榜，核心期刊如此，CSSCI同样如此，某些后起的评价机构更是如此。

（三）根本进路：回归数据开发者的定位

在可以预见的将来，学术资源由国家控制和分配的体制不会改变，评价在利益分配中的作用也不会改变，能够改变也必须改变的只能是评价机制。最有效的改变就是行政权力部门赋权的对象，让学术评价回归学术共同体。但评价机构既然能够从学术共同体手中夺得评价权，要让学术评价真正回归学术共同体也就不是件容易的事。在目前的学术生态环境下，同行评议同样会滥用评价权力，其评价结果的公正性也许连评价机构的排行榜还不如。因此，评价权力回归学术共同体的过程必然是学术民主重建的过程，只有让学术民意有充分表达的渠道，只有对评价权力实行有效的监督，科学合理的评价机制才有望真正建立。

重建学术民主当然是一个艰难而长期的过程，所以在同样可以预见的将来，类似排行榜的评价产品在学术评价中也许仍然会占据十分重要的位置，但是，“三大核心”要想原封不动地保持手中握有的评价权力也非易事。一方面，来自同行的竞争将不可避免，后起之秀既会通过一些“创新”性的评价理论和方法来给排行榜披上“科学评价”的外衣，也会借助一些非学术、非技术的手段来争夺评价权力，排行榜的“战国时代”已经揭幕；另一方面，排行榜并没有十分高深的学术和技术含量，当以排行榜为标志的定量评价的面纱被揭开之后，既会有被评价者因迎合而数据造假使排行榜进一步失去公信力，也会有更多的学者和期刊人加入批判和抵制的行列中来。因此，即使支配资源分配和管理的评价权力依然长期存在，即使这样的评价权力仍然以排行榜的形式呈现，能够为行政权力部门采信的评价产品也不一定是“三大核心”了。对于“三大核心”来说，在进路选择上最明智的做法是自我革新，用更有说服力的产品来替代自己的排行榜和打败竞争者的排行榜，而不是坚守排行榜。这个更有说服力的产品，非开放的数据库莫属。在这方面，核心期刊和CSSCI毕竟已有所积累。

如果我们在这一前景下来观察“三大核心”的进路选择，更加可以看出，以《总览》或《要览》为唯一产品的核心期刊面对新老竞争对手，显然处于劣势；而CSSCI对服务平台的转型则更利于今后的竞争。一方面，向服务平台转型并不影响其来源期刊作为排行榜而存在，只要排行榜在学术评价中仍然起作用，有着服务学术研究的数据库支撑的来源期刊榜只会更具竞争力；另一方面，如果排行榜真的退出了学术评价，服务平台的意义与作用则更加凸显。

如果对学术民主的重建有着足够的信心和耐心，那么，我们也可以将CSSCI的转型看作评价机构对数据开发者定位的回归，而把评价的权力还给学术界。这将是解决学术评价问题的必由之路。

首先，评价机构回归数据开发者定位将会使评价数据真正开放，而对数据的开发与对数据的分析和利用也可以明确地区分开来。定量评价原只是评价方法之一种，如今却成为评价机构的专利，评价机构凭此而跻身评价主体的行列，这样的身份“僭越”已使学术评价分裂为定性和定量两个不同的评价种类。这一切之所以发生，并不是因为评价机构特别具有定量分析的能力，而是因其对数据的垄断。只公布评价结果而不开放原始数据，排行榜之“魔力”，正是缘此而来。但不开放原始数据的排行榜，作为科研成果，它很难有科学性可言，因其结果无法验证；作为评价结果，它很难有公正性可言，因其过程无法监督。因此，要建立科学而公正的评价，评价数据的开放是必不可少的前提。开放数据当然也就意味着数据开发与分析利用的分开，分析和利用数据者将是所有的学术同行，只有这样，数据才会真正发挥作用。

其次，评价机构回归数据开发者定位将会让其找到适合自身发展的正途。评价机构退出学术评价，并不意味着从此与学术评价绝缘，评价机构对学术评价的价值并不在其排行榜，而在于其所挖掘的与学术研究和学术期刊相关的大量数据。在信息时代，这些数据的价值甚至可以说是无可估量的。但是，以排行榜作为数据处理的唯一结果实际上是对数据价值的埋没和扭曲，甚至导致了学术乱象。因此，评价机构退出自己不具实力的学术评价，回归数据开发者的定位，扬长避短，专心做好数据的挖掘工作，为使用者（学术界、期刊界和管理部门）提供周到的数据平台服务，就能在未来的学术研究和学术评价中找到真正属于自己的位置，做出自己的贡献。因数据性质的不同，数据库的种类必将是多样的，差异化发展也能比较容易实现。显然，如果从评价产品到服务平台的转型成功，那么，评价机构就可以为自己打开一个新的发展空间。

最后，评价机构回归数据开发者定位将有利于科学合理的学术评价机制的重建。直接的效果是排行榜将从评价中淡出，使得学术研究、学术期刊不必再被评价机构牵着鼻子走，从而断绝了以数据造假为典型表现的学术不端的一个显性源头。如果说，学术评价机制的重建在于让学术评价回归同行评议，那么，从长远看，评价机构开发的数据则可以为同行评议的公正提供某种前提条件。一方面，随着数据的开放，定量评价不再是评价机构的专利，同行评议的评价者可以根据评价的目的来选择最合适的评价方法，既可以是根据经验做出判断的定性评价方法，也可以是通过数据分析得出结论的定量评价方法，更可以兼采各种方法，比如用数据分析来验证经验判断，从而做出更准确的评价；另一方面，数据的开放也为学术共同体提供对同行评议实施监督和制约的资源，共同体中更多的人不仅可以依凭自己的经验，而且可以通过对数据的分析来评价同行评议的科学性与公正性，这是确保同行评议公正性不可缺少的程序。

基于以上理由，笔者认为，对于“三大核心”及所有的评价机构来说，明智的进路选择在于，退出学术评价，回归评价数据开发者的定位。如此，“三大核心”及类似的名头或将成为历史，今天的评价机构将以新的身份出现在学术界，而科学合理的学术评价机制的重建也将跨出实质性的一步。

（感谢上海大学刘宇博士提出的宝贵意见！当然，本文的观点由作者负责）

---

①姜晓辉：《核心期刊的评价功能与作用》，《澳门理工学报》2012 年第 1 期。以下引自姜晓辉的论文皆为该篇，不再一一注出。

②刘宇、李武：《引文评价合法性研究——基于引文功能和引用动机研究的综合考察》，《南京大学学报》2013 年第 6 期。

③蔡蓉华、何峻：《论期刊评价之目的、方法和作用》，《澳门理工学报》2012 年第 2 期。以下引自蔡蓉华等的论文皆为该篇，不再一一注出。

④参见王文军《中国学术文摘：现状与展望——以“三大文摘”为中心的实证研究》，《清华大学学报》2013 年第 6 期。

⑤《“SCI之父”加菲尔德博士访问中国，接受采访为SCI正名》，http：//www.eschina.org.cn/Article/9156.html

⑥王文军：《检索抑或评价：CSSCI功能论析——兼论构建引文索引数据库的若干问题》，《澳门理工学报》2013年第2期。以下引自王文军的论文皆为该篇，不再一一注出。

⑦吴国灿：《业绩评价中企业高管认知偏差研究》，《企业研究》2010年第8期。

⑧仲伟民：《缘于体制：社科期刊十个被颠倒的关系》，《南京大学学报》2013年第2期。

⑨唐红丽：《学术成果问题根源于“评价体系”》，《中国社会科学报》2014年11月7日。

⑩钱荣贵：《“核心期刊”的负面效应、成因及消除策略》，《学术界》2002年第6期。

⑪钱荣贵：《走向终结的“核心期刊”现象》，《江苏大学学报》2003年第5期。

⑫朱剑：《大数据之于学术评价：机遇抑或陷阱？——兼论学术评价的“分裂”》，《中国青年社会科学》2015年第4期。

⑬苏新宁的这段话出自氏著《期刊评价的困境与思考》，《重庆大学学报》2010年第6期。

⑭方广锠：《废止以CSSCI为高校学术评价的标准——致教育部长袁贵仁教授的呼吁书》，学术批评网，http：//www.acriticism.org/article.asp？Newsid=11601&type=1000

⑮杨玉圣：《炮轰CSSCI（论纲）——兼论学术腐败》，学术批评网，http：//www.acriticism.org/article.asp？Newsid=16006&type=1008

⑯参见林桂思《质疑CSSCI——以语言学期刊为例》，学术批评网，http：//www.acriticism.org/article.asp？Newsid=11210&type=1008

⑰石剑峰：《CSSCI被指有舞弊嫌疑·中国学术“GDP”造假为敛财?》，《东方早报》2010年1月21日。

⑱参见朱剑《面对学术评价现实的改进尝试——简评2012~2013年“CSSCI来源期刊目录”》，《高校教育管理》2012年第6期。

⑲李记松：《匿名审稿制下的编辑与作者关系——以人文社会科学期刊为中心》，《南京大学学报》2015年第1期。

⑳邹志仁：《中文社会科学引文索引（CSSCI）之研制、意义与功能》，《南京大学学报》2000年第4期。

㉑姜春林：《试论引文分析与社会科学定量评价》，《科技管理研究》2002年第6期。

㉒胡敏中、宋淑英：《CSSCI与社科成果评价标准》，《学术界》2005年第2期。

㉓以“基于CSSCI”和“基于核心期刊”分别在中国知网期刊库作主题检索，迄

2015年10月，结果分别为488篇和24篇论文，后者仅及前者的5%；而且，前者多为基于CSSCI数据的应用性分析或研究，后者因无数据可依，多是以核心期刊为研究范围，而研究所需要的数据则要另外搜集，所以很难将其视为核心期刊的应用性研究。

㉔朱剑：《重建学术评价机制的逻辑起点——从“核心期刊”、“来源期刊”排行榜谈起》，《清华大学学报》2012年第1期。

作者朱剑，《南京大学学报》主编、编审。南京　210093

华文学术期刊的几点思考

——以《澳门理工学报》为例

刘泽生

[提　要] 全球化、数字化、网络化的浪潮正在改变世界，传统学术期刊的办刊理念、编辑模式、营销策略，正经受着前所未有的冲击。华文学术期刊界需要在与世界同行的交流与合作中相互理解、相互尊重、平等对话、平等合作，需要对其自身未来的发展趋势进行必要的思考。《澳门理工学报》近年的改版尝试，或可对推动华文学术期刊国际交流提供一个有益的参考。

[关键词] 华文学术期刊　多元文化　学术交流　《澳门理工学报》

学术期刊既是国家文化发展战略的一个重要组成部分，也是一个国家的综合国力、文化软实力的折射。提高国家文化软实力关系到“两个一百年”的奋斗目标和中华民族伟大复兴这一中国梦的实现。对于中国期刊人来说，此时应该站在国家文化发展战略的高度审视学术期刊的发展战略——共同关注华文学术期刊的发展。在某种意义上来说，从不同的视角和不同区域的同行交流中，或许对内地探讨人文社科期刊改革与建设的规律和路径，加快社科学术期刊的体制改革与可持续发展，具有一定的参考价值。

一　华文学术期刊的几点思考

思考之一：国家发展与文化实力。

学术期刊是一个国家文化软实力的重要体现。一个国家的文化发展水平乃至其学术期刊的生存状况，与国家整体的政治、社会、经济发展水平是密不可分的。中国随着改革开放30多年的快速发展，国家整体实力的增强举世瞩目，GDP在20世纪末已先后超越传统的西方七大工业国。2010年，中国的GDP达到58786亿美元，超过日本4044亿美元，成为世界第二大经济体，在国际事务中正发挥着举足轻重的影响。当然，中国还是一个发展中国家，人均GDP与发达国家相比，还有较大的差距。但中国的崛起，已是不争的事实。

随着中国整体经济社会的发展，高等教育与社会科学研究、文化出版事业也取得了极大的进步。以大学学报为例，有统计显示，1949年中华人民共和国成立前夕，内地高校学报不足30家。至“文化大革命”前夕的1965年，高校学报共160余家，其中文科学报仅40余家。1978年改革开放以来，高等教育发展迅速，大学学报也得到了同步的发展，尤其是八九十年代以来，进入了前所未有的发展时期。1988年，全国高校人文社会科学学报达到440种。进入21世纪，更出现了井喷式的发展，2001年达1130种，[①]2013年，更是达到了历史的最高峰1310种。2000年，国家新闻出版署启动了“中国期刊方阵”的创建工程，规划在当年全国包括学术期刊在内的8135种期刊中，创建4个层次的期刊方阵，并在此基础上形成10～20个有世界影响的名牌期刊。[②]2003年教育部启动“高校哲学社会科学名刊工程”（简称“名刊工程”）以来，于2004年、2006年、2011年分三批共有31家大学名刊入选，每年对每个入选的学术期刊资助30万元。[③]2004年，教育部又启动“高校哲学社会科学名栏工程”（简称“名栏工程”）。[④]国家相关部门同时加大了对名刊工程、名栏工程等学术期刊的资助力度。2008年，中国社会科学院也实施学术名刊建设工程，对该院主管的68种学术期刊给予年15万～20万元的资助。2012年以来国家社科基金启动了对部分重点学术期刊的资助，先后两批共200家刊物受益，每家获年资助40万元。[⑤]这是中国内地学术期刊发展进程中非常难得的机遇。另一方面，随着全球化与数字化时代的到来，传统媒体与数字媒体的融合，极大地推动了学术期刊的发展。自20世纪90年代开始，中国知网、万方数据库、重庆维普、龙源期刊网等数据库陆续建立并投入使用。没有国家整体的经济社会发展，就不可能有中国学术期刊30多年来的快速发展。推而广之，中国的腾飞是世界华文学术期刊发展的强大依托。世界华文学术期刊的发展需要中国内地、港澳台以及国外华人学界的共同努力。进入21世纪，随着中国元素的加强和全球化进程的加速，海外华人的华文事业正出现新的曙光，为华文学术期刊，尤其是华文人文社会科学学术期刊的发展带来了新的希望。[6]

思考之二：多元文化与海纳百川。

在文化研究的语境（context）下，所谓“华文学术期刊”大致上应该是涵盖两个大的版块，即包含了中国内地和台湾、香港、澳门的中文学术期刊，以及广泛分布于东南亚、大洋洲和北美洲等地区的以华文为其主要文字的学术期刊。海外华文学术期刊是世界期刊家族中的一个独特群体，是一种特殊的历史现象组合。探讨“世界华文学术期刊”这一命题时，不论是在一国范畴之内，还是跨国（地区）文化的交流，关于“多元文化”的讨论将是一个绕不开的重要话题。

“多元文化”是一种特定时代的产物，与包括家族、婚姻、宗教、教育、种族、文化传统等领域的变化具有密切的关系。20 世纪 90 年代关于意识形态的对抗与“文明的冲突”，曾经引起学术界的高度关注。多元文化和谐共处是人类文明发展的大趋势，一个国家的不同族裔、不同信仰、不同文化背景的人群，和平共处、共同发展，是一个国家、民族的福祉。2014 年 8 月，由中国社会科学杂志社与加拿大文化更新研究中心／《文化中国》编辑部在加拿大温哥华联合举办的“第三届世界华文学术名刊高层论坛”，就是一个例子。“世界华文学术期刊”的生存与发展，与多元文化语境下的身份认同有着极其重要的关系。“彩虹文化”（Rainbow Culture）、“马赛克文化”（Mosaic Culture）现象值得学界关注。在我们考察中国学术期刊国际化的同时，一个十分重要的内容就是海外华文学术期刊的“中国化”与“国际化”。海外华文学术期刊既不是中国本土文化刊物的海外版，也不是西方外语刊物的中文版，而有其海外相对独立的身份。[7]

如果说一个多元和谐的外部环境对于华文学术期刊的发展是至关重要的话，那么期刊人拥有“海纳百川”的境界，则是基本的学术追求与办刊理念。尤其对于华文学术期刊来说，倡导、崇尚“海纳百川”的情怀，正是张扬一种开门办刊、兼容并蓄的精神，倡导一种沟通对话、和而不同的多元文化，弘扬一种对传统文化的坚守与博采众家之长的修养。华文学术期刊之间的交流与借鉴，既有不同的文化语境与学术定位，也有不同的价值取向与学术包容；刊物之间既有普遍性，也存在差异性与特殊性。而多元文化、不同文化背景的期刊人之间的交流与融合，同样有益于学术期刊界对发展趋势的客观把握。当然，在全球化背景下的期刊交流与竞争，也存在着学术话语权的较量，这也是可以理解的。被誉为中国近代史上“开眼看世界”第一人的林则徐曾题词自勉：“海纳百川，有容乃大；壁立千仞，无欲则刚”，在全球化与数字化的新时期，现代办刊人更应该有如此的胸怀与雅量。

思考之三：学术坚守与学术担当。

学术期刊是学术传承的重要载体，同时也是学术活动的重要组成部分。从更高的层次看，学术期刊是国家文化软实力的一种体现，在繁荣学术研究、推动文化创新，促进经济社会发展和科学技术进步等方面发挥着不可替代的重要作用。学术名刊是需要几代学人共同耕耘悉力传承的，例如入选教育部高校哲学社会科学名刊工程的 31 家刊物，就是办刊历史相当悠久的学术名刊。

期刊编辑是学术界、出版界中的一个特殊群体，他们既是作者（学者）与读者之间的红娘与桥梁，文化知识、学术思想传播的组织者和实施者，又往往是相关学术领域中的知名专家学者，由于具有学者及学术期刊编辑的双重身份，他们在学术建树上也多有独到之处。但在中国的大学教学研究群体和各地的社会科学院等研究机构中，不少学术刊物的编辑又往往处于“边缘”地位，工作压力大，相应待遇亦不尽如人意。自 20 世纪 50 年代以来，中国的学术期刊遭遇过极其困难的时期，尤其是 1966～1973 年间，大学文科学报几乎出现了 7 年的空白，只是到了 1978 年之后，中国的学术期刊才得以恢复和发展，直至 2000 年后进入了快速发展的新时期。如果没有改革开放的大背景，没有几代中国期刊人的学术坚守与无私奉献，就不会有今日中国学术期刊的新局面。

在海外，华文学术期刊的生存与发展同样面临各种制约与困惑。海外华文学术期刊系既植根于中国本土的学术文化，又生存于海外以华文为主要语言的学术期刊。在多元文化的语境下，在人力、物力、财力资源诸方面，不少刊物都要艰难地寻求生存与发展的空间。在强势外国语言的包围下，海外华文学术期刊的资源和作用对象相当促狭，惨淡经营，举步维艰，薪火相传中有一种悲壮的孤独。[8]笔者曾经考察过多家海外华文学术期刊的创刊历程，包括在海外/境外颇具影响的加拿大《文化中国》、新加坡的《华人研究国际学报》与中国香港的《九州学林》等，其成长历程莫不令人感慨系之，对于其办刊人那份对中国传统文化的学术坚守与忧国忧民的文化关怀，那份令人肃然起敬的学术担当与学者风采，久久不能释怀。[9]正是由于有这样的一批又一批、一代又一代期刊人的坚守与担当，才有今日华文学术期刊的发展局面。

思考之四：学术交流与共同发展。

全球化、数字化、网络化的浪潮正在改变世界，传统学术期刊的办刊理念、编辑模式、营销策略，正经受着前所未有的冲击。两岸四地乃至国际学术期刊间的交流研讨，将推动不同国家（地区）、多元文化形态下华文学术刊物间的相互交流与相互借鉴，这对学术研究与文化交流来说，都是一种极具意义的活动，也将是学术期刊自身建设、提升学术话语权的有益尝试。学术期刊除了学术成果展示功能之外，交流与对话也是其重要的基本功能。

近 20 年来，中国内地的学术交流经历了从近到远、从内到外、从易到难的过程。如果追溯到 21 世纪初的学术期刊交流，我们可能还要从 2001 年在南京举办的首届全国综合类人文社会科学期刊高层论坛开始，2001～2011 年间，先后举办了 10 届全国性的学术期刊高层论坛。[10]其后于 2012 年更名为全国人文社会科学期刊高层论坛，并于沈阳举办了首届大会。此外，多学科、多领域的各种形式的海内外学术期刊交流活动也频繁进行，学术期刊相互间有了更多的了解与互动。“走出去”和“请进来”，是对外学术交流的两种有效渠道。形式不同，目的却是一致的——通过交流，加深了解，互相借鉴，达致双赢。正是因为有了这近 20 年的不断探索前行，有了这么多期刊人的交流积淀，终于水到渠成地从内地走向港澳台，走向世界。这在学术期刊史上是一件颇具意义的事。

没有多年不懈的努力探索，就不可能有今天的新局面。回首往事，如果说还有什么值得我们总结或探索的，笔者以为如下问题或可引起我们更多的关注。

其一，在全球化与数字化时代，需要有更开阔的全球视野与战略眼光，更宽广的包容思维与对话机制。从近几届的华文学术期刊论坛看，整体的会议框架设计、与会学者的广泛性与代表性、学术论题及论文的总体水平等，或尚有提升的空间。在研讨论题的设计上既要考虑中国学术期刊走向世界、学术期刊国际化的问题，也要有针对性地兼顾合作方（联合主办方或承办方）所在国（地区）的华文学术期刊面临的重大学术论题；既要考虑学术界、期刊界普遍关注的热点问题、学科前沿问题，也可以关注某些特定区域或对长远研究有理论指导价值的问题，这将有助于系列论坛的可持续发展，也是一种平等对话的体现。而如何进一步扩大论坛的学术影响力，邀请更多不同国家（地区）期刊界、学术界的专业人士与会研讨，也是一个值得关注的议题。

其二，“走出去”与“请进来”的策略并行不悖。中国学术期刊过去似乎是“请进来”的多，“走出去”的少，这种状况正在开始转变。中国文化需要“走出去”，中国的学术期刊更需要“走出去”。例如2010年以来国家社科规划办开始推行的“中华学术外译项目”，资助中国哲学社会科学研究的优秀成果以外文的形式在国外权威出版机构出版，进入国外主流发行传播渠道，这将有助于推动中外学术交流与对话，提高中国哲学社会科学的国际影响力。实际上，我们也可以与国际大型期刊出版集团、数据库及网络运营商有更多的接触，包括相关的评价体系及机构，如目前具有较大影响力的国外人文社会科学三大引文索引——《社会科学引文索引》（SSCI）、《艺术和人文科学引文索引》（A&HCI）、《国际学术会议社会科学引文索引》（ISSTP）等。[11]中国学术期刊市场作为当前全球化、数字化时代各出版大国所特别瞩目的一块蛋糕，双方都有很大的合作开发空间与不同的学术需求。中国期刊界如果有更多机会与上述学术机构及出版运营商直面交流，或对启发发展策划思维、寻找期刊出版新的发展空间、提升华文学术期刊的话语权有所帮助。

其三，在构建、提升本国学术评价机构影响力的过程中，既要积极寻找与国际的交流与合作，也要充分展现中国学术期刊的学术自信。这是一个问题的两个方面。对于中国的学术期刊来说，近十多年来，中国社会科学院的《中国人文社会科学引文数据库》（CHSSCD）、南京大学的《中文社会科学引文索引》（CSSCI）等中国本土开发的检索工具与数据库，已经在学术界、期刊界产生了广泛的影响，其作为中国人文社会科学文献信息的检索数据库、引文分析工具与学术评价资料支撑，发挥了一定的作用；但如何完善其检索功能与评价机制、提高学术水平与国际影响力，则还有很长的路要走。2013年12月，中国社会科学院成立了中国社会科学评价中心，对构建中国社会科学评价体系、搭建国际学术交流平台将产生重要的影响。以目前南京大学CSSCI为例，自2000年以来，已收录入库的来源文献100余万篇，引文文献800余万篇，作者信息1000多万条，是目前中国最大的人文社会科学引文数据库之一。CHSSCD、CSSCI应该在练好内功的同时，大胆地尝试“走出去”，尝试与国际“接轨”。时至今日，CHSSCD、CSSCI连港澳台的学术期刊都未能正式收录，不能不说是一大遗憾。目前，CHSSCD和CSSCI已经具备了国际化发展的基础条件，学术界与期刊界也对其寄予厚望。假以时日，CHSSCD 与 CSSCI 或将成为与国际三大索引 SCI、SSCI、A&HCI 具有同等（或相近）影响力的检索系统，那将是学术界、期刊界的福音，对华文学术期刊的国际化将是一个极大的推动。这需要社会各界的共同关注与努力。中国学术界应该有这种学术自信。

其四，在全国现有的 3000 多家人文社会科学学术期刊中，或可尝试参考中国期刊方阵或教育部高校哲学社会科学名刊工程之类的做法，资助、扶持 30～50 种较具学术影响力、对外交流程度比较成熟的学术名刊大刊，采取与国内外相关的图书贸易渠道或文化交流渠道合作的模式，率先走进海外的国家图书馆、大学图书馆及研究机构、文化团体等。这可以通过市场运作的机制，也可以通过文化交流的机制；可以是民间的运作模式，也可以是政府间的官方行为，取得经验后再逐步推广。如中国社会科学院的期刊团队、教育部名刊工程的家族成员，都是可以率先垂范的名刊大刊。中国学术期刊走出国门，既包括传统的纸本期刊，也涵盖新兴的数字期刊。持之以恒，必有成效。

以上仅仅是华文学术期刊在国际交流中值得思考的若干问题，还有很多方面需要各界有心人士共同予以关注。也衷心寄望在本次华文学术期刊发展趋势国际研讨会上能获得与会诸位的重视，共同为推动华文学术期刊的国际交流与合作发展做出积极的贡献。

二　《澳门理工学报》的改版尝试

澳门是中华人民共和国的一个特别行政区，位于珠江口西岸，毗连珠海，与香港隔海相望，面积约 30 平方公里，人口也只有 60 余万。然而，澳门却是近代以来中国对外交往的重要桥梁。正是四个半世纪以来东西方文化的交融、沉淀，才造就了今日澳门这座独领风骚的历史名城。

澳门的历史文化背景，成就了她在东西文化交流中的独特地位。澳门目前共有 10 所高等学校，[12]澳门理工学院是其中一所成立较早的多学科、应用型的公立学校，创办于 1991 年。学院下设语言暨翻译高等学校、管理科学高等学校、公共行政高等学校、体育暨运动高等学校、艺术高等学校、高等卫生学校等 6 所学校，以及“一国两制”研究中心、博彩教学暨研究中心、澳门语言文化研究中心、葡语教学暨研究中心、社会经济与公共政策研究所、中西文化研究所等研究机构。澳门理工学院创办 20 多年来，为社会培育了大批栋梁之材，成为澳门地区一所充满活力、师资力量雄厚、教学设备精良、专业设置合理的综合性高校。

由澳门理工学院主办的《澳门理工学报》则创刊于1998年，最初为年刊、半年刊，至2005年后改为季刊，迄今已出版58期。2011年开始全新改版。现为人文社会科学版（季刊），中文繁体字版，大16开本，208页。常设栏目有名家专论、港澳研究、旅游博彩、语言翻译、历史宗教、华文文学、总编视角等。该刊所有栏目均对外开放。《澳门理工学报》自改版以来，力图从专业化、专题化发展的方向突出刊物特色，加强专题策划，在栏目的设置上既突出学科发展的需要，也具有澳门学术研究的地方特色，该院的优势学科也在一定程度上得以在学报展示，如港澳研究、旅游博彩、语言翻译、中西文化等研究方向。学报的论文来源较广，作者分布于中国内地、港澳台以及国外的不同地区。以2013年发表的86篇文章为例，获“复印报刊资料”全文转载的共20篇，其中10篇的作者来自港澳地区及国外。2014年度则发文89篇，获“复印报刊资料”全文转载的共30篇，其中11篇的作者来自港澳台地区及国外。与此同时，该刊还持续关注国内外学术研究中的热点问题、跨学科研究问题、华文学术期刊研究等问题，集中发表过多期专题、专栏文章。新版学报出版后，获得了海内外相关学术机构和专家学者的广泛认可和充分肯定。《新华文摘》《中国社会科学文摘》《高等学校文科学术文摘》、“复印报刊资料”等报刊也转载该刊的论文。从“复印报刊资料”发布的2014年度全国高等院校主办学报排行榜的所有三项排名指标看，《澳门理工学报》的全文转载率居全国第6位，综合指数排名居第6位，全文转载量居第8位。[13]《澳门理工学报》近年的进步被学界誉为异军突起的一匹“黑马”。[14]

《澳门理工学报》作为一份学术厚实、品位高雅、特色鲜明、编辑规范的华文学术期刊，这几年的发展，在很大程度上要归之于其所拥有的较好办刊资源。

其一，澳门地处南海之滨，在中西文化交流史上久负盛名。澳门并非“文化沙漠”。作为近代中国东西交往最重要的桥头堡，世界多种文化在此相互碰撞、交融，孕育了今天澳门独特的文化氛围，正所谓华洋相处，海纳百川，开放包容。林则徐、郑观应、康有为、梁启超，以及传教士利玛窦、汤若望、马礼逊等近代历史名人，都在此留下了足迹。伟大的民主革命家孙中山先生更是从这里走向世界。澳门的历史城区，是中国现在最古老的西式建筑遗产，被列为中国的第31个“世界遗产”项目，成为中国乃至世界文化宝库中的一颗璀璨明珠。中国第一所西式大学——圣保禄学院就诞生在澳门。近500年的中西文化积淀及对学术的传承与坚守，与境内外学术机构广泛的合作与交流，使澳门具有比较宽松良好的社会氛围与人文学术环境。理工学报的发展正好赶上澳门社会经济快速转型的历史时期——回归以来澳门经济社会的繁荣稳定发展，为澳门的文化教育与学术研究事业奠定了丰厚的物质基础和文化基础，社会科学研究事业出现了前所未有的机遇与挑战。正是这一方水土为澳门学术刊物的生存与发展提供了较好的生态条件。

其二，学院理事会的高瞻远瞩与科学定位，是学报成功改版及正常运作的决定性因素。理事会是澳门理工学院的最高决策机构，由院长、副院长和秘书长三人组成。学院理事会对学报的定位有着十分清晰的认识，充分意识到学报对推动学院的学术研究与学科建设的重要作用，始终坚持学报之路与大学之道的一致性。学院的院长、副院长亲自担任学报编委会的主任、副主任。学院从人力、财力、设备等方面给学报以全力的支持。《澳门理工学报》自2011年改版以来，在理工学院理事会的全力支持下，积极培养和引进学术人才，致力于打造学术名刊，在短短的数年间，即成为“中国高校精品社科期刊”。学院秉承“扎根澳门，背靠祖国，面向世界，争创一流”的办学宗旨，坚持“教学与科研并重”的战略方针，为学报的发展绘就了蓝图。诚如李向玉院长在本刊的改版献辞中所言：“《澳门理工学报》不仅仅是属于理工学院，属于澳门，更属于国际人文社会科学界”！没有理事会坚定的目标信念与执着的学术追求，没有高瞻远瞩的国际视野与海纳百川的道德修养，没有强有力的经济支撑与人文关怀，就不可能有《澳门理工学报》未来的可持续发展。

其三，得益于海内外学术界、期刊界专家学者的厚爱。《澳门理工学报》在改版的近5年间，得到了编委会和评审专家库学者们的鼎力支持。不少有影响的专题策划、审稿运作，都离不开他们的帮助。一是组建了一个强有力的具有独特结构的编委会。本刊编委会主要由两个部分组成，包括本院所属的六个高等学校和相关科研机构及管理部门的专家学者，以及来自北京、上海、南京、广州等地的10家中国著名学术期刊的主编。这是一个具有实际运作功能的实体性组织机构，每年均定期举行由院长亲自全程主持的编委会议，检讨过去一年学报的编辑出版工作，探讨新一年度的专题策划与组稿方向。本刊的不少重点选题就是直接由编委们策划并协助组稿甚至亲自撰写的。这几乎是一支集中了全国优秀主编的团队直接为一家刊物贡献智慧的全新编委会组成模式。二是组建了一个具有比较广泛代表性的审稿专家库。本刊所刊发的稿件，基本上都实行匿名评审制度，这就从制度上保证了稿件编发过程中的公平、公正以及提高了稿件的学术品质。编委会和专家库的学者们为《澳门理工学报》的改版成功与未来发展做出了重要贡献。

其四，在海内外拥有一个比较广泛的热心作者群体和读者群体。由于历史和地理的原因，澳门正好处于一个相当特殊的位置——从中国内地的角度来说，她是位于“境外”的中国一个特别行政区，与珠江口东岸的香港隔海相望，实行的是“一国两制”；对于海外的读者来说，澳门是毗连中国内地的一个特殊地区，实行的是资本主义制度，是了解中国内地的一个窗口。这种特殊的双重身份使澳门拥有比较开放、包容、自由的学术空间，东西方的学术交流与学术合作有了更加广泛的基础。不论是读者群体还是作者群体，他们的关注角度与学术视野或与内地读者（作者）有某种程度的差异，有的学术选题在澳门或有更合适的生态环境。从学术期刊的编者来说，其专题策划与组稿选择的空间或许会更方便一些。也正是由于有了院内外、海内外学术界、期刊界的广泛关注与充分肯定，才有了多元化优质稿源的保障。例如本刊近期策划的两组专题——《“蒋介石与近代中国”笔谈》及《“全球史”笔谈》，在这11位著名学者中，就有7位是来自美国、日本、韩国、中国台湾及中国香港等国家或地区，具有一定的代表性，在海内外学术界产生了较大的反响。

其五，编辑团队所具备的学养、学识与精诚协作、无私奉献，是决定学报的学术追求与学术品味的基本保障。学报的整体办公环境与运作经费都有了基本的保证。在学院理事会的直接领导下，《澳门理工学报》的编辑队伍得到了及时的引进和扩充，从改版初期的一个人，发展到现在的五个人。这是一支富有专业经验、勇于开拓创新、具有国际视野、工作尽责尽力、学品人缘兼优的编辑团队，既有学院自身培养的年轻编辑，也有从内地核心期刊编辑部引进具有丰富实践经验与策划能力的总编辑和优秀专业编辑，从年龄结构、知识结构、学科结构等方面衡量，比较趋于合理。学报编辑队伍的学术素养、编辑水平、问题意识、策划能力、团队合作及奉献精神，都值得充分肯定。现有编辑团队在编辑理念上更趋于一致，对于目前所坚持的专题性发稿方向，对于学科、专栏的配置与重点选题的策划，对于特别选题的问题意识与组稿方向，已经逐步达致比较默契、一致的阶段，这对贯彻理事会的科学决策、落实总编策划意图、把握刊物的主体方向、实现学报未来的可持续发展具有重要意义。

当然，还有其他许多方面的办刊资源值得很好地总结，例如比较规范完善的法制环境，比较宽容自由的学术空间，比较丰厚的物质条件与办刊经费保障，等等。《澳门理工学报》自2011年改版以来，从办刊理念、专栏设置、组稿策划、审稿队伍到读者群体、发行对象、版式设计，均有一个比较明晰的“国际化”考量。相对而言，《澳门理工学报》大致具备了一个较为适宜的演出舞台，具备了一个华文学术期刊走向世界的基本条件，这也许是一个比较成功的案例。笔者期待着在本次研讨会上能够有机会与来自世界各地华文学术期刊界的同行进一步交流合作，为我们共同的精神家园——华文学术期刊事业略尽绵力。

一个崛起于世界东方、拥有自主话语权的经济大国，不可能也不应该在世界上缺少拥有与其经济实力相匹配的文化影响力，乃至一批具有世界级水平的学术大刊。中国学术期刊国际化的至佳境界就是在与世界同行的交流中，彼此拥有相互理解、相互尊重、平等对话、平等合作的实力与权利。中国的学术期刊要走向世界，在世界学术界和期刊界构建自己的话语体系，拥有中国学术的话语权，也许还有一段很长的路要走。但是，不管前行的路上有何艰难，中国学术界、期刊界必将有智慧、有能力达到理想的彼岸。

---

①参见仲伟民《中国高校学报的历史、现状与将来》，《澳门理工学报》2011年第4期。

②为推动21世纪中国期刊出版业的繁荣发展，迎接“入世”挑战，2000年国家新闻出版署启动了“中国期刊方阵”创建工程。2001年末共评选出1518种期刊进入“期刊方阵”，包括“双效”“双百”“双奖”“双高”四个层次宝塔型结构的方阵。其中处于最高层次的“双高”期刊共65种，包括《中国社会科学》《北京大学学报》《经济研究》《敦煌研究》等社科类学术期刊25种。

③教育部“高校哲学社会科学名刊工程”是国家重点支持的加强高校哲学社会科学研究、展示高校哲学社会科学研究成果的一项重大工程。先后有《北京大学学报》《文史哲》《南京大学学报》等三批共31家社科学报入选。名刊工程的启动，对促进高校社科学术期刊的发展产生了重大的影响。

④2004年教育部启动的高校哲学社会科学学报名栏工程，是对名刊工程的深化和拓展，根据名栏工程的计划，将分批评选出能代表中国高校学术水平的学报品牌栏目。至2014年，共有三批65家社科学报的专栏入选名栏工程。

⑤2012 年启动的国家社科基金资助期刊工程，其主要资助对象是学术水平较高或者专业和地域特色突出、具有国内统一连续出版物号、公开发行的哲学社会科学学术期刊，其中多数为南京大学 CSSCI 来源期刊。迄今已有两批共 200 家学术期刊获得该基金的资助。

⑥李元瑾：《新加坡华文学术期刊的发展：困境与机遇》，《澳门理工学报》2013 年第 3 期。

⑦⑧参见子夜（张志业）《多元语境下的身份和价值取向——论海外华文学术期刊的中国化与国际化关系》，《澳门理工学报》2013 年第 3 期。

⑨笔者曾在《澳门理工学报》（2013 年第 3 期）专门编发了一组专栏文章，包括《文化中国》执行主编子夜的《多元语境下的身份和价值取向——论海外华文学术期刊的中国化与国际化关系》、《九州学林》主编郑培凯的《一份华文学术期刊的诞生与成长——〈九州学林〉的前世今生》、新加坡南洋理工大学《华文研究国际学报》主编李元瑾的《新加坡华文学术期刊的发展：困境与机遇》，该组文章对海外华文学术期刊的历史与现状均有相当深刻的论述。

⑩全国综合类人文社会科学期刊高层论坛系全国性的大型学术期刊论坛，自 2001 年至 2011 年先后在南京（2001）、郑州（2002）、广州（2003）、昆明（2004）、南昌（2005）、西安（2007）、武汉（2008）、银川（2009）、哈尔滨（2010）、合肥（2011）等地举办了 10 届，在学术界、期刊界具有重要学术影响。

⑪截至 2011 年，在 SSCI 检索系统中，只有 16 家中国（包括香港和台湾在内）的学术期刊被收录，其中属于中国内地的仅有 4 家。而在 A&HCI 系统中，也仅有 9 家中国的学术期刊被收录，其中中国内地被收入的期刊则只有华中师范大学的《外国文学研究》（中文版）1 家，这与中国内地 4000 多种人文社会科学期刊的总数相比，差距巨大。参见陈嘉明《我国人文社科学术期刊国际化的思考》，《澳门理工学报》2013 年第 2 期。

⑫包括公立的澳门大学、澳门理工学院、旅游学院、澳门保安部队高等学校等 4 所学校，以及私立的澳门城市大学、圣若瑟大学、澳门镜湖护理学院、澳门管理学院、澳门科技大学、中西创新学院等 6 所学校。

⑬《2014 年度“复印报刊资料”转载学术论文指数排名》，《光明日报》2015 年 3 月 31 日。

⑭近日，中国人民大学人文社会科学学术成果评价研究中心发表了《2014 年度“复印报刊资料”转载期刊学术地图研究报告》，该报告单独以“澳门理工学报异军突起”为题评述道：“在第二阵营的 8 种期刊中，除《澳门理工学报》（人文社会科学版）外的其他 7 种刊物近几年名次比较稳定。《澳门理工学报》（人文社会科学版）是第二阵营出现的一匹黑马。该刊 2011 年度被收入‘复印报刊资料’来源期刊后，综合指数一直在不断进步，2012 年度、2013 年度分列高校学报 68 名、17 名，2014 年度上升至第 6 名，综合指数也进入 0.7 以上的第二阵营，为 0.761593。其《名家专论》和笔谈栏目所

发表的学术论文思路新颖，独具特色。2014年度策划的两个笔谈——《全球史笔谈》和《蒋介石与近代中国笔谈》尤为引人注目，转载于此栏目的论文占据其转载总量约30%，说明突出问题意识的专题策划是提高期刊品质的有效途径。”见《中国新闻出版报》2015年3月31日。

作者刘泽生，澳门理工学院教授，《澳门理工学报》总编辑。

高校学术期刊发展的体制约束探析

武京闽

[提　要] 虽然近年来中国高校学术期刊，特别是高校学报，无论在期刊规模上还是在社会影响力方面都有明显的提升，但“全、散、小、弱”的局面仍未能发生根本性的改变。究其原因，还是体制因素制约了高校学术期刊的良性发展。行政管理体制使得高校学术期刊的发展受到多重限制，学术期刊的规模和影响力难以与学术研究发展的要求相匹配。因此，必须在管理体制方面进行改革，弱化学术期刊管理的行政化色彩，转变办刊理念，创新期刊运作方式，使学术期刊真正实现“学术”和“期刊”的合二为一。唯有如此，才能真正确立学术期刊的主体地位，使其顺应学术研究和期刊运作的规律和要求，健康发展。

[关键词] 高校学术期刊　体制约束　行政化管理

一

从20世纪70年代末开始，伴随着改革开放事业的不断深入推进，中国的经济取得了飞速发展。与此同时，中国的期刊业发展速度也是惊人的，20世纪70年代末，全国期刊总量不足1000种，到2013年底，已经有9877种期刊，其中，哲学社会科学类期刊达到了2577种，占到期刊总量的1/4。[①]

随着学术期刊数量的迅速增长，期刊的学术质量也出现良莠不齐的现象。在2002年教育部召开的全国高校社科学报工作研讨会上，时任教育部副部长袁贵仁在肯定高校社科学报所取得的成绩的同时，也指出其中还存在不少问题，包括学报进取精神不够，改革创新意识不强，办刊理念、办刊模式和办刊方法跟不上时代发展的要求，综合实力不强；相当一部分学报定位不清，选题雷同，个性、特色不够鲜明；发行量普遍偏小，经济效益和社会效益偏低；等等。[②]为推动高校社科学术期刊的建设和发展，2003 年教育部启动了高校哲学社会科学名刊工程。这一工程的启动，旨在通过典型的示范、引导作用，促进社科学术期刊进一步深化改革，开拓创新，逐步改变高校学术期刊，特别是高校社科学报普遍存在的“全、散、小、弱”状况，实现“专、特、大、强”，提升高校社科学术期刊的整体水平。

名刊工程从 2004 年开始启动，至今已经有 11 个年头，应该说，其成效是显著的。表现在：第一，进入名刊工程的期刊在提升所发文章的学术质量方面下了很大工夫，学术影响力明显提升，有相当一批期刊居于国内同类期刊的前列。第二，进入名刊工程的期刊在运作方式方面有所改进，特别是在实行严格规范的稿件三审制度的同时，普遍采用了专家匿名审稿制度，自觉遵守学术规范的意识也明显增强。第三，积极应对数字化、网络化技术给传统媒体带来的严峻挑战，探索数字化转型的新路径。第四，名刊工程的典型示范效应显现，高校社科学术期刊中，不少期刊投入人力、物力打造特色栏目，形成了别的刊物无法替代的优势，并以特色栏目的建设提升了刊物的影响力。

尽管如此，高校学术期刊十几年前面对的问题仍然存在，“专、特、大、强”的目标远远没有实现，袁贵仁部长当时提出的高校社科学术期刊特色化发展的“上、中、下”三种路径中，只有第三条路径——所有学报都要根据自己的地方特色、学校特色和科研优势设立专题栏目，走专题化之路——取得了实质性的进展，而另外两条路径——办高校社科学报各专业专刊，走学报整合之路，以及高校学术期刊合作，走联合之路——虽然高校社科学报界的同仁进行了不少的探索，付出了很大的努力，但要想取得实质性的突破，仍然是一件很困难的事情。面对这一困境，社会上发出了“高校学报出路何在”的呼声，并尖锐地指出：“学报之困的根本原因在于体制”，“体制突破，知易行难”。[③]但是，在已有的研究中，有人将造成高校社科学报困局的原因归因于“一校一综合刊”的体制格局，对高校社科学术期刊发展面临的体制约束尚缺乏深入、全面的分析。在此，笔者不揣冒昧，谈谈自己的浅见。

二

综观中国实行改革开放以来，那些取得显著成绩的部门和领域，无一不与体制的变革和创新有着密切的联系：没有家庭联产承包制的实行和农业体制改革，农业生产力就难以充分有效地发挥，农村的劳动生产率就难以提高；国有企业的承包制、股份制改革打破了“大锅饭”“铁饭碗”，企业领导者和生产者的积极性得到激发，生产效率得以提升；等等。在这些领域，体制改革成为行业发展的先导和推动力，也成就了中国经济持续多年的高速发展。

反观中国的学术期刊管理体制，几十年来并未发生根本性的变革，在计划经济时代形成的行政管理体制贯穿于学术期刊形成和发展的整个过程，目前绝大多数学术期刊仍然处于行政化管理之中，“继续拥有‘贵族’身份而置身于现代传媒体系之外”。[④]在这种管理体制下，高校学术期刊的杂志社或编辑部通常有着不同的行政级别，有的是科级，有的是处级；有的直接隶属学校领导，有的挂在科研处、宣传部或其他部门之下，还有些期刊是由院系等教学科研机构办的，管理权在院系，学校不直接进行管理。编辑部（期刊社）的人员大多为事业编制，工资等由财政发放，办刊经费除少量的发行收入外，也主要依靠主办单位拨款。2012 年，为配合报刊体制改革，教育部曾委托相关机构做了一次部属高校社科类期刊情况调查。虽然在对调查数据进行分析时，部分数据有缺失，但作为样本调查，220 家左右期刊的数据基本上能够反映高校社科学术期刊的体制管理状况。调查结果显示：（1）从学术期刊的部门归属来看，隶属社科处的占 37.9%，隶属出版社的占 5.6%，隶属期刊社的占 17.7%，隶属其他部门的占 38.8%；（2）从单位性质来看，事业性质的占 98.1%，企业性质的占 1.9%，这说明虽然一些学校成立了期刊社，但其事业单位性质并没有发生变化，绝大多数高校社科学术期刊是在行政管理体制下运行的。

从中国高校学术期刊的发展历史来看，行政管理体制在其中发挥了重要作用。包括办刊基础设施的保障、办刊经费的落实、编辑队伍的建设等，都得益于期刊的行政管理体制。特别是由于政府对期刊管理实行主管主办制度，行政管理体制保证了学术期刊存在的合法性。但是，在社会主义市场经济体制日益完善，市场竞争不可避免，面临出版数字化、国际化严峻挑战的情势下，高校学术期刊急需更新办刊理念，探索新的办刊模式和运作方式，这种诞生于计划经济时代的学术期刊管理体制能否适应学术期刊发展的需要，是否有利于学术的发展与繁荣呢？关于高校学术期刊改革的问题，是期刊界同仁很长一段时间以来持续研讨和实践的主题，也是相关政府部门一直关注的问题。教育部社科学术期刊名刊、名栏建设工程的实施，也意在通过政府的指导和支持，鼓励高校学术期刊在刊物定位、办刊理念、管理方式和运作机制等方面有所改变和突破。但这些探索和改革大多是在期刊编辑部（杂志社）内部进行的，而对于至关重要的体制问题并未涉及。原新闻出版总署大力推进的市场导向的出版体制改革，虽然直接针对的是出版业的体制变革，但其制定的改革方案强调的是期刊产业的普遍性，忽略了学术期刊作为特殊的文化产品的独特性，不符合学术期刊的办刊规律和中国高校学术期刊的实际情况，操之过急，提出的具体改革措施也存在问题，因此被普遍认为不利于学术期刊的发展，从而被暂时搁置。

高校学术期刊发展要想实现根本性的突破，就必须改变原有的管理体制。但对管理体制的改革不能是盲目的。学术期刊的运作和发展涉及很多因素，牵扯很多方面。现有的行政管理体制需要顺应时代的要求有所改变，但为何要改变，如何改变，需要进行深入、系统的研究，需要多方面的配合。

三

说到现有的行政管理体制为何要打破，我们就要分析行政管理体制究竟在哪些方面制约了高校学术期刊的发展。仲伟民教授曾列举了中国人文社会科学期刊存在的“十个被颠倒的关系”，并认为这“十个被颠倒的关系”之所以存在，其主要原因在于管理体制的不合理。[5]林士平在《法学中文类学术期刊“去行政化”的转向》一文中指出学术期刊行政化办刊体制存在弊端，主要表现在两个方面：一是专职编辑人浮于事，“铁饭碗”导致内部管理松懈；二是人事管理机制行政化倾向掣肘期刊编辑部的正常运作。[6]上述两位学者的观点不无道理，对笔者很有启发。但我认为，高校学术期刊在管理上除了受国家现有的期刊管理办法的限制外，还面临一个更为重要的体制约束，即学术期刊的行政管理体制，其对学术期刊发展的影响更为重要，在探讨学术期刊未来改革的方向和发展路径时，必须对这种管理体制做进一步的分析。

行政管理体制贯穿了中国学术期刊的产生与发展的全过程，前文提到，这种管理体制在学术期刊的发展中发挥了重要作用。但随着时间的推移，学术期刊行政化管理体制也出现了与学术期刊发展不相适应的情况，主要表现在以下几个方面。

第一，在行政管理体制下，期刊的主编和社长是上级部门按照干部任用的程序和标准选派的。在高校这样的教学和学术研究机构里，为了表示对学术期刊建设和发展的重视，一般都对学校直接主办的学术期刊编辑部给予与院系、（行政）部处同样的行政级别，期刊负责人也因此成为学校的中层领导。近年来很多高校为提高学术期刊的学术质量和学术影响力，选派优秀学者担任学术期刊的主编，对期刊的选题及所发文章的学术质量进行把关。但也有一些高校，在选派学术期刊主编时，虽然考虑到候选人的学术素养和学术影响力，对其职称和学术研究成就有一定的要求，但对其是否有学术期刊从业经历和学术期刊经营管理能力却较少进行考察。而且，不少高校学术期刊的主编同时承担着教学和科研任务，通常是将学术期刊主编当作兼职，他们不可能将全部时间和精力投入期刊的运营和管理当中，主要负责期刊刊发文章的学术质量和选题规划，不能参与期刊编辑出版的全过程，更不可能对学术期刊的发展规律进行深入的研究。在这种情况下，主编应该承担的职责和应该发挥的作用被弱化了。

第二，在行政管理体制下，干部在某一岗位上是有任职时间限制的，一般是一届四年，可连任两届，这就不可避免地形成了“铁打的编辑，流水的主编”的局面。我们知道，主编是学术期刊的设计师和决策者，是期刊的灵魂，主编的素质、眼界和境界直接决定着学术期刊的质量、品位和风格。期刊特色的养成和期刊品牌的打造不是一时一日就能完成的，需要一定的时间积累，需要有明确的刊物定位、可持续的刊物特色和稳定的编辑（主编）队伍。学术期刊的主编大多有自己的研究方向和研究偏好，这在一定程度上会反映在期刊的栏目设置、选题方向上，而一本学术期刊的栏目设置和选题方向又决定了期刊的特色和学科影响力。从目前高校学术期刊名栏工程建设的情况看，一个以问题为导向的特色栏目的产生，往往是由于有一个研究方向与这个栏目直接相关的主编或骨干编辑，他们的存在同这个栏目的创建和发展有着密不可分的关系，甚至可以说，没有他们就没有这个栏目。这就存在这样一个可能：一旦主编届满离任，这个特色栏目的特色和优势就有可能随之消失，期刊原有的发文方向和选用稿标准也有可能发生很大的改变，学术期刊的作者群和读者群也有可能产生变化。

第三，在现行的管理体制和目标模式下，主办单位对学术期刊的要求和考核更多地表现在是否进入了各大核心期刊的榜单，在榜单上的排名如何，而很少对学术期刊的定位和办刊方向提出明确的要求，从而造成了目标管理的错位。近些年各类评价体系日益盛行，成为评估科研工作绩效的主要工具，对于期刊的评价也不例外。当听闻某个核心期刊要公布最新排名的时候，学术期刊的主编大多心里会惴惴不安，急于知晓自己刊物的情况。这个时候也是高校领导最关心学术期刊工作的时候。进入核心期刊排行榜或排名上升，则皆大欢喜，学校可能还会对学术期刊给予表扬甚至物质奖励；若是情况相反，学校会责令编辑部（杂志社）找出原因，拿出整改措施，学术期刊的主编和编辑会游走于各核心期刊发布单位之间，了解评价的具体情况和自身的缺失，制定新的方案，争取下次榜单发布时有所改观。正如学者在分析学术期刊评价体系的作用时所指出的，学术期刊评价体系要能够基本上反映期刊的学术水平，这要求建立科学的、公平的评价体系，而且评价体系不应该成为评价学术期刊质量和影响力的唯一指标。[⑦]学术期刊乃学术之公器，并不是为评价而生，自然也不能视评价体系为“马首”。对评价结果的过分关注，会影响学术期刊的正确定位，扭曲学术期刊的办刊方向，会诱导学术期刊优先发表那些有可能被引用和转载的热点选题的文章，忽略基础性研究的成果，从而破坏学术期刊发展甚至学术研究的生态环境，不利于学术期刊的可持续发展。

第四，行政化管理，导致那些只有一本学术期刊的高校，不得不将学报定位在“大而全”的拼盘式的综合性期刊。学报是反映高校教学科研成果的窗口和扩大校际交流、国际交流的重要渠道，在高校学科建设和学术繁荣中发挥着重要的作用。自 20 世纪 80 年代以来，中国的高等教育事业取得了令人瞩目的发展，学校的数量和规模都有明显扩大。同时，还有另外两个现象发生：原来的一些专业类型的高等学校逐渐向综合性院校转型，不仅财经类和政法类等院校，而且理工农医类院校也增设了管理、人文等学科；原本只进行干部培训和成人教育的党校、行政学院等，纷纷增加了学位教育的内容。综合性大学大量涌现，科研成果的数量激增，使得原有的期刊资源显得不足。但由于期刊管理部门对期刊实行严格的总量控制，使这些处于转型中的学校申办新刊非常困难，为了保证各学科均衡发展，不得已地将申请到的新刊定位为包罗多个学科研究成果的综合性学术期刊。对于那些已经创办了十几种、几十种专业性学术期刊的综合性大学来说，也要保留一本具有学校“名片”性质的学报来展示自身的整体实力和学术水平。从这个角度来说，

“一校一综合刊”其实并不是造成高校社科学报目前困境的体制诱因，而是在现有期刊管理体制下产生的一种期刊刊号的管理办法，“一校一综合刊”局面的形成是学术期刊现有管理体制造成的后果。

第五，在行政管理体制下，主办单位注意到了学术期刊作为以物质形态为载体的精神产品的特殊性，但通常会忽视了学术期刊也是期刊集群中的一员，它还具有期刊产品的普遍属性和市场价值。在日益激烈的市场竞争压力下，现代学术期刊出版呈现规模化、集约化经营的趋势。特别是现代网络信息技术的应用，使得学术期刊的数字化转型成为迫在眉睫的紧迫任务，学术期刊规模化和集约化经营就更为重要。高校有着丰富的出版资源，一些重点高校办有出版社，还主办了十几种、几十种甚至上百种学术期刊，但能够将这些资源有效整合的却极少，无法进行集约化经营。分散的、力量弱小的单一的或几种学术期刊难以形成品牌效应，不敢提经济效益，更无法在数字化浪潮中劈波斩浪，已然丧失了数字化发展的先机，处于被动的地位。

第六，在高等学校中，学校的教学与科研工作是重中之重，因此，虽然很多学校主办的学术期刊在行政级别上与院系、各（行政）职能部处相同，但就其在学校的影响力和话语权方面，学术期刊编辑部（杂志社）仍处于边缘地位。学术期刊是高等学校教学和科研的重要组成部分，但在不少高校，学术期刊的重要性并未受到足够的重视，学术期刊编辑部（杂志社）属于教学辅助单位，学术期刊的发展未能列入学校的发展规划。一些学校甚至未给学术期刊配置专门的编辑人员，由教师兼职，使得期刊的编辑质量受到影响。作为专业技术人员，学术期刊的编辑在职称晋升、职务聘任和福利待遇等方面都明显区别于教学科研人员甚至职能部门的行政人员，编辑的工作积极性、主动性和创造性都受到一定程度的抑制，难以吸引和留住优秀人才到学术期刊从事编辑工作。

第七，也是最严重的弊端，是行政管理体制对学术研究成果的传播和学术期刊的合作造成了人为的阻隔。高校学术期刊分属不同的主管主办单位，由于期刊资源刊号相对稀缺，使得学术期刊的主办单位视学术期刊为私有物品，是自己掌握的资源。因此，要想彻底打破单位的界限，实现袁贵仁部长提出的真正意义上的高校学术期刊的整合与联合，形成高校学术期刊的规模化、集团化经营和运作，就必然会触及各单位的利益，形成障碍。大家都在说，我国综合性学报太多了，与专业性期刊无法竞争，但在刊号被严格管制的情况下，敢于将综合性大学学报改成专业性学术期刊的高校能有几家？在主管主办制度下，高校要将自己尚有能力（包括物力和财力）主办的学术期刊交给其他出版企业出版，需要主办单位的领导有足够的勇气和魄力。

上述分析旨在说明，现有的行政管理体制和期刊运作机制限制了高校学术期刊的进一步发展，落后的管理理念和管理方式不符合现代学术期刊发展的客观要求，使学术期刊难以实现规模化、集约化经营，难以在数字化、国际化浪潮中拔得头筹。这种体制必须予以改变。

四

学术期刊管理体制改革如何推进，放弃学术期刊行政化管理，将学术期刊完全推向市场是否可行，对此，学者们有不同的意见。其中，针对林士平提出的法学中文类学术期刊“去行政化”转向的几个具体路径，刘可道就持不同的意见，认为林文所提到的行政化办刊弊端确实存在，需要改革完善，但学术期刊市场化的改革难以推进。[8]

那么，什么样的管理体制才是适合中国学术期刊的呢？学术期刊管理体制的改革方向何在？学术期刊是学术之报告，其任务是报告学者所创所传之大道、所立所授之大业、所析所解之大惑，发表成果，开展讨论，引导应用。[9]基于对学术期刊定位的此种认识，我赞同黄颂杰教授的主张：“学术期刊的本质或本性是学术，是依附于属于学术研究事业，并为学术研究事业服务的，学术期刊应当以此作为改革的指向。”[10]高校学术期刊与高等学校、与学术研究有着“天然”的联系，因此，高校学术期刊的管理体制改革不应是孤立的，而应是一项系统工程。

在讨论学术期刊管理体制改革问题时，需积极探索和建立符合高校学术期刊发展要求的新的期刊运作机制。在这方面，国外一些学术期刊成功的运作机制和发展经验或许可以学习和借鉴。

发达国家学术期刊已经有300多年的发展历史，学术界公认的世界上最早创办的学术期刊是1665年法国出版的《学者周刊》（*Journal des Sçavans*）和英国出版的《哲学汇刊——世界各地有创造才能者当前的探索、研究和劳动的若干总结》（*Philosophical Transactions of the Royal Society*，1776年后改为《英国皇家学会会刊》）。[11]在17世纪的萌芽阶段，学术期刊的出现促进了信息和知识的交流与传播，这个阶段持续了近一个世纪，在出版形式上形成了较为完备的出版链条和传播渠道，但并未涉及商业化运作。18世纪中叶至20世纪40年代是学术期刊快速发展的时期，期刊数量以大约每50年增加9倍的速率增长，严格的质量控制手段保证了学术期刊的质量和价值。20世纪40年代以后出现了商业化运作的学术期刊，学术期刊出版商开始出现，从而改变了由学术团体一统学术期刊出版的局面，以营利为目的的出版商和以促进学术界广泛交流为目的的非营利学术团体相互竞争，共同发展。从发达国家学术期刊发展经历的这几个阶段可以看到，即使是在市场经济高度发达的国家，它们的学术期刊的发展最早也并非是由经济实力雄厚的商业资本推动的，而是一些非营利性学术团体在其中发挥了重要的作用。而且迄今为止，非营利出版仍然是发达国家学术期刊出版的主要运作方式之一。

中国学术期刊发展的历史较短，只有100多年的时间，期刊数量的快速增加也还是近20多年来的事情，目前还没有建立非营利的出版制度，因此高校学术期刊在短期内还难以完全摆脱行政管理体制，还需要从主办高校获得资金、人力的保障。但从长期来看，学术期刊的行政管理色彩必须弱化。高校要调整管理的思路和办法，既要承担起期刊主办单位的责任，同时也必须充分认识到学术期刊的发展和运作的特殊性。在管理目标上，应鼓励学术期刊在发表和传播有价值的学术思想和理论上下功夫，而非将注意力集中在所谓的引用率、转载率等指标上。在管理机制上，有条件的高校应有效整合出版资源，成立学术期刊社，实行学术期刊出版的集约化管理，并将学术期刊的编辑业务和出版发行业务分开运作。各学术期刊的主编负责本期刊的内容和学术质量，出版发行业务统一到期刊社，由专人负责。在用人机制上，高校学术期刊的主编可由学术委员会任命，以与行政级别脱钩，优秀的学术期刊主编的任职年限应不受限制；随着事业单位改革的推进，编辑的聘用方式、考核体系和薪酬标准也应更加灵活多样，要有利于激发编辑人员的工作主动性和创新性。

虽然中国的高等学校和学术研究机构也具有非营利的性质，但非营利出版同现有体制下的学术期刊出版有着根本的不同。行政管理体制下的学术期刊出版虽然也会考虑其的发行量，但因为办刊经费和人员费用支出有主办单位“托底”，因此大多没有开展市场经营活动。而非营利出版则不同，它与商业出版机构一样，都要在相同的市场经济条件下运作，开展市场经营活动，但会在税收优惠、基金资助和补贴方面获得政府的扶持，从而可以保证其促进学术成果传播和交流的价值定位不因参与市场竞争而发生改变。全国哲学社会科学规划办公室2012年设立了国家社科基金学术期刊资助项目，向200种学术期刊给予资金上的支持，这也同时会引导学术期刊向符合国家利益、学术研究规律的方向发展。学术期刊非营利出版可以兼顾社会效益和经济效益，实现市场与学术之间的平衡，保证学术期刊健康良性发展。学术期刊非营利出版应该是中国高校学术期刊未来发展的一种重要运作模式。

---

①国家新闻出版广电总局规划发展司：《2013 年全国新闻出版业基本情况》，中国新闻出版网，2014 年 8 月 13 日，http：//www. chinaxwcb. com/2014 - 08/13/content_300365. htm

②袁贵仁：《新世纪新阶段高校社科学报的形势和任务——在全国高校社科学报工作研讨会上的讲话》，《北京大学学报》2002 年第 6 期。

③薄洁萍：《高校学报出路何在之二：告别“全、散、小、弱”》，《光明日报》2011 年 3 月 22 日。

④⑥林士平：《法学中文类学术期刊“去行政化”的转向》，《中国社会科学报》2013 年 7 月 17 日。

⑤仲伟民：《源于体制：社科期刊十个被颠倒的关系》，《南京大学学报》2013 年第 2 期。

⑦《学术期刊评价体系“三人谈”》，《中国社会科学报》2013 年 9 月 4 日。

⑧刘可道：《法学中文类学术期刊“去行政化”有待完善》，《中国社会科学报》2014 年 12 月 25 日。

⑨郭湛、武京闽：《学报之路与大学之道》，《中国人民大学学报》2003 年第 4 期。

⑩黄颂杰：《学术期刊改革的变与不变之辨》，《澳门理工学报》2015 年第 1 期。

⑪《世界上最早的两份期刊》，新浪博客，2010 年 7 月 17 日，http：//blog. sina. com. cn/s/blog_ 696c89f10100kiqy. html

作者武京闽，《中国人民大学学报》副主编、编审。北京　100872

当前学术期刊改革的顶层设计与底层回应

洪峻峰

[**提　要**] 国家新闻出版广电总局于 2014 年 4 月 3 日发布的《关于规范学术期刊出版秩序促进学术期刊健康有序发展的通知》，实质上就是为学术期刊“另行制定具体改革办法”，是当前学术期刊改革的新一轮的顶层设计。其设计的学术期刊改革程序，可以概括为资质认定—体制改革—质量评估—政策扶持四个环节。其中出版单位体制改革以编辑、出版分离和专业化、数字化、集约化发展为基本内容，改革是全方位、多路径的，而不局限于编辑部体制。学术期刊质量评估将决定学术期刊退出或发展的命运，而之前新闻出版总署制定的出版质量综合评估指标体系不可适用，学术期刊质量的评估及评价体系的建构应该交给学术期刊共同体。此外，这个改革方案没有涉及期刊管理体制，是其缺陷。在当前全面深化改革的大背景下，学术期刊改革已到了关键时期，对于学术期刊改革顶层设计所展示的大方向和新路径，学术期刊界应予以积极回应。

[**关键词**] 学术期刊　体制改革　质量评估　顶层设计

一　引言

在中国，全局性的体制改革必定出自中央和政府高层的“顶层设计”。近年来的文化体制改革也是如此。就期刊体制改革来说，顶层设计的基本构架首先体现在中共中央办公厅、国务院办公厅 2011 年 5 月颁发的《关于深化非时政类报刊出版单位体制改革的意见》（以下简称《意见》）。《意见》指出现行报刊体制改革的必要性：在社会主义市场经济条件下，报刊出版单位的现行体制制约了报刊出版业的发展，导致数量过多、规模过小、资源分散、结构不合理、市场竞争力弱等弊端；提出深化报刊出版单位体制改革的四个目标任务：转企改制、整合出版资源、推进内涵发展、建立健全（市场）准入退出机制；提出各类报刊的改革办法，但不包含科技期刊、学术期刊。《意见》特别指出："科研部门和高等学校主管主办的非独立法人科技期刊、学术期刊编辑部，另行制定具体改革办法。"[①]

期刊体制改革顶层设计的具体方案则首见于2012年7月30日国家新闻出版总署颁布的《关于报刊编辑部体制改革的实施办法》[②]（以下简称《实施办法》，引文不加注）。《实施办法》提出的期刊编辑部体制改革方案，实质是"转企"一刀切，无论是学术期刊还是非学术期刊。这一具体方案一经出台，立即引起作为被动改革对象的学术期刊的强烈反弹，遭到学术期刊界及学术界的激烈批评，"底层回应"以集体抵制和抗争的方式出现。必须指出的是，底层回应所批评和抵制的不是期刊改革本身，不是期刊改革的方向和进程，而是《实施办法》提出的转企一刀切、全面市场化的改革路径，是《实施办法》没有考虑学术期刊的公益性等特性，没有按照《意见》要求为学术期刊编辑部"另行制定具体改革办法"。

面对学术期刊界的"底层抵制"，《实施办法》的改革方案最终没有在学术期刊中推行，学术期刊的体制改革暂未开展，而其他非时政类报刊出版单位体制改革则阔步推进、限时完成。与此同时，中央对深化文化体制改革连续做出战略部署。2013年11月12日，党的十八届三中全会通过《中共中央关于全面深化改革若干重大问题的决定》，对"推进文化体制机制创新"问题做出决定。2014年2月28日，中央全面深化改革领导小组第二次会议审议通过《深化文化体制改革实施方案》，新一轮文化体制改革开始进入全面实施阶段。

在当前全面深化改革的大背景下，经历了一年多的管理顶层与期刊基层的冲撞与磨合，作为重组后的新闻出版行政主管部门，国家新闻出版广电总局于2014年4月3日发布了《关于规范学术期刊出版秩序促进学术期刊健康有序发展的通知》[③]（以下简称《通知》，引文不加注）。也许是为了避免与原总署文件《关于报刊编辑部体制改革的实施办法》名目上的冲撞和一年多来学术期刊改革的尴尬局面，《通知》文件名称没有出现"体制改革"。

然而，在我看来，文件名称上的所谓规范秩序、促进发展，不过是学术期刊改革的隐晦表达，我更愿意把它看作期刊行政主管部门落实两办《意见》关于学术期刊编辑部体制改革办法另行制定要求的举措。《通知》的实质就是为学术期刊“另行制定具体改革办法”，或者说重新提出学术期刊改革的实施办法，是当前学术期刊改革的新一轮的顶层设计。

《通知》包含三方面内容。第一，“严格学术期刊出版资质和要求，建立完善学术期刊出版准入制度”，这是为学术期刊做出界定、提出要求、设置门槛。这项内容已经付诸实施，在具体落实的工作中，被表述为学术期刊的资质认定。第二，“完善扶持激励政策和保障体系，构建学术期刊发展长效机制”，内容依次是：推动学术期刊出版单位体制改革，开展学术期刊质量评估，对精品学术期刊予以政策扶持。第三，“落实责任，强化管理，切实推动学术期刊健康有序发展”，主要是对学术期刊各级管理部门以及网络出版服务机构的责任要求。根据《通知》的内容，我们可以把这个新一轮顶层设计的学术期刊改革程序概括为四个环节：资质认定—体制改革—质量评估—政策扶持。

学术期刊改革的新一轮的顶层设计，已部分接受和融合了期刊的“底层意见”，因而体现出了学术期刊改革的一系列新的理念和路径，与原总署《实施办法》相比，具有新的特点。首先，它是专门为学术期刊制定、发布的，在形式上满足了两办《意见》关于对学术期刊编辑部“另行制定具体改革办法”的要求。其次，它所规划的学术期刊改革是全方位、多路径的，而不局限于编辑部体制和转企模式。再次，它突出关注学术期刊的质量问题，把提高学术期刊的学术质量、出版质量作为改革的目标任务。总局《通知》的这些特点，正是先前总署《实施办法》所缺乏而学术界、学术期刊界所一再吁求的。因此，它出台后，学术期刊界泰然承受，这与此前总署《实施办法》发布后引起的强烈反弹形成鲜明的对照。

《通知》发布后便得到学术期刊界主动的底层回应。这突出表现在《清华大学学报》（哲学社会科学版）编辑部于 2014 年 5 月 26 ~28 日举办的“高校学术期刊转型与发展战略研讨会”。这次小规模研讨会是一次沟通会，20 余位高校学术期刊负责人与中宣部出版局、新闻出版广电总局新闻报刊司和教育部社科司等期刊管理部门的负责人，就总局《通知》的内容与近期学术期刊改革的政策进行了解读、对话，同时也表达了高校学术期刊自身的诉求，提出了自己的意见。然而，遗憾的是，这次会议之后，便很少看到学术期刊界的公开回应，出现了“底层失声”的现象。任何改革的顶层设计都需要基层的呼应，这种呼应不仅仅是被动执行，而且应该是主动回应。底层的主动回应不但是顶层设计得以顺利实施的需要，而且也是底层成员顺应改革并在改革中争取自身利益、获得自身发展的需要。底层回应必然是多元的，既有对顶层设计的解读、领会，也有质疑、诉求和建议。

二　学术期刊的资质认定与体制改革

以学术期刊的界定与资质认定作为学术期刊改革程序的起点，有其逻辑必然性。从主管部门的角度来说，既然是要为学术期刊编辑部“另行制定具体改革办法”，那么，首先就必须对学术期刊做出界定，为学术期刊与非学术期刊划界，以明确“另行制定”的具体改革办法的适用范围。《通知》提出学术期刊的六个条件，从主办单位、办刊宗旨和业务范围、办刊条件、论文价值、格式规范、审稿制度等方面加以严格限定，并对其中的办刊宗旨和业务范围、学术出版规范、编辑出版流程、编辑职业资格四个方面提出具体要求。

这是新闻出版行政主管部门第一次对学术期刊进行严格界定和规范，表达了当前期刊改革顶层设计者对学术期刊的理解，以及对学术期刊现代办刊理念和发展趋势的把握。首先，在对办刊宗旨和业务范围的规范中，强调“学术期刊要立足自身学科和研究领域，注重专业化发展”。这里提出了学术期刊的学科领域亦即专业性问题，提出了学术期刊的专业化发展问题。正如有学者所指出的：“专业性是学术期刊的本质属性，专业化是社科学术期刊发展的基本规律。”④然而，这一本质属性和基本规律，在学术期刊界并未成为共识。就期刊主管部门来说，虽然近年来其负责人曾多次表示“将进一步推动报刊业向规模化、集约化、专业化转变”，⑤但就我所知，在原总署和现总局的正式文件中，明确把专业性和专业化发展作为对学术期刊的基本要求而提出来，还是第一次。其次，在规范编辑出版流程时，强调要执行严格规范的同行评议制度。国际学术期刊界通行的同行专家匿名审稿制度，虽然已被国内学术期刊普遍采用，但是一直没有成为一种法定的审稿环节和出版机制。2009 年新闻出版总署新闻报刊司发布《期刊编辑出版规程》，对期刊的编辑工作流程做出规范，其中对审稿程序规定了繁琐的所谓“三个审级、两道程序、六个环节”，⑥但仍然没有同行专家审稿评议这个环节。所以，《通知》明确把执行同行评议制度作为学术期刊的基本条件有其意义。

再次，在整个规定中突出强调了“稿件的学术水平、创新成果及发表价值”，强调“提高学术质量”和“确保出版质量”。当然，由于没有具体阐述什么是学术质量、出版质量，而且要求执行的质量标准几乎都是文献格式、出版规范等形式方面的标准，文件这方面的规定仍存在明显缺陷。除此之外，随后新闻出版广电总局办公厅落实《通知》要求的文件《关于开展学术期刊认定及清理工作的通知》，列举学术期刊的认定标准，又提出“刊发文章以学术论文、文献（原创论文、书评、综述文章等）为主”一项。[⑦]

《通知》及其配套文件对学术期刊的界定和要求，基本要素与“维基百科”对学术期刊的界定是一致的。“维基百科”作为一种动态的、可自由编辑的网络百科全书，在一定程度上反映了人们的最新共识。它对学术期刊的界定是：“学术期刊（academic journal）是一种经过同行评审的期刊，发表在学术期刊上的文章通常涉及特定的学科。学术期刊展示了研究领域的成果，并起到了公示的作用，其内容主要以原创研究、综述文章、书评等形式的文章为主。”[⑧]同行评议、学科界域、成果展示、原创研究，构成了“维基百科”所界定的学术期刊的基本特征，而《通知》的界定和要求也体现了这些特征。当然，《通知》还提出执行职业资格制度等其他要求，这可以看作学术期刊规范中的中国特色。

对学术期刊进行界定与规范，旨在由此建立学术期刊出版准入制度，而下手方法则是对现有学术期刊进行全面清理和学术出版资质重新认定。为此，新闻出版广电总局随后即在全国开展学术期刊认定及清理工作。经过各省级新闻出版行政主管部门、中央期刊主管部门的初步认定，国家新闻出版广电总局组织相关专家的最终认定，目前，已经公示的第一批认定的学术期刊共 5756 种。出版资质认定的结果是进行两个方面的清理：一是明确取消非学术期刊（办刊宗旨和业务范围不是学术研究与交流者）出版理论版、学术版及刊发学术论文的资格，对违反者予以严肃查处；二是“对主办单位、办刊宗旨及业务范围符合标准，但学术水平及出版质量低劣、不具备学术期刊其他条件的，责令限期整改，整改仍达不到要求的，予以调整或退出”。[⑨]这是学术期刊改革的第一轮“剔除”举措。

通过这两个方面的剔除措施，一定程度上可以解决目前学术期刊出版存在的一些弊端，尤其是《通知》开头列举的五项主要弊端中的两项：“片面追求经济利益，放松审核把关，造成学术质量下降。”“不具备学术出版条件的期刊超越业务范围或一号多版，出租、出售、转让出版权给个人及中介公司，刊发质量低劣学术论文牟利，造成不良的社会影响。”这些弊端也就是文件所谓规范出版秩序、促进健康发展所必须解决的问题。

学术期刊的资质认定是严格的，因为在当前的期刊体制改革中，它可能享受“另行制定”的特殊政策，可能免予转企。学术期刊通过资质认定，将成为适用特殊政策的改革对象。因此，学术期刊在资质认定和清理后，必然要进入改革的关键环节——学术期刊出版单位体制改革。

出版单位体制改革是学术期刊改革顶层设计的重要内容。也许是由于原总署《实施办法》关于出版单位转企一刀切和学术期刊全面市场化的规定遭到激烈批评，《通知》完全避开转企问题，其中关于体制改革的重新规定颇为谨慎，但表述精确，清晰地体现了顶层设计的新的改革思路。

《通知》提出的体制改革的目标任务很明确：“深化改革、调整结构、整合资源，创新体制机制，增强学术期刊发展能力。”这个改革方向无可置疑。值得关注的是体制改革的对象范围。原总署《实施办法》文件名即称“报刊编辑部体制改革”，其适用范围很明确，即“不具有独立法人资格的报刊编辑部”。《通知》也提“编辑部体制改革”，但却是作为“学术期刊出版单位体制改革”的一项内容。期刊出版单位包括不具有独立法人资格的期刊编辑部，也包括具有独立法人（事业法人或企业法人）资格的期刊社、期刊中心等。如果说《实施办法》的对象范围表明其体制改革所要解决的中心问题是出版单位的法人资格问题，那么，《通知》以所有学术期刊出版单位为体制改革的对象范围，其体制改革所要解决的问题显然就更为广泛，是综合性改革。这从一个侧面反映出，行政主管部门或许已经意识到，单靠解决出版单位的独立法人资格问题，不能实现“调整结构、整合资源，创新体制机制”的目标；要解决学术期刊存在的弊端和面临的挑战，必须进行多方面的综合改革。

因此，《通知》提出了学术期刊出版单位体制改革的若干具体内容，主要有三个方面。

首先，编辑与出版分开。《通知》指出：“逐步推进学术期刊编辑部体制改革，探索建立学术期刊编辑部分散组稿审稿、出版企业统一出版发行的运营模式。”[10]

这种编辑与出版发行分开运营模式，原总署《实施办法》即已提出，其表述是：“建立由科研部门分别编辑、出版企业统一出版发行的运行模式，依托大型新闻出版传媒集团公司搭建学术出版经营平台。”但它只是作为转企改制的一种辅助性的补充办法，限定在“在国家基础学科和前沿学科中具有领先水平、能代表国家学术水准，并入新闻出版传媒企业或转为期刊出版企业条件不成熟的重点科技期刊和学术期刊编辑部”。而这个限定条件的两个方面“代表国家学术水准”与“条件不成熟”，其实是相互抵触、难以并存的。尽管如此，在当时一片批评声中，这种辅助办法仍然得到一致肯定。论者指出：“这种将编辑归科研部门、出版发行归出版企业的做法显然比编辑部整体转企更符合学术研究和学术期刊的规律”，[11]“是学术期刊体制改革的一种较好的、可行的办法”，应该放宽适用条件，“使之成为学术期刊体制改革普遍适用的办法、途径”。[12]《通知》再次提出并重新表述这种运营模式，把它作为编辑部体制改革的主要内容，显然接受了学术期刊界底层回应的意见。

建构编辑和出版发行分开、分别由编辑部和出版企业运作的模式，可以说是学术期刊体制改革中主管顶层与业界底层的共识。其实在原总署《实施办法》发布之前，学术期刊界就已提出这种改革方式。2012 年初，朱剑在《传统与变革：体制改革前夜学术期刊的艰难抉择》一文中，就学术期刊体制改革提出“将纸本期刊与数字化期刊分开、将期刊编辑与出版发行分开对待的‘两分开’办法”，后一个“分开”即是，编辑继续留在高校和科研单位中，而出版发行则交给大型出版集团或数字化网站。[13]而总局《通知》发布之前，党的十八届三中全会通过的《中共中央关于全面深化改革若干重大问题的决定》，在阐述“建立健全现代文化市场体系”时也提出：“在坚持出版权、播出权特许经营前提下，允许制作和出版、制作和播出分开。”[14]中央的决定对这种分开方式做了原则上的肯定。

既然这种改革方式已为上层与下层共同认可，那么，接下来的问题就是对这一运营模式的建构和运作。必须指出，编辑与出版发行分开的运营模式涉及两种关系，一是两个对象即期刊编辑部与出版企业的关系，另一是两种方式即分散运作与统一运作的关系。学术期刊的出版发行交给出版企业，不是个别的、零星的，而必须是统一运作，这是学术期刊集约化、规模化发展的需要。因此，这项工作难以由各学术期刊自行操作，而必须由业务主管部门、主办单位或行业协会等来筹划，当然，也可以是期刊编辑部的自发联合行动。在这方面，一些部门已付诸实施。中国社会科学院从 2013 年起，把所属 80 余种学术期刊中的 60 多种，交由社会科学文献出版社统一出版、统一发行，建立了编辑与出版发行分开的运营模式。用他们的说法就是：“学术期刊的编辑和出版分离，编辑部集中精力做好内容的审读和把关，努力提高期刊的学术水准；出版社承担印制和发行等工作，利用自身专业化的队伍和营销的渠道，最终达到提升质量、降低成本、扩大发行、改进服务、提高效益的目的。”[15]

编辑与出版发行分开的运营模式一旦建立，编辑部不再承担出版发行工作，其职能和工作重心必将发生变化，而编辑人员则要相应进行角色转换，主要工作由排版出版转向选题策划、组稿审稿。我认为，所谓编辑部体制改革，不仅仅是机构改革和工作职能转换，也包括人员岗位结构改革和编辑运行机制改革。而这些都需要学术期刊自身的“底层设计”。

其次，集约化和数字化发展。《通知》指出：“依托优质学术资源或优势出版平台，组建具有学术品牌影响力和综合发展实力的学术出版集团，构建国家重点学术期刊数字化平台，引导学术期刊集约化发展和数字化转型。”[16]

关于数字化转型问题，近期中央有了明确的规划和部署。就在《通知》发布的当月，2014 年 4 月 24 日，国家新闻出版广电总局与财政部联合发布《关于推动新闻出版业数字化转型升级的指导意见》，对整个新闻出版行业的数字化转型做了进一步的部署：“面对数字化与信息化带来的挑战与机遇，传统新闻出版业只有主动开展数字化转型升级，才能实现跨越与发展。”[17]而这个文件，又是为落实 2012 年 2 月中共中央办公厅、国务院办公厅印发的《国家“十二五”时期文化改革发展规划纲要》的相关要求而制定的，纲要提出：“出版业要推动产业结构调整和升级，加快从主要依赖传统纸介质出版物向多种介质形态出版物的数字出版产业转型。”[18]紧接着，2014 年 8 月 18 日，中央全面深化改革领导小组审议通过了《关于推动传统媒体和新兴媒体融合发展的指导意见》。显然，面对数字化与信息化带来的严峻挑战与发展机遇，传统媒体变革、数字化转型已被提升到国家战略的高度。从这个高度，可以进一步理解《通知》把引导学术期刊数字化转型纳入学术期刊出版体制改革范围的重要意义。

集约化规模化发展是提升学术期刊竞争力和发展能力的必然要求。前文已讲到，编辑与出版发行分开，出版发行交给出版企业必须是统一运营，但这只是集约化规模化的一个方面。而更重要的是，分散编辑的学术期刊也要整合资源，集约化发展。而在现行主管、主办单位体制下，学术期刊如何从分散走向集约，这是学术期刊改革发展面临的一大难题。《通知》提出“依托优质学术资源或优势出版平台，组建具有学术品牌影响力和综合发展实力的学术出版集团”。这种“学术出版集团”如果只是承担学术期刊的出版发行，则没有另行组建的必要；如果是为了承担分散的学术期刊的集约化，则缺乏可行性，因为它不可能凌驾于现行期刊管理体制之上，无法破解学术期刊面临的体制性难题。

从目前学术期刊界破解这一体制性难题的尝试来看，比较可行的方式还是借助于现行体制，包括借助于主管主办单位和借助于行业协会。一是同一主管或主办部门内部学术期刊的整合。例如，中国社会科学院于 2012 年 11 月启动的哲学社会科学创新工程学术期刊试点工作，对中国社会科学院主管、主办的学术期刊，实行统一管理、统一经费、统一印制、统一发行、统一入库“五统一”，开始所属期刊的资源整合。另一是行业协会牵头的专业性期刊聚合，如中华医学会建立的医学刊群，已聚集了 120 多家医学专业期刊。在这方面，高校系统学术期刊的主管主办单位和行业协会，应该加以借鉴。

另一个可行的模式，是借助数字化平台，把集约化与数字化（以及专业化）结合起来运作。这方面最为成功的探索，就是入选教育部名刊工程的部分高校学术期刊于 2011 年初联合创办的“中国高校系列专业期刊”（简称“专业网刊”）。“专业网刊”设计的思路是，把纸本期刊与数字化期刊分开处理，纸本期刊暂时保持现状，避开期刊管理的体制性难题，而把各刊即将刊发的文章聚合起来，同步进行专业化重组和数字化编排，在中国知网这个大型数字平台上进行整体传播，从而实现以纸本为载体的、分散的综合性学术期刊的专业化、数字化转型和集约化发展。目前“专业网刊”已在中国知网建立了十几个主要一级学科的专业刊和若干个专题刊，有一百多家高校优秀学术期刊加盟。

再次，专业化、特色化发展。《通知》指出：“鼓励专业性强、办刊特色突出的学术期刊，走‘专、精、特、新’的发展路径，支持其差异化发展。”[19]

在中国的学术期刊中，综合性期刊所占比例高于专业性期刊，这种期刊结构是否合理，两者孰优孰劣，发展前景如何？这些问题，学术期刊界尚有争议，并未取得共识。与此不同，近年来，新闻出版行政管理部门对于这些问题的认识和态度一直是比较明确的，这就是，专业化是学术期刊发展的方向，现有期刊结构不合理。在 2009 年，原新闻出版总署分管期刊的副署长李东东就指出，高校期刊存在的一大问题是“缺乏专业特色，同质化现象严重，几乎所有大学学报都是综合性学术期刊，没有明显的学科特色”；明确提出：“要进一步优化高校期刊结构，鼓励高校期刊向专业化、特色化、品牌化方向发展。”[20]《通知》提出的这项改革，与此一脉相承。所谓“专业性强、办刊特色突出的学术期刊”应该包括两类，“专业性强”的固然是专业性期刊，而“办刊特色突出”的学术期刊则不限于专业性期刊，也应包括综合性期刊。所以，这项改革包含了专业化和特色化两项内容。“差异性发展”是新提法，针对的显然是综合性期刊“同质化现象严重”的问题。

总之，当前学术期刊出版单位体制改革是全方位、多路径的，而不仅仅是编辑部体制改革。编辑、出版分离和专业化、数字化、集约化发展，这就是出版单位体制改革的基本内容。

三　学术期刊的质量评估与政策扶持

按照顶层设计的改革程序，在出版单位体制改革之后，学术期刊还要进行第二轮的剔除。这一轮的剔除不是依据学术出版资质，而是依据学术出版质量。因此，学术期刊的质量评估，成为改革程序的下一个关键环节。《通知》明确提出：“积极开展学术期刊质量评估工作。国家新闻出版行政主管部门制定完善学术期刊出版质量综合评估标准，组织有关机构开展评估，建立学术期刊评价体系及引导激励机制。”同时，“运用评估结果，对评估不达标的学术期刊限期整改，整改不合格的，予以退出；对出版质量高、学术影响力强的学术期刊予以政策扶持，提升学术期刊整体质量”。显然，质量评估的结果决定了学术期刊退出或发展的命运，也左右着学术期刊改革后利益的重新分配。而质量评估并不限于评估工作本身，还包括建立学术期刊评价体系和引导激励机制两方面内容。建立评价体系是质量评估的前提，其核心是制定综合评估标准；引导激励则是质量评估的后续，其核心是实施政策倾斜、政策扶持。

关于开展学术期刊质量评估工作，新闻出版行政主管部门早在2010年就已明确提出，并着手开展。2010年7月12日，新闻出版总署颁发了《报纸期刊出版质量综合评估办法（试行）》（以下简称《评估办法》），指出：“报纸期刊出版质量综合评估，是通过建立报纸期刊出版质量综合评估指标，对报纸期刊出版质量、经营状况等进行综合评估，综合运用市场、法律、行政等手段，建立实现报刊优胜劣汰的科学长效的管理机制。”[21]《评估办法》明确提出对不合格报纸期刊实施退出，对评估中认定的优秀报刊，在配置出版资源等方面予以政策倾斜；并明确规定新闻出版总署负责综合评估指标体系的制定和评估工作的实施。通观总局《通知》，如果说关于出版单位体制改革的设计，较之此前总署《实施办法》已有重大改观，那么，关于质量评估的规定，则几乎全从《评估办法》承袭而来。

开展学术期刊质量评估的必要前提是制定评估标准、确立评估指标，为评估提供依据。对于这个评估中的关键问题，《通知》没有明确提出、具体说明，而《评估办法》则提出了建立综合评估指标体系的构想，并对其主要内容做了阐述。接着，新闻出版总署制定了《报纸期刊出版质量综合评估指标体系（试行)》(以下简称为“指标体系”)，并于2010年12月8日下发。这个“指标体系”成为新闻出版总署对全国报纸期刊（包括学术期刊）出版质量进行综合评估的主要依据。

然而，这个以市场化为导向、纯量化为特征的适用于所有报刊的“指标体系”，对于学术期刊来说是不合理、不科学的，不可作为学术期刊质量评估的依据。对此，朱剑撰文指出，纯量化和通适性是这个评估体系的两个最鲜明的特点。“纯量化评价体系不可能完成对所有类别报纸期刊的质量评价，而通适性的量化评价框架也不可能成为所有报纸期刊评价的依据。对属于复杂评价的学术期刊质量评价来说，以通适性指标为依据的单纯量化评价更是行不通的。如果将此评估体系用于学术期刊的质量评价……将会对学术研究和学术期刊产生极为不利的影响”。[22]文章对该指标体系的要义、特征、缺陷及其对学术期刊评价的不适用性、与报刊体制改革大方向的背离，以及将此指标体系用于学术期刊的质量评价对学术研究和学术期刊可能产生的危害，都做了深入而详尽的分析。

这里要说的是，对于学术期刊质量评估来说，这个指标体系的不适用性，除了纯量化和通适性两大缺陷，还有一个问题，就是市场化。整个指标体系是以市场化指标为基础的。2009年评估指标体系的征求意见稿说明，明确声称：“指标体系设计，借鉴了国有企业退出机制和我国上市公司退市的思路与方法。”而这些市场化指标又是“通适”于所有期刊的，而不是专为学术期刊“特设”的，在当前学术期刊“另行制定具体改革办法”，改革不再强调转企改制和全面市场化的情形下，这些指标基本上都不能适用于学术期刊。因此，对于学术期刊质量综合评估来说，这个“指标体系”不但不能用作质量评估的依据，而且缺乏进一步修改完善的基础。

那么，学术期刊评价体系如何建立？《通知》与《评估办法》都强调质量评估标准由新闻出版行政主管部门制定和完善；新闻出版行政主管部门不但是评估的组织者，而且是评估标准的制定者。在现行期刊管理体制下，由新闻出版行政主管部门来组织学术期刊评估可以理解，但由其来制定学术期刊质量评估标准，则值得商榷。原新闻出版总署2010年制定的“指标体系”存在的重大问题及其对学术期刊评价的不适用性，从一个侧面进一步印证了2002年新闻出版总署报刊司《关于学术期刊有关问题的答复》表达的当时主管部门的一个认识：“衡量学科众多的学术期刊的学术水准是一件非常复杂、难度非常大的工作，不是新闻出版管理部门可以简单地作出评价的。而且据我们所知，即使一些发达国家，也没有出版行政管理部门制定衡量自己国家的学术期刊学术水平的客观标准。”这个答复明确指出，总署之前发布的《社会科学期刊质量管理标准》等文件，只是管理部门从管理的角度对相关期刊进行质量监管的依据，不能作为判断期刊学术水平高低的标准。[23]

目前国内出现的一些期刊评价机构，同样不具备建构学术期刊评价体系的资格和能力。它们虽然从文献计量学角度提出了多种学术期刊评价的量化指标，进行了各种评价，并产生了广泛的影响，但是，这些评价只能说是对学术期刊某些方面，如影响因子、总被引频次等的“专项评价”，而不可能是对学术期刊质量的“综合评价”。

学术期刊质量的综合评价和评价体系的建构，应该交给学术期刊共同体。学术期刊作为学术成果发布的平台，是学术创新、知识生产的重要组成部分。近几年来，中国学术界对学术评价问题给予了极大的关注，进行了广泛而深入的讨论，并达成了这样的基本共识：学术评价应交给学术共同体，由学术共同来主导。我认为，学术期刊评价也应该如此。学术期刊评价应该交给学术期刊共同体，由学术期刊共同体来主导。然而，目前学术期刊界对此普遍表现淡漠，缺乏自觉和热心。因此，我十分赞成仲伟民的呼吁：“学术期刊同行应该关注、研究学术期刊评价问题，建立学术期刊共同体，发出我们自己的声音。”[24]

我们所需要建立的学术期刊共同体，应该是李剑鸣《自律的学术共同体与合理的学术评价》一文所说的自律的共同体。学术共同体的自律性，既表现为自主结社、自主运作，也表现为自主立法，包括制定学术规范、建立学术标准（评价标准）、形成学术伦理准则。[25]我认为，我们所呼吁的学术期刊共同体也应该是这样的自律的共同体，它能够在惯例和共识的基础上建立自己的行为规则和评价标准，成为学术期刊评价标准的制定者和实施者，成为学术期刊评价的主体。

开展学术期刊质量评估，就是要运用评估结果对学术期刊分别对待，实行不同政策，或整改，或退出，或扶持。一方面是对评估不达标的学术期刊进行整改，整改不合格的予以退出。至于如何“退出”，《通知》没有说明，之前的《实施办法》以及之后的《关于开展学术期刊认定及清理工作的通知》也都没有说明，但是原总署《评估办法》却有明确规定：“经评估，对出版能力不足、出版质量长期低下，报刊经营不善、资不抵债，不能维持正常出版活动的报纸期刊，予以退出。”“报纸期刊退出的形式为：报纸期刊调整定位（包括调整业务范围等）；由有实力的传媒集团或报纸期刊企业兼并、重组或托管；报纸期刊停办”。[26]另一方面，《通知》提出：“对出版质量高、学术影响力强的学术期刊予以政策扶持，提升学术期刊整体质量。”也就是说，对质量评估达标的学术期刊，还要按其质量高低，分别予以政策倾斜、政策扶持，或未予以倾斜、扶持。这显然是对办刊资源“蛋糕”的重新分割，归根到底是一种利益的再分配。这种利益的再分配作为改革的深层根源，必然成为改革程序的最后环节。

如何实施“政策扶持”，从《通知》可以看出，首先，政策扶持的对象是精品学术期刊，而不是在质量评估中一般达标的合格期刊。其次，政策扶持的内容包括资金、重大项目、资源配置、数字化转型、国际化合作等方面，还有宣传推介、品牌建设等，也就是说，政策倾斜和政策扶持是全方位的、多层面的。再次，政策扶持的途径主要通过国家重点学术期刊建设工程，“中国出版政府奖期刊奖”“百强期刊”推荐活动及“科技期刊影响力提升计划”等而实施。最后，政策扶持的目标是“形成精品学术期刊群，不断提升中国学术期刊竞争力和影响力”。

这里有几个问题值得关注和探讨。

首先，政策扶持、政策倾斜的对象，即精品学术期刊如何确定。按照这里的表述，作为扶持对象的精品学术期刊主要就是这些评奖的获奖期刊和这些工程、计划的入选期刊；而按照上一个环节的表述，政策扶持的对象是学术期刊质量评估的结果，是通过专门组织的质量评估而确定的。这两种说法显然不一致，是两种全然不同的遴选方式。国家重点学术期刊建设工程尚未启动，“科技期刊影响力提升计划”专门扶持外文学术期刊，可以不论。而出版政府奖期刊奖和“百强期刊”，其参评和推荐的方式，都是按比例把推荐名额分配给各省级新闻出版行政主管部门和各中央单位报刊主管部门，所规定的推荐条件基本上都是政治导向方面的要求。出版政府奖期刊奖没有对各地主管部门的评选推荐程序提出具体要求，“百强期刊”推荐活动虽然要求各省开展报刊出版质量评估工作，但又称要在评估基础上结合本地区报刊实际和特点来推荐。[27]因此，许多地区的推荐并没有经过公正的评估程序。作为涵盖所有期刊类别的评奖和评优活动，期刊奖和“百强期刊”有它的意义和作用。但是，依据这种将学术期刊与非学术期刊混合在一起的评奖，把这种没有科学合理的学术质量评价标准，又缺乏严格公正的评选程序的评选结果，用来确定精品学术期刊，用来决定政策倾斜和政策扶持的对象，显然是不可取的。

其次，《通知》明确提出“积极推进国家重点学术期刊建设工程”。关于设立这个建设工程，2011 年 3 月全国政协十一届四次会议召开期间，全国政协委员、新闻出版总署副署长李东东专门提交了一份提案；接着，这一工程便写入新闻出版总署于同年 4 月 20 日公布的《新闻出版业“十二五”时期发展规划》，被确定为新闻出版业“十二五”期间重大项目。这一工程的意义在于，它是政府专门为扶持学术期刊而设立的，而原来政府专项扶持学术出版的基金中没有涉及学术期刊。按照提案，这个工程的目标是培育 20 种左右的具有国际一流学术水平的国家重点学术期刊，形成 200 种左右的有影响力的优秀学术期刊。[28]据此，能够获得政府扶持的期刊数量应该更多一些。“十二五”规划止于 2015 年，然而，这个工程至今未见启动。反而是全国哲学社会科学规划办公室于 2011 年底启动了国家社科基金学术期刊资助项目，先后两批给予约 200 家重点社科学术期刊以持续资助。社科基金的资助对于学术期刊办刊条件的改善和办刊质量的提高，产生了明显的效果。鉴此，我们对总署（总局）的“国家重点学术期刊建设工程”，应该翘首以待。

再次，对于既不是整改或退出对象又不属于政策扶持对象的一般达标学术期刊，这一改革程序的最后环节并没有予以必要的关注。其实一般达标期刊数量必定很多，很可能占据学术期刊的多数。仅针对少数学术期刊采取剔除措施或扶持政策，而忽略占多数的一般合格期刊，不可能真正实现“提升学术期刊整体质量”。对于多数一般合格期刊来说，也必须有自己的积极应对和作为，把握体制改革的关键一环，通过改革进行转型，提升刊物的质量和影响力，争取进入精品学术期刊行列。

当前学术期刊改革的顶层设计，四个环节环环相扣，逐步推进，方向、内容和路径都很明确，虽然也存在缺陷，特别是质量评估环节的设计，但是，总体上看，是一个可以为学术期刊界底层所理解所接受的、有待在实施中进一步改进的方案。现在，中央已做出全面深化改革的部署，学术期刊改革也到了关键时期，对于学术期刊改革顶层设计所展示的大方向和新路径，学术期刊界应予以积极回应。

然而，也必须看到，当前学术期刊改革的这个顶层设计同以往的改革举措一样，仅仅针对学术期刊，改革和规范的对象只是学术期刊及其出版单位体制，而没有涉及产生学术期刊出版存在问题的更深层根源，即期刊管理体制。仲伟民在《缘于体制：社科期刊十个被颠倒的关系》一文中，曾批评原总署《实施办法》把期刊现存问题完全归因于期刊编辑部体制，而完全忽略了期刊管理机构及其制定的管理规范这一期刊体制中更为重要的因素。文章深刻地指出：学术期刊现存问题的根源在于期刊管理体制，因此，期刊改革必须从期刊管理体制入手；“只有将改革不合理的期刊管理体制作为改革的重点，期望才不会落空”。[29]正如李频在《数字时代社科学术期刊改革路径的思考》一文中所说的，这个观点“是期刊界有识之士的共识”；“管理体制改革是高效推进社科学术期刊改革的必由之路”。[30]遗憾的是，当前学术期刊改革的顶层设计，未能体现期刊界的这一重要的“底层共识”。

---

①中共中央办公厅、国务院办公厅：《关于深化非时政类报刊出版单位体制改革的意见》，中办发〔2011〕19号文件。

②参见国家新闻出版总署《关于报刊编辑部体制改革的实施办法》（2012年7月30日），新闻出版总署网站，http：//www.gapp.gov.cn/cms/html/21/508/201208/761738.html

③参见国家新闻出版广电总局《关于规范学术期刊出版秩序促进学术期刊健康有序发展的通知》，新广出发〔2014〕46号文件。

④㉚李频：《数字时代社科学术期刊改革路径的思考》，《南京大学学报》2014年第4期。

⑤晋雅芬：《李东东：报刊业将进一步向规模化专业化转变》，《中国新闻出版报》2011年1月25日。

⑥新闻出版总署新闻报刊司：《期刊编辑出版规程（第一稿）》，2009年12月14

日，中国期刊协会网，http://www.cpa-online.org.cn/Web/ArticleShow.aspx? artid = 000293&cateid = A05

⑦⑨新闻出版广电总局办公厅：《关于开展学术期刊认定及清理工作的通知》，新广出办发〔2014〕28号文件。

⑧“学术期刊”（2012年4月18日），维基百科：http://zh.wikipedia.org/wiki，页面最后修订于2014年9月9日。

⑩教育部、国家新闻出版广电总局于2015年2月9日联合发布《关于进一步加强和改进高校出版工作的意见》（教社科〔2015〕1号文件），其第二部分“着力促进高校出版工作改革发展”再次提出：“推动符合高校实际的期刊编辑部体制改革和机制创新，探索建立期刊编辑部分散组稿审稿、出版企业统一出版发行的运营模式。”

⑪仲伟民、朱剑：《中国高校学报传统析论——兼论高校学报体制改革的目标与路径》，《清华大学学报》2012年第5期。

⑫夏文：《学术期刊编辑部体制改革“实施办法”之理性解读》，《清华大学学报》2012年第5期。

⑬参见朱剑《传统与变革：体制改革前夜学术期刊的艰难抉择》，《澳门理工学报》2012年第1期。

⑭《中共中央关于全面深化改革若干重大问题的决定》，《人民日报》2013年11月16日。

⑮王玉梅：《“两统一”引发的改革探索》，《中国新闻出版报》2013年3月27日。

⑯教育部、国家新闻出版广电总局文件《关于进一步加强和改进高校出版工作的意见》第二部分“着力促进高校出版工作改革发展”再次提出：“依托优质学术资源或优势出版平台，构建统一的学术期刊数字化平台，推动学术期刊数字化升级。”

⑰国家新闻出版广电总局、财政部：《关于推动新闻出版业数字化转型升级的指导意见》，新广出发〔2014〕52号文件。

⑱《国家“十二五”文化改革发展规划纲要》，中央政府门户网站，http://www.gov.cn/jrzg/2012-02/15/content_2067781.html

⑲教育部、国家新闻出版广电总局文件《关于进一步加强和改进高校出版工作的意见》第二部分“着力促进高校出版工作改革发展”进一步明确提出：“鼓励高校综合性学报向专业性学术期刊转型。”

⑳王玉梅：《李东东：高校学术期刊要集约化规模化发展》、晋雅芬：《李东东：报刊业将进一步向规模化专业化转变》，《中国新闻出版报》2009年12月22日、2011年1月25日。

㉑㉖国家新闻出版总署：《报纸期刊出版质量综合评估办法（试行）》，新出字〔2010〕294号文件。

㉒朱剑：《量化指标：学术期刊不能承受之轻——评〈全国报纸期刊出版质量综合

评估指标体系（试行）〉》，《清华大学学报》2013 年第 1 期。

㉓参见《新闻出版总署报刊司关于学术期刊有关问题的答复》，《中华读书报》2002 年 11 月 13 日。

㉔仲伟民：《破除学术评价对期刊发展的不利影响》，《光明日报》2014 年 11 月 3 日。

㉕参见李剑鸣《自律的学术共同体与合理的学术评价》，《清华大学学报》2014 年第 4 期。

㉗参见国家新闻出版广电总局《关于开展第三届中国出版政府奖评选表彰活动的通知》附件 2《第三届中国出版政府奖期刊奖评奖办法》，新出字〔2013〕242 号文件；新闻出版总署办公厅：《关于实施精品报刊建设工程　推荐“百强报刊”的通知》，新出厅字〔2012〕556 号文件。

㉘参见王建峰《专访李东东副署长：设立国家重点学术期刊建设工程》，《中国社会科学报》2011 年 3 月 16 日。

㉙仲伟民：《缘于体制：社科期刊十个被颠倒的关系》，《南京大学学报》2013 年第 2 期。

作者洪峻峰，《厦门大学学报》副主编、编审。厦门　361005

国家、市场与社会：学术期刊变革中的三维结构

王浩斌

[提　要] 中国学术期刊的转企改制问题与中国的经济社会体制变革中广泛流行的国家与市场二元结构的思维框架具有密切关系，其总体思路是按政企分开的原则，将企业从国家中解放出来，以激发活力。这种改革思维的最大特点是忽视了学术活动既不同于政治，也不同于经济，它具有自己的特点，是一个特殊的领域，不能简单地将学术推向市场，而是应当回到学术的本位。这就要从社会（共同体）角度来思考这一问题。关于期刊体制改革的思考，要从市场与国家两分开的思维转换到市场、社会、国家三分开的思维当中，即不仅要把市场与国家分开，还要进一步细分出社会这一领域，这样就形成国家、市场、社会三维结构。这个三维结构，构成了我们把握和理解学术期刊定位及其功能的基本框架。

[关键词] 学术期刊　学术共同体　市场化改革

在中国当下的学术场域中，学术期刊与学术评价是一个牵动各方神经的敏感问题。之所以说它牵动了各方神经，是因为在当下的学术评价中，我们可以看到多方力量在此大显身手，努力发出自己的声音，或明或隐地尽力争夺评价的话语权。之所以说它是敏感问题，是因为评价问题与各个学术机构和机构中个人的切身利益密切相关：在现有学术体制中，不仅国家学术资源的分配直接与学术评价结果相关，而且期刊作为一种媒体具有一定的商业价

值。利之所在，当然更让人敏感，这也是每个人容易感知的问题。不过，在利益争夺的背后，还有一个更深层的原因往往被人们所忽视，这就是学术期刊与学术评价问题不仅与国家资源的投入以及市场化运作中的商业利益相关，而且与公共领域的社会组织——学术共同体的建构与学术自治问题相关（本文将公共领域中的社会组织称之为社会）。由是观之，学术期刊的变革问题涉及国家、市场与社会三个方面，本文拟从这一视角展开分析，以就教于方家。

引言："做最好的传播"还是"引领学术"

在讨论当下中国学术评价问题时，人们首先想到的是学术期刊所拥有的学术评价权，虽然学术期刊自身并不是那么想要这种学术评价权力。这就是所谓的"以刊评文"：根据所发表论文的期刊级别来判断学术成果的高低。面对这个现象，我们首先要思考的问题是，为什么可以以刊评文？学术期刊的真正功能是什么？

一般来讲，学术期刊主要有两种功能，这两种功能也是学术期刊存在的意义所在，一是学术信息的社会传播功能，二是学术评价功能。正如有学者所说的，"期刊首先评价知识，其次传播知识……以引文分析为基础的 SCI 是对评价者（即期刊）的再评价，作为评价期刊的工具，自然也具有了学术评价的合法性"；"正是基于这种逻辑，20 世纪 70 年代，美国的科研管理部门将 SCI 作为科研绩效评价（Research Performance）的主要工具，并与终生教职的任职、晋升和科研奖励等挂钩"。[①] 总的来说，关于学术期刊具有这两个功能，学界一般没有什么异议。然而，问题在于，在学术期刊的两种功能——评价知识和传播知识——中哪一个功能是最根本的功能与最重要的使命，却存在重大分歧。这一分歧不仅构成当前学术期刊争议的焦点，而且还成为影响学术期刊改革方向的重大理论与现实问题。

如果学术期刊的最根本功能是传播，那么办刊人的职责就是要"做最好的传播"，《南京大学学报》执行主编朱剑提出"做最好的传播乃是当今学术期刊的使命所在"。[②] 正是基于这一逻辑，他与中国期刊界一些有识之士一起，不遗余力地推动教育部名刊的大学学报打破高校门户之见，团结合作，并与中国期刊数据库的垄断者——中国知网合作建立"中国高校系列专业期刊"，为互联网时代学术期刊的数字化传播开创了一条新路。

如果学术期刊的最根本功能是学术评价，那么办刊人的职责就要是通过自己手中所掌握的学术期刊阵地来“引领学术”。中国社会科学杂志社总编辑高翔认为：“强化学术期刊的评价功能。在现代学术发展中，学术期刊历来是前沿成果的重要发布平台，在引领学术发展中发挥着不可替代的作用”。[③]2013年高翔在无锡举行的第二届全国人文社会科学期刊高层论坛上提出：“学术期刊界要以优良的学风、质朴的文风和严格的学术标准，充分发挥期刊的学术评价功能，真正担负起引领学术发展的神圣使命”。[④]正是基于这一思路，以《中国社会科学》为代表的一些期刊相对较少地关注学术期刊的传播问题，而是着力于“构建具有鲜明中国特色的社会科学评价体系”。

在学术期刊最根本的功能与使命的问题上，朱剑与高翔二位学者各执一端，恰好代表了期刊界两种最主要的声音和立场。从国家、市场与社会三维结构的角度来看，“引领学术”代表了国家对学术期刊的期望，因为国家希望通过学术期刊来引导思想文化领域，促进社会进步；而“做最好的传播”则代表了市场——期刊的消费者即读者对学术期刊的期望，因为读者希望从期刊上获得自己所需要的信息。[⑤]然而，无论是引领学术，还是传播学术信息，都需要依靠作为文化公共领域的学术共同体。

一　社会的发现：在学术共同体的层面思考学术期刊的定位问题

在学术期刊的“做最好的传播”与“引领学术”这两种功能中，传播功能是期刊主编与编辑可以努力做到的事情；而引领学术，并不是主编与编辑们的天然职责，而是由于学术共同体的缺失，使得学术期刊在某种程度上替代了学术共同体，即实质上是由学术共同体进行学术评价与引领学术的功能转移了到学术期刊。因此，只有学术期刊能够代表学术共同体时，它才具备学术引领功能。唯有传播功能不需要学术期刊来代表学术共同体，按麦克卢汉的“媒介即讯息”之说，期刊要做的只是把信息传播出去，怎样更好地传播是期刊人考虑的事情。而学术评价则是学者与学术共同体要考虑的问题。总之，无论是学术期刊的学术评价功能，还是引领学术的功能，其关键在于学术期刊能否真正代表学术共同体。

“学术期刊”这个名词是由“学术”和“期刊”这两个概念合成，是一个复合名词。这就涉及在“学术”和“期刊”这两个概念中，谁具有优先权的问题。从字面来看，学术期刊首先是“期刊”，似乎“学术期刊”是以“期刊”为优先，那么，它的根本功能就是“做最好的传播”，因为期刊的出现就是应学术思想交流和传播的需要，它能够吸引越多的人看就越好，正如一个产品越受欢迎越好一样，其价值导向必然是迎合大众，其最终结果就是“大众文化”的产物。当然，这里的大众并不是普通民众，而是队伍越来越庞大的科研人员。然而，如果学术期刊是为学术研究服务，那么它就不能是简单地迎合大众——科研人员。因为真理往往掌握在少数人手中，它应当由少数的有识之士着眼于学术长远发展的远大目标，是“精英文化”的产物。因为在科学史上，许多具有创新性的学术成果并不被当时的人们所接受，它的发现是依赖于一些具有远见卓识的学者。

在近代以前，创新性的思想和科学技术更多地表现为个人的发现，缺乏一个持续性的竞争、交流、合作机制——文化公共领域，所以这种科学生产方式发展缓慢。在西方国家，随着文艺复兴和启蒙运动，一个独立的、哈贝马斯所说的公共领域——学会——发展起来，为近代的科学革命提供了社会条件，其中最有代表性的是英国皇家学会。在16～17世纪，在伦敦小酒馆和沙龙中，一些科学家为了进行科学交流而聚会，形成了午餐会，一个哈贝马斯所说的“资产阶级公共领域”开始形成。由于当时没有正式的期刊出版，于是科学家在午餐会这种交流形式之外，还把自己的研究成果写出来，透过私人通信和私下传阅等方式进行交流。这种科学家群体之间的交流方式没有固定的组织形式，因此被称为“无形学院”。[⑥]1662年，皇家学会获得了国王授予的特许状而成立，由此开始了组织化、法人化的进程。当时需要特许状才能成立的重要组织还有公司。这说明，在西方历史上，学会这种组织方式和特许公司一样，都属于社团法人，也就是社会上的各种合法化的组织。从这个意义上讲，正式的学术共同体是一个社团法人，是一个社会化的组织。一些不具备社团法人资格的学者群体之间的松散联盟，由于其成员之间的联系密切，交流频繁，也可以被视为学术共同体，最典型的就是学派。

英国皇家学会是英国历史上第一个纯粹以自然科学为研究目的的社团法人，为促进学术交流，它在成立后不仅举办了许多学术会议，还创办了学会会刊《哲学会刊》，使科学家这种不定期的、没有固定组织的交流机制逐渐制度化，而1445年古登堡发明的印刷机则为这种传播机制的建立提供了工具，从而加速了西方科学技术的交流、合作与发展（从这个意义上说，互联网的复制与传送技术为21世纪科学技术的迅速发展提供了一个新的历史条件）。在开始的时候，对于在《哲学会刊》发表论文并没有严格的标准，使得其刊载的论文质量参差不齐。为了提高论文质量，皇家学会在1752年成立了论文委员会，聘请具有专长的会员负责论文工作，并逐步实行同行评议制度。这一制度的建立，不仅对提高《哲学会刊》的论文质量起到了重要作用，而且促进了学术共同体的发展。

从《哲学会刊》产生发展的历史来看，学术期刊最初是出于科学家交流的需要而产生，并没有学术评价功能，后来由于实行了同行评议制度才使得学术期刊具备了一定的学术评价功能。从这个意义上说，学术期刊的传播功能是其诞生之初便具备的首要功能，由于引入同行评议这一机制之后，才具有了学术评价功能。不过，无论是做传播，还是进行学术评价，其有效的运作都依赖于学会这一学术共同体。

二　在国家、市场、社会的三维框架中理解学术期刊

传统的学术期刊是计划经济时代的产物，不可避免地受到国家意识形态的影响，因此我们可以从国家这一视角来解读学术期刊的运作规则。改革开放以来，随着市场从国家计划的控制下解放出来，市场化成为许多媒体的重要发展方向，对于期刊的商业逻辑，我们可以从市场的角度进行解读。然而，学术期刊及期刊上所发表的论文，并不单纯是文化消费品（文化产业中的产品），同时也具有社会公共产品的性质。国家、市场与社会，构成了我们思考中国语境下学术期刊生存与发展的重要维度。

1. 计划体制与市场经济：学术期刊变革的双重历史条件

中国的学术期刊与学术共同体不是单向度的关系，而是复杂的共生甚至是博弈的关系。从近十几年来关于期刊的主编到底是学者还是编辑家、出版家的争论以及“编辑学者化”的呼声中，也可以看出这种复杂关系的端倪：如果期刊的主编是学术共同体代表的学者，那么就意味着期刊的主要功能是学术评价；如果期刊的主编是编辑家、出版家，那么就意味着期刊的主要功能是传播。

在当下的现实中，期刊的学术评价与学术传播这二者之间的关系往往是混淆不清的，在运行机制中则体现为主编与编辑部主任之间的复杂关系。在美国的学术期刊运作当中，是通过把编委会—主编与编辑部相分离的做法，较好地实现了分工与合作的关系：“编委会—主编”负责学术质量，从而使期刊具备了学术评价功能（编委会具有强大的学术评价功能）；把期刊编辑部改造成出版公司，以面向市场，主要从事传播即发行，以发挥期刊的传播

功能。

然而，这两点在目前中国的学术期刊中都做不到。因为中国的学术共同体没有形成，各大学和研究机构由于门户之见，彼此竞争，很难形成代表专业性学术共同体的“真正主编”。而在综合性期刊中，这个问题更为严重，因为不可能产生可以代表、有资格代表人文社会科学所有专业学术共同体的主编——除非是行政命令任命。任何一个专业性很强的学者来担任综合性期刊的主编，必然会造成对某些学科有所偏废，所以选择一个眼界开阔的编辑家、出版家来担任综合性期刊的主编可能更为合适。

对于这种复杂的生态环境，引文数据库的制作者缺乏深度的认识，只是从单纯的文献计量角度来理解，从而导致了目前所存在的问题。虽然他们在期刊界的批评之下，对引文评价方法进行了改进，但在学术共同体与学术期刊的关系没有理顺之前，任何一种评价的方法都是无源之水、无本之木，是建立在沙滩之上的“海市蜃楼”。在没有搞清楚学术生产方式的前提下，在没有理顺学术生态的情况下，推出“期刊的指挥棒”的引文评价方法，难以成为推动学术研究的利器，而只能沦为学术权力争夺的工具。正如有学者所指出的：“形成于计划经济时代的学术期刊体制 60 年来几乎一成不变，造成了从总体的结构布局到编辑部内部的运行机制的重重困境，可谓积重难返，也许我们可以借鉴发达国家的学术期刊结构设定一个中国学术期刊的理想目标，但如何到达理想的彼岸却是一个不可能有简单答案的难题”。[7]在对期刊的改革目标与路径尚未形成基本共识之前，把任何一种学术评价与学术资源的分配挂钩，其背后的逻辑无非是对学术权力与学术资源的争夺，从这个角度来看，学术评价已不属于学术，在一定程度上仍然属于政治。

中国学术界是计划经济下的产物，而期刊也是计划经济下的产物，并不是学术自治条件下的产物，因此，二者具有相似性：学术机构和人员是国家编制的产物，学术期刊刊号则是审批制的产物，由具有事业编制的学术机构人员在审批制下的学术期刊发表学术成果，再以这种学术成果作为学术评价依据。表面上看，学术研究具有相对独立性，是属于国家与市场之间的第三方，然而实际上从属于国家。用波兰尼的嵌入观点，学术研究是嵌入在中国的政治社会中的。这正是引起引文评价方法失效的原因。其内在机制与中国式的市场机制一样，如果说中国的市场经济是嵌入在具有中国特色的社会主义计划经济体制中，那么，中国的学术共同体也是嵌入在具有中国特色的社会主义计划之中。

关于经济体制中的计划与市场问题，经过十几年的摸索，才以邓小平的南方谈话做出定论。而关于学术研究中的计划与市场问题，我们的讨论还鲜有涉及，即使有些文章有所涉及，但需要梳理的问题还很多，如果套用中国改革进程中计划与市场的争论来看，目前的学术研究相当于“有计划的市场经济”阶段，离“社会主义市场经济”这个阶段还有很长的路要走。在市场经济体制中，可以通过“用脚投票”的方式来激发企业的竞争动力，然而由于市场机制不健全，这种机制也就不完善，因此会产生权钱交易等所谓“坏的市场经济问题”。在学术研究中，引文机制就相当于市场中的“用脚投票”机制，目前由于学术共同体的缺失导致引文机制不完善，因此容易产生论文引证中的“假冒伪劣”等问题。⑧计划与市场的双重逻辑会对学术评价产生不同的影响，这是我们在应用引文评价方法时应当注意的社会历史条件。

2. 处于社会公共领域中的学术期刊

学术共同体的政治化问题，实际上与中国经济社会的计划体制相关。学术界对于改革开放以前的社会有一个概念——“总体性社会”，这一概念所描述的是，在计划经济体制下，政治、经济和思想文化中心高度重叠。20世纪50年代中期开始进行的“一化三改”运动消灭了私营经济和私有产权制度，变更了民间社会赖以生存的经济基础；与此同时，对于大学以及各种民间团体，国家通过整合的方式，将其纳入计划体制中，于是产生了许多事业单位。据统计，新中国成立之初，经国家对经济、慈善等各类团体进行改造、改组、整合，以及对政治、宗教、意识形态领域组织的清理、整顿，形成全国性社会团体44个。沈原认为：“如何从改革前的体制，即国家吞没市场和国家吞没社会的状态，走向国家、市场和社会三者分立、相互协调乃至以社会为最终目标，约束国家与市场的状态，是改革必须面对的基本任务。实际上，社会至上是社会主义的本意”。⑨

毋庸讳言，在当前学术期刊与学术评价问题的讨论中，已有不少学者提出学术共同体的问题。然而，学术共同体仍然是一个尚未说清楚的问题。所谓的共同体，其基本原则应当是自治原则，否则就是政治国家，而目前学术共同体只是一个概念，缺乏相应的法律地位表述，这是学术共同体缺乏自治的表现。

真正的学术评价问题应当与学术自治问题联系在一起，如果没有学术共同体的自治，就谈不上学术评价。因为如果学术共同体不是自治，那么就属于国家，学术研究就变成一个政治问题，学术评价也就变成政治评价，甚至成为学术站队的问题。因此，学术由学术共同体自治，是学术评介的前提。有了学术共同体的自治，才可以应用引证评价等方法来研究一个学者在当下学术场域中的地位。目前，国内有许多学者也提及学术共同体的问题；然而，他们所理解的学术共同体是一个比较模糊和抽象的学术场域，而且缺失学术自治的内涵；本文所说的学术共同体，是特指在学术自治前提下的产物，其表现形态是在社会与公共领域中自发成立的各种学者间的组织，如学会、学派和学者间的联盟。

三 在国家、市场、社会三分开的原则中反思学术期刊的改制问题

这里之所以提出“国家、市场、社会三分开”的原则这一问题，与近年的期刊改制有关。而引起期刊主管部门和期刊界关注的学术期刊要不要市场化与改制的问题，其实也与学术期刊的“做最好的传播”与“引领学术”的不同定位相关。如果把学术期刊认定为一种商品，一种大众文化的产物，那么当然要进行市场化；如果将学术期刊认定为服务于科学研究、属于公益事业，那就事关国家民族利益与文化传承，是公器，是公共利益的体现，那就不应当市场化。

如果所有的期刊以市场化为导向，那么，学术的质量如何保障？传播效果好，往往是大众化；引领学术则要站在学术前沿，而过于前沿的研究成果其传播效果往往不佳——在传播学上有一个定律：创新超过80%的研究成果，其在传播上是无效的，通俗地说就是，太有创新，以致大家都看不懂——因为大家都懂的东西就不是什么创新了。期刊改制是受到国外学术期刊的影响，实际上，国外学术期刊的市场化之路是表象，本质是被几个出版集团操控，私人出版机构获得重大利益，而学术则受到伤害——学术群体需要付费给出版集团才能阅读到学术群体自己所生产的文章。[10]

从学理上看，市场化的问题属于“私人领域”，而学术的问题属于“公共领域”。用市场化这个本来属于“私人领域”的手段来解决“公共领域”的问题，必然会出现哈贝马斯所说的“晚期资本主义”现象——私人对公共领域的渗透与控制。因此，只要理顺了学术与期刊的关系，学术期刊要不要市场化的逻辑就很清晰了，也就不会简单地一刀切地提出“学术期刊市场化”这个没有经过理性分析的荒谬命题。即使是将学术期刊认定为以传

播为主的大众文化产物，在进行市场化的过程中，主管部门在推行市场化时，首先要注意的问题是，这个市场的容量有多大，可以养活多少家学术期刊。按经济学分析思路，市场问题的本质是供求关系，在学术期刊市场化问题上，供方是2700家学术期刊，需方是50万科研人员。[11]50万科研人员每人每年花在订阅学术期刊的费用按1000元计，总市场容量是5亿元（50万乘以1000元）。以一本学术期刊的年运行费用100万元计，最多可以养活500家学术期刊。这说明，学术期刊走市场化之路，其发展空间和赢利能力是非常有限的。然而，需要说明的是，对中国学术期刊市场化的改革方向提出质疑，并非认为其是完全错误的，它还是有其合理性的，其合理性就体现在，它不自觉地抓住了学术期刊的传播功能；问题在于，学术期刊主要面对学术共同体，其传播功能也主要是体现在学术共同体成员之中，它不同于具有广阔市场容量的大众媒介。

需要指出的是，主管部门之所以会提出以市场化的方式来解决学术期刊体制问题，与中国的经济社会体制变革中广泛流行的国家与市场二元结构的思维框架具有密切关系。总体上讲，中国经济社会的改革是按照“政企分开”原则，将市场、企业从国家中解放以来，以激发活力。在这种思维框架中，市场化、企业化成为改革的一个基本导向。从某种意义上讲，前些年国家新闻出版署提出的学术期刊“转企改制”也是这种市场化、企业化的改革思维产物。这种改革思维的最大特点是忽视了学术活动既不同于政治，也不同于经济，它具有自己的特点，是一个特殊的领域，因此不能简单地将学术推向市场，而是应当回到学术的本位，要从社会（此处所说的社会特指共同体）的角度来思考这一问题。这就提出在期刊体制改革中，要从“两分开”的思维转换到“三分开”的思维当中。

这里所说的两分开是指传统改革思维——把市场与国家分开的改革原则，这一原则体现在期刊体制之中便是把国家媒体与商业媒体分开。这在前些年的报纸改制中得到充分体现，除了人民日报以及党报代表党和政府声音，作为国家媒体，保留事业编外，其他报纸统一转企改制。这里所说的三分开是指不仅要把市场与国家分开，还要进一步细分出社会这一领域，这样就形成国家、市场、社会三元结构。[12]在这个结构中，学术期刊属于社会（学术共同体）这一领域，这是我们把握学术期刊定位及其功能的关键所在。

四　需要关注社会公共领域的重新政治化与结构化问题

在哈贝马斯看来，公共领域是指“某种接近于公共舆论的东西能够在其中形成……当公民们以不受限制的方式进行协商时，他们作为一个公共团体行事——也就是说，对于涉及公共利益的事务有聚会、结社的自由和发表意见的自由。在一个大型公共团体中，这种交流需要特殊的手段来传递信息并影响信息接受者。今天，报纸、杂志、广播和电视就是公共领域的媒介”。[13]学术期刊作为学术公共领域的媒介，应当充分体现学术民主与自由交往的原则。

然而，正如哈贝马斯在西方国家所看到的，在晚期资本主义时代，公共领域受到国家与市场力量的双重渗透，正失去自己的独立性。用这一视角来看中国问题，可以发现，学术公共领域不仅仅是一个交往与传播的公共领域，而且具有政治化与结构化的特点。这是论及学术共同体时需要注意到的问题。

学术期刊最初是以“通讯”为名，而“通讯”一词的英文表达是communication，其实有多种含义，如交通、公告、通讯、告诉、互动、沟通、对话、分享、交往、交流等。按照英国文化研究者雷蒙·威廉斯的考证，这个词的“最早词源为拉丁文的Cummunis，意指‘普遍’。因此，Communicate是指‘使普及于大众’、‘传播’的动作。Communication最初指的是这种动作”。[14]一部人类文明的历史就是文化传播的历史，因此，让作为人类文化的优秀成果——学术研究与科学知识成果进行“普及”肯定是好事。然而，关键的问题在于，这种“普及于大众”的知识传播到底是单向度的公告，还是传播者与受众之间双向的互动、交流、对话，构成我们理解学术期刊本质的关键。

与communication这个词相关的词还有communion（共享）、community（共同体、团体、界）和communist（共产主义）。在以上这些复杂的历史语境中，与本文相关的关键概念有三组或者说三个层面：一是互动、沟通、对话；二是告诉、公告、交通；三是交往、共享。简单概括就是六个字：公告、对话、共享。

本文之所以提炼出这三组概念，是想通过语言的隐喻性结构来唤起被人们所忽视的社会隐性结构与社会关系：一方面，是因为这三个概念可以涵盖国内学者的争论，在我看来，朱剑所主张的“做最好的传播”，其内在指向是倡导学术对话，学术期刊可以通过搭建一个交流平台来达到推动学术交流与沟通之目的；而高翔所倡导的“引领学术”则带有“告诉、公告”之义，学术期刊可通过广而告之和宣教来达致“引领”之成果。另一方面，是因为它们都涉及期刊在历史发展进程中的本质演变。其中，第一、第二两个层面是涉及学术期刊的传播到底是单向度的公告还是双向的对话，第三个层面是涉及学术期刊的本质与其背后的社会关系——学术共同体的建构问题。

以“通讯”为名，说明学术期刊是基于学者之间通讯的产物，表明了学术期刊生命起源之初的功能。“通讯”也就是传播。因此，作为学术期刊，最初是学者之间的互动，因此，“通讯”的含义最初应当是特指小范围内的学者之间的“互动、沟通、分享”，这种传播过程是一个双向的互动过程。然而，需要注意的是，这种“通讯”又不同于普通的传播。这种学术“通讯”功能虽然属于传播功能，但不是大众传播，而是在小范围的学者圈子中传播，是一种书信的来往，具有特定的传播对象——主要面向专业性的学者群体，而不是像大众文化的通俗读物那样向不特定的人群传播。从这个意义上说，学术期刊的传播是限定于作为文化精英的学者群体与学术共同体中的传播产物，而不是广泛的大众传播媒介。作为学术共同体成员之间的交流媒介，学术期刊更为注重互动与分享。

然而，作为学术共同体成员交往、交流产物的学术期刊诞生之后，随着学术的发展、学术圈子的扩大，随着学术群体的日益壮大，互动与分享日益不可能。作为“通讯”英文表达的 communication 一词的“交通、通讯、告诉”之含义日益凸显出来，而期刊的发行功能正是这一内涵的现实表现。从一定意义上说，在工业革命时代，期刊的发行正是依赖于交通（如邮递员的投递系统）；而在互联网时代，它则依赖于信息高速公路——网络。正如两个人之间可以进行“对话”、人多了就只能“开会”一样，学术期刊也逐渐从学者之间的“互动、沟通、分享”之物，变成一种广而告之的杂志，即成为一种单向度的学术信息传播媒介，其传播模式是从中心向外扩散的单向传播机制。

从“互动、沟通、分享”到“交通、通讯、告诉”，反映了学术期刊从“精英文化”走向“大众文化”的发展历程。而关于学术期刊最本质功能的争论，从根本上可以借用法兰克福学派的话来形容，即“大众文化”与“精英文化”之争。大众文化产品的特点是，大众只能倾听而不能参与，而精英正是通过这种剥夺大众参与机会的传播模式获得话语权和文化领导权。

学术期刊因此而成为重要的学术阵地，甚至是斗争的阵地，用布尔迪厄的话来说，是一种象征性暴力——这种力量正是学术共同体结构化与政治化的主导力量之一。

英国大众媒介思想家雷蒙·威廉斯界定了四种类型的传播：专制式、家长式、商业式、民主式。所谓的专制式传播体制是指“简单地传达统治集团的各种指令”。“而家长式的诸种社会体制取向的中心点，是力求保护和指引，而不是维护统治权，譬如说，英国广播公司的创建是以维持高标准的理想为基础，这种高标准总体上反映了英国社会各统治集团的精神气质和审美情趣”。“商业式的诸种文化产业提供了相当程度的自由，因为在市场上可以买卖多元的文化诸形式”，然而这种商业方式“注定要排斥不可能快速销售和不可能有回报的商品”。[15]学术期刊作为学者群体交往的产物，民主式的传播模式应当是其本来应有之义；然而，随着学术期刊从双向的交流变成单向度的公告，以及学术共同体的结构化与政治化，学术期刊便从民主式走向家长式。而解决象征性暴力、专制式与家长式传播等问题的关键在于，重建学术共同体并让学术期刊回到学术共同体的手中。这也是哈贝马斯所提出的“重建交往领域”即社会的意义所在。

五　当下学术期刊与学术共同体建构的实践经验与遭遇问题

从学术共同体以及依赖于学术共同体而存在的学术期刊来看，当下的以书代刊更像是西方意义上的学术期刊，因为它是由学者自己主办的，办刊经费大多是由学者自己想办法解决。而具有正式刊号的学术期刊则是审批制下的产物，属于计划经济的产物。然而，正如波兰尼所提出的“嵌入式”问题，中国的学术共同体与学术期刊也是嵌入在一个更大的社会历史结构之中，它具有自己的历史与文化政治传统——这是我们无法回避的问题。任何一个离开这一历史与文化政治传播来思考中国社会的变革之路，注定是乌托邦的幻想。因此，解决中国问题的办法应当学习毛泽东式的把普遍真理（这在学术中体现为默顿所说的“科学中的普遍主义原则”）与中国实践经验结合起来，形成具有中国特色的学术期刊体制。

在当下中国，这一问题的关键在于，如何把国家、社会、市场这三方资源整合起来，共同解决我们面临的问题。在这里，国家所指代的是计划经济体制下的刊号资源，市场则是指期刊的发行，社会则是指学术共同体与学者群体。在当下，把在计划经济体制下具有刊号资源的学术期刊与学者群体结合起来，这是在中国语境之下未来学术期刊的发展方向。在这方面，由朱剑教授所提出的“栏目主持人制”，是一个较好的方法。这种方法是在无法把有限的期刊资源完全交给学者共同体的情况下，把期刊中的部分资源交给学术共同体。

然而，主持人制虽然是一个非常好的设想，在实践中也取得一定成效，但尚未达到预期的目标，这是因为中国的学术共同体还不成熟，还没有成长起来。在实践中，有些学者由于受学术评价的指挥，同时也由于期刊资源的稀缺，再加上公心不足，往往把期刊资源当作自己的自留地，只发自己小圈子的文章。因此，在当下中国的语境中，如何办好学术期刊，并不仅仅是期刊人思考的问题，也不仅仅是期刊人所能做到的（如果是办时尚杂志，期刊人就可以做到），而是应当由期刊人和学者共同携手才能完成。

客观地说，期刊人已经做好了准备——做好回归共同体的准备，但学术共同体还没有做好准备。因此，在学术期刊提出回归社会与学术共同体的要求的同时，还要积极地建构学术共同体。当社会（共同体）还没有做好准备之时，期刊就不得不在国家与市场之间来回摇摆，永远也找不到自己的准确定位。因此，学术期刊不仅要做到回归社会（学术共同体）的准备，也要积极地参与社会的建构，要以学术共同体的建构来推动学术期刊的发展。

需要注意的是，学术期刊回归学术共同体，使得学术期刊很难走向大众传媒，而是走向更符合人际传播的小众媒体，即从“大众”走向“分众”和“小众”。这些分众与小众，往往就是最小的学术共同体——学派——的体现。从这个意义上讲，积极参与建构具有中国特色的学派，是学术期刊发展壮大的重要途径。

---

①刘宇、叶继元、袁曦临：《“通往自由之路”：期刊评价价值取向的演化》，《南京大学学报》2011 年第 3 期。

②朱剑：《做最好的传播：信息时代学术期刊的使命》，《中国社会科学报》2013 年 3 月 20 日。

③高翔：《构建具有鲜明中国特色的社会科学评价体系》，《中国社会科学报》2014 年 4 月 18 日。

④王广禄：《第二届全国人文社会科学期刊高层论坛在无锡举行》，《中国社会科学报》2013 年 12 月 2 日。

⑤从传播学的角度来看，可以发现，学术期刊作为一种传播媒介，其主要功能也是

传播与引领。施拉姆认为，传播媒介具有四大功能：（1）社会雷达功能：传播信息、守望或者监视环境；（2）协调和管理功能：推动政策的制定和执行，反映、引导社会舆论，促进社会机制的运转；（3）指导和教育功能：教育社会成员，传播文化知识、社会道德规范和价值观念，使之代代相传；（4）娱乐功能：摆脱工作和现实的烦扰，负担起学习和社会化的功能（〔美〕威尔伯·施拉姆、威廉·波特：《传播学概论（第二版）》，何道宽译，北京：中国人民大学出版社，2010，第32~35页）。对于学术媒体来说，在以上这四个功能中，作为媒体的学术期刊，主要是信息功能和指导、教育功能，信息功能就是做好信息传播工作，指导与教育功能就是引领学术。

⑥所谓的学院是古希腊柏拉图学园（Acadeca）的现代版，这种学园实际上是柏拉图学派的产物。现代科学的兴起与这种学院具有重大关系。最初是英国的科学家群体自发组织起来所成立的组织，后来发展成正式的科学家学会。

⑦朱剑：《量化指标：学术期刊不能承受之轻》，《清华大学学报》2013年第1期。

⑧参见王浩斌《社会转型期的学术生产方式与学术评价》，《南京大学学报》2014年第2期。

⑨沈原：《市场、阶级与社会——转型社会学的关键议题》，北京：社会科学文献出版社，2007，第271页。

⑩目前在西方学界，已有一些学者与学术机构意识到这一问题并开始采取措施来反对这些出版集团的操控。

⑪根据教育部《全国普通高校教师基本情况》统计，1999~2010年，专任教师数量从40万增至134万，考虑到文科比例较少，估计为50万。http：//teacher. eol. cn/shu_ jv_ bao_ gao_ 11982/20110913/t20110913_ 682871_ 2. shtml

⑫国家、市场、社会的三元结构，与中国社会的法人组织方式相关。在当下中国的社会组织中，存在三种形态，一是国家机关，二是事业单位，三是企业。国家机关是一个公共管理机构，企业是赢利性组织，这是比较容易明确的。唯有事业单位是一个具有中国特色的法人组织，至今其性质并不容易明确。

⑬〔德〕哈贝马斯：《关于公共领域问题的答问》，《社会学研究》1999年第3期。

⑭梁文道：《关键词》，北京：中信出版社，2014，第73页。

⑮〔英〕尼克·史蒂文森（Nick Stevenson）：《认识媒介文化》，王文斌译，北京：商务印书馆，2001，第26~27页。

作者王浩斌，《南京大学学报》副主编，教授。南京　210093

移动与社会化网络环境下人文社科学术期刊数字化发展路径探析

汪新红

[提　要]“十二五”时期是数字出版产业发展的最佳时期，国家对出版产业数字化转型的重视，以及移动互联网技术、数字新媒体技术及智能移动终端等技术/设备的迅猛发展，推动了学术期刊数字化出版的进程。作为承载和传播社会科学创新型研究成果的人文社科学术期刊，迫切需要根据形势明晰数字化发展路径，紧抓机遇主动出击，沉稳应对移动和社会化网络环境下数字出版的新要求。

[关键词] 人文社科学术期刊　数字化　域出版　移动出版　全媒体出版

“十二五”时期，是深化新闻出版体制改革、加快转变发展方式的重要时期。《新闻出版业“十二五”时期发展规划》中明确提出顺应数字化、信息化、网络化趋势，强调文化软实力已成为国家间竞争战略中的重要因素。[①]2014 年 4 月、2015 年 4 月国家新闻出版广电总局、财政部又联合印发了《关于推动新闻出版业数字化转型升级的指导意见》《关于推动传统出版和新兴出版融合发展的指导意见》，从国家层面大力推动出版业的数字化、信息化、网络化进程。学术期刊作为传统媒体的重要组成部分，是培养国家创新人才、承载和传播国家创新成果的主要载体。而人文社科学术期刊在推动社会主义文化大发展大繁荣、提高国家文化软实力方面，更是背负着重大的历史使命。

国家新闻出版广电总局发布的《2013 年全国新闻出版业基本情况》显示，2013 年，全国共出版期刊 9877 种，其中，哲学、社会科学类期刊 2577 种，占期刊总品种的 26.09%。[②]

伴随着移动互联网技术、数字新媒体技术及智能移动终端等技术/设备的发展与普及，社会信息传播变得更加快速与便捷。利用数字技术开发和利用内容资源、最大限度地扩大内容资源影响力的数字化革命，正在颠覆传统出版业态各方面的观念与形态。积极推进人文社科学术期刊出版的数字化转型，对于推动和繁荣中国哲学社会科学事业、巩固舆论阵地、传播中华文明、增强综合国力等具有里程碑作用。

新的传播方式对人文社科学术期刊的数字出版提出了更高要求，这场巨大的数字化革命既是机遇又是挑战。人文社科学术期刊数字出版要结合实际，多方位考虑实施路径。

一　问题和挑战

（一）传播方式较单一

数字技术的迅猛发展，为出版物传播带来了广阔空间。互联网时代一个显著的特征，就是媒介的多元化和传播的高速便捷。

但就目前情况来看，中国人文社科学术期刊的传播方式和手段较为单一。纸刊的邮局发行仍然是大部分刊社首选的传播方式。网络传播形式普遍采用以下两种模式。一是搭载国内外学术文献数据库平台，进行纸刊的数字化传播，以期最大限度地扩大刊物影响力。这种模式形态较为简单，未能充分体现刊物个性。二是编辑部自建网站发布刊物内容及动态新闻，然而网站内容多是照搬纸刊内容，受关注度和流量极为有限。

传播方式的单一很大程度上限制和阻碍了内容资源的解构与重组，也使真正意义上的信息聚合难以实现，在当今移动互联网和社会化网络环境下，新媒体传播手段高效、新颖，反观人文社科学术期刊，网络传播形态创新性亟待加强。

（二）出版方式较为落后

就稿件出版而言，国内学术期刊稿件发表周期一般过长，论文作者科研成果的首发权确认滞后严重，这已成为当前的普遍现象。

就日常编辑工作流程而言，虽然大部分期刊社已经引进采编平台系统，实现了办公自动化，但因技术水平和重视程度有限，平台功能的互动性有待加强。编辑部与作者、审稿专家之间的沟通效率有待提升。

（三）编辑信息素养存在不足

“信息素养”（information literacy）的本质是全球信息化需要人们具备的一种基本能力。信息素养这一概念是信息产业协会主席保罗·泽考斯基于1974年在美国提出的。简单的定义来自1989年美国图书馆学会（American Library Association，ALA），它包括：能够判断什么时候需要信息，并且懂得如何去获取信息，如何去评价和有效利用所需的信息。[③]

编辑的信息素养是一种综合能力，涉及各方面的知识，是一个特殊的、涵盖面很宽的能力，它包含人文、技术、经济、法律的诸多因素，和许多学科有着紧密的联系。互联网、数据挖掘、多媒体等信息技术支持信息素养，通晓信息技术强调对技术的理解、认识和使用技能。而信息素养的重点是内容、传播和分析，包括文献信息检索、推荐、关联、定制及评价，涉及更宽的方面。信息素养是一种了解、搜集、评估和利用信息的知识结构，既需要通过熟练的信息技术（如熟悉运用文献内容数字化采集、加工、存储、发布、分析等的技能和工具），也需要通过创新高效的调查方法（如通过互联网读者行为分析方法来了解期刊读者的兴趣和需求）和鉴别、推理方法（通过理解出版数据标准、结构以及它们之间的关系来分析评价期刊选题策划和传播的质量和效能）来完成。信息素养是一种信息能力，信息技术是它的一种工具。

以笔者从事优先数字出版的推广实践经验分析，相对于科技期刊以及其他媒体的编辑人员，人文社科学术期刊编辑人员运用互联网和数据媒体获取、收集信息的能力，分析辨识信息的能力，加工信息的能力，利用信息的能力等方面相对偏弱。

（四）经营管理能力尚弱小

根据《新华文摘》杂志社原总编辑张耀铭的研究，单纯靠发行量维持杂志成本运作的社科学术期刊，屈指可数。中国有1500多家社科学报，发行量达到1000册的不足50%，差的仅有200~300本。不少期刊变成了自言自语、自娱自乐、自产自销，它只是发表的平台，而失去了传播和交流的功能。[④]这说明人文社科学术期刊的市场开发和经营管理做得远远不够。

在市场经济条件下，在移动互联网蓬勃发展的土壤中，人文社科学术期刊的经营不一定是指获得多高的发行收入，但应通过现代的信息技术、创新的推广营销和管理方法，扩大期刊的读者阵地和学术圈，从而提升期刊在国内国际的学术和社会影响力。

二　机遇和前景

（一）国家政策基金扶持

近年来，哲学社会科学面临着难得的发展机遇。2011 年 10 月，中共十七届六中全会通过了《关于深化文化体制改革推动社会主义文化大发展大繁荣若干重大问题的决定》，把繁荣发展哲学社会科学作为促进社会主义文化大发展大繁荣的重要任务。2012 年 11 月，中共十八大再次强调，要发展哲学社会科学，建设哲学社会科学创新体系。

为落实中共中央的战略部署，促进学术期刊办刊质量，推动哲学社会科学繁荣发展，国家社科基金自 2012 年起分两批对全国 200 种重点人文社科类学术期刊展开资助，每种每年资助 40 万元，资助总额达 8000 万元，用以解决长期困扰刊物的办刊经费不足问题。作为中国共产党新闻网的组成网站，由全国哲学社会科学规划办公室主办、人民网承办的全国哲学社会科学规划办公室网站（www. npopss-cn. gov. cn）专门开设有“资助学术期刊”栏目。由此可见，无论是从中共中央的重视程度、国家发展的战略规划、经费的支持力度，还是从哲学社会科学创新工程的推展来看，人文社科学术期刊都面临着前所未有的发展机遇。[5]

（二）数字技术日趋成熟

数字出版作为未来学术期刊发展的重要路径，技术支撑是其中的重要一环。就目前而言，能够有效辅助学术期刊数字化的技术，有以下几点值得借鉴。

1. 传感技术

传感技术是关于从自然信源获取信息，并对之进行处理（变换）和识别的一门多学科交叉的现代科学与工程技术，它涉及传感器（又称换能器）、信息处理和识别的规划设计、开发、制/建造、测试、应用及评价改进等活动。

在媒介融合过程中，传感技术发挥着从自然信源获取信息的感觉器官作用。借助矢量、图像、声音、视频的采集、识别与处理的传感组件，我们可以通过输入语音、图像、身体动作、手写、手势、笔记、音乐、绘画等方式与媒体进行交互，大大拓展了传播和接受信息的能力。

2. 多终端的显示技术

随着信息技术的发展，期刊内容传播的终端日趋丰富多样，除了传统的台式机、笔记本，还有各种平板电脑（iPad 等）、专业阅读器（kindle）、智能手机（苹果 iPhone、微软 Windows Phone 和各家厂商的 Android 手机等）、智能网络电视、室内触摸屏、户外显示屏、Google 眼镜、苹果手表以及最新出现的 AR（增强现实）三维图书等。期刊媒体应积极展开移动互联网战略布局，利用多终端显示技术和平台，实现期刊信息内容的多渠道传播，真正做到期刊信息随处可得，推进学术信息的人文化、科普化、社会化。

3. 互联网信息的交换与表现技术

HTML5 是服务于新媒体跨平台 Web 开发的技术，简单地说就是多媒体信息在各种平台交换与表现的技术。它可以增强网页的多媒体表现性能，支持网页端的 Audio、Video 等多媒体功能，增加浏览器绘图及特效特性，减少插件应用。

目前，HTML5 标准逐渐成熟，并为越来越多的浏览器厂商和平台所采用，普及程度越来越高，这给善于革新表现形式、设计创意的媒体带来福音。也就是说，原来期刊的内容在互联网上传播主要是静态的图文信息，如果是视频、音频、动画或者其他动态内容，就会因为未装插件等而无法显示或播放不流畅。现在有了 HTML5 标准，各种平台都可以规范统一，提供一致的内容表现支持，不用安装插件或脚本等，就能运行自如。这样，期刊媒体就可以放心采集和录制各种多媒体信息，把期刊做成多媒体期刊、3D 期刊，放在互联网上传播，增加读者阅读期刊、理解期刊的体验。

4. 信息智能处理技术

智能技术涉及语音识别、文本自动分类和聚类、信息检索和过滤、信息抽取、问答系统、拼音汉字转换系统、机器翻译、新信息检测等方面的自然语言处理技术，网络上出现的产品有讯飞语音输入与问答软件、谷歌问答、谷歌翻译、百度识图、谷歌眼镜、苹果手表等，这些技术和产品应用于媒体出版，将提升媒介人性化互动体验。

5. 通用的数据交换格式：XML

XML 是一种数据标记语言，或者说是一种内容存储格式，其优点是内容与显示分离，适应多平台出版。用 XML 存储的内容，可以方便在电脑、手机等多种平台、多个应用系统之间共享和交互。因此，出版内容通过 XML 可以实现一次制作多元出版。

（三）市场发展前景广阔

中国互联网信息中心（CNNIC）发布的《中国互联网络发展状况统计报告》显示，截至2014年6月，中国手机网民规模达5.27亿，较2013年底增加2699万人。手机上网的网民比例为83.4%，相比2013年底上升2.4个百分点，首次超越80.9%的传统PC上网比例，手机作为第一大上网终端设备的地位更加巩固。网民在手机电子商务类、休闲娱乐类、信息获取类、交流沟通类等应用的使用率都在快速增长，移动互联网带动了整体互联网各类应用的发展。[⑥]由此可以推断，学术期刊的移动阅读或将成为新的传播趋势且市场前景广阔。

三 路径和方法

基于现有的技术条件，人文社科学术期刊数字化发展已经进行了不少有益的探索。人文社科学术期刊自身所具备的人文性、开放性、综合性、学术性等特点，决定了其受众范围、出版时效和传播方式等因素有别于自然科学类学术期刊。结合上述特点，可以发现，近年来出现的几种基础性数字出版模式值得业界关注和探讨。

（一）域出版

2015年6月4日《中国新闻出版报》“数字时代周刊”刊登了《域出版：学术期刊的移动新阵地》的文章（系该文作者参加国家新闻出版广电总局教育培训中心首期全国书刊业融合新媒体发展经验研修班的调研成果），引起业界内外广泛关注。国务院发展研究中心信息网、中国经济网、中国日报网、中国新闻出版网、中国出版网、中国社会科学网、科学网、搜狐等30多家重要网站以网页、博客、微信等不同方式纷纷转载，中国新闻出版研究院的中国数字出版信息网更是冠以“头条要闻”推介，此后，人民网、全国哲学社会科学规划办公室网站又先后发布“域出版”的相关动态消息。

域出版的“立足三创新，锁定五要素，夯实二基石，打响一品牌”何以在短时间里引起如此大的反响？基于新一代互联网技术的域出版究竟是一种怎样的全新数字出版模式？

在数字出版中，期刊编辑部按学术规范处理完稿件后，根据稿件内容决定编入哪个专题栏目，这个专题栏目就是“域”，按“域”组织发布和出版传播数字论文，就是期刊的“域出版”。

对于期刊来说，优秀而有特色的栏目往往成为期刊的品牌并提升知名度。传统的以纸媒为前提的期刊栏目编排方式，存在栏目容量有限、栏目调整周期长、热点栏目缺失等弊端，难以适应新环境下学术发展的快速变化；编辑部花费大量精力打造的品牌栏目，难以对内容逐期积累，且无法借助现有数字出版模式进行推广传播，例如在传统互联网时期，适应于 PC 端的大型学术期刊数据库尽管对知识传播起到了一定的作用，但因其是按学科、以单篇文献形式汇编的，使得传统期刊的“独立性”被淹没在文献的海洋中（如整刊特色、编辑思想、专栏结构、编排风格以及各专栏之间的呼应对话均得不到很好体现），编辑失去了对刊物的主体地位，也使编辑工作者的作用不能充分体现和发挥。

域出版可以很好地解决上述问题，不仅可在 PC 端实现，还可在移动端实现，同时还能解决论文优先出版的问题。伴随人们已不可或缺地依赖智能手机来获取重要信息资源，基于移动终端的域出版模式将更会为用户所青睐。

域出版的另一大优势是，在兼容图片、音频、视频、论坛和授课等多媒体资源的基础上，通过“以智带栏”模式，依托移动互联网的社交手段，汇集学者、作者、读者、用户、大众就相关栏目与主题开展观点交流与碰撞，时刻产生动态的智慧思想并以各种丰富多彩的媒体形式呈现，可以充分凝聚人气并使学术传播的范围达到最大化。

域出版理念于 2015 年由中国领先的数字出版方案提供商超星集团首次提出。超星的学术期刊域出版方略，是基于其发现、百链、读秀等具有庞大用户基础的数字出版平台以及最新研制的“域出版平台”来实现的。超星的域出版平台为期刊编辑提供了全新的发展空间，编辑可以在这个平台上组织学术活动，可以利用平台丰富的信息资源进行研究、策划、组稿、编辑等。超星域出版在设计理念上兼顾了“00 后”“90 后”“80 后”年轻互联网用户的活力与热情，同时又不失对“70 后”“60 后”“50 后”学者深度思维的关注，创造性地解决了移动终端不适合学术出版的难题。

对于人文社科期刊，域出版能最大限度地满足作者按需投稿、精准投放、快速发表、专题跟踪以及了解论文发表进展和传播影响力等需求，满足编辑部对专题栏目的创建、扩容、内容逐期积累以及按需组稿、选稿、竞稿等，满足读者精准、快速获取文献资料以及对热点焦点专题的捕捉、跟踪、研究等，可以最大化增强刊物的传播优势和影响力，提高期刊的社会效益和经济效益。

（二）移动出版

网络通信技术的发展和智能手机的普及，使移动互联网时代真正来临。移动出版具备个性化、即时性及依赖性等特点，其未来趋势也必然是以个性化主导的实时出版、多终端同一的同步出版和多层次整合的增值出版。而这也更加符合人文社科学术期刊传播的内在要求，满足其个性化传播和受众多元等特点。

在移动环境下，读者喜欢能带来更好服务与体验的媒体，就像喜欢买 iPhone 而不愿买山寨机一样，他们会更喜欢在手机或 Pad 上看最新的学术报告和研究情报；迫切需要一篇论文时，随时在手机上搜到，并下载阅读。国际出版商会迎合读者的需求提供这样的体验，进而吸引更多的读者，尤其是中青年研究人员。我们迫切需要借助移动媒体快速提升读者的服务和体验。

国际知名学术期刊出版商 Nature、Science、Cell、美国国家科学院院刊（PNAS）、Elsevier 以及 Springer 先后推出专门针对 iPhone、iPod Touch、iPad、Android 平台的移动 APP，在网站升级了适合手机阅读的流式 Web 页面，用户可在任何地点访问并查阅各自平台上最新发表的论文和资讯。

移动出版通过改变学术文献固有的传播形态，在终端聚合大量读者群，不仅缩短了传播的时空距离，还有效增强了读者黏性，在大数据时代，搜集读者反馈的阅读信息能让编辑部掌握更多的主动权。

（三）碎片化出版

“碎片化”一词是描述当前中国社会传播语境的一种形象性的说法。所谓碎片化，英文为 fragmentation，原意为完整的东西破成诸多零块。我们也可将碎片化理解为一种多元化，而碎片化在传播本质上是整个社会碎片化或者说多元化的一个体现。如果让一个普通人描述自己十几年前的媒体接触方式，简单的几句话就可以描述清楚：白天看报纸，晚上看电视。但是今天，人们的生活被很多碎片化的内容切分，在信息传播进入网络时代以后，碎片化逐渐成为中国社会传播语境的一种形象性描述。[⑦]

对于人文社科学术期刊而言，内容碎片化出版能给予读者更好的阅读体验，提供更好的服务，最大限度地发挥知识的传播价值，扩大刊物影响力。

当然，内容的碎片化对期刊编辑部的选题策划、内容采集、审稿加工等出版流程也提出了新的要求。比如，在编辑期刊论文时，需要将论文的新概念、原理方法、核心观点、结论、判断推理、原因、结果、事实、数据、时间、地点等知识单元标记出来，并揭示其语义和内在关联，存储到数据库或结构化的文档中。出版的时候，要根据读者的兴趣和阅读方式，设计出版的版面和内容组合的方式（比如，向专家推荐“学科新概念”），并选择合适的媒体平台（比如微信公众号）推送给特定的读者。

（四）优先出版

优先出版（Online First）是一种以单篇论文为单位先于印刷出版在网上发表的期刊出版方式。在纸质印刷出版之前，编辑部将已确定录用的单篇或整期定稿，通过互联网进行数字出版。

国际上一些学术期刊出版了优先数字出版期刊，如 Nature 创办的 AOP（Advance Online Publication），Science 创办的 Express，Elsevier 创办的 InPress，Springer 创办的 Online First。在中国，优先出版也是近几年出现的，主要由一些传统的互联网出版厂商发起，在缓解学术期刊出版滞后方面起到了积极作用。在域出版模式出现前，优先出版可有效帮助学术文献加快出版速度。

（五）全媒体出版

“全媒体”出版强调多渠道的同步出版：期刊一方面以传统方式进行纸质出版，另一方面以网络期刊的形式通过互联网、手机、手持阅读器等终端数字设备进行同步出版。

全媒体出版的概念已不新鲜，但是目前的发展仍处于起步阶段，其中的问题，是如何推行全媒体出版，才能获得较好的社会效益和经济效益。

笔者认为，全媒体只是提供了多种媒体传播渠道和平台，但平台传播的内容能否赢得读者的欢迎和市场的认可，则要深度分析读者的需求和内容的本质。

第一，从内容的深度来观察，人文社科学术期刊发表的研究成果，传统的版面表现的只是图文形式的主要研究模型和结论，对研究的背景、过程、论据材料、合作研究情况、中间遇到的问题和障碍、交流研讨以及解决路径等论文之外的功夫难以充分表现。而这些内容对加深读者理解、培养新的研究者、引起学术讨论都很有必要，提供这些内容的出版一定会引起广大研究者和爱好者的兴趣。因此，基于研究过程的全媒体出版是值得提倡的出版模式。

第二，从内容的结构和层次来观察，与内容的碎片化相结合，也是推行全媒体出版的必要路径。

第三，既然是全媒体出版，不能仅限于传播渠道的多媒体化，还要在内容的表现形态上做文章。比如，研究过程可以拍摄视频，解释方法原理可以制作动画，方法模型的演化也可以制作动画来表现，如果是古物修复工艺，更可以拍摄高清视频，如果是语言研究，还可以制作语音比对校验分析的软件，等等。这些都可以成为发表成果的必要组成部分，享受版权保护。

第四，全媒体出版虽然强调多渠道的同步出版，但并不是说，多渠道都出版同样的内容，这需要根据传播渠道和受众的特点，设计不同的出版内容和媒体形态。例如，学术期刊的微信公众号，就不应该只是发布当期目录和链接，全文照搬一是篇幅限制，二是阅读体验也不好，而应该推荐发表当前最有创意、反映时代热点、能引起学者圈讨论的研究成果，并且编写提要、讨论要点，摘编重点段落和观点，以引导读者阅读，设置热点议题，召集学者圈，营造浓厚的学术交流氛围。这样可能会取得更好的效果，真正把学术微信号办成一个学者媒体。

四　综合探析

人文社科学术期刊担负着建设社会主义主流意识形态、提供治国理政方略的现实重任，肩负着继承和弘扬传统文化的历史使命，在移动互联网和社会化网络飞速发展的环境下，加快人文社科学术期刊数字化、网络化、移动化，积极构建媒介融合新模式，增强学术期刊网络影响力和网络话语权，对传播中华优秀思想文化内涵、建设网络学术话语场和网络学术共同体、提升中国学术软实力具有战略意义。

英国《经济学人》杂志的出版模式是一个很值得研究的案例。2002 年，经济学人集团的营业额达到 2.27 亿英镑，赢利 1500 万英镑，其收入约一半来自读者订阅。该杂志主要是一本知识性杂志，关注政治和商业方面的新闻，每期也有一两篇针对科技和艺术的报道，以及一些书评。除常规的新闻之外，每两周《经济学人》还会就一个特定地区或领域进行深入报道。但是，《经济学人》读者定位为高收入、富有独立见解和批判精神的社会精英，这样的定位和阅读群体，不正是人文社科学术期刊希望挖掘的读者群体吗？如果说，学术研究成果能够像《经济学人》杂志那样报道，那样风趣、生动、活泼，就会吸引大量高端读者关注和讨论。为什么不呢？

我们打开经济学人网站，分析其栏目设计：World Politics（世界政治）、Business & Finance（商业与金融）、Economics（经济）、Science &

Technology（科技）、Culture（文化）、Blogs（博客）、Debate（辩论）、Multimedia（多媒体）、Print Edition（印刷版）。上述栏目中，“辩论”栏目对我们办刊很有启发意义。

“辩论”栏目会围绕热点设置一个议题，例如，私有化——现在是政府发起新一轮私有化的时机吗（Privatisation—Is it time for governments to launch a new wave of privatisations）？正方和反方在网站上分庭对峙，分立旗主，各摆观点和论据，互相切磋和辩驳。学人可以支持其中一方，并投赞成票。一段时间后，根据学人投票结果，会分出胜负。如“私有化”这个话题，反方支持率达到52%，网站就显示反方胜。

这样的方式，会赢得众多学人的欢迎，真正建立起网络学术空间。但这种效果，纸质期刊是无法达到的，只能充分借助现代网络平台、移动媒介发起这样的活动，并建构出一种独特的网络学术共同体和话语场。由上观之，科技融合媒体，创新改变生态，是人文社科学术期刊实现转型发展的根本途径。

---

①中华人民共和国新闻出版总署：《新闻出版业“十二五”时期发展规划》，2011年4月20日，http：//www. gov. cn/gongbao/content/2011/content_ 1987387. htm

②国家新闻出版广电总局规划发展司：《2013年全国新闻出版业基本情况》，2014年8月12日，http：//www. gapp. gov. cn/govpublic/80/795. shtml

③“信息素养”，百度百科，http：//baike. baidu. com/view/51446. htm

④张耀铭：《中国社科学术期刊的困境与出路》，《现代出版》2011年第5期。

⑤李文珍、曾江：《中国人文社科期刊面临前所未有的发展机遇》，《中国社会科学报》2012年9月17日。

⑥中国互联网络信息中心：《中国互联网络发展状况统计报告》，2014年7月21日，http：//www. cnnic. net. cn/gywm/xwzx/rdxw/2014/201407/t20140721_ 47439. htm

⑦“碎片化”，百度百科，http：//baike. baidu. com/view/1580892. htm

作者汪新红，北京超星集团副总经理。北京　100085

中国学术期刊出版模式的变革

——中文学术期刊“在线优先出版”及其进程

徐 枫 郭 沁

[提 要] 数字时代，以单篇论文为发表模式的“在线优先出版”作为学术期刊互联网出版的创新形式，被业界誉为“出版模式的革命”。中国学术期刊积极尝试数字时代创新性出版模式，2009 年 3 月，首个中国自主性“在线优先出版”平台在《浙江大学学报》（人文社会科学版）网站建立；2011 年前后，中国知网、万方数据等“优先出版”平台先后建立；2013 年后，中国学术期刊优先数字出版发文量呈快速增长态势。优先数字出版改变了传统出版流程，创建了符合数字出版模式的新业务体系，开启了中文学术期刊原创数字出版的新纪元，合力推动着中国期刊数字化进程。

[关键词] 学术期刊 传统出版 在线优先出版 《浙江大学学报》 出版模式变革

一 学术期刊“在线优先出版”产生的背景

数字时代，绿色出版、开放获取（Open Access）、数字对象标志符（DOI）、开放全球科学家与学者的学术身份证（ORCID）、期刊单篇论文的“在线优先出版”（Online First）、若干论文集中后的“在线提前出版”、稿件管理系统（EMS）、按需印刷、移动化传播（互联网点对点传播、网对网发行业态）等影响越来越大，微博、微信、博客、评论、社交、推荐等组合成的社交与人机交互多功能媒体等“新功能化”趋势越来越明显。在这场出版转型的变革中，传统期刊人应抓住机遇，积极应对移动互联网带来的挑战，改变旧有的办刊思维模式，建立新的移动互联网思维；要深入了解当下产品传播方式及读者检索和阅读习惯变化带来的新挑战，了解期刊出版将会越来越多地呈现在移动产品中、期刊人正面临期刊出版新功能化的大势，积极尝试移动互联网时代学术出版的创新形式。

近年来盛行海内外的以单篇论文为出版模式的“在线优先出版”，就是一种基于学术期刊互联网思维的创新形式，并被业界誉为学术期刊“出版模式的革命”。

在线优先出版是基于互联网的普及和读者阅读习惯变化而产生的一种全新数字出版模式，其产生的背景主要有如下几个方面。

其一，互联网技术的高度发展，为学术期刊数字化转型和创新提供了技术支撑和观念变革等条件。当今社会，移动互联网作为一种技术和工具已经渗透到各行各业，犹如公路和电网遍布各地，成为现代社会不可或缺的基础设施之一。数字技术和互联网技术已经打通了传统出版业、传媒业、影视业、IT 业的边界，融合多种传统产业的“数字内容产业”由此应运而生，给传统出版带来了从内容到消费观念乃至产业形态等方面的变革。当今海内外期刊界数字出版领域的在线优先出版、DOI 数字识别系统等一系列技术的使用，正是基于互联网思维创新出版方式的新尝试，使学术期刊更易传播，更符合读者阅读习惯，更便于接轨国际。同时，平板电脑 APP、微信微博、手机出版、二维码等一系列数字化出版产品及其碎片化衍生，则延伸着期刊的内容和优势，不断创造着新客户，提升着期刊的核心竞争力。

其二，数字时代信息大增，学术期刊的传播方式已经发生巨大变化，读者的阅读环境也随之发生变化，迫切需要期刊出版建立符合现代读者阅读需求的新出版模式。当今人们阅读学术论文的数量在增加，但百分比则呈下降趋势，图书馆期刊阅览室的读者正日趋减少；为提高单位时间效率，读者会更多地通过网络检索，输入关键词，在线查找。学者看论文也不再是一期期看，一期期整本下载，更多的是主题检索，一篇篇看，一篇篇单独下载，还可将下载后的论文按类建起个人在线图书馆。[①]由此产生一个新的契机：网上平台。与之相应，纸本发行也在日益缩减，取而代之的是网上销售。海内外很多出版商都有这样的共识：纸本期刊所占份额逐渐下降已是不争的事实，虽然纸本期刊依然存在；造成纸本下降的原因并非传统期刊出现了问题，而是传播环境发生了巨变，读者阅读习惯发生了变化。

总之，在互联网已俨然成为传统产业的今天，网络信息快速易取的特点，使学术期刊的读者对抓取最新信息有了更高的时效性要求，尤其在科技期刊领域，半年刊、季刊、双月刊已滞后太多，不少期刊纷纷缩短出版周期：月刊、半月刊甚至旬刊、周刊纷纷涌现。这些改变体现了学术出版追踪学术前沿并努力为读者服务的办刊理念，但类似整卷本按期定时出版的模式，依然是基于传统印刷出版固定模式的行为，依然没有跳出期刊出版的旧有模式。

当传播介质、传播载体、传播渠道发生变化时，传播模式必然会发生相应的甚至革命性的变化。移动互联网时代，学术期刊读者群阅读习惯的改变，迫切需要学术出版人跳出传统出版思维模式，创建对接网络、符合学者单篇无障碍阅读、下载快速而又专注的新出版模式，“在线优先出版”的出现，无疑顺应了互联网时代读者的新需求。[2]

其三，传统学术期刊出版周期长，影响学术期刊竞争力。相比传统出版，移动互联网通过把人和网络实时链接，拥有比传统出版更快的加速度，更低的参与成本，这些变化都是数量级的。我们可以比较一下移动互联网与传统出版流程，就会发现传统出版存在如下局限：（1）出版门槛高，流程多，时滞长。按传统出版流程，一篇学术论文在完成编辑部三审及同行审稿等流程，经作者修改后，并不能进入编校流程，而需等同期次的二十几篇文章都完成审稿修改，在双月刊或季刊等既定出版周期前的若干时间，整期论文“齐清定”后，才能进入排版流程；即使论文顺利付梓，还得花十天半月时间用于印刷、装订；然后印本还得通过邮路发行到全国各地，图书馆、资料室等机构用户收到后还需整理上架。由此，一本期刊从提交排版到读者手中，过程往往要个把月时间。而稿件积压较多的期刊，在论文审稿修改完后，等一年再排版付梓也很平常。（2）离用户太远，不够便携；期刊无法直接拿到用户数据，论文缺乏自由传播属性；单向交流，编读写互动性弱。纸本期刊自然有其阅读舒适性等优势，但不可避免地存在如上局限。

而优先出版以读者为本，内容与印刷版完全相同，论文编校后即刻在线出版，以“短频快”的互联网思维假以移动互联网技术，改变了传统出版时滞的局限，并可通过手机、网络、微博微信等，不限时地，不限数量，随时随地提供读者阅读和下载、复制和存档、互动和交流。优先出版模式不仅改变了传统印刷出版流程，也完全改变了现有数字传播的流程和时滞。

其四，国际出版界优先数字出版风起云涌，不少期刊印刷版不再发表论文全文，从而以快捷出版之优势纷纷与国内期刊争夺优质稿源。当今社会，学术论文的优先数字出版已成为国际出版大趋势，基于互联网思维的其他创新性举措也频频出现，不少国际期刊在网上在线优先出版全文，但印刷版则仅提供目录、摘要、关键词，或仅提供微论文、长概要、第一页内容，或仅提供若干重要论文全文。如 *British Medical Journal*（《英国医学杂志》），网上全文在线出版，印刷版仅提供微论文（即 1 页特别撰写的概述）；*Proceedings of the National Academy of Sciences*（《美国科学院院报》）印刷本仅提供目录、论文摘要和若干重要论文的全文；*South African Family Practice* 杂志（《南非家庭实践》）印刷本只提供论文的摘要；*Journal of Bone & Joint Surgery*（《骨关节外科杂志》）印刷本只提供第一页内容及快速识别 QR 码，手机扫描即可获得在线优先出版全文；ACS（美国化学协会）的印刷本只提供简单的内容介绍，更多内容在网上呈现。[③]国际上纯网络在线优先出版的期刊越来越多，且形式多样，其学术地位也已被学界认可。Springer、Elsevier 等大型出版商及 *Nature*、*Science* 等著名学术期刊也都纷纷创办了“优先数字出版期刊”，并分别以 In Press、Online First、AOP（Advance Online Publication）、Express 等命名。

长期以来，国际著名出版商通过合作及版权合同获得不少中国高水平科技论文。对中国而言，政府出钱产出学术论文，又由政府出钱从国外购买这些论文让国内学者阅读的学术信息不平等循环，正在日益加剧。如今，这种学术信息恶性循环的“斯蒂格利茨怪圈”正在通过优先数字出版等数字化创新形式增强其对优质稿源的竞争力，无疑会给国内期刊造成新的压力，加剧中国学术信息不平等循环危机。为打破国外出版商为获取丰厚经济回报而对学术信息资源进行的垄断，中国学术期刊界应尽快学习新的数字出版技术，在努力提升期刊内容质量的同时，运用先进的出版理念和优先出版技术接轨互联网，缩短期刊的出版时滞，保证中国学术期刊的核心竞争力。

二 “在线优先出版”及其定义

1. 学术期刊“在线优先出版”定义

“在线优先出版”，是指具有出版资质的部门或机构，以被编辑部录用并定稿的稿件为出版内容，先于印刷版期刊出版日期在线出版的、以单篇论文为发表模式的数字出版形态。在线优先出版期刊作为一种学术类移动互联网的正式出版物，具有三个不可或缺的要素。一是与印刷期刊一样，有主办单位、出版单位和编辑者等各项基本办刊要素，有印刷或电子出版的国际ISSN号或国内CN号，也即在线优先出版单位应是具有国家批准的具有印刷或网络出版资质的编辑出版机构，所从事的是正式的出版行为，与各类自媒体出版行为完全不同。二是编辑、审稿、管理及出版流程严格而且规范。在线优先出版的所有论文都是经过编辑部严格的审稿程序，或传统的三审制或同行专家审稿制审阅通过，经作者修改后定稿待发的论文，并且经编辑部严格的查重、编校和审读等流程，与“先发后审”或“来稿直发”等模式完全不同。出版内容源于出版者拟正式印刷出版的论文，且与待印刷出版的论文完全一致，如有修改须出勘误。但排版方式或字体大小等外在形式可不同于印刷版，编辑者可根据不同媒体形态灵活设置和调整，便于手机移动版、平板电脑、微博、微信等不同平台的有效传播。三是以单篇论文为单位先于印刷版直接在线出版，以“短频快”为特色。在线优先出版论文与一般数字出版物的很大不同即在于先于印刷版单篇快捷出版。因此，它没有连续的卷数、期数和整期的连续页码；即使多篇文章编校后同步上传，各文章间也不设连续页码，而是直接以单篇论文的形式对接期刊互联网平台在线发表；没有发表周期和时限规定，不受卷期影响，不必凑齐整期论文后一起发表，而是成熟一篇编校一篇，编校一篇出版一篇，以此区别于有卷期和整期连续页码的、以整期论文提前出版为特色的“在线提前出版”模式。

在线优先出版以单篇论文为发表模式，省略了传统印刷出版漫长排队等待的时间，以及印刷时间、产品运输时间，图书馆登记、编目、上架时间，一般比印刷出版物提前3~6个月。它不择时地、迅捷快速的特色，使得论文可以第一时间在学术期刊自己网站原创发表，或纳入相关数据机构的知识服务平台资源库，成为移动互联网论文搜索领域最前沿也是最具特色的新信息。在线优先出版不仅节约了大量出版时间，缩短了学术论文的传播时滞，并且通过移动互联网和DOI链接等数字化技术，加快了作者成果在海内外获得认可的速度，提升了读者及时获取最新信息的时效性，也为中国创新性成果在第一时间得到世界公认提供了便利。

2. 学术期刊的“在线提前出版”

与以单篇论文为发表模式的“在线优先出版”不同的另一种出版模式，是学术期刊的“在线提前出版”。所谓在线提前出版，是指以印刷版期刊已录用的稿件为出版内容，先于印刷版期刊出版日期出版的、集齐整期或若干篇论文后一起在线发表的数字出版形态。在线提前出版与在线优先出版的最根本区别在于它不是以单篇论文为单位发表的。一般而言，在线提前出版与普通印刷版期刊在出版模式方面的区别，主要在于是否网络出版及出版时间的提前，除了载体及时滞不同外，在出版流程、出版物编排形式等方面与印刷版相比变化并不大。比如，在线提前出版依然有卷期、目录、连续页码，依然需要凑齐十几、二十几篇论文后整期一起编校排版，依然需要按传统的“齐清定”原则处理稿件，依然需要集多篇论文为一整期后统一办理签发流程。由于出版流程和编排形式未有创新性改变，因而在论文出版时滞上明显低于单篇论文直接上线、直接对应网络出版的模式，但在线提前出版与印刷出版相比依然有一定的提前量，因此，这类出版模式可以说是整期印刷本期刊的提前本。当然，篇目内容可以与印刷本相同，也可以有所变化。所以，在线提前出版在形式上虽然已经是一本网络期刊，但除了载体和提前量，在出版模式上并没有突破性改变。

目前业界对在线优先出版与在线提前出版的区分有多种表述，有的似未加区分，两者统为一谈。如万方数据优先出版平台对数字化“优先出版”的定义为：“优先出版是指在符合国家出版政策法规的前提下，将编辑部录用并定稿的稿件，于正式印刷之前，在具备网络出版资质的数字出版平台上提前发布。只有满足了这三点要求的数字出版业务，才能称之为‘优先出版’。”[④]中国知网在《学术期刊优先数字出版介绍》一文中，对“优先出版”的定义为：“学术期刊优先数字出版，也称 Online First，是指以互联网、手机等数字出版方式提前出版印刷版期刊的内容。”[⑤]该文似未区分两者。其实无论如何划分，都无法忽视两者间的本质区别。事实上，中国知网在阐释“在线优先出版”概念时，也还是明确把单篇出版与整期发表分别归入数字优先出版模式下两种不同形态。如中国知网《学术期刊优先数字出版介绍》在言及优先出版内容与形式时指出：“优先数字出版期刊的出版内容是期刊编辑部录用的单篇定稿和整期定稿。单篇定稿是由经期刊编辑部按编辑流程规范审定的单篇稿件，整期定稿与期刊印刷版内容一致，由期刊编辑部确定与印刷版一致的年卷期和页码编号。”中国知网在 2012 年 5 月 5 日发布“学术期刊优先数字出版平台已正式启动”通告时，进一步明示该平台是“以‘单篇定稿出版’和‘整期定稿出版’两种方式进行学术期刊优先数字出版”的。[⑥]这样的区分便于统合多个优先数字出版的不同形式。但把单篇定稿出版与整期定稿出版一并归入“指以互联网、手机等数字出版方式提前出版印刷版期刊的内容”也即优先数字出版，表述有不明晰之处，因为“单篇定稿出版”是指单篇“论文的内容”，而非整本“期刊的内容”。

一般而言，国际上所说的 Online First 更多是指以单篇论文为发表模式的数字出版形态；虽然不少编辑部为了操作方便，会一次性将多篇论文集中后再上传到国际出版商提供的优先出版网站，但这些论文上传过程及上传后呈现的状态依然是单篇形式，不是整期连续页码，没有目录或卷期号，不是整本期刊的提前出版物，读者也以单篇论文的形式完成下载。

三　国际学术期刊“在线优先出版”新举措

移动互联网时代，传统期刊论文发表的长时滞，已越来越不被作者和读者接受。在 PC 时代，期刊人或许还可以慢慢地、按部就班地去完成一个个既定的出版流程，按固定的“齐清定”模式一期期去做。但在移动互联网时代，面对扑面而来的各种新技术，迫切需要期刊人建立互联网思维，基于用户为本的理念，为学者提供更多优质服务。

当今世界，以简洁高效、快速迭代、缩短时滞为特点的互联网时代期刊出版“短频快”思维正大行其道，国际期刊界的在线优先出版、在线提前出版模式的出现，为读者发表论文、阅读文献提供了不同的选择和体验。除了印刷版不再发表全文而以网络优先在线发表论文全文的绿色出版新形式，国际优先出版模式也呈现出多种不同形式。

一是“来稿直发”或曰“先发后审”优先数字出版模式，即以单篇论文为发表模式，编辑部在收到作者投稿的当天或几个工作日就上网发表，论文质量在发表后交由读者评判。该模式于 2010 年前后在国际期刊界出现，意在向作者提供更快更新颖的出版流程，所有来稿，只要技术无错，逻辑合理，马上单篇在线发表，好坏由读者或学术共同体在网上即时评论，质量完全基于单篇论文的引用、下载情况以及读者在线评论等形式进行评价；这些论文发表后，可长期在线提供下载，评价也基于单篇论文本身而非传统的整本期刊。当然，这类基于开放获取的全新出版模式往往向作者收取不菲的在线发表费，比一般期刊费用更高。美国物理学会旗下的期刊于 2011 年即采用该模式，并受到热烈追捧。[7]

二是在线优先出版模式，即内容与印刷本完全相同，审稿质量把关规则与纸本期刊相同，须经编辑部严格三审或同行审稿录用后，单篇编校，即刻上网；不凑期数，无页码和出版周期限制，免印刷邮寄，流程短。当普通期刊论文通过审稿尚待编辑部安排期数或确定期数后等待印刷出版周期时，优先出版论文已经第一时间上网出版，读者对论文的需求及时得到满足，作者的发表意愿也很快达成。在线优先出版对论文的评审把关与传统期刊一样严格。如浙大社科学报 1997 年开始实行严格的同行专家双向匿名审稿制，该刊发表的所有优先数字出版论文与印本论文一样须经编辑部严格三审外加两次同行专家严格的双向匿名审稿，且采用“内稿外审”和“回避制”；进入匿名评审前和发表前往往需要做两次查重工作，避免可能的学术不端。在线优先出版模式对学术论文质量进行的严格遴选、把关和编校，有利于读者在数字时代超海量的信息中直接阅读到经同行筛选的有价值的文献，起到甄别信息、节约时间和精力的作用，使学者的科研工作更有成效。

三是“在线提前出版”模式，即三审后，同样不必再等双月、单月的出版周期，不必送印刷厂印刷装订，但依然要齐集好若干论文统一编校，是学术期刊印刷版的提前版，是将下期待出的纸本期刊先行在网上发表和传播；与优先出版最大的区别在于非单篇论文为发表模式，而是整期论文的提前出版。该模式节约了印刷装订时间和等待出版周期的时间，比传统出版时滞快，但比单篇论文为发表模式的在线优先出版时滞长。

上述各种创新性出版模式中，以单篇论文为发表模式的在线优先出版无疑最具竞争力。相比“来稿直发”模式，它在保证论文质量的同时又有效缩短了发表时滞，是移动互联网时代值得读者信赖的学术产品。“先发后审”模式虽然在时效性方面受到追捧，对科学研究而言有较好的快速传播和推进作用，但无法否认，同行评议是保证科学研究公正性、权威性、前沿性的必要过程。“来稿直发”“先发后审”模式来者不拒，一般不对论文质量、抄袭与否等做任何评估，因而与同行评审的优先数字出版期刊有着有本质区别，目前而言，显然难以完全取代传统的具有专业评审功能的出版模式，读者阅读这类论文时也会更慎重些。事实也如此，现如今虽有不少网络自媒体和“先发后审”等“来稿直发”模式，但学者依然会把精心写作的论文交给严格评审把关的期刊编辑出版。

可见，与传统出版相比，在线优先出版不仅有效缩短了学术论文的出版时滞，符合数字时代学者期望获得最快、最新学术信息的需求，而且与数字时代读者网络的主题阅读及单篇下载的习惯一致，因而，以单篇论文为发表模式的在线优先出版及其出版平台，无疑是一个全新的具有革命意义的出版模式，一个完全对接互联网的面向未来的出版模式。它作为学术期刊数字化未来的一个革命性节点，将与印刷出版、在线提前出版等形式一并嘉惠学林。

四　中文学术期刊“在线优先出版”进程

在线优先出版最早出现在国外期刊界。早在2009年前后，世界权威期刊如*Cell*（《细胞》）、*Science*（《科学》）、*Nature*（《自然》）和*The New England Journal of Medicine*（《新英格兰医学杂志》）等均先后采用了以单篇论文为发表模式的在线优先出版；今天，学术期刊在线优先出版早已成为期刊出版的大势。放眼世界，越来越多的国际期刊已经开始通过纯数字平台出版期刊，学界也已纷纷认可这些期刊所发表的论文及其评价作用。Nature、Elsevier等著名出版商麾下就集聚了大量学术期刊纷纷加入其优先出版平台，如Nature的AOP（Advance Online Publication）、Science的Express、Springer的Online First、Elsevier的In Press等。

1. 中国英文期刊“借船出海”，通过国际出版商平台实现论文优先出版

在线优先出版在中国的发展相对滞后，2009年之前，中国仅有很少的与国际出版商合作的英文期刊通过向合作方提交编校好的单篇或多篇论文的形式，在国际出版商的网络平台发布优先出版论文。如浙大期刊中心的5家英文期刊均先后在国外出版商的网络平台实现了在线优先出版。其中浙大学报英文版A辑早在2008年前后即在Springer出版集团的网站实现了在线优先出版；《世界儿科杂志》2005年创刊，2007年被SCI收录，2009年与Springer出版集团合作，开始了在Spinger Link平台上发表在线优先出版论文，每年不定期选择部分论文以单篇形式集中上传；*Hepatobiliary & Pancreatic Diseases International*（《国际肝胆胰疾病杂志》）早在2004年即建立了网站并实现全文开放获取，2007年被SCI收录，2010年与Elsevier出版集团合作，并在Elsevier平台上实现学术论文的在线优先出版。

与国际出版商合作的中国英文期刊基本按国际出版商的规定动作提交优先出版论文，一些编辑部的整个编校出版流程变化不多，往往仅将部分提前编校好的论文不定期提交国际出版商的网络平台。不少与国际出版商合作的英文期刊并没有在自己的期刊网站建立起在线优先出版平台，也没有将优先出版作为期刊本身主动的、独立的网络出版活动来经营，这一情形与目前大量中文期刊通过向中国知网或万方数据的优先出版平台提交论文类似。不仅如此，2009年前后，即使是“借船出海”，在国际网络平台实现优先出版的中国英文期刊数量也非常少。直到 2011 年初，研究者在 Springer 官方网站查到的与 Springer 合作的 88 种中国英文科技期刊中，也仅有“23 种期刊实现了 Online First”。同年，与 Elsevier 集团合作的中国英文版期刊大约有 45 种，但实现 Articles in Press 的仅有 1 种。“对内地数据库（如中国知网、万方等）调研后发现，到目前为止，这些数据库均没有提供在线优先出版平台，与国外相比有一定的差距。”⑧

2. 中文学术期刊“在线优先出版”最早在高校学报启动

中国中文期刊最早采用优先出版的是高校社科学报。早在 2009 年前后，有两家高校自然科学学报在中国知网首页界面开通“绿色通道”，也即每期印刷论文出版后，被知网先行将整期论文的 PDF 上传到知网平台，比非“绿色通道”刊物上传时间有较大的提前量。这是因为大型数据库合作刊物多，各刊提交已发论文数据后，知网无法第一时间集中上线，需排队等待，客观造成知网数据库平台论文传播时间比印刷版滞后很多。但这些进入“绿色通道”即时上线得以传播的学报并非在线提前出版期刊，其传播时间一般也滞后于印刷版。

中文期刊的在线提前出版和在线优先出版正式出现于 2009 年 2 月和 3 月。《浙江大学学报》（人文社会科学版）早在 2008 年 11 月即开始了优先数字出版的前期准备工作，在自己网站开辟了学术期刊在线优先出版平台，2009 年 2 月，尝试发布了首期在线提前出版期刊。但在线提前出版模式显然不如以单篇论文为发表模式的在线优先出版更快捷便利、更能充分对接移动互联网并体现网络出版的快捷效应。于是，浙大社科学报在尝试了一期在线提前出版后，即于 2009 年 3 月正式推出了中国期刊史上首篇以单篇论文为发表模式的中文在线优先出版论文。至 2014 年 9 月 11 日，浙大社科学报已在线优先出版、在线提前出版论文 611 篇，所有定稿论文 100% 优先数字出版；5 年多来，已有 20 个国家和地区的 60 多位海外著名学者在该刊网站发表单篇在线优先出版论文（95% 以上为终身教授或院士）；15 位国际著名院士或终身教授担任了该刊优先出版栏目主持人；60 多个国家和地区的独立 IP 地址访问了该刊网站。其中 2010 年至 2013 年 9 月，优先出版论文 388 篇，摘要和全文下载量逾 48.2 万次。

在中国学术期刊史上，浙大社科学报的在线优先出版尝试或许是值得记录的一个事件。尽管当时这个编辑部自创的平台还十分粗糙简单，在功能和界面上也远远无法与当时很多专业制作的学术期刊网站媲美，但其网络出版数字化的意义已然初显，并体现在如下两个方面：开始了中国最早的中文单篇论文优先数字出版的全新尝试，一种区别于单纯传播活动的、趋于真正意义上的网络原创的出版行为；依托具有网络出版资质的浙江大学出版社（浙大社科学报的出版者），建立了中国期刊史上首个自主性的中文在线优先出版平台，并成为中国中文期刊网络优先出版活动的先行者。

在线优先出版会使一篇论文面临网络和纸本两种不同的发表时间，以及网络和印刷等多种不同的出版载体和形式。同一篇论文很容易被混淆成两篇不同的论文，并给读者阅读和引用以及数据库的识别带来混乱。为避免类似问题出现，DOI 作为数字内容永久且唯一的标识符，在在线优先出版中可发挥较好的识别作用。中国第一篇中文在线优先出版论文一开始就有规范的 DOI 标识，得益于浙大社科学报早在 2008 年 2 月即采用 DOI 来标识论文。翻检浙大社科学报 2009 年 3 月迄今出版的所有单篇在线优先出版论文，其首页左上角均标有 DOI 号，同时，每篇论文首页页下注明该文的收稿时间、在线优先出版时间，以与纸本出版时间加以区分，明示读者，避免混淆。

3. 数据库平台助推学术期刊“在线优先出版”进程

高校期刊率先建立的自主性在线优先出版平台，在推动中国学术期刊的网络出版转型方面发挥了重要作用。但在数字化的今天，这样的平台只是一艘小舢板，中国学术期刊的数字化转型无疑需要类似 Springer Link 这样大型的、可集纳全国千余家期刊发布优先出版论文的数字出版航母，带动整个学术期刊的数字化转型。

2010 年 12 月 15 日，中国知网“学术期刊优先数字出版集中标引发布中心”开始投入运行，经过六次 1800 位期刊人参与培训学习和试用，2011 年初，中国知网优先出版平台陆续开始上传论文，《北京大学学报》（自然科学版）等期刊也由此开始借助知网平台发布原创性优先数字出版论文。2012 年春，万方数据“优先出版知识服务平台”也投入运行。这两艘优先数字出版航母集纳了全国无数学术期刊自行上传在线优先出版、提前出版论文，聚沙成塔，成就了中国学术期刊原创数字出版之规模。由此，中国学术期刊形成了小船与航母并行数字出版蓝海的宏伟景观。

大型数据库在线优先出版平台的建立，有效推进了中国学术期刊在线优先出版进程，并在一定程度上促进了学术期刊的数字化转型。大量散在的单个编辑部此前或限于人力和技术，或限于信息和理念，未能步入学术期刊优先出版行列的，均可依托和借力这样的平台实现单篇论文或整本期刊的在线优先出版、提前出版。

期刊集群和大型数据库是未来数字平台发展的主体，但有了大型优先数字出版平台，是否就要放弃期刊自身的小平台？笔者认为，有条件的学术期刊可以既拥有自己的优先出版小平台，并同步借力大平台，扩大传播面，也要为自身未来的转型做好未雨绸缪准备，保存未来发展先机。未来的数字世界不会也不能是几家独大的平台垄断所有学术资源，学术期刊的发展需要丰富的平台，百家争鸣的局面；需要不同平台千帆竞流，优胜劣汰，更好地繁荣中国的社会文化和科研事业。所以，我们的顶层设计不仅要大力扶持学术期刊集群的数字化，也应鼓励有实力和品牌的学术期刊社的数字化尝试。

五　中文学术期刊“在线优先出版”的现状与特点

在线优先出版作为期刊数字化的创新性举措，自 2009 年 3 月在中国中文期刊中正式出现，迄今已近六个年头。从开始的单个期刊尝试，到大型数据库平台跟进，带动越来越多的学术期刊加入优先数字出版行列。迄今，究竟有多少种学术期刊正在尝试在线优先出版或在线提前出版，试以中国学术文献网络出版总库“优先出版期刊导航”所提供的数据，做一简单分析。[⑨]

中国知网优先数字出版平台是中国最早建立的大型集群化优先出版平台。知网“优先出版期刊导航”显示，截至 2014 年 9 月 6 日，共有 2203 种学术期刊加入该平台，其中自然科学期刊 1514 种，社科期刊 689 种。2203 种期刊中，真正持续做优先出版的期刊（包括每期仅上传三五篇文章的期刊）有七八百种，余下的一千多种大多是在知网推荐平台产品或举办培训班时签订了合同或开通了优先数字出版测试账号，并未真正实施优先出版。这些期刊的优先出版专区内容空白，仅呈现传统纸本现刊、过刊的整期 PDF 版，也有的仅留几篇开通账户进行测试时上传的文章样本。万方数据 2012 年春开始建成优先出版平台，[⑩]目前已有 50 多家期刊先后在其平台上传优先数字出版论文。总体估算，截至 2014 年 9 月，全国正式做优先出版的期刊有八九百种，占全国 5000 多种理论性学术期刊的 1/6 左右。

虽然真正实施在线优先出版期刊的数量与开通账号数不尽同步，但优先数字出版在中国的整体发展呈现日趋增长态势，形势喜人。仍以中国知网为例，不少获得优先出版账户的期刊经过两三年的沉寂期，于 2013 年后纷纷启动优先数字出版工作。浙大期刊中心 4 种自然科学中文学报中，就有 3 种是2013年、2014年启动的；最早与知网签订优先出版合同的《山西建筑》《中国医学影像学杂志》《济南大学学报》（自然科学版）等10种期刊中，已采用优先出版的5种期刊启动时间也为2013年、2014年。与此相应，优先出版论文数量在2013年后也开始成倍递增，并持续快速增长，数据表明，截至2014年9月11日，知网优先出版论文总量已达30多万篇，其中2010年798篇；2011年20660篇；2012年36947篇；2013年跃升到107455篇，近乎2011年的5倍；到了2014年，仅9个月时间优先出版论文数已逾14.43万篇，年度优先出版论文可望超过知网历年优先出版论文数量的总和。优先数字出版论文数的增加，一方面得益于启动优先出版模式的编辑部增加，另一方面，不少过去每期仅上传两三篇论文的期刊，2013年以来优先出版工作逐步趋于正规，单篇上传论文数量明显提升。

以教育部名刊工程31种期刊为例，知网“优先出版期刊导航”显示，截至2014年1月，已有9种先后开通优先数字出版测试账户，但真正做优先出版的仅有《浙江大学学报》（人文社科版），该刊除了2009年2月在自己网站做在线优先出版、提前出版外，2011年1月始借力知网大平台同步上传所有已定稿的单篇论文。到2014年5月，清华学报开始了优先数字出版尝试，已上传论文8篇。目前，自然科学期刊在不同的数据库平台或自己网站做优先出版的相对较多，社科期刊数量较少，但随着数字化的发展，教育部名刊工程入选期刊的情况正在改变。2013年以来，中国人民大学、北京大学、北京师范大学及复旦大学等高校社科名刊纷纷开始建立自己独立域名的网站，尝试采用数字化采编平台。相信各类独具特色的在线优先出版平台也会在高校社科名刊中呈现。

中国的在线优先出版、提前出版早在2009年2月就正式出现，但直到2013年才得到快速发展，究其原因，一是当时期刊人的办刊理念还滞留于传统印刷版时代，过多担心优先出版会影响纸本期刊发行收入，未与时俱进；二是研究的缺失和宣传不到位，使期刊界未能厘清和区分优先数字出版与传统PDF网络传播的界限；三是政策未及时跟进，迄今优先数字出版论文依然难被有关部门认可，延误了期刊数字化转型的进程。

目前，中国学术期刊优先数字出版大体呈现如下两种状态：一是在自己网站或平台做优先出版，同步上传大型数字平台；二是仅借力中国知网或万方数据等大型优先数字出版平台。目前中国大部分做优先数字出版的期刊更多依凭的是国内外大型平台实现单篇或整期论文的优先出版、提前出版，通过自己独立域名网站做优先出版尤其对定稿论文百分之百予以优先出版的期刊依然很少，原因有二：一是没有独立域名的网站，只能借力大平台；二是很多期刊与数据机构签订了独家合同，这些格式化合同往往会事先拟定甲方在其他平台只能上传摘要、关键词等元数据。截至 2014 年 9 月，与中国知网签订独家合同的期刊有 1598 种，除非另有约定，这些期刊均不能在自己平台做优先出版。而在实施优先出版的期刊中，已有部分期刊对定稿论文均予以优先数字出版，编辑出版流程已完全向数字出版运作转型，如浙大社科学报的出版流程已完全基于单篇论文进行，但这类期刊相对较少；大部分期刊目前仅选择少量论文提交优先数字出版平台，每期少则两三篇，多则七八篇。对于每期仅上传三五篇论文的期刊而言，其整个出版模式大多依然沿袭传统的印刷本流程，尚未建立起以单篇论文为出版模式的全新数字出版运作流程，优先数字出版带来的变革力度和模式转型未能体现，尚待跟进。

传统纸媒期刊在向数字出版转型进程中，优先数字出版对期刊编辑部的资源获取、资源加工、资源发布等编校出版流程进行了符合数字出版需求的改造与突破，向符合多渠道发布的、以“短频快”为特色的数字化方向创建新的编校与出版流程，已成为对接网络平台的最具革命意义的出版形态。优先出版的问世，无疑开启了学术期刊原创数字出版的新纪元，带来了学术期刊出版模式的革命，促进了传统学术期刊数字化转型，有效提升了期刊的核心竞争力。

未来会怎样，我们无法预知，但我们可以明确，纸本还会存在，但已非主流；未来的期刊出版一定是基于网络的，并且是基于多媒体融合的跨媒体、跨受众、跨终端、跨渠道的超级媒体平台。对此，学术期刊应不断与时俱进，在未来的数字化大潮中激流勇进。

---

①徐枫、郭沁：《传统学术期刊的数字化转型：做最好的在线传播》，《澳门理工学报》2013 年第 1 期。

②⑤中国知网：《优先数字出版简介》，2014 年 9 月 14 日，http：//caj. cnki. net/eapf/Html/优先数字出版简介 . html

③皮帕·斯马特：《期刊出版正在发生什么》，2011 年 10 月 8 日，浙江大学出版社期刊中心、《浙江大学学报》（人文社会科学版）主办的讲座。

④万方数据：《什么是优先出版》，2014 年 9 月 4 日，http：//publish. wanfangdata. com. cn/

⑥中国知网：《学术期刊优先数字出版平台已正式启动》，2014年9月14日，http：//caj. cnki. net/eapf/help/Notice？ nid = 10/

⑦约翰·海尼斯：《学术期刊的品牌建设与学术经营》，2011年8月23日，新闻出版总署主编调训班报告。约翰·海尼斯曾在英国物理学会从事出版工作17年，并在英国皇家化学学会从事学术期刊出版。现任美国物理学会负责人，主要负责美国物理学核心项目及其200多种期刊及社交网站。

⑧姜春明、洪鸥、陈海清：《科技期刊在线优先出版现状及发展研究》，2011年3月26日，《第六届中国科技期刊发展论坛论文集》，http：//zt. cast. org. cn/n435777/n435799/n1105056/n12644369/12649036. html/

⑨中国学术文献网络出版总库"优先出版期刊导航"，2014年9月8日，http：//acad. cnki. net/kns55/oldnavi/n_ Navi. aspx？ NaviID = 59&Flg

⑩万方数据知识服务平台"万方数据优先出版"，2014年9月10日，http：//publish. wanfangdata. com. cn/

作者徐枫，浙江大学出版社期刊中心副主任，《浙江大学学报》（人文社会科学版）编辑部主任、执行主编、编审，博士，杭州 310028；郭沁，香港城市大学媒体与传播学系博士研究生。

华文学术期刊数字化发展趋势及因应策略*

游　滨

[提　要] 信息技术发展对学术传播带来巨大影响，内容获取与有效传播成为学术期刊的核心竞争力。针对国内外学术期刊数字化建设现状，展望学术期刊数字化发展趋势：数字期刊将成为学术期刊主要出版形态，多种出版模式共同服务于学术交流和传播，多指标和多维度评价构成新的期刊和论文评价机制，移动数字出版将促进传播内容与渠道深度融合，单介质线性出版流程将向跨媒体融合“云出版”转变。提出华文学术期刊数字化发展因应策略：优化传播内容、提高传播质量、增强传播效果，做好数字化内部资源保障；制定整体规划、加强版权保护，做好数字化外部环境保障；建构数字化云出版公共平台，推动学术期刊的专业化、集约化、国际化发展。

[关键词] 学术期刊　学术传播　数字出版　媒介融合

一　信息技术发展对学术传播的影响

在多媒介融合的数字化、网络化时代，所有传媒都面临数字化技术带来的机遇与挑战，人们的阅读方式、知识和信息获取方式发生了巨大变化。移

* 本文系2014年度教育部人文社会科学研究规划基金项目“高校哲学社会科学期刊数字化建设研究”（项目号：14YJAZH100）、2014年度重庆市社会科学规划重点项目“传统报刊数字化转型升级研究”（项目号：2014ZDCB20）、全国高等学校文科学报研究会第七届编辑学研究重点资助项目“学术期刊数字化传播效能及实现路径研究”（项目号：2013ZD04）的阶段性成果。

动阅读（以智能手机、平板电脑、电子阅读器为承载终端的阅读行为）方兴未艾，各种新媒体层出不穷。网络传播的复合、开放、多级、连通特性使传统的信息传播方式、传授关系、传播理念、传播规律都发生了很大变化，人际传播、群体传播、组织传播、大众传播等传播形态相互交织，[①]单向线性传播模式已转变为多向非线性传播模式，信息传播兼具多层级、分众化、碎片化、即时性、交互性等特点，文本、图像、声音等信息手段相互融合。

数字媒介整合了一对一、一对多以及多对多的传播形态，一种物质载体、不同数字媒介对应的传播用途和传播目的仍处于不断探索和建构过程中。[②]传播载体实现了从有形到无形的转换，传播形式及传播手段在时空上实现了从横向到立体传播的范式转换，传播的主客体互动增强、个性凸显。[③]“内容传播—信息搜索→个体创造—群体协作→感知万物—智慧控制”是“WEB 1.0→WEB 2.0→WEB 3.0”技术演进路径的传播特征。[④]海量信息时代，注意力、信息力、参与力、协作力等数字素养至关重要。[⑤]

学术期刊是学术研究和知识传播体系中的重要载体，学术出版经历了纸印本阶段（1600～1980年代）和数字图书馆阶段（1980～2010年代），目前已进入服务平台阶段（2010年代～），由传统出版形式向在线出版形式过渡。[⑥]数字化使学术期刊内在传播机制的各个环节（接受—筛选—发布—反馈）都面临冲击，传统的学术期刊出版模式不仅难以实现学术成果的快捷、有效传播，而且难以实现与受众的及时互动交流。学术期刊具有专业性强、小众化特点，数字化时代编发好文章与传播好文章同等重要，快速挖掘、整理、传播、反馈相关知识和信息以满足用户需求，内容获取与有效传播成为学术期刊的核心竞争力。

传播效能指媒介实现有效传播的能力和效益，传播力是传播效能的重要表征。随着信息技术的发展，业界和学界日益重视学术期刊传播力研究。学术期刊传播力是学术期刊通过各种传播方式的组合，由信息扩散导致产生的传播能力，包括传播的信息量、传播速度和精度、信息的覆盖面以及影响效果。[⑦]传播力是学术期刊的基础能力，只有提高其能力才能真正提高学术期刊的核心竞争力，编辑出版业界需要加强传播力与影响力进行融合的传播影响力研究。[⑧]学术期刊数字化须重视传播效能，数字化应以平面媒体为核心，多种媒体资源共享、优势互补、共同发展。[⑨]

二　学术期刊数字化建设现状分析

随着学术研究和知识传播的基础环境、主流形态和功能需求的变化，科学研究进入数据密集型科学发现时代，学术期刊的生存环境、形态、功能和作用发生了深刻变化。[10]数字化成为学术期刊可持续发展的必要条件，期刊的数字传播权、文献的开放获取等受到关注。[11]数字期刊已逐步成为学术期刊出版、传播和利用的主流形态。

国外数字出版业发展已近成熟，其科学、技术、医学类期刊的数字化比例达96.1%，艺术、人文、社科类期刊的数字化比例达86.5%。[12]随着数字出版与传播的普及，国际一流学术期刊社在发表重要成果、聚集内容资源、加快出版速度、改进传播形式、扩大学术影响等方面都采取了强有力的举措，Elsevier、Thomson、Springer、Kluwer等国际一流期刊出版机构已基本完成由印本出版模式向数字出版模式的演变。[13]目前世界主要科技发达国家已把公共资助项目科研成果的开放获取当作重要的创新战略和科技发展政策，在线出版和开放获取（“金色开放获取”和“绿色开放获取”）已成为国际期刊的主要出版模式，社会网络工具的应用使学术信息更易于互动交流和分享。[14]

国内数字出版业发展迅速，学术期刊也在不断探索数字化转型路径，学者们提出了诸多有益的对策建议：基于数字化时代信息聚合和个性化发展的特征，学术期刊的数字化转型必须是某一个或多个期刊集群的共同转型，必须完成集群内所有期刊根据各类读者需求而进行的专业化、数字化、个性化重组，以完成数字化期刊体系的构建，促进学术期刊的数字化、集约化发展。[15]要真正发挥数字网络传播的优势，实现由期刊上网向网络期刊转化，建构各种模式的学术期刊网络站群，促进网络学术期刊健康发展。[16]可将传统期刊在内容编辑上的优势及数字传播平台在技术和市场方面的优势充分结合，规模化推进学术内容的数字出版。[17]期刊数字化应以编辑为中心，对纸质期刊、网站、手机、平板电脑等不同渠道进行整合和统筹规划，根据不同内容载体和受众的特点对内容素材进行分类加工，实现一次制作、多次发布，把信息平台打造成能供给不同介质和不同载体的“中央厨房”。[18]学术期刊体制改革须与数字化变革实现无缝对接，采取将纸本期刊与数字期刊、编辑与出版两分的转型路径。[19]学术期刊应由传统期刊“内容为王”的模式向期刊数字化“内容为基，服务为王”的新模式转化。[20]探索手机出版、博客及微博出版、云出版等学术期刊多元化、立体化数字出版新模式，可促进信息的多渠道快速有效传播。[21]学术期刊要想获得持久的生命力，必须走以内容为主导、以技术为推动的数字出版之路。[22]组建中国学术期刊网络出版集团，在融资基础上，统一进行内容、发行、经营等深层次的融合。[23]

目前国内越来越多的学术期刊通过自主开发或与技术开发商（知网腾云、玛格泰克、勤云、三才科技等）合作自建网站，以提高采编工作效率，扩大期刊学术影响，实现论文开放获取（OA），但因期刊数字化的技术标准尚未统一，无法实现资源的共建共享，且受人力、物力、财力等诸多条件限制，分散独立的期刊网站难以实现学术资源的有效整合，难以满足数字复合出版、跨媒体出版、个性出版、按需出版等新型出版模式的要求。90%以上的学术期刊与中国知网、万方数据、维普资讯、龙源期刊等在线数据库平台合作进行数字出版，运作模式完全取决于诚信，版权机制不健全，涉及利益分配的销售数据不透明，缺乏第三方监控，商业数据库以低廉价格购买学术期刊的内容，却以高昂价格向图书馆、研究机构以及个人出售数字产品，垄断数字学术资源，既阻碍了学术成果的广泛传播，对学术期刊也极不公平。[24]近年来，部分学术期刊聚类发展，形成了一批具有一定竞争优势的学术期刊集群，如中国社会科学期刊群、中国光学期刊群、中国地学期刊群、中华医学会系列杂志等，以内容集成产生规模效益，提高期刊影响力。

学术期刊具有非营利、公益性特征，学术发展的本质是为了促进社会发展，社科类学术期刊对于社会发展具有潜移默化的作用，其经济效益并不明显，因此，构建公益、开放的数字化期刊出版平台尤为必要。2011 年 2 月，由 17 家教育部名刊联合发起的“中国高校专业系列期刊”公益学术平台通过中国知网在线传播、开放获取、免费阅读与下载，目前加盟期刊已达 100 余家，还在不断扩容中。2013 年 7 月 16 日，由国家社会科学基金资助、中国社会科学院承建的“国家哲学社会科学学术期刊数据库”正式上线，目前已与 600 余家学术期刊建立了合作关系，目标是通过收录 1000 余种精品学术期刊和特色学术期刊，建设国家级、开放型、公益性的国家哲学社会科学领域的精品数据库。这类公益、开放的学术平台建设受到学术界广泛赞誉，发展趋势良好。

学术文献面向社会公众开放获取、让知识自由流动是一项重要的社会责任，截至 2014 年 10 月，瑞典《期刊开放获取指南》（DOAJ）收录全世界 136 个国家 10131 种 OA 期刊，其中收录中国 OA 期刊仅 66 种（科技类 59 种，社科类 7 种）。[25]中国科技论文在线、中国科学院科技期刊开放获取平台（COAJ）是目前国内有代表性的开放存取出版平台，中国高校人文社会科学信息网也开辟了“在线期刊”和“论文在线”专栏，倡导“学术论文开放存取”出版。不少期刊自己创办的网站也允许读者开放获取。但从总体上看，社科类 OA 期刊较少，714 种 CSSCI（2012～2013 年）来源期刊中仅有 98 种 OA 期刊（占 13.73%）。[26]2014 年 5 月，中国科学院、国家自然科学基金委员会宣布受资助科研项目发表的论文实行开放获取的政策声明。但如何构建开放获取资源知识整合平台，促进开放获取资源的开发和利用，实现更多学术成果的有序、有效传播，如何构建数字出版成果的筛选、评价、认证机制，完善数字化版权法律法规，提升期刊的数字化、集约化、国际化水平，尚需从理论和实践上进行不断研究和探索。

三　学术期刊数字化发展趋势展望

1. 数字期刊将成为学术期刊的主要出版形态

随着互联网产业的迅猛发展，新一代互联网协议 IPV6 可实现互联网地址容量的大规模扩充，物联网、云计算、三网融合等先进技术可解决长期困扰数字出版产业发展的内容、版权、营运等问题，可按需服务、广泛接入、快速配置、移动互联、按量计费。数字内容可通过标记语言（SGML/HTML/XML）、标识符（SICI/BICI/DOI）、元数据（描述型、管理型、结构型）等进行组织和发布。[27]数字期刊将成为学术期刊的主要出版形态。论文成为“传播元”，凸显“去期刊化”特点。传统纸本期刊的印刷方式将向即时、灵活的按需印刷（on-demand printing）方式转变，以便更好地满足读者的个性化需求。

数字期刊并非纸本期刊的 PDF 化，其论文内容和形态将更加丰富（可含音频、视频、动画、可计算数据、可分析图表、可运行实验等），网页（Web）将是期刊内容的主要呈现形式，利用可扩展标记语言（XML）对论文内容进行结构化标引和描述，使论文的发布形式更加灵活（如 HTML 网页、E－PUB 电子书、PDF 文件、FLASH 流媒体文件、Adobe InDesign 文件、Word 内容资源、Txt 内容资源等），且满足跨媒体出版需求（如网络、手机、电子书、数字电视等各种发布渠道的应用），为文本挖掘、语义出版提供基础，可加快出版流程，提高出版效率。数字期刊还可为论文附加资料（研究过程、工具、数据、分析过程等）的发布与利用提供方便。数字内容中每一层次的信息都可作为具体的知识单元被解析、描述和重组，并可与其他知识单元进行动态、个性化关联，期刊和论文成为支持复杂知识发现的知识工具。[28]

2. 科研信息化环境下多种出版模式共同服务于学术交流和传播

在科研信息化（e-science 和 e-social science）环境下，学术出版已动态嵌入整个科研生命周期围绕数据展开相应活动，在此过程中，密集型数据、语义、可视化、互动出版模式相互交织，[29]共同服务于学术交流和传播。

大数据时代，在数据密集型科研范式下，数据加工、组织、发布等一系列出版活动将发生根本变化，学术出版将实现数据与文献的充分融合。要实现数据的获取、发现、解析、重用、引用、管理、保存，将庞大的动态数据集合起来供科研人员使用，必须依赖统一的技术标准、互操作协议与相应的制度规范。DOI（Digital Object Unique Identifier）作为数字对象唯一的标识符，是数字时代论文的“身份证”号码，唯一性是其典型特征。DOI 的体现形式主要包括二维码、条形码、字符码、网络域名等，它既有一套为资源命名的机制，也有一套将识别号解析为具体地址的协议。通过数字对象标识（DOI）、开放资源定位协议（Open URL）、资源描述框架（RDF）、元数据获取协议（OAI－PMH）等，可实现信息对象的标识、定位及交互使用。

语义出版是基于传统互联网技术和语义网技术，结合自然语言处理、本体和信息可视化技术而发展起来的一种新兴出版形态，代表着数字出版的前沿。语义网将“推送信息”转变为“拉取信息”，将“知识管理”转变为“管理知识”。[30]学术期刊将从发现内容向操作内容演变，“智能化”论文可“发现”读者。[31]语义出版具有内容结构化、数据融合化、信息可视化、对象关联化、阅读个性化特征，将大量由单个用户独立完成的信息搜寻和文献整理分析等活动转移给了出版系统，可减轻科研人员的负担，提高科学交流效率，[32]推动学术出版商从文献提供者向知识服务者转变，实现个体知识的社会化和知识共享。语义出版较传统出版过程更加复杂，涉及出版流程的各个环节，对期刊论文从词、篇章、内容的逻辑结构三个层面进行精确、完整的分析，使读者以结构化方式快速、准确获取期刊提供的信息内容，[33]可实现“一次制作，多元发布”。

可视化有助于实现出版内容增值。可视化技术运用大量高清图像、视频、Flash 应用等多媒体方式代替传统的文字或二维图表呈现文献数据，使原本单调的线性叙述方式被一种更富于层次感的文献结构所取代，可带给读者全新的阅读体验。

学术出版更加注重互动交流，博客、社交网络、在线社区等平台可为学者分享信息和评论提供便利，学术维基更加注重学者的价值诉求并通过相应的技术手段保证其应用价值，封闭的同行评议机制逐步向作者、评审人、编辑之间开放互动的方向发展。

3. 多指标和多维度评价构成新的期刊和论文评价机制

目前的论文评价从内部关注来源期刊的影响因子，从外部关注被引频次，“以刊评文”过于片面。随着网络传播的普及和用户参与度的提升，论文被阅读、下载、转载、推荐、标记、评论等“使用行为”可被跟踪、记载、统计。[34]利用文本挖掘技术，通过对引用内容的语义分析，可揭示施引者的引证动机、态度、性质、深度等，对单篇文献质量与影响的微观评价将更为客观公正。

替代计量学（Altmetrics）是论文层面评价（article-level metrics）、科研成果计量（eurekometrics）、科研发现计量（erevnametrics）、科学计量学 2.0（scientometrics 2.0）等众多研究的合流，与科学交流的网络化密切相关，作为传统评价方式的有力补充，可克服文献计量学存在的时滞过长、引证动机固有缺陷、影响力片面等不足。[35]通过观察论文在数据库检索网站、参考文献管理网站中的下载量、下载率、被引量、被引率，在开放存取平台上的浏览、下载、链接次数，在学术社交网络中博文、标签、阅读、讨论次数等，挖掘各种类型的论文利用数据，实现更丰富、开放、迅速的社会影响力评价。[36]

基于同行评议的开放定性评价和基于计量指标的科学定量评价相结合，“引用”评价与“关注”评价相结合，客观公正、开放透明的多指标、多维度评价将形成新的期刊和论文评价机制。

4. 移动数字出版将促进传播内容与渠道的深度融合

期刊的影响力不仅取决于内容，也取决于能够实现有效传播的渠道。中国互联网络信息中心（CNNIC）发布的《第 34 次中国互联网络发展状况统计报告》显示，截至 2014 年 6 月，中国网民规模达 6.32 亿，其中，手机网民规模 5.27 亿，互联网普及率达到 46.9%。网民上网设备中，手机使用率达 83.4%，首次超越传统 PC 整体 80.9% 的使用率。[37]移动上网常态化，通过移动终端获取和阅读论文成为人们获取学术信息的重要方式。

移动数字出版融内容、技术、网络、平台于一体，具有强大的交互性优势，在以“内容”为核心的出版架构上添加了“社交”的要素，具有方便快捷、智能精准、即时互动等特点，可针对读者需求提供个性化信息定制服务，可分析读者阅读行为进行信息推送服务，使传统的出版渠道缩短，有助于促进传播内容与渠道的深度融合。

目前移动数字出版主要有四种发展模式：内容提供商主导型、平台服务商主导型、网络运营商主导型、终端制造商主导型，未来将是内容提供商、平台服务商、网络运营商、终端制造商各司其职、合作竞争、均衡发展。[38]为适应移动阅读的需要，期刊的出版内容将进行重新聚合、筛选、挖掘、整理，内容服务、用户体验、版权保护将受到更多关注。

5. 单介质线性的出版流程将向跨媒体融合的云出版转变

传统的单介质（纸质）线性化（投稿—评审—编辑—印刷—发行）出版流程无法满足期刊多样化生产、跨媒体发布、多终端适用的需求，以及读者更为具体、专业的服务需求（如信息挖掘、在线互动、个性化定制、导航服务等），无法实现出版的集约化和规模化效益，技术创新促进传统出版流程的重组和再造。

云出版是数字出版发展的新阶段，是对整个数字出版行业各种问题的一个整体解决方案。[39]云出版意味着内容、平台、渠道的聚合，必将成为今后出版业最显著的特征。[40]各出版主体在基于云计算技术的出版平台上进行资源跨界和跨单位整合，搭建云出版虚拟聚合服务平台，建立数字出版资源库和融合渠道，聚合目前数字出版领域分散、独享、碎片化的数字内容资源，使期刊数字化内容的编辑、出版、经营与平台、物流、渠道全面对接，实现期刊数字出版流程的自主经营。

四 华文学术期刊数字化发展因应策略

由于受社会政治经济、历史文化、地域环境等诸多因素影响，海内外华文学术期刊在出版管理体制、运行机制、编辑流程、编排规范、语言文字等方面均存在一定差异。为了更好地提高华文学术期刊的学术传播力和国际影响力，实现华文学术话语的国际传播，推动华文学术期刊走向世界，应依托华文学术期刊共同的历史文化传统和学术发展愿景，积极应对数字化时代面临的挑战，构建华文学术期刊数字出版的内部资源和外部环境保障体系，探索合作共赢的数字化发展路径，不断提升华文学术期刊的数字化建设水平当是因应之策。

1. 构建内部资源（内容、服务、渠道）保障体系

一是优化传播内容，加强学术期刊的专题化、专业化、品牌化建设，做好数字化内容资源保障。信息过剩时代，以海量、无序为主要特征的信息严重挑战人类的认知能力，精确与模糊混杂、真实与虚拟交织，超文本和推送分散了读者的注意力，超链接和互动使阅读成为一种无中心、非定向的混沌过程，不利于读者知识体系的形成。经过优化选择、编辑加工、内容把关的学术内容才能获得读者认可并实现有效传播。专题化聚合、专业化重组、品牌化打造是学术期刊实现数字化增值服务的重要保障。学术期刊的发展目标和发展模式各有差异，应分层次、分类别指导期刊数字化建设，鼓励学术期刊立足自身资源优化传播内容，只有准确定位（社会定位、学术定位、读者定位、市场定位等），形成特色、发挥优势、错位竞争、合作共赢，才能在数字化时代赢得受众、铸造品牌。

二是提高传播质量，加强学术期刊的质量控制、评价反馈、人员培训，做好数字化服务资源保障。数字化环境下，学术期刊的内容组织、呈现和利用形态将发生变化，组稿、评审、编辑、加工、出版、发行全流程都通过网络进行，论文涉及的图表、数据、音频、视频、动画等附件资料均可通过多媒体技术进行嵌入和链接，除对论文内容进行传统的编辑、校对外，还需进行语义标注和结构化加工处理，能够编辑包含文字、图片、音频、视频在内的多媒体文件，对编辑人员的业务技能要求提高。编辑、评审人、作者可对论文进行开放互动的评议、讨论、修改，读者通过社会化分享工具可对论文进行转载、评论，语义分析有助于对论文内容的学术影响和社会影响进行实质性判断，同行评议更加客观公正、开放透明。业务流程重构使出版过程的质量控制、评价反馈机制随之发生改变，多种出版模式共同服务于学术交流和传播，多指标、多维度评价构成新的期刊和论文评价机制，学术共同体将引导学术评价标准的合理制定，推动评价由静态向动态、单一向综合、数量向质量、外在向内涵转变。期刊作为知识工具，其学术服务功能不断拓展和增强。随着出版技术环境的深刻变革，数字出版教育和培训的重要性凸显，对编辑人员展开数字出版技能（含信息检索与利用、编辑与版面设计、数字产品设计与开发、数字互动营销、数字版权保护等）培训尤为必要。目前复合型数字出版人才极其缺乏，有必要实施“数字出版人才提升计划”，尤其是对那些具有发展潜力的青年人才给予支持，打造学术期刊数字出版的未来领军人才。

三是增强传播效果，加强学术期刊的网站、数据库、平台建设，做好数字化渠道资源保障。学术期刊拥有自己的编辑、出版、发布和利用平台才能把握传播主动权，应充分利用各种成熟的技术和渠道，通过多种形式和路径，增强学术期刊的传播效果。例如，建设学术期刊专业网站，全面展现期刊的编辑思想、栏目特色、编排风格等，加强论文的开放获取、主动推送、优先出版，除发布文章内容、满足检索查询功能外，还可发布一些学术动态和科学信息，增加网站信息量，加快网站更新频率，促进网刊互动；构建与国内外相关学术机构和期刊网站的横向交流机制，通过建立链接实现资源互传共享；建立与大型数据库、机构知识库、网络出版平台的合作机制，实现传播主体多元化，扩大传播范围，提升学术影响；建立适合手机访问的WAP网站，制作期刊APP，提升传统网站的移动友好性（访问便利性、资源易获取性），利用移动终端平台和微博、微信等社会化媒体进行立体化传播。整合学术资源，联合同一学科领域的不同学术期刊共建专业学术信息数据库和信息发布平台；从各自实际出发，充分利用各种成熟的技术和渠道，通过多种形式和路径，增强学术期刊的传播效果。

2. 构建外部环境（制度、法律）保障体系

一是制定整体规划，政策扶持、资金支持，做好数字化建设的制度保障。在当前加快推动传统媒体和新兴媒体融合发展的大形势下，学术期刊数字化建设离不开政府和行业主管部门的政策扶持和资金支持。政府和行业主管部门应制定整体规划，与期刊出版单位、数字出版技术提供商加强沟通和协调，研究和探索包括各方权益在内的数字出版管理政策，依据开放存取的国际标准制定统一的政策或法规，通过统筹规划、转型试点、示范推广，探索有效的数字出版管理体制和激励机制；结合期刊实际，分层次、分类别开展传统期刊的数字化转型试点工作，优化资源配置，从政策上支持部分有条件的期刊出版单位创办数字化网络期刊，解决期刊数字化出版的评价机制问题，将数字期刊和纸质期刊上刊发的学术成果同等对待；支持学术期刊开展数字出版相关研究和实践，投入资源，为学术期刊网站、数据库、平台建设提供技术和资金支持，探索数字化出版赢利模式，为数字化建设营造一个良好的政策和发展环境，加快学术期刊数字化建设步伐。

二是加强版权保护，统一标准、防范风险，做好数字化建设法律保障。要健全知识产权保护体系，制定版权保护制度，运用版权保护技术，防范期刊的数字化传播风险。发达国家早已建立了完备的版权保护协议制度，在数据库的法律保护上，国际上主要有版权保护模式、版权与特别权双重保护模式和数据库特别权公约磋商三种模式。而中国尽管有相关的法律规定，但执行力度不够，很多期刊出版单位尚未建立完善的版权制度，与数字出版商签订的版权协议存在诸多风险。应采取法律、经济、行政、技术措施，加强对数字出版物的版权保护，从载体加密向内容加密和版权运营发展，完善版权交易机制。技术手段是法律保护的必要补充，版权保护技术是出版的安全前提，在提供数字化、网络化信息服务的同时能有效阻止对信息的非法使用和复制。要重视数字出版的标准化建设，在兼顾各种主流标准的基础上制定统一的技术标准，才能有效推动数字化建设进程。

3. 建构数字化云出版公共平台，实现资源整合和协同创新

学术期刊数字化建设系统包含内容、服务、渠道等内部资源保障要素和政策、资金、法律等外部环境保障要素，各要素应相互作用、相互影响，内部资源保障和外部环境保障有机整合，按照系统论的整体性、目标性、层次性、结构性、相关性、最优化原则，共同推动学术期刊数字化建设目标的实现。

创新驱动发展，华文学术期刊应顺应时代潮流，以共同关注的学术问题为纽带，以数字化为手段，通过与有技术背景的内容集成公司合作，建构一个协同编辑、虚拟重组的数字化云出版公共平台，通过资源整合、战略联盟、能力挖掘、优化配置，实现协同创新、合作共赢、优势互补、自主经营，推动学术期刊的专业化、集约化、国际化发展；利用网络平台和工具收集整合学术信息、组织稿源、发现学者，追踪学术前沿、把握学术趋势、规范学术研究、促进学术交流、推动学术发展、传播学术思想、展示学术成果，引领华文学术界与国际学术界展开对话，推动华文成为学界采用的国际通用语言，与智库建设和谐共生，为华文学术研究提供智力支持。

---

①彭兰：《网络传播学》，北京：中国人民大学出版社，2009。

②〔丹麦〕克劳斯·布鲁恩·延森：《媒介融合：网络传播、大众传播和人际传播的三重维度》，刘君译，上海：复旦大学出版社，2012。

③周蔚华等：《数字传播与出版转型》，北京：北京大学出版社，2011。

④彭兰、高钢：《中国互联网新闻传播结构、功能、效果研究》，北京：高等教育出版社，2011。

⑤〔奥〕霍华德·莱茵戈德：《网络素养：数字公民、集体智慧和联网的力量》，张子凌、老卡译，北京：电子工业出版社，2013。

⑥⑬任胜利：《国际学术期刊出版动态及相关思考》，《中国科技期刊研究》2012年第5期。

⑦王佳宁:《学术期刊转型发展的着力点》,《传媒》2011 年第 10 期。

⑧万东升、陈于后:《学术期刊传播力研究的现状与发展趋势》,《四川理工学院学报》2013 年第 1 期。

⑨管宁:《学术期刊数字化须重视传播效能》,《中国社会科学报》2011 年 8 月 11 日。

⑩T. Hey, S. Tansley, K. Tolle, *The Fourth Paradigm: Data-intensive Scientific Discovery*, 2009 - 10 - 16, http://research microsoft. com/en-us/collaboration/fourthparadigm/

⑪李雪昆:《国际出版商剖析学术期刊数字化路径》,《中国新闻出版报》2010 年 8 月 30 日。

⑫ ALPSP, Scholarly, Publishing Practice, Third Survey 2008: Academic, Journal Publishers' Policies and Practices in Online Publishing, 2008 - 10 - 13, http://digital scholarship. org/digitalkoans

⑭Angus Phillips, "Blog to the Future? Journals Publishing in the Twenty-first Century," *Journal of Scholarly Publishing*, 2010 (10): pp. 16 - 29. Scott W. Palmer, "Academic Publishing in the Digital Age," *News Net*, 2010, 50 (3): pp. 1 - 5. David J. Solomon, "Digital Distribution of Academic Journals and its Impact on Scholarly Communication: Looking Back after 20 Years," *The Journal of Academic Librarianship*, 2013, 39: pp. 23 - 288.

⑮朱剑:《高校学报的专业化转型与集约化、数字化发展》,《清华大学学报》2010 年第 5 期。

⑯王华生:《数字网络环境下学术期刊传播方式的变革及因应策略》,《河南大学学报》2011 年第 6 期。

⑰汪新红、王国红、彭绍明:《论科技学术期刊出版的数字化媒体化转型》,《编辑学报》2012 年第 5 期。

⑱陈颖、陈玉霞:《传统期刊的数字化转型路径》,《四川师范大学学报》2012 年第 5 期。

⑲仲伟民:《缘于体制:社科期刊十个被颠倒的关系》,《南京大学学报》2013 年第 2 期。

⑳李婧、刘立营、张秀梅:《我国学术期刊数字化建设与发展》,《中国科技期刊研究》2013 年第 5 期。

㉑王炎龙、黎娟:《我国科技期刊数字化出版运营形态及新模式探索》,《中国科技期刊研究》2013 年第 5 期。

㉒武京闽:《学术期刊数字出版模式探析》,《澳门理工学报》2014 年第 3 期。

㉓杜敏:《不同媒介形态下学术期刊的共生与变革》,《澳门理工学报》2014 年第 3 期。

㉔刘曙光:《高等学校文科学报改革论》,《山东理工大学学报》2012 年第 4 期。

㉕Directory of Open Access Journals (DOAJ), 2014 - 11 - 26, http://www.doaj.org.

㉖Fei Guo, Jing-yuan Xue, Ruo-xi Li, "Open Access in China: A Study of Social Science Journals," *Journal of Scholarly Publishing*, July 2014, pp. 336 - 352.

㉗徐丽芳、刘锦宏、丛挺：《数字出版概论》，北京：电子工业出版社，2013。

㉘㉟彭希珺、张晓林：《国际学术期刊的数字化发展趋势》，《中国科技期刊研究》2013年第6期。

㉙徐丽芳、丛挺：《数据密集、语义、可视化与互动出版：全球科技出版发展趋势研究》，《出版科学》2012年第4期。

㉚〔美〕大卫·西格尔：《WEB3.0互联网的语义革命》，管策译，北京：科学出版社，2013。

㉛STM Future Lab Trend Watch 2014, 2013 - 12 - 03, http://www.stm-assoc.org/

㉜王晓光、陈孝禹：《语义出版：数字时代科学交流系统新模型》，《出版科学》2012年第4期。

㉝周杰、曾建勋：《数字环境下的语义出版研究》，《情报理论与实践》2013年第8期。

㉞邱均平、余厚强：《替代计量学的提出过程与研究进展》，《图书情报工作》2013年第19期。

㊱刘春丽：《Web2.0环境下的科学计量学：选择性计量学》，《图书情报工作》2012年第14期。

㊲《第34次中国互联网络发展状况统计报告》，2014年7月21日，http://www.cnnic.net.cn/hlwfzyj/hlwxzbg/hlwtjbg/201407/t20140721_47437.htm

㊳李镜镜、张志强：《移动出版的发展模式及其评价》，《科技与出版》2010年第8期。

㊴彭绍明：《云出版：数字出版发展的整体方案》，《出版发行研究》2012年第2期。

㊵朱剑：《我国学术期刊的现状与发展趋势》，《传媒》2011年第10期。

作者游滨，重庆大学期刊社副社长，副编审。重庆　400044

从整体满足需求到按需提供个体服务*

——中国学术期刊的新媒体转型探讨

周小华

[提　要] 国际学术传播领域对学术信息用户个体需求的研究、开发和预测，进而实现按需提供个体服务，正逐渐成为新媒体学术期刊发展的新主题。基于新媒体学术期刊信息传播的分类方式，我们设想，在学术期刊与学术研究共同体共生平台的大数据基础上，将目前学术期刊对受众的整体满足需求，转变为在整体满足需求的同时，也为用户按需提供个体服务，从而实现由“分众传播”到“个性化传播”。

[关键词] 学术期刊　用户需求　新媒体　互联网思维　媒体融合

互联网的“用户”内涵，改变并拓展了传统媒体的“受众”概念，如何服务用户、吸引用户、集聚用户，是新媒体学术期刊传播的终极目标。在国际学术传播领域，虽然按需提供个体服务尚处于起步阶段，但对学术信息用户个体需求的研究、开发和预测，已经成为新媒体学术期刊发展的新主题。基于新媒体学术期刊信息传播的分类方式，我们设想，在互联网的用户时代，将目前学术期刊“一对多”的传播模式，转化成“多对一”的个性

* 本文系2013年北京市哲学社会科学规划项目“信息网络化条件下政府形象传播研究”（项目号：13KDB012）的阶段性成果。

化传播，即将目前学术期刊对受众的整体满足需求，转变为在整体满足需求的基础上，为用户按需提供个体服务，从而实现由“分众传播”到“个性化传播”。只有建立在学术期刊与学术研究共同体共生平台的大数据基础上，学术信息的“私人定制”才有可能实现质的飞跃。

一 新媒体学术期刊在面向用户需求方面还处在模糊混沌状态

“信息需求是人们为解决各种问题而产生的对信息的必要感和不满足感”。[①]加拿大学者科亨将信息需求分为三个层次，即客观状态的信息需求、主观状态的信息需求和表达状态的信息需求。[②]我们研究学术期刊的用户需求，主要是研究用户对学术信息的需求。传播学的“使用与满足理论”，将传播效果的衡量，从过去的以传播者或传媒为视角，转到从受众的视角出发，去考察传播是否达到了预期目的和效用。这种理论模式，肯定了受众的主体地位，这个“受众”，在互联网的术语中被转变为“用户”。创造和满足用户个体需求是指根据学术期刊用户的个性化特征，如专业特征、信息需求特征、接收信息行为特征等，对用户进行研究与细分，在细分的基础上设计相应的服务模式，以满足和引导用户需求，提高用户的满意度。也就是从满足用户的个性化信息需求出发，基于创造用户的信息需求以优化用户服务为目标的模式。

目前，国内外学术期刊在新媒体转型方面，特别是在满足用户个体化需求方面，还处于起步阶段，其发展的路径基本是：由传统的纸质“期刊”到“网站”，再到“数据库”，从数据库又上升为综合网站。这种学术期刊的数字化发展，相对于传统学术期刊来说，对用户在信息的获取方式和阅读方式上，都发生了根本性的变革，给用户快捷的信息获取带来了极大的方便，但面对媒体的融合，面对数字化“用户”时代的用户，传统媒体的满足整体用户需求，必须转变到在满足整体用户需求的同时，创造用户的个体需求。而目前的数字化学术期刊，严格说来还没有实现真正意义上的新媒体转型，还停留在满足整体需求的阶段，主要表现在如下几个方面。

其一，在学术期刊的新媒体进程中，尚未从传统媒体思维转向互联网思维，如用户思维、链接思维、跨界思维、服务思维等还很缺乏。在传统媒体的“读者”时期，学术期刊的最大优势是通过内容实现整体满足需求；而在互联网的“用户”时期，内容在互联网中的价值比例已经下降，取而代之的是通过信息的链接，实现按需提供个体服务。而目前的状况是，在学术期刊的数据库中，还没有建立对用户的管理板块，也没有用户分析，对用户的深度需求了解不够，大量的用户资源还处于个体的模糊状态，个别大型的学术期刊数据库，也只能反映出某文章的下载量、被引、他引等信息，特别是在学术研究中，这种以相对的群体替代个体的信息，已经显得太粗糙，这种粗糙造成了学术信息的提供没有更具体的针对性。由此，必须牢固树立互联网思维，将新媒体学术期刊的观念真正转变到个性化用户服务上来。

其二，在平台和跨界方面，中国目前的学术期刊平台，还停留在数字化阶段，而“数字化”并不是数据化。几乎所有的学术期刊都加入了大型的数据库，但只是简单地将纸质内容进行数字化处理；有的学术期刊编辑部自建了网站，但也仅限于将传统作坊式编辑部的审稿、编辑、出版和发行流程在网上实现；有的创建了同行专业学术期刊权威数据库，但还是重复着大型数据库的内容；等等。这种简单地利用数字技术，将纸质转换成智能电脑和显示屏的学术期刊数字化，虽然也能通过搜索引擎找到信息，但这种由搜索引擎所带来的信息，带有明显的纯技术和平面化的局限，只能整体满足需求，不能实现按需提供个性化服务。在传统媒体时代，哪份期刊的发行量大，读者的覆盖面广，其传播效果就强。而在互联网的用户时代，这一格局得到了根本性的改观，谁能够深入了解用户的个性化需求，谁就能获得更多的用户。

其三，目前学术期刊与学术研究的各个网站之间、各大型数据库或公共服务平台之间，缺乏科学的顶层设计，功能相似、重复，标准不一；缺乏整体性、统一布局和长远目标；缺乏统一完善的学术研究和学术期刊评价体系，学术信息不平等循环现象严重。这样，不便于具体、深层次、整合性地利用数据，给实现内容的共享交互操作带来了一定的困难，无法充分挖掘学术传播的内容价值，缺乏提供个性化服务的成熟平台。

总之，学术期刊的新媒体转型，还没有形成一个完整的学术研究与产出的主体展示平台，不能反映学术研究的全貌，也不能提供更完整更方便的信息链接服务，更不能实现学术研究所需要的有效的信息提供、畅通的传播渠道以及有效的媒体经营和学术成果转化经营，这样的新媒体学术期刊，只能停留在满足用户快捷地查阅信息的整体满足读者需求阶段的需要。这种整体满足需求模式，在信息渠道不够畅通、信息缺乏的传统媒体时代，还是很具吸引力的。但目前，信息过剩、信息爆炸，学术期刊已经从“读者”时代，转变为“用户”时代，用户缺少的已经不是信息，而是关注信息的“注意力”。由此，新媒体学术期刊不能再像过去那样，单纯地为学术成果的传播提供多个简单的数字“版面”，而应当成为学术研究的参与者以及学术前沿信息的及时发布者、服务者和提供者，从传统媒体追求读者数量的“广撒网”，到新媒体在“广撒网”的基础上，同时专注信息质量的“钓鱼”，也就是实现学术信息的“私人定制”服务，旨在解决人们的有限注意力与无限信息之间的关系，经过对海量信息的筛选，将有用、有效的信息，有针对性、个性化地传递给需要的用户，去创造和满足用户的个体化需求。只有这样，传统学术期刊与新媒体学术期刊、学术期刊与学术研究，在新媒体平台上才能真正走向融合。

二　通过用户分析和信息资源整合，创造和满足用户的个体需求

在互联网时代，新的阅读行为，带来了出版格局的深刻变化。传统阅读行为偏重经典阅读，新媒体时代的用户阅读特点则是海量阅读，这种阅读不一定完整地去读每篇文章，除少量的经典文章外，更多的是碎片化地筛选有用的部分。相对于传统阅读，新媒体阅读的时效性和功利性更强。我们完全可以利用互联网技术和大数据，加强对用户资源的细化和管理，建立各类相关人员的数据库，通过加强对用户的管理，改变目前学术期刊传播中用户资源模糊混沌的现状，即从资源导向到用户导向的转变。

第一，转变观念，用互联网思维，把握新媒体学术期刊用户信息需求的新特点。在大数据背景和新技术的驱动下，新媒体学术期刊以用户需求为导向，对学术资源进行整合，实际上也就是对用户需求的整合。这就要求新媒体学术期刊以用户需求为工作导向，依据学术期刊用户复杂、多样、多层和多元的特性，遵循学术研究与学术传播的特点和规律。由于学术信息的数量逐年呈几何级数递增，给用户提供的学术信息整合和服务的目的已不仅仅是获取庞大的学术信息，更多的是在此基础上的以用户需求为导向的深度挖掘、分析和处理，从而有针对性地提供学术信息，实现学术信息的个性化、多元化、专业化与前沿化提供。

第二，对用户进行精细化分析。传播手段的变化，使以往单向的信息传播，即学术期刊发表什么，读者就读什么，逐渐转变为读者与学术期刊实行互动式构建。新媒体的学术期刊，不应该仅仅基于期刊本身能提供什么，而要站在一个更高的层面上去细分用户，在细分的基础上，才能了解不同用户

的需求，再以用户的需求，去驱动新媒体学术期刊的服务创新。在这方面，首先是细分用户，将传统媒体和新媒体学术期刊过去、现在和潜在的用户进行归纳和细分；其次，了解用户的当前需求、潜在需求以及可能发展的新的需求；再次，通过对用户从“整体”到“个体”的细分，有针对性地进行信息整合，提供信息产品，以满足用户的个性化需求，从而提高传播效果。

第三，管理和整合用户需求。由于学术期刊用户需求的多样、多层和多元的特点，使得用户需求不仅仅是单个用户需求的简单相加，而是形成了一个动态的概念。由此，必须以用户需求为导向，通过新媒体技术管理受众资源，整合需求，形成一套建立在科学程序基础上的需求整合机制，将整体与整体之间、整体与个体之间、个体与个体之间，按不同的需求，建立起相关的链接，准确判断用户的需求种类，明确提供需求的步骤和方式，最大限度地提升新媒体学术期刊的学术传播力。

第四，有效预测用户需求，针对需求提供服务。要在用户需求特点的把握和精细的用户分析基础上，通过互联网技术建立相应的模型和采用新的传播方式，如个性化门户、订阅、查询、收藏、交流等服务，完全将服务重点放在个性化服务上，从而为用户量身预测个性化的学术信息需求。

第五，要具有完备的学术信息接收跟踪机制、优化整合机制和资源的共建共享机制，为用户提供多种载体形式、多个学科内容的完整齐备的“一站式”资源获取和共享空间。学术信息资源共建共享是新媒体学术期刊发展的重点，资源共建共享是一项长期而复杂的系统工程。由于目前学术期刊的新媒体建设缺乏系统性、整体性和统一的标准，造成许多学术资源缺乏标准化、规范化和兼容性，导致新媒体的学术期刊网站重复建设及资源数据整合困难。因此，必须建立和健全统筹协调机制，完善运行机制，实现有效的协调与管理；在学术研究与学术期刊的各个单位之间，打破现行行政管理与信息化建设的条块分割；在各类新媒体建设项目中，建设目标的确立要有顶层设计，保障政策支持和资金投入，明确组织管理；内容的开发要在总体目标的框架下加以明确，从实施方案到开发过程，都要建立规范的管理机制，要发挥各科研机构和各学术期刊在新媒体建设，特别是在内容建设方面的优势，统筹协调、整体规划、合理分工，保障学术信息资源建设工作的有序、协调发展，做到整合硬件建设和软件设计；同时，为了避免学术信息资源的不兼容和难以查找，必须实现资源的规范化、标准化管理，以提高学术资源的检索效率和利用率，实现资源共享。

三　建立与培育以用户个体需求为导向的学术期刊与学术研究协同创新平台

以用户个体需求为导向的新媒体学术期刊公共平台，必须建立在与学术研究一体化基础上。有学者认为："成功的学术期刊始终是与学术研究密不可分的，而且，一定是某一学术共同体的中心，有着自己独有的作者和读者群体，学者对学术期刊有着真诚的信任感和归依感。"[③]新媒体的出现，虽然改变了学术研究和学术成果传播间的关系、结构和方式，也在改变着研究者、读者、编辑者对传播的需求，但新媒体中的学术期刊与学术研究之间互为表里的关系不但没有改变，反而更加紧密了，"学术期刊与学术研究的关系是十分清晰的，学术期刊因学术研究而生，它存在的全部意义就是为学术研究和学术传播服务"。[④]新媒体学术期刊公共平台作为各学科平台的基础，它能够站在传播的高度，提供研究的框架、规则和逻辑，将学术研究的各个领域、学科、单位、圈子等打通，让彼此之间有沟通和对话的渠道，是对技术、内容、体制问题的综合解决。[⑤]由此，要实现学术期刊的按需提供个体服务，其前提是，要将目前尚处于疏离状态的学术期刊平台与学术研究平台，整合到同一个学术期刊数字出版公共平台上去。在这个平台上，创造方便快捷的链接服务，将不同系统、不同专业和学科集群集约化，同时与国外学术共同体（如学术机构和学术期刊数据库等）相链接，强化用户的参与和分享，使资源优势最大化，并产生叠加效应。这种跨部门跨行业跨专业，且有着共生功能的平台生态群落，能有效地创造和实现用户的个性化需求，实现学术信息的"私人定制"。

第一，实现公共平台多节点的嵌入。丰富有序的平台构建，是学术信息"私人定制"的基础，基于用户分析和用户需求，在做好顶层设计的基础上，以平台为用户的工具，以节点及其相互联结为其基本构成要素，建立新媒体学术期刊公共平台的初始母平台，在母平台上，通过学术期刊与学术共同体内庞大的用户群，实现用户在各子平台上的多节点嵌入，如在新媒体学术期刊的母平台上，嵌入中外期刊数据库、研究人员数据库、研究机构数据库、研究项目数据库、各类相关数字发布等。再垂直裂变出与学术研究相关的机构层面的二级平台，包括国家和政府的相关体系、教育体系、研究机构体系、相关学会等民间团体、社会化产学研协同合作体系的相关机构等。再衍生出价值链和商业模式、知识产权保护，实现部分信息收费、部分开放获取、定制服务、按需印刷、线上线下互动、一次编辑多渠道出版的全媒体、全媒介呈现等寄生平台，还可以衍生出多语种的共生平台等这种在母平台的基础上，由“平台垂直裂变，产生寄生平台、共生平台或衍化平台”[⑥]的模式，将不同系统、不同专业和学科集群集约化，汇集全球学术期刊和学术研究的内容资源，构建起标准统一、共建共享的开放体系，在这个体系中，用户在各子平台间有序、可循环的流动，实现新媒体学术期刊公共平台内各主体间的协同关联，使学术成果的呈现在大数据基础上更方便检索。这样，学术期刊不再是简单地整体满足用户需求，而是将专业的、精细的、不同形式的服务延伸到从学术研究到成果运用的各方面和各层面。

第二，推动媒体融合内容、形式、手段的创新。应用大数据，建设资源库，通过建设公益性和市场化的学术信息资源库，在大媒体、全媒体观布局谋篇的基础上，加强新媒体学术期刊公共平台内涵发展，开发适合按需订制的产品。在新媒体学术期刊公共平台上健全智能终端产业服务体系，开拓新兴增值业务领域，如按需订制的电子学术期刊、手机学术期刊等以数字化内容、数字化生产和数字化传输为主要特征的学术期刊出版新业态。

第三，做好新媒体学术期刊公共平台的顶层设计。2014 年，中共中央《关于推动传统媒体和新兴媒体融合发展的指导意见》指出，传统媒体与新媒体融合的基本路径为：“以中央主要媒体为龙头，以重点项目为抓手，坚持传统媒体和新兴媒体优势互补、一体发展，坚持先进技术为支撑、内容建设为根本，推动传统媒体和新兴媒体在内容、渠道、平台、经营、管理等方面深度融合”，[⑦]在国家层面明确了媒体融合的方向和路径。这种深度融合，体现在新媒体学术期刊公共平台建设上，不是简单地将分散的学术期刊网站合并，而是一种学术期刊新媒体与学术研究的融合、联动发展，是新型媒体业态的规模化、集约化、专业化培育，是一种注重媒体融合附加值的转型与提升。除了在国家层面由政府制定的路线、方针和目标外，平台的组织者，要基于用户需求，加强新媒体学术期刊公共平台战略规划的制定，进行“流程再造”，通过搭建精细化的管理平台，重构组织机制，建立扁平化管理结构，激发新的发展活力，为学术研究、学术成果传播以及学术成果的转换应用，为实现学术信息的“私人定制”，提供专业的、全方位的、有影响力的学术研究全过程信息平台设计。

第四，发挥政府对新媒体学术期刊平台建设的引导作用。由于学术研究和学术信息的开发和共享在一定程度上属于公益性事业，由此，在新媒体学术期刊公共平台建设中，政府的规划引领、资源统筹、政策调节和公共服务尤为重要。其一，要完善传统媒体与新媒体相融合的各项配套政策及扶持政策，充分发挥政策的集成优势，在政策上促进和支持新媒体学术期刊公共平台的搭建。其二，建立健全科学有效的新媒体管理机制和灵活高效的运行机制，推动传统学术期刊与新媒体学术期刊的融合发展，在这个过程中，政府必须要实现三个转变，即“转变观念思维、转变生产经营、转变体制机制”。[8]要打破传统管理中的刊号、年审、政治审查那一套思维定式和路径依赖，用互联网的思维，即市场、用户、销售、产品、生产、文化企业等要素，由办媒体向管媒体转变；创建学术期刊的传统媒体与新媒体融合的体制机制，创新新媒体学术期刊公共平台上的运行机制、管理体制和组织架构，建立学术期刊与学术研究相统一的评价体系，建立健全新媒体学术期刊的准入和退出机制。其三，要完善学术期刊新媒体平台的市场利益激励机制，建立公平合理的学术信息产业链利益分配格局，完善著作权、版权等无形资产评估确权体系，加快数字版权保护技术研发，提高对数字版权的保护能力，加大版权保护力度。

大数据时代使人们的思维方式和信息获取方式都发生了根本性的转变，随着跨学科、跨领域学术研究的深入和对数据相关性的探索，以用户需求为导向的学术资源整合思路和服务模式必将成为新媒体学术期刊发展的新趋势。将新媒体学术期刊对受众的整体满足需求，转变为在整体满足需求的基础上，为用户按需提供个体服务，是一项复杂的多主体、多属性创新。朱剑认为：“数字化对于学术期刊而言至少有三方面功能：快速传播，信息聚合，在大量信息聚合基础上的个人定制。将来的数字化期刊一定会更主动，通过你的阅读习惯，对你在网络上阅读痕迹的分析，知道你关心什么问题，关心哪些作者，单独为你做一本期刊。个性化期刊，一定是数字化期刊将来要走的一条路。”[9]我们要用互联网思维，真正理解互联网时代媒体与用户的关系，在学术期刊的新媒体转型中，从目前的资源型，向面向用户型转化，从以提供内容为本，转变到以用户为本，把学术期刊的服务“建在用户桌面和用户过程中”。[10]

---

①丁宇：《网络信息用户需求的特点与利用特征及规律浅析》，《情报理论与实践》

2003 年第 5 期。

②转引自胡昌平《信息服务与用户研究》，武汉：武汉大学出版社，2008，第 127 页。

③朱剑：《变革年代学术期刊的数字化生存》，《澳门理工学报》2013 年第 2 期。

④仲伟民：《缘于体制：社科期刊十个被颠倒的关系》，《南京大学学报》2013 年第 2 期。

⑤周小华：《在学术共同体中实现学术期刊的新媒体转型》，《澳门理工学报》2015 年第 1 期。

⑥金杨华、潘建林：《基于嵌入式开放创新的平台领导与用户创业协同模式——淘宝网案例研究》，《中国工业经济》2014 年第 2 期。

⑦刘奇葆：《加快推动传统媒体和新兴媒体融合发展》，《人民日报》2014 年 4 月 23 日。

⑧参见国家新闻出版广电总局党组书记、副局长蒋建国在 2014 年 10 ~ 11 日在京举行的出版传媒集团主要负责人座谈会上的讲话，新华网，http：//news. xinhuanet. com/politics/2014 - 10/11/c_ 1112787521. htm

⑨转引自颜维琦、曹继军《人文社科期刊之困如何解》，《光明日报》2014 年 9 月 11 日。

⑩张晓林：《让数字图书馆驱动图书馆服务创新发展——读〈国际图联数字图书馆宣言〉有感》，《中国图书馆学报》2010 年第 3 期。

作者周小华，《北京联合大学学报》（人文社会科学版）主编，编审。北京　100101

我们需要什么样的在线学术平台

——“中国高校系列专业期刊”之未来构想

桑　海

[提　要] 学术期刊的本质是一种学术交流平台，但并非其唯一形态。在印刷媒介时代，学术期刊是学术交流平台的典型形态；而在互联网时代，在线学术平台将会取代学术期刊，成为主流的学术交流平台。作为学术交流平台的守护者，学术编辑的核心价值在于构建和维护学术交流平台，基本功能是选择、加工整理和传播学术信息。借助在线学术平台促进学术交流，更好地为学者服务，是新时代学术编辑使命所系，在线学术平台将深刻影响知识生产机制，平台如何构建，事关学术编辑的命运和学术事业的前景。部分高校学术期刊自发创办的“中国高校系列专业期刊”，已具有在线学术平台的雏形。在新形势下，高校学术期刊应在“中国高校系列专业期刊”的基础上，更加紧密合作，以学者实际需求为出发点，尽快重新设计搭建充分尊重用户体验的新型在线学术平台。

[关键词] 学术交流平台　学术期刊　学术编辑　在线学术平台　中国高校系列专业期刊

一　学术期刊的本质与学术编辑的使命

中国现代学术于中西交汇碰撞中兴起，包括大学学报在内的学术期刊，在百年学术史中扮演了重要的角色。《清华学报》1915 年创刊，距今已整整一个世纪。其创刊词中写道：“学报者，交换知识之渊薮也。”[①]“渊薮”一词，本义是鱼和兽类聚集的水潭和湿地，古人用以比喻人或事物集中的地方。所谓“交换知识之渊薮”，实际就是今人所说的学术交流平台。不仅是《清华学报》，东吴大学《学桴》及《北京大学月刊》等最早的大学学报的发刊词中，也不约而同地出现了“交换知（智）识”这一关键词，显然都将学报视为交流学术的最佳平台和工具。[②]放眼更为悠长的西方学术期刊史，从1765年《学者杂志》和《皇家学会哲学会刊》等最早的学术期刊诞生开始，学术交流就是学术期刊的基本功能。细考学术期刊的种种功能，比如学术成果展示、传播乃至评价，其实都可以看成学术交流的题中之义，因而，学术期刊本质上是一种学术交流平台。

随着互联网时代的到来，作为印刷媒介之一的学术期刊，越来越能切肤感受到网络媒介的冲击，纸本学术期刊的式微已经不是危言耸听的预言。学术编辑，特别是人文社科学术编辑，往往与新技术有一种天然的隔膜，对传统则抱有一种温情脉脉的眷恋。此种人文情怀固然可贵，然而，崖山决战般地负隅顽抗，或唱一曲巴尔扎克式的挽歌，则大可不必。因为学术期刊所承载的学术交流平台功能并不会消失，只是其媒介从印刷品变成了网络。若把学术期刊放在历史的长河中审视，我们会发现它其实是一种非常短暂的存在，中国学术期刊诞生不过才一个多世纪的光景，即便在西方也只有350年的历史。然而，学术交流的历史则要长久得多。早在2300多年前，柏拉图和亚里士多德等先贤已经在雅典学院里自由辩论，在宽松而纯粹的学术交流氛围中，激发出古希腊文明的巅峰；而几乎与之同步，东方的稷下学宫里，各派学者畅所欲言，碰撞出战国思想界百家争鸣的辉煌。正如口传手抄时代的雅典学院和稷下学宫一样，学术期刊是印刷媒介时代学术交流平台的典型形态。而在互联网时代，在线学术平台将会取代学术期刊，成为主流的学术交流平台。

从学术交流平台沿革的角度看，学术编辑并非学术期刊的附庸，而是学术交流平台的守护者，其核心价值在于构建和维护学术交流平台，其对学术信息进行选择、加工整理和传播的基本功能不会随着学术期刊的式微而消亡。学术编辑的使命当系于学术交流平台之建设与学术事业之昌明，而不该绑定在某种具体的形态上，否则将难逃买椟还珠、以指为月之讥。构建和维护新型在线学术平台，更好地为学者服务，促进学术交流与传播，才是新时代学术编辑义不容辞的使命。

不过，若以为只要把纸本期刊的内容放在网络上，学术期刊能就成功转型为网络媒介时代的学术交流平台，期刊编辑就自然地变成了网络编辑，那又未免太天真了。从印刷媒介到网络媒介的转变，从学术期刊到在线学术平台的转变，绝不仅仅是外在形式和载体的变化。进入网络时代，人们越来越领教到麦克卢汉“媒介即是讯息”[③]这一论断惊人的预见性。麦克卢汉反对把技术和媒介视为工具或载体的流行观念，认为从长远看来，媒介带来的真正重要的东西并不在其内容，而在于媒介本身。他指出：“技术的影响不是发生在意见和观念的层面上，而是要坚定不移、不可抗拒地改变人的感觉比率和感知模式”。[④]他把媒介的“内容”比作抛给看门狗的肉，只不过是用来涣散注意力的，媒介这个“窃贼”则会趁虚而入。比如，读者几乎不会意识到印刷媒介本身的力量，但法国历史学家托克维尔却敏锐地洞察到，“印刷术的同一性、连续性和线性原则，压倒了封建的、口耳相传文化的社会的纷繁复杂性”，进而“使法国实现了民族的同一性”。[⑤]技术的发展和媒介的变化，让人们在无意识中改变着感知世界的方式和行为，从而给世界带来革命性的变化。新的在线学术平台，不仅是媒介由印刷品变成了互联网，阅读终端由纸质期刊变成了各种屏幕，而且会引发学术出版的全方位变革，甚至会影响知识生产和传播的机制。

笔者非常认同徐枫对在线学术平台的预言：“未来的学术期刊出版一定是基于网络的，并且是基于多媒体融合的——跨媒体、跨受众、跨终端、跨渠道的超级媒体平台。”[⑥]再进一步推想，甚至连“期”和“刊”这些伴随印刷媒介而生的特定时空概念，在可以即时交流的赛博空间里，似乎也失去了其必要性。因而，只有深入理解新媒介，接受互联网乃至移动互联网的思维方式，才能挣脱学术期刊惯性思维的羁绊。因此，本文讨论的着重点不是学术期刊该向何处去，而是我们究竟需要什么样的在线学术平台。

对学术期刊而言，编辑者、管理者、作者和读者是几种最重要角色，在线学术平台的创立及其实现形态，仍然需要这些人的合力促成，他们对于在线学术平台的态度和需求至关重要。当然，他们的身份也会随着网络媒介时代的新业态而变化，比如编辑将转型为互联网编辑，作者和读者，以及原本被排除在学术界之外的“学术大众”，将被重新定义为在线学术平台用户，此外应包括互联网运营者和技术研发者等。篇幅所限，本文仅从编辑者、管理者和用户等角度，考察这几类人对未来在线学术平台的态度和需求。

二　编辑者：在突围中“落网”

学术编辑处于媒介革命的风暴眼中。随着网络媒介的快速发展以及期刊改革的压力迫近，越来越多期刊界的先觉者意识到了危机。特别是21世纪到来后，关于学术期刊的讨论空前繁荣，标以“危机”“困境”“生存”“出路”“突围”等关键词的期刊研究论文层出不穷，“我是谁？我从哪里来？我往哪里去？”这样富于哲学意味的叩问也不绝于耳。其中讨论最集中最激烈的就是高校学术期刊界。以综合性学报为主的高校学术期刊，与所有学术期刊一样，面临着数字化和体制改革的双重挑战：纸本期刊发行量逐年下滑，读者越来越习惯于通过在线搜索等方式阅读单篇论文，而期刊的形象则几乎消亡在数据的海洋中；传统的编辑部体制下，高校期刊分散而弱小，难以成为合格的市场主体，更别说规模化运营了。此外，高校综合性学报还有一种特有的专业化焦虑，随着学术研究领域趋于细化，与之相应的专业化和专题化已成为学术期刊的发展趋势，而数量庞大的综合性学报却难以实现专业化转型。

朱剑2010年9月刊发于《清华大学学报》的《高校学报的专业化转型与集约化、数字化发展——以教育部名刊工程建设为中心》一文，首次提出了高校名刊学报专业化转型和集约化、数字化发展的可行性方案，即在目前高校学报基本格局不变的情况下，联合创办专业网刊。教育部部长袁贵仁阅后亲笔批示，嘱教育部社科司进行研讨，“中国高校系列专业期刊”（以下简称“网刊”）⑦的尝试也由此拉开序幕。截至2015年3月底，依据中国知网的统计，这篇文章已被下载1000余次，被引近100次，成为该领域最具影响力的文献之一。

这一设想的巧妙之处在于，没有闯入期刊改革的雷区，而是从侧翼迂回包抄，在原有期刊基本格局不变的情况下，在几乎是一张白纸的网络空间另起炉灶，再逐渐以新媒介自身的力量改变传统的业态。这就是所谓“两条腿走路”的过渡性方案：一方面，各刊继续做好纸本期刊；另一方面，各刊编辑人员组成联合编辑部，对拟在纸本上刊登的论文进行编选重组，在网络平台上呈现为一系列专业期刊或专题期刊。笔者以为，借助麦克卢汉的“媒介即是讯息”，恰好可以在理论上对这一设想做出解释。在意见和观念的层面上改变人是很难的，如果其中夹还杂着体制的惯性的和利益的纠葛，就更是难上加难。难怪鲁迅会说：“可惜中国太难改变了，即使搬动一张桌子，改装一个火炉，几乎也要血；而且即使有了血，也未必一定能搬动，能改装。”[8]然而，技术力量却可以使一切悄然发生变化，因为技术的影响并不发生在观念层面，而是潜移默化地改变人对事物的感知模式，进而向思维和行动层面渗透，渐渐使看似坚不可摧的障碍自我消弭。因此，网刊的意义不仅仅在于数字化，更是中国期刊人通过迂回方式改变学术期刊体制弊端的战略选择。

网刊设想的提出，首先源于学术编辑对现状的不满和寻求新出路的冲动，是一种为应对体制困厄而自发进行的“底层设计”。其次，这也是学术编辑对新技术革命的积极回应，他们已经意识到，学术期刊编辑和传播模式，必将被网络媒介改变，学术编辑必须从期刊编辑转型为在线编辑者和传播者。再次，网刊还承载着学术编辑对构建合理的学术评价机制的愿望，因为它有可能借助网络媒介平等、开放、互动的特性，孕育出实现学术自由、学术公正和学术民主的理想平台。最后，网刊也寄托着学术编辑的一份情怀，无论是对精品路线的守护，对免费开放获取的坚持，还是参与者不计报酬的付出，都显现出学术编辑群体的学术使命和对学术期刊的深厚情感。可以说，网刊的尝试是学术编辑的人文情怀与新技术发展趋势的融合，是理想主义与理性思考的结合。

有人质疑网刊只不过在做文献重组，并不是什么创造性的工作。这种质疑包含着对编辑价值的忽视，尤其缺乏对网络媒介时代的学术编辑特有价值的认识。与学术期刊必将式微乃至消亡不同，编辑这一角色在未来的在线学术平台上将继续存在，甚至还会加强。因成本和传播渠道所限，在印刷媒介时代，学术期刊是稀缺资源，属于精英文化的一部分。学术期刊编辑肩负筛选和保证学术成果质量的责任，被称为“学术的守门人”。网络媒介时代，随着虚拟社区、搜索引擎和自媒体的出现，学术成果的发表和获得都变得非常容易，学术期刊编辑的作用似乎削弱了。然而，在读者面对海量学术信息的时候，编辑者若能够凭借自己的专业水准和职业素养，披沙拣金，对文献进行筛选、分类、重组、排序，将为读者节约大量宝贵的时间，大大提升学术研究的效能。在大量信息基础上的选择、整理加工和传播，正是网络媒介时代学术编辑的核心工作；参加网刊工作的编辑，实际上已经开始向网络编辑转型。

我们还应该看到，纸本文献的数字化重组只是网刊初级的形态，是网络出版与传统学术期刊出版体制妥协的结果。由于传统期刊思维和体制因素的掣肘，网刊的发展已经进入一个瓶颈期，亟待模式上的突破。在笔者看来，网刊已经初步具备了向在线学术平台转型的基本条件，有望发展为全新的多功能在线学术平台。这种信心来源于以下事实：一是网刊的背后是一批中国最高水准的高校学术期刊，其品牌资源、作者资源、读者资源、版权资源等，都将成为在线学术平台的品牌保证和资源支撑；二是这些学术期刊强大的编辑力量会聚在一起，将形成学科齐全的高素质专业化网络编辑团队；三是网刊的主导者对期刊发展方向和数字化趋势有着清醒的认识和前瞻性思考，具有事业心和人文情怀，不贪求个人私利，在期刊界具有很高的威望和号召力；四是加入网刊的主要期刊彼此信任，团结协作，这将为今后实质性的合作奠定坚实的基础。

三　管理者：媒体融合拯救改革

网刊创办四年以来，所收录文章的下载量大幅攀升，在期刊界和学界的影响力与日俱增，被视为学术期刊数字化探索的典范之一，也得到了管理者的充分认可和支持。全国行政学院系统的学报，就是在听到原总署官员关于网刊模式的介绍后，参照网刊模式在中国知网创办了“中国党政系列期刊”。在教育部、新闻出版广电总局最近联合颁布的关于高校学术期刊改革的文件中，更是在相当程度上吸纳了网刊的思路和网刊人的建议。接下来，我们就回顾一下管理部门在期刊改革与发展问题上的态度和观念的变化，看看他们是如何由体制改革的对立式思维，走向媒体融合的包容性思维的。

中国学术期刊的主办者，主要是中国科学院、中国社会科学院系统（包括地方社科院和社科联）、教育部及地方政府下属的高等院校等，几乎是清一色的官办背景；与此相对应的是作为计划经济体制遗留物的现行学术期刊体制。这样的格局和体制与现有的社会经济环境已经不相适应，即便没有网络的冲击，也已经到了非改革不可的地步。与西方学术期刊的发展趋势相类似，未来中国学术期刊也会向集约化方向发展，可能最终会形成几个大的刊群。目前，两大刊群已初见雏形，一个是中国科学出版社旗下的中国科学院系统自然科学刊群，一个是社会科学文献出版社旗下的中国社会科学院系统哲学社会科学刊群。此外还有行业性学会主导的专业刊群，如中华医学会系列杂志。与之相比，在数量上占优的高校学术期刊却迟迟没有孕育出集约化的刊群，其结构布局、功能定位、办刊理念、管理运行模式已远不能适应学术事业发展的需要和学者的需求。

无论是教育部对高校学报“全散小弱”的描述,[9]还是原国家新闻出版总署所说的“小散滥”,[10]都表明管理者对高校综合性学报定位模糊、资源分散、力量单薄的现状非常不满。为了改变这种状况，前者启动了名刊工程和名栏工程，后者则努力推动报刊体制改革。此外，在国家层面针对学术期刊的举措，还有国家哲学社会科学基金对200家学术期刊的重点资助。名刊工程、名栏工程和国家社科基金资助，虽然改善了部分高水平学术期刊的办刊条件，对期刊质量提升和品牌塑造很有助益，但并未从根本上解决问题，甚至使一些期刊产生了安于现状的惰性。

作为国家文化体制改革重要组成部分的报刊体制改革，并不专门针对学术期刊，但学术期刊却是这场改革的主要对象之一，因为学术期刊占全部非时政类期刊一半以上。原总署对于期刊改革的思路，比如调整学术期刊的结构布局和刊号配置方式，建立优胜劣汰的退出机制，整合资源实现集约化运营等，有相当的合理性，对于期刊的数字化趋势也有清醒的认识。网刊创立之前，作为网刊发起者之一的《清华大学学报》常务副主编仲伟民即携网刊筹备方案，向原总署新闻报刊司有关领导做了专题汇报，使网刊这种出版实验的合法性得到了默许。

然而，在近年的报刊改革中，原总署给人的印象却是过于强调产业化和“转企”，而缺乏针对学术期刊的有效手段。2012年7月30日原总署颁布的《关于报刊编辑部体制改革的实施办法》，明确宣布“原则上不再保留报刊编辑部体制”,[11]企图强制性地推进高校学术期刊“转企”改制，从而一举拔除整个出版体制改革中最后一批“钉子户”。这在业内引起不小的抵触情绪。因为遭遇意想不到的阻力，这场略显激进的编辑部体制改革，似乎就这样不了了之。[12]

事实上，尽管遭遇了挫折，原总署并没有停止关于期刊体制改革的调研和筹划。2012年年底，原总署报刊司派员专程参加“中国高校系列专业期刊”联合编辑部在厦门召开的中国高校系列专业期刊建设与发展研讨会，不但认真听取了与会主编们关于网刊的经验总结和思考，还在会后委托网刊联合编辑部完成一份关于网刊的调研报告。

沉寂两年之后，管理者再度对高校学术期刊发出了声音。2015年3月，教育部、国家新闻出版广电总局联合颁发《关于进一步加强和改进高校出版工作的意见》，其重要性不言而喻。与两年多前的《关于报刊编辑部体制改革的实施办法》对照来读，不难发现二者间存在的明显差异，有些变化甚至是逆转性的。

（1）这份文件由教育部和总局联署，表明这两个管理部门在“高校学术期刊向何处去”问题上，已经达成了共识，因而这份文件肯定会成为今后一段时间期刊改革的指导思想。

（2）关于体制改革路径的描述，是两者反差最大的部分。《实施办法》中规定，原则上不再保留学术期刊编辑部体制，学报编辑部并入本校或其他单位主办的新闻出版传媒企业；而在《意见》中的说法则变成了“推动符合高校实际的期刊编辑部体制改革和机制创新，探索建立期刊编辑部分散组稿审稿、出版企业统一出版发行的运营模式”。这实际上是向后退了一步，让编辑部可以选择“符合实际”的改革模式，明显是采纳了网刊创办者提出的“两分开”建议。[13]

（3）《意见》还提出，“鼓励高校综合性学报向专业性学术期刊转型”，“鼓励同类型、同地区的出版单位开展联盟合作，共享出版资源和渠道资源，形成富有活力和竞争力的优势出版群”。[14]这不但肯定了网刊一直在探索的学术期刊专业化发展道路，也充分肯定了网刊在数字平台上建设刊群的集约化发展构思。

（4）《意见》把数字化放在了前所未有的高度，这也是该文件最大的亮点。在《实施办法》中，除了在“原则要求”部分提到报刊编辑部体制改革要“与推动传统报刊业向数字化、网络化现代传媒业转型相结合”外，并没有任何与数字化有关内容；而《意见》则在“加快高校出版融合发展步伐”一条中，对期刊数字化做出了清晰的路径设计：“支持出版单位利用数字技术改造传统出版方式，推进管理过程数字化、内容生产数字化、产品形态数字化和传播途径网络化，推动从单一产品形态向多媒体、复合出版产品形态，从产品提供商向内容服务提供商的转型升级。”[15]特别值得注意的是，《意见》还明确指出，要“依托优质学术资源或优势出版平台，构建统一的学术期刊数字化平台，推动学术期刊数字化升级”，“高校要支持改革到位、竞争力强、社会影响大的出版单位以资本、业务为纽带，跨学校、跨地区、跨媒体发展，提高规模化、集约化、专业化水平，打造具有核心竞争力的国内一流、国际知名的品牌出版单位”。[16]这不但完全肯定了网刊的实践，也与网刊向品牌化在线学术平台转型的努力方向相一致。从某种意义上说，主管部门吸收了网刊绕开体制性正面冲突的迂回策略，以更包容的互联网思维促进媒体融合，再借助媒介的变化改变人们的感知和思维模式，使体制坚冰自然地化解。

国家新闻出版广电总局和教育部对于网络媒介的重视，也是印刷媒介向网络媒介转型这一不可逆转的大趋势的反映。2014 年，“媒体融合”发展成为年度行业关键词，整个国家层面对新媒体的重视达到前所未有的高度。习近平强调，推动传统媒体和新兴媒体融合发展，要遵循新闻传播规律和新兴媒体发展规律，强化互联网思维，坚持传统媒体和新兴媒体优势互补、一体发展，坚持先进技术为支撑、内容建设为根本，推动传统媒体和新兴媒体在内容、渠道、平台、经营、管理等方面的深度融合。[17]在 2015 年 3 月的政府工作报告中，李克强明确提出“制定‘互联网 +’行动计划”，[18]其实质就是推动移动互联网、云计算、大数据等与传统行业的结合。具体到出版领域，国家新闻出版广电总局党组书记、副局长蒋建国明确指出：“传统出版必须延伸到网络空间”。[19]来自政府的一致的声音，意味着传统出版业向数字出版的历史性转化，已是如箭在弦上，不得不发。

四 用户需求：在线学术平台的出发点

尽管在这场印刷媒介向网络媒介转型的革命中，编辑者的努力和管理者的意志看似起着主导作用，但决定其走向的最根本因素，还是用户的需求和选择。说到底，无论学术期刊还是学术交流平台，都是学术服务业的一部分。在印刷媒介时代，特别是中国的官办体制之下，学术期刊多少会有些居高临下、自命清高的精英心态；到了网络媒介时代，则应当调整姿态，回归到做好学术服务这个原点。在传统媒介时代曾被奉为圭臬的“内容为王”，在网络媒介时代已经变得非常可疑：读者可以低成本而便捷地获取海量内容，而如何从中选择却成了新的难题；渠道和品牌对读者的影响在不断提升，成了读者间接判断内容好坏的依据，好的内容也依赖于好的传播；读者的需求在多元化，所谓好内容不一定是读者想要的内容，能满足用户个性化需求的内容才是好内容。“内容为王”包含着一种强烈的精英意识，其弊端在于未能尊重用户的需求。在网络媒介时代，“内容为王”或许会被“用户为王”的观念代替。当然，“内容为王”中包含的对内容质量的重视，本来就是用户的重要需求之一。因此，在线学术平台的设计和改进，尽管要以学术期刊的现实条件为基础，但更重要的是从用户即读者和作者的需求和体验出发。

目前的网刊，从服务读者的角度看，主要是符合了专业化的阅读需求，通过数字化重组，方便读者快速集中地免费获取文献；从作者的角度看，则是增加了文章的传播渠道，从而扩大了潜在的学术影响力。比起纸本学术期刊来，这自然是为用户创造了新价值。但迄今为止，网刊仍不能说已经成为一种令人满意的产品，应当改善的环节比比皆是，比如用户界面不够友好、缺乏互动功能、阅读速度不够理想、品牌推广不力、移动媒体终端开发不足等。因为网刊创办的思维原点是应对学术期刊自身的危机，而不是建立在对用户需求深入研究的基础上；创刊后，网刊身份的暧昧、资金的匮乏、人力的短缺等，又延滞了其自我优化的节奏。如果期刊人决心聚集手中的资源，共同打造一个新型在线学术平台，而不仅是将其作为应付改革的权宜之计，就必须从用户需求和用户体验的角度重新进行架构。

学术期刊的读者群和作者群本是一体，差不多覆盖了整个学术界，在网络媒介时代，这些人也自然地成为在线学术平台的核心用户。此外，原本被排除在学术界之外的所谓“大众”，为了学习知识、开阔视野、业余消遣，甚至学术追星等五花八门的因素，也会加入用户行列之中。这些原本与高大上的学术期刊无缘的新用户，将成为在线学术平台的阅读者、点评者或“粉丝”。当然，设计平台的根本出发点，还是学术界核心用户的需求。作为核心用户的学者（此处包括研究人员、高校教师、研究生等），对学术交流平台主要的需求至少包括如下环节：发表学术成果；检索和阅读所关注领域的文献；了解学界动态与信息；公正合理的学术评价；与其他学者交流互动。这些功能大部分是学术期刊原本具有的，随着媒介的改变，用户的需求也会有新的变化，下面我们就对网络媒介时代的用户需求做初步的分析。

（1）作者撰写的稿件，往往很难找到适合的期刊，得不到及时的评审。即便是通过评审的论文，由于期刊版面紧缺和制作发行周期长，往往也要等待几个月甚至几年才能与读者见面。学术成果发表的瓶颈，不但给作者造成了不小的困扰，也严重制约了学术生产的效率。更有甚者，发表之难，还让论文中介和版面费大行其道，增大了作者的负担，破坏了学术秩序，滋生了学术腐败。学者需要像逛超市一样，很方便地选择适合自己的学术期刊，并与之直接互动，不必众里寻他千百度，便可获得可靠的发表渠道。此外，学术成果还应该可以通过纸本期刊在线优先出版，或直接采用 OA（开放获取）[20]的方式，实现快速发表。与纸本期刊相比，在线出版的容量理论上可以无限大，这为 OA 出版提供了空间，也大大降低了论文发表的成本。

（2）文献的检索和阅读是学术研究的基础工作，很多人甚至认为，扎实的学术研究应当建立在对某一领域材料“穷尽性的占有”的前提下。在网络空间里，读者可以很便利地找到海量文献，然而凡是使用过搜索引擎和论文数据库检索文献的人，都能体会到网络上学术文献之良莠不齐，逐一阅读并判断其质量，已经成为不大可能完成的任务。其实，用户真正需要的，并非以学术垃圾为主体的海量文献，而是经过同行筛选的、知识领域细化的有效学术资源。在形态上，如今学术资源的概念已经不局限在文字，还包括多媒体文献、MOOC（慕课）等。此外，用户希望无障碍地获取学术资源。学术乃天下之公器，更何况开放共享本来就是互联网的基本精神，不该为学术传播设定任何人为的樊篱。因此，在线学术平台上的资源应当面向用户免费开放，这也是 OA 出版的基本精神。OA 期刊与传统期刊的根本区别不在于期刊的载体是纸张还是数字媒介，而在于提倡“用户利用互联网就可以不受限制地访问期刊论文全文”。[21]当然，这些学术资源还必须是可靠的，即由权威平台发布，有清晰的版本信息，数据长久保存，随时可以检索。

（3）在文献阅读之外，及时获取本研究领域和相关领域的学术动态和信息，对学者而言也很重要。中国人民大学书报资料中心主办的数字化出版平台“学者在线”，其首页就分为“学者”“资讯”“资源”“会议”“项目”“评价”等六个版块，其中“资讯”“会议”“项目”“评价”等几项，其实都可以归入学术动态和信息的范畴，这可以为在线学术平台资讯部分的设计提供借鉴。网络媒介在发表动态信息方面，具有学术期刊无可比拟的时间优势和互动优势，完全有可能把学者关注的各方面资讯整合起来，快速地推送到学者面前，并可以通过链接和互动，提供进一步的细节和服务。

（4）学术评价是学术界聚讼纷纭的一大问题。笔者以为，无论是以刊评文，还是以量化数据评刊，其根本弊端都在于用外在标准而非内在标准评价论文，其深层原因则是学术共同体的缺位。学者心目中理想的学术评价，必须回归到论文本身，使公正的同行评议成为决定性的学术评价标准。公开透明和平等互动的网络环境，使得在线学术平台有可能成为培育学术民主、促生学术共同体的土壤。

（5）与其他学者交流互动，是学者固有的需求；促进学者间的交流互动，是作为学术交流平台的学术期刊之基本功能。一些优秀学术期刊很重视学者间的互动，采用诸如专题笔谈、争鸣文章、读者来信等方式促进学术交流对话。但比起网络与生俱来的互动功能来，还是逊色得多。便捷的互动，是网络媒体能够聚集人气并对用户产生“黏性”的关键。

五　在线学术平台框架构想

基于上述对用户需求的初步分析，笔者试对过渡性在线学术平台的功能做一些思考，有以下几点不成熟的框架性构想，求教于方家。

1. 论文发表的权威渠道

在线学术平台将为学者提供权威、可靠、快速的论文发表渠道。在线学术平台实现品牌化之后，将对学术界产生重大影响，不断吸引学术成果特别是中青年学者的优秀成果。初步的投稿审稿模式如下：加盟期刊联合建立统一的投审稿平台以及审稿专家库。用户可通过联合网络投稿界面向平台投稿，投稿前需实名注册为会员，并将作品授权网络平台免费使用和传播。用户投稿时需选择对应的专业或专题，同时选择若干加盟期刊作为投稿对象，亦可选择“同意 OA 出版”。平台编辑人员对投来稿件做初步筛选，通过初审的稿件将发送给评审专家，若通过同行评审，稿件连同审稿意见将按用户的选择发至有关期刊编辑部，限期选用。最先确定录用的刊物，即与作者建立出版契约关系，并向评审专家支付审稿费。

如果用户选择“同意 OA 出版”，通过同行评审但在期限内未被加盟期刊录用的来稿，将作为原创文章在 OA 平台发表。无论是被纸本期刊还是 OA 平台录用，论文都可以实现快速发表。发表的文章将获得 DOI 号，以保证在网络内的唯一性和确定性。平台将永久保存每一篇发表的文章，并可以为作者出具相关证明。若采用与纸本刊一视同仁的同行评议机制，并将纸本学术期刊的品牌效应延伸到 OA 领域，则有望打造出品牌化的 OA 期刊，甚至最终摆脱期刊的概念，不采用期刊周期性出版的方式，而是发展为实时更新与互动的 OA 知识平台，按不同的专业或专题不断更新文章，还可以按用户需求，依照时间、阅读量、评分等进行灵活的排序。在笔者看来，这种 OA 知识平台有望成为未来在线学术平台的基本样态之一。

2. 专栏化的知识平台

为读者提供有效、细分、开放的学术资源，是在线学术平台的核心业务，平台将在专业化发展的基础上向专栏化发展。朱剑最近提出，在线数字传播的最佳单元，不是整本期刊也不是单篇文章，而是专栏，他认为，网刊也应当从以专刊为中心转变成以专栏为中心。他提出的理由包括：专栏学科边界和问题边界最为清晰，可以完美对应学术共同体，是最合适的共同体交流平台；依托专栏可以实现编辑与专家的完美结合，由专家担任的专栏主持人可以组织学术研究，甚至引领学术研究；专栏最能体现编辑思想、编辑理念和编辑不可替代的作用；专栏能体现综合性期刊和交叉学科研究的优势；以专栏为单元的学术传播最具影响力；专栏是最佳跨校合作单元；等等。[22]笔者认为上述看法准确地把握了学术期刊编辑价值和用户需求的结合点，用专栏的形式在碎片化的数字化学术传播中重建学术传播基本单元，既是学术期刊编辑价值的集中体现，也符合读者集中获取其所关注学术领域文献的实际需求。

不同于网刊现有的专业刊和专题刊，专栏是一种更加细致的文章归集方式。举例来说，《哲学学报》是专业刊，《三农问题研究》是专题刊，但其涉及的范围都很大，专栏则是其中更集中的一个知识领域，如“宋明理学研究”和“土地问题研究”等。关于专栏实现的具体途径，有如下粗略的规划：通过专门研讨，在一级学科之下选择若干重要学术领域，以及一些跨学科的重要话题，设置问题边界清晰的专栏，并根据读者点击量和业界评价进行动态调整；平台初建时就应建立相当数量的专栏，可以按学科等参数分类排列；专栏内容实时更新，而不采用周期性的传统期刊出版模式，读者可以按上传时间、订阅数、下载量、被引数等各种参数，对专栏内文章排序，便利地进行阅读和下载；每个专栏可以聘请多个一流专家担任主持人；建立本专栏的审稿专家库；作者、编者与读者可以方便地进行互动；以专栏为依托举办学术活动。专栏的基本编辑模式是：专栏联合编辑小组将所有通过同行评议的文章（包括来源刊中的文章和 OA 平台上发表的文章），在统一的在线平台上按专栏分类聚合。为了使专题内容更全面地反映学界成果，所选用的文章可以做必要的延伸。比如，专题可以参考不同学科文献的半衰期，收录仍有价值的重要过刊文章；来源期刊之外或未授权的文章，亦可用摘要或文摘的方式在线展示，并加原文链接。更重要的是，各加盟刊的编辑将加强联合策划，围绕商定的主题共同组稿，甚至联合举办相关主题的学术研讨会，把专栏的合作起点提到编辑流程的前端。

3. 集成化的在线刊群

此外，还可以把所有加盟期刊的原刊集成在在线平台上，让读者选择自己喜爱的刊物，进行以期刊为单元的“怀旧式”阅读。现在不少期刊单独建立了自己的网站，不但成本较高，而且单个刊内容薄弱，无法及时更新，很难吸引到大量具有“黏性”的读者。尽管有《浙江大学学报》（人文社会科学版）这样比较成功的单刊数字化的例子，[23]但这种经验却难以复制和推广，单刊建设在线数字平台有着天然的资源劣势，单刊的内容资源、传播渠道、人力物力都很薄弱。网络经济时代，出现了挑战“帕累托法则”（即“二八定律”）的“长尾理论”，认为只要渠道足够强大，需求不旺的产品所共同占据的市场份额可以和少数热销产品所共同占据的市场份额相匹敌。单个的学术期刊几乎都是需求不旺的产品，特别是学术期刊中“沉默的大多数”，但却有可能通过联合做强渠道，获得前所未有的学术市场份额。如果把单个期刊的自有网站或镜像链接集成在平台上，形成品牌化的在线刊群，则会产生集群效应，扩大原刊的影响力。这虽然是一种过渡形式，但可以展示学术期刊的全貌，并把单刊零散的数字化平台互联起来，自有其独到的价值。这种传统期刊的阅读方式，可以和新形式长期并存，最终融入统一的知识平台。

4. 精准推送的私人定制期刊

以专栏为单元的个性化私人定制期刊，可能是未来期刊的主打形态。其实现途径有两种，一种是由用户选择自己感兴趣的专栏，订阅个人专属的期刊。另一种是利用大数据技术，通过对用户偏好的分析，由系统自动生成主动定制期刊并定向推送。经过系统筛选的学术动态和会议信息等，也可以作为定制期刊中的一个版块。在线平台将通过电子邮件、APP、微信等方式，向用户定期发送这种经过个性化组合的期刊，学术信息将由此进入学者和学术大众的日常生活。

5. 建立互动的学者社区，培育学术共同体和新型学术评价体系

平台将引导学者实名注册，并为每个注册用户建立学者博客，其中汇集该作者以往的学术成果，用户可以在博客上发布新作，并可以选择同时发至投审稿平台。在学者博客中将开设评价和交流功能，并依学科或专栏组织讨论群，从而建立虚拟的学者社区。培育以学术共同体为依托，以同行评议为基础的，公正、民主、开放的学术评价体系，是未来学术在线平台的目标之一。以专栏为中心的学术评价，可以实现真正的以质评文。借助网络平台互动的特质，专家和其他注册用户都可以对平台上的文章发表评语并进行评分。评分的具体算法和权重需要专门研究。每到一定的周期，可以参照评分及同行专家审核意见，对纸本期刊文章和 OA 原发文章进行统一排列分区。如这种评价能保持客观性和学术水准，经过一段时间的努力，不同分区可以争取与体制内学术评价标准对等的地位，甚至成为比当下以刊评文的主流学术评价更有公信力的新型评价体系。在尊重审稿专家意愿的前提下，还可以考虑双向匿名评审和单向匿名评审结合，并根据所评审论文的用户评价情况对评审专家打分，从而使专家的评审行为本身也得到监督和评鉴。在专栏审稿专家和学界忠实用户的基础上，通过在线和线下的交流互动，还可以培育学术共同体，逐步改善现有学术评价体系。

6. 多元集成的学术服务门户

以上内容可以集成在一个网络界面上，同时提供 Windows 版、Mac 版、iPad 版、iPhone 版、安卓版，还要开发 APP 软件，同步经营微信公共账号等。在发表论文之外，在线学术平台还可以向用户提供更多的增值服务，比如针对性的文献搜集整理、专栏或私人定制期刊的按需印刷、学者文集或著作的出版、纸本期刊乃至学术图书的在线销售等。

总而言之，我们构想中的在线学术平台，应该是集成果发表、学术资源检索、学术评价、学术动态、互动社交、增值服务等功能于一体的多媒体的、跨屏的学术服务门户，为学者提供便捷贴心的服务。

---

①杨恩湛：《小引》，《清华学报》1915 年第 1 期。

②参见仲伟民、朱剑《中国高校学报传统析论——兼论高校学报体制改革的目标与路径》，《清华大学学报》2012 年第 5 期。

③④⑤〔加〕马歇尔·麦克卢汉：《理解媒介——论人的延伸》，何道宽译，北京：商务印书馆，2000，第 33、41 页。

⑥㉓见徐枫、郭沁《传统学术期刊的数字化转型：做最好的线上传播》，《澳门理工学报》2013 年第 1 期。

⑦“中国高校系列专业期刊”创刊于 2011 年 2 月，由《复旦学报》《南京大学学报》《清华大学学报》等 17 家入选名刊工程的高校学术期刊联合发起。随着《中国人民大学学报》《政法论坛》等陆续加入，几乎所有“名刊”都成为网刊成员。从 2013 年开始，网刊逐渐开始向“名刊”之外的高校学术期刊开放，截至目前，加盟刊和来源刊已增至 130 余家。网刊的基本运营模式是，联合编辑部在加盟期刊拟发表文章的基础上，按专业或专题进行选编，创办一系列网络专业期刊和专题期刊，所有读者都可以在网刊的平台上免费在线阅读或下载。目前，网刊已经形成以学科为边界的专业期刊群和以问题为中心的专题期刊群两大体系，包括《文学学报》《历史学报》等 12 个专业刊，以及“三农问题研究”资源环境研究”等 7 个专题刊。“中国高校系列专业期刊”的网址是 http：//www. sju. cnki. net

⑧《玻·娜拉走后怎样》，《鲁迅全集》，北京：人民文学出版社，1981，第164页。

⑨参见袁贵仁《新世纪新阶段高校社科学报的形势和任务——在全国高校社科学报工作研讨会上的讲话》，《北京大学学报》2002年第6期。

⑩参见李东东《深化报刊体制改革全面启动退出机制》，《传媒》2010年第4期。

⑪新闻出版总署：《关于报刊编辑部体制改革的实施办法》，《中国新闻出版报》2012年8月3日。

⑫参见《新闻出版总署：原则上不再保留报刊编辑部体制》，《中国新闻出版报》2012年8月2日。原新闻出版总署于2012年7月30日颁布《关于报刊编辑部体制改革的实施办法》，这一文件在高校学术期刊界引起了不小的反弹，一些期刊人还撰文讨论，比如，夏文的《学术期刊编辑部体制改革"实施办法"之理性解读》及陈颖的《编辑部体制的终结与"后学报时代"的来临?》，均见《清华大学学报》2012年第5期。

⑬参见仲伟民、朱剑《中国高校学报传统析论——兼论高校学报体制改革的目标与路径》。文中明确建言："笔者以为存在着比笼统地'转企'更为有意义的手段，这就是将纸本学报与数字化学报分开、将学报编辑与出版发行分别对待的'两分开'办法"。

⑭⑮⑯教育部、国家新闻出版广电总局：《关于进一步加强和改进高校出版工作的意见》，财新网，2015年3月13日，http://www.sikv.com/Newsose/?china.caixin.com/2015-03-13/100790840.html

⑰《习近平：强化互联网思维打造一批具有竞争力的新型主流媒体》，新华网，http://news.xinhuanet.com/zgjx/2014-08/19/c_133566806.htm

⑱《2015年政府工作报告》，人民网，2015年3月5日，http://lianghui.people.com.cn/2015npc/n/2015/0305/c394298-26642056-5.html

⑲蒋建国：《走稳走快走好融合发展之路》，《新湘评论》2015年第1期。

⑳OA（Open Access），一般译为"开放存取"或"开放获取"，其核心精神是体现信息交流及学术传播的自由和共享理念。其定义方式可参考"布达佩斯开放存取先导计划""关于开放存取出版的贝塞斯达宣言"及"对科学和人文领域知识开放存取的柏林宣言"。李武认为："开放存取是不同于传统学术传播的一种全新机制，其核心特征是在尊重作者权益的前提下，利用互联网为用户免费提供学术信息和研究成果的全文服务。"参见李武《开放存取的两种实现途径研究——OA期刊和OA知识库》，上海：上海交通大学出版社，2012，第9~10页。

㉑李武：《开放存取的两种实现途径研究——OA期刊和OA知识库》，第18页。

㉒参见朱剑在清华大学学报主办的首届学术期刊文学编辑论坛暨"中国高校系列专业期刊"《文学学报》研讨会上的发言。

作者桑海，澳门理工学院讲师，《澳门理工学报》编辑，博士。

学术评价与期刊评价

量化评价扼杀人文学术*

——关于人文学科学术期刊的评价问题

仲伟民

[提　要] 近年来学术评价机构纷纷建立并介入评价活动，热衷发布各种期刊排行榜，而各高校及相关学术机构也多以数量以及期刊级别作为考核标准，这促使学术评价机构的权力急剧膨胀，学术评价异化严重。尤其值得注意的是，目前学术评价体系对人文学科学术期刊尤其不利，诸如唯数据化、伪国际化、人为操纵指标等，使人文学科学术期刊处境艰难。影响因子是各学术机构所采用的最主要的评价数据，因为不同学科研究特点之间的巨大差异，导致学科之间影响因子差别极大。实际情形是，不同学科之间的影响因子是不可比较的；如果比较，只能限定在同一学科乃至在二级、三级学科基础上进行比较才有意义。要建立公正的学术评价，必须依托学术共同体，中国学术界任重而道远。

[关键词] 学术期刊评价　人文学科　影响因子　学术共同体　评价机构

近年来，学术评价及学术期刊评价问题受到前所未有的关注，相关研究成果也产生了较大影响。[①]不过，因为学术评价问题的复杂性和其影响的深远性，尽管学者以及有关部门在此方面已经做了很多的努力，但问题还远远

* 本文系教育部人文社会科学研究专项任务项目“学术期刊协同创新与人文社科科研评价体系构建”（项目号：13JDXF006）的阶段性成果。

没有解决。从某种程度上可以说，有些问题反而更加严重了，目前以发表人文学科学术论文为主的学术期刊在现行评价体系中备受歧视，就是一个非常典型的例子。

一　现行学术评价机制歧视人文学科及以发表人文学科为主的学术期刊

人文学科的学术论文大多是思想的呈现和创造，需要长期的知识积累，因此学术成果的写作和发表一般都需要一个较长的过程；加上研究又独具特点，即注重从原始材料入手，较少引用同行研究成果，转引率自然低。但是，目前各高校及相关学术机构大多以数量以及所谓期刊级别作为考核标准，这促使学术评价机构的权力急剧膨胀，各种评价机构争先恐后抢占地盘。比如，原来期刊评价有所谓“三大核心”，而今已有了更多的“核心”，评价标准五花八门，各机构竞相发布排行榜。这对学术研究以及学术期刊的办刊方向等产生了极大的负作用，尤其对人文学科学术研究以及以发表人文学科学术论文为主的期刊造成了非常不利的影响。这里有以下突出表现。

一是评价标准的绝对数据化，导致学术评价以及期刊评价的偏颇并遭到学术界的诟病，甚至影响了中国学术在世界上的形象。

目前在中国各种学术评价中发挥作用的，几乎全是以各种数据为基本依据而制定的评价标准。这些评价标准表面上看非常科学，非常严谨，其实质可能是最不科学、最不符合学术研究规律的，对人文学科来说尤其如此。

以中国知网为例。中国学术期刊（光盘版）电子杂志社每年都发布《中国学术期刊影响因子年报》，这个年报实际就是该杂志社发布的一系列期刊数据排行榜。其中“期刊综合统计源”和“复合统计源”包括总被引频次、影响因子、他引影响因子和即年指标，其他指标还有基础研究类影响因子、技术研究类影响因子、人文社科类影响因子、他引总引比、引用半衰期等13个指标。这些几乎全是与影响因子相关的各种数据。该杂志社近三年还发布“中国最具国际影响力学术期刊”和“中国国际影响力优秀学术期刊”，则主要运用总被引频次和影响因子两个数据，基本模仿SCI的做法。上述几个榜单既没有考虑人文社会科学的一般特点，也没有考虑中国人文社会科学特殊的历史和社会环境。正是因为这种对数据的简单处理，导致榜单出现很多令人费解的现象。比如前一榜单2014版综合性人文社会科学类之排位前20名的两个期刊，就让人疑虑重重，因为无论从实际学术水平、学术影响力以及学者的印象和口碑等方面，这两个期刊都应该属于中下游水平；另外，此榜单排名靠前的相当一部分期刊偏重经济学，而经济学期刊的影响因子普遍偏高，显示了学科之间影响因子的极大差距，更证明了单靠影响因子排序有多么不合理。在后两个榜单中，体育学、心理学、教育学等学科格外突出；除考古学科外，人文学科几乎全军覆没。“2014 年中国国际影响力优秀学术期刊”尤其离谱，不仅有些平时几乎不为人所知、在学术界更是影响不大的期刊居然登上了这个榜单，管理学和教育学更是大放异彩，在所列前 60 种期刊中，这两个学科几乎占了半壁江山，粗略统计，管理学至少有 11 种，教育学至少 9 种，尤其是成人和电化教育更是一枝独秀，比如《中国电化教育》《职业技术教育》《计算机教育》等都很荣耀地进入“2014 中国最具国际影响力学术期刊”榜单。难道这就是向全世界展示的中国学术研究的最高水平？很显然，这个榜单有问题，问题就出在不顾学科差别的简单的量化处理方法。

二是评价机构所定指标随意，评判没有依据，评价结果有失公允；评价机构的特权和作为，导致学术生态和期刊生态恶化。

传统几大评价机构，比如“三大核心”的出炉，大多借鉴国外图书情报学科的相关做法，以数据为基础进行期刊遴选。由于近年这些“核心”受到了学术界的激烈批评，于是有的评价机构试图采取一些新的办法，以求突破。

中国社会科学院中国社会科学评价中心 2014 年发布的《中国人文社会科学期刊评价报告》，就非常典型。这个报告发布后，在学术界产生了极大的反响。而我认为，这个评价报告可能会使本来就为人诟病的学术评价愈加混乱。此评价报告由三部分组成，即《中国人文社会科学期刊综合评价指标体系（AMI）》《中国人文社会科学期刊综合评价指标体系（2014 年试用版）》和《2014 年中国人文社会科学期刊评价结果》。应该说，这个报告最重要的是推出新的期刊评价指标体系。但是评价报告发布之后，绝大多数人关注的却仅仅是期刊评价结果，即期刊排行榜。我之所以称这个期刊评价体系是“新”的，的确是因为有很多新创意新做法。比如将期刊评价体系设计为吸引力（Attraction Power）、管理力（Management Power）、影响力（Impact Power）三大块，该中心对这三个关键词的定义的确非常之新，但遗憾的是，该中心对这三个关键词的定义却让人有些糊涂，比如“吸引力”是这样定义的：“指评价客体的外部环境，良好的外部环境能够吸引更多的资源，提升评价客体的吸引力。”怎么能将期刊的吸引力归结为外部环境？各种学术声誉又怎么是外部环境？再如该报告规定的奖项种类，同样是部级奖，国家新闻出版广电总局的奖给加分，而教育部名刊工程则不加分。该中心考察各期刊“管理力”的做法，似有主观臆断的成分，没有充分重视学者的意见，没有“学术共同体”的作用。

三是盲目以期刊的英文化作为国际化，不仅不利于中国人文学术以及人文学科学术期刊的发展，而且可能背道而驰。

随着中国国际地位的提高，国家对文化软实力越来越重视，鼓励学术研究要“走出去”，要国际化。但遗憾的是，目前很多学术国际化的做法往往流于形式。比如，大家竞相创办英文刊，就非常典型，难道出版英文期刊就等于国际化吗？再比如学术评价，更有许多“伪国际化”的做法，最典型的现象之一就是 SCI/SSCI 崇拜。此类 SCI/SSCI 崇拜现象的长期存在，与中国目前的评价机制密切相关，很多高校都规定学者在此类期刊发表文章有高额奖励；国内的学术期刊更是想方设法进入 SCI/SSCI 数据库，入此数据库几乎成为学术期刊国际化的代名词。造成这种现象的根源，毫无疑问是中国当前普遍存在的荒谬的学术评价体系。因此，只有彻底废除危害中国学术正常发展各种不合理的指标体系，学术界此类怪象才会消散。

国际化涉及与语言的关系问题。目前英语的确是最为国际化的语言，但是这里一个根本性的问题是：中国的人文社会科学学术成果翻译成英语就能实现国际化吗？我不这么认为。中国的人文社会科学学术研究需要国际化，学术期刊也需要国际化，但是我们不能以英文化代替国际化，以欧美化代替国际化，更不能以是否加入 SCI/SSCI 数据库作为国际化的标准。因为这样的国际化不仅会大大损害中国优秀的传统文化，而且会使我们与真正的国际化渐行渐远。台湾大学黄慕萱教授精辟地指出：“由于人文社会学者的研究议题具有高度的本土关怀，自然会以最符合该国文化与思考的语言作为文献发表所使用的语言，因此以英文文献为搜录对象的 SSCI 及 A&HCI 引用索引数据库并无法代表非英文人文社会学者的研究产出状态，其搜录的期刊文章仅表示较具有国际能见度及影响力，而无法表示其重要性或质量的高低，故在非英语国家，人文社会学者的学术评鉴不能仅以国际引文索引数据库进行评鉴。”②

我曾经撰文指出，学术评价机构作为评价主体，无论从其从业人员来分析，还是从其所实际做的具体工作来分析，都不具有评价的资格，对此我曾有过专门论述，兹不赘。[③]但是目前的情况是，这些评价机构不仅具有了资格，而且俨然成为学术评价的大法官，已然凌驾于学术界及学术期刊之上。而我认为，此类机构评价功能的过度开发和利用，不仅危害学术界，也将危害自己，并将自己埋葬。

二　用影响因子等指标作为主要评价标准对人文学科不公平

中国学术评价机制混乱的重要原因之一，是急功近利以及学术大跃进，造成科研行政管理部门过多干预学术，在学术管理上甚至是乱作为。社会上各种各样的大学排名、学科排名以及五花八门的课题申请及评奖活动等，更是将这种不合理的评价机制推向极致。关于这一点，学术界批评已经很多，此不赘。中国学术评价机制混乱的第二个重要原因，是学术界包括期刊同行自身对学术评价漠不关心，很多学者尽管对目前的学术评价机制颇多微词，但又不愿花更多精力来关注，结果导致如上文所说的学术评价制度混乱。学者对学术评价机制即使有一些批评，也大多不得要领。我这里可以拿所谓的影响因子为例进行说明。

众所周知，影响因子（Impact Factor，IF），即某期刊前两年发表的论文被引用总次数，除以该期刊在前两年发表的论文总数。后来又有复合影响因子，这个概念是指，以期刊综合统计源文献、博硕士学位论文统计源文献、会议论文统计源文献为复合统计源文献计算，被评价期刊前两年发表的可被引文献在统计年的被引用总次数与该期刊在前两年内发表的可被引文献总量之比。

尽管影响因子这个概念的发明也就40年的时间（1975年开始使用），但它的影响却非常惊人。可以毫不夸张地说，这个概念“现已成为国际上通用的期刊评价指标，它不仅是一种测度期刊有用性和显示度的指标，而且也是测度期刊的学术水平，乃至论文质量的重要指标”（百度百科）。所以，中国学术期刊光盘版电子杂志社索性以此为题，每年都出版《中国学术期刊影响因子年报》，且成为业界的一件大事。根据通常的理解，影响因子的主要影响在两个方面：它不仅是评价学术期刊的一个主要指标，而且也是评价论文的一个重要指标。也就是说，影响因子在学术评价方面几乎可以通吃了！

文献研究者最喜欢也最重视影响因子数据，各评价机构几乎均将影响因子定为最重要的评价指标，有的评价机构甚至将其作为唯一的指标；也有的科研管理者乃至学者不明就里，喜欢以此作为学术评价的重要标准。如果方法正确，将影响因子作为学术评价的标准之一其实完全是可以的；但如果方法不对，也就是说，如果在使用影响因子进行学术评价时不分学科，将影响因子作为普世的学术评价工具，那就大错特错了，因为不同学科之间论文的影响因子数据相差实在太大。对于专业期刊来说，不同学科专业期刊的影响因子差别巨大；对于综合性期刊来说，偏重人文与偏重社科的期刊之影响因子的差别也非常之大。

相关专家对人文社会科学各学科的引文特征进行实证分析后，发现人文学科与社会科学学科之间存在巨大差异，即使同样在人文学科，引文特征也存在极大差异。比如，任全娥采用自行研制的人文社会科学引文数据库的数据，分别统计了各学科的平均引文半衰期，测试出了各学科领域的最佳评价时段，其研究结果颇引人注意（见表 1）。从表 1 可见，以历史、文学为代表的人文学科的引文半衰期在 10 年以上，而社会科学学科的引文半衰期都在 2.8～3.8 年之间，几乎相差 3 倍；当然，比较意外的是哲学学科，半衰期是 4.2 年，与我们的常识稍有差距。这个研究结果非常直观地揭示了单凭影响因子进行学术评价的荒谬性。

表 1　各学科引文的平均半衰期

学科	半衰期(年)	学科	半衰期(年)
考古学	15.5	哲学	4.2
历史学	12.6	体育学	4
文学	10.1	社会学	3.7
艺术学	9.1	人口学	3.6
宗教学	8.6	法学	3.5
民族学	7.7	政治学	3.4
军事	7.7	统计学	3.3
人文地理	6.4	管理学	3.1
语言学	5.4	教育学	3
马克思主义	4.7	新闻学与传播学	2.8
心理学	4.4	图书馆学情报学与文献学	2.8
		经济学	2.8

资料来源：任全娥：《基于文献引证关系的人文社会科学论文评价》，《大学图书馆学报》2012 年第 3 期。

目前，已有很多学者对引文分析的局限性进行了研究，他们主要归纳为以下三条。第一，引文原因或动机的复杂性影响引文分析的客观性。大量事实表明，作者引用文献的目的不都是因为需要利用某些观点或资料，也可能出于其他非正常的动机；而这种出于非正常动机的引用，在引用文献与被引用文献之间就形成了“假联系”或“假相关”。比如以下方式：阿谀某人，自我吹嘘，相互吹捧，为支持自己的观点而片面引用，为维护某一学派或师承关系而非正常引用，迫于某种压力的引用，等等。第二，技术上的缺陷影响引文分析的正确度。首先，文献收集的不完全性会直接影响引文分析的结果，而事实上任何学科的文献分析都无法收集完全。其次，暗引现象同样会影响引文分析的正确性。所谓暗引，即文章引用其他论著的内容，却不注明出处。这种违反学术规范的现象在各学科的研究中比比皆是。第三，引证分析对研究有时会产生误导作用。由于国家、民族以及文化的差异，某些知识领域或内容可能并非人类所共享；如果过多强调或追求共同性，必然会脱离自己国家的具体实践。瑞典学者 A. Elzinga 指出，面向由核心期刊引用率决定的国际研究工作的前沿，“往往意味着面向像美国那样的核心国家”，“意味着像美国、英国和法国这样一些国家将逐渐占据支配地位。然而对较小的国家来说，适应最大共性可能意味着扩大研究与实践之间的鸿沟”。[④]而实际情形是，过多强调征引指标和共享，往往是后发国家的普遍现象。[⑤]这种做法最恶劣的后果，是粗鲁地扼杀本民族的文化传统；越是历史悠久的国家，对本民族历史文化的伤害就越严重。

上文所说引文评价的三个局限性中，最后一条尤为关键。也就是说，从自然科学引发的学术评价工具，在运用到人文社会科学的时候，会发生严重的变异，具体运用时需要格外小心，否则，评价有失公允，就会损害正常的学术研究。

目前学术评价机制不仅使人文学科处于极其不利的境况，主要刊登人文学科学术论文的综合性学术期刊也同样陷入困境。这里，我仍然主要以影响因子为例加以说明。

上文已经指出，不同学科论文之间的影响因子差距极大，这就造成刊发不同学科论文学术期刊影响因子的差别极大，人文学科与社会科学学科期刊的影响因子差别更大。比如《经济研究》与《历史研究》同是中国社会科学院的著名期刊，但根据中国知网 2014 年发布的影响因子年报统计，两本最著名的专业期刊，影响因子差别极大，《经济研究》复合影响因子达

9.831，而《历史研究》的复合影响因子只有0.954，相差整整10倍。所谓经济学“帝国主义”，文史哲“第三世界”，在学术评价领域显露无遗（详见表2）。

表2　专业期刊影响因子比较

期刊(社科)	复合影响因子	期刊(人文)	复合影响因子
经济研究	9.831	历史研究	0.954
中国法学	6.774	文学评论	0.697
法学研究	2.571	文艺理论研究	0.444
社会学研究	4.882	哲学研究	1.261
中国工业经济	4.693	中国经济史研究	0.356
中国农村经济	3.665	近代史研究	0.953
平　均	5.403	平　均	0.778

资料来源：CNKI 2014年公开数据，http：//www.cnki.net/

在综合性期刊中，除《中国社会科学》为5.596外，绝大多数如果能超过1，已经是很高的数字了。就学报而言，《浙江大学学报》和《中国人民大学学报》最高，《复旦学报》为1.094，《文史哲》则只有0.646。可是我们并不能以此判断后两家学报比前两家学术水平低，为什么？道理很简单，是学科文章分布造成的。前两个学报侧重社会科学学科的文章，尤其是经济学、社会学等学科文章；而后两个学报侧重人文学科，尤其是文史学科的文章。这种学科分布造成了影响因子的巨大差异（见表3）。

表3　综合性期刊影响因子比较

期刊(社科)	复合影响因子	期刊(人文)	复合影响因子
学术月刊	0.928	北京大学学报	1.054
社会科学战线	0.462	清华大学学报	1.277
学术界	0.536	南京大学学报	1.334
天津社会科学	0.820	复旦学报	1.094
江苏社会科学	0.853	文史哲	0.646
福建论坛	0.620	中国人民大学学报	1.883
社会科学辑刊	0.492	浙江大学学报	1.802
平　均	0.673	平　均	1.299

资料来源：CNKI 2014年公开数据，http：//www.cnki.net/

因此，仅仅或主要依靠影响因子数据评价期刊，不仅是极不科学的，而且会对人文社科期刊造成严重的负面影响。这种评价标准没有考虑到学科之间的差异。人文学科有自己特殊的研究规范，以历史学科为例，实证性历史学文章多是径直爬梳史料，在经过考证辨析后得出结论，此类文章较少引证现当代人的论著。这是历史学研究的重要特点之一，当然，这既是历史学研究的优长之处，也是历史学研究的短板之处。说它有优长之处，是因为历史学者习惯直接从原始材料入手，尤其注重第一手的材料，这是历史学科不同于任何其他学科的重要特点。可是，这种研究方法同样有不足之处，这说明历史研究学者比较容易忽视同行的相关研究，不仅对同行的尊重不够，而且容易形成重复性研究。我主张，历史学者在注重原始材料的同时，应该尽量汲取其他学科尤其是社会科学学科的做法，即不仅应该很好地总结前人的研究成果，还应尽可能多地引用别人已有的研究成果，避免重复性劳动。当然，历史学的学科特性以及研究方法，使该学科论文在被引方面永远不可能同经济学相提并论。

鉴于此，不同学科论著的学术水平，不宜都拿影响因子作为评价标准，更不宜将不同学科的论文进行影响因子的比较。如果要进行比较，只能在同一学科内，甚至要在二级、三级学科层次上进行比较。学术期刊同样如此，不同学科的专业学术期刊不能主要用影响因子进行比较；综合性期刊的发文差异很大，也很难主要用影响因子来比较。上面所举例证，足以说明问题。

袁培国先生对滥用影响因子提出批评，他说："把针对以英文为主、期刊类别与其刊载论文类别相对一致的科技期刊的期刊影响因子原封不动地运用于大多是一种期刊刊载多学科论文的中文人文社会科学期刊，在现实中便带来了新的问题，而科研管理使用的简单化、绝对化和误用更加剧这些问题的复杂性和严重性。"[6]可见，学术评价机制不合理有很多复杂的因素，需要我们做更深一步的研究。

在人文社会科学学术评价，尤其是职称评定中，我认为代表作制度是一个相对不错的制度设计，得到学者较为普遍的认同，因为代表作制度激励学者发表高水准的研究成果，而不鼓励急功近利、单纯追求成果的绝对数量。[7]中国社会科学院曾经较好地执行这项学术评价制度，为学术界所认可，但近年来有些研究所似乎也逐渐改变了学术评价体系。

学术评价出现上述过分看重影响因子数据的现象，有很多原因，其中有两个原因特别重要，一是同行专家或学术共同体作用发挥不充分，此点下文将有阐发；二是评价机构的作用日益膨胀，正是因为在评价机构的推波助澜之下，导致学术评价的异化现象越来越严重。更为明确地说，学术评价机构是形式评价尤其是量化评价的推手，量化评价体系是一种貌似科学而实则粗暴的评价机制，对人文社会科学的发展会造成深重的伤害。学术研究要健康发展，必须抛弃这种伪科学的做法，建立公正合理的学术评价机制。

三　学术共同体：建立公平公正学术评价的基石

近年学术界之所以如此关注学术评价问题，是因为学者们内心有很多渴望：渴望真正的学术研究和学术创新能够得到肯定，渴望学术诚信的回归。但现实总给我们泼冷水，现行学术评价制度不仅不能满足上述要求和愿望，反而引发很多的学风问题。这也逼迫我们深入思考一些问题，寻求更好的学术评价路径。

针对这种状况，2011 年 11 月 7 日，教育部下发《关于进一步改进高等学校哲学社会科学研究评价的意见》，提出进一步改进哲学社会科学研究评价，以促进高等学校哲学社会科学健康发展。其中特别指出，要正确认识 SCI、SSCI、CSSCI 等引文数据在科研评价中的作用，避免绝对化；意见要求确立质量第一的评价导向，要求加强评价制度建设，其中第三条指出："建立开放评价机制。基础研究以同行评价为主，大力加强国际同行评价。"应该说，这个导向是很好的，这个文件的制定是有意义的，值得肯定。

从操作过程看，人文社会科学评价只可能是一个主观的评价，因为学术研究成果水平的高低全由同行来裁定；但是，从结果和社会影响看，它又应该是一个客观的评价，即由同行做出的学术评价能够得到学术界的普遍认可。真正好的学术评价，实际上就是这种主观与客观的完美统一、公平公正的完美体现。

说到学术评价要公平公正，就牵涉出一个大问题：进行学术评价的主体怎样认定？上文已经指出，学术评价应该由学术权威在内的学术共同体承担，这是最为可行的路径也是最科学的做法。目前国内几大被学术界基本公认的奖项，如被学术界广泛关注的"思勉原创奖""汉语人文学术写作终身成就奖"以及"百盛－清华学报优秀论文奖"等，就是因为初步尝试发挥学术权威和学术共同体的作用，基本做到了公平公正和公开，因此在某种程度上得到了学术界的认可。

以"思勉原创奖"为例，该奖评审尽量发挥学术共同体的作用，坚持全过程实名制评审。在评审会之前，主办方首先从国务院学科评议组成员、教育部社科委员等专家名单中邀请21位文史哲专家学者，推荐21部作品并撰写推荐意见；随后，每项参评作品由全国范围内随机邀请的100名同学科学者实名填写问卷，问卷内容包括“对本科研成果的了解情况”“该成果研究工作在理论上的突破程度”“该成果出版发表后的社会影响”等问题，以此调查该成果在同行中的知名度和认可度；此外，还对参评作品进行通讯评审，由5位同学科专家分别审读并给出独立评判，反映该成果在专家心目中的创新程度。评审专家在参考此前推荐专家意见、同行学者问卷测评结果及通讯评审专家意见的基础上，审读原著，并独立评判给分，按照得分高低排名产生获奖提名作品，提名作品经评审委员会实名投票产生，经公示无异议后在颁奖仪式上正式授奖。[8]

“汉语人文学术写作终身成就奖”的做法，同样也为人称道。首届“汉语人文学术写作终身成就奖”的获得者是清华大学的李学勤先生，此奖于2013年7月在著名哲学家贺麟故乡四川金堂县颁发。该评奖委员会2006年公布的首届评选流程，总共有8条具体规定，[9]这个流程可以说是目前学术评奖中最为复杂也是相对来说较为完善的评奖办法。

以上两个奖项，其评选过程没有问题，但其中某些做法似乎仍可商议。其一，“思勉原创奖”声言尽力发挥学术共同体的作用，但同时强调专家从国务院学科评议组成员、教育部社科委员等专家名单中邀请，这有故意使此奖项官方化之嫌。在中国特殊的环境中，几乎所有民间行为都有官方化的冲动，因为似乎只有官方承认的奖项才会被单位认可；从长远看，这对社会发展和学术创新都是十分不利的。其二，“汉语人文学术写作终身成就奖”首先以网站投票数决定获奖人提名，表面上看似乎很民主、走群众路线，但实际上违背学术评价小众化、专业化原则。有人认为：“我们不能说，中国的学术水平只能由中国学者来评价，外国人不能置喙；反过来说也是如此。我们也不能说，学术评价只是学者的专利，普通读者无权对学术问题发表意见。”[10]这段话前半部分是对的，后半部分有问题。因为学术是极少数人从事的工作，其学术成果也是面对小众群体的，普通读者的评判一般情况下不能作为学术评价的标准。我认为“普通读者无权对学术问题发表意见”这句话，原则上是正确的。也正因此，我不赞成以网上公开评论作为学术评价的基本依据之一，因为学术研究成果是一项探索和创造性的工作，不同于通俗读物，也不同于文学作品和影视创作。

作为纯民间奖项的“百盛－清华学报优秀论文奖”，因为规模较小，所以操作相对容易。该奖主要有两个流程，一是请专家通讯评审，二是请专家现场会评。目前该奖已进行了三届评选，在学术界反应甚佳。曾荣获此奖的王齐洲教授这样表达他获奖后的感动：“这是民间独立评审的奖项，由李学勤、傅璇琮、童庆炳三位老先生最终确定，是纯学术的判断。我虽曾连续五届获湖北省优秀社科成果奖，却没有过这种激动。如果我们的学术，真的出于求真，所写的文章，真的能感动自己，没有功利的目的，没有世俗的羁绊，那么，学术之树必然长青，学者的生命之树也必然长青。”[11]

从以上奖项来看，我们对学术共同体的认识以及国内学术界共同体的培育都才刚刚起步；比较而言，欧美学术界已经相当成熟，值得我们借鉴。

从欧美国家学术评价的经验来看，构建自律的学术共同体，既是学术评价存在的前提，也是其良性运作的基础。自律的学术共同体是由学者以各自专业为基础自愿结成学术团体、创办学术刊物、组织学术会议等，其中专业性和自律性（autonomy）是其最主要的特点。专业性无须解释，自律性则需要略做阐释，因为自律性是学术共同体最重要的特性，也是学术共同体能否发挥作用的关键。以美国为例，学术共同体的自律性表现在三个方面。其一，自主结社和自主运作。学者自愿结成以专业为基础的学术团体，自主创办专业刊物，自行召集学术会议，上述活动不必经过权力机构的批准，只要履行相关的法律程序即可。这种由团体、刊物、会议等构成的学术共同体形式，既是一个开放的学术讨论和批评的空间，也是学术秩序的建设者、维护者和监督者。其二，自主立法。“autonomy”一词有三个层面的含义：（1）法律意义上的，有自治、自治权、自治州、自治团体以及人身自由的意义；（2）哲学意义上的，含有自律、意志自由的意思；（3）生物学意义上的，即自发性。学术共同体的“autonomy”，应该取前两层含义的部分内容。或者说，学术共同体所奉行的“法”不是由立法机构来制定的，而是学术界经过长期积累而形成的各种惯例和共识，包括学术规范、学术标准、学术伦理准则等。其三，自主约束。在正常情况下，学术共同体成员的认同感、归属感、荣誉感、责任感、信誉感、耻辱感等，使学术规范、学术标准、学术伦理准则等得以遵循和贯彻，一旦发生违规行为，共同体即可对当事人进行追责或处罚。李剑鸣教授说：

> 美国这种自律的学术共同体，其形成和维持同某些“心灵的习性”和“做事的方式”密切相关，而且也离不开自由、平等和民主的社会政治环境……没有什么学术权威是不可质疑的，没有什么学术观点是不可挑战的，也不存在对学界前辈的恭顺和屈从。学术是自由而开放的领地，任何垄断和霸权都不为共同体所接受；学术评价也是自由、平等的对话，尖锐的观点对立，激烈的学术争论，通常不涉及个人恩怨和私人感情。同样值得注意的是，无论是学术社团，还是学术刊物，在经济上都不依赖于政府拨款，也不单凭某个人的捐赠，而是依靠学者缴纳的会费以及其他募捐。这种经济上的独立性，是其自主性的基础和保障。[12]

正是因为美国学术评价中有成熟的学术共同体起到了关键的作用，政府和大学不干预学术评价，因此美国学术呈基本健康发展的态势，成为各国学术界学习的榜样。当然，不是说美国的学术评价就尽善尽美了，我只是希望中国的学术评价能够从人家那里学习一些有用的东西。

我曾撰文批评人文社会科学学术评价中的科学主义倾向，这种情形对人文学术的危害极大，[13]影响因子决定论就是典型的科学主义做法，需要警惕并及时纠正。令人忧虑的是，目前的学术评价制度以及各式各样的评价机构，却正在助长这种唯科学主义、伪科学主义的做法。学术界、期刊界以及相关管理部门必须努力克服这种危害人文学术的做法，中国的学术研究才可能健康发展，中国的人文学术才有可能在世界上争得一席之地。

---

①参见朱剑《科研体制与学术评价之关系——从“学术乱象”根源问题说起》，《清华大学学报》2015 年第 1 期；仲伟民《缘于体制：社科期刊十个被颠倒的关系》，《南京大学学报》2013 年第 2 期。

②黄慕萱：《人文社会科学研究评鉴特性及指标探讨》，《清华大学学报》2010 年第 4 期。

③参见仲伟民《缘于体制：社科期刊十个被颠倒的关系》，《南京大学学报》2013 年第 2 期。

④A. Elzinga：《对学术研究进行评估的后果》，《科学学译丛》1989 年第 1 期。

⑤所引三点意见，参见卜卫、周海宏、刘晓红《社会科学成果价值评估》，北京：社会科学文献出版社，1999，第 25 ~ 27 页。

⑥袁培国：《中文文科期刊影响因子评价作用之反思》，《南京大学学报》2011 年第

3 期。

⑦参见仲伟民《关于人文社会科学期刊评价的几个问题——从学术评价的实质性标准谈起》，《学术界》2014 年第 7 期。

⑧查建国、李玉：《推动学术原创创新评价体系》，中国社会科学在线，2013 年 8 月 16 日。

⑨这八条具体规定是：1）本研究所网站上获得投票且得票数为本学科第一、第二名的学者直接获得提名。2）未能在本研究所网站上获得提名的学者，可以由汉语人文学术界相关专业领域内 10 位专家（有本专业博士学位或讲师以上专业职称）联名推荐获得提名。3）截至 2012 年 6 月 30 日，获得本学科 10 名以上专家联名提名及在本研究所网站上获投票且得票数为本学科第一、第二名的学者，均为本次汉语人文学术写作终身成就奖候选人。4）本研究所将在 2012 年 7 月 5 日前公布所有候选人名单及候选人学术简介，公示并接受学界质询 30 日。5）公示完毕后，本研究所将把候选人代表作提交给四川大学哲学研究所 20 人学术评议委员会各位委员。20 人学术评议委员会委员进行投票表决。20 人学术评议委员会委员每人对每个学科的候选人有一票投票权。6）20 人学术评议委员会委员分别以书面形式陈述投票理由，交由本研究所存档，并在本研究所网站上公示。7）在20 人学术评议委员会评议结果中得票第一且得票数不低于总票数 60%者，获得本次汉语人文学术写作终身成就奖。如得票数第一者总票数低于 60%，则本次终身成就奖空缺，奖金自动转入下一次评选。如出现并列得票第一且在本学科得票总数不低于 60%的情况，则并列得票第一者均为本届汉语人文学术终身成就奖获奖者，获奖者将分享奖金。8）本研究所将在 2012 年 12 月 31 日前公布评选结果并安排颁奖事宜。见四川大学哲学研究所网站，http：//www. scuphilosophy. org/

⑩陈先达：《学术评价的主体和学术标准》，《毛泽东邓小平理论研究》2012 年第 1 期。

⑪王齐洲：《裸学存稿——王齐洲自选集》，武汉：华中师范大学出版社，2013，“自序”，第 5 页。

⑫李剑鸣：《自律的学术共同体与合理的学术评价》，《清华大学学报》2014 年第 4 期。关于学术共同体特点的分析，参考了此文。

⑬参见仲伟民《破除学术评价对期刊发展的不利影响》，《光明日报》2014 年 11 月 3 日。

作者仲伟民，清华大学历史系教授，《清华大学学报》常务副主编，博士，全国高等学校文科学报研究会副理事长兼秘书长。北京　100084

耦合与借鉴：核心期刊之于学术评价的再思考

高自龙

［提　要］近年来，经过对核心期刊僭越学术评价功用并导致各种负面影响的批评清算，已基本厘清了核心期刊与学术评价这两个不同问题的混乱纠葛。但是，核心期刊之于学术成果评价功用的滥觞，既有客观需求的外力推动，也与核心期刊和学术评价之间存在一些目标耦合因素直接相关，需要深入理性分析，也需要学术评价合理借鉴。

［关键词］核心期刊　学术评价　目标耦合

截至目前，对于核心期刊与学术评价问题的论争，已基本告一段落。这个受到学（科研）者、期刊出版（管理）者、科研管理者等群体广泛关注的社会话题探讨，尤其是对核心期刊僭越学术成果评价功用的清算，已基本厘清了学术期刊与学术评价这两个不同问题的混乱纠葛关系。但是，核心期刊与学术评价并非不相关，而是有着很多直接的目标耦合因素。大数据时代，如何合理借鉴并利用好核心期刊这个检索工具，更好地辅助于科学的科研成果评价工作，依然具有重要的实践价值。

一　关于核心期刊之于学术评价问题的研讨述评

（一）中国引入并研制核心期刊之主要成果

核心期刊理论是个舶来品。核心期刊起源于英国文献学家布拉德福于

1934 年提出的文献离散定律。后经美国情报学家普赖斯、尤金·加菲尔德等人的研究，特别是在加菲尔德于 20 世纪中后期创造性地系统提出了引文分析理论后，美国科学情报所（ISI）分别于 1963 年、1973 年、1978 年研制了《科学引文索引》(SCI)、《社会科学引文索引》(SSCI)、《艺术和人文科学引文索引》(A&HCI) 三大检索工具。发展到现在，国际上知名的引文索引数据库有：SCI、EI（工程索引)、ISTP（科技会议录索引）三大科技文献检索系统和 SSCI、A&HCI、ISSHP（社会科学和人文科学会议录索引）三大人文社会科学索引库。

据钱荣贵考证，中国传媒首次提及核心期刊问题的开篇之作，是 1973 年中国图书进出口公司创刊的《国外书讯》中《世界重点科技期刊》一文。当时，国外学术期刊价格飞涨，如何用有限的经费采购有价值的外刊，成为介绍者的直接目的。[①]

从 20 世纪 80 年代始，中国对核心期刊的研究逐渐升温，研究机构纷纷建立。但从国内正式的系统公开出版、发布核心期刊研制成果情况看，可能最早见于 1992 年由北京大学出版社出版的《中文核心期刊要目总览》，即北京大学图书馆“中文核心期刊”(由北京地区高等院校图书馆期刊工作研究会和北京大学图书馆联合研究课题成果)。

1996 年，中国科学院文献情报中心推出了中国第一个自然科学领域的引文数据库——“中国科学引文数据库”(Chinese Science Citation Database) 光盘版，收录了国内出版的中英文科技核心期刊 582 种，即“中国科学引文数据库（CSCD）来源期刊”。

1999 年，南京大学中国社会科学评价研究中心推出了中国第一个人文社会科学领域的引文数据库——“中文社会科学引文索引”（1998 版)，收录了来源期刊 496 种，即南京大学“中文社会科学引文索引（CSSCI）来源期刊”。

另外，1997 年起中国科学技术信息研究所的“中国科技论文统计源期刊”(又称“中国科技核心期刊”)、2004 年起中国社会科学院文献信息中心的《中国人文社会科学核心期刊要览》、2009 年起武汉大学中国科学评价研究中心的《中国学术期刊评价研究报告：RCCSE 权威、核心期刊排行榜与指南》、2012 年起中国人民大学书报资料中心的“复印报刊资料”重要转载来源期刊等，也相继正式公开出版或对外发布。

（二）关于核心期刊应用之滥觞

客观地看，核心期刊[②]这个舶来品一开始并没有引起学界、期刊界、科研考核管理部门的普遍重视。一是国内对此较陌生，需要一个熟悉、认知的过程；二是国内科研考核尚不偏重量化指标，[③]学术期刊的地位或评价尚处于由历史形成的行政级别或同行认可的阶段。但是，大约从20世纪90年代中期以后，随着论文数量和期刊数量的迅猛增长，[④]以及各种核心期刊表的诞生和传播，对处于“苦海”困境中的科研评价管理者而言，这个基于引文量化数据基础上的核心期刊表犹如一副灵丹妙药，成为核心期刊之评价功用滥觞的主要推手。因为它有如下“优点”。

（1）科研考核工作简单化。论文数量的激增，客观上增加了科研考核的操作难度和成本。有了核心期刊这个范围界定，无疑简便易行、客观公平。这一点无需赘述。

（2）核心期刊标准貌似公正公平公开。科研成果的评价是一件涉及评价目的、评价主体、评价客体、评价方法、评价程序、评价结果等复杂因素的价值判断过程，同行评议应当是评价全过程的主角。但同行评议也非万能，对有些领域科研成果评价标准不易把握，比如社会科学领域里创新性强、很超前的成果，或者是人文学科领域里那些具体化、个别化的研究成果，或者交叉学科领域里的研究成果，评价结论有时出现失误或争议。而用数据考量则用貌似客观的标准，刚性地解决了许多主观判断解释不清楚的“质疑”和分歧。

（3）人们更认同量化评价。在没有核心期刊量化评价前，虽然对同行主观评议法也有争议，却是科研成果评估的唯一选择。但在学术科研和学术评价十分功利、学术规范和学术诚信严重缺失的环境下，一旦有了量化数据指标或标准，人们自然就抛弃了有争议、有疑问并可能引起无穷麻烦的主观同行评议法，转而采用量化评价法。特别是当大多数人对核心期刊生成的数据、指标、计算等复杂因素不知其详，对引文分析法的应用局限不甚了解的情况下，盲从心理反而使之认同度更高。例如，在很多人的文章或言论中把核心期刊与学术成果评价、与学术期刊评价这些问题混为一谈，把论文评价标准与核心期刊研制标准等同看待，就明显在误用或夸大核心期刊的功用。

（4）与国际接轨。实行对外开放、加快与国际接轨，也带来了一些负面的东西。比如在学术界涌动着的崇洋心态就十分突出。在学术评价领域，以SCI、EI、ISTP、SSCI、A&HCI为代表的“洋”索引在一些人心目中成为至理圣经，唯“洋”是瞻，不管学科、地域、文化差异，照抄照搬，一概拿来，与“国际标准”看齐。

（三）关于核心期刊僭越评价功能之反思清算

国内各种学术研讨、大量文章集中对核心期刊僭越评价功用现象进行了痛彻的鞭挞。概括起来主要有以下几点。

（1）（引文）数据崇拜。表现在：数据就是水平。在中国现阶段各种学术评价、评选以及职称评聘、项目评定等活动中，普遍重视数量和数据。引文数据、转载数据，往往直接就是质量和水平的代名词。由此导致了严重的后果：一是催生了剽窃、编造研究论文和假期刊产业，二是造假引用数据层出不穷，三是抑制了科研人员的创新动力，搞短、平、快的“硬产出”以提高泡沫化的学术 GDP。曹卫东曾撰文指出，在量化考核体系下，学者的研究成果被量化为一个个具体的数字，表面上看，这种方法简单易行，是一种合理甚至公平的学术评价机制，但事实上是把复杂的智力劳动简化为单一的机器生产，抹杀了个人创造潜能的多样性。[5]

（2）核心期刊崇拜。表现在两个方面。一是“以刊评文”，唯核心期刊论英雄。中国大多数教学科研单位都规定了不同职称级别晋升与聘期考核、博士毕业要发表的核心期刊论文数量。大到考评一个单位的业绩或竞争力，小到考评个人的职称、科研、项目与结项等，都要看在核心期刊上的发文数量。钱荣贵尖锐指出，有些单位“六亲不认”，只认核心期刊，且辅之以重奖，这样一来，许多人做学问、写文章的终极目标似乎就是在所谓的核心期刊上发文章，至于科学研究的根本目的、文章的价值作用已无暇顾及。[6]二是极度推崇所谓国外索引来源期刊。在国内核心期刊之学术评价功用大肆泛滥的情况下，一些大学和科研单位逐渐不满足于中文核心期刊的数量和声誉，开始不分领域、不分学科、不顾历史文化背景，甚至弄虚作假，或花费大量金钱[7]，狂热追求在 SCI、EI、ISTP、SSCI、A&HCI 等索引来源期刊（国际会议论文集）上发表论文的数量，以其多寡作为单位和个人评价的最高标准。

值得警惕的是，推崇国外索引来源期刊，不仅使中国学术资源外流严重，而且助长了学术泡沫的国际化传播，影响了中国的国际形象，负面效应越来越明显。有学者更为隐忧地指出，这些国外引文索引数据库基本上是以西方英文期刊作为统计来源刊的，在人文社科领域，其选择来源刊的旨趣显然具有地域、文化、历史、民族甚至意识形态色彩。而且，近些年这些商业化的引文索引数据库还逐渐形成了资源垄断霸权，收取中国用户高额的使用费且不容谈判。为保持其垄断稀缺性，还对中国学术期刊的加入设置了很高的门槛和收取不菲的系统使用费。

二　关于核心期刊与学术评价关系的再思考

在人们对核心期刊越位或出位学术评价功能情况几乎一边倒地进行清算时，却鲜有从核心期刊与学术期刊评价、与学术成果评价的正相关关系角度进行分析研究。理性分析看，核心期刊之于学术成果评价功用的滥觞，既有客观需求的外力推动，也与核心期刊和学术评价之间存在目标耦合直接相关，非常需要学界深入开展分析，也需要学术评价活动合理借鉴。

（一）核心期刊与学术成果评价

核心期刊与学术成果评价是两个主客体迥异、内涵不同的领域。各种核心（引文索引来源）期刊表，只是引文索引数据库功能的很小一部分，引文索引数据库的主要功能是文献信息的查询。因此，核心期刊的目标定位就决定了它不能成为学术成果评价的标准，更不能简单地“以刊评文”。

但也必须认识到，表面上看，各种核心（引文索引来源）期刊表研制的对象是刊物，实际上是在研究论文的质量属性表征。核心（引文索引来源）期刊研制的目的，是从海量的期刊中找出那些水平与质量较好、在所涉及的学科或专业中的地位与作用处于“核心”位置的学术期刊。由于各种核心（引文索引来源）期刊表研制的具体方法、侧重领域、来源数据、指标体系权重等的不同，导致结论有差异，但其理论依据和基本方法是相同的，即都根据学科论文构成要素的多种属性表征在期刊中的集散规律，采用文献计量统计并辅之同行判断开展研究。这些期刊和论文的属性表征体现在统计指标上有：载文量、总被引频次、影响因子、即年指数、他引率、被引半衰期、学科影响指数、均被引、地区分布率、基金论文比、Web 即年下载率等，以及各种大量衍生指标如五年影响因子、剔除自引的影响因子、网络影响因子等。这些指标都是从不同侧面反映论文对期刊的影响力。

而且，不少人误以为核心期刊研究只关注引文数量，根据笔者的观察，国外的核心期刊研究一直在从“量—质”演进：发文数量—引文数量—引文质量（论文影响因子、论文被哪些刊被谁引用、影响分值等）。演进阶段大致如下。

第一阶段：1930～1940 年代英国图书馆学家布拉德福的文献集中与分散规律（简称布氏定律），加上 1950 年代普赖斯的文献增长与老化规律

（曲线、指数），以发文数量为中心构建核心期刊评选理论框架。

第二阶段：1960～1990年代加菲尔德创建引文分析理论体系（简称引文集中定律），以文献或期刊“被引频次”（引文数）为指导、以影响因子为核心指标，构建核心期刊综合评价体系。中国后来引进并发展的各种核心期刊研究都遵循了这个体系。

期刊或学术文献是内容与形式的统一，形式是内容的外在表现。在西方成熟的学术研究、评价、出版的环境里，一般情况下，国外的核心期刊研究尽管有具体指标应用上的争议，但基本达至了以下共识：核心期刊评选＝学术期刊评价≈期刊学术质量评价⊴学术论文质量评价。在中国，由于历史文化、国情现实等差异，核心期刊的研究成果在应用层面上出现了变异，从而遭到了普遍的批评。但是，这并不能否定核心期刊研究本身的科学性。恰恰相反，借鉴、改造、吸收的过程，必然经历这种水土不服的阶段。

核心期刊对于学术成果评价的参考价值体现在两个方面。

一是耦合现象客观存在。至目前，一些研究侧重在批判核心（引文索引来源）期刊之功用被滥用、被放大而“诱导”的科研成果量化评价的弊端方面，没有认真客观地分析核心（引文索引来源）期刊与学术成果评价结论之间的耦合现象。比如，核心期刊上发表论文的作者影响力、论文质量水平普遍较高；引用率高的论文大多数是那些有创新突破的科研成果，或权威机构、权威学者研究发布的成果；核心期刊上的论文被引用量（率）普遍高于一般期刊等。这些耦合现象不是偶然的个别存在，而是比较规律性的普遍存在，那么，其中必然存在内在的逻辑关联性。核心期刊研究的一个重要方向就是要探索这种关联性的规律，界定其关联的条件、内涵及使用范围，从而更加完善其科学体系，发挥文献计量学意义上的评价功能。

二是科研成果评价有合理借鉴核心期刊的经验。科研考核管理部门转向核心期刊的路径依赖，并非毫无依据。我们在大加批驳科研量化评价的恶果并将之归罪于核心（引文索引来源）期刊时，不能走向极端，应充分认识引文索引在立体展现文献之间的引证关系，显示科研成果之间、刊载文献的期刊之间以及文献所属学科之间的内在联系方面的价值。只要我们不将核心（引文索引来源）期刊上的论文与学术价值完全等同、不将高引用与高水平等同、不将影响力与创新力等同、不将来源期刊收录标准与科研评价标准等同，那么，就完全可以科学合理地发挥引文索引在学术评价中的辅助作用。从实际情况看，由于大的社会环境没有变化，以创新和质量为导向的科研评价制度的建设还需要一个相当长的时期，科学的成果评价体系和成熟的学术规范、学风环境、学术共同体[8]建设也非一日之功，所以，即使现在一些单位意识到核心期刊的问题所在，力图以代表作制度、同行评议取而代之，但在具体操作时仍然借用核心期刊表做参考。这种现象并非国内独有，即使在西方一些发达国家也大量存在。

（二）核心期刊与学术期刊评价

核心（引文索引来源）期刊与学术期刊质量评价有共同的研究对象，在某些指标体系设置上有着共同的价值取向，即都是在某种评价目的支配下的学术期刊排序。前者主要是从期刊论文文本的相关信息中统计分析汇总结果，后者主要是从包括期刊的政治、学术、编辑、出版等内外质量上整体评估后得出结果。因此，合理利用引文、转载等数据，对全面评价一本学术期刊，有非常好的参考价值。

1. 基本阈值的价值——可以为学术期刊质量评价简化程序、降低成本、提高效率

如何对论文质量进行评价是最核心的争议点。因为大家都明白，整体不代表个体，一本总体质量水平高的期刊，不代表其每篇论文的水平都高，而且只要有部分高被引的论文，或有引文过度、引文造假情况，同样可以拉升数值使其入列核心（引文索引来源）期刊表。同时，文献的相互引用是一个复杂的思维过程，作为其表现形式的引用文献，只能反映某种影响力，而影响力不等于高质量。因此，评价期刊主要靠同行综合评议，尤其是在对期刊内容质量进行评价时。但是，也应当承认，对每篇论文直至每本刊物进行全样本同行评价是最理想的方式，但既不可能更无必要。“核心”就是相关联事物的中心。无论是人文社科还是自然科学成果，根据大量文献数据的统计分析，支撑核心（引文索引来源）期刊的总被引频次、影响因子、被引半衰期、基金论文比、二次文献转载等指标，是有其科学合理性的，凡是入列核心（引文索引来源）期刊表的，总体水平较高是显而易见的。也就是说，当统计量达到一定阈值时，学者对论文或期刊学术影响力的共识性判断（或学术聚焦效应）就显示出来。这就是那些同行评审、编委会制度等审稿制度严格、学术质量高的期刊，进入核心期刊的概率高的原因，也是科研人员普遍认为在核心期刊上发表论文门槛高、难度大的根本原因。名刊工程、国家社科基金资助期刊的评选等就利用了这个阈值。

2. 引文索引的价值——可以在被引量（率）、影响因子、被摘量等客观量化指标上提供学术期刊质量评价的正相关数据

比如，被引文量（率）指标从学科宽度、知识扩散程度反映该论文或期刊的质量、重要性和学术影响，与其内在质量存在着强正向的关联。影响因子这个指标其实也是一种同行评议，其与论文质量的正相关关系主要是通过前期的专家审稿价值来实现的。大量的研究和实践已经确认了这种一般规律性的有效性，尤其是对学术期刊的评价。再比如，被摘量也是典型的同行评议，也与论文质量正相关。像中国人民大学书报资料中心编辑出版的报刊复印资料系列，共有100多种刊物，从全部公开发表的报刊文献中，按一套完整的评选标准和流程，精选优质文献。中国人民大学学术成果评价研究中心根据这个全样本、全学科覆盖的评选论文数据，研制并发布了“复印报刊资料”重要转载来源期刊表，就是学术期刊评价有价值的参考工具。

为了克服指标体系的缺陷，核心期刊评选指标一直在不断完善中，如期刊历史影响因子（考虑了办刊时间、载文量）、对重要文献或期刊的影响因子加权后再评价（考虑了引用源的权重）、学科篇均被引率（考虑了冷热学科差异化）、引用集体偏好、期刊偏好、地域偏好（数据验证）等。像互引、自引、伪引、负引等人为不端干扰因素也在不断降低。美国、西班牙、澳大利亚的学者还借鉴Google搜索引擎的PageRank算法（通过网页链接的复杂计算，衡量网页重要性和质量的搜索结果排序，并取得了成功），对“文献引用”具有类似“网页链接”效应问题分析，提出了新的期刊评价理论。例如，2009年汤森路透科技集团选择与华盛顿大学文献计量研究项目组合作，宣布了期刊引用报告（JCR）新增两个评价指标：特征因子值（这个指标兼顾了引文的数量与质量、剔除了自引，突破了学科限制，可以跨学科比较）和论文影响分值（对来自声望高的期刊和作者的引用赋予更高的权重[9]），就大大丰富了核心期刊评价指标体系。

当然，对个体（单篇论文、单个期刊）而言，也会出现评价结果偏差，甚至低于“同类引用中位数”，而这恰恰是需要同行评议根据评价的目的予以弥补的地方。特别是人文社科领域，发挥同行评议的主体作用时，要重点审查引证内容、引证价值、引证效用，从而发挥相互补充、对比、印证的效果。

关于利用影响因子开展学术评价一直就存在着争论。加菲尔德总结了对影响因子各种彼此对立观点后指出：“影响因子不是衡量文章质量的理想工具，但目前没有比它更好的工具……经验表明，在各个学科领域，最好的期刊是那些投稿最难被接受、发表的期刊，而这些期刊也是影响因子最高的期刊，这些最好的期刊在影响因子这个概念被提出来之前就存在了很长时间。作为一种测度质量的方法，影响因子得到了广泛的使用，因为其测度的结果很好地符合我们对每个领域最好的专业期刊的看法。”[10]

3. 学科分类的价值——可以为期刊同类比较、分类评价提供参考

如何开展分类评价是当前所有期刊评价体系中难以解决的问题。有比较才会有评价，只有同类比较、分类评价才有价值。中国学术期刊的专业化程度不高，综合性或是跨学科类期刊很多，无论是自然科学期刊还是人文社会科学期刊，在领域、门类、学科、专业侧重等方面，都有差异，即使是一些看似分类清楚的专业刊物，因其刊登文章的专业方向偏好，在同类期刊中也往往难以比较评价。因此，目前开展学术期刊评价只能大致分类。在期刊分类方面，国内几乎所有的核心（引文索引来源）期刊表都在这方面做了努力，力求分类科学。当然，在目前的研制中，对一些分类模糊的期刊，往往根据期刊论文学科归属和引文集聚比例高低确定归属类别，那是不得已而为之。总之，学术期刊评价借鉴核心期刊研制的分类经验和数据，会有事半功倍的效果。

4. 历史参考的价值——可以为期刊评价提供历史发展轨迹的数据参考

大数据时代，数据书写着历史、见证着历史。一本学术期刊要成为核心（引文索引来源）期刊，至少需要三年以上的文献计量数据。这些数据的统计分析，是一本期刊的历史发展和学术积淀的客观反映，是历史上引用者对该刊在同类文献或期刊中的认同程度，这本身就是一种评价。一些期刊办了多年，引用率、影响因子都很低，除非个案，常规性判断其质量水平不会很高。而且，在核心期刊表研制过程中，大都有同行评议的环节，会对数据反映的结果偏差予以审查和纠正。因此，评价一本学术期刊，使用其引文、转载数据应当是非常好的历史佐证资料。

三　关于核心期刊与学术评价的未来发展

截至目前，还没有发现一种普遍适用的、完美的学术评价的理论方法和指标体系，这是一个世界级的难题。因此弄清楚核心期刊与学术评价这两者的复杂关系，有利于解决中国核心期刊之于学术评价的“囚徒困境”，而且会有力推动学术评价方法理论的创新。

理想的评价体系是根据不同的评价目的，运用同行评议（主体）＋各种计量分析法（引文分析法、文摘法等）＝复合多属性评价法（如有学者提出的指标体系加权汇总法、层次分析法、主成分分析法、灰色关联评价法等）。有学者推崇同行评议制度，在当前我认为过于理想主义了。因为，同行评议也存在着固有的不可控缺陷，人的问题有时比数据的问题更难把握。评议人的价值偏好、学术修养、学识水平、科学范式乃至人际关系和利害冲突等都会影响评议结果。而且，同行评议一样可能阻碍科学创新，科学权威压制新发现、贬低新成果、阻碍科学新人也不乏典型事例。在中国还没有成熟的学术共同体和普遍认可的学术评价体系情况下，同行评议存在的诸多争议不是短时期能解决的。同行评议制度的形成、发展、完善还需要一个相当长的历史时期。

从应用角度看，在当前，学术评价尤其是从海量级数据中对学术成果、学术期刊进行评价，利用各种核心期刊评价体系是比较实际可行的选择之一。加菲尔德说："一个更好的评价系统实际上要涉及从质量上审读每篇文章的问题，但是，这意味着又要进行一次同行评议式的判断，这是非常困难的……即使可以这样审读，这些审读者的判断也还要依赖于同行的评论和分析引用情况，我们称之为'引文上下文分析'。幸运的是，网上新的全文库使这样的分析具有了更多的实践机会。"[11]

因此，对于核心期刊与学术评价关系的未来发展，笔者认为有以下四点。

其一，学术成果评价的方法、手段会越来越丰富和多样化，使用核心期刊等引文检索数据工具进行科研成果评价的情况会越来越普遍。因为伴随着学术成果出版的网络化、数字化、专业化，文献计量学的精细化比较与类比数据挖掘，将为学术成果评价提供无限可能的利用工具。大数据、云计算、人工智能等科学技术进步的日新月异，学术成果的数字化记录，为检索、统计、分析、鉴定等创造了过去人力手段所不能及的条件。自然科学不少领域的研究成果，由于其可复制、可验证、可视化等，广泛应用技术化手段进行评价是可行的。社会科学领域研究，在一些史料梳理、空白发现、真伪比验、资料累积等方面的评估，也有很大的应用空间。

其二，学术期刊评价工作利用核心期刊等文献计量学成果将越来越科学化。未来，期刊作为学术成果的载体不管是纸介质还是数字形态，甚至其他任何形式的存在，只要不是唯一，就会有同类比较，就会有文献离散规律，就会有核心载体或平台。而核心期刊的研究也正在从粗放到精细、从量到质逐渐接近学术期刊评价的核心内容。核心期刊各种指标的聚合效应，各种要素的显示度，都会为同行评议提供更加可靠的参考数值。

其三，文献计量学意义上的核心期刊研究与学术成果评价研究不会分道扬镳，而会相伴而生、共进共融，且在大数据时代会越来越紧密。这是由于科学研究在向专业深度和综合交叉方向发展，对成果的评价难度在增加，除了依靠历史发展、实践验证手段外，文献计量学意义上的文献分析，既能提供研究借鉴的历史基础，也能提供检验创新程度的比较手段。对同处于一个学术生态体而言，这是不可缺少的“咖啡伴侣”。

其四，学术生态环境越来越良好，核心期刊之于学术成果评价的消极因素逐渐减少。科研评价是指挥棒，引导着学术规范、学风道德、学术创新等一系列学术生态环境的建设。这其中，学术期刊既是参与者也是评判者。这些年，中国正大力建设以创新和质量为导向的科研评价体系，学术生态逐渐回归理性，学术成果的规范性大大加强，学术道德监督也在网络环境下发挥着越来越重要的作用，学术期刊的专业化定位也越来越明晰，这将为核心期刊数据的科学性提供重要基础。从一些发达国家的情况看，学术生态越是良好，核心期刊之于学术评价的作用越大。因此，我们有理由期待，在学界、学术期刊出版、科研考核管理、文献计量研究、学术评价研究等多方面的共同努力下，核心期刊研究将会对中国学术评价的理性和实践发挥更大的作用。

---

①参见钱荣贵《核心期刊与学术评价》，北京：中国传媒大学出版社，2006，第20页。

②为便于论证，本文所涉“核心期刊”概念，在有关量化指标评价意义上，遵从大多数人的认知，将其与各种“引文索引来源期刊”概念等同。有关这两个概念的区别，请参见朱剑《“来源期刊”、“核心期刊”不能误用》，《中国社会科学报》2012年2月23日。

③本文所涉科研考核指标的“量化”概念时，既指发文数量，也指论文被引用量。

④参见高自龙《原罪与救赎：我国人文社科“核心期刊现象”评析》，《江汉论坛》2009年第2期。

⑤参见曹卫东《量化崇拜“难产”学术大师》，《人民论坛》2006年第21期。

⑥参见曹建文《学术评价不能简单量化》，《光明日报》2006年11月20日。

⑦参见斯科特·埃德蒙兹等《中国必须重新调整学术激励机制以遏制科研欺诈》，《南华早报》2015年4月7日。

⑧“学术共同体”这一概念是20世纪英国哲学家布朗提出来的，他在一篇题为《科学的自治》的文章中，首次使用了这个概念。他把全社会从事科学研究的科学家作为一个具有共同信念、共同价值、共同规范的社会群体称之为学术共同体。这些具有相同或相近的价值取向、文化生活、内在精神和具有特殊专业技能的人，为了共同的价值理念或兴趣目标，并且遵循一定的行为规范而构成了一个个不同领域的群体。中国的学术共同体建设之路还很漫长，不仅面对“去行政化”难题，更需要学人们自醒、自信、自觉。

⑨参见赵丹群《学术期刊评价理论的演变分析》，《情报资料工作》2013年第2期。

⑩⑪Eugene Garfield, “The Agony and the Ecstasy - The History and Meaning of the Journal Impact Factor,” http: //garfield. library. upenn. edu/papers/jifchicago2005. pdf

作者高自龙，中国人民大学书报资料中心总编辑、编审。北京 100872

在探索和实践中不断前行

——《中文核心期刊要目总览》研究综述

何　峻

[提　要] 本文回顾了《中文核心期刊要目总览》项目的发展历史，并对其研究特色进行了系统的分析阐述，总结了其在研究中的成绩和不足，以期对期刊评价领域发展研究提供借鉴。

[关键词] 期刊评价　核心期刊　《中文核心期刊要目总览》

20 世纪 70 年代，美国学者布洛达斯对各种类型文献在不同历史时期所起的作用，曾做过这样的评价："18 世纪是小册子世纪，19 世纪是图书世纪，20 世纪是期刊世纪。"① 在进入 21 世纪的今天，期刊作为传递和交流科技文化的最新成果的重要载体，以其出版更新周期较快、内容精练、形式多样等特点，在促进和推动社会文明进步发展方面扮演了极为重要的角色，随之而来的是期刊业本身的发展也进入了一个生机勃勃的繁盛时期。从 1665 年世界上第一本期刊《哲学汇刊》（*Journal des Sçavans*）问世至今短短 300 多年，期刊的数量迅猛增加。从 17 世纪到 19 世纪，全世界所有的期刊加起来不过寥寥数百，而今天，仅全球权威期刊数据库《乌利希国际期刊指南》收录的期刊种类，已达到 35 万余种之巨。面对如此数量众多的期刊品种和所传递的海量信息，如何用较少的时间获取尽可能多和最需要的信息？如何选择合适的刊物来展示自己的研究成果？如何用有限的经费获取最好、最精的期刊提供给读者使用？如何与同行期刊横向比较，进一步提高和改善自己的办刊质量？……这一系列问题，成了广大科研人员、文献情报服务机构以及期刊编辑者等极为关心和亟须解决的问题。也正是这种选择的需要，引发了对期刊进行评价的社会需求，推动了期刊评价研究的发展。

一　中国期刊评价研究的产生背景和发展现状

期刊评价研究，最早起源于20世纪二三十年代的欧美各国，当时的文献学家就开始探寻客观、有效地进行期刊评价的方法。1934年，英国文献学家布拉德福首先发现了学科论文在期刊中的分布规律，即少量期刊集中了大量某学科的论文，而其他期刊则很少出现该学科的论文，他还给出了划分最有贡献的核心区期刊的数学模型，这一规律被称为布拉德福文献离散定律。[②]此后，众多的学者都对布氏定律进行了研究、完善，其中有重要影响之一的是美国文献计量学家加菲尔德。1971年，加菲尔德从引文角度出发证实了布氏定律及核心期刊的存在：大量的引文都集中在多个学科的一小部分核心期刊中，而少量的引文则散布在大量的期刊中，因此，一个基本的、集中的期刊集合，就可以代表所有学科的核心。[③]这一规律被称为加菲尔德引文集中定律。这两个定律揭示了学科文献在期刊的分布和使用中存在着“集中”和“分散”客观规律，也奠定了用文献计量方法对期刊进行科学评价的理论基础。

中国对期刊评价的研究虽然起步较晚，但发展十分迅速。20世纪六七十年代，中国的期刊评价研究处于初级阶段，主要集中于对国外研究成果以及国外期刊评价理论和方法的引进与介绍，如核心期刊的概念、引文分析评价的方法等，80年代，其研究内容开始转向对期刊评价的理论和方法的自主研究，并开始了应用实践的探索。发展到90年代之后，期刊评价研究开始走向理论研究和实践应用并重的全面繁荣时期，一方面，理论研究逐步深入，相关研究著译渐多，研究论文数量呈几何级数增长。据中国知网资料统计，1980~1990年间，共发表期刊评价研究相关论文305篇；1991~2000年间，发表相关论文3028篇；2001~2011年间，发表相关论文则达10098篇。[④]另一方面，在实践应用研究方面，也有长足的进展，出现了一些较大规模的实用性研究项目，形成了一批较为成熟的期刊评价体系，并取得了不少兼具学术性和实用性的研究成果。其中影响力较大的项目主要包括：

（1）《中文核心期刊要目总览》，由北京大学图书馆和北京高校图书馆期刊工作研究会共同发起，由北京大学图书馆主持研究，评价成果定期出版，已出版《中文核心期刊要目总览》1992 年版、1996 年版、2000 年版、2004 年版、2008 年版和 2011 年版。

（2）《中国学术期刊评价研究报告：RCCSE 权威、核心期刊排行榜与指南》，由武汉大学中国科学评价研究中心等单位于2008 年起开始研究，已出版研究成果《中国学术期刊评价研究报告》2009 年版、2011 年版和 2013 年版。

（3）中国科技论文与引文数据库（CSTPCD），由中国科学技术信息研究所于 1987 年创建，每年评选一次来源期刊，从 1997 年起，每年出版《中国科技期刊引证报告》（核心版）。

（4）中国科学引文数据库（CSCD），由中国科学院国家科学图书馆于 1989 年创建，每两年评选一次来源期刊，发布有《中国科学计量指标：期刊引证报告》。

（5）中国社会科学引文索引（CSSCI），由南京大学中国社会科学研究评价中心于 1998 年创建，每两年评选一次来源期刊。

（6）中国人文社会科学引文数据库（CHSSCD），由中国社会科学研究评价中心于 1999 年创建，每年评选一次来源期刊，已出版研究成果《中文人文社会科学核心期刊要览》2004 年版、2008 年版、2013 年版。

这些期刊评价项目之间存在着明显的共性和差异。一方面，其评价理论所依据的基本评价方法是相同的，都是依据学科论文的多种属性在期刊中分布存在集中和分散的客观规律；采用文献计量统计和定量与定性相结合的方法对期刊进行评价；另一方面，因为各个项目的评价目的不同，评价的具体方法不同，评价结果也必然不会相同。这些期刊项目互相补充，为有不同期刊评价需求的用户提供了有价值的参考工具。

其中，北京大学图书馆主持的《中文核心期刊要目总览》项目是中国最早大规模使用文献计量学方法对中文期刊进行统计分析评价的研究，有较高的学术价值和使用价值。其研究成果《中文核心期刊要目总览》一书出版后，得到了各界的充分肯定和较高评价，凭借其较强的科学性、客观性和实用性，成为国内具有一定权威性的期刊评价参考工具。

二　《中文核心期刊要目总览》项目综述

（一）《中文核心期刊要目总览》的研究背景和研究概况

《中文核心期刊要目总览》（以下简称《总览》）项目研究开始于 20 世

纪90年代初。随着改革开放以来中国经济、科技、文化等各个领域的全面复苏，期刊出版事业也进入了蓬勃发展的繁荣阶段，中文期刊出版数量剧增，从70年代初的不足百种，迅速增至80年代末的6000余种，随之引发的与管理、利用之间的矛盾日趋尖锐，迫切要求对众多期刊加以系统研究，认真鉴别其水平和质量，了解其在所涉及学科或专业中的地位和作用。尤其对文献情报服务机构而言，连续上涨的期刊价格和增长严重滞后的订购经费之间的矛盾，使其面临着不断裁减期刊订购品种和数量的困难，因此特别需要编制对现期出版期刊进行评价的参考工具，以帮助其确定应续订和可停订期刊目录；此外，读者导读服务工作也同样十分需要期刊评价参考工具，而当时国内只有一些零星的单学科核心期刊表，缺少涵盖多学科领域、全面系统的实用参考工具。于是，研究和编制集科学性、客观性和实用性于一体的中文期刊评价参考工具，便成为文献情报服务机构期刊工作者的共同责任和心愿。

正是在这种情况下，1990年底，北京地区高等院校图书馆期刊工作研究会和北京大学图书馆共同发起研究和编制《总览》，共有北京41所高校图书馆的200多位期刊工作者参加。经过充分调研，决定采用文献计量统计方法，对内地出版的中文期刊分学科进行评价，研究成果编写为《总览》。1992年，首版《总览》正式出版，在其前言部分，编者明确介绍了该研究项目的产生背景和研究目的：

> 期刊的巨大出版量是现代社会所谓“文献爆炸”的主要表现之一。这是社会进步的反映，但又使得文献工作者和文献使用者面临着前所未有的困难。出版物的迅速增长与购买资金有限的矛盾，收藏量的剧增与收藏空间不足的矛盾，极大的文献量与使用者（读者）的有限精力、有限时间的矛盾等均日趋尖锐，这些矛盾无时不出现在图书馆期刊工作的采购、典藏、管理、流通、阅览以及期刊开放利用的一切环节之中。严峻的形势迫切要求人们对为数众多的期刊加以系统的研究，认真地鉴别它们的水平与质量，了解它们在所涉及的学科或专业中的地位与作用，以便于各图书馆有选择地收藏与剔除和有计划地管理与开发利用，也便于读者从期刊的海洋中探寻他们所需要的信息。因此，运用文献计量学的方法筛选、确认各学科的核心期刊，已成为图书馆界和情报界当务之急。

鉴定和确认核心期刊的理论和方法的研究，国外学者已经做过许多工作。国外出版期刊的核心期刊表亦已有许多可供参考的成果，至于国内出版期刊的核心刊的研究和确认，则理所当然地要由我们自己来做。近年国内中文期刊的出版状况渐趋稳定，研究、确认、编制一个较为完整、系统的中文期刊的核心期刊表的时机已经成熟。为此，北京地区高等院校期刊工作研究会和北京大学图书馆共同发起研究、编制和出版《中文核心期刊要目总览》，这项工作得到了国内图书馆界和出版界的热烈欢迎和支持。虽然只是初次尝试，我们仍然期望它能成为各种类型和不同级别的图书馆采访与收藏中文期刊的参考依据，同时也能成为各个专业和不同层次的读者选择阅读中文期刊的参考依据。[⑤]

该项课题的研究，得到了当时的专家鉴定委员会的高度肯定和认可："《要目总览》是我国第一次大规模使用文献计量学方法对中文期刊进行统计分析的研究，具有较高的学术水平和使用价值，为各类型图书情报部门的中文期刊采购和读者服务提供了较重要的参考工具。"并且希望"该课题能继续研究，定期筛选、评定，使核心期刊表不断更新和优化，在促进我国科学事业的发展，及国际出版物交换等方面发挥更大的作用"。[⑥]

《总览》第一版出版后，在社会上引起较大反响。出版界、学术界、教育界和图书情报界对此书都给予充分肯定和较高评价，认为该项成果适应了社会需要，填补了国内空白，在图书馆情报部门馆藏优化、读者导读等方面都发挥了重要作用。[⑦]

期刊的最大特点是连续性和动态性。随着中国政治、经济、教育、工业、农业等诸方面的变化和发展，反映在学术领域，就会相应地产生新的研究热点和研究领域，使得期刊的创刊、停刊、改名、合并、分辑等情况不时出现，同时许多在版期刊的质量与水平也会有新的变化，因此，相应的核心期刊表也需要持续更新。所以，"核心期刊"是一个动态的概念，是在总体上反映各类期刊在一定时期内的发展状况，它并不是一成不变的。定期筛选、更新和优化核心期刊表，向社会揭示中文期刊发展的最新情况，是十分必要和有意义的。这也是《中文核心期刊要目总览》的研究者决定将这个项目持续进行下去的重要原因。

2008 年前，《总览》每四年更新研究和编制出版一次，2008 年之后，改为每三年更新一次。每版都根据当时的实际情况在研制方法上不断调整和完善，以求研究成果能更科学合理地反映客观实际。目前已经出版的研究成果有：《中文核心期刊要目总览》（1992 年版）、《中文核心期刊要目总览》（第二版，1996）、《中文核心期刊要目总览》（2000 年版）、《中文核心期刊要目总览》（2004 年版）、《中文核心期刊要目总览》（2008 年版）、《中文核心期刊要目总览》（2011 年版）和《中文核心期刊要目总览》（2014 年版）。

（二）《中文核心期刊要目总览》的研究特点

1. 研究目的明确

《总览》的研究目的是为图书情报机构的期刊采访、收藏和导读提供科学、客观和实用的中文期刊评价参考工具。学科核心期刊表按期刊发表的该学科领域论文的综合被利用率排序，学科核心期刊表中的期刊是刊载该学科论文较多，能够反映该学科最新成果和前沿动态，使用率较高，在该学科相对影响力较大、水平较高，受到该学科读者重视的期刊。

2. 分学科统计评价

大量文献计量学的理论研究和统计实践证明，各学科领域论文在期刊中的分布、利用都存在着集中与分散的客观规律，即大量学科论文及其被利用量集中在少量期刊上，少量学科论文及其被利用量则分散在大量期刊中。《总览》正是根据这一规律来对期刊进行分学科评价的，即根据对期刊所载学科论文的分布情况及其在各学科的被利用情况的统计分析，找出各学科中利用率较高、影响力较大的学科核心期刊，其评价结果具有很强的客观性和实用性。

（1）《总览》学科分类依据选择。

《总览》的研究目的是为图书情报机构的期刊采访、收藏和导读服务，而中国大多数图书馆、文献情报机构均采用《中国图书馆分类法》对馆藏期刊文献进行分类管理，并且，许多文献检索工具都采用《中国图书馆分类法》对期刊文献内容进行分类标引，因此，为了便于图书情报服务机构的使用和各评价指标数据的分学科统计，历版《总览》均采用《中国图书馆分类法》作为学科分类的依据。

（2）《总览》学科分类设置原则。

期刊评价体系学科类目的设置会直接影响核心期刊评选结果，因此，如何科学合理地设置期刊评价体系中的学科类目，是期刊评价研究的重要内容和难点之一。

期刊评价体系在设置学科类目时，必须综合考虑学科知识体系整体情况、学科期刊数量分布等多种因素。学科类目设置过大过疏，专业性强的小学科中的优秀期刊就容易被淹没，无法进入核心区；学科类目设置过细过多，则文献的“集中效应”难以体现，可能会使部分一般性期刊也进入核心区，而一些交叉学科期刊则无法进入核心区，从而导致学科之间核心期刊数量和质量的不平衡；此外，考虑到综合性期刊所特有的多学科和跨学科的特点，不易也不宜进入各分学科的专业核心期刊表，应相应地设置一些综合性类目。

《总览》设置学科类目的基本原则是：学科发展比较成熟，学科界限清晰，并且已形成了一定数量的期刊群。而在遵循总原则的同时，《总览》每版也会总结前几版在学科类目设置时的经验和问题，并结合当时学科发展的实际情况，对学科类目进行适当的调整，以期达到最佳效果。《总览》历版学科类目调整情况详见表 1。

表 1　《总览》各版学科类目数量统计*

单位：个

版次	第一编	第二编	第三编	第四编	第五编	第六编	第七编	合计
1992 年版		61		16	17	11	26	131
1996 年版	19	18	26	16	14	10	27	130
2000 年版	10	9	10	13	6	9	18	75
2004 年版	8	8	10	14	6	9	19	74
2008 年版	7	8	10	14	6	9	19	73
2011 年版	7	8	10	14	6	9	19	73

* 此文撰写时，《总览》2014 年版尚未面世，故该版次相关数据暂付阙如。

从表 1 可以看出，《总览》1992 年版和 1996 年版所设置的学科类目较多，2000 年版在对前两版核心期刊表认真研究的基础上，对学科类目的设置做了较大幅度的调整，类目数量从前版的 131 个压缩到 75 个，幅度为 43%。调整类目后的核心期刊表，在一定程度上缓解了大学科中水平比较高的期刊进不了核心区，而在小学科类目中的核心期刊水平又偏低的矛盾，核心期刊表的整体质量得到提高，[⑧]取得了较为理想的评价效果。此后几版的学科类目设置，一直保持相对稳定，仅有个别学科的微调。

已出版的《总览》最近一版（2011 年版）最终确定类目为 7 编 73 类

目，各编详细类目设置情况见表 2。此外，为了便于查找使用，对于一些核心期刊数量较多的类目，我们会将筛选出的核心期刊按小类来分别列出。以医药、卫生编为例，其中的临床医药/特种医药类（R4 - R8），2011 年版共筛选出 126 种核心期刊，分别按临床医学、内科学、外科学、妇产科学、儿科学、肿瘤学、神经病学与精神病学、皮肤病学与性病学、耳鼻咽喉科学、眼科学、口腔科学、特种医学 12 个小类列出。这些类目，未在表 2 中列举。

表 2　《中文核心期刊要目总览》(2011 年版) 学科类目一览

各编名称	学科名称
第一编　哲学、社会学、政治、法律	(1)综合性人文、社会科学;(2)哲学;(3)宗教;(4)社会科学总论(除民族学);(5)民族学;(6)政治学(含马列);(7)法律
第二编　经济	(1)综合性经济科学;(2)经济学/经济管理(除会计,企业经济);(3)会计;(4)农业经济;(5)工业经济;(6)贸易经济;(7)财政;(8)货币,金融、银行,保险
第三编　文化、教育、历史	(1)文化事业/信息与知识传播(除图书馆事业、信息事业,档案事业);(2)图书馆事业、信息事业;(3)档案事业;(4)科学、科学研究;(5)教育;(6)体育;(7)语言、文字;(8)文学;(9)艺术;(10)历史
第四编　自然科学	(1)综合性科学技术;(2)自然科学总论;(3)数学;(4)力学;(5)物理学;(6)化学,晶体学;(7)天文学;(8)测绘学;(9)地球物理学;(10)大气科学(气象学);(11)地质学;(12)海洋学;(13)地理学;(14)生物科学
第五编　医药、卫生	(1)综合性医药卫生;(2)预防医学、卫生学;(3)中国医学;(4)基础医学;(5)临床医学/特种医学;(6)药学
第六编　农业科学	(1)综合性农业科学;(2)农业基础科学;(3)农业工程;(4)农学(农艺学),农作物;(5)植物保护;(6)园艺;(7)林业;(8)畜牧、动物医学、狩猎、蚕、蜂;(9)水产、渔业
第七编　工业技术	(1)一般工业技术;(2)矿业工程;(3)石油、天然气工业;(4)冶金工业;(5)金属学与金属工艺;(6)机械、仪表工业;(7)武器工业;(8)能源与动力工程;(9)原子能技术;(10)电工技术;(11)电子技术、通信技术;(12)自动化技术、计算机技术;(13)化学工业;(14)轻工业、手工业、生活服务业;(15)建筑科学;(16)水利工程;(17)交通运输;(18)航空、航天;(19)环境科学、安全科学

在《总览》(2014 年版) 的研制中，为了进一步检验原有学科设置是否科学合理，我们在定量数据统计时初设了 175 个学科类目，一方面，增设了一些小综合类目，以考察学科融合情况，另一方面，将原有的部分类目进行细分，以考察新兴学科发展情况。但初期定量评价结果表明，这两种方法的效果均不理想。因此，应该说，近期中文期刊的学科发展从总体上来看，还是相对稳定的，而《总览》目前的学科类目设置，也是相对合理的。

（3）《总览》期刊参评学科归类方法。

目前国内的大多数中文期刊评价体系在进行期刊分学科评价时，都是首先确定每种期刊所属学科类目，然后归入各学科类目进行定量评价，而《总览》的分学科评价方法与此种做法有所不同。

《总览》在对期刊分学科评价时，并没有预先给每种期刊分类，而是根据期刊所载学科论文的分布情况及其在各学科的被利用情况进行自然归类，从而找出在各个学科使用率较高、影响力较大的学科核心期刊，具有较强的科学性和客观性。

下面，我们以《总览》（2011 年版）核心期刊《力学学报》的数据为例，具体说明。

先看表 3 中《力学学报》2006 ~ 2008 年所刊载的论文学科分布，表中论文分类据《力学学报》2006 ~ 2008 年各期刊载论文上所给中图分类号统计，对于其中有两个或两个以上分类号的论文，如果该多个分类号分属于《总览》分类表中不同学科类目，则各个分类号分别统计一次；如果该多个分类号归属于《总览》分类表某一同类目录下，则只统计一次。

表 3　《力学学报》2006 ~ 2008 年刊载论文学科分布

单位：篇

学科	2006 年	2007 年	2008 年	总计	占三年全部论文百分比(%)
力学	67	72	66	205	60.47
航空、航天	14	12	10	36	10.62
数学	10	9	9	28	8.26
建筑科学	10	8	8	26	7.67
一般工业技术	6	10	9	25	7.37
水利工程	4	5	5	14	4.13
能源与动力工程	6	0	2	8	2.36
交通运输	5	0	2	7	2.06
生物学	1	2	3	6	1.77
地球物理学	4	1	0	5	1.47
金属学与金属工艺	3	2	0	5	1.47
医学	2	0	2	4	1.18
机械、仪表工业	1	1	2	4	1.18
电子技术、通信技术	3	0	0	3	0.88
物理学	0	1	2	3	0.88
环境科学	2	0	0	2	0.59

续表

学科	2006 年	2007 年	2008 年	总计	占三年全部论文百分比(%)
化学工业	1	0	1	2	0.59
化学、晶体学	0	2	0	2	0.59
石油、天然气工业	0	1	0	1	0.29
电工技术	0	1	0	1	0.29
地质学	0	1	0	1	0.29
海洋学	0	1	0	1	0.29
大气科学(气象学)	0	1	0	1	0.29
自动化技术、计算机技术	0	0	1	1	0.29

接下来，我们看表 4《力学学报》分学科定量排序。

表 4 《力学学报》部分学科分学科定量排序

学科	定量排序值	该学科核心期刊数(种)	被索量(次)	被摘量(次)	被摘率	被引量(次)	期刊他引(次)	博士被引(次)	会议被引(次)	影响因子	被重要检索系统收录(得分值)	总基金论文比	省市及以上基金论文比	Web下载量(次)
力学	1	13	147	613	1.805	1024	875	831	119	0.2983	9	0.5124	0.4979	53081
航空、航天	42	19	44	1	0.0085	133	124	34	16	0.0465	9	0.0968	0.0939	5788
数学	55	17	10	0	0	190	163	85	10	0.0538	9	0.0769	0.0769	6085
建筑科学	70	33	23	0	0	314	292	122	12	0.0698		0.0707	0.0707	7196
一般工业技术	51	16	140	0	0	180	161	88	10	0.0436	9	0.0533	0.0533	7716
水利工程	53	14	13	0	0	80	71	19	12	0.0175	9	0.03	0.03	2378
能源与动力工程	78	14	11	0	0	29	25	21	2	0.0145	9	0.0268	0.0268	1153
交通运输	111	34	8	0	0	61	59	32	4	0.0102	9	0.0181	0.0181	2237
生物学														
地球物理学	103	10	4	0	0	42	38	7	6	0.0131	9	0.0261	0.0173	897
物理学	96	21	12	1	0.0085	98	95	27	2	0.0174	9	0.0086	0.0086	2849
化学、晶体学	379	25	8	0	0	12	12	5	2	0.0066	9	0.0171	0.0171	777

限于篇幅，我们只列出了《力学学报》部分学科的排序表，通过这些学科统计数据的定量评价结果，可以清晰地看到，2006～2008年，《力学学报》所发论文及被使用量涉及多个学科类目，但整体来看，刊载力学类学科论文最多，同时，在该学科的被使用量也最多，定量排序最靠前。所以，《总览》（2011年版）据此将《力学学报》归类为力学学科的核心期刊，是客观合理的。

（三）多指标综合评价

《总览》采取多指标综合评价方法，即将多种不同性质的评价指标科学地组织在一个评价体系中，使各评价指标能优势互补，从而克服单指标评价的片面性，以求取得更为科学客观的评价效果。

1.《总览》评价指标体系和评价指标统计源

在对期刊进行定量评价的过程中，建立科学的评价指标体系是评价成功的关键。能反映期刊质量和水平的因素很多，如被引用量、被索引量、被文摘量、发行量、流通量、网络下载量等，它们都能从不同角度反映期刊的影响力。但是，在实际构建评价体系时，受限于指标的可操作性，并不是所有具有良好评价意义的因素都适合选作评价指标。因此，《总览》在选择评价指标时，其基本原则是，能够反映期刊的影响力水平、核心效应明显、有客观可靠的数据统计源、具有可操作性等。根据这一原则，每版《总览》研制时，都会结合当时的实际情况，不断地对各种评价指标进行研究分析，逐步改进和完善《总览》评价指标体系，使之更趋科学合理。

评价指标确定后，选择恰当的统计源也是确保评价质量的重要环节。《总览》选择评价指标统计源的主要原则是学科全面、选刊恰当、编辑规范、卷期完整、用户量大、统计准确。《总览》各版的统计源均根据这一原则和实际情况不断调整，使得统计的评价数据更为准确可靠，质量不断改善和提高。

表5 《中文核心期刊要目总览》各版评价指标体系构成

版本	评价指标
1992年版	载文量、文摘量、被引量
1996年版	被索量、被摘量、被引量、载文量、被摘率、影响因子
2000年版	被索量、被摘量、被引量、载文量、被摘率、影响因子
2004年版	被索量、被摘量、被引量、他引量、被摘率、影响因子、获奖或被重要检索工具收录

续表

版本	评价指标
2008 年版	被索量、被摘量、被引量、他引量、被摘率、影响因子、获奖或被重要检索系统收录、基金论文比、Web 下载量
2011 年版	被索量、被摘量、被引量、他引量、被摘率、影响因子、被重要检索系统收录、基金论文比、Web 下载量

注：除与“获奖或被重要检索工具收录”相关的指标外，表中所提到的评价指标均为学科指标，如影响因子为学科影响因子。

历版《总览》评价指标体系及其统计源主要调整情况如下。

（1）《总览》1992 年版采用 3 个评价指标，即载文量、文摘量、被引量。当时，可直接使用的合适统计源很少，许多数据都需要自行采集，且所有统计及筛选运算工作都靠手工进行，工作量巨大，因此，客观上不具备采用太多评价指标的条件。

（2）《总览》1996 年版在首版的基础上增加了被索量、被摘率和影响因子三个评价指标。增加被索量与载文量配合使用，以弥补统计源存在一定缺陷的不足，尽可能充分地发挥指标的作用。引进相对量指标——影响因子和被摘率，相应地提高了对期刊学术质量的评价作用。

（3）《总览》2000 年版评价指标与 1996 年版相同，但统计源情况有所改善，部分指标数据采用了电子出版物或数据库作为统计依据，一定程度上提高了评价数据的完整性和可靠性。

（4）《总览》2004 年版采用了 7 个评价指标。与前两版相比，取消载文量指标，以降低论文数量在评价中所起的作用；增加他引量指标，适当降低不恰当自引的作用；增加获奖或被重要检索工具收录指标，吸收其他项目的期刊评价成果，进一步提高对期刊质量的评价作用。同时，指标统计源也有进一步的完善和增加。

（5）《总览》2008 年版共采用 9 个评价指标。扩大了被引量指标的覆盖面，增加统计了博士论文被引量和会议论文被引量，与原有的期刊论文引用量三者相加作为被引量数据；顺应期刊数字化出版、网络化传播的新趋势，增加了 Web 下载量指标，研究分析期刊网络使用数据的作用和影响，从阅读使用角度出发来对期刊进行评价；增加了基金论文比指标，通过统计期刊刊载论文中各类基金资助论文所占的比例，可以反映期刊的影响力。

此外，修改了学科影响因子、学科被摘率、学科基金论文比的计算方法，将分母从学科论文载文量改为整本刊载文量，从而能更准确地反映整本刊对学科的影响力，取得了较好的评价效果。

（6）《总览》2011 年版评价指标基本与 2008 年版相同，在此基础上，做了一定的改进。一是根据博士论文被引量和会议论文被引量两个指标的性质和特点，将其数据归入“他引量”中进行计算，同时将期刊他引量、被博士论文引用量和被会议论文引用量按重要程度不同，分为三个层次，分别赋予不同的权重，力图使评价结果更为客观合理。二是在基金论文比指标的处理上，分为总基金论文比和省市级以上基金论文比两个层次。考虑到省市级以上基金论文数据统计来源仅为中国期刊全文数据库，会有部分遗漏，而总基金论文的数据统计来源则由中国期刊全文数据库和万方数据知识服务平台互补，数据更为全面；因此，在权重设置时，总基金论文比所占比重较大。三是将指标获奖或被重要检索系统收录改为被重要检索系统收录，这主要是因为 2011 年版数据统计年限内未进行过全国性的国家级期刊评奖活动，而各类地方或部门奖项不但统计数据收集困难，且评比标准不一，在客观性和公正性上都有所欠缺，不具备很好的评价效应。

（7）正在研制的《总览》2014 年版共采用 12 个评价指标。

①被索量：某刊在统计当年所登载的某学科的论文被索引检索工具索引的次数。

②被摘量：某刊在统计当年所登载的某学科的论文被文摘检索工具摘录的次数。

③被摘率：

$$\text{被摘率}=\frac{\text{该刊统计当年发表的某学科的论文被摘录的总次数}}{\text{该刊统计当年发表论文的总数}}$$

④被引量：某刊自创刊以来所登载的全部论文在统计当年被某学科论文引用的总次数。

⑤他引量，含三个部分：一是期刊他引量：某刊自创刊以来所登载的全部论文在统计当年被他刊某学科论文引用的总次数；二是博士论文被引量：某刊自创刊以来所登载的全部论文在统计当年被某学科博士论文引用的总次数；三是会议论文被引量：某刊自创刊以来所登载的全部论文在统计当年被某学科会议论文引用的总次数。

⑥影响因子：

$$影响因子 = \frac{该刊前两年发表论文在统计当年被某学科论文引用的总次数}{该刊前两年所发表论文的总数}$$

⑦他引影响因子：

$$他引影响因子 = \frac{该刊前两年发表论文在统计当年被他刊某学科论文引用的总次数}{该刊前两年所发表论文的总数}$$

⑧被重要检索系统收录：某刊被国内外重要检索系统收录的情况。

⑨基金论文比：

$$基金论文比 = \frac{该刊统计当年发表的某学科的基金论文数}{该刊统计当年发表论文的总数}$$

⑩Web 下载量：某刊自创刊以来所登载的某学科的论文在统计当年被全文下载的总次数。

⑪论文被引指数：

$$论文被引指数 = \frac{某刊前五年所登载的论文在统计当年被引用次数大于或等于1的论文篇数}{该刊前五年所登载论文的总数}$$

⑫互引指数：在4年统计时间窗口内，在计算某刊被其他期刊引用频次数据的偏度系数的基础上，对其进行标准化和正向化处理后得出的值。

2. 综合评价数学模式

在一个多指标综合评价体系中，由于各个评价指标性质不同，不能进行直接的计算比较，所以往往需要通过建立一定的数学模型，转换到同一域内才能比较。目前在对复杂对象的评价研究中，常用的是根据模糊数学理论建立的综合评价数学模式。《总览》采用的正是这一做法。

《总览》1992 年版采用的是平均百分比综合评价法。先分指标求出每种刊占统计数据总和的百分比，将统计数据都变成相对评价值，使不同性质的指标具有可比性，再在综合评价时对该 3 个百分比做加权平均处理算出平均值，并将此值按从大到小的顺序排列，至其累加量达到总量的 70% 左右为止。这种方法的优点是计算方法较简单，缺点是对不同评价指标对学术期刊评价作用存在的差异重视不够，易使评价结果发生偏差。

《总览》从 1996 年版开始，采用模糊数学综合评价法：

（1）首先构成原始统计数据矩阵 V：其中 i 为期刊编号（$i = 1, 2,$

3，…，*I*)，*j* 为指标编号（*j*=*1*，*2*，*3*，…，*J*）

$$V=\begin{bmatrix} v_{11} & v_{12} & \cdots & v_{1j} & \cdots & v_{1J} \\ \vdots & \vdots & & \vdots & & \vdots \\ v_{i1} & v_{i2} & \cdots & v_{ij} & \cdots & v_{iJ} \\ \vdots & \vdots & & \vdots & & \vdots \\ v_{I1} & v_{I2} & \cdots & v_{Ij} & \cdots & v_{IJ} \end{bmatrix}$$

（2）再将统计数据转换成对核心期刊的隶属度 C_{ij}，第 i 种刊对第 j 个指标的隶属度定义为：

$$C_{ij}=\frac{v_{ij}}{\bigvee_{i=1}^{I}(v_{ij})}$$

其中分母 $\bigvee_{i=1}^{I}(v_{ij})$ 表示在 *J* 指标统计数据中，取最大值为分母。

（3）换算后得到评价矩阵 *C*：

$$C=\begin{bmatrix} c_{11} & c_{12} & \cdots & c_{1j} & \cdots & c_{1J} \\ \vdots & \vdots & & \vdots & & \vdots \\ c_{i1} & c_{i2} & \cdots & c_{ij} & \cdots & c_{iJ} \\ \vdots & \vdots & & \vdots & & \vdots \\ c_{I1} & c_{I2} & \cdots & c_{Ij} & \cdots & c_{IJ} \end{bmatrix}$$

（4）征求专家意见，确定各指标权重，构成权重向量：

$$B=(b_1,b_2,\cdots,b_j,\cdots,b_J) \qquad \sum_{j=1}^{J} b_j = 1$$

（5）对评价矩阵作加权平均，得到各学科综合期刊评价隶属度表：

$$A=B\times C^T=(b_1,b_2,\cdots,b_j,\cdots,b_J)\begin{bmatrix} c_{11} & c_{12} & \cdots & c_{1j} & \cdots & c_{1J} \\ \vdots & \vdots & & \vdots & & \vdots \\ c_{i1} & c_{i2} & \cdots & c_{ij} & \cdots & c_{iJ} \\ \vdots & \vdots & & \vdots & & \vdots \\ c_{I1} & c_{I2} & \cdots & c_{Ij} & \cdots & c_{IJ} \end{bmatrix}^T=(a_1,a_2,\cdots,a_i,\cdots,a_I)$$

（6）将各学科期刊按隶属度降序排列，得到各学科定量综合评价期刊排序表。

这种方法是将每种期刊的各指标实测统计数据转换成对该指标中最大统计值的隶属度，即求出每种期刊分指标隶属分指标核心的程度，当前指标统计值最大的期刊隶属该指标的核心程度为1，其他期刊均小于1。隶属度即每种期刊的评价指标当前实际统计值与该指标的最大统计值之比，它的优点是可以使不同性质和不同数量等级的评价指标数据具有较好的可比性，而对多指标采用加权平均，可以使得各评价指标在综合评价中起到恰当的作用，从而使评价结果更为客观合理。

3. 学科核心期刊数量确定

如何确定核心期刊的数量，是核心期刊研究的又一难题。纵观中外学者划分核心区的方法，用不同方法确定的核心期刊数量结果差异很大，没有绝对的标准。因此，核心区的大小，可以根据实际需要，选用某一种方法来确定。例如，如果需要较高的文献保障率，可用“75%法”或“80%法”；如果需要少量顶尖期刊，可采用最大分区法；如果既要考虑文献量又要考虑质量，那么就应遵循核心区尽量小、评价量尽量大的原则，采用定量和定性等多种方法来综合评定。总之，核心期刊的数量应该根据实际需要来测定，期刊评价目的不同，确定的核心期刊数量也可以有所不同，核心期刊数量的多少是相对的，只要能满足用户的实际需要，即是合理的。

《总览》界定核心期刊的方法曾做过较大的调整：1992年版是先算出3个评价指标（被索量、被摘量、被引量）中各种期刊的指标评价值与该指标统计总值的百分比，然后对该3个百分比做加权平均处理算出平均值，并将此值从大到小顺序排列，至其累加量达到总量的70%左右，此区域所涉及的期刊数即为初选定量核心期刊数，再通过专家鉴定，确定最终核心期刊数量。

《总览》1996年版和2000年版取累计载文量的30%～50%、累计文摘量的50%～70%、累计被引量的70%～80%所对应的刊作为初选核心期刊，然后算出初选核心期刊表中期刊的综合隶属度值，降序排列，1996年版截取比上版少25%左右的刊作为核心期刊，2000年版截取略少于1996年版数量的刊为核心期刊。

《总览》2004年版采用的核心期刊截取方法在2000年版的基础上又进行了调整。调整方法为，取各学科专业期刊数量的15%和被评期刊数量的2%，以2000年版该学科核心期刊数量为基准，与这两个数字相比较。如果介于两者之间，则核心期刊数量不变；如果小于这两个数，则增加核心期刊数量，增加幅度控制在10%左右；如果大于这两个数，则减少核心期刊数量，减少幅度也控制在10%左右。调整后的学科核心期刊数量还要经过专家评审，汇总专家意见后再最终确定各学科的核心期刊数量。《总览》2008年版、2011年版、2014年版核心期刊数量确定方法与2004年版基本相同。

表6 《中文核心期刊要目总览》各版各编核心期刊数量

单位：个

版本	第一编	第二编	第三编	第四编	第五编	第六编	第七编	合计	排重后
1992年版	314	380	568	305	372	252	651	2842	2157
1996年版	182	278	336	272	213	177	528	1986	1613
2000年版	191	214	295	271	183	110	473	1737	1571
2004年版	250	183	304	327	223	132	494	1913	1798
2008年版	270	155	322	352	251	137	496	1983	1983
2011年版	272	153	325	347	248	141	496	1982	1982

4. 定量评价和定性评价相结合

期刊的定量评价方法强调通过数据统计来描述和判断期刊的影响力和价值，具有客观化、精确化、标准化、可重复化的特点，但同时也会因为选取的评价指标自身的完善程度、统计数据的质量水平、评价方法的科学程度等种种原因产生偏差。

期刊的定性评价方法是根据人们的经验和主观认识来直接判断和确定期刊的水平和价值，与定量方法相比，它更强调对评价对象的主观观察、归纳、判断、分析，侧重于对期刊难以量化的内在价值部分的把握，但往往也会受限于评价者的个人学识、偏好、人情利益等因素而影响评价结果的客观性，容易带有一定的随意性和不确定性。

可见，无论是定量评价还是定性评价，都会有其局限性。理想的方法是将两者有机结合，充分发挥两者的综合优势，能有效提高期刊评价的质量。因此，多年来，《总览》项目一直采用定量和定性相结合的评价方法，以客观统计数据为基础进行定量评价，建立专家评审制度，以专家定性评审为补充，纠正定量评价中产生的偏差，取得了良好的效果。

《总览》前三版专家评审，采取的是通信评审和会议评审相结合的方法。延聘具有较高水平的、目前正活跃于各学科领域的专家，将与其研究领域相关的定量学科核心期刊表送请他们审查鉴定，并根据专家意见对初选学科核心期刊表做适当的、必要的调整，使学科核心期刊表更加切合学科期刊发展的实际情况。

随着计算机技术和网络技术的发展，《总览》自2004年版开始，采用开放式专家评审方法，建立了专家评审网站，使专家可以在网上进行实时评审。这一做法，大大拓展了参评专家数量和覆盖范围，增加了定性评审的代表性、公正性、客观性和权威性，从总体上进一步提高了《总览》期刊评价的科学性。

表7　《中文核心期刊要目总览》各版参评专家数量

版本	1992年版	1996年版	2000年版	2004年版	2008年版	2011年版
评审专家人数(人)	420	288	215	1871	5529	8252
专家所属单位数量(个)	129	114	105	1220	3283	4155

（三）研究意义和存在问题

《总览》项目作为中国首次大规模使用文献计量学方法对中文期刊进行统计分析评价的项目，经过20多年的不断探索和实践，对期刊评价理论、方法和实践等诸多方面都进行了深入的、卓有成效的研究，并在一定程度上推动了文献计量学研究和期刊评价研究的发展，在这一研究领域中占有了一席之地。

《总览》在期刊评价研究方面的主要贡献如下。

一是验证了文献计量“集中”“分散”理论在期刊评价中的适用性。《总览》各版都会进行大规模的文献计量统计，多年的数据统计结果表明，学科论文的多项特征，如被索量、被摘量、被引量、影响因子、全文下载量等在期刊的分布中均遵循文献的“集中”和“分散”的规律，且这一现象具有长期的稳定性，并不随时间推移呈现出显著变化。从而进一步论证了文献离散规律是客观存在的科学规律，通过文献计量方法对期刊进行统计筛选，是对期刊进行客观评价的切实可行的方法。

二是为期刊评价实践提供了有益的经验。多年来，在期刊评价实践研究的过程中，《总览》不断地发现问题、解决问题，努力构建一个科学合理的期刊评价体系，在许多方面都做了有益的探讨和尝试，如前文中提到的期刊评价指标的选取、核心期刊学科分类体系的设置、综合评价数学模式的建立、学科核心期刊数量的截取、专家评审制度的建立等。这些实践和研究积累的经验和教训，对推动期刊评价研究的发展，有很好的借鉴价值。

三是为需要期刊评价的用户提供了科学实用的期刊评价参考工具。《总览》是因实际需要而开始研究的，因而具有很强的针对性。《总览》在研究过程中注重评价理论和评价方法的研究，研究过程科学、严谨，所以评价结果具有较好的客观性、科学性和实用性。⑨

《总览》的作用是：为文献情报机构订购收藏期刊提供选择参考，使得在空间和经费有限的情况下，文献情报机构可优先保证利用率较高的期刊，并在此基础上根据实际需要选择补充其他期刊；为读者阅读和科研提供参考服务，可以帮助读者确定学科重要出版物，选择阅读权威期刊，追踪学科研究最新进展，分析研究发展趋势，同时，为科研成果选择展示的重要平台；为期刊发展和质量提高提供参考信息，通过定量数据的比较和分析，使期刊认识到自身的优势和不足，促进期刊发展和质量提高；同时，也可为后人研究 20、21 世纪国内中文期刊发展的宏观情况提供参考。

当然，《总览》项目研究中也仍存在着许多的问题，主要有如下三点

其一，核心期刊表时间滞后。《总览》出版时间与数据统计时间之间，一直存在着一个较长的滞后期。原因是多方面的：一是因为《总览》所采用的评价指标统计源数据库的统计时间本身就有一年或更长时间的滞后期；二是目前统计数据量越来越大，且不够规范，整理起来耗时耗力；三是缺少规范准确的期刊书目数据库，尤其是近年来期刊出版情况变化较大，期刊停办、新创、改名频繁，给期刊书目信息的及时准确更新带来了一定难度；四是核心期刊评价是一项庞大复杂的工程，包含多指标的数据采集整理、定量评价、定性评审、编辑出版等多道工序，需要花费较多的时间。因此，造成核心期刊表时间滞后有一定的客观原因。⑩虽然期刊本身具有连续性和继承性的特点，但它也有动态性，因此，滞后时间越短越好。

其二，交叉学科期刊难以进入学科核心期刊表。由于《总览》是从统计期刊所载学科论文的分布情况及在各学科的被利用情况来筛选核心期刊的，因此综合性和交叉学科期刊会因为刊载的学科论文和利用数据分散而很难进入学科核心期刊表。《总览》从第二版开始专门设置一些综合性类目，作为对学科专业核心期刊表的补充，较好地解决了综合性期刊难以进入学科核心期刊表的问题，并取得了良好的评价效果；而对于交叉学科期刊，一直没有很好的解决方法。2011 年版在这个问题上做了一点新的尝试，对于整本刊数据综合排序在前 500 名而未进入任何学科核心区的期刊进行了数据复核，如确属交叉学科期刊，则将其补入数据最多的学科的核心区。但这一处理方法，只能解决个别整体数据量较大的交叉学科期刊的问题。⑪2014 年版

拟在这个问题上再做一些新的尝试，例如对在多个学科领域排序均较为靠前，但却未能进入任何一个学科核心区的期刊，如确属交叉学科期刊，是否可考虑选取1~2种同类中排序最为靠前的期刊，排入数据最多的学科？总之，如何能对交叉学科期刊进行更客观合理的评价，尚需进一步的研究。

其三，指标数据质量下滑。近年来，由于核心期刊功能的扩大化，带来的负面影响之一就是片面追求定量数据，使得评价指标数据的客观性受到人为因素干扰，造成了指标数据质量有所下滑，一定程度上影响了定量评价的效果，这就要求我们要根据指标应用的实际效果，不断地对相关指标进行调整优化，消除其中的异常“噪音”。

《总览》的生命力就在于其理论、方法研究的不断完善和发展。因此，在《总览》未来的研究中，应进一步明确自己的定位和发展方向；探讨总结《总览》的特色和优势，不断加强文献计量学理论和方法的研究，坚持科学、合理、可靠的评价原则，改进完善目前的定量评价指标体系，恰如其分地发挥专家的定性评价作用。同时，多做国际比较，借鉴国际期刊评价研究的理论和实践经验，在探索和实践中不断前进，继续寻找更优的期刊评价方法，以取得更好的研究成果。

---

①R. N. Broadus, *Selecting Materials for Libraries* (2nd ed.) (New York: H. W. Wilson, 1973) p. 101.

② S. C. Bradford, "Sources of Information on Specific Subject," *Engineering*, 137 (3550), 1934, pp. 85 – 86.

③E. Garfield, "The Mystery of the Transposed Journal Lists – wherein Bradford's Law of Scattering is generalized according to Garfield's Law of Concentration," *Current Contents*, 1971 (17), pp. 222 – 223.

④喻世华：《三十年来“核心期刊”研究的文献计量分析及研究历程回顾》，《四川理工学院学报》2011年第5期。

⑤⑥庄守经、潘永祥、张其苏等：《中文核心期刊要目总览》，北京：北京大学出版社，1992。

⑦林被甸、张其苏、武振江等：《中文核心期刊要目总览（第2版）》，北京：北京大学出版社，1996。

⑧戴龙基、张其苏、蔡蓉华等：《中文核心期刊要目总览（2000年版）》，北京：北京大学出版社，2000。

⑨蔡蓉华、史复洋：《〈中文核心期刊要目总览〉研究综述》，《大学图书馆学报》2002年第5期。

⑩⑪朱强、蔡蓉华、何峻：《中文核心期刊要目总览（2011年版）》，北京：北京大学出版社，2011。

作者何峻，北京大学图书馆文献计量学研究室主任，副研究馆员。北京 100871

大数据时代学术期刊的生存方式与评价方式

刘曙光

[提　要] 作为科技进步的大数据具有两面性，对学术期刊的发展既是机遇又是挑战。大数据时代，学术期刊在运行模式、销售方略、交流传播、功能作用等诸多方面都发生了巨大变化。大数据影响了学术期刊的生存方式与评价方式。学术期刊的评价不能只注重定量分析，而应定量与定性并重。学术期刊的改革应从学术生态入手，特别是改革科研管理与科研评价体制，加强科研工作者的自律。

[关键词] 大数据时代　学术期刊　生存方式　评价方式

大数据时代学术期刊的生存方式与评价方式，这个题目似乎只涉及学术期刊，实际上还会涉及很多机构和个人。期刊的生存方式与评价方式，不仅仅涉及学术期刊，而且涉及作者、读者、媒体企业、电子出版机构和文献计量单位。

一　作为科技进步的大数据具有两面性

20 世纪 90 年代以来，伴随着计算机技术的飞速发展，文字、方位等各种信息正在被全面数据化，这昭示着一个大规模生产、分享和应用大数据的时代——大数据时代的到来。大数据时代对于数据处理在理念上发生了三大转变，那就是要全部数据而不是抽样数据，要及时有效而不是绝对精准，要揭示相关关系而不是探究因果关系。[①]根据维基百科的定义，“大数据”（Big Data）指所涉及的数据量规模巨大到无法透过目前主流软件工具，在合理时间内达到撷取、管理、处理并整理成为帮助企业经营决策更积极目的的信息。通常认为，大数据一般具有下述几大特征。（1）量大。可称海量、巨量乃至超量。（2）多样化。数据类型繁多，愈来愈多为网页、图片、视频、图像与位置信息等半结构化和非结构化数据信息。（3）快速化。数据流往往为高速实时数据流，而且通常需要快速、持续的实时处理；处理工具亦在快速演进，软件工程及人工智能等均可能介入。（4）价值高和密度低。以视频安全监控为例，连续不断的监控流中，有重大价值者可能仅为一两秒的数据流；360°全方位视频监控的“死角”处，可能会挖掘出最有价值的图像信息。（5）复杂。处理和分析的难度非常大。

大数据是面目狰狞的恶魔，还是社会发展与人类进步的福音？有人说，根据大量公开数据建立的预测模型，可以分析出很多事件的结果。事实往往证明，大数据赢了，大数据“谋杀”了惊喜，[②]很多事情都早有预兆，一切都在意料之中。

大数据时代，学术期刊在运行模式、销售方略、功能作用等诸多方面都发生了巨大变化。对于学术期刊来说，肯定是机遇与挑战并存。然而，到底是机遇大于挑战，还是挑战大于机遇？

从理论上说，数字媒体和传统媒体是相互补充、相互包容、相互促进、相得益彰。实际上，正像科学技术是一把双刃剑一样，大数据技术也是一把双刃剑，或者说，具有双面性。

一方面，大数据使学术数据存储和保留简单方便，学术交流和传播方便、快捷。大数据时代，学术期刊可以将自创刊以来的全部资料数据化，为全社会提供完整、准确的资料，更好地服务社会和读者，使学术期刊无障碍、无延迟的跨国界、跨学科交流和传播成为现实，中国学术期刊正是借助大数据跨出国门，走向世界。另一方面，大数据冲击了传统纸媒的学术期刊交流传播功能和营利模式。众所周知，传统纸媒学术期刊交流传播的媒介和途径比较单一，而大数据时代，学术期刊的传播媒介多样化，互联网、物联网、移动智能终端、各种社交软件等技术平台都已成为学术期刊交流传播的媒介。而且，大数据要求开放、共享数据。未来学术期刊有可能彻底改变读者付费的传统销售模式，在国家财政的支持下，所有学术期刊向所有读者免费开放。[3]数字化出版必然使学术期刊的纸质发行量持续下降，使各学术期刊编辑部的发行收入持续减少。在传统出版模式下，部分在国内外享有较高知名度的学术期刊纸质发行收入在相当程度上可以冲抵办刊支出费用。而在数字化转型中，它们在传统出版市场失去的多，而从电子出版机构、媒体企业那里分来的收益却极其有限。

一方面，数据库信息量大，易于查询检索，并可以提供推送服务，不受时间空间制约，学术期刊能更好地引领学术。借助大数据，编者、作者和读者可以全面、客观、完整、准确地把握学术信息，了解学术前沿、学术热点和焦点，作者可以更全面地了解学术期刊，而编者可以更好地了解读者和作者，因而，可以为作者选题与投稿、编辑组稿与审稿、读者及时了解最新动态提供方便。另一方面，数据库内容更新又相对滞后。相对滞后的原因主要有：其一，学术期刊为了尽量减少由于数字化而带来的纸质发行量的损失，不愿意优先数字出版（相反，媒体企业、电子出版机构数字出版的积极性很高，它们会鼓励学术期刊优先数字出版，因为这样可以使自己更多地获利），而且，学术期刊一般要求媒体企业、电子出版机构在纸质出版之后滞后三个月再上网。其二，媒体企业、电子出版机构的数据加工、网页制作需要一定的时间。

一方面，数字化使得搜集资料、检索文献、分类查询、论文重组极为方便快捷，在互联网上，我们可以按照任何学科、按照任意专题快速检索文件。它把专业化、专题化的权利完全赋予了读者，在某种程度上，这正是我们专业化、专题化的最好方式、最高追求。另一方面，数字化使学术期刊被肢解，读者在数据库里看到的是某学术期刊的一鳞半爪，而很难窥见其整体风貌。也就是说，数字化消除了期刊与期刊的界限，扼杀了学术期刊的个性。由此也可以看出，传统出版和数字化出版各有千秋，相互补充。

一方面，在电子期刊网强大的检索功能面前，大刊小刊都是完全平等的，这里没有学术期刊的层次高低之分，没有核心非核心、名刊非名刊、名栏非名栏之分，没有综合性与专业性之分，没有文史哲政经法的学科之分；另一方面，数据库里，内容兼容并包，质量良莠不分，真可谓是鱼目混珠，所收录的论文质量没有好坏之分。

由于传统阅读习惯和纸质资料保存的需要，在相当长的历史时期内，传统出版与数字出版必将共存，它们相互依赖，相互融合，相互补充。因此，学术期刊仍然应当把质量意识放在首位，同时做好传统出版和数字出版，而不要把二者对立起来，顾此失彼。

二　大数据时代学术期刊的生存方式

大数据时代学术期刊理想的生存方式，可以概括为一句话：利用大数据做好小数据，把传统媒体与新媒体有机结合起来。正如有论者所指出的："学术期刊应主动自觉地应对大数据带来的学术研究、政策抉择、经济效益、商业模式的重大变革，积极探索大数据时代最大限度发挥自身功能的路径。"④但是，学术期刊目前的生存状况，是对大数据关注不足而对小数据关注有余，主动应对不足而被动应对有余。

（一）当前的被动生存状况

当前绝大多数学术期刊，分属不同的主办单位和主管单位，一般都属非营利性质。这种状况也就是大家所说的"条块分割，小散弱"。

虽然学术期刊已经感受到大数据技术带来的投稿、约稿、审稿（特别是利用反抄袭剽窃软件审稿）、编辑等环节上的便捷（即实现了编辑现代化，突破了时空限制），虽然学术期刊知道数字化在学术传播方面有无可比拟的优势，虽然学术期刊也知道信息化、数字化是期刊未来发展的方向，潜藏着巨大的商机；虽然学术期刊也在不遗余力地推进数字化发展，但是，和媒体企业、电子出版机构不同，它们从一开始就没有以营利为目的，在数字化发展中，它们显然有些力不从心，因为数字化具有高投入、高风险、高收益的特征，客观上要求规模化、集群化、国际化。它们不可能依靠自己的实力开发一个独立的、直接收费的数字出版平台。一般的学术期刊都只建有一个小规模的数字出版平台。这种网站仅以扩大学术传播为目的，而绝不是为了营利。到目前为止，大多数学术期刊的自建网站都是向读者免费开放的。这样小规模的数字出版平台，只能淹没在数字化的汪洋大海之中，而不可能与业已形成的集约化、规模化、专门化的学术期刊数字出版机构抗衡，更不可能在短时间内营利。

在学术期刊数字产业链条中，内容提供商当然是各个学术期刊编辑部。它们不仅承担组稿、审稿、编稿等大量的前期劳动，而且，还负责与作者签订版权合同，向作者支付稿酬。也就是说，数字化出版的内容是由各学术期刊编辑部来生产的。虽然大家都说应该以内容来主导数字化，但如何以内容来主导数字化，却让人感到相当困惑。

数字化改变了传统的发行模式和利润分配方式，纸质发行量让位于网络阅读量，学术期刊出版单位赢利变成了媒体企业、电子出版机构赢利，纸质发行量的减少并不意味着期刊发行量、影响力和利润空间的降低，只不过是，传统学术期刊的利润被转移到了网络化经营者手中。

数字化出版的赢利模式基本上是阅读付费、广告等，这是数字化出版营利的基本手段和今后利润增长的主要空间，这也决定了学术期刊难以在数字化进程中把握主动权。学术期刊如果不想成为数字化的“弃儿”，就不得不忍疼割爱出卖自己赖以安身立命的内容资源，而与媒体企业、电子出版机构合作。这也是国内学术期刊数字化出版采取的最普遍的方式。而在这种合作谈判中，由于众多的学术期刊编辑部分属不同的主办单位，社会影响、学术声誉差异较大，难以采取统一的联合行动。各媒体企业、电子出版机构则集技术服务商、广告商、运营商、发布商于一身，数字产品的赢利直接进入他们的账户。学术期刊编辑部与电子出版机构、媒体企业的合作，地位并不是对等的，分配方式、分配原则也不是按劳分配或按生产要素分配。各期刊编辑部明显处于弱势地位，不能介入数字技术的设计和研发，不能直接从产品的销售中获益，不能监督电子出版机构、媒体企业的收支情况，也不是按一定比例分成，而只能通过各自与电子出版机构、媒体企业签订独家或非独家协议来分得一杯羹，获得微薄的收益。而且，由于媒体企业、电子出版机构并不直接给论文作者支付稿酬，这点微薄的收益中往往还包括电子出版机构、媒体企业应该支付给作者的稿酬。即使不扣除已预先垫付给论文作者的稿酬，从媒体企业、电子出版机构那里获得的这点少得可怜的收益也与当初它们所付出的成本很不相称。

学术期刊数字化的目的是把数字化作为学术传播的手段，以拓展刊物的发展空间，扩大所刊发论文的学术影响和社会效益，而不是为了赢利，所以，学术期刊大多数情况下会“一女多嫁”，同时加入多个数据库；而媒体企业、电子出版机构的目的主要是通过收费服务来赢利，即为了经济效益。

当前，中国政府鼓励和支持包括学术期刊在内的传统媒体的内容生产者和媒体企业合作联合，发挥各自优势实现资源共享、互利共赢、快速发展的目标。但是，如何构建学术期刊与媒体企业、电子出版机构的合作模式，真正做到互利共赢；如何调整数字产品的收入分配模式，真正做到公平合理；如何构建合作机制，真正做到相互促进，这是值得政府有关管理部门、期刊编辑部和媒体企业（电子出版机构）共同探讨的问题，也关乎学术期刊数字化转型的进程和成败。

或许，中国社会科学院承建的国家哲学社会科学学术期刊数据库，是哲学社会科学学术期刊数字化的最佳模式，但是，这个数据库是否会收录所有的哲学社会科学学术期刊，还不得而知。

（二）大数据时代过分关注小数据的表现

大数据时代让期刊学术不端检测更加困难。

本来，文献计量单位所需要的数据应该是自然生成的，而不是人为干预得来的。但大数据让期刊为了数据而数据。为了能进入评价机构预设的较好的档次，人为操控数据，“做”数据（互引、自引）、“跑”数据（找文摘性期刊，请客送礼，求转载）。

在学术机构和学术圈子里，对学者的评价是一种日常性的工作，如年度考核、评优活动，而这都有定量方面的要求，作者也在做数据、跑数据。

大数据让人心气浮躁，大数据催生了高产作家，坐下来认真学习的人少了，从网上 download 资料，高产作家多了。

姜晓辉指出：“不仅学界有学术浮躁现象，目前的评价体系也浮躁，尚未成熟，不能将有限功能无限化，尤其是将期刊评价、定级视为主要功能的核心期刊评价体系建设，导致了话语权、支配权、利益和地位的争夺，发布排行榜，使学术研究变味、评价体系变味，造成了争名逐利的浮躁现象。”⑤

总之，作者造假多了，期刊造假多了，文献计量的准确性差了。

社会历史的发展表明，任何新的先进生产力的应用都要经历一个过程，新旧事物的交替需要一个过程。大数据也不仅仅是一个技术问题，而是一项复杂的系统工程（既是技术系统工程，更是社会系统工程），是一个复杂的社会问题，其中包括体制机制问题。正因为如此，如果不对学术期刊体制进行改革，如果不能走集约化、规模化的路子，如果不对学术期刊的评价体系进行改革，学术期刊当前的生存状态就难以得到根本性的改变。

三　大数据时代期刊的评价方式

当前，对学者的评价基本上是以发表的论文以及发表论文的期刊档次来衡量，而期刊又被评价机构分成各种档次（如中国社会科学评价中心将期刊划分为顶级、权威、核心和扩展核心，武汉大学中国科学评价研究中心将期刊划分为 A^+、A、A^-、B，等等）。因此，我们提的问题虽然说是学术期刊的评价方式，实际上，这里涉及四个方面的评价：学术期刊对论文的评价；对学者（学人）的评价；对学术期刊的评价；对学术期刊评价的评价，即涉及对评价是否科学、合理和准确的评价。

有论者提出，大数据时代对学术期刊的评价应该是综合、多维和辩证的，应该是四个结合："即客观与主观结合，形式与内容结合，定量分析与定性分析结合、专家与读者结合"。大数据时代学术期刊的评价方式，我觉得较为理想的方式或者说应有的态度，可以概括为：各方联合，优势互补，消除偏见和片面性，综合创新，具体情况具体分析，力求完善但不可求全责备。这里的各方，我觉得至少应包括现有的评价机构或者说文献计量单位、学术共同体（包括作者和读者）、行业学会、学术期刊及相关管理部门。

正如有学者所指出的，中国的人文社会科学评价正在矛盾中向前行进。[6]一方面，评价机构越来越多，评价体系越来越复杂，而且这些评价体系被越来越多的学校和科研单位视为决定刊物等级和论文水平的最重要乃至唯一的标准。这些评价机构主要包括中国社会科学院文献信息中心（现改为中国社会科学评价中心，2014 年 11 月 22 日发布《中国人文社会科学期刊评价报告（2014 年）》）、北京大学图书馆、南京大学中国社会科学研究评价中心、武汉大学中国科学评价研究中心、中国人民大学人文社会科学学术成果评价研究中心等。

另一方面，围绕各种评价体系的争议和质疑持续不断，而且批评和否定的声音似乎有越来越强的趋势。例如，有的学者质问"谁在把学术评价推向疯狂"？当然，这不是坏事，我们应当允许正常的学术批评存在。确实，每一种评价机构和评价体系各有特色，各有优长，但又各有缺陷，各有片面性，各有偏向。这些评价体系虽然可以不断丰富和完善，但永远都只能是差强人意，而不可能做到尽善尽美。以影响因子作为评价标准为例，它确实有其合理性，但它的局限性也是很明显的，不同的学科影响因子没有可比性。个别论者或机构发表一些不负责任的言论，把某些学术期刊群落说成"学术垃圾"。有的论者指出："任何评价系统都有一定的使用范围，核心期刊的评价也不例外。《要览》以实际融入学术活动的学术使用率为主来判断期刊的影响力，进而判断期刊的学术质量，是有一定的单一目的性的。尽管我们以专家论证作了定性补充，但它不是对期刊的全面评价系统。"[7]

能否综合各种片面认识中的正确方面，构建一个可操作的评价系统，力求全面、客观、公正、准确，做到最少片面性和最少偏见？怎样做到引文统计分析与同行专家定性分析相结合？在定量分析中，如何保证统计分析中指标的完整性、系统性和真实性？在定性分析中，如何判断学理性和原创性？定量的长处在于其“准确性”“客观性”“公正性”（当然这种准确性、客观性和公正性只是相对的），而短处在于其“机械性”“简单化”，能统计出数量但不能判断质量，被转载或被引用频次相同的论文学术质量不一定相同。而定性的长处在于同行评议的“专业性”，短处在于人的“主观性”，不同的知识背景、社会经历、人生阅历和喜好都会影响评价的结果。“定量分析是有用的，但数据来源一定要可靠、要客观、要自然形成；定性分析是必要的，但分析过程要纯粹、要认真、要有公心。只有这样，才能使中国的核心期刊评价体系逐渐成熟起来。”⑧

当前，对学者、对学术论文、对学术成果的评价，是以同行评议为主、量化评价为辅；对学术期刊的评价则以专门评价机构的量化评价为主、以专家定性评价为辅；而对评价机构的评价、对评价指标的评价，则以专家学者或办刊人对带有片面性、简单化的评价框架的批评和否定为多，要求改革完善不科学、不合理的单一量化评价指标体系，认为这些不准确的评价，误导和影响了学术期刊生态的良性运行。总之，对评价机构的评价，缺乏学术共同体统一协调和政府有关部门的管理。

大数据时代，未来的学人、学术论文和学术期刊评价，是否可以利用大数据，实行定性与定量相结合，定性即采用同行专家和读者网上投票的方式进行评价，定量则是利用大数据对影响因子、转载等数据进行统计和分析，或许这也是评价体系试行改革的方向之一。

评价体系的改革，涉及中国当前的学术生态问题。学术生态治理是一项系统工程，需要标本兼治，综合治理。否则，难以取得实际成效。它与改革完善现行高校运行机制及科研管理与评价体制、教师职称评定与考核体制、学术期刊的评价体制密切相关。

首先，是科研管理与科研评价体制的改革。学术管理的缺位、越位、错位现象严重，表现在以下三个方面。其一，是学术管理层对学术活动、学术研究干预过多。在高校系统，“计划学术”“审批学术”（科研项目、课题、基金、研究基地、成果奖、学位点等都需要审批）越来越强化，导致行政权力完全取代学术权威，学术活动异化成行政工作。学术管理行政化，不利于学术自由和学术创新。其二，学术管理层对学术评价“过分”重视和依赖，造成了过度的量化评价。⑨对毕业答辩、职称评定、课题结项、博士点申报、基地评估、重点学科建设等，无不需要硬性的论文指标作为必要或参考条件；

学校排名、科研评估、奖金发放，也把发表论文的数量作为重要的评价指标。追求科研论文的数量而不是质量，追求科研项目的数量和资金量，规定职称评定和研究生论文答辩中论文的数量和刊物的级别，诸如此类违背学术发展一般规律的做法，表面上是重视学术，实际上严重破坏了学术生态，催生了学术泡沫、学术垃圾、学术不端乃至学术腐败。现在，不少单位开始倡导代表作制，开始转向以专家评议为核心的定性评价，转向对学人学术水平和素质的综合考量，应该说是一种进步。其三，缺乏惩处机制。科研奖励措施很多，但学术失范的惩戒措施缺乏。“天下熙熙，皆为利来；天下攘攘，皆为利往。”奖励有余而惩处不足，使得学术失范回报高而风险小。学术失范背后有着深层的物质利益原因，其防范就不仅仅是一个道德问题，更是一个利益调节问题。

其次，加强科研工作者的自律。当前的学术管理和评价体制，以及各高校、科研机构对获取现实利益的诸多规定与条件，在客观上使得作者不是为了学术而写作，而是有意无意地推动他们为了功利、为了迎合评价体系、为了追求评价指标、为了学术的物化价值——职称、学位、奖金、学术资源、身份、地位——而写作。科研人员偏离、放弃职业操守，学术行为失范，学者的道德和品格遭到贬损，具体表现有二：一是学风浮躁，沽名钓誉，丧失学术情趣和学术良知，急功近利，难以潜心学术；二是科研人员数量“过分”膨胀，因为在现行体制下，学术研究很容易被当作攫取名誉、地位、官职、金钱的有效手段和工具，甚至被个别官员当作可以装点门面、附庸风雅、表现自己“学者”身份的行为。

再次，是期刊编辑的把关和坚守。（1）对论文实行双向匿名审稿制度，聘请学术水平较高且有责任心的专家学者审稿，拒绝人情稿、职称稿、学位论文、学术赝品、学术垃圾。同行评议可以采用主要指标和辅助指标的形式。主要指标包括：学术创新程度，衡量论文提供的新知识对学术发展的促进程度；论证完备程度，衡量论文研究规范程度和严谨程度；社会价值，衡量论文对社会发展进步可能产生的推动作用的大小；难易程度，衡量论文研究投入劳动的多少。辅助指标包括课题立项和发表载体等。[10]（2）改革期刊评价体制，依靠行业协会，联合评价机构，共同建立科学、合理的评价体系。现在，各种评价机构均以定量评价为主、定性评价为辅。即使是最新出现的较有影响力的评价机构也难以保证其评价体系不存在缺陷。学术期刊要遵循学术发展的一般规律，不要被各种各样的评价指标和评价机制牵着鼻子走，“任凭风浪起，稳坐钓鱼船”，始终坚持期刊的学术本位。（3）在略显浮躁的学术氛围中，期刊工作者要坚守学术阵地，淡泊名利，自我约束，保持一颗平常心，不以任何形式收取版面费。不认钱、不认权、不认名，不滥用学术权力，不为学术不端提供方便。当然，期刊工作者也要向主管主办单位呼吁，争取足额的办刊经费。（4）要严守学术规范，熟练运用反剽窃抄袭软件，及时回复稿件以避免人为地造成一稿多投，通过对学者的他律引导其自律，捍卫学术的尊严与纯洁；通过哲学社会科学工作者和期刊工作者的共同努力与良性互动，逐渐形成全社会的良好学风，为学术期刊功能的回归、为高校学术功能的回归做出自己应有的贡献。

最后，是整个社会学术生态的改善与优化。高等学校、科研机构、学术期刊功能的异化有着复杂的、多方面的原因。学术共同体功能的回归，关键在于制度的创新，在于整个高校、科研机构、学术期刊学术功能的回归，在于整个社会学术空气的净化。高校是一个学术组织，应当以学术为本，以学术安身立命。令人遗憾的是，由于市场经济浪潮的强烈冲击，高校似乎越来越不以学术为本，不管是教师还是学生，学术似乎越来越功利化。

学术期刊生存与发展的环境，受制于并影响着学术生态环境，而学术生态环境受制于并影响着整个社会生态环境。

四　改革永远在路上

关于大数据时代学术期刊的生存状况，关于期刊体制改革的问题，关于评价体制改革，学术界期刊界都已谈得很多。

2014 年 11 月，《光明日报》有一幅讽刺高校学报为垃圾的漫画；前不久，又有一篇文章在微信中广泛传播，题目是《高校学报咋成最大“学术垃圾产地”》。作者认为，高校社科学报占了人文社科学术期刊的半壁江山，但其论文产出数量与相应的影响力不成正比，高校学报的平均影响因子较低，仅为 0.1102。[⑪]针对这一观点，有的论证调侃说，吃饭的人多了垃圾自然就多，减少垃圾的根本办法就是让人少吃饭或者不吃饭。高校学报大多是综合性学术期刊，它的影响因子与专业性期刊没有可比性，而且，不同学科的专业性期刊也没有可比性，文史哲等学科的影响因子相对要低一些。当然，这篇文章最后也指出，在急功近利、浮躁的学术研究环境中，不可能有高质量的学术研究成果出现，从这一意义上说，学术期刊不过是学术垃圾制造的一个环节，或者说只是垃圾成果展示基地而已。

这里有喧嚣也有真实。我们必须客观冷静地对待。“我们作为生活在社会中的个体，应该习惯喧嚣，我们要具备从喧嚣中发现正能量的能力；我们也要具备从喧嚣中发现邪恶的清醒。要清醒地认识到：喧嚣就是社会生活的一个方面，而使我们的社会真正能够保持稳定进步的是真实。”⑫

学术期刊的改革必须与大学、科研机构的管理改革同步进行，学术期刊的改革绕不开学术期刊管理部门和评价机构的改革。但是，同其他社会改革一样，大学的改革、学术期刊的改革、评价体系的改革难度很大，阻力也很大，实质性的推进很少。为什么会这样呢？因为学术管理、学术评价总是同资源的分配方式结合在一起的。这其中已经形成一些学术利益共同体。而要打破这些利益共同体，谈何容易！莫言有一段话值得我们深思：大家在不涉及自己切身利益和家庭利益的时候，都是一个非常正派、非常刚强、非常廉洁的人，一旦我们碰到这样的事情，我们的腰为什么立刻就软了？我们的原则为什么立刻就不存在了？这里，既有人性的弱点，也有社会体制的缺陷。在看待社会问题的时候，在面对社会喧嚣的时候，要冷静地思考喧嚣背后的另一面，要透过现象看本质。

对于学术期刊的改革，我们完全可以借用这句时髦话：改革没有完成时，改革永远在路上。

---

①③④柴英、马婧：《大数据时代学术期刊功能的变革》，《编辑之友》2014年第6期。

②秦筱：《大数据“谋杀”了惊喜》，《读者》2014年第11期。

⑤⑦⑧李潇潇：《建构学术为本的中国核心期刊评价体系——专访〈中国人文社会科学核心期刊要览〉主编姜晓辉》，《中国社会科学院报》2009年4月23日。

⑥高寿仙：《人文社会科学评价：评什么，怎么评?》，《中国社会科学报》2015年3月11日。

⑨余三定：《三个“过分”破坏了学术生态平衡》，《中国社会科学报》2010年1月19日。

⑩参见中国人民大学人文社会科学学术成果评价研究中心《人文社会科学论文质量评估指标体系实施方案（试行）》，2014年3月25日，第9~10页。

⑪熊丙奇：《高校学报咋成最大“学术垃圾产地”》，新华网，2013年4月11日，http://news.xinhuanet.com/comments/2013-04/11/c_115345768.htm

⑫莫言：《喧嚣与真实》，《光明日报》2014年9月15日；《读者》2014年第21期。

作者刘曙光，《北京大学学报》常务副主编，教授。北京 100871

回归学术评价的真实内涵

——以学术共同体的建构为视角

崔月琴

[提　要] 学术评价是学术活动的一部分，是由研究者自然发动和组成的学术共同体来推动的一种学术评判活动，其目的在于通过评价来评判学术进展、规范学术行为、引导学术方向、推动学术发展。现行的国家行政化管理体制下，学术评价成为管理部门运用行政权力管理学术资源的工具，形成以行政为主导、过度倚重量化的评价机制，从而导致学术价值的迷思和学术共同体的缺位。学术乃天下之公器，只有将学术回归社会、回归民间，学术按照自身的规律去发展运行，才能形成自主、独立的学术共同体，才能培养学者自觉、自律的学术品德。

[关键词] 学术评价　行政化　学术共同体

伴随中国社会改革的进程和学术研究的推进，学术评价不但为管理部门所关注，也成为学术界、期刊界的热门话题。在中国知网收录的报刊中，经关键词检索，2004～2014 年十年间含有“学术评价”关键词的文章多达 3440 篇。其中既有学者、编辑，也不乏高校领导及科研管理人员，可见，学术评价是一个关乎学者、学刊、学科长远发展的核心问题，学术评价的定位及其导向之于学者、学刊、学科都具有十分重要的影响。综观以往对学术评价的研究和反思，无论是对以刊评文单纯量化标准的声讨，对学术共同体缺失的反思，还是对行政化管理的过度干预的批评等，无不反映着现有的学术评价机制严重偏离了学术发展的轨道。行政主导下的学术评价单纯注重量化指标和对数量的迷信所造成的后果不可低估，这种学术评价脱离了学术本位，成为学术发展的桎梏。本文借鉴以往反思学术评价的研究成果并在此基础上，立足于学术评价的真实内涵来思考学术共同体的建构，以期促进符合学术发展需求的学术生态的形成，以及学术评价的功能和本真意义的回归。

一　学术评价的本真目的与意义

对于学术评价人们之所以给予热切的关注，一方面，因为它对于学术发展的影响至关重大。从国家层面，中国文化的输出、国际学术交流的开展、国际上的学术对话都已成为国家发展的重要战略。科技、教育、文化的发展提升，与学术体制和评价机制所发挥的引领作用直接相关联。从中观层面，无论是高校还是研究机构，人才短缺、后劲不足是其核心问题。如何建立适合人才发展的学术生态，回归学术评价的本真意义十分迫切。另一方面，现有的学术评价机制严重偏离了学术发展和运行的轨则，失去了学术评价的本真意义，对于学者、学刊、学科的发展都将产生负面影响。正本清源，让学术评价回归学术本位是当务之急。

1. 学术研究与学术评价之关系

学术一词，一般来说是指系统专门的学问，是对存在物及其规律的学科化论证，泛指高等教育和研究。学与术，在中国古代是相分离的。有学者称："中国古代长期有'学'而无'术'，学而有'术'，直到清代朴学大兴之时方才渐具规模。"[①]在中国古代，人们十分重视"学"，认为"学"是为了明理达道，获智慧和学问之径，而"术"只是形而下之器，不予重视。当近代西方学术引入后，中国学者才发现我们的"学"中"术"的不足。"学"只是获得知识的过程，学术则是对相关知识的总结、梳理和系统化。

学术研究本身既是知识的生产过程，也是知识的创新过程。学术研究的本质是追求真理和知识创新，无论是求真还是求新，都要在知识的生产和传播中获得某种程度的认同，即被关注、被引用、被批评等，由此而产生的这些学术评判活动就是现代意义上的学术评价。它成为现代学术研究中的一个重要环节。正如舒尔曼所说："不是所有的智力活动都是学术。只有具备了如下三种成分之一的智力……活动才成为学术：公开发表；成为圈内人士严格评价的对象；圈内人士开始使用、参考和发展这些思想和创造活动。"[②]

学术评价作为现代学术活动的重要环节，起源于欧美。西方的现代学术发展，不但注重知识的生产，更注重知识的交流。学者的学术研究成果，往往通过各种学术会议、学术媒体的即时发表和交流，使学术得以传播。所以“严格说来，不公开发表并接受学术评价的学术研究，其实并不是真正的学术研究，因为交流是学术的基本特征，也是学术研究的价值所在；学术只有交流才能为同行所用、所参考，并对学术思想的发展和人类知识体系作出贡献”。[③]就现代学术研究而言，它不仅是学者自身的兴趣取向，还有学科发展的取向、社会需求的取向，所以，学术研究只有在获得有效传播的基础上，获得同行及社会的认可，或引起学术批评和学术讨论，才能彰显其价值，这实质也构成了现代学术评价的意义所在。

2. 学术评价的本真意义

从学术研究与学术评价之关系，我们可以从中获得这样的认知：现代的学术研究离不开学术评价，学术评价是学术活动的一部分，是推动学术进步、学术创新的重要环节。正如复旦大学李剑鸣教授所说：“学术评价的本来意义，在于评判学术的进展，鉴别学者的贡献，规范学术行为，激发学者的创造力，以达到推动学术发展的目的。从这个意义上说，没有学术评价，就谈不上真正的学术。”[④]

对于学术评价的意义我们可以从三个方面来认识。

第一，学术评价在于推动学术进步和知识创新。中国政法大学张保生教授提出：“学术的本质是求真，其灵魂是创新。学术以追求真理和知识创新为目的，这构成了学术评价的抽象基础、逻辑起点和最终理由。学术评价是以学术标准为尺度对学术活动效果做出价值判断的过程，因此，学术标准内在地包含着学术目的。”[⑤]就是说学术评价内在于学术研究活动本身，学术的求真本质和创新目的内在于评价之中，学术目的和学术标准构成学术评价的价值基础。南京大学朱剑主编关于“学术评价的要义是对学术成果及其所有者进行价值判断”[⑥]的提法切中要害。

第二，学术评价在于规范学术行为，引导学术方向。因为学术成果的交流和发表，其编辑出版过程，学者或学术共同体的审理和鉴定过程，都是对学术成果的一种检验和评判，其本身就发挥着规范和引导的作用。在学术活动中学术期刊是学者进行学术交流的重要工具，也成为学术共同体实施学术评价、规范学术行为、引导学术方向的公共平台。所以学术期刊在现代学术发展中占有越来越重要的地位。但这里所指的学术期刊，应是由学科专家主导并实施专家匿名评审的专业期刊。

第三，学术评价在于激发学者的创造力，促进学术人才的成长。学者是学术的主体，也是学术评价的主体，学者之间的对话和交流，学术共同体的评判，往往成为激发学者学术研究的动力，为青年学者的学术成长提供必要的支持和激励。

因此，学术评价应是“对学术成果进行价值判断的活动，它是学术研究过程中的一个重要环节。通过价值判断，促进学术良性发展，应是进行学术评价的直接目的和本真意义，也是进行学术研究的应有之义”。[⑦]

从以上三个方面来认识和理解学术评价的内涵，不难看出，学术评价不是游离于学术之外的，是以学者间的交流和评判为主导的，对学术成果进行的一种价值判断。其目的在于评判学术进展，推动学术发展，规范学术行为，引导学术研究的方向，促进学术人才的成长。因此，学术评价应是学术活动的一部分，是由学者自然发动和组成的学术共同体来推动的一种学术评判活动。学术评价的基本要素应包括：学者的学术研究成果、学术成果公开发表或出版的平台、学者间的交流和评判。

中国高等院校及科研单位近些年所实行的学术评价机制，往往与学术评价的内在本质相背离，它游离于学术之外，被学者称之为外在的、量化的、行政主导型的学术评价机制。[⑧]

外在的，是指现行的学术评价机制和标准外在于学术本身。因为许多高校和科研机构的学术评价往往由主管科研的行政机构来主导制定学术评价的标准。纵观其标准，大多以所谓学术期刊的等级来评判学术成果的优劣，而学术期刊的等级往往是由相关评价机构根据引文数据排序而定，从而形成了以科研管理机构、数据评价机构、学术期刊编辑组成的学术评价机制链中各个环节的评价主体。评价学术论文水平的高低，“只是看其在什么刊物发表，有多少影响因子，只要是发表在国内权威刊物或国外引证期刊的，就能得到国家、省部级和学校的奖励，至于学术共同体的内在评价如何，则可以忽略不计”。[⑨]可见，学术评价并没有掌握在最有发言权的学者手中，而是成为由外在评价主体来左右和评判学术的工具。

量化的，是指现行的学术评价机制往往以单一的数量为标准，量化指标，数据库的数据成为学术评价的重要工具。许多机构直接搬用某些数据库的数据用于科研人员的职称评定和绩效考核，学术成果的数量成为学者获得学术荣誉和学术地位的重要标准，助长了只重数量、不重质量的不良风气。学术期刊的排序分级也是依据评价机构的数据统计。由此形成以数量为准绳、重数量轻质量的学术氛围。

从学术评价的内涵来认识和推动现行的学术评价机制改革，重要的在于改变这种外在于学术的、以量化为标准的行政化的评价机制。正如南京大学中国社会科学研究评价中心副主任王文军所说："同行评议和定量分析是学术评价的两个重要维度，其中前者居于主导，后者只是一种辅助手段。然而，由于一些不正学风的影响，使得同行评议制度在某些时候沦为一种形式，这在一定程度上给片面强化 CSSCI 的评价功能提供了一种制度漏洞。"[10]所以，学术评价机制改革的核心，是回归学术评价的本真意义和激发学者对学术的价值追求。"不是激发教师追名逐利的外在竞争动力，而是如何保护和发掘他们的内在学术兴趣，兴趣而非功利才是创新之母。"[11]只有让学术评价回归学术本身，才能正本清源，成为推进学术发展的动力。

3. 学术评价的真实主体

现行的学术评价机制中，评价主体分为两大类：一是内在主体，二是外在主体。内在主体主要指学者、学术共同体。外在主体包括科研管理部门、书刊编辑、第三方评价机构等。在现实的学术评价体系中，学术评价内在主体的缺失和异化是其问题所在。学术研究如何评价、由谁来评价，这是回归学术评价本真涵义的关键所在。

因为学术评价本身是知识生产的一个环节，是学术活动的一部分，所以参与学术研究和学术活动的研究人员理应是学术评价的主体。这一主体并非是单个个体的学者，而是在学术研究和学术交流中自然形成的志同道合的学者群体。他们遵守共同的道德规范，相互尊重、相互联系、相互交流、相互影响，共同推动学术的发展和进步，这样的群体被称之为学术共同体。学术共同体既是知识生产的主体，也理应成为学术评价的主体。

华中科技大学张应强教授指出："学术共同体是按学术领域自然形成的学者群体，是通过学术内部的学术生产机制（如学术争鸣、学术交锋、学术讨论）而形成的共同体。学术共同体以学术事业和学术发展为纽带连接学者、集合学者，其特征是自发性和开放性。所谓自发性，是指学术共同体是自发形成的，而不是由单位或者个人通过某种组织方式规定形成的。因此，学术共同体是开放的，不存在排斥其他学者和学术垄断等问题，也不存在学术发展之外的利益。"[12]如此来说，学术共同体是在学术活动中，由学者自发组织起来的具有自治性和公益性的社会团体，它的产生并不是外在力量的强加，而是内在于学术发展的需求，它的使命就是组织学术交流，维护学术秩序，开展学术评判，推动学术进步。

在中国高校和学术机构的现行学术评价机制中，外在主体主导着学术评价机制各个环节的运行。例如，科研管理者主导并制定学术评价标准；学术期刊编辑来取舍和决定学者学术成果能否发表；评价机构的下载量、引用量等数据统计成为评判学者和学术期刊的重要标准。而由学者组成的学术委员会往往只是衡量学者的成果是否符合这些标准，是否达到数量的要求。表面上是通过了学术委员会的评判，但实质上这样的学术评价，其学术的价值判断已无影无踪，学术委员会其实也失去了学术判断的功能。在这种机制下，学术的内在主体严重缺位，偏离了学术自身的发展轨迹，失去了学术评价的本真意义。因此，近年来，中国学者关于学术评价回归学术共同体的呼声一直不断，但一些学术机构的改革尝试仍然没有成为主流。

二　学术评价机制中学术主体的缺位和异化分析

回顾 30 多年来中国学术的发展历程，其学术评价经历了从定性评价到定量评价的转换过程。虽然每一种评价有其历史局限性，但都反映了这一时期学术研究的状况以及国家体制对学术发展的影响，具有时代的印迹。分析现行学术评价机制形成的历史和现实因素，探寻其改革路径是题中应有之义。

1. 权威体制下的学术行政化管理

从根本上来说，学术评价受制于学术体制。中国现行学术体制始建于计划经济时期，国家行政部门管理和控制着政治、经济、社会、教育和文化资源。学术资源和学术评价完全从属于政府。学术完全附属于行政，行政完全控制着学术。在计划经济时期和改革开放初期，由于计划的有限性和资源的短缺性，学术科研的管理十分简单，其学术评价虽然由行政主导，但还主要是以学科的学术权威来进行定性评价。虽然这种定性评价难免会带有学术权威个人的主观色彩，但它仍然是来自学术主体内部的学者的评价。

在向市场经济体制转型过程中，一方面，是计划经济思维向市场经济的工具理性思维转向。“社会需求取向、投入产出取向的价值观念使管理者更倾向于应用数学工具统计、度量生产的效率和效益，在强大的工具理性支配评价下，各行各业的科学管理越来越精细化。高校科研管理部门更乐于借助于各种评价工具来考评教师的科研绩效，并作为评职称、评奖进行物质奖励的依据。这种工具理性的优越性既简单明了，注重了科学成果的一般性和可测量性，又杜绝了人为因素的干扰。”[13]科学管理的运用和工具理性思维主导下，量化管理成为这一时期主流的管理方式。正如韦伯所说：“今天这些条件正以不可抗拒的力量决定着降生于这一机制之中的每一个人的生活。”[14]工具理性伴随着现代经济与社会变迁成为主导人们的思维方式。另一方面，伴随中国经济的快速发展，国家对于科学研究投入的资源不断增多，资源的管理和分配成为行政主管部门的重要职责：制定规则，细化条例，运用数据化进行学科分类和量化管理。可以说，“由传统的定性评价到定量评价这一转换，克服了前一时期定性评价中凭感觉、凭印象、凭关系的主观随意性，使学术评价建立在比较客观的基础之上，在一定程度上规范了学术评价，减少了学术评价中的暗箱操作。然而，由于社会选人用人机制对量化管理的过分依赖，进而导致人才管理、学术评价中的‘数量迷信’，使学术评价严重背离了人才发展的客观规律和学术评价的基本原则，进而导致学术评价方式的新的异化和学术出版方向的迷失”。[15]虽然学术评价从主观意志到客观数据，实现了评价的客观性，但又缺失了价值性。

在社会转型过程中，虽然计划经济时期由国家整合和控制下的总体性社会出现了分化，但强政府、弱社会的格局仍然存续，科技教育、医疗卫生、新闻出版等社会公共服务机构，在国家的体制内运行并接受行政化的领导。教育、科技管理机构仍然控制着大量的学术资源，主导着资源的分配。在政府行政部门管理下的高校科研管理，将学术研究的知识生产与其他经济产品一样实施效益最大化的管理，只要出产品，不管其质量如何，多多益善。缺乏公众参与的社会行政化管理，必然导致管理的简单化和权力的泛化。行政化主导的量化的学术评价机制，在各高校、科研院所的职称评定、科研奖励、人才工程等方面广泛运行。其主要特点：一是学术成果数量上的硬指标，二是学术成果的质量以在哪类学术期刊发表为等级标志，裁定论文优劣，无论是职称评定还是人才选拔最有竞争力的是在核心期刊发表的论文数量。这种数量迷信、简单化、外在化的学术评价，使得一些科研工作者为了追求“科研 GDP”而拼命地“努力”，催生他们急功近利快出成果，从而导致学术创新不足，学术垃圾泛滥。

这种外在于学术的以量化为主的学术评价机制，带给学者、学刊、学科发展的影响不可忽视。

对于学者来说，学术兴趣和学术使命，往往被功利化的现实追求所取代。学者所应具有的十年磨一剑的学术情怀被生活的现实所消耗。对于刚刚投入学术事业的青年学者，量化的学术评价机制使他们的发展更是举步维艰。从自身的学术发展来说，如果急功近利会后劲不足，夯实基础又难过其关。他们的学术成果，因不知名、职称低往往被退稿，有的核心期刊甚至提出拒发青年学者的成果。这样的学术生态使学术新秀很难脱颖而出，对青年学者的成长极为不利。

对于学术期刊来说，学术期刊本是学术的公器，是学者发表学术成果的阵地，是学术共同体进行学术交流、开展学术批评、进行学术评价的平台。但在以量化为主导的风气下，学术期刊依据量化、数据的排序而进入核心期刊，数据排名靠前的学术期刊被推上学术评价的主体位置，成为评价学术成果质量的标志，而这些期刊的编辑人员被推上了学术评价的核心位置。在所谓争优创先的名刊竞争中，期刊的数据排序也成为竞争的焦点。有的学术期刊为了追求排名和数据，进行功利化的操作，甚至不择手段；有的学术期刊借用市场化手段，高收费、乱收费现象频现；有的学术期刊明确以作者的身份为标准，以刊发名家和教授的文章为荣。这些学术期刊的如此行径与其功能和使命完全背离，导致学术期刊脱离学术本位，走上功利化的道路。

对于学科发展来说，单一的数量化管理忽略了学科间的差别。人文学科历来注重历史性、思想性、独立性，其学术成果往往源于史料的积累、思想火花的迸发和独立的思考，在数据和量化的统计中往往处于劣势。比如，由山东大学主办的在国内外影响较大的学术期刊《文史哲》，已创刊 60 多年，但由于它是以刊登文史哲方面的学术研究成果为主，由于人文学科学术研究的独特之处，导致在 CSSCI 的数据统计中其排名不占优势，与其在学界和期刊界学术声誉相比差距较大。一些小学科、新兴学科，与传统学科、热门学科相比，无论成果发表还是数量统计都处于弱势。对于管理部门来说，如果只看数据，会对相关的学科发展造成伤害。

在行政力量过强的体制中，行政主体主导一切，社会的、自然的力量难以为继而被异化。以行政为主导的量化学术评价机制，可以说，它只能是社会转型期学术管理的一种过渡形式，学术评价只有回归学术本位，才能让学者、学刊、学术走上健康的发展轨道。

2. 单位体制影响下的学术单位化

从社会化的因素来看，学术评价受制于社会结构的影响。新中国成立以来单位制的社会结构，形成了影响至深的学术单位化的格局。单位制的特点，是国家通过单位整合控制社会，单位控制着每个单位人从生到死的各种资源和福利。无论是生产单位还是事业单位，其中的成员都完全依附于单位组织，社会只是空架子，没有内容和空间。所以，在单位体制下，无论是学术研究还是理论兴趣，都要服从于单位的安排和意识形态的统领。学者的单位化归属，一个学术单位一个学刊的现状无不反映着中国所特有的社会结构。尽管改革开放后单位体制正在逐渐被消解，单位的封闭空间被冲破，但单位体制下形成的学术单位化意识，仍然影响着学术研究的开放性和自主性，也是学术共同体缺失的主要因素之一。

以中国在世界上独有的、数量众多的高校学报来说，是典型的单位制和计划经济的产物。一校一院一所一刊的现象存留至今。高校学报在 20 世纪 50 年代和 80 年代形成两个创建的高峰期，如今已达 2000 多家。对于大多数学报来说，创建的目的和使命主要是为本校的教学科研服务，培养本校学术人才，对外展示本校的学术研究成果。这种封闭自足的学术期刊，在学术发展的初期，它只是面向单位体小众，成为本单位许多学术新秀展示学术成果的平台，具有学术交流和培养学术人才的功能，只是在量化学术评价的机制下导致的排序和核心期刊入选，才具有了学术评价的功能。“千刊一面、一校一刊”的高校学报现象，代表了典型的学术单位体制。

“学术单位体”现象是学术共同体形成的无形障碍。“学术单位体是学术领域的小团体、小集体，是围绕单位的学术利益或者其他利益，通过有形或无形的组织而形成的小团体。其典型特征是封闭性和利益性，即以单位的利益而不是学术的发展作为纽带来连接学者、集合学者，排斥正常的学术竞争，形成学术利益的垄断。学术单位体也包括由学缘和师承关系形成的学术上的小团体。学术单位体的存在，对正常的学术竞争和学术发展形成重大威胁。”[16]正是这种单位体的小众利益，往往使正常的学术批评变成不同师门学派的相互攻击，导致学术场域中的利益化取向和不良的学术生态。“学术评价中的利益化机制使得学术评价的外部环境发生了变化，学者和学术单位形成利益上的共谋与合谋”。[17]

近年来兴起的大学排名、排序，更加强化了学术单位体之间的竞争。为了暂时的单位体的利益，会导致牺牲学术发展的长远利益。这是形成公正、公平的学术交流和学术评判的一大障碍。

3. 学术管理制度变迁的滞后性

学术管理制度，应伴随社会的发展和学术的进步而不断地变革和创新。

我们不能否认，学术管理制度在学术增量后的许多变化，但是这些变化和改革却没有带来学术的进步和发展。它所带来的是学术成果的增量，而不是学术质量的提升和学术价值的增强。

究其原因，并不是我们的管理者不努力，也不是学者爱虚荣，而是学术体制的滞后性导致的结果。计划经济时期行政化的权威管理体制一直没有改变。从一定意义上说，量化机制的引入，对于学术管理来说是一个进步。仅以中文社会科学引文索引（CSSCI）数据库为例，它创立的目的主要作为一种检索工具，“从来源文献和被引文献两个方面向研究人员提供相关研究领域的前沿信息和各学科研究发展的现状……社会科学研究者可以通过不同学科、领域的相关逻辑组配检索，挖掘学科新的生长点，展示实现知识创新的路径”。[18]因为它是遵循一定的科学原理，通过复杂的计算和统计而形成客观的数据，为学术评价提供了较为客观的量化工具。但在学术管理体制不变的情况下，许多机构将科研人员的职称评定和绩效考核与 CSSCI 论文数量直接挂钩，这种简单化的管理方式，片面强化了 CSSCI 的评价功能。因此，学术管理机制行政化，必然形成以数据为依据的简单化、一刀切的管理方式。

学术管理体制的变革，从根本上来说，是要将学术管理回归学术共同体，实行学术的自主管理。良好的学术生态是在学术的自然演进中形成的，外界力量的干预只会导致方向的偏离和学术生态的破坏。

良好的学术生态往往是学术创新和学术发展的基础。学术主体的原创能力的下滑是当代学术生态危机的实质。学术道德下滑、学术失范只是这种危机的表象。正是由于国家体制和社会结构因素的影响，造成学术评价机制中学术主体的缺位和异化。我们应正视历史，反观现实，寻找破题之路径。

三　学术共同体的建构及学术评价机制的可行路径

学术生态往往是政治、社会、文化生态的反映。在国家不断深化改革的今天，政府的机构改革和简政放权，需要与社会的建构同步。行政化管理与社会化管理相得益彰，不可偏废。行政主导下的学术管理机制，需要自上而下的改革和放权，同时，自下而上的学术共同体的建构也是迫切的任务。

1. 加强学术自组织——学会的发展和职能建设

在计划经济时期，国家主义和单位体制下，国家、社会一体化，社会被国家所吸纳。伴随市场经济的运行和社会转型，社会的空间正在被释放，社会力量得到快速的增长。20 世纪 80 年代以来，以政府推动和自发组织起来的各种专业学会、社团大量涌现。据民政部门统计，截至 2012 年底，全国依法登记的社会组织有 49. 2 万个，其中包括社会团体 26. 8 万个。社团涵盖了大量的科技、教育、学术研究、环保、公共服务等各类社会团体。这些基于学科、职业、兴趣爱好、共同志向所组成的专业团体，成为新时期社会转型与公共性建构的重要力量。

在现代社会的发育和发展中，无论是学术共同体还是职业共同体正在成为连接国家与个人的重要纽带。正如阿隆所说："职业团体既能够对个人产生影响，又能够调节经济生活，使之具有道德精神……国家不可能行使这种职权，因为它和个人相隔太远了……职业团将成为个人与国家之间的媒介，能够重振纪律，没有纪律人类就会被自己的无限制的欲望卷走。"[19]新兴的社会团体如同其他国家社团一样，正在新的社会秩序的建构中发挥重要桥梁和纽带作用。

以学科和专业而形成的各级研究会和学会，在社会的变革中得到迅速的发育和成长。有些学术团体在民主自治、管理创新方面积累了宝贵的经验，在组织学术活动、推动学术交流、促进学术规范等方面形成较好的运行模式。但由于受到现有体制的限制，学术团体的社会功能还没有得到有效的运用和发挥，学会还没有真正地承担起学术共同体的角色和功能。学会的发展和职能建设一方面来自学术共同体自身的完善和提升，如学术精英在学术精神和学术民主作风方面的引导；另一方面还需政府的简政放权，赋予学会更多的学术管理功能，使各级学会在民主自治的氛围中逐渐走向成熟。

2. 营造自主自律的学术生态

"学术乃天下之公器，非少数人所得而私也。"这是清末思想家梁启超的名言。就学术而言，无论是学者的学术成果，还是刊登学术成果的学术期刊，都是公共产品，应为社会公众所共享，接受公众的评判。就学者而言，在学术活动中，他们是社会的代言人，从事求真、求实、求新的创造活动，具有独立的人格和地位。就学术单位而言，既非政府权力机构，也非企业营利组织，而是一种非政府、非营利机构。[20]

中国自古就有"学在民间"之传统。学术如果丧失了自主性被权力控制，必然丧失学术性。学术传统是自由的传统，学术规范是自我实施的规范，学术秩序是一种自发的秩序。只有将学术回归社会、回归民间，学术才能按照自身的规律去发展运行，才能形成自主、独立的学术共同体。正如有学者提出："实现学术与行政的分离。这是现代化过程中社会与国家分离，特别是建立公共社会的一个重要方面。现在学术界没有与行政分离，它还依附于行政，是行政的延伸。独立的学术界不但能够为学术提供一个自由的空间，也可以发挥沟通民间社会与国家的中介作用。学术评价机制问题，只有在独立的学术界建立后才可能解决。"[21]

学术评价本质的回归，说到底，是国家与社会关系重构中的问题所在。在中共十八大提出社会治理概念之后，对社会主体的建设政府给予了高度的重视。政府在简政放权、推动社会自治方面实施了许多新的举措，如对社会团体去行政化提出了改革的时间表和具体规定。当然，社会的建构还需时日，但改革中根本的问题是国家与社会在社会治理中的责任和边界如何区分。

以学术体制为例，从当前学术发展来说离不开必要的规范和管理，政府应在学术发展规划、学术资金支持计划、学术人才培养等方面给予宏观的设计和管理。具体的学术管理、学术规范、学术评价、学术奖励等交由各级学术组织——学会、研究会等来实施，发挥学术共同体在学术评价、学术规范等方面的引领和评判作用。只有赋予这些学术团体以相应的自我管理职能，形成自觉的组织认知，其成员才能在民主自治的环境下，养成自律的、自觉的学术品德。

去行政化并不是一个简单的概念，而是一系列的改革和制度重建，非一朝一夕可以达成。

3. 探寻学术评价制度改革的突破口

在推动学术体制改革中，最核心的问题是解决学术的自主创新。学术的自主创新并非是脱离国家的学术体制和管理，国家的宏观调控、学科的发展规划、学术的创新机制等离不开国家权力主导下的宏观管理。但在微观制度层面，"国家权力主导的学术管理活动必须要以尊重、鼓励、扶持和保障学术研究、学术自治和学术发展的自由为目的，实现国家权力在学术管理领域的规范化运作"，[22]同时应在具体的制度建设上寻找改革的突破口。

学术评价制度是整个学术制度中的关键，其完善与健全对于引导良好的学术风气、形成健康的学术秩序至关重要。关于学术评价机制的建构，学者们提出许多建设性的意见，其主要观点有以下三点。

一是学术评价要脱离行政干扰，由学术共同体担当评价主体。南开大学侯欣一教授提出："尽快建立健全学术职业共同体，并发挥学术职业共同体在学术活动中的主导作用，以学术评价替代行政评价。"[23]

二是建立定量定性相结合的学术评价机制。中国社会科学院尹韵公研究员提出，要改变"唯量"的论文考核方式，采取国际通用的同行评议、匿名审稿、论文代表作制度等方式，实现定量与定性考核相结合；同时，应为科研人员营造宽松的学术氛围，让他们潜心研究，减少由考核压力导致的急功近利行为。[24]

三是改革学术期刊的行政化管理，让学术期刊回归学术共同体。《四川大学学报》主编原祖杰认为："学术期刊只有根植于一个全球化的，独立、活跃、共享的学术共同体，才能使作为作者与读者的广大学者产生归依感，也只有在这样健康的学术生态之下，学术期刊才能担当起学术的使命"。[25]

对于学术评价机制改革的热议，在认识上人们已形成许多共识，但实践中从哪里突破则是一个现实的难题。在笔者看来，无论是国家管理层面还是基层的科研机构，科研的管理者要规范其定位，而不能越俎代庖。管理人员只是学术评价的组织者，而不是学术评价的参与者和主体，将学术评价的权力归还学者和学术共同体，这是改革中最基本的突破口。

学术的评价标准应该在学术的自组织中产生，而不是外在强加的。各学科的学术组织和高校中的学术委员会应在学术评价中担当主体并发挥实质性作用，而不是由管理者制定标准让专家来打分。学术的规则应由学科专家自己来制定，专家代表的是学术共同体的意志，他们利用自身的专业知识和学术修养，对学术成果做出恰如其分的评价。学术研究只有走上自主的学术道路，少一些干扰，多一分宁静，少一分功利，多一些自觉，才能走出怪圈，实现学术的自主创新和发展。

综合上述，学术评价之所以引起各方人士的广泛关注，在于它不仅反映了学术发展中的重要问题，也表明了社会转型过程中国家－社会关系重构的核心问题。它也是社会重建的重要内容之一。学术是社会公器，它既不属于学者个体也不能归属学术单位，它是一种公共事业，应回归于社会。任何凌驾于社会之上的机械式的学术管理只会带来学术的腐败和学术发展目标的偏离。社会的重建是中国社会转型的繁重任务，社会需要不断地发育成长，需要休养生息。犹如学术共同体的成长和成熟既需要学术自觉意识的形成，更需要理性的引导和社会法制的健全。

①陈平原:《“知识共同体”及“引文/注释”》,《云梦学刊》2011年第1期。

②Shulman:《贝勒大学教师教育学院教师学术评价指南》,劳柳编译《决策简介》,学术批评网,www. acriticism. org

③⑤张保生:《学术评价的性质和作用》,《学术研究》2006年第2期。

④李剑鸣:《自律的学术共同体与合理的学术评价》,《清华大学学报》2014年第4期。

⑥朱剑:《重建学术评价机制的逻辑起点》,《清华大学学报》2012年第1期。

⑦秦开凤:《学术评价意义问思》,《中国社会科学报》2014年4月18日。

⑧⑨⑪许纪霖:《回归学术共同体的内在价值尺度》,《清华大学学报》2014年第4期。

⑩⑱王文军:《检索抑或评价:CSSCI功能论析》,《澳门理工学报》2013年第2期。

⑫⑯⑰张应强:《促进学术共同体的建立,营造良好的学术评价环境》,《华中科技大学学报》2008年第4期。

⑬陈燕、崔金贵:《学术评价中工具理性与价值理性的主导成因及平衡机制》,《清华大学学报》2012年第6期。

⑭〔德〕马克斯·韦伯:《新教伦理与资本主义精神》,于晓、陈维纲等译,北京:三联书店,1987,第142页。

⑮王华生:《从定性评价到定量评价:学术评价的再度异化及其对学术出版的影响》,《清华大学学报》2014年第6期。

⑲〔法〕雷蒙·阿隆:《社会学主要思潮》,葛志强、胡秉诚、王沪宁译,北京:华夏出版社,2000,第258页。

⑳张曙光:《学术共同体的自治和自律》,《学术界》2011年第6期。

㉑社会科学报记者:《从体制中突围——现行学术体制改革座谈纪要》,《社会科学报》2003年12月4日。

㉒井建斌:《告别学术“官本位”之路》,《人民论坛》2006年第11期。

㉓肖国忠:《树立学术荣辱观防治学术腐败》,《中华读书报》2006年6月20日。

㉔李永文等:《“论文至上”的科研考核机制催生“寻租”土壤》,新华网,2007年1月1日。

㉕原祖杰:《学术期刊何以引领学术》,《澳门理工学报》2014年第1期。

作者崔月琴,吉林大学匡亚明特聘教授、哲学社会学院博士生导师,全国高等学校文科学报研究会副理事长。长春　130012

从乱入到嵌入式自治

——也谈今日中国之学术评价

叶娟丽

[提　要] 近年来，各种力量乱入学术评价，导致乱象丛生。对此，主导学术生产的科研体制固然难辞其咎，但究其根本，体制背后的体制，即“强国家弱社会”的总体制度安排才是真相。因此，要根治学术评价之乱象，需要的不仅是具体的制度设计，更仰仗总的制度安排。就国家层面而言，在公权嵌入学术评价的同时，需要界定并尊重国家与社会的界限，使政府从学术评价的主角地位上退回到监督者的角色；就社会层面而言，亟须建设强有力的学术共同体，反嵌于国家权力，以保证学术评价乃至学术发展有相对独立自主的空间。

[关键词] 嵌入式自治　国家与社会关系　学术评价　学术共同体

学术评价成为学术研究的热门话题，是近些年来中国学术界的“新常态”。而认为中国近年来的科学研究，尤其是人文社会科学研究存在乱象，已是多数学者的共识；但这一乱象之根源何在，大家却莫衷一是，有人将其归因于期刊评价，[①]有人将其归因于学术评价，[②]朱剑教授的结论延伸更远，他认为，与其说是评价导致了学术乱象丛生，不如说如今的“以科研资源分配和管理为中心的科研体制”才是必然导致评价乱象和学术乱象的深层原因。[③]但深层原因是终极原因吗？科研体制是一个能够引发评价乱象与学术乱象的独立变量吗？要回答这些问题，我们不妨沿着朱剑教授的逻辑，来看看中国目前的学术评价到底如何乱，因何而乱？也许其背后的终极原因，也就能够露出庐山真面目了。

一　各种力量乱入：今日中国学术评价之表象

自有专门的学术研究以来，学术评价应该就已产生了，事实上学术评价从来就是学术研究不可分割的一部分，学术传播的过程，从某种程度上说，就是一种学术评价。但“学术评价”成为专有名词，并且形成系统的规范与制度，应该是现代大学制度建立以后的事情。

在中国传统学术中，并没有学术评价一说，那时流行的是“口碑”，“一部论著的价值，一个学者的地位，大抵取决于同行的口碑”。[④]“口碑”式的中国学术评价，是一种典型的自由但不民主的评价制度。因为，同行给出的评判几乎完全是从个人的主观感受出发，至于这种个人感受是否与学术共同体达成共识，或者有多少受制于被评判对象的客观事实，则不是问题的重点，因而这种评价也不用承担任何可能的道德风险与社会责任。正因如此，就评价效果而言，“口碑”式的中国学术评价是一把双刃剑。一方面，口碑很重要，因为经验与直觉告诉我们，学术成果的价值首先就在于同行的肯定与口碑；但另一方面，“口碑”式的中国学术评价被深深地烙上了传统政治与社会制度的印记。而传统中国的社会基础是人与人之间亲疏贵贱的伦次等差，制度的建立与运行的原则都是某种“等差之爱”，因此，所谓的口碑就难免受到人缘、血缘、地缘、业缘、学缘甚至利益的影响。正因如此，“口碑”式的中国学术评价被现代学术评价制度取而代之，无疑是一种历史的进步。

现代学术评价制度与虚无缥缈的“口碑”形成对照的是，它是由一系列具体的行为规范构成的可操作的制度体系，针对评价者、评价对象、评价标准、评价程序甚至罚则，都有相应的明文规定。但就是这一以科学性为特征的现代学术评价制度，在带来短暂的学术繁荣后，在今日的中国已被严重异化，正在走向它的反面，甚至成为历史的反动。

学术评价，顾名思义，是评价学术成果，在目前的研究背景下，无外乎是评价研究者的论文、著作、研究报告等实实在在的成果。但在今日之中国，评价论文不是同行阅读品评论文本身，而是评价一些与论文本身质量关联并不大的表象。比如，评价论文发表在什么平台上。是境外的期刊还是境内的期刊，境外的先胜一筹；是中文的期刊还是外文的期刊，外文的期刊再胜一筹；是外国人推崇的期刊还是中国人推崇的期刊，外国人推崇的期刊再胜一筹（如SCI、SSCI来源期刊）；是社科院办的期刊还是高校办的期刊，社科院办的期刊再胜一筹；是重点大学办的期刊还是地方院校办的期刊，重点大学办的期刊再胜一筹……评价的结果就是：以刊评文，论文本身质量不重要，只有搭上好的期刊，论文才能获得高的评价；同理，只要搭上好的期刊，论文就身价大涨。又比如，评价论文是否被引用（专业术语叫影响因子）。影响因子高的，就是好论文；影响因子低的，就是质量低劣的论文……评价的结果就是：一方面，那些无论如何也少有人问津的小众化的如人文科学研究成果，在影响因子高的热门社会科学类论文面前永远都只能自惭形秽；另一方面，“友情引用”这一学术怪象开始成为提升论文评价层次的高招。再比如，评价论文是否获基金资助。获基金资助的，就是好论文；没有获基金资助的，就是质量不好的论文……评价的结果是：一方面，不管有无研究动力与基础，所有研究者都致力于去跑项目、跑课题、跑基金资助；另一方面，同行之间互相友情标注基金项目也成为了近年来中国学术圈的“新常态”。

论文的评价严重被异化，著作的评价也是如此。研究主题与研究内容是什么都无所谓，关键得有书评，有书评的，就是好书；书评越多的书，说明质量越高……评价的结果是：书写得好不好没有关系，关键在于请几个专家（尤其是已经进入各级各类评审库的专家）写书评，有了书评，书的质量就上了档次，各种政府的奖项、官方的肯定就来了。

研究报告之类的成果评价更玄乎。研究报告有没有人看没关系，有无实际应用价值更没有关系，关键是有单位证明已采用。被采用的就是研究报告，没有采用证明的就是一堆废纸……评价的结果即中国学术之怪现状：即使花钱，也得到政府机关盖几个章子出来，只有盖上了政府部门的大章，做成被某级政府部门采用的假象，才是真正有价值的研究报告。

干扰评价的因素太多，各种力量乱入，这就是今日中国学术评价之表象。

“乱入”是目前的网络热词，来源于日语らんにゅう（闯入），主要指游戏或动漫中在不应该出现的时间与地点出现了不该出现的人。在今天中国的网络语境中，“乱入”指代的主要是具有喜感的某些不速之客。本文借用“乱入”一词，特指中国学术评价实践中诸多与学术无关或者说与学术评价无关的主体或者要素反而在学术评价中喧宾夺主的现象。

如上所述，各种力量乱入中国学术评价，首先表现为学术评价不评学术，评价的全是诸如刊载论文的期刊类别、出版著作的出版社的等级，甚至政府部门的几枚公章。正是这种以刊评文的乱象，使得近些年来学术期刊莫名其妙地掌握了对于很多学者来说近乎生杀予夺的“学术成果的评价权”,[⑤]从而使得当前的学术乱象当中多了一支独特的力量，即学术期刊的寻租与腐败。

各种力量乱入中国学术评价，还表现为学术评价主导者竟然可以是远离学术，甚至不懂学术的人。我们知道，在今日中国的学术评价实践中，主体主要是两类人：一是各级各类科研管理部门的领导，二是相关方面的专家与学者（当然，其中不乏兼职各级各类科研管理部门的领导，这是另个问题，此处按下不表）。而这里所谓的“相关方面的专家与学者”，其实有很多是与所评对象并不相关的。比如，现在很多大学里的学术委员会或者专家委员会，都是由校领导、院领导以及少数卓有建树的并未担任行政职务的学者组成。而在这些所谓的校领导、院领导中，有多少是货真价实的学者或专家，大家都心知肚明。更不用说，在这样的委员会中，文、理、工、医等跨度特别大的学科混杂在一起，要进行真正的学术讨论，要所有人都能够对某一个具体的学术成果做出评判与鉴定，基本上是不可能的。正是在这种背景下，为了减少不必要的纷争，也为了简便与效率，学术评价事实上是由少数人做出的。各级各类科研管理部门，也包括资助部门（相当于各类项目的发包方),“作为评价组织者负责评价标准、程序和细则的制定，事实上是‘规则制定方’，同行专家作为评审者依据评价规则对成果进行直接评价，事实上是‘规则执行方’。尽管有时组织者也会征求评审者对评价规则的意见，但组织者享有最终‘决定权’。这种分工使评价规则更易贴近组织者需求，而忽略学术共同体的看法，评审者实质上被剥夺了‘规则制定权’，只能被动地接受并遵循规则：评价组织者却僭越成为评价规则主导者”。[⑥]而科研管理部门在制定规则时最常用的工具就是量表与分值，他们所谓的学术评价的方法就是将“纷繁复杂的学术创新考察简单化为一种数量统计和出版媒介的排序”,[⑦]最终主导学术评价的就是各级各类科研管理部门。确切地说，学术评价在今日之中国最终被化约为各级各类科研管理部门以数据与排行榜为指针的行政评价。

各种与学术无关的力量乱入学术评价，带来的必然是学术生产的混乱一片。因为这种由行政主导的以学术生产中的某些具体环节为依据的学术评价，其价值取向不再是学术本身，而是附着在学术上的虚荣与利益，这些虚荣打造出来的必然是学术研究的虚假繁荣。个别学者盲目追求著作等身却又不甘于潜心学术，导致大量低水平重复的学术泡沫充斥今日中国之学术界。有些学者热衷于追求各种荣誉、奖项和基金项目，为此不惜弄虚作假乃至坑蒙拐骗，也成为今日中国学术界的“新常态”。加上罚则的缺失，这样的学术评价最终只会违背学术研究应有的逻辑，纵容学术腐败，破坏学术伦理，败坏学术风气，最终损害学术研究本身。中国学术评价之乱象确实已经到了需要根治的地步了。

二　学术评价乱象之根源：国家权力的过度嵌入

那么，今日中国学术评价乱象之根源又是什么呢？要厘清这个问题，首先我们必须弄清楚，目前中国的学术评价体制是什么，或者说我们实行的是一种什么样的学术评价体制。已经基本达成共识的看法是，中国目前实行的学术评价体制，是一种量化的、外在的、行政主导型的学术评价体制。[8]也可以说，行政化，或者说是行政主导，是学者们归纳出来的中国学术评价体制的第一个基本特征，因此也是引发中国学术评价乱象的第一主因。

学术评价的行政化或者行政主导，具体体现为科研管理部门的行政人员直接参与或主导学术评价活动，同时也包括相关管理部门通过制定评价标准间接控制学术评价活动。此外，学术评价方法的行政命令式，学术评价过程的暗箱操作、民主意识薄弱，学术评价标准的一言堂，总之，行政主导的学术评价，因其长官意志的随意性与数量统计的所谓“客观性”，与对政绩乃至 GDP 的全民崇拜相结合，助长了对学术规律的任意违背，并通过反复不断的高等次、大力度的奖励机制将这种评价效应在社会上任意扩大，[9]从而使得行政主导成为引发学术评价乱象的一个重要原因。

此外，数量迷信，是学者们归纳出来的引发中国学术评价乱象的第二主因。中国学术评价备受诟病的这些年，正是中国经济迅猛发展的几年。一方面，经济发展需要大量的应用型人才以及相应的科研成果；另一方面，经济发展也积累了大量的社会财富，科研投资就成为经济发展回馈社会的一种重要途径。而无论是选拔人才、甄选科研成果，还是选择与评估投资项目，都需要大规模的学术评价活动在短时期内与之相配合。正是在这种背景下，传统的伯乐相马式的人才评价、小圈子里的口碑式的学术成果评价都不再适应社会的需要，而由一系列评价标准与程序性规范所组成的现代学术评价制度开始盛行。而我们知道，无论是人才选拔还是项目甄选，都是由各级各类行政管理部门来具体付诸实施的。对于行政管理部门这类科层机构而言，效率是其唯一的原则，为了确保绩效与高效，最简单易行的办法就是将一切要素指标化，再通过各种复杂的程序，将指标赋值，这样所有的评估与选择，就简化为可以比较、计算与加总的数字了，时间长了，数量化管理就成为现代科层机构的一种生存方式，逐步推行到对人与物的管理的一切方面与环节，当然也包括学术生产与学术成果的评价，这就是数量迷信迅速主宰中国学术评价的重要根源。事实上，中国学术评价中的数量迷信不为内地所独有，有学者提及，台湾学术评价也存在数量化以及唯英文写作是瞻的问题。[10]

数量迷信的危害是显而易见的，尤其是对文学、历史学、哲学等人文学科而言。这些学科多数是解释性的，而且研究目的总是不自觉地受制于特定的价值观的影响，因此很难对其做出价值中立的客观评判，更不可能对不同的文学、历史学或哲学成果赋值来进行数量上的比较或者区分。此外，这类学科的话题往往关涉元理论，指向的不是即时的现实，而是遥远的未来或者人类灵魂的深处，更不可能有直接的经济效益，短时间内看不出其价值和用处；[11]由于问题的特殊性，以及人文科学研究的特殊传统，很多学术成果难以得到学术同行的引用与转载；由于与即时现实总是存在某种张力，人文科学要获得项目资助是比较困难的，也是不符合其发展规律的。正如有学者指出的，古老的、传统的文史哲学科，最需要的是闲暇和自由，却不一定需要大笔的资金投入。历史上古今中外人文学的经典研究，基本上都是个人按照自己的学术偏好长期思考和研究而获得，几乎没有一个是大规模资金投入的产物，更非团队攻关、合作研究的集体智慧结晶。以项目为核心的评价体制，或许比较适合工科、理科和医科，也部分适合某些社会科学，却不一定适合人文学科。[12]总之，这些特点决定了人文学科研究成果的评价无法采信影响因子、转载率、基金项目比等数量指标，如果一味地数量化，必然导致整个人文科学的研究被边缘化，甚至最终会走向萎缩，其直接后果就是危及人们思辨能力的培养乃至精神家园的构建。

尽管存在这样那样的危害，但因为中国现代学术评价制度并非学术研究中自发形成的，而是在经济社会发展到一定程度、亟须为人才选拔与资源分配提供依据的情况下从西方引进的，因此，服从资源分配的需要、服务于科研管理部门的绩效，行政主导的数量迷信的评价方式，就成了中国学术评价的必然走向。

那么，我们是否可以顺理成章地得出结论说：中国学术评价之乱象，根源在于数量迷信以及行政主导？答案似乎没有这么简单。正如朱剑教授所言，量化评价只是学术评价的一部分。在很多时候，为何评价、谁来评价、如何评价等这些直接涉及评价结果是否公平、公正和合理的问题，才是问题的关键，而规约这些问题的一整套科研体制，才是学术评价乱象的根源。

那么，我们要继续追问，科研体制真的是最后原因吗？导致这一科研体制的深层原因又是什么呢？或者说，科研体制是一个独立变量吗？为了回答这个问题，我们需要引入一个社会学的概念，即“嵌入式自治”。

“嵌入式自治”是在“嵌入性”（embededness）这一概念基础上提出来的，而“嵌入性”首见于卡尔·波兰尼 1944 年出版的著作《大转型》。根据弗雷德·布洛克的概括，“嵌入”这个词表达了这样一种理念，即经济并非像经济理论中说的那样是自足的，而是从属于政治、宗教和社会关系的。一种脱嵌的完全自发调节的市场经济，是一项乌托邦的建构。[13]可见，“嵌入性”最初被运用于描述经济与整个社会体系的相互关系，它强调的是经济必然地受制于整个社会生活本身。

马克·格兰诺维特继承与发展了“嵌入性”这个概念，在 1985 年的一篇论文中，他不仅探讨了制度如何受制于社会关系的问题，还强调人们的行为必然嵌入在社会结构当中。为了研究的方便，正如霍布斯或者罗尔斯舍弃人与人之间的关系，将其研究的逻辑前提设为自然状态或者原初状态一样，格兰诺维特将与原初状态相反的另一种状态称为“嵌入”状态，[14]即一种事物之间相互联系、相互作用的状态。

此后，在最初的“嵌入性”概念基础上，政治学与社会学发展出了“嵌入式治理”理论与“嵌入式自治”[15]理论以及“嵌入式控制”“脱嵌化治理”等替代概念或者相关概念。[16]在中国的政治学与社会学研究中，“嵌入性”最多地使用在基层治理研究中；[17]关于政党与国家、社会关系的研究，“嵌入性”也是一个非常好的视角；[18]甚至在民族地区、边疆地区治理研究方面，也有学者引入了“嵌入性”视角。[19]事实上，由于在 2014 年 5 月 26 日中共中央政治局会议上，在研究进一步推进新疆社会稳定和长治久安工作的过程中，习近平提及了“推动建立各民族相互嵌入的社会结构和社区环境”，[20]从而使“嵌入”由学术热词变成了政治热词。

无论是“嵌入性”“嵌入式治理”“嵌入式控制”还是“嵌入式自治”，其核心要义在于，任何体制与制度，都受制于特定的宗教、政治与文化因素的影响。国家权力嵌入社会之中，社会同样反嵌于国家权力。一个均衡有序的社会，其内在的子系统之间必然是相互嵌入、彼此制约的，因为社会的发展是由各种合力推动的，某一种力量过猛过大，则有可能导致社会大厦的倾斜甚至坍塌；反之，如果社会大厦出现倾斜之象或者坍塌之危险，则需要检视的不仅是坍塌的这一角，而是整个系统。因此，我们要跳出狭隘的一维决定论，避免将特定社会发展的成功或失败归因于某个单一治理要素。[21]就拿学术评价而言，表面看它的问题来自现行的科研体制，但折射的往往是整个体系的问题，即中国整个政治与社会环境问题。我们知道，自古以来，中国就没有社会自治的传统，如果说古代以“乡党”之人治“乡党”之事勉强算做“自治”之雏形的话，新中国成立之后的一系列社会改造运动，实现了国家权力向社会的高度渗透，加之计划经济的助推，以及民族民主建设的一系列紧迫的任务，使得中国的政治与社会制度是一种典型的高度集权的全能主义。在学术评价的问题上，数量迷信是基于政府管理的简单化逻辑，行政主导更是因为国家权力的强制，至于规约整个学术评价、学术生产的科研体制，正是国家权力的直接代表。因此可以说，就整个国家的制度安排而言，小到科研体制，大到总体的文化体制、经济体制乃至政治体制，国家权力过度嵌入，社会力量反嵌不足，强国家而弱社会，这才是问题的真相。各种力量乱入学术评价，首先是国家行政权力的乱入，这才是中国学术评价乱象之最终根源。

三　根治学术评价之乱象：学术共同体的适度反嵌

根据嵌入式自治理论，国家权力过度嵌入，社会力量反嵌不足，有可能危及整个社会体系的均衡稳定。基于中国目前政治全能主义与社会力量发育不良的客观现实，防止国家权力过度嵌入还只是问题的一方面，如何培育健康的社会反制力量，有效地适度反嵌于国家行政权力，才是救治之良方。就学术评价而言，要有效地防止各种力量乱入，要维持整个学术系统的稳定，理想的制度应该是行政权力引导与共同体自治相结合的制度，其中，共同体自治是其基本前提。

“共同体”这个概念与现代很多语词一样，也是典型的舶来语，它来自日文的きょうどうたい，而日文中的きょうどうたい则译自英文的community。[22]作为西方思想史上的一个古老传统，共同体与其说是某个看得见摸得着的组织，倒不如说它是人们的一种生存方式，一种观念。因为共同

体，人们获取某种身份，享受某些权利，并在共同体范围内为维护共同体的最高善而协作。共同体观念或者共同体主义强调共同体的价值，它既不同于主张个人善优先的自由主义，也不同于卢梭泯灭个人意志的公意学说。根据共同体观念，世界即是由各种不同的共同体组成，最大的共同体包罗全人类，常见的共同体如家庭、国家等。无疑，从事学术生产的特定人群基于相同的价值与利益，也形成了特定范围的共同体，即学术共同体，或者叫科学共同体。

作为科学社会学奠基人之一的默顿曾对科学共同体进行过杰出的研究。他认为，科学内部社会系统既不能脱离整个社会环境，又应该有相对的自主性。那么科学共同体的自主性来自哪里，或者说，科学共同体靠什么自治呢？他的答案是共同体承认。具体说，共同体承认的功能分为两个基本层次：第一层次为分类，第二层次是对优异的承认，科学共同体的动力正是来自为了荣誉而展开的竞争。[23]

民国时期的学术评价，就属于某种形式的共同体非正式承认，当时的学术权威在其中扮演了核心角色。如当年陈寅恪进清华国学研究院，依靠的就是同行推荐。当然，今天科学发展的进度已经不可能采信纯粹的学术权威推荐制度，但同行的非正式承认，作为共同体承认的重要一环，在学术评价中具有无可替代的作用。

在英美等西方国家，学术自由、学术自治、学术独立是基本学术原则，[24]而学术共同体自治更是具有悠久的传统。它不仅要求有相应的制度环境，更要求有成熟的具有担当能力的自治体。正如约翰·S. 布鲁贝克所指出的："为了保证知识的准确和正确，学者的活动必须只服从真理的标准，而不受任何外界压力，如教会、国家或经济利益的影响。要想享有这种追求复杂的深奥学问的自由，学者行会必须在处理知识的技术方面具有专长。"[25]正是基于学术共同体必须建基于学术自由之精神以及决断学术之能力，有学者担忧，中国学术界目前还缺乏共识，更没有形成学术自由之精神以及学术自治之能力，因此建构学术共同体的条件和群体意识都不具备。[26]

如果说对共同体自治能力的担忧可以充分理解的话，对共同体自治带来的所谓危害危言耸听则恐怕是司马昭之心了。近年来，无论学术界还是实务界，有一种谈社会自治、民主自由等即色变的怪现象。独立自主的共同体是使政府的强制最小化、保障自由的重要力量，它不仅是民主的直接后果，也是民主良好运转的重要条件。学术研究如此，经济乃至政治生活更是如此。

但是，总有一些人担心自治会带来不稳定，民主会打开潘多拉之盒。但事实上，民主与自治并非诱因，毒瘤早已存在，民主自治只是揭开了脓疮上面的药贴，戳破并释放了里面的脓疮而已。[27]

在利益分化、思想多元的今天，“全能政府”显然已经不能适应现实需要了，至少在学术评价问题上是如此。学术研究要获得持续的发展与创新，就必须承认“强国家弱社会”的制度设计缺陷，在此基础上构建新的以共同体自治为特征的评价机制。就国家而言，必须严格界定并尊重国家与社会之间应有的界限，以公权介入学术评价时，可以引导但不主导学术评价，将决定学术评价原则、标准等的基本权限交还给相应的学术共同体。就学术共同体而言，必须建立自主、自立、自信的共同体意识，适时地反嵌于国家权力和社会，将各种学术研究和学术评价成果及时反馈给国家与社会。在这种嵌入与反嵌中，既保证国家权力对学术评价具有足够的影响力，又保证学术评价乃至学术发展有相对独立自主的空间。共同体的价值与公共善是其存在的理由，共同体良好的自立与自治是其存在的保障。要想建立均衡稳定有序的学术评价制度，要想在学术生活中有效地反制国家的强力干预，学术共同体自身强大，防止国家权力乱入，乃至适度反嵌国家权力，才是根本之道。

四　结语：学术共同体在行动

那么，怎样才能构建健康有序的学术共同体呢？这似乎关涉的不是某个理论，更多的是一个实践的问题。在这里，笔者以两个实际案例，来说明中国学术共同体之现状，并借此表达对中国学术共同体建设的信心以及终结中国学术评价乱象之希望。

第一个案例涉及《教育部、国家新闻出版广电总局关于进一步加强与改进高校出版工作的意见》（教科社〔2015〕1号）。在这份发布于2015年2月9日的政府文件中，首次提到要“推动符合高校实际的期刊编辑部体制改革和机制创新，探索建立期刊编辑部分散组稿审稿、出版企业统一出版发行的运营模式”。而2012年7月30日原新闻出版总署发布的另一份文件《关于报刊编辑部体制改革的实施办法》（下称《办法》），曾强硬要求“不再保留科技期刊和学术期刊编辑部体制……对于高等学校主管主办的学报编辑部，并入本校新闻出版传媒企业”。作为中央部委机关，事隔两年多，全盘否定此前的文件精神尤其是改革方案，背后的推动力量正是学术共同体的反制行动。2012年7月30日《办法》发布后，引发学术界尤其是学术期刊界反对声一片，其中中国高校学报部分主编通过大会报告、发表论文等多种方式，系统全面深刻地表达了对这一实施办法的意见，并亲自或者借助有关代表在两会上提议案、向政府部门献言献策，经过两年多的努力，教育部终于对《办法》表达了不同的意见，新闻出版广电总局也搁置了此前的改革方案，采纳了更有利于中国学术期刊也包括中国学术发展的政策。“学术期刊所承担的是一种抽象的价值，不确定的未来，甚至有可能是后世的收益”，[28]任何短视的改革方案，从目前看损害的可能只是具体的某些期刊；但从长远来看，损害的可能是学术的希望与民族的未来。因此，逆转改革的基本方向，这不能不说是学术共同体的胜利。尽管这个共同体是松散的、无形的、暂时还没有实体化的，但在共同体的公共善遭遇挑战时，共同体的第一次集体行动取得了这样的效果，这不得不让人对正在形成中的中国学术共同体充满信心与期待。

在参与反制的中国学术期刊这个大的共同体中，有一个更小的共同体，即“中国高校系列专业期刊”联合编辑部，在反制行动中独树一帜，不仅从理论上严密论证了上述政策的严重缺陷，更从实践上为可行的改革方案进行探索创新，其成果就是“中国高校系列专业期刊”，而这正是教科社〔2015〕1号文件中提及的“依托优质学术资源或优势出版平台，构建统一的学术期刊数字化平台，推动学术期刊数字化升级”的现实版本。就目前而言，这一学术共同体可能只能达成一些现实的具体目标，如“建立标准统一的学术期刊编辑库、审稿专家库、作者库、技术研发库等，在新媒体流程中共享资源，实现学术研究的传播信息一次编辑、一次同行专家评审，多种生成、多元传播”；[29]但从根本上，我们追求的是更高层面的共同价值与内在精神，包括“引导形成相对统一的学术价值、学术规范和学术氛围，并有效地锁定作者和读者群……从而自发地形成学术共同体，以实现以学术共同体为评价主体的中国学术评价机制的重建”。[30]

这里要提及的第二个重要案例涉及的是部分民意代表与法学专家坚持将“税率由人大决定”原则写进新的立法法修正草案的故事。在2015年3月12日上午通过的关于立法法修正案草案审议结果的报告中，第三条明确规定“税种的设立、税率的确定和税收征收管理等税收基本制度”只能由法律规定。而为了将这一条在报告的三审稿中被全国人大主动放弃的权力重新写入立法法修正草案中，学术共同体付出了艰辛的努力。根据新闻报道，为了落实“税收法定”这一基本原则，3 月 11 日凌晨，武汉大学税法研究中心主任熊伟教授等人起草了 1500 字的《关于完善税收法定的建议》，要求税收只能由法律规定而非目前实行的行政机关随意决定；紧接着，中国财税法学研究会会长、北京大学刘剑文教授紧急联络各副会长，以中国财税法学研究会等学术团体的名义，赶在 12 日最后投票前将这一建议案送达人大法工委和预算工委领导手中，从而使得“税收法定”成为未来立法法制定的基本原则。而这次学术共同体与民意共同体的联动，挽救的不仅是立法机关最原始的权力，也是中国人大最基本权力之一的税收权，同时挽救的还有人们对中国学术界的信心。尽管行政权力仍然强势，尽管强国家弱社会格局并无根本改观，但学术共同体已经在行动，而唯有学术共同体的行动，才是最后的希望。正如参与此次事件中部分学者对媒体采访的回应：目前立法机关在控制税权方面是弱势，政府的声音是强势。立法机关不进取，就会纵容行政权力的恣意泛滥。同理，在事关学术发展的大局问题上，行政权力过于强势，社会力量明显微弱。学术共同体不自主自立，其他力量必然乱入。如果注定要与专断的行政权力进行博弈的话，作为学术共同体，我不入地狱，谁入地狱？

---

①杨玉圣：《高校学术评价“去 SCI 化”评议——论大学问题及其治理》（之三），《社会科学论坛》2010 年第 9 期。

②王华生：《从定性评价到定量评价：学术评价的再度异化及其对学术出版的影响》，《清华大学学报》2014 年第 6 期。

③朱剑：《科研体制与学术评价之关系——从“学术乱象”根源问题说起》，《清华大学学报》2015 年第 1 期。

④李剑鸣：《自律的学术共同体与合理的学术评价》，《清华大学学报》2014 年第 4 期。

⑤张耀铭：《重建学术期刊的公信力和权威性》，《澳门理工学报》2015 年第 2 期。

⑥杨红艳：《学术评价如何推动成果创新——对人文社科学术评价机制的探讨》，《澳门理工学报》2014 年第 4 期。

⑦王华生：《从定性评价到定量评价：学术评价的再度异化及其对学术出版的影响》，《清华大学学报》2014 年第 6 期。

⑧许纪霖：《回归学术共同体的内在价值尺度》，《清华大学学报》2014 年第 6 期。

⑨朱寿桐：《试论学术评价的学术性》，《学术研究》2006 年第 2 期。

⑩袁曦临：《台湾学界对人文社会科学评鉴体制的反思》，《南京大学学报》2010 年第 1 期。

⑪仲伟民：《破除学术评价对期刊发展的不利影响》，《光明日报》2014 年 11 月 3 日。

⑫许纪霖：《回归学术共同体的内在价值尺度》，《清华大学学报》2014 年第 6 期。

⑬卡尔·波兰尼：《大转型：我们时代的政治与经济起源》，冯钢等译，杭州：浙江人民出版社，2007，"导言"，第 15～16 页。

⑭ Mark Granovetter, Economic Action and Social Structure: The Problem of Embeddedness, *American Journal of Sociology*, Vol. 91, No. 3 (Nov., 1985), pp. 481－510.

⑮ Peter Evans, *Embedded Autonomy: States and Industrial Transformation* (Princeton: Princeton University Press, 1995), p. 58；何艳玲：《嵌入式自治：国家－地方互嵌关系下的地方治理》，《武汉大学学报》2009 年第 4 期。

⑯赵晓峰、张红：《从"嵌入式控制"到"脱嵌化治理"——迈向"服务型政府"的乡镇政权运作逻辑》，《学习与实践》2012 年第 11 期。

⑰陈锋：《论基层政权的"嵌入式治理"——基于鲁中东村的实地调研》，《青年研究》2011 年第 1 期。

⑱罗峰：《嵌入、整合与政党权威的重塑——对中国执政党国家和社会关系的考察》，上海：上海人民出版社，2009，第 294 页。

⑲肖志远、郭凡良：《嵌入式发展：新疆社会治理新模式》，《中国党政干部论坛》2015 年第 1 期。

⑳《新疆要建立各族相互嵌入社会结构》，参见新浪新闻，http://news.sina.com.cn/o/2014－05－27/070030238090.shtml，访问日期：2015 年 3 月 6 日。

㉑胡万进、童星：《第三条道路视域下的治理变革：一个嵌入性视角》，《南京社会科学》2012 年第 2 期。

㉒张弘：《行政共同体的理论解析与法律制度安排》，《上海政法学院学报》2013 年第 5 期。

㉓〔美〕R. K. 默顿、鲁旭东：《科学社会学》，林聚任译，北京：商务印书馆，2003，"序言"。

㉔刘逸君：《高校学术评价制度建设研究》，华东师范大学硕士学位论文，2008，第 13 页。

㉕〔美〕约翰·S. 布鲁贝克：《高等教育哲学》，王承绪等译，杭州：浙江教育出版社，2002，第 46 页。

㉖王浩斌：《社会转型期的学术生产方式与学术评价——以期刊影响因子为中心》，《南京大学学报》2014 年第 2 期。

㉗燕继荣：《中国的社会自治》，见俞可平主编《中国治理评论》第1辑，北京：中央编译出版社，2012，第104～105页。

㉘叶娟丽：《公共物品与市场化：一个关于中国学术期刊的悖论》，《澳门理工学报》2014年第2期。

㉙周小华：《在学术共同体中实现学术期刊的新媒体转型》，《澳门理工学报》2015年第1期。

㉚叶娟丽：《中国大学学报：制度变迁与路径选择》，《南京大学学报》2013年第1期。

作者叶娟丽，武汉大学政治与公共管理学院教授，博士，《武汉大学学报》（人文科学版）常务副主编。武汉　430072

特色栏目对高校学报办刊评价指标贡献研究

——以 YS 学报（哲社版）为个案

罗 骥 杨 恬

[提 要] 通过对 YS 学报（哲社版）特色栏目对刊物办刊评价指标所做贡献进行考察，结果表明：特色栏目在贡献的量和效益上都大大超过非特色栏目；特色栏目能显著提升刊物办刊评价指标，有助于刊物在区域甚至全国性的竞争中获得一定优势；从版面资源而言，特色栏目可以实现较高的投入产出比，有较好的效益。但是，特色栏目提升刊物办刊评价指标只是一种可能，而不是必然。要充分实现特色栏目提高刊物质量的作用，还要在特色栏目的筛选、设置和栏目专题的策划、组稿等方面花费更多的功夫。

[关键词] 特色栏目 高校学报 办刊评价指标

一 高校学报特色栏目和 YS 学报（哲社版）特色栏目发展概况

学术期刊界关于高校学报特色栏目的讨论最早可追溯到 1988 年，王志尧在《河南大学学报》（哲社版）发表《师专学报的生存发展及其对策》认为，特色栏目是弱势学报走出困境的一个选择；[①]而高校学报特色办刊还可提前到1983年，岳玉禄在《内蒙古师范大学学报》（哲社版）发表《谈谈把大学学报办出特色的辩证法》，论述了大学学报特色办刊的重要性及其一些方法。[②]但是，特色化办刊或特色栏目作为高校学报一种办刊路径或办刊形式选择被业内和政府管理部门关注大约是在2002年。此前的20世纪末，高校学报实现了有史以来最大一次扩容，截至2001年，据统计，全国高校人文社科学报已达到1130种，较之1990年的388种，增幅惊人。[③]高校学报的大扩张并未对学报质量和影响力带来提升，反而使其在整体上有所下降，并出现了一些乱象，从而招致舆论越来越严厉的批评，诸如“千刊一面”“同质化”“低水平重复”，不一而足，其弊端被总结为“全、散、小、弱”四个特点。

高校学报存在的严重问题不仅是自己的问题，它对高等教育的改革发展乃至国家繁荣哲学社会科学的战略部署都产生负面影响，所以引起其主管部门教育部的重视。2002年，教育部召开全国高校社科学报工作研讨会，时任教育部副部长的袁贵仁在会上发表《新世纪新阶段高校社科学报的形势和任务》的讲话。袁贵仁将特色化办刊作为解决高校学报“全、散、小、弱”的一个可行办法，他专门就特色栏目指出：“所有学报都要根据自己的地方特色、学校特色和科研优势设立专题栏目，走专题化的发展之路。专题专栏的设立，有助于深化学术研究和人才培养，为学报带来声誉，吸引众多读者。这也是过去不少学报的成功经验，要坚定不移地走下去，力争每个学报都有自己的特色栏目和名牌栏目。”[④]此后，作为解决高校学报问题的具体举措，教育部先后在2003年和2004年实施高校哲学社会科学学报名刊工程和名栏工程。2004年10月13日，《教育部高校哲学社会科学学报名栏建设实施方案》提出，要在3~5年时间内建设30个左右代表我国高校学术水平、在国内外学术界享有较高学术声誉、为解决改革开放和社会主义现代化建设中的重大理论和现实问题、为文化的积累和传承、为学科建设发挥重要作用的高校学报品牌栏目。如果说名刊工程是着眼于将整个刊物办出特色的话，那么名栏工程就是着眼于将刊物的一个或几个部分办出特色，刊物这一个或几个有特色的部分就应该是“特色栏目”。

按照教育部的要求和名刊名栏工程的拉动，不少高校学报开办了自己的特色栏目。但是高校文科学报存在的问题并未得到立竿见影式的解决，从某种意义上来说，反而更加严重了，这种情况导致2007年高校学报“学术垃圾生产地”[⑤]说的横空出世，给高校学报办刊带来极大冲击。更多高校学报，尤其是一般高校学报，更深刻地感受到开办特色栏目的重要性和迫切感。受此影响，高校学报更多的特色栏目开办起来，实现了高校学报特色栏目的大跃进。按朱剑的说法，这个时期积极开办特色栏目蔚然成风。无论是教育部名刊工程入选期刊，还是一般高校的学报，几乎都开辟了自己的特色栏目。[⑥]

特色栏目是高校学报一个庞大的群体，担负着改革高校学报沉疴的重任，它的发展状态对刊物的建设至关重要。所以，关注、研究高校学报特色栏目有其重要的价值和意义。

那么高校学报特色栏目研究状况如何呢？笔者在中国知网以主题“特色栏目”和“高校学报”、时间条件为“2007 年 7 月 1 日 ~2013 年 12 月 31 日”检索，有 360 条结果，手工去除其中 51 条非研究文献，得到 309 条。对 309 条研究文献分析可见本领域研究有以下几个特点：一是从数量来说，研究比较充分；二是研究的机构以高校学报为主体；三是研究责任人以高校学报编辑为主体；四是研究内容以特色栏目的价值意义判断、内涵外延的界定、具体操作过程等为主体。相对来说，关于特色栏目对刊物的功能作用的研究还不充分。

既有研究一般认为，特色栏目对刊物的功能作用主要体现在使办刊形成与众不同的特点和风格，从而提升刊物的学术影响力和声誉度。如黄秀山认为，特色栏目的作用在于“提高学报地域性和新颖性，增强对读者的吸引力，扩大学报的凝聚力和知名度”；[⑦]夏书林认为，特色栏目建设是“取得局部竞争优势，以点带面提高质量和扩大影响力的有效手段”。[⑧]以上观点当然是正确的，特色栏目从传播学来说以其独特名称和内容吸引读者的眼球，使读者记住了这个刊物，从而提高了刊物的知名度和影响力。上述观点可能也多少来自前引袁贵仁讲话中“专题专栏的设立，有助于深化学术研究和人才培养，为学报带来声誉，吸引众多读者”的说法。但是，仔细分析，上述功能作用应该只是特色栏目的表层功能作用；其深层功能作用应当是提升刊物质量，具体来说是提升刊物可计量的质量评价指标，这种提升才能使刊物的影响力和声誉度建立在坚实的基础上并可持续。相对而言，这才是特色栏目更重要的功能作用。

YS 学报（哲社版）是西部边疆省级重点师范大学主办的社科综合类学报，目前进入国内全部有影响的核心期刊目录，是“全国高校三十佳社科期刊”，具有相当的影响和地位。YS 学报（哲社版）2007 年以前没有严格意义上的特色栏目，从 2007 年下半年开始策划特色栏目，最后设计筛选出以下三个特色栏目：（1）人地关系研究；（2）语言国情研究；（3）中国边疆学研究。三个特色栏目在 2008 年先后推出，从而启动长达 8 年的以进入教育部名栏建设名单为目标的所谓名栏工程。据了解，学报这个重大举措的主要动因并非受外部形势的推动，因为学报当时对国内高校学报特色栏目发展的形势并不十分了解。但是，三个特色栏目的酝酿和推出客观上汇入 2007 年以后高校学报特色栏目大跃进的浪潮之中。所以 YS 学报（哲社版）特色栏目作为一个个案样本在全国高校学报中颇具典型性，其建设和发展过程以及对刊物的贡献情况也具有普遍的意义。

YS 学报（哲社版）特色栏目从管理的角度看具有两个特色：一是推出的力度大，一年之中推出三个特色栏目，其力度全国少见；二是实行双主持人制，即由本刊办刊专家出任首席编辑，负责栏目的管理和编辑业务工作，与学科主持人共同进行栏目的策划、选题、组稿等工作。首席编辑不但具有较高的编辑业务水平，而且在相关学科上有一定的专业基础和研究能力，具有与学科专家对话的能力；由学报聘请具有全国甚至国际影响的专家担任栏目学科主持人，主要负责栏目论文征集取舍，对栏目论文的学术水平负责。双主持人制将办刊专家和学科专家、刊内和刊外人力资源的优势整合起来，对栏目的顺利运作十分有利。对这项制度创新，业内专家评价颇高，姚申认为，YS 学报（哲社版）特色栏目“双主持人制”使“两者建立紧密联系并形成合力，很有特点”。[⑨]

迄今为止，三个特色栏目已连续开办将近 8 年，影响力不断提升。“中国边疆学研究”连续获得第三届、第四届省级期刊奖“优秀栏目奖”，2014 年入选第三批教育部名栏建设名单并名列第二；“人地关系研究”获得第三届省级期刊奖“优秀栏目奖”。三个特色栏目构成既相互相竞争又相互支撑特色栏目群，形成刊物核心竞争力。

本文拟以 YS 学报（哲社版）为个案，从论文转载指标、刊物核心影响因子等两个重要办刊评价指标来分析特色栏目能否对刊物做出贡献，贡献度有多大。2011 年以后，由于特色栏目首席编辑发生一些变化，办栏情况也相应发生了变化，所以所使用数据为 2012 年以前的。为保护文中所涉机构的隐私，按照相关学术规范，将其名称做了代码处理。

二　特色栏目对刊物论文转载指标的贡献

刊物论文转载指专门从事论文转载的刊物（也可称为二次文献刊物）将学术出版物上首发论文压缩成简介、提要、缩写或全文按学术水平、学术影响等标准进行转载的行为。刊物论文转载主要作用是满足相关机构和人群对所转载论文的阅读、研究等需求，刊物论文转载一方面说明论文及其首发刊物的学术影响力，另一方面它又客观上有利于提升被转载论文和作者以及首发刊物的学术影响力。对期刊而言，一般来说论文转载越多，其学术影响力越大，因此它是一个很重要的评价指标。刊物论文转载在不少期刊评价体系中属于重要指标，如北京大学的“中文核心期刊目录”中，转载就占18%的权重。目前国内重要的学术性二次文献刊物有《新华文摘》《中国社会科学文摘》《高等学校文科学术文摘》和“报刊复印资料”等。

YS学报（哲社版）的论文转载量从2008年开始出现持续大幅上升，如图1所示。

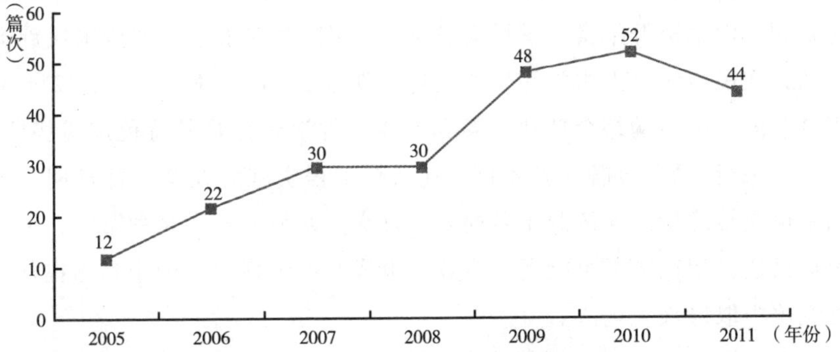

图1　2005～2011年YS学报（哲社版）论文转载量

数据来源：中南财经政法大学图书馆期刊信息检索中心。

从图1可见，2008年以前，尤其是2005年、2006年刊物转载量较低，分别为12、22篇次。2007年和2008年均为30篇次，可视为一次平台整理。2009年，转载量飙升到48篇次，并在2010年达到峰值52篇次，2011年稍降，为44篇次，可视为强势平台整理。这个时段与2008年名栏工程的实施即特色栏目群的先后推出在时间上一致，提示特色栏目与刊物转载的大幅持续提升有显著的因果关系。这也说明，从刊物内部来说，特色栏目的开办可以提高刊物的论文转载量。

这个时期刊物论文转载的良好状态还可以从更大空间范围呈现出来，见表1和图2、图3。

表1　2009～2011年本省综合社科类核心期刊转载量变化对比

期刊	2009年	排位	2010年	排位	2011年	排位
YS学报(哲社版)	48	1	52	1	44	2
ZX	40	2	47	2	49	1
SK	34	3	41	3	32	3
MD	23	4	10	5	22	4
YD	—	—	18	4	20	5

表1中的期刊是进入CSSCI的本省综合社科类期刊，代表了全省此类期刊的水平。其中ZX由本省唯一的211大学主办，首批入选教育部名刊建设名单，在国内具有超一流水平，是本省社科期刊的领头者；SK是省社会科学院院刊，学术资源丰富，学科支撑有力；MD办刊水平名列全国民族类期刊前列，在民族学、人类学等学科上优势明显；YD是本省唯一的211大学倾力打造的一份新的综合性社科期刊，西方哲学研究是其特色和优势所在，全国首屈一指。YS学报（哲社版）在名栏工程实施后在全省社科期刊第一集团中论文转载量能连续两年名列第一且优势明显，一次名列第二，说明其特色栏目建设相比之下可能更具成效，也说明特色栏目有助于刊物在外部区域性竞争中取得领先优势。

图2和图3通过“全国师范大学”和“全国社科期刊”两个更大空间尺度显示YS学报（哲社版）论文转载量在这个时期的良好状态。在全国师范大学进入前6名是值得重视的成绩，因为全国6所教育部直属师范大学及其学报水平都非常高，实力强劲，进入前6名就意味着至少挤掉其中1所高校的综合性社科期刊，实属不易。与2005年相比，YS学报（哲社版）论文转载量在全国社科期刊2008年后的排位迅速上升，2010年一举进入百名之内，这也是一个值得重视的成绩，须知全国社科期刊多达近4000种。以上成绩的取得说明特色栏目甚至有助于刊物在全国性竞争中取得某个方面的优势。

那么，特色栏目在以上良好的转载指标中究竟贡献度有多大呢？我们可

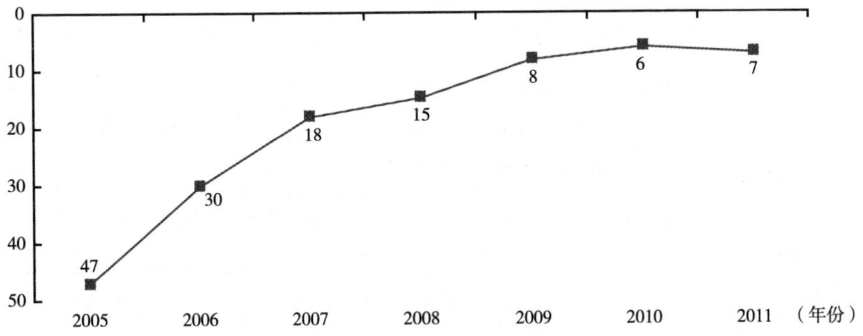

图 2　2005～2011 年 YS 学报（哲社版）论文转载量全国师范大学排名

数据来源：中南财经政法大学图书馆期刊信息检索中心。

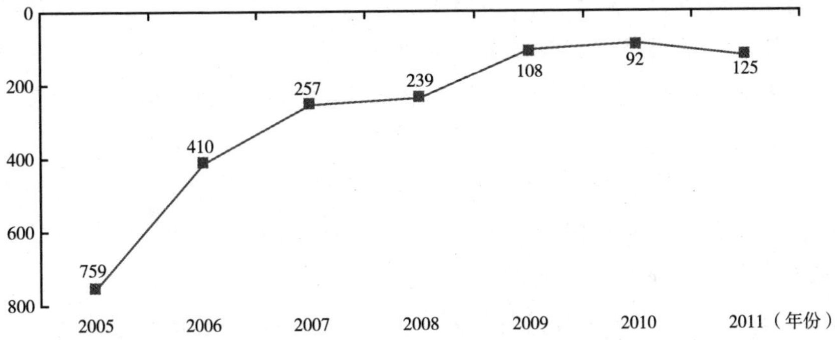

图 3　2005～2011 年 YS 学报（哲社版）论文转载量全国社科期刊排名

数据来源：中南财经政法大学图书馆期刊信息检索中心。

以通过与非特色栏目的对比来看特色栏目对转载指标贡献的大小。首先，对比二者的主要投入，即对版面资源的占有量（以发文量计算）。

2009 年，特色栏目发文 50 篇，占总发文量的 36.8%；非特色栏目 86 篇，占 63.2%；2010 年，特色栏目 56 篇，占 40%；非特色栏目 84 篇，占 60%；2011 年，特色栏目 52 篇，占 38%；非特色栏目 85 篇，占 62%。三年特色栏目总发文量为 158 篇，非特色栏目为 255 篇。也就是说，特色栏目版面资源总占有率不到 40%，而非特色栏目版面资源总占有率超过 60%。

然后在此基础上计算特色栏目与非特色栏目的贡献率。2009 年总转载量为 48 篇次，特色栏目转载 28 篇次，贡献率为 58%；非特色栏目 20 篇次，贡献率为42%。2010年总转载量为52篇次，特色栏目转载32篇次，贡献率为62%；非特色栏目20篇次，贡献率为38%。2011年总转载量为44篇次，特色栏目转载25篇次，贡献率为57%；非特色栏目19篇次，贡献率为43%。三年累计，刊物转载量为144篇次，特色栏目转载量为85篇次，贡献率为59%，非特色转载量59篇次，贡献率为41%。

综合以上可得出如下结论：特色栏目以不到40%的版面资源投入，贡献了59%的转载量，投入产出比为54%（85/158），其效益是非常高的；非特色栏目以超过60%的版面资源投入，只贡献了41%的转载量，投入产出比仅为23%（59/255），其效益是相当低的。

三　特色栏目对刊物影响因子指标的贡献

期刊影响因子，是衡量期刊影响大小的一项定量指标。它一般指某期刊前两年发表的可被引文献在统计年被统计源文献引用的总次数，与该刊前两年发表的可被引文献总量之比，实际上也就是某刊平均每篇论文的被引用数。一般来说，影响因子越高，期刊的学术影响就越大，办刊质量和办刊水平越高。影响因子对期刊评价极其重要，几乎进入了所有期刊评价体系的核心指标，而且权重很大，如“中文核心期刊目录”中其权重就达到32%。

2007年以后，YS学报（哲社版）影响因子指标也经历一个快速持续提升的过程，并在2011年到达历史峰值0.500（据中国知网），这个指标当年位列本省同类社科期刊第一、全国师范大学学报第八。到达历史峰值的时间恰好是在特色栏目全面推出的第三年，二者时间的相关性提示，这个历史峰值可能与特色栏目全面推出的头两年2009年和2010年的贡献有关。我们可以统计这两年刊物特色栏目与非特色栏目论文在2011年的被引，再计算出各自的影响因子，通过比较后就可以描述特色栏目对刊物影响因子指标的贡献度。

通过对中国知网数据分析，可得出YS学报（哲社版）2009年、2010年刊物及其特色栏目和非特色栏目论文在2011年的被引情况。2009年和2010年刊物论文在2011年被引之和为202条，其中特色栏目与非特色栏目引文分别为105条和97条，分别占到总被引的52%和48%。也就是说，特色栏目以38%的版面资源占有率（见本文第二部分），贡献了52%的引文，非特色栏目以62%的版面占有率，贡献了48%的引文。无论在引文的绝对数量还是在引文投入产出效益上，特色栏目都明显高于非特色栏目。

这样就能计算出刊物总的影响因子和特色栏目、非特色栏目的2011年影响因子，见表2。

表2 2011年刊物、特色栏目、非特色栏目影响因子对比

	2011年被引(篇)	2010年、2009年源文献数(篇)	影响因子
刊物	202	276(136+140)	0.731
特色栏目	105	106(50+56)	0.991
非特色栏目	97	170(86+84)	0.571

从表2可见，特色栏目影响因子明显高于非特色栏目，也高于刊物。[10]

实际上，这个影响因子也就是刊物、特色栏目和非特色栏目的两年投入产出比或称为投资效益，刊物是73%，特色栏目将近100%，非特色栏目是57%。特色栏目效益最为理想。

我们还可以根据2010年和2009年特色栏目论文与非特色栏目论文在2011年的总被引中所占的比例，得出特色栏目与非特色栏目在2011年刊物影响因子中所占的比重。特色栏目对2011年刊物影响因子的贡献率是52%，非特色栏目是48%。

四 小结

通过考察YS学报（哲社版）特色栏目对刊物办刊评价指标做出的贡献，我们可以得出以下结论和思考。

（1）特色栏目对YS学报（哲社版）转载指标和影响因子指标的贡献度可以从以下几个角度进行描述：转载指标，以不到40%的版面资源贡献59%的转载指标，投入产出比为54%，相对于非特色栏目以超过60%的版面资源贡献41%的转载指标，投入产出比为23%，特色栏目在贡献的量和效益上都大大超过非特色栏目。影响因子指标，以不到40%的版面资源贡献52%的影响因子，投入产出比为99.1%，相对于非特色栏目以超过60%的版面资源贡献48%的影响因子，投入产出比为57.1%，特色栏目在贡献的量和效益上也都大大超过非特色栏目。

（2）特色栏目能显著提升刊物办刊评价指标，有助于刊物在区域甚至全国性的竞争中获得一定优势。

（3）特色栏目提升刊物办刊评价指标只是一种可能而不是必然，并非是特色栏目就能有办刊评价指标的提升。无论转载还是被引，都与论文的被关注度有直接关系，高关注度的论文往往与社会经济发展的重大问题有关，与学科前沿、热点或学科发展有重要价值的论题有关。YS 学报（哲社版）特色栏目“人地关系研究”“语言国情研究”“中国边疆学研究”都涉及国家建设、安全和发展的重要领域和重大而迫切的问题，这就决定了其易于获得比较高的关注度，从而为刊物办刊评价指标的提升创造了条件。过于生僻和单纯地方性的特色栏目难以获得广泛而持续的关注，往往只能获取短暂的影响和声誉而很难对刊物办刊指标的提升产生作用。所以，要使特色栏目充分发挥其提升刊物质量的作用，还要在特色栏目的筛选、设置和栏目专题的策划、组稿等方面花费更多的功夫。

---

①王志尧：《师专学报的生存发展及其对策》，《河南大学学报》1988 年第 6 期。

②岳玉禄：《谈谈把大学学报办出特色的辩证法》，《内蒙古师范大学学报》1983 年第 3 期。

③⑨姚申：《高校人文社会科学学报改革与特色栏目建设》，《云南师范大学学报》2009 年第 5 期。

④袁贵仁：《新世纪新阶段高校社科学报的形势和任务——在全国高校社科学报工作研讨会上的讲话》，《北京大学学报》2002 年第 6 期。

⑤2007 年 10 月 20 日在北京举行的“高校学术期刊发展论坛”上，清华大学教授李伯重发言称，大多数中国大学的学报都是学术垃圾的生产地。这就是所谓的高校学报“垃圾生产地”说（见《中国高等教育》2007 年第 22 期）。这个说法在业内、学术界及社会上产生了很大的影响。

⑥朱剑：《枘凿之惑：特色化与高校学报的发展》，《云南师范大学学报》2009 年第 5 期。

⑦黄秀山等：《特色栏目对扩大学报知名度的作用》，《编辑学报》2000 年第 3 期。

⑧夏书林等：《策划特色栏目，提高普通高校学报影响力》，《四川文理学院学报》2007 年第 4 期。

⑩可能是被引数据采集的标准不同，本文计算的刊物 2011 年影响因子大于中国知网公布的数值。不过这是一个系统性的差异，并不影响本文的观点和结论。

作者罗骥，云南师范大学文学院教授，《云南师范大学学报》编辑部主任、主编；杨恬，《云南师范大学学报》常务副主编、编审。昆明　650092

谁是学术期刊质量的最终鉴评者

刘京希

[提　要] 在现有环境下，学术期刊质量的优劣和高下，主观上取决于期刊在如下几个方面如何作为与取舍：把期刊作为牟利的工具，还是繁荣学术的园地；是跟着学术期刊评价体系走，丧失自我，还是坚持以学术为本位的办刊方针，走自主办刊之路；是以行政主管部门的评价体系为办刊标准，"唯上办刊"，还是尊重办刊规律，以广大读作者的学术诉求为办刊标准。读作者的评价是检验学术期刊质量的最终标准，这是谁也无法更动的办刊规律。期刊评价的最终标准，也是最为客观的标准，掌握在广大读作者手中。广大读作者，才是学术期刊办得成功与否的最终鉴评家。欲提振学术期刊的质量，鲜明学术期刊的风格，学术期刊界在办刊方针和宗旨上必须拨乱反正，形成共识，尊重办刊规律，找回丢失已久的学术期刊的本质，把广大读作者的学术诉求作为办刊的首要甚至是唯一标准，唯读作者的马首是瞻。唯如此，方能排除外界干扰，求得学术期刊繁荣学术事业的本初目的。

[关键词] 学术期刊　评价体系　定性评价　定量评价　行政性评价　期刊影响力

学术期刊的影响力，主要取决于如下四个方面：学术期刊质量，学术期刊特色，学术期刊传播手段，学术期刊评价体系。[1]粗看起来，质量、特色、传播手段、评价体系四个方面，对期刊的学术影响力，都发挥着或大或小的作用。但细细思量，四者之中，传播手段与评价体系对期刊本身来说，属于客观外在的东西，它们对于期刊学术影响力的扩大与提升，所起的作用目前看尚难有定论；质量与特色对于期刊来说，是主观内在的东西，是期刊影响力的根本所在，它们对期刊学术影响力的扩大与提升，所起的作用具有决定性意义。

所以，如果把这四个方面看作一个决定期刊影响力的金字塔，那么，质量无疑是塔基，是根本。

其实，学术期刊质量是决定期刊影响力的根本，整个学术期刊界谁不清楚？这是不证自明的问题。就好比说“民主是个好东西”的命题，放在当今全球化的时代，无须论证。需要论证的，是怎样把这个“好东西”用好。但理论上清楚的事情，现实中未必可行、肯行、必行。这就是现实生活的复杂性之所在。这也好比是，既然大家都知道“民主是个好东西”，为什么不把它从理论搬到现实？还是那句话，现实生活远比理论本身复杂得多。

目下学术期刊在质量和影响力上存在着诸多不足和问题，是不争的事实。说起学术期刊的质量，大家耳边自会响起 2007 年秋天有学者发出的“大多数中国大学的学报都是学术垃圾的生产地”的刺耳声音。[②]

那么，我们就需要明了，究竟是哪些因素造成了学术期刊质量的低下，我们到底有无针对这些因素的破解之道。

如果是一条鱼病了，那是鱼的问题；那么多条鱼病了，那就可能是水的问题了。其实，学术期刊质量的低下，只是“鱼生病了”，是一种“病象”和表面现象。隐藏在“病象”和表象下面的，是“水的问题”，是整个学术界学术研究质量的低下，和由此导致的产出成果的质量的低下。而导致学术研究质量低下的更深层次的原因，是影响学术自由发展的体制性因素的捆绑。所以，探讨学术期刊质量低下的原因，找到提升学术期刊质量的金钥匙，既要着眼于学术期刊本身，又必须跳出学术期刊界，放眼学术界，放眼和拷问学术研究的评价体制和考评机制。

一

造成学术研究质量低下的主要原因，单就具体体制因素而言，似有如下几个方面。

其一，现行以数量为标准的职称评定体制和教研单位考评体制。显然，以论著数量制胜的职称评定体制和教研单位考评体制，是制约学术研究水平的主要因素。学术研究的大跃进和泡沫化，与以论著数量制胜的职称评定体制和教研单位考评体制遥相呼应。以数量定输赢的职称评定体系，已如学者所尖锐指出，是造成“全民论文”的始作俑者：“即使是大学里的体育老师、医生评职称，论文也是硬杠杆。”“这种考评体系的实质是将学术研究异化成为一种获得功利的手段。”[③]其实，何止是大学里的体育老师和医生，一些中学甚至小学，职称评定都有论文的要求。不惟职称评定体系，大到全国各高校的年度科研成果排名，小到各高校内部院系的科研成果统计，无不拿数字说事，以数量制胜。此种盲目追求科研成果 GDP 的量化评价体系，已然造成了学术研究的极度泡沫化和虚假繁荣。为了追求来源期刊发文量的最大化，有的高校年度科研考核只统计和奖励来源刊的成果，其他报刊的发文不在统计之列；而严肃的学术著作（那些拼凑之作不属此列），由于不属于统计的“来源”范畴，近些年“分值”贬损严重，甚至沦为量化统计报表上的陪衬。

有鉴于此种评价体系存在的严重弊端，有些高校和科研单位尝试用代表作制取代量化评价标准，但在整个国家“以量制胜”的制度性大背景下，此种改革方案一经推出，即决定了它难以为继的宿命。除非政府有关决策部门将这种改革尝试予以制度化推广，以及相应的同行评价体系的制度性完善。

其二，对以中文核心期刊、CSSCI 为代表的人文社会科学主要文献信息查询与评价工具的体制性滥用，造成学术研究环境的持续恶化，影响了学术研究环境的公平性。作为中国人文社会科学主要文献信息查询与评价的重要工具，中文核心期刊和 CSSCI 的初衷在于提供来源文献、被引文献、优化检索等多种信息检索，目的在于供文摘刊物选择文献源、图书馆选购期刊和为读者导读、教师和研究生查找资料及选择读物、科研管理人员进行研究成果评价等工作时作参考；而今，却被教育主管部门和科研管理部门拿来作为学校排序、科研评价的主要指标和标准，造成学术期刊之间的不公平竞争甚至恶性竞争，破坏了学术研究的公平环境和氛围。以 CSSCI 为例，其对来源期刊的评价，如影响因子等量化指标，不分学科地采用“一刀切”的做法。但事实上，在传统学科与新兴学科之间，无论是学科性质、从业者和受众量，还是研究方法，都存在着极大差异。在学科性质上，前者属于“小众学科”，后者则属于“显学”。在目前极为功利主义化的学术研究环境下，前者门可罗雀，鲜被问津；后者则为社会所瞩目。因此在从业者、受众群体、社会影响力等方面，二者根本不在一个数量等级，不具有可比性。二者所采用的研究方法或者是资料征引的主要来源，也是有着很大不同的。前者注重对原典的爬梳，后者则更加注重对刊布于学术期刊的最新研究成果的综述和反映，这就造成以人文学科为侧重的综合性学术期刊和以社会科学学科为侧重的综合性学术期刊之间引文率和影响因子的巨大差异。于是乎，不在少数的综合性学术期刊，受了评价体系的诱导，或为了保住 CSSCI 来源期刊的地位，或为了跻身 CSSCI 来源期刊，总之是以提升被引率和影响因子为要，脱离既定风格和特色，纷纷改头换面，加大应用学科的刊文量，缩小传统学科的刊文量，致使经多年辛苦积淀而成的既定风格丧失殆尽，面目全非。由此酿致的最终恶果，是综合性学术期刊风格和类型的“模式化”趋同甚至雷同。反过来，这种不良取向，又冲击传统人文学科科学研究，使得人文学术研究成果的发表困难重重，研究队伍极度萎缩，语言学、训诂学、文献学等领域研究人才出现断档，研究水平下降，后继乏人。

众所周知，文、史、哲等传统人文学科，是整个人文社会科学研究的基础性学科，犹如数、理、化之于农、工、医，是学术研究大厦的基干骨架。行政主管部门为了管理上的便利，眉毛胡子一把抓，不加分析地把一些评价体系拿来就用，显然忽视甚至无视了不同学科之间大为不同的研究规律。这种“一刀切”的偷懒行为，与 20 世纪 90 年代以来商业大潮冲击下学术界急功近利的趋向合流，打破了原本相对平衡的学术生态环境，已经严重伤及人文社会科学研究事业的根基，导致传统人文学刊研究队伍和力量的严重萎缩及研究水平的严重下降。

当然，这其中也不乏某些评价体系，出于某种并非高尚的动机，对于量化评价的体制化和官方化，起了推波助澜的作用，进一步恶化了学术生态环境。

其三，科研项目的“事前评审”制度，加剧了科研成果的粗制滥造和学术不公。科研项目的事前评审，由于主要是以对选题的论证为评审对象，而不是以完备的成果为评价对象，所以是典型的“盲人摸象”“隔皮猜瓜”，导致科研项目评审出现种种不公正乱象。科研项目的“事前评审”制度，在某种程度上是对科研成果粗制滥造的变相鼓励，之于正常的学术研究生态，具有不可估量的破坏作用。

其四，与绩效挂钩的高校年度科研考核制度及其外在压力，把严肃的科研工作降格为挣取“工分”的功利性工具和管理者政绩的指标，科研工作失去了神圣性和严肃性。如此考核体系，当然也等不及、容不得研究人员“板凳甘坐十年冷”，“为伊消得人憔悴”，不可能造就大家，凝练经典，更逞论解答“钱学森之问”。[4]

上述体制性因素的共同作用，把神圣而严肃的学术研究事业日益演变为一味求新求异的“快餐”式研究和谋生的工具。

正是这些体制性因素的共同和交互作用，造成学术研究质量的普遍低下。学术研究水平的低下，进而波及学术期刊的内在质量。限于当前的学术研究环境，学术期刊的内在质量，恐难有脱胎换骨般的提升。有些制约期刊质量提升的外在因素，也非学术期刊界所能改变。但是，这些因素不应成为学术期刊界自我开脱的托词，学术期刊界也并非因此而无所作为。面对同样的生存环境，为何有的期刊的质量相对而言要高一些、好一些呢？在主观上，还是有一个办刊宗旨、境界和追求的高下之分，和办刊者主动性、进取性的高下之别的。

二

在既有生存环境下，抛开客观因素的制约，学术期刊质量的优劣和高下，主观上取决于期刊在如下几个方面如何作为与取舍。

（1）把期刊作为牟利的工具，还是繁荣学术的园地。

学术期刊，顾名思义，是发表优秀学术成果、促进学术交流、推进学术事业不断走向繁荣的园地。可惜的是，对学术期刊的功能和使命的认识，在期刊界似乎出现了严重的问题。诸多学术期刊，打着学术的幌子，行的是谋取一己私利之实。在学术已俨然“市场化”的背景下，学术期刊的公益性、社会性的地位与尊严已经不保，某些学术期刊更是沦为赢利的工具，待价而沽。那些页码越来越厚，出版周期越来越短，发文篇次越来越多，甚至一期多达百篇以上的期刊，其办刊动机如何，在众目睽睽之下，昭然若揭，自不待言。此种状况下，学术期刊应有的繁荣学术的庄严使命，早已被抛之九霄，荡然无存。

期刊追求的高下，决定期刊质量的高下。而区别学术期刊追求之高下的标准，端在于办刊人的主体境界。细究之，学术期刊编辑工作有三重境界之别：谋生的境界，职业的境界，事业的境界。[5]在谋生境界的层面看来，编辑工作不过是谋生营利的工具，因此，择稿的标准以利益是否最大化为转移。那些打着弥补“经费不足”幌子肆无忌惮地收取版面费，转而用于个人福利的期刊及其编者，即属此列。在职业境界的层面看来，编辑工作被看作一项职业，为职业操守计，办刊者多数情况下会尽量择优录稿，以对得起自己的良心和职业操守，把期刊办得至少让人看起来“是那么回事儿”。目前看，多数学术期刊及其编者当属此列。在事业境界的层面看，编辑工作者肩负着神圣的繁荣学术事业的使命，以质取文是择稿的唯一标准，质量面前人人平等；而且，以能动的态度和热情投入本职工作，或策划选题、组织栏目，或组约稿件、联络作者。国内学术期刊及其编者，达到此一境界者，属凤毛麟角。

话又说回来，在现有办刊环境下，编辑工作者之境界的高下，仍然是个思想和道德层面的问题，或者是个道德自律的问题。我们不能奢求人人都达至“以事业对之”的境界，因此，就需要借助于制度力量的外在约束和督促，以把我们的编辑工作者境界尽量保持在较高的层面。但终归，制度的落实，还是离不开具体的人，也就脱离不开人的主观因素和动机。在许多方面，我们并不缺乏优良的制度，但优良的制度最终成为了摆设，盖因制度执行的主观能动性出现问题，以及相应的监督机制的缺位。所以说，在既定的制度前提下，办刊人的思想境界，尤其是主编的办刊境界，对于学术期刊质量之高下，更加具有决定性的作用。发展战略和特色的恰当定位，是一本期刊成长与发展最为重要的第一步。作为一刊之主编，只有担当起应有的文化责任和学术责任，以战略家的长远眼光，强化期刊的品牌意识和文化担当，才会使之拥有众多的读者，产生更为广泛的学术影响。也只有在勇于负起学术担当的一刊之主编的领导下，那些优良的规章制度，才不至于成为贴在墙上的摆设。

（2）是跟着学术期刊评价体系的屁股走，迷失甚至丧失自我，还是坚持以学术为本位的办刊方针，排除干扰，我自岿然不动，走自主办刊之路。

洪堡大学精神的一个重要原则就是“寂寞原则”。从事科学研究以耐得住寂寞为前提，历来做真学问者是离不开“寂寞”的，恰恰是以“寂寞”为伴；那些追逐虚浮喧嚣、着迷于五彩泡沫的所谓学者，永远成就不了大学问。但在功利主义盛极一时的社会氛围下，逃离“寂寞”，远离“冷板凳”，追逐“一招鲜”，像影视明星那般，盲目追求时髦，追逐聚光灯效应，沉溺于“学术赶场”，则成为当前“功利性学术研究”的典型写照。与之相呼应，在行政性期刊评价体系的误导下，基于提高期刊影响因子和引文率、保住和进入某种来源期刊的功利需要，诸多学术期刊也耐不住寂寞，坐不住“冷板凳”，变得浮躁起来，抛开几代期刊人辛苦积累起来的那点风格特色，纷纷聚焦于所谓“热点”“显学”，争相刊登在选题上具有“猎奇”色彩但缺乏学术性、历史感的“短平快”的热门文章，有意无意地无视甚至排斥基础性学科和传统学科的研究，拒绝虽然下了功夫但选题“陈旧”、冷僻且被引率低的真正的学术文章。学术期刊的这样一种错误导向，进一步助长了学术研究界的浮夸、浮躁的不良风气，同时也使学术期刊跟在期刊评价体系后面亦步亦趋，丢失了应有的独立自主的学术品格和个性，更丢失了引领学术潮流、发掘学术人才的自主鉴别能力；甚至致使传统学科、冷门学科的作者，患上发文困难的“焦虑症”，为了生计，不得不去打一打“擦边球”，“挂着羊头卖狗肉”，发一些与其专业研究无甚关联，但却能够解决自身生存问题的应景文章。

学术期刊界这种急功近利的不良办刊风气，对于一些老牌学术期刊的学术定力，确实是一个严峻考验。比如有这样一本以传统人文学科为特色的学术期刊，以其鲜明而一以贯之的厚重学术品格和通过学术论争引领学术潮流的办刊风格，而拥有稳定且高水平的作者队伍和广泛的读者群，因而在海内外学界享有盛誉。但如果用单纯的学术期刊量化评价体系来衡量，其影响因子和引文率与其在读者中的口碑相比，简直不成比例，甚至有天壤之别。此种状况下，我们究竟该用何种标准来评判、定性这样一本期刊呢？这不得不说是令人心生困惑的难题。用学术影响力或“读者影响力”来看，显然，它是一本优秀期刊，但如果用学术评价体系来量化它，那它就被淹没在如林的众刊之中，什么都不是了。最为典型的一个例子，是知网“中国学术期刊综合评价数据库”的期刊排名。该数据库对期刊引用频次、影响因子、被检索次数、文献发表速度等计量指标进行统计和综合评价，发布“中国期刊综合评价统计分析报告”。由于该评价体系以定量评价为标准，因此，一些以人文学术研究为侧重、在受众中拥有良好口碑的老牌学术期刊，纷纷“落马”，甚至被挤到二三百名之后；相反，那些投其所好、按图索骥地操作数据的无名期刊，却排名“显贵”，位居前列！

须知，量化不等于科学。现行以量化指标为主的学术期刊评价体系，唯引文率为主要指标的“影响因子”是从，因而，一定意义上说，这种一元性的评价体系，就像一把“一刀切”的剃刀，一刀下去，割除的，恰恰是学术期刊的个性、独特性、严谨性；而它所客观鼓励的，恰恰是学术研究应当力避的功利性、浮夸性，甚至是投机取巧，不正当竞争，因而严重恶化了学术期刊界的学术生态。真搞不明白，这样违背常识的期刊评价体系，有何科学性可言，又有何存在下去的真实价值?!

繁荣学术，服务读者，乃学术期刊的持久生命力所系，也是学术期刊发展的唯一正途。坚持以学术为本位的办刊方针，走自主办刊之路，方是学术期刊恒久不变的立身之道。但在学术期刊评价体系年年公布量化指标、三两年就对来源期刊进行评价筛选的机制的逼迫下，容不得学术期刊扑下身子扎扎实实地练内功，搞长远规划，发纯学术文章。诸多期刊都在“只争朝夕”，投其所好，按照学术期刊评价体系的路数“刷数据”。这其中，不乏急功近利者，试图通过抓取现行学术期刊评价体系的漏洞来讨巧、走捷径，“一举成名”。更有甚者，拿着期刊声誉当儿戏，人为“制造”、抬升本刊数据，几至不择手段的地步：或纠集三五家期刊搞“互引联盟”；或给作者下“引文指标”，超额完成者许以金钱“奖励”。所有这些做法，对于提升期刊数据，无疑会有一时之效，但这毕竟不是学术期刊可持续发展的正途，经不起期刊史尤其是学术史的检验，欺瞒不过业界同行和广大读者的眼睛，更令视学术为生命、洁身以自好的办刊者所不齿。

说老实话，除去自我约束，学术期刊也需要外部评价的规范，学术期刊的成长与发展，是内在质量的提升与外在规范和评价相约束的共同结果。因此，它离不开外在规范和评价的约束。但是，外在规范和评价的约束，必须以顺应学术期刊成长的普遍规律为前提。顺应这一规律的外在约束和评价，就是合理的、优良的规范；否则，就是不合理的、不科学的规范和评价，应予坚决摒弃。

目前看来，已经有越来越多的学术期刊，逐步觉醒并试图找回丢失已久的“自我”，试图跳出期刊评价体系的束缚，脱离期刊评价体系的指挥棒，转而走“质量立刊，特色立刊”的内涵式发展之路。但在学术期刊的独立法人地位尚未确立的背景下，学术期刊还要向上负责，还要拿量化指标给自己脸上贴金，因此，企望学术期刊完全跳出量化指标的束缚和绑架，而不与之“眉目传情”，无异于痴人说梦。从学术期刊评价体系对学术研究和学术期刊发展所产生的消极影响来看，无疑已经到了需要管理部门予以正面回应的时候了。

（3）是以行政主管部门的评价体系为办刊标准，“唯上办刊”，还是尊重办刊规律，以广大读作者的学术诉求为办刊标准，为读作者办刊。

这里涉及办刊的最终目的的大问题。这些年，由于行政评价体系的强力介入，学术期刊的办刊思路和办刊规律被严重干扰，办刊目的被严重扭曲，在带有计划色彩的各种行政力量的交互作用下，学术期刊日益远离读者，远离服务对象，陷入了“唯上办刊”的窘境，这无疑是学术期刊发展的大忌，为致力于推及学术事业健康发展的期刊人所不乐见，而这也恰恰是当前学术期刊界所面对的最大困境，以至于本来不是问题也无需讨论的“办刊目的”问题，在学术期刊界也出现了认识上的模糊。

学术期刊为谁而办？谁是期刊质量的最终评判者和评价标准？是主管行政部门，还是同行，抑或广大读作者？在目前虚浮纷扰的办刊环境下，这个问题确有讨论的必要。质言之，这涉及学术期刊以何为办刊目标、为谁服务的根本问题，必须明辨之。

以主管部门的行政性评价为标准来办刊，围着它的指挥棒转，可能的结果，就是以牺牲期刊的特色和风格为代价，来满足千篇一律的“格式化”的评价标准。“格式化”的评价标准，如转载率、引文率、基金论文率、海外文章刊载率、刊文获奖率、“五个一工程”刊文率等，不一而足。有的甚至要求统计经济效益和社会效益。而实际上，这其中有些指标是难以统计的，如文章获奖率，这种信息，作者并不回馈给学术期刊；有些指标要求是不尽合理的，如基金论文率、海外文章率、文章获奖率、“五个一工程”刊文率，这些“率”高，并不必然意味着所刊文章的学术水平就高，二者之间并不具有必然的正相关性。最大的问题在于，一方面，对指标体系的穷于应付，极大地牵扯了期刊人的办刊精力，淡化了期刊的自我品格和刊格；另一方面，使得学术期刊两眼只盯着行政性评价标准，亦步亦趋，久而久之，期刊与主管部门的关系密切了，与读作者的距离却疏远了，失却了办刊的本初目的和价值追求。如此，期刊赖以生存和发展的、为读作者服务的目标诉求，就会不同程度地受到忽略和削弱，繁荣学术事业的办刊目的也就出现被异化的危险。

三

读作者的评价是检验学术期刊质量的最终标准，这是谁也无法更动的办刊规律。广大读作者心中自有一杆公平秤，他们鉴评一本学术期刊质量的优劣，并不着意于那些外在指标；他们唯一在意的，是期刊内在质量的高下，和是否具有独到的品格。所以，期刊评价的最终标准，也是最为客观的标准，还是掌握在读作者的手中。

有人说：“作者将一本书写完，并不等于作品的完成，真正完成这部作品的人是读者。”这句话是一个写作者对读者共鸣的重要性的极为深刻的认识。其实，对学术期刊的编者而言，又何尝不是如此？套用一下这句话：编者将一本期刊编辑完成并如期出版，并不等于这一期的完成，真正完成这一期的，是广大的读者。

学术期刊的成长与发展，有其自身的规律。一本优秀期刊，它之所以优秀，全赖于它恒定如一的学术质量，这具体表现于它一以贯之的学术严谨性、学术原创性、学术引领性，以及始终如一的学术风格和气质，也就是它的刊格。这后一点至为重要。它不仅在一定程度上包容着前三者，更重要的是，它使一本期刊，有了不同于他刊的外在形象和内在气质。陈寅恪先生曾经就完美的人生追求说过这样的话："独立之精神，自由之思想。"移植到学术期刊的理想追求，是否可以这样表述："独立之刊格，思想之园地。"这应当能够为期刊人所认同。作为学术期刊的编辑者，谁都会怀有这样的抱负，以使自己的期刊得到社会的普遍认同。但在很多时候，这只不过是期刊人的一厢情愿。是否得到社会的认同，那得由社会的真正代表——读者——说了算。读者是检验期刊学术质量的唯一标准。学术期刊的办刊目的，在于通过为读者提供精美的精神食粮，服务读者，推进学术事业的发展。毫无疑问，读者就是期刊的上帝。[6]

读者的评价，是学术期刊办得成功与否的唯一标准。"云门现代舞"的创立者、台湾作家林怀民，被誉为"当代台湾最重要的活文化财产"。面对社会的同声赞誉，林怀民总是谦卑地说："我心中最严苛的评论家，不是《纽约时报》，而是老百姓，他们才是我取悦的对象。"[7]说明的是同样的道理。

怎样理解读者的诉求？其实，最切近的办法，就是编者以己心度人心，推己及人，揣度读者的心理。一个简单的道理就是，换个角度看自己，你就是读者。作为编者，你喜欢读到什么水平的文章，读者就喜欢什么样的文章。你不忍卒读的烂文章，读者同样弃之如敝屣。在这一方面，《读者》创始人之一、原副主编郑元绪有深切体会："每当有年轻的编辑问我怎样才能真正地了解读者时，我便给出偷懒的答案：你就是读者。读者喜欢什么，问你自己好了。"读者虽然是个群体，但并不抽象，它由活生生的、具体的个体所构成。如此说来，"一本杂志就只编给一个人看"。按照李频先生的看法说来就是：捧读这本杂志的就是一个人，一个具体的人。去群体取个体，才能更真切实在地揣摩读者需求。[8]

区别于一般期刊，学术期刊的独特之处，既在于它有相对固定的作者队伍，又在于读者和作者的高度重合性。这些作者和读者因为相同的学术偏好和趣味，不期然地聚集在他们所钟情的、具有鲜明的学术风格的某一学术期刊周围，为其提供无论质量还是数量都相对稳定的稿源。就此而言，学术期刊无疑具有在读者中发现作者、培养作者进而赓续学脉的重要使命，而这正是学术事业得以传承与繁荣的最为重要的人才保障。这就给学术期刊提出了更高的学术要求，那就是要时刻关注学界动向，关注学术共同体的所思所想。在这里，作者与期刊之间实则是一种互动共生关系，人以刊名，刊以人名。20 世纪 50 年代的《文史哲》杂志，正是团结了一批稳定而高质量的作者队伍，才成就了它最为辉煌的历史时期，极一时之盛。像吕振羽、杨向奎、吴大琨、赵俪生、童书业、王仲荦、陆侃如、冯沅君、李泽厚、庞朴、何兹全、李希凡等大家名流，风云际会，蔚为壮观。这些作者在《文史哲》杂志一年发多篇文章，甚至同期发两篇文章，是常有的事。如此稳定、齐整而敬业的作者队伍，成就一本学术期刊，岂不如探囊取物，手到擒来？而他们之所以长时期稳定地团结在一本学术期刊周围，与之结成有机共同体，端在于期刊一贯坚持学术为本的办刊宗旨，以及期刊与作者之间的深刻相互了解，相互信任，同声相应，同气相求。

如前所述，在学术期刊生产与传播系统之中，作者 - 编者 - 读者三位而成一体。其中，作者与读者在身份上又是相重叠而一身二任的，因此，读者和作者的口碑式评价，才是对于学术期刊的最为真实、最为有效因而是最为本质的评价；进而，由于读作者的一体性和学术上的专业性，以读作者为主体的评价，也才是最为科学、客观和权威的评价。

由此可见，期刊评价的最终标准，也是最为客观的标准，就掌握在广大读作者手中，而不是也不应掌握在各色外在评价体系的手中。换句话说，广大读作者，才是学术期刊办得成功与否的最终鉴评者，最应当拥有对于学术期刊的评断权。因此，欲提振学术期刊的质量，鲜明学术期刊的风格，深化学术期刊的底蕴，学术期刊界在办刊方针和宗旨上必须拨乱反正，形成共识，尊重办刊规律，找回被我们丢失已久的学术期刊的本质，把广大读作者的学术诉求作为办刊的首要甚至是唯一标准，唯读作者的马首是瞻，唯读作者为取悦对象。顺理成章，我们所应大力倡扬的，应当是以读作者为主体的定性评价以及相应的定性评价体系，再辅之以定量评价手段，形成定性评价为主、定量评价为辅的科学合理的评价系统。这才是我们所期望找到的，回归真实、回归科学、回归本质的学术期刊评价正途。唯如此，方能求得学术期刊繁荣学术事业的本初目的；唯如是，学术期刊办刊人才能够自觉排除外部干扰，扑下身子，扎扎实实，一门心思地修炼期刊的学术内功，追求鲜明的期刊风格，找寻适合期刊自身条件的学术生长点，打造各具特色和个性的学术期刊品牌，以赢取更多读作者的青睐。[⑨]在此氛围下，那些挣脱了外在评价体系束缚而轻装上阵的学术期刊，那些既坚持学术为本，又以思想为魂的风格鲜明的佼佼者，乘着中国文化“走出去”的东风，假以时日，必将因其至纯的学术诉求，而成长为大刊名刊，乃至位列国际性学术期刊阵容。其实，一些率先洞悉量化评价体系之弊的学术期刊，已经冲出对于量化指标的迷思和崇拜，挣脱量化体系的束缚，超越量化评价，一身轻松地去大胆追求自我和个性了。

当然，一方面，学术期刊要端正办刊动机，清晰地定位办刊目的和服务对象，而不应拿学术期刊的声誉和严肃的学术研究当儿戏，去迎合一些外在的、虚浮的指标。正如前文所言，一些有独立品格和见识的期刊主编，已经洞察到量化评价体系的“不靠谱”，能够起而抗争，顶住量化评价体系的如山压力，我自岿然不动。但谁又能够保证，继任主编仍能面对量化评价压力，不会低下那颗本应高昂着的头颅呢？这正是令人极为忧虑之所在。另一方面，也需要学术期刊界的自治组织和共同体，从维护期刊界的共同声誉和形象计，制定必要的行业规范，加强行业自律自纠，坚决剔除害群之马。而当前最为根本和迫切的任务，是吁求有关行政和业务主管部门，多多倾听学术期刊界的声音，以创造良好的办刊环境，塑造良好的办刊生态。此一方面，行政主管部门和业务主管部门有诸多工作可做。比如，删繁就简，彻底清理杂乱无章的学术期刊评价系统；比如，尊重学术期刊的成长与发展规律，减少各种行政性评比和评奖活动，力避行政部门对学术期刊成长与发展过程的干扰；比如，果断剥除民间学术期刊评价体系的官方外衣，恢复民间评价体系的本来面目；再比如，降低学术期刊量化评价指标的权重，相应提升学术共同体之定性评价指标的权重；更可以适当延长考核与评价周期，让学术期刊充分地休养生息，苦练内功，合乎期刊生态法则地自由成长——君不见，来自各部门、各层次名目繁多的考核与评价，已经让学术期刊从业者不胜其烦，分身乏术，没有多余的时间和精力，用于本该全情投入的正业本业了。

是时候恢复学术期刊及其评价的本真面目了！

①这四个方面与学术期刊影响力之间的关系，是于2010年6月4日在陕西师范大学召开的专题研讨会的主要议题。

②在2007年10月20日举行的首届高校学术期刊发展论坛暨《中国政法大学学报》首发式上，多位学者对大学学报的现状提出了批评。清华大学教授李伯重在发言中称，大多数中国大学的学报是学术垃圾的生产地。在随后的学者发言中，多位教授对此说法表示认同。见《高校学报已成学术垃圾产生地　专家称应追求独立》，中新网－科学时报，2007年10月31日，http：//www. edu－hb. com

③李清：《大学学报成学术垃圾场?》，《广州日报》2007年10月22日。

④2005年温家宝总理在看望著名物理学家钱学森时，钱学森认为："现在中国没有完全发展起来，一个重要原因是没有一所大学能够按照培养科学技术发明创造人才的模式去办学，没有自己独特的创新的东西，老是'冒'不出杰出人才。""钱学森之问"，包括两个层面：一是学校培养创造发明型人才的模式，二是创新创业型人才在社会上发挥作用脱颖而出的机制。

⑤在2014年10月份于昆明召开的中国高校系列专业期刊建设与发展研讨会上，《新华文摘》前任总编辑张耀铭先生发言认为，学术期刊编辑有三种不同境界。第一境界：文字编辑，有一定的功底、审鉴能力，可完成论文的编辑加工工作；第二境界：策划编辑，应当是学术进展的追踪者、各种资源的整合者、重大选题的参与者、学术论文的优化者、重要学术成果的推广者；第三境界：学者型编辑，应当是学有专长的研究者，要有相应的眼力、判断力和洞察力，能够与学者对话，并在相关学术领域有一定的话语权。有论者把学术期刊编辑的主体追求，概括为"求真、求善、求美"三重境界。（赵健杰：《求真求善求美：编辑主体追求的三重境界——以学术期刊编辑工作为视角》，《中国劳动关系学院学报》2014年第5期）在笔者看来，真、善、美三者是个有机统一体，不可割裂。因此，在"求真、求善、求美"之间，无境界高下之别。

⑥⑨刘京希：《读者是检验学术期刊质量的唯一标准》，《吉林大学社会科学学报》2005年第4期。

⑦单米：《林怀民的云门"舞蹈之桥"》，《21世纪经济报道》2014年8月26日。

⑧李频：《郑元绪如是说》，《中华读书报》2014年8月27日。

作者刘京希，山东大学《文史哲》编辑部副主编，教授。济南　250100

学术评价和学术期刊评价若干问题之我见

陈　颖

[提　要] 在当下中国学术评价和学术期刊评价中，量化评价大行其道。然而以量化为基本手段的学术评价和以影响因子为主要指标的学术期刊评价，由于受功利学术的影响已逐步丧失其学术公信力。本文要追问的是学术评价和学术期刊评价一定需要量化吗？谁才是评价的主体？评价的标准应该由谁制定？评价的最终目的是为了什么？

[关键词] 学术评价　学术期刊评价　评价主体　评价标准　学术公信力

在中国学术发展史上，从未有过哪一个时期像今天这样重视学术评价及其相关联的学术期刊评价。人们无不把它视为一项事关众多单位生存发展和个人前途命运的大事。其缘由概因在当今中国纯粹从个人爱好出发不计功利目的进行学术研究的人已基本绝迹，绝大多数与学术沾边的所谓专家学者和学界官员几无例外都是体制内的人，尤其是从事人文社会科学研究的人，体制外没有他们的生存空间。体制对体制内的人具有生杀予夺的绝对权力，细言之，一个学者或学术型官员要拥有崇高的社会地位、享有优厚的生活待遇、在学界能够呼风唤雨，或者一个以学术谋生存的普通学人要衣食无忧，都需要一个基本的立足点和体现自身价值的标准，这一立身行事之本就是所谓的学术水平。那么，一个人的所谓学术水平又是如何判断的呢？体制已经做了详细设定，不外乎是你承担了多少项所谓国家级、省部级课题，有多少发明专利，获得哪些重要奖项，出版了多少学术专著，在所谓权威或核心期刊发表了多少篇学术论文等。至于为学人服务的学术期刊更是几乎全部为体制内的刊物，并且依据所谓影响因子等量化指标被划分为核心期刊和非核心期刊。总之，无论学者还是刊物都需要细化为各种指标被量化考核，然后被分为三六九等区别对待。可千万别小瞧了这一量化考核，当下学界对学术评价和期刊评价之所以如此重视，又多有诟病，归根到底都是这量化考核闹腾的。

因此，笔者和学界、学术期刊界许多同仁一样都在思考和关注这样一些问题：学术评价和学术期刊评价一定需要量化吗？谁才是评价的主体？评价的实质标准是什么？评价的最终目的是为了什么？本文试图思考这些问题，以就教于方家。

一　学术和学术期刊量化评价质疑

首先需要厘清“学术”和“科学技术”这两个概念的联系和区别。“‘学术’一词，在中国古代曾泛指治国之术、教化、主张、学问、学识、学风、法术等，基本属于形而上的观念意识的范畴”。[①]“科学”一词是英文“science”翻译过来的外来名词，“技术”一词的希腊文词根是“tech”，原意是指个人的技能或技艺。今天我们所说的“‘科学’指研究自然现象及其规律的自然科学；‘技术’则泛指根据自然科学原理生产实践经验，为某一实际目的而协同组成的各种工具、设备、技术和工艺体系，但不包括与社会科学相应的技术内容”。[②]可见，学术和科学技术这两个概念是有着内涵和外延的明显区别，前者主要指向观念意识范畴，后者主要指自然界的发展规律及物质样态。但在现实生活中已经没有多少人去认真探究这两个概念之间的重要差别，而是有意无意用所谓“科研”这个大而化之的概念把“学术研究”和“科学技术研究”混为一谈。如果人们仅仅限于概念理解上的含糊而不施之于其他则罢了，但严峻的现实是，近三十多年，在中国的教育、文化、科技等领域，管理者不问青红皂白，用的是同一尺度、同一标准去评判“学术研究”和“科学技术研究”成果，即采用量化的标准对属于不同学科领域的科研成果进行几无差异化的考核。众所周知，在自然科学研究领域，采用精确的量化方法评判某项研究成果的水平，可以说是世界通行的规则，有其一定的科学性和现实可行性。但是对于人文社会科学研究，也采用量化的方法对其优劣高低进行评判就显得有些荒谬，个中道理其实十分简单：一个人文学者毕其一生也许只是论证或创立了一个学说，但它对于社会发展和人类文明的贡献可能是划时代的。此类范例古今中外不胜枚举，孔子创立儒家学说、马克思恩格斯发展无产阶级革命理论，他们的伟大思想能够量化吗？即便是自然科学领域的伟大发现也不是都可以量化评判的，哥白尼的“日心说”、爱因斯坦的“相对论”等伟大科学发现如何量化？可是，在一个号称尊重科学、倡导实事求是精神的国度里，却长期让那种不符合科学精神、不实事求是的量化考核法上下通行，畅行无阻，无数的学人为完成量化考核指标，匆匆忙忙，粗制滥造，乃至不顾道德廉耻，抄袭剽窃，遗下数不清的“学术垃圾”，不仅扼杀了人们的创造精神，污染了社会风气，而且浪费了国家的宝贵财富。

与学术评价不问人文科学和自然科学一把抓、一刀切密切关联，学术期刊评价采用量化指标也已通行了二十多年，人们对此虽有各种疑问，但由于它方便人事管理部门职称评审、科研评奖、学位评定等考核工作，便也大行其道，让人难以割舍了。中国是一个期刊大国，上万种期刊门类各异，期刊的类别不同，评价的标准自然差异巨大，这是不言而喻的。如果我们简便地把所有期刊用学术和非学术界限加以区别，则显而易见，非学术期刊的水平质量很大程度是靠大众读者说话，读者喜欢，订阅数多、发行量大，基本可以说明这是一家有质量的期刊，而学术期刊的质量却是靠特定读者群和作者群说话的，由于学术期刊的作者与读者通常是合二为一的，因此，当一份学术期刊成为特定读者和作者群开展学术研究的案头必备时，就可以基本断定这是一家有质量的学术期刊。那么，如何知道一家学术期刊有多少读者群呢？于是，便有图书情报单位采用核心期刊的原理，用文章的被引频次、下载量等指标来评判刊物的水平质量，从表面看，这种所谓“影响因子”量化指标似乎能够说明一定的问题，但如果我们进一步把社会科学和自然科学两类期刊细加区别，则很容易发现这种量化标准其实是更适合于自然科学期刊，而对人文社科期刊就不那么合适，这与自然科学和人文社会科学各自的研究对象、方法有关。我们知道，自然科学研究采用的基本方法是实验研究法，其研究结论、数据都是十分精确的，所采用的方法是否借鉴前人和他人也是比较明确的，而人文社会科学（除了跨学科的心理学等少数学科外）的研究过程、方法、结论经常是难以精确量化的，所谓在前人基础上的创新也通常是一种潜移默化长期积累的过程，有时很难精确说明是哪些具体观点、哪篇文章影响了自己。因此，采用影响因子等量化指标来评判人文社会科学研究成果水平并不总是那么理直气壮（其中原理下文详述）。更令人忧心的是，在量化评价的潜移默化影响下，中国的人文社会科学学术论文近年出现了新的八股，一种被迫向自然科学研究论文看齐的格式化论文正在成为人文社会科学研究的新的范式，犹如旧八股文的起（研究缘起）—承（文献综述）—转（阐述所谓创新观点）—合（归纳总结），而论文形式的标准化则更加严重，摘要、关键词、注释、参考文献缺一不可，加之行政部门的强力介入，借助期刊年检等手段对期刊的形式标准进行审查，于是各种门类的学术期刊从封面到目录、正文，均遵循了统一的规范，整齐划一，毫无个性，这对中国人文社会科学研究及其成果的丰富多样产生了一定的抑制作用。这里，笔者无意完全否定目前的核心期刊、来源期刊等期刊评价方法的暂时可行性，而是对此种量化评价法的科学性严密性提出质疑，并希望探索一种更加科学合理的学术期刊评价方法。

二　谁是评价主体

学术评价和学术期刊评价由于关涉许多人的切身利益，因此，谁主导或掌控了评价权，就能左右当今中国的学术导向乃至学术研究的局面。如果说，当下中国学术评价制度的主导权是牢牢掌握在行政管理者手中的，那么，学术期刊评价的话语权则基本被若干半官方半民间[③]的期刊评价机构所掌控，也就是说学术期刊的评价主体是机构，而不是个人（读者或作者），评价的对象也是机构（期刊）而非个人，这似乎有悖阅读与接受的传播学的基本原理。按照拉斯韦尔讯息传播的“5W 模式”理论，在传者、讯息、渠道、受者、效果五个传播要素（5W）中，期刊是其中的渠道角色，评价机构似乎充当了效果的反馈角色，但反馈是要针对传者（即文章作者）的，可是当下评价机构的反馈却是冲向渠道（即期刊）的。简言之，论文的优劣体现的是作者的学术水平，然而，评价机构现今所采用的评价方法及其客观效果正是以期刊的优劣代替论文的水平。当然，我不否认机构作为评价的主体在中国的现实国情下有其存在的阶段合理性，因为，受众是分散的个体，需要有机构来集合各个受众的评价意见，从而代表受众的评价，这就需要评价机构制定科学合理的评价标准，从而能够真实反映期刊及其作者的情况。许多评价机构都信誓旦旦声言，其评价仅是针对期刊，不能作为学术论文评价的标准，北京大学《中文核心期刊要目总览》在其研究报告中多次申明：“核心期刊是一个相对的概念，是根据某学科论文的信息和使用情况在期刊中的分布状况，来揭示一定时期内某学科期刊的发展概貌，为图书情报界、出版界等需要对期刊进行评价的用户提供参考，不具备全面评价期刊优劣的作用，不能作为衡量期刊质量的标准，更不能作为学术评价的标准。”[④]中国社会科学院《中国人文社会科学核心期刊要览》也在其研制报告中说明：“核心期刊的评选活动与期刊的评优、评奖活动有所不同：前者重视期刊的学术影响力和期刊的优化使用，注意按学科和研究领域评选和使用期刊；后者注重鼓励和提高期刊的整体水平，推动期刊的全面提高，它可以分级或分类按地区、按部门展开评选。”[⑤]但评价机构同时又都说明，它们的评价是通过数据和专家评价的结合，是科学合理的，言下之意它们的评价未尝不能代表读者对期刊质量的评价。学术期刊是论文的载体，离开了论文的质量，就没有期刊的质量，事实上当下的所谓期刊评价也主要是对论文的评价，既然如此，那么评价机构的评价指标就必须能够周延所有学术期刊和学术论文，而这事实上是做不到的，这就有可能存在好刊物混进了孬论文，或者是好论文刊在了孬期刊上。因此，只有针对单篇论文的评价才是正当合理和科学的评价，而对期刊的评价是不应该存在的。可是，机构事实上已经成为评价的唯一主体，而读者的评价作用则被基本忽略，且机构对期刊的评价几乎完全替代了对论文的评价。我们看到，现今无论高等学校还是科研机构，评价教师科研人员的学术水平就是看他的学术研究成果是不是发表在所谓权威期刊或核心期刊上。而所谓的权威期刊或核心期刊是谁来定的？就是评价机构。也就是说评价机构表面评价的是学术期刊，实质评判的是论文的学术水平。换言之，评价机构是期刊连同论文乃至作者通吃，不但期刊的前途，而且论文作者的命运都掌握在它们手上。至于读者个体，无论你是学术权威，还是普通学子，对学术期刊及其论文的质量评判都被机构的评判所遮蔽，特别是当论文的发表与作者的学术利益相关联时更是如此，一个作者能不能晋升某种学术职务首先看论文发表在什么刊物上，即便作者认为自己论文学术水平很高，同行专家也高度认同，但如果是发表在非核心期刊上便连评审程序都难以进入，所以，办刊人、读者、作者和人事管理部门都一体陷入到底应该以刊评文，还是以文评刊的因果逻辑混乱中。客观地说，期刊评价机构试图将以文评刊作为他们评价期刊的逻辑起点，[⑥]但结果却是唯刊评文成为社会评价学术的逻辑终点。这已成为当今中国学术评价中的一个怪圈。

如果说，上述以高校和科研单位的图书馆为主体的期刊评价机构尚能依据多年积累相对完备的量化指标来对学术期刊开展评价活动，那么，中央教育行政主管部门下属的带官方色彩的个别研究机构近些年也借助行政力量，改头换面强行介入期刊评价，则使得本已混乱不堪的期刊评价更加混乱。[7]朱剑先生在分析评价何以成为学术乱象的根源时毫不讳言："随着学术评价的层层蜕变，一方面，评价变得越来越强势，而与学术研究则渐行渐远。脱离了学术研究的学术评价，更体现出了对行政权力的依赖，评价的地位每上升一个层次，也就意味着它与行政权力的结合又加深一个层次，这在学界应该是尽人皆知的'秘密'。评价机构正是通过行政权力部门的授权，或者其评价结果为行政权力部门采信，才变得如此强势，才具备了对学界发号施令的权威，堪比狐假虎威。另一方面，评价变得越来越简单，以至于简单到就一个排行榜或排名表。"[8]显而易见这段话矛头所指乃行政权力：从表象看，评价似乎是学术乱象的根源，但是，评价如果没有行政权力的结合和支持便绝不可能如此强势，因此，由行政权力主导的不合理的科研体制才是学术乱象的真正根源。有鉴于此，大多数学者认同脱离行政权力的学术共同体的评价才是比较靠谱的评价，因为只有同一学科领域的专家学者才能对本学科领域的学术研究成果水平做出相对准确和科学的评判。以定性评价为主的人文社会科学诸学科尤其如此。所以，学术评价的主体应该回归读者，即由专业学者组成的学术共同体，而不应该是期刊评价机构，更不能是行政管理部门。至于在当今中国人情无所不在、行政强力主导的情况下，如何构建真正学术唯上高度自律具有社会公信力的学术共同体，是需要认真探讨的另一重大问题，本文恕不展开。

三　期刊评价的实质标准

无论我们对现行的学术评价和学术期刊评价持有怎样的看法，这种评价都是如影随形客观存在的，犹如一个人活在世上，自己的长相如何、品德如何、性情如何、能力如何，等等，是总免不了要被人评头论足的，除非你与世隔绝。学术期刊是一种公共精神文化产品，是非进入社会流通不可的，并且无可避免要接受读者和组织机构的评价。既然我们一时还难以摆脱机构的评价，则只有正视它和重视它。但我们不是被动接受评价，我们有权利对机构的评价标准、方法及其公正性、科学性提出质疑和建议。中国学术期刊评价机构是从 20 世纪 80 年代末 90 年代初才兴起的，迄今不过 20 多年时间，所采用的评价方法也是国外引进的，无非是英国文献学家布拉德福的"文献离散定律”和美国文献学家加菲尔德的“引文分析理论”，评价方法和标准都相对单一，离不开影响因子、下载频次、基金项目等一些量化的指标，特别是起主导作用和占主要权重的影响因子靠的是论文的被摘引率和参考文献，在我看来，人文社科类文章被引率的高低，其实很多时候是不能说明文章的水平的，同行学者专家的阅读和直观判断有时倒更准确和令人信服。如果我们对被引和下载频次高的文章细加考察，就会发现其大体不外三种情况：一是所谓热门话题或曰学术前沿问题，二是学术水平高的创新观点或经典之作，三是学术观点错误遭学界挞伐的。由于学科差异，有些学术前沿问题在一定学科范围内颇受重视，但它的绝对影响力可能不如一些热门的学科，如果单凭被引频次、下载频次等指标来判定，则文史哲等传统人文学科的学术影响力肯定远远不如政治、经济、教育、法学、传播学等社会科学学科。且以笔者所发表的文章的被引和下载为例就可以看出一些端倪，根据中国知网提供的检索数据，[9]笔者被引最多的一篇文章是发表在《北方论丛》2002 年第 2 期的长篇论文《中国战争小说创作的世纪回眸》，被引频次为 20，下载频次 470，其次是发表在《清华大学学报》（哲社版）2011 年第 4 期的《体制之弊与纠偏之路——也谈高校学报的专业化转型》和发表在《清华大学学报》（哲社版）2012 年第 5 期的《编辑部体制的终结与“后学报时代”的来临?》，此两篇文章被引频次均为 18，下载频次分别为 285、254。这三篇论文分属文学学科和传播学学科，前者属传统人文学科，后者属新兴的社会科学学科；两者发表时间相差十年，而被引频次却相差无几。[10]可见人文学科的被边缘化绝非无病呻吟。为了提高刊物的影响因子，追求短期效应，近年来，一些综合类社科期刊有意无意地扬社会科学论文抑人文学科论文，加剧了文史哲等传统学科走向边缘的趋势。更危险的是，这种靠被引和下载频次为指标的评价方法有其先天的缺陷，容易被“有心者”钻空子。近年来，一些期刊为了提高影响因子，用尽了种种不那么光彩的手段：或拉帮结派，若干期刊“抱团取暖”彼此互引；或许以重金，公然引诱作者和其他期刊引用已刊文章，以图增加引用率，提高影响因子，巩固或挤进核心期刊行列；个别期刊甚至派人上下奔走，在评价机构中间来回穿梭，采取变相行贿等卑劣手段，以达到入榜核心期刊的目的。凡此种种，不但降低期刊评价的公正性和科学性，而且造成极恶劣的社会影响，使社会对学术期刊失去信任感，批评声不断。这里我无意全盘否定以核心期刊和来源期刊遴选为主要标志的现行学术期刊评价方法，毕竟，它比完全人为操控的转载、摘登、评奖等评价手段还相对靠谱些。

既然被引和下载等指标并不能真实说明学术期刊的水平质量，那么，什么样的评价标准才是学术期刊质量评价的实质标准，毫无疑问应该是学术标准。学术标准虽然难以把握和界定，但从宏观上说，还是有其基本方面，学术贵在创新，观点的创新、材料的创新和研究方法的创新可以大致说明学术水平，而这三个创新点能否用量化的指标加以评判呢，似乎也难。只有同行专家学者才能真正评判专业期刊和论文的学术水平，所以，学术期刊质量的评价标准应该完全由同行专家来制定，而不是由评价机构基于读者订阅方便而制定的那些评价标准。至少目前评价机构以被引频次和下载频次为主要标准的评价制度需要做较大调整，增加同行评价的分量，以尽可能真实反映学术期刊的水平质量。据我所知，为了弥补整刊评价只见森林不见树木的缺憾，个别评价机构已经开展对单篇文章和单个作者的学术影响力的评价，但总归还是离不开影响因子这些数据。[11]不过，也并非不存在真正与影响因子脱钩的评价渠道，学术类文摘刊物实际就部分起到了对论文定性评价的作用。在人文社会科学领域，《新华文摘》《中国社会科学文摘》《高等学校文科学术文摘》及“复印报刊资料”是人们耳熟能详的四大文摘期刊，在核心期刊尚未问世之前，文摘刊物曾经是唯一权威的学术论文评价体系，但近年文摘刊物的学术评价地位有所下降，一方面是因为以数据说话貌似客观公正的核心期刊评价的崛起，另一方面是因为文摘期刊纯人为操作的编辑选文办法容易受选编者个人学术视野的限制，加之在当下功利学术盛行的环境中，文摘期刊的编辑难免还会受人情因素的影响而难以做到唯质是取。为了找到定性评价和定量评价的最佳结合，前不久中国社会科学院中国社会科学评价中心推出了《中国人文社会科学期刊评价报告(2014)》，共评出顶级学术期刊 17 家、权威学术期刊 40 家、核心学术期刊 430 家、扩展核心学术期刊 246 家。其所采用的是吸引力、管理力、影响力三大一级指标下的 12 项二级指标、36 项三级指标，这些评价指标几乎囊括了学术期刊的学术水平、学术影响力、学术声誉、内部管理等方方面面，迥然有异于之前的各种核心期刊的评价标准，似乎是一种比较纯粹的学术期刊的质量评价，预计将会对当下社科期刊的质量建设和评价方法产生较大的导向作用。但这些评价数据采集的科学性和客观公正性还有待业界检验。有人戏言：在中国社会，再不靠谱的定量评价也比定性评价靠谱，笔者深以为然。这是长期以来学术腐败和不公正的学术评价制度对中国学术公信力摧毁的结果。重建学术公信任重而道远，此非本文主旨，就此打住。

四　评价的最终目的是回归学术

要让学术评价和学术期刊的评价回归学术，终究要寄希望于当今中国社会整体学术评价制度早日摆脱急功近利的行政化窠臼。然而，前景似乎未可乐观，因为功利化的学术不但未见收敛，反倒有强化的趋势。君不见，如今名目繁多的科研奖项、经费不断累增的各种课题招标申报、动辄百万千万巨款的学者奖励计划等，已把学界众生的胃口高高吊起，再淡定的宅学之男女也经不起如此这般撩拨引诱。在学术期刊界，名目不一的核心期刊和来源期刊评选每两至三年重新洗牌一次，没完没了，把主编和编辑们搅得晕头晕脑，早已迷失了本体办刊方向和编辑从业目的；而行政管理者也不愿袖手旁观，国家期刊奖、中国出版政府奖（期刊奖）之外，近年国家社科基金资助期刊的评选，又把我们本已脆弱的敏感神经再次撩拨起来——每年 40 万元的资助，对于许多办刊经费捉襟见肘的期刊社来说，这可是实实在在的诱人“利益”啊，谁不向往？

其实，学界对于现行期刊评价制度的质疑早在十多年前就已炮声隆隆，但批评者多为被核心期刊边缘化的所谓“第三世界”学术期刊的主编和编辑们。许多大刊名刊的主编、编辑并未对此感到不适，有的甚至还撰文为核心期刊的合理性辩护。笔者虽为一家核心期刊的主编，算得上是现行期刊评价制度的“受益者”，但在十多年前即已对核心期刊评选的公正性和合理性提出质疑。[12]不过，话说回来，在没有更好的期刊评价制度产生之前，现行期刊评价方法尽管漏洞百出，但多少可以弥补纯定性评价的缺憾。其实，如果仅仅是一种民间性的评价，所谓核心期刊排行榜本可以置之不理的，然而众多体制内的单位、机构却以它作为学术评判的重要依据，就使问题变得严峻和复杂起来。既然现行期刊评价制度的存在非学术期刊界所能左右，则我们只有正视现实，另辟蹊径，寻找因应良策。我以为，学术期刊界应当充分利用网络化、数字化的手段，通过集约化途径，避免因小而全的分散“经营”被“各个击破”。“中国高校系列专业期刊”将高校学报分散的内容以专业化方式重组，借助中国知网这一目前国内最大的学术期刊数字化平台，以集约化数字化的整体形象二度面世，一定程度上模糊了评价机构对各刊的单独评价，也有益于克服纸质期刊传播渠道受限的先天不足，使优秀学术研究成果能够得到广泛传播和充分利用，这是克服学术期刊学术功能异化的一个有效途径。当个体的纸本学术期刊逐渐萎缩淡出，数字化集约化的期刊集群日益强大的时候，也意味着所谓核心期刊和来源期刊的存在意义的逐渐丧失。我们的最终目的是实现少评价或不评价期刊，只评价论文——让“恺撒的归恺撒，上帝的归上帝”，让学术回归学术，让学术期刊毫无挂碍地承担传播学术的本体职责，而不是为评价办刊，被评价牵着鼻子走。为了中国学术事业的美好明天，为了实现学术期刊为学术的“中国梦”，我们有责任去开辟一片去雾霾无污染的纯净天空。

当下，值得业界特别注意的是，传统的纸媒学术期刊作为学术传播平台的权威性正面临着数字化的严峻挑战，中国知网、国家哲学社会科学学术期刊数据库、人大复印报刊资料社等都在加快步伐建设形式多样的学术期刊数字化传播平台，如人大书报资料中心的“学者在线”为学者间的学术交流、成果发布等搭建了便捷的数字化渠道。诸如此类的便捷化的数字传播平台不胜枚举。正如朱剑先生所预言，大量学术信息的聚合，构成了开放的学术平台，单篇论文的传播正逐渐替代期刊的整体传播。[13]一旦纯数字化学术传播平台得到官方和民间的一体认同，学术论文发表渠道的多元化成为现实，那么，传统小作坊式经营的纸媒学术期刊必将逐渐退出历史舞台，现行的学术评价制度将面临重大变革。这一天的到来恐怕为时不远。

由此看来，数字化传播平台的飞速发展，无论对于学术期刊还是期刊评价机构都是一个危机和机遇并存的两难选择：生存还是毁灭？这是一个严峻的问题。

---

①陈颖：《编辑部体制的终结与“后学报时代”的来临?》，《清华大学学报》2012年第5期。

②见360百科“科学技术”，http：//baike. so. com/doc/5369116. html

③目前开展学术期刊评价的若干机构大多归属公办高等院校或科研单位，从这个意义上说他们具有官方色彩，但其所开展的评价工作并非行政行为，因此又带有一定的民间性。

④朱强、蔡蓉华、何峻主编《中文核心期刊要目总览（2011年版）》，北京：北京大学出版社，2011，第17页。

⑤姜晓辉主编《中国人文社会科学核心期刊要览（2013年版）》，北京：社会科学文献出版社，2014，第17页。

⑥《中文核心期刊要目总览（2011 年版）》研究报告指出："部分单位在使用核心期刊表时，存在着简单化倾向，'以刊评文'，扩大了核心期刊的作用，异化了核心期刊的功能，造成了不良影响"。

⑦我认为，期刊评奖也是一种广义的期刊评价，如教育部科技发展中心近六年连续组织"中国科技论文在线优秀期刊"评选实际上也是一种变相的期刊评价。是否加入该在线平台是能否获奖的主要依据之一。该中心意在通过评奖吸引更多的高校学术期刊加入。评奖标准的不合理和不透明使许多学界公认的优秀学术期刊未能获奖，也使该项评奖缺少公信力，但该中心却以官方文件形式将评奖结果通过公文渠道发给各高校领导，误导了学校，也给高校学术期刊主编、编辑平添了无端的压力。

⑧朱剑：《科研体制与学术评价之关系——从"学术乱象"根源问题说起》，《清华大学学报》2015 年第 1 期。

⑨此检索数据截至 2014 年 11 月 11 日。

⑩这其中不能排除文章所发刊物的影响力和知名度的因素，但笔者发表在《福建师范大学学报》2006 年第 3 期的《论学术生态环境建设与学术期刊的责任》一文被引频次亦达到 17，可见根本的还是学科的冷热问题。当然还与文史哲等传统人文学科引文被引半衰期通常较长有一定关系。

⑪如任全娥提出了单篇论文的评价指标，分为核心论文、高被引论文、经典论文、优秀论文、获奖论文等，颇具新意，但还是依靠文献的引用次数作为基本判断标准。参见任全娥《学术论文评价方法研究》，《澳门理工学报》2014 年第 4 期。

⑫参见陈颖《谁来评选"核心期刊"》，《中国出版》2001 年第 6 期。

⑬根据朱剑 2014 年 10 月 22 日在中国高校系列专业期刊协同创新路径研讨会上的发言。

作者陈颖，《福建师范大学学报》（哲学社会科学版）主编、编审。福州 350117

“以刊代评”的评价机制必须终结

王佃启

[提　要] 所谓“以刊代评”机制，是指在学术评价中简单地以发表学术成果的刊物级别和层次代替对学术成果本身水平和价值的评定。核心期刊体系的建立以及在科研绩效考核中量化考核制度的广为推行，为“以刊代评”机制的形成提供了必要的条件。目前在学术评价中无论是采用定性评价还是定量评价，或者是二者相结合的评价办法，在实际操作中都是定量评价占据绝对的主导地位。“以刊代评”的量化评价机制的弊端是：导致学术期刊在学术评价中由道具变成主角，使学术评价的主体发生错位和倒置；导致中国在国际上丧失学术话语权，造成学术成果外流，科研经费浪费，乃至影响国家科技安全；诱发学术研究中的浮躁心理和功利主义倾向，造成学术研究原创性缺失和学术成果的泡沫化；容易形成学术霸权，继而滋生学术腐败；造成学术期刊宗旨的迷失和期刊的同质化。必须尽快终结学术评价中“以刊代评”的量化评价机制，着手制定更加科学合理、便于操作和执行的学术评价体系。

[关键词] 学术评价　以刊代评　量化评价　核心期刊

一　学术评价中“以刊代评”机制的形成背景及现状

所谓“以刊代评”机制，是指在学术评价中简单地以发表学术成果的刊物级别和层次代替对学术成果本身水平和价值的评定。这是目前国内各类机构和单位在需要对所发表的学术成果进行评定时所普遍采用的评价方式。

蹊跷的是，“以刊代评”机制完全是各单位和机构自行其是、约定俗成的，政府权威部门从未认可此事，也从未对学术期刊进行过级别和层次的划分。[①]

那么，“以刊代评”机制是如何形成的呢？追溯起来，其源头应该始自1980年代末1990年代初。随着国家科学教育事业的振兴和对外学术交流的发展，从事学术研究的人员队伍迅速扩大，政府对学术研究的经费投入也呈几何级增长，学术成果的发表与评价日益成为以高等院校和科研院所为主的教学科研单位的重要日常工作和考量指标。学科评审、职称评聘、业务考核、学术奖励、博硕士毕业、科研课题结项等，无不需要对当事人所发表的学术成果的质量进而对其个人的学术水平与能力进行评判。但学术评价其实是一个非常复杂的系统工程，考评单位因人少事多、时间紧迫、资金有限、怕得罪人等，便力图寻求一种简便快捷的方式解决此事。与此同时，随着期刊出版事业的繁荣和物价的上涨，除国家图书馆外，各大学及科研单位的图书馆、资料室已经无力再像1980年代中期以前一样，能够将所有公开出版的期刊全部订齐了，于是纷纷开始遴选期刊中具有较大影响者，作为期刊订阅时的参考。参照国外在引文数据库基础上确立的“核心期刊”概念，国内也开始逐步构建自己的核心期刊体系，为“以刊代评”机制的形成提供了必要的条件。

1988年，兰州大学率先仿照美国《科学引文索引》（*Science Citation Index*，简称SCI）“期刊引文报告”的方法，编制出中国第一部《中文自然科学引文索引》，并遴选出104种期刊作为自然科学中文核心期刊，这是中国第一个利用引文研制出的自然科学类中文核心期刊目录。1990年，中国科学院文献情报中心在兰州大学提出的104种核心期刊的基础上，参考国外主要检索工具列出的110种中国科技期刊和国家自然科学基金委员会公布的重大项目中所列出的中国内地大学学报，提出286种科技核心期刊。1991年，中国科学技术情报研究所“中国科技论文统计与分析”课题组重新选出1230种期刊作为国内科技论文统计源期刊。[②]

1992年，由北京大学图书馆等41所高校200多人参编的《中文核心期刊要目总览》出版，这是中国第一部公开出版的大型核心期刊目录，共遴选收录核心期刊2156种，涵盖人文社会科学和自然科学各学科领域。由于该书参编单位和人员众多，学科齐全，研制程序完备规范，具有较高的学术价值和权威性，在社会上产生了广泛影响，使得“核心期刊”这个原本是图书情报领域的专用名词日益深入人心，逐渐成为学界评价衡量期刊质量的尺度和标准。1997年，南京大学提出研制"中文社会科学引文索引"(Chinese Social Science Citation Index，简称CSSCI）的计划。2000年，教育部在南京大学成立了中国社会科学研究评价中心。迄今为止，该中心已连续15年发布来源期刊名单。最新发布的2014～2015版共收录来源期刊533种，来源期刊（扩展版）189种。2004年，中国社会科学院文献计量与科学评价研究中心编撰出版《中国人文社会科学核心期刊要览》，书中收录344种核心期刊；2014年11月，该中心最新发布的《中国人文社会科学期刊评价报告（2014年)》共对收录的733种中文人文社会科学学术期刊进行评价，评出17种顶级期刊、40种权威期刊、430种核心期刊和246种扩展期刊。以上三种核心期刊一般被简称为"北大核心期刊""南大核心期刊(或C刊)""社科院核心期刊"，是目前国内在人文社科领域影响最大的三大期刊评价体系。2009年，由武汉大学中国科学评价研究中心（RCCSE)、武汉大学图书馆、中国科教评价网共同研制的《RCCSE中国学术期刊评价研究报告——权威、核心学术期刊排行榜》第一版发布。其2015年1月发布的第四版，收录评价的学术期刊共有6201种。在65个一级学科产生权威期刊316种，核心期刊1572种，准核心学术期刊1848种，一般期刊1828种，较差期刊637种；在高职高专成高院校学报的单独评价中产生核心期刊82种，准核心期刊78种，一般期刊80种，较差期刊25种。《RCCSE中国学术期刊评价研究报告——权威、核心学术期刊排行榜》目前已连续发布四版，其影响力正逐年扩大，成为上述三大核心期刊之外最令人关注的一种。此外，全国高等学校文科学报研究会于2002年在第二届全国人文社科学报评优活动的基础上，以评选出的"双十佳"和"全国百强社科学报"为基础，遴选出"中国人文社科学报核心期刊"154种，并于2003年出版《中国人文社科学报核心期刊概览》；2014年10月，该学会在第五届全国高校社科期刊评优活动中，采取统一评分、专家讨论、定量与定性相结合的办法，评出全国高校社科名刊31种、全国高校精品社科期刊79种、全国高校百强社科期刊107种。按照首次确定的中国人文社科学报核心期刊遴选原则，这217种高校人文社科学报成为最新版中国人文社科学报核心期刊。但由于《中国人文社科学报核心期刊概览》2003年后未再公开出版，该系列核心期刊社会影响力不大，许多单位不予认可。

此外，在自然科学领域尚有中国科学院文献情报中心编制的"中国科学引文数据库（CSCD）来源期刊"，该数据库每两年遴选一次，2013～

2014年版收录来源期刊1143种，其中中国出版的英文期刊126种，中文期刊1017种；该数据库来源期刊分为核心库和扩展库两部分，其中核心库781种，扩展版期刊362种。中国科学技术信息研究所“中国科技论文统计源期刊”（CSTPCD，又称“中国科技核心期刊”），每年出版一次，2014年版中国科技核心期刊收录了中国内地正式出版的1919种中文科技期刊和70种英文科技期刊。而大多数理工类高等院校和科研院所认可的是国际三大索引，即由美国科学信息研究所（Institute for Scientific Information，简称ISI）编辑出版的《科学引文索引》、由美国工程信息公司（Engineering Information Inc.）编辑出版的《工程索引》（*The Engineering Index*，简称EI）和由美国科学信息研究所编辑出版的《科技会议录索引》（*Index to Scientific & Technical Proceedings*，简称ISTP）。

除了上述影响较大的核心期刊体系和引文数据库之外，各行业、机构和单位还出于各种需要，创建了规模不等、花样繁多的数据库和核心期刊目录。[3]需要指出的是，无论是尤金·加菲尔德创办的SCI和ISTP，还是1990年代以后中国出现的各种基于引文检索建立起来的期刊数据库，其主要的功能是文献检索与利用，针对的使用者是图书情报类机构或个人，都是属于文献计量学的范畴。

核心期刊的概念被引入中国以后，当初本来只供图书情报机构在订阅期刊文献时进行参考的核心期刊数据库，其功用很快便发生了变异。随着在科研绩效考核中量化考核制度的广为推行，核心期刊变成了衡量学术论文质量的工具，各学术考评单位人为地将学术期刊划出层次与级别，简单地以发表论文的刊物层次和级别确定论文的质量和等级，并以不同的分值与教学科研绩效挂钩。其中，论文在核心期刊发表是一道最基本的门槛。当然，核心期刊也有高下之分，内外之别。如中科院、社科院主办的期刊级别普遍高于高校主办的期刊，国外核心期刊的级别普遍高于国内核心期刊等。这种现象从1990年代中期一直蔓延至今，诸多学术乱象因此滋生繁衍，虽饱受有识之士诟病，但仍无扭转迹象。

二　量化评价中“以刊代评”机制的弊端

学术评价实际上是一个相当复杂的系统工程。国际上普遍采用的评价方法不外乎两种：定性评价和定量评价。定性评价最主要的方式是同行评议，即由学术同行根据自己的经验与水平对学术评价对象的价值和意义做出直接评判，这是最为传统的评价方式。定量评价则是根据文献计量结果在数据统计与分析的基础上对学术评价对象的价值和意义做出间接评判。二者各有利弊：定性评价的主要弊端是受人为因素影响较大，如评价者的学术素养、态度见识以及与被评价者之间的利害关系等；定量评价的弊端则是容易造成唯数据是从，简单地以评价对象的数量和级别等同于评价对象的质量与价值，造成评价失准，使学术评价失去了其自身价值判断的意义。要想保证学术评价结果的客观公正，无论采用何种评价方式，都必须保证评价所依赖的工具是客观可靠的。如采取定性评价，除了专家的学识和人品是可靠的之外，还须有责任制度和科学程序的保障；如采取定量评价，则必须保证数据的客观性、科学性和有效性。这两种方法在重人情、轻原则、缺约束的中国社会，都很难保证其评价结果的客观公正。于是，现在很多单位采用所谓定性评价与定量评价相结合的方式，以尽可能保证其评价结果的客观公正。但是，这种所谓的定性评价与定量评价相结合的方式，由于在定性方面对于同行专家没有严格的资格、程序、责任方面的要求，他们对于学术成果的判断依然是简单地依赖量化数据。他们参与评审的意义仅仅在于使评审在程序上显得合理合法，即凑足人数、举手表决，然后拿评审费走人，无须对任何人、项目和单位负责，完全是形式主义的走过场。无论是在职称评定方面，还是在学科评审、学位论文答辩、学术奖励、课题结项方面，几乎都是如此，使所谓的定性评价与定量评价相结合完全流于形式。所以，无论是定性评价还是定量评价，抑或是二者相结合的评价方式，在实际操作中其实依然是定量评价占据绝对的主导地位。

定量评价的核心是根据学术成果的级别和数量对学术成果的价值和贡献做出判断。而学术成果的级别则是根据发布科研课题的机构级别和发表学术论文的刊物级别来确定的。在这样的评价机制中，学术期刊自然便在学术评价中由幕后走到台前，由边缘走向中心，最后终于越俎代庖，变成了学术评价中的裁判。学术期刊在学术评价中由道具变成主角，使学术评价的主体发生了错位和倒置。

“以刊代评”机制的形成，表面上看是学术考评单位求效率、嫌麻烦、怕干扰所致，但背后其实隐藏着更为复杂的因素，如巨大的学术利益和经济利益驱使等，其弊端也是显而易见的，过去已有颇多专家学者论及。1998年曾冬梅在《大学学者学术水平的反思——兼谈对学术论著水平评价的扭曲》一文中就指出：“在大学，最能体现大学学者形象的是其学术水平，学术水平是大学学者名誉与声望的象征。但目前从大学评职、晋级、评奖以及评定各种荣誉实行的量化标准——即用科学研究和刊物级别及论文篇数和字数等要素构成的评价指标体系来看，目前学术界盛行的这种学术水平评价机制，或多或少降低了评价学术水平的科学性与公正性，导致大学的学术风气陷入功利性的混浊状态之中。”[④]2003 年刘明在《现行学术评价定量化取向的九大弊端》中提出了现行学术评价定量化取向容易造成的九大弊端：（1）激励短期行为；（2）鼓励单打独奏；（3）助长本位主义；（4）强化长官意志；（5）滋生学术掮客；（6）扼杀学者个性；（7）推动全民学术；（8）诱发资源外流；（9）误识良莠人才。总之，学术成果量化评价办法政事不分，数量质量混淆，障碍百花齐放，忽视社会分工，将复杂的研究业绩评价简单化；它的流行导致大量无效劳动、重复劳动，催生大量无意义、低质量的学术次品、废品，筛选出来大量智力快感型和追逐功利型的学术人。[⑤]近年来，人们对于这种学术评价机制的不合理性认识更加清楚，批评日益炽烈，在学界几乎已经成为共识，但在实际操作层面仍然是旧习难改，只闻雷声，不见雨点。为此，笔者不揣浅陋，不惧掠美，再度略陈其弊如下。

首先，量化评价中的“以刊代评”是指以刊物的级别和层次代替对学术论文水平与质量的评定，但人为地将学术期刊划分出级别层次本身是不可靠的。

一是政府主管部门从未为学术期刊分过级别。早在 2002 年 10 月，新闻出版总署报纸期刊出版管理司就对学术期刊的级别如何确定问题做了明确无误的权威解答：“新闻出版总署从未就学术水平的高低为这些期刊划分过级别，仅从出版管理的角度，按照期刊主管单位的不同将期刊分成中央期刊和地方期刊；这样分是为了按照期刊的主管单位的不同对期刊实施有效的行政管理。”“核心期刊是国内几所大学的图书馆根据期刊的引文率、转载率、文摘率等指标确定的。确认核心期刊的标准也是由某些大学图书馆制定的，而且各学校图书馆的评比、录入标准也不尽相同。新闻出版管理部门也未参加过此类评选活动。”“我国新闻出版管理部门尚未从各类学术期刊的学术水平这一角度制定过标准，因为衡量学科众多的学术期刊的学术水平是一件非常复杂、难度非常大的工作，不是新闻出版管理部门可以简单地作出评价的。而且据我们所知，即使一些发达国家，也没有出版行政管理部门制定衡量自己国家的学术期刊学术水平的客观标准。”[⑥]

二是在学术评价中被广泛采用的核心期刊标准是基于文献数量分布和引

文数据统计而产生的，其功能主要是用于期刊影响力的评判，便于文献订阅与检索，与学术期刊的质量无关。原因很简单，期刊的影响力与期刊的学术水平并不是一回事。一般来说，受众面宽的期刊其影响力会更大一些，而受众面窄的期刊影响力要小得多。就人文社会科学期刊而言，综合类、人文类期刊就比不上专业类、社科类期刊，而同一学科不同专业的期刊之间影响力相差也是巨大的，不能据此判定刊物或学术成果的水平与质量。仲伟民指出：“对于专业期刊来说，不同学科专业期刊的影响因子差别巨大。对于综合性期刊来说，偏重人文与偏重社科的期刊影响因子差别也非常大。一般而言，以历史、文学为代表的人文学科引文半衰期在10年以上，而社会科学学科的引文半衰期大多在2.8～3.8年之间，几乎相差3倍。以《经济研究》与《历史研究》为例，前者复合影响因子达9.831，而后者复合影响因子仅0.954，相差整整10倍，但两者质量相差10倍吗？同理，笼统用影响因子来评价综合性期刊是不合理的，因为侧重发表社会科学学科文章的综合性期刊，影响因子普遍高于侧重人文学科的综合性期刊。”[⑦]可以想见，在历史学科领域，《清史研究》《西域研究》《敦煌研究》之类的期刊影响因子一定比《历史研究》更小，因为其受众面更小，但不能因此判定其办刊水平或发表的文章质量就低。

三是核心期刊所刊发的论文，其影响力具有明显的学科性差异。在社会生活中，“下里巴人”总是比“阳春白雪”更受关注。在学术研究中其实也有类似现象存在，研究和关注社会热点的人和论文总比研究和关注高深冷僻学科的人和论文要多。例如，笔者在中国知网的期刊论文检索中，键入“科学发展观”进行检索，共找到55376篇论文，其中最高被引528次，最多下载5090次；再键入“新柏拉图主义”进行检索，才找到52篇论文，其中最高被引8次，最多下载682次。显然，关于“科学发展观”的论文影响力要大得多。这意味着刊发研究“科学发展观”论文的期刊更容易获得关注，在引文数据指标上自然也更容易排在前面。但这就能证明刊载研究“科学发展观”文章的期刊和论文的质量就高，而刊载研究“新柏拉图主义”文章的期刊和论文的质量就低吗？显然不能。所以，核心期刊不能作为评价学术期刊质量的标准，核心期刊与高质量的论文之间不存在必然的逻辑关系。

四是核心期刊是一个动态概念，并不恒定，据此对期刊或论文质量进行评判是“马后炮”。现在的核心期刊数据库一般每2～4年更新一版，有的甚至每年都更新。其对刊物的评价和收录具有滞后性。也就是说，其入选或退出的条件，一般是根据其前 5 年左右的数据。若据此判断其论文质量的话，对于新入选的核心期刊来讲，说明其前几年的所刊文章质量就很高；对于新退出的核心期刊，说明其没有退出时论文质量已经降低。那些在动态变化中处于新进新出或可进可出的一大批期刊，其学术质量其实并不会有多大的变化。而我们在评价时却是根据当时是否是核心期刊来确定论文的质量，这不是很荒谬吗？

五是在期刊评价中所根据的引文数据以及由此产生的影响因子并不可靠。由于多重利益的驱使，目前期刊的收录和评价机构越来越多。各收录评价机构根据自己创建或指定的数据库对期刊进行排名，因各数据库的影响力、访问量以及对文献的收录方式（如独家买断）不同，导致对期刊的排名也并不一致。如每年万方数据与中国知网对期刊的排名就有很大差异。另外，各期刊为提高影响因子而在引文数据方面故意作伪，也使得据此判断期刊影响力的真实性越来越不可靠。以 2014 年《中国学术期刊影响因子年报》（人文社会科学）为例，影响因子排在前 20 的期刊中，有《南京农业大学学报》《四川理工学院学报》《吉首大学学报》《南京审计学院学报》《江西农业大学学报》等，而《北京大学学报》《中山大学学报》《南开学报》《文史哲》等大刊名刊却排在了这些期刊的后面甚至远在后面。难道排在后面的这些期刊在人文社科领域的学术影响力和质量真的不如前者吗？答案显然是否定的。当然，笔者在这里毫无贬损排名在前面的那些期刊的办刊质量或质疑其在引文数据方面存在问题，只是想说明，仅靠影响因子来判断期刊的学术影响力乃至学术质量是不可靠的，甚至是滑稽可笑的。

六是核心期刊基本上都是以学科划分的，无疑这只能认定其在该学科领域的影响力，但它们也会发表很多非该学科领域的论文。在实际运用中人们大多只关注其是不是核心期刊，是哪个系列和层次的核心期刊，却很少有人关注其是属于哪个学科的核心期刊。如有些艺术类院校的学报是属于艺术类核心期刊，但它可能也会发表外语类的学术文章。在实际评价中多数情况下并不会有人追问此事。若据此判断该文章的学术质量则更是毫无道理。

综上所述，对于核心期刊的评价，我们还是要回到它的原点，即核心期刊是建立在布拉德福文献离散律理论和加菲尔德引文分析理论基础上的对期刊影响力进行评价的工具，是属于文献计量学的范畴。其主要功能是为图书情报机构订购期刊和读者检索使用文献提供参考。核心期刊在学术评价中具有一定的参考价值，但不能成为学术评价的唯一标准。正如SCI的创办者加菲尔德2009年9月12日在北京出席中国读者见面会所说：“永远要记住SCI的主要功能是用于检索的。SCI是一个客观的评价工具，但它只能作为评价工作中的一个角度，不能代表被评价对象的全部；到今天SCI的主要作用仍然是一个文献检索工具，而评估科技研究成果只是SCI的衍生功能之一。”⑧

其次，在学术评价中简单地采用“以刊代评”的办法，是学术评价部门和单位的不作为行为，是官僚主义和形式主义在学术领域的体现，若任其存在不加制止和改变，会造成极其严重的负面后果。

早在2003年，科技部、教育部等五部委就联合下发《关于改进科学技术评价工作的决定》，指出：“科学论文是科学技术产出的一种忠实记录，刊物的影响因子，在用于宏观上判断科学技术产出的总体情况是有意义的，但不宜作为具体论文内在价值的判断标准。要正确看待SCI（科学引文索引）、EI（工程索引）等数据库在科学技术评价中的作用。SCI、EI等收录论文数量只是科学技术评价中的定量指标之一，反对单纯以论文发表数量评价个人学术水平和贡献的做法，要提倡科学论文内在价值的判断，强调论文的被引用情况，并根据不同学科领域区别对待，避免绝对化。”⑨其目的是制止当时在学术评价中已经开始盛行的单纯追求论文的数量、影响因子、国际化以及核心刊物的过度量化现象，但是由于该决定没有给出具体操作办法，在实际工作中当事者又要遵循简便快捷高效的原则，使这一在学术评价方面极具指导意义和权威性的红头文件沦为一纸空文。“以刊代评”也一直被当作相对客观和有效的办法持续至今。这种几乎是单一标准的学术评价办法，正在或已经造成极为严重的负面后果。

一是在学术评价中过度追求论文被国外检索机构收录，以被SCI、EI等国外检索机构收录作为论文具有国际水平的标志，导致中国学者跟着外国评价机构的指挥棒转，使中国在国际上丧失了学术评判的话语权，并造成中国科研成果的严重流失和科研经费的巨大浪费。“中国最重要的学术成果有95%以上发表在国外，我们借助国外同行把它发表出来，同时，国家每年还要花很多外汇把这个成果买回来用于支撑我们的科研教育。”⑩不但国家每年投入巨额科研经费所产出的科研成果被外国相关机构轻易揽入囊中，而且严重影响国家的科技安全，使中国的智慧财产权和利益蒙受损失，影响国家科技进步和发展。同时，长此以往也会影响我们建设文化自信、理论自信、学术自信的科技文化大国目标的实现。

二是过度追求所谓刊物级别和论文数量，轻视论文的质量和价值，违反了学术生产和评价的基本规律，忽视了学术研究的本质在于发现和创新，容易诱发学术研究中的浮躁心理和功利主义倾向，造成学术研究原创性缺失和学术成果的泡沫化、垃圾化，导致学术不端现象的滋生和学术诚信的缺失，对学术生态环境造成极大破坏。诚如仲伟民所言：“有无学术创新或原创是学术评价的实质性标准，也是最重要的标准，但现实中的学术评价机制却多以各种各样的形式标准为依据，这导致影响因子、论著数量、期刊或出版社级别等成为目前学术评价的主要手段。这种唯科学主义的评价方式，以及第三方评价机构的过多干预，对人文学科的危害尤其严重。只有改变这种不合理的学术评价机制，才能促进中国学术的健康发展。”[11]

三是导致学术期刊在学术评价中由道具变成主角，由被评价者变成了评价者，由需求者变成了被需求者，使学术评价的主体发生错位和倒置。长此以往，一些手握学术评价大权的机构和刊物便容易形成学术霸权，继而滋生学术腐败。朱剑指出：“将不合理的学术评价视为学术不端和学术腐败产生的原因之一，是学术界的共同看法，因此，改革不合理的评价机制的呼声从来没有中断过。”[12]

四是造成学术期刊办刊宗旨的迷失，导致期刊的同质化。学术期刊的办刊原则本来应该是立足本行，面向社会，千刊千面，百花齐放，但在以核心期刊作为评判期刊和论文质量的唯一标准的情况下，许多期刊不得不摆脱对主办单位自身行业特色和学科优势的依赖，放弃对刊物特色和文章质量的追求，而以进入各种各样的核心期刊作为办刊的唯一目标，形成缺乏专业特色、千刊一面、同质化现象严重的办刊局面，影响期刊发展和学术繁荣。

三　终结“以刊代评”的量化评价机制，建立科学合理、便于执行的学术评价体系

学术评价中“以刊代评”机制的形成和发展，使学术评价体系产生诸多弊端和恶劣后果，因此必须尽快终结学术评价中简单地“以刊代评”的量化评价机制，着手制订更加科学合理、便于执行的学术评价体系。

2011 年 11 月，教育部发布《关于进一步改进高等学校哲学社会科学研究评价的意见》，指出改进高等学校哲学社会科学研究评价工作仍然存在一些亟待解决的问题：“主要表现在：注重理论创新和实际应用价值的质量评价导向有待进一步强化；符合哲学社会科学特点和发展规律的分类评价标准

有待进一步完善；科学合理、诚信公正的评价制度有待进一步健全；重数量轻质量、重形式轻内容的评价方法亟待根本扭转；重人情拉关系、本位主义、门户之见等不良现象亟待有效遏制。因此，必须把改进科研评价工作作为一项紧迫任务，采取切实有效的措施抓紧抓好，推进高等学校哲学社会科学健康发展。”该文件从五个方面对改进高等学校哲学社会科学研究评价提出了较为具体的意见，即“充分认识改进哲学社会科学研究评价的重要意义；确立质量第一的评价导向；实施科学合理的分类评价；完善诚信公正的评价制度；采取有力措施将改进科研评价工作落到实处”。[13]这对学术评价的重大意义、评价导向、评价方法、评价制度、措施保障等都提出了具体的要求，指明了哲学社会科学研究评价工作今后的发展路径和方向。各学术评价单位可以此为指导，研究制定具体可行的学术评价细则。

近年来，诸多专家学者对此类问题进行过深入全面的探讨和论述。如在关于如何确认科研成果的质量方面，仲伟民认为：“可以通过三个技术路径即代表作制度、权威认定与同行评议、学术评奖，来尝试学术评价制度的改革。”[14]在如何建立科学合理、诚信公正的评价制度方面，王华生认为，要消除学术评价中的异化现象，不断提高学术出版的质量，就必须坚持定性评价与定量评价相结合，并具体提出四条解决办法：以小同行评价为契机，努力贯彻学术价值原则；“小同行”原则基础上的“大众化”评价；建立信息公开制度，提高学术评价的透明度；对学术评价进行再评价。[15]在如何建立科学的评价体系、防止学术腐败方面，邢东田提出了七条解决办法：彻底清理各项评比指标；开展真正的学术批评；在充分批评的基础上进行评价；评价指标要实事求是；划清官学界限；行政机构退出评比；建立网络互动评价机制。[16]这些专家学者的意见见仁见智，值得借鉴和采纳。

笔者认为，在破旧立新、构建新的学术评价体系过程中，下列几个问题也十分重要，应该予以考虑。

一是必须在评价体系的顶层设计中明确终结或废除“以刊代评”的量化评价机制，消除核心期刊对论文质量的评价功能，建立定性评价与定量评价相结合、以定性评价为主的评价机制。在定性评价中必须坚持同行评议、质量导向的原则，坚决扭转重数量轻质量、重形式轻内容的评价方法。这样提的原因是，从2003年科技部等五部委联合发布《关于改进科学技术评价工作的决定》到2011年教育部发布《关于进一步改进高等学校哲学社会科学研究评价的意见》，其主导思想是完全正确的，其内容是科学的、合理的，也是符合科研评价的内在规律和要求的。之所以没有得到贯彻执行，一是行文还不够具体明细，可操作性差一些；二是没有强调必须执行，违者追责。

二是坚决反对学术评价中的崇洋媚外现象。从防止学术成果流失和建立科学自信、维护国家科技安全的角度，禁止在学术评价中将学术成果被国外数据库收录作为考评或奖励依据。其成果质量如何，应由国际或国内学术同行评价确认。

三是必须建立学术评价公开和学术不端行为惩戒追责制度。在学术评审中评审专家必须出具书面评审意见，并与被评审的学术成果同时公之于众，接受群众监督，防止在学术评价中重人情拉关系、本位主义、门户之见等不良现象发生，保证评审结果的公开、公平、公正。评审者须对评审意见终生负责，在评审过程中如有任何不端行为，事后应予惩戒和追责。

四是必须建立分类别、多元化的绩效评价机制。对于基层广大的非科研岗工作人员如中小学教师、医生以及机关、企业单位工作人员，不得以发表学术论文作为其业绩考核、职务职称评聘的硬性条件；对于高等院校、科研院所的非教学科研岗工作人员，也不得以发表学术论文作为其业绩考核的主要指标；对于高校专任教师，在业绩考核时应以教学业绩为主，科研成果只作加分条件，不做硬性规定；对于数量庞大的硕士研究生，不得将公开发表学术论文作为毕业或授予学位的条件。这样，就会使学术回归其本源，从根本上解决“全民学术”问题，困扰学术界多年的学术不端、学术腐败以及学术研究功利化、泡沫化、垃圾化问题也就迎刃而解了。

---

①⑥新闻出版总署报纸期刊出版管理司：《学术期刊的级别如何确定——关于学术期刊有关问题的答复》，《中国新闻出版报》2002 年 10 月 15 日。

②③参见尹玉吉《我国学术期刊分级的由来》，《中国社会科学院报》2009 年 3 月 26 日。

④曾冬梅：《大学学者学术水平的反思——兼谈对学术论著水平评价的扭曲》，《锦州医学院学报》1998 年第 3 期。

⑤参见刘明《现行学术评价定量化取向的九大弊端》，《自然辩证法通讯》2003 年第 1 期。

⑦仲伟民：《破除学术评价对期刊发展的不利影响》，《光明日报》2014 年 11 月 3 日。

⑧张婧：《"SCI"之父加菲尔德博士：为 SCI 正名》，http：//news. sciencenet. cn/htmlnews/2009/9/223614. shtm? id = 223614

⑨科技部等：《关于改进科学技术评价工作的决定》，国科发基字〔2003〕142 号，http：//www. most. gov. cn/tjcw/tczcwj/200708/t20070813_ 52375. htm

⑩朱越：《中国 95% 重要科研成果在国外发表：崇洋，不媚外》，光明网，http：//tech. gmw. cn/2013 - 08/21/content_ 8665685. htm

⑪⑭仲伟民：《关于人文社会科学学术评价的几个问题——从学术评价的实质性标准谈起》，《学术界》2014 年第 7 期。

⑫朱剑：《学术风气、学术评价与学术期刊》，《苏州大学学报》2011 年第 2 期。

⑬教育部：《关于进一步改进高等学校哲学社会科学研究评价的意见》，教社科〔2011〕4 号，http：//www. moe. edu. cn/publicfiles/business/htmlfiles/moe/A13 _ zcwj/201111/126301. html

⑮王华生：《从定性评价到定量评价：学术评价的再度异化及其对学术出版的影响》，《清华大学学报》2014 第 6 期。

⑯邢东田：《学术评价：亟待建立科学的评价体系》，《中国经贸导刊》2009 年第 18 期。

作者王佃启，《华北电力大学学报》（社会科学版）主编，副编审。北京 102206

学术创新、期刊创新兼及期刊评价

马立钊

[提　要] 学术创新在学术研究的过程中是一个普通概念。创新本身实际上是一种被动的创造新知识、认识新事物的过程，不能为了创新而创新。人文社会科学的学术创新，就其本质特点来说包括继承性的创新、综合性的创新和原始创新。学术创新的关键在于研究方法创新、学术思想创新，从而推动创新性的学术理论和成果的出现。学术期刊创新的核心内容应该是学术创新，此外还包括办刊理念、办刊形式、办刊方法以及期刊管理的创新。文摘类刊物具有隐形评价功能，而当文摘转载直接变成为一种评价指标时，就超出了转载本身的意义。核心期刊与来源期刊的评价功能相比较，后者更为科学合理。国家社科基金期刊资助相较于“百强社科期刊”评选活动更具说服力。

[关键词] 学术创新　期刊创新　期刊评价

一　学术创新中的几个问题

1. 什么是学术创新

首先需要厘清的是，我们这里谈到的“学术”创新不同于宣传口径上的“理论”创新，为了区别宣传上使用的“理论”、政策、意识形态，学术研究上通常意义的“理论”表示的是通过从专业角度得到的关于社会、自然以及人自身的运作原理。

学术创新顾名思义自然是在学术研究过程中，在学术观点、研究方法、发掘材料方面能够有别于之前或是同期的研究人员，能够在观点上锐意进取，研究方法上独辟蹊径，抑或在材料的占有上推陈出新。人文社会科学的学术创新，就其本质特点来说包括继承性的创新、综合性的创新和原始创新。继承性创新就是在前人研究的基础上，在某一领域进一步发展，形成一家之言；综合性创新是把截至目前，或是历史上某一个时间节点上的所有相关领域的研究成果尽可能地进行归纳总结，然后在这个基础上，在这一领域的研究形成自己独特的优势，这也是创新，也是一种高级别的创新；原始创新则表示这一研究成果前人未有所触及，研究的内容完全是填补某一领域研究空白，是绝对意义上的创新，可以实现跨越式发展。

在我们身边的创新研究主要还应归类于继承性创新。牛顿曾说过一句名言："我之所以会比别人看得更远一点，是因为我站在了巨人的肩膀上。"古往今来，无论是自然科学领域还是社会科学领域，恐怕很难找到哪一位科学家，他的研究没有继承前人的成果。学术研究也正是需要在对前人的研究充分借鉴的基础上，少走弯路，继承与创新紧密结合，取得进步。

科学研究领域也有这样一些学者，他们心目中有的是对现有知识的全盘否定的倾向，闭门造车，对一切现存的前人或同期学者的研究成果均持怀疑态度，并且不遗余力地进行解构，希冀能够凭此创立自己的门派。究其本质，他们心目中的创新，就是必须得"砸破以前的坛坛罐罐"，"砸烂一个旧世界，开创一个新世界"。他们认为并且也就是这样实践着：要想创新，就必须得像先秦诸子那样，完全无视其他学说，有意提出与其他学说不一样的"一家之言"。他们同样错误地认为，如果继承了前人的思想，继承了别国（尤其是西方国家）的思想，所做的研究就完全无"创新"可言。我想这是一种扭曲的创新观念，充斥着对社会科学研究的病态的抵触观念。

学术创新在学术研究的过程中是一个普通概念。我们在学术研究过程中，不可滥用"创新"这个词，但也不要把创新看得太高不可攀。在哲学社会科学发展的历史中，学术创新最关键的一点常常是科研方法创新。20世纪70年代末的真理标准大讨论中的"实践"就是一种完全意义上的方法论的创新，具有划时代的影响。

2. 创新目的不是创新本身

科学研究的目的，归根结底是为了人类认识客观世界服务，解决探究过程中的问题。而创新的目的也就是解答现有理论和知识无法解答的困惑。因此，要想创新，前提是必须存在至少一个"现有理论和知识无法解答的困惑”。那么，我们可以逻辑地推出，如果在某个特定的时间段内，人类并没有遇到现有理论和知识无法解答的困惑，那么在这一时间段内，我们并不需要“创新”。更确切地讲，在这种情况下，我们根本无法“创新”。创新本身实际上是一种被动的创造新知识认识新事物的过程。如果明明没有什么现有理论无法解答的困惑还要一意孤行为了创新而创新，那么非但这种创新早已背离了创新的本意，而且最终所得到的东西也将没有任何意义。

我们留意会发现，不论人文社会科学领域或者是自然科学领域，都已经很少出现宏观的理论了，出现不了宏观理论在任何一个学科领域似乎都已经很正常。自爱因斯坦之后的物理学，经历的“常规科学研究”阶段恐怕早已逾三四十年之久，可是爱因斯坦之后的物理学家仍然几十年如一日、心平气和、勤勤恳恳地在做着他们的“常规科学研究”。每年的诺贝尔物理学奖，也没有听说因为没有出现物理学的宏理论而空缺。社会科学中的经济学，更是不知已经经历了多长时间的“常规科学研究”阶段，而经济学家仍然在做着非常有价值、非常有意义的“常规科学研究”。因为他们相信，没有这些常规科学的研究，也就失去了发现那些隐藏在学科深处的现有知识无法解答的困惑的机会。

人文社会科学研究的创新也是鲜有实质性的飞跃，摆在我们面前的是能否兢兢业业地做好经验积累，继承创新，为我们的后辈们培育创新的土壤。现在研究领域流行的“创新工程”过于强调主体性，摩拳擦掌地仿佛是在搞一场创新运动，而伴随这场创新运动的，往往存在着资金、地位和名誉的争夺和分配，这样的创新生而打上了利益的烙印，本身就是一种讽刺。

3. 学术创新中概念混乱的问题

学术创新的关键在于研究方法创新、学术思想创新，从而推动创新性的学术理论和成果的出现。学术创新的根源在于积累，在于材料的占有和方法的谙熟。然而，目前学术界有一种错误的倾向，凡是新概念、新作品都美其名曰“学术创新”“开创了某某研究的先河”。殊不知，学术是否创新不在于是否生造几个生僻的学术概念、出版一部新著作和提出一种新理论，而在于学术概念、学术理论是否对前人和同时代人的研究结论做出了实质性的推进。我们对许多问题的研究以及相应对策的提出并非都需要新的名词概念。确需如此的话，一定是原来的思想范式或者研究范式需要推陈出新。但事实上，绝大多数的学术研究尚不具备这样的条件。

与上述生造概念不同的是，学术研究中还存在着学术概念使用上的混乱。这些学术概念使用的混乱情况，许多并不是由思想家和理论著作本身的特点所决定的，而是由于研究者自身的学术积累不足和理论素养欠缺，特别是在学术翻译中“不明就里”而导致的。更有甚者，一些作者或者译者急功近利、急于求成，不能精益求精，甚至生造概念、偷换概念，以己昏昏使人昭昭，使得一些半生不熟的概念、理论流传于学界。有个别学者希望通过生搬硬造的方式，借助某一特定概念的译名变动或是抽象创造来实现理论“创新”，找寻学术存在感，那么面对这一类概念术语的混乱我们就应该旗帜鲜明地反对，并倡导一套严谨的学术规范和一种科学的学术创新机制。因为这类概念使用上的求新、求异，非但不能对真正的学术创新有所裨益，反而容易造成学术交流的混乱，造成以讹传讹的结果，会对学术研究的发展和学术共同体的建立，特别是初涉学海的青年学子的成长带来严重的影响。

二　学术期刊发展面对的问题与期刊创新

与学术创新一样，学术期刊的创新也是因为受到学术生态、期刊的内外部环境影响，约束了自身的发展，而做出的主动或被动的因应行为。

1. 学术期刊发展面对的问题

从外部环境来说，需要学术期刊应对的办刊压力与创新泉源主要来自数字化、世界化的冲击以及自身体制上的原因几个方面。学术刊物历经了数个世纪的发展，在形式上基本没有什么变化。然而到了21世纪，伴随着网络与数字化技术的出现，学术刊物从形式到内容上受到的冲击从未如此巨大过。在数字化时代，纸媒已经渐渐地退到了传播的第二线，数字媒体以自身独有的海量信息和便捷的获取方式、良好的交互界面等特点，将纸质媒体逼到了时代的墙角。传统学术刊物在努力克服数字化带来的不良影响时，正沿着数字化网络媒体掘好的坑道一步一步地越陷越深，刊物的风格荡然无存，往往是只见论文不见刊。综合类刊物固有的学科拼盘的特点导致其受到的冲击尤为剧烈，期刊的整体性被严重割裂，发行量持续萎缩。以优先出版为例，这种数字化的产物，让本已狼狈不堪的期刊在提前奉上自己的优品优作之后，滞后推出的纸本更是令人味同嚼蜡。

在世界化的冲击方面，我们也必须冷静思考。当下学术期刊国际化存在三大误区。一是对于作者国际化的误区。评价一本期刊是否国际化的重要指标就是作者的国际化，就是说作者要来自不同的国家，占有多少多少比例。二是发行渠道与话语权的误认，认为国际化的学术期刊一定是要加入某一大型国际出版集团。三是对 SCI、SSCI 及 A&HCI 的盲目崇拜。[①]在科研管理部门和评价机构唯 SSCI、SCI、A&HCI 马首是瞻的引导下，我们的邻居，自然科学研究类的期刊已经严重受损，现在这一状况在人文社会科学学术刊物国际化进程中逐渐显现。以登录 SSCI、SCI 为最高追求的观念罔顾中国人文社会科学研究的特点，其结果会使中国的人文社会科学研究大受伤害。我们能够做的应该是辩证地看待 SCI、SSCI，将其作为期刊国际化的工具，而不是一味的盲从。

在期刊编辑部的体制方面，问题也比较突出。目前中国的出版社、杂志社通常具有独立的企业或事业法人资格，从主体资格上看是独立了，但是专业的采编体制并非完全独立，仍然受到行政权力等方方面面的牵制与干预，形成金字塔般的等级结构。从知识的角度看，作者是知识的创造者，编辑是知识的辅助创造者，读者是知识的消费者，行政机构是知识的管理者，这其中只有作者是完全从事创造性劳动的人，但是作者的地位却处于采编流程这个金字塔的最下部。而行政机构却高居金字塔的最上部，行政机构掌握刊号的审批权和生杀予夺之权，对于学术创作进行引导、监督和管理。处于这个金字塔结构第二位的是主编，在现行的编审体制下，主编具有终审权，主编在编辑部内部具有至高无上、不容置疑的权力，该权力往往不受制约和监督，因此往往主编的情趣、品味和水准决定了刊物的情趣、品味和水准。而处于金字塔底部的作者只能投编辑之所好，此即古人所谓："越王好勇，而民多轻死。楚灵王好细腰，而国中多饿人"。这种情况下出现肥水不流外人田、顺昌逆亡的现象也就不足为奇了。因此，没有规范的专家外审制和编委会会议制，就难有真正的学术。

2. 学术期刊的创新

毋庸置疑，内容决定形式，学术期刊创新的核心内容应该是学术创新，所以学术期刊创新活动必须立足于学术创新。期刊的创新与学术创新是分不开的，前文已经就学术创新谈了一些看法，以下拟就期刊创新中的其他要素做一些阐述。

（1）办刊理念的创新。学术期刊的办刊理念应该包含办刊宗旨和目标定位。好的学术刊物重在传播思想、引领学术、拷问现实。现在许多学术刊物缺乏自己的办刊宗旨，办刊目的不明确。许多刊物唯影响因子办刊，片面追求排名，什么文章能够转载发什么，哪个作者著名就发哪个作者的，缺少对于刊物理念的执守。更有甚者，采用互引、物质奖励引用等手段来提高刊物的影响因子。我们的评价机构缺少有效的规避手段，因而导致期刊评价出现了偏差。

在刊物的定位上，应该包含学科定位、读者定位、市场定位和编辑定位。②学科定位准确可以突出刊物的特色与编辑思想；读者定位可以明确刊物受众；市场定位能够使目标收益最大化；编辑定位则对编辑的修养和业务素质提出更高的要求。

（2）办刊形式的创新。学术类刊物，特别是综合类人文社会科学期刊，立足于综合类的要求，对于各个学科难以面面俱到，常常是学科的拼盘，千刊一面，同质化竞争严重。如何办出自己的特色是期刊界长期思考的问题，多年来办刊人也做出了有益的尝试。

以前有的杂志社一篇稿件的审稿周期少则一年，多则数年才能发表。这种情况下，对于人文科学研究的论文可能影响不甚明显，可是对于问题变化较快的社会科学研究就难有创新的意义了。因此在时间上，需要克服原来学术性刊物的缺点，缩短稿件刊用期限。

针对呆板的封面设计，有的刊物尝试每期选用一名中国人文社会科学界的著名学者作为封面人物做一介绍，配合文章发表，增加读者对学者的感性认识，收到了良好的效果。有的则将人物照片移至封二做介绍，还有的刊物将重点作者的照片置于其文中，增大了信息量，也展示了作者的风采。设计上，有的刊物开始采用以前只有图书才用的装帧形式，考虑到受众的差异，有的还推出了大字本。有经费保证的刊物提高了用纸的质量，增加了印数，采用赠阅的方式扩大刊物的影响。

与此同时，也有刊物注重外延式发展，提高刊物的数字化水平，通过微博微信等载体拓宽刊物的传播渠道，树立刊物的新形象，抢占市场份额。

（3）办刊方法的创新。期刊主编作为期刊的当家人，要在宏观层面上把握期刊的方向，构思整个刊物的风格，创新栏目设计，打破学术刊物的"论文集"模式，做好刊物的领头人。具体到期刊的编辑，要积极地投入选题的策划过程中，努力成为学术研究的组织者；将编辑工作前伸，参与到专项的科研中去；通过刊发稿件、开设特色专栏，以及召开选题论证会的形式，引导学者参与重点热点问题的讨论；善于发现来稿中的亮点，充分利用自身所积累的文献信息资源优势，为作者提供及时的学术信息咨询和合理的学术修改建议，为研究者服务。当学术产品经过编辑和作者的共同努力，从半成品转化为成品，通过刊物的平台推出以后，编辑还要利用自身的社会资源做好后续传播者的工作，积极为二次文献类刊物推荐优秀的学术成果，扩大所在刊物的学术影响力，在促使成果效益最大化的基础上，提升刊物的影响力。“只有在采取各种手段和措施把纸质媒体的优长做足做精并充分利用新媒体的传播形式的基础上，使刊发的学术成果产生足够的社会影响，才能切实扮演好学术研究助推者的角色。”③

（4）期刊管理的创新。在中国，刊号作为稀缺资源，具有国有的属性。绝大多数学术期刊社现在具有事业或企业法人资格，可是作为行政体制下的一分子，还都有行政部门的影子，有一个主管单位，具有某个级别。主管单位常常用行政指令来指导办刊，解决学术生产中的问题，严重违背学术生产的规律，对营造学术创新的氛围，更会带来一系列问题。绝大多数期刊处于行政和市场的双重干预下，期刊的公共性难以凸显。期刊的管理创新，就是要突破行政控制办刊。对内要完善制度，充分发挥人员的积极性，树立编辑主体意识，鼓励和支持创新。对外则要体现杂志社独立性，凸显法人地位，减少所谓主管部门的行政干预力量，独立地参与市场竞争。宏观上考虑，也是需要用市场来配置资源，避免严重的同质化倾向。

三　对几种期刊评价形式的评价

1. 文摘类刊物的隐形评价功能

任何一种学术期刊业务活动，从收稿选稿、编辑加工到文章刊发、出版发行的整个过程本身就是学术评价，从责任编辑到签发稿件的总编辑均参与了这一项活动。待这些经过一次评价的学术产品生产出来之后，通过各样的传播渠道，其又进入了接受二次评价的通道。被摘被引情况在一定程度上反映论文本身质量的同时，通过包括转载量和转载率等指标也隐约地反映着作为一次评价主体的期刊的质量，从而文摘类刊物的评价功能逐渐显现。良性的文摘类刊物，摘文过程应该和普通学术刊物的编辑从事类似的工作，只不过进入其视野的应该是经过仔细加工的成品。阅读、分析以及撰写摘要应该是基础的工作。对文摘类刊物编辑的业务素质和掌握的学术资源及横向的信息，有更加严格的要求。所以文摘类的编辑更应该是学科领域内的专业人士。反观国内几个比较知名的文摘类刊物，文摘类的编辑通常由职业编辑人员担任，受人力、个人专业眼光和学术流派的限制，他们所摘编的论文往往很难较为全面地反映整个人文社会科学研究领域的创新成果，难以全部覆盖代表性的学术刊物。研究表明，作为被重要文摘类刊物摘编的论文并不比发表在同原发期刊上的其他论文拥有更好的被引率。[④]基于以上原因，文摘类刊物的公正性权威性普遍地受到质疑。

而当转载直接变成为一种评价指标，这就超出了转载本身的意义，“我们看到，在新世纪以来的发展过程中，有些学术文摘因为杠杆化的评价机制而获得了某种程度的学术评价权力，并在行使这些权力的过程中产生一种错觉，以为自己就是学术研究的裁判者。如果不及时摆脱这种错觉，恢复正确的自我功能定位，不仅公正评价无从谈起，甚至基本功能也会丧失。”[⑤]

2. 核心期刊与来源期刊的评价功能

核心期刊源于1934年英国文献计量学家布拉德福发现的文献分散特点，具代表性的贡献即布拉福德定律。布氏定律的现实意义在于通过某个主题文章在期刊中的分布分析获取一定数量的核心期刊，从而减少读者面对巨量的信息和期刊时的选择难度，使读者选择专业期刊时更有针对性。[⑥]究其本质，其实乃文献计量学方面的概念。1992年核心期刊的概念进入中国，很快受到关注，被表述为“某学科（或某领域）的核心期刊，是指那些发表该学科（或该领域）论文较多、使用率（含被引率、摘转率和流通率）较高、学术影响力较大的期刊”。[⑦]

与布氏定律不同的是，1963年加菲尔德在以引文作为新的检索文献途径的基础上建立了一种新型文献数据库。研究表明，通过期刊论文被引用的统计，期刊的分布也有一个比较集中的核心区域和一个比较分散的相关区域。加菲尔德从作者的引用行为上，证明了文献集中的规律，形成了著名的加菲尔德文献集中定律。[⑧]来源期刊的评审，基于加菲尔德的文献集中定律，主要采用引文分析法。“入选期刊是社会科学领域内各个学科中水平较高、社会影响较大、编辑出版较规范，且能体现各学科最新水平的重要学术刊物”。[⑨]

确定核心期刊或是来源期刊的目的本不是直接对期刊的质量进行评价，只是对专业学科领域论文的分布规律的考察，或者是作为统计源为了编制数据库服务。然而，许多高校、科研院所和一些相关部门在升学、晋升、职称评定、课题申报或结项等实际操作时，机械地关注文章是否发表在核心期刊或是来源期刊上，只看论文发表的刊物，少有顾及论文本身的质量和优长；只关注发表在核心期刊还是来源期刊上的论文的数量，少有关注众多核心期刊或是来源期刊之间的较大差异。这样就促使核心期刊或是来源期刊研究异化为生硬的期刊评价。

无论是核心期刊还是来源期刊评选活动，都具有不同的缘起、目的和用途，应该承认，作为第三方评价机制，这些年来它们还是较好地发挥了引领期刊发展、繁荣发展哲学社会科学研究的作用。但是随着进入目录与否将直接影响刊物在实际工作中的地位甚至取得的经济利益，为了挤进核心期刊或者是来源期刊行列，有部分期刊采取了非正当性的手段，数据造假行为泛滥，且手段逐渐“高明”。如果不能有效地对这些行为进行监管制止，公正则不复存在。

3. 另外两种评价形式

2012 年 6 月 21 日，中宣部全国哲学社会科学规划办公室公布国家社科基金学术期刊资助第一批入选名单，首批 100 家，每年给予 40 万元的资助。除了一些基本条件外，规定申报期刊必须同时入选《中文社会科学引文索引（2010 ~ 2011 年）来源期刊目录》《中文核心期刊要目总览（2008 年版）》和《中国人文社会科学核心期刊要览（2008 年版）》。在 2012 年 11 月再次公布第二批资助名单。对社科期刊来说，这样的资助并非只具有经济意义，能够入选期刊资助名单，特别是第一批资助名单，还意味着获得官方的肯定，意义极为重大，可以理解为是最高意义上的官方评价。因为期刊资助是年度项目，明文规定要进行年度考核，或者可以理解为是一种年度评价活动。“全国社科规划办以书面检查和个别走访等形式，主要依据自查报告、代表作、经费使用和期刊阅评情况，从政治导向、问题意识、选题策划、栏目建设、论文质量、学术影响、是否收取版面费、匿名审稿制执行情况等方面，开展了国家社科基金资助学术期刊 2014 年度考核工作。”[10]

根据考核结果设置优秀、良好、合格和不合格四种评价等级，分别采取增加基金资助经费的奖励措施直至暂停资助的惩罚手段。期刊资助项目是业内现在公认的有效激励措施，它是在三大核心期刊遴选基础上，增加更加科学的定性指标，基本涵盖了业内最高层次的社科类学术刊物，是迄今为止最为高端和科学的评价系统。同时每年佐以数十万元的经费支持，对入围的社科类期刊做大做强、追求学术进步是有力的推动。

另外还有一项官方评价是 2013 年国家新闻出版广电总局组织开展的“百强报刊”推荐活动。先由各省（区、市）新闻出版局、中央报刊主管单位组织评估推荐，共上报 609 种报刊参评（其中报纸 196 种、社科期刊 254 种、科技期刊 159 种）。新闻出版广电总局随后成立了专门工作机构，“参照报刊出版质量综合评估有关原则及指标体系，制定评审标准及工作流程，组织专家进行了严格评审”，评选产生了 2013 年“百强报刊”推荐名单，其中“社科期刊”100 种，名曰“百强社科期刊”。在这一份名单中，包含“大众服务类 14 种，行业专业类 29 种，学术理论类 57 种”。这份在经过新闻出版系统内推荐的名单基础上遴选出来的目录，将学术类和理论类等刊物放在一起，缺乏可比性。有的省出版管理部门出于讲政治的考虑，将名额给了党委或政府部门的机关刊物，反而造成域内的优秀学术刊物得不到推荐机会，因而失去了学术意义上的评价功能。“百强社科期刊”评选出来的期刊的分量，特别是学术类刊物的分量远没有国家社科基金资助期刊来得厚重。

---

①高翔、李阳：《从融入到反思：社科学术期刊国际化研究返观》，《学术界》2014 年第 12 期。

②马立钊：《略论综合性学术期刊的定位与市场》，《江淮论坛》2011 年第 4 期。

③高云涌：《以学术为引领的学术期刊才能真正引领学术》，《中国社会科学报》2013 年 2 月 27 日。

④王文军：《中国学术文摘：现状与展望——以“三大文摘”为中心的实证研究》，《清华大学学报》2013 年第 6 期。

⑤孙永怡：《社科学术文摘学术评价功能的局限与抵制学术腐败的责任》，《中国出版》2007 年第 8 期。

⑥⑧刘筱敏：《核心期刊概念的起源与变化》，全国核心期刊与期刊国际化、网络化研讨会会议论文，北京，2003 年 9 月 1 日。

⑦姜晓辉：《〈中国人文社会科学核心期刊要览（2008 年版）〉研制报告》，中国社会科学院文献计量与科学评价研究中心：《中国人文社会科学核心期刊要览（2008 年版）》，北京：社会科学文献出版社，2009。

⑨邹志仁：《中文社会科学引文索引（CSSCI）之研制、意义与功能》，《南京大学学报》2000 年第 4 期。

⑩全国哲学社会科学规划办公室：《国家社科基金资助学术期刊 2014 年度考核通报》，2014 年 11 月 28 日，http：//www.npopss-cn.gov.cn/n/2014/1128/c219469-26114312.html

作者马立钊，《学术界》杂志社副社长，副编审。合肥　230051

华文社科学术期刊与国际化

交流与对话：学术期刊一个被忽视的基本功能

原祖杰

[提　要] 从学术期刊在17世纪60年代诞生开始，交流与对话就是其两个基本功能之一（另一个是学术成果展示）。《自然》杂志创刊初期经历了从面向公众的科学介绍到科学家内部成果交流的定位转化，体现了早期学术期刊在大众与小众之间的徘徊。学术期刊不仅应该以鼓励学术交流自任，还应该对研究型论文提出参与学术对话的规范要求。而跨学科研究的崛起，将学术界的对话与交流引向一个更广阔的空间，学术期刊应因时制宜地鼓励和培养旨在推动不同学科、不同领域学者对话的专题栏目设置。

[关键词] 学术期刊　学术对话　学术争鸣　《自然》　跨学科研究

当今世界的学术期刊据称已经具备了多方面的功能，最受推崇也是最令人敬畏的莫过于作为学术旗帜引领学术潮流，对此笔者虽不无疑虑但也不胜向往，曾经专门撰文予以讨论。[①] 按照国际通行做法，任何学术期刊都应该在显著位置说明其宗旨与范围（aims & scope），以便让读者了解其旨趣所在。譬如被学术界公认为最早的两份学术期刊，都在创刊号上说明其办刊宗旨和涉及范围，其中包含的两个基本功能就是展示学术成果和为学术交流提供平台。在这两份学术期刊创办之前，学者靠通信展示自己的研究成果，交流彼此的研究心得，重在交流。然而，经过数百年的发展、演化，学术期刊的展示功能逐步占据主导地位，尤其是当今中国的一些学术期刊，从创刊开始就将学术展示作为其主要功能，经常被定位为展示本院、本校、本区域、本国家学术成果的“窗口”。[②]相形之下，学术期刊作为取代学者通信的一种交流方式，其交流功能被有意无意地弱化了。这种重展示轻交流的现象不仅有违学术期刊创办的初衷，而且与人类文明进步的历史经验相悖。如果从历史的角度观察人类文明进步的动力的话，就不能不重视交流的作用。一个封闭、孤立的文明是难以获得巨大发展和持续进步的；同样，一位学者即便是天才，也不能单靠自己的冥思苦想获得思想突破和学术发现。正因为如此，学术期刊应该发挥的作为交流平台的作用才更应该受到重视与开发，这是本文所要讨论的核心问题。

一　早期学术交流：在大众与小众之间徘徊

1665 年 1 月 5 日法国巴黎的丹尼斯·戴萨罗创办了人类历史上第一份学术期刊《学者杂志》，其主要内容为几位学者之间有关科学和学术发现的通信。同年创刊的《皇家学会哲学会刊》（简称《哲学会刊》）也是为了给学会内外的科学家提供一个交流平台，以取代原来靠书信往来建立的学术联系。然而，这两份最早的学术期刊从创立之初就面临着大众化与专业化之间的两难选择。与内容相对芜杂的《学者杂志》相比，由皇家学会支持的《哲学会刊》更专注于科学交流。其早期经营主要依靠作为创始人和主编的亨利·奥森伯格的个人努力，皇家学会的参与更多体现于相关会员作为评审人对投稿的评估与修改。到 1677 年去世为止，奥森伯格共主编了 136 期会刊。1752 年皇家学会全面接管了《哲学会刊》，并将其办刊宗旨调整为“纯粹服务于学会的用途和利益”。[③]尽管会刊在后来一个多世纪的科技革命和工业革命中发挥了重要作用，自身也逐步走向专业化和规范化，但其过强的皇家学会背景限制了学会以外科学爱好者的参与。然而，由于工业革命的作用，对科学的兴趣已经从少数精英扩大到普通知识阶层，不断增加的科学爱好者群体在 19 世纪中期催生了一批新的学术期刊，尤其是普及性的科学期刊，其中最值得一提的当属《自然》（*Nature*）杂志。

《自然》杂志的创刊人是英国天文学家、皇家天文学会会员诺尔曼·洛克耶。1862 年，居住在伦敦附近的洛克耶受邻居、社会改革家托马斯·休斯的邀请参与了《读者》（*Reader*）杂志的创办，在担任该杂志科学编辑的过程中与杂志的另一名赞助人、支持达尔文主义的生物学家托马斯·H. 赫胥黎相熟。几年后《读者》杂志因为经营不善被迫转手，其科学栏目也被砍掉，一直致力于科学普及的洛克耶不得不另起炉灶。1869 年 11 月 4 日，洛克耶出版了自己的杂志，命名为《自然》，蕴含着探索自然真理之意。在维多利亚时代的英国，对科学的兴趣弥漫着整个社会，面向公众的科学杂志如雨后春笋般纷纷创立。洛克耶选择了对商业出版雄心勃勃的伦敦麦克米兰公司出版自己的杂志，力图靠市场化经营来支撑这份杂志。[④]

与《哲学会刊》等专家评审的专业型杂志不同，《自然》并不隶属或依附于任何学会或学术机构，在创立之初将自身定位为科学与大众之间的桥梁，其基本目标是要向普通民众介绍新的科学发现，在英国公众中培养对科学的兴趣。除此之外，洛克耶也希望能在《自然》上介绍对他和他的科学家同道有用的信息，包括学术论文摘要、年会报告、科学讲座以及国外科学团体的研究动态等。[⑤]由于新的出版和印刷技术降低了连续出版物的出版成本，19 世纪中期的英国科学杂志成为普通中产阶级买得起的精神食粮。

洛克耶与赫胥黎担心蓬勃发展的科普介绍会误导公众，因为由科学记者撰写的科学文章很难准确地反映科学进展情况，他们认为“掌控科学知识的生产与传播的应该是科学研究者，而不是记者和兴趣爱好者。他们期望《自然》上刊登的文章能出自杰出人士之手，这些人的专业知识是基于一手的研究。这一努力的动机不只是要告知公众，而且是要将有关科学的公共信息控制在科学家手中”。[⑥]作为《自然》杂志最忠实的支持者，赫胥黎一生都致力于科学知识的教育与普及。他对达尔文的进化论给予不遗余力的支持，使他的形象总是与达尔文和进化论联系在一起。除了普及科学知识，推广进化论，他还努力推动科学家职业地位的建设，主张由科学家来承担科学传播的任务。[⑦]

然而，这一定位很快就遭遇尴尬：面向公众的通俗介绍在竞争激烈的期刊市场上并没有为《自然》带来足够多的普通订户；而科学家独立办刊的前景似乎也不被看好。著名植物学家约瑟夫·胡克让《自然》的出版商亚历山大·麦克米兰给洛克耶带话说：“请向洛克耶的期刊转达我的好意……（但是）名人办科学刊物的失败让人郁闷。我不认为一个真正的科学家能够有时间科学地经营一份期刊，或者有脑力去阅读成堆的垃圾作品。”[⑧]开始几年，虽然遭遇了一定的困难，但洛克耶还是想坚持他走大众路线的初衷。他在 1870 年 1 月 20 日出版的《自然》杂志的最后一页针对该刊的内容发表过一个简单的声明，表明该刊既要服务于大众又要照顾科学家这样的小众。针对科学家的内容“仅限于有关摘要和会议报告方面的讨论，而将《自然》

的大量版面留给能够引发‘大众’兴趣的作品”。[9]《自然》杂志的定位问题反映了英国科学发展史上两种不同的倾向，即科学家应不应该花费大量时间撰写面向大众的作品，致力于科学普及。一种以洛克耶和赫胥黎为代表，主张走大众化道路；但多数人还是认为真正的科学家不应该把时间花在为大众普及科学知识或者为普通人授课上。这让洛克耶向他的科学家同事的约稿工作变得困难起来，他们更关心科学家之间围绕新发现展开的对话、分歧和争议，而对撰写面向大众的介绍性文章不感兴趣。[10]

除了需要抉择科学家与普通读者之间的兴趣之外，《自然》还要在学术群体内部找到自身的定位。根据梅琳达·鲍德温的研究，《自然》在创刊之初与英国当时一个叫作 X 俱乐部的顶尖科学家团体保持着密切的联系。这个俱乐部由 9 人组成，包括赫胥黎、约翰·丁达尔、赫伯特·斯宾塞与约瑟夫·胡克等一批维多利亚时代的顶尖科学家。这些大牌学者主要将《自然》作为一个大众平台，用来介绍他们的科学发现或者回应对他们的质疑。《自然》为学术界很多针锋相对的争论提供平台，但结果却往往开罪某一方甚至争论双方。很多争论会有 X 俱乐部成员参与或者涉及这些成员的某些观点，令他们失望的是，洛克耶并没有将《自然》当作这个俱乐部的机关刊物，而是作为英国科学共同体的机关刊物（an organ of scientific communication in britain）来运行的。因此，在很多观点对立的争论中，《自然》并没有偏袒 X 俱乐部成员，而是给争论双方同等的机会。这种做法让《自然》失去了 X 俱乐部的支持，除了赫胥黎继续与洛克耶保持友谊之外，包括丁达尔、胡克、斯宾塞在内的其他知名科学家都疏远了《自然》杂志。[11]失去这些各领域顶尖科学家的支持，对《自然》不能不说是一个巨大损失。然而，失之东隅，收之桑榆。《自然》在学术争论中的公允立场很快赢得了一批年轻科学家的支持。与 X 俱乐部中知名科学家只是在兴之所至时偶尔在《自然》上发表一些通俗性作品不同，年轻科学家更愿意把《自然》当作他们阐发学术发现的园地。鲍德温评论说：“年轻一代将《自然》当作他们科学交流的中心机关（central organ），他们的投稿和热情奠定了《自然》作为英国最重要科学出版物的地位。”[12]疏远 X 俱乐部和赢得年轻科学家的支持促成了《自然》杂志在自我定位和刊发内容上的变化，由偏向大众注重科普，逐步转型为更为重视科学共同体的内部交流。

《自然》杂志的成长史为我们研究学术期刊的对话模式提供了一个较为典型的案例，对于我们认识学术与社会、学术期刊与学术发展之间的关系有很多启发。首先，现代学术的诞生和成长离不开一批以推动学术发展和社会进步为己任并富有献身精神的科学先驱的共同努力，前文提到的 X 俱乐部成员及其对《自然》杂志的支持就是例证。作为该俱乐部灵魂人物的赫胥黎尤其是一位富有使命感的科学家。为了推动达尔文的《物种起源》的出版，赫胥黎四处游说，并说服其他科学家接受进化论观点。他在 1858 年 9 月 5 日就《物种起源》的出版问题写给既是同僚又是朋友的约瑟夫·胡克的信中说："我期待着一场影响深远的伟大革命……我坚信，一个科学与艺术的英国世纪正在来临。"[13]在《物种起源》出版后，面对以基督教为首的传统势力的批评、攻击甚至威胁，赫胥黎一方面提醒胡克"自我珍重"，另一方面又鼓励胡克说，"我们对于改变外部世界、对于科学应该承担起一定责任"。[14]也正是出于对外部世界的责任感，赫胥黎和他的科学家同事才积极推动《自然》杂志走"大众化"道路，面向社会，将最新科学发现通过权威科学家的文章介绍给普通社会精英（elite laymen）。正因为如此，我们看到的《自然》杂志在创立之初所刊登的学术讨论尽管有很多为科学家所执笔，针对的读者对象却不限于科学共同体，而是包括了普通社会精英，换言之，《自然》在很多有关科学问题的对话中，充当了联系科学家与普通人的公共平台。

其次，如果说在社会上取得现代科学的合法地位是科学家的第一使命，那么建立职业化的科学家队伍和科学共同体，规范科学研究模式，改进学术对话的质量，则成为科学家需要肩负的第二使命。对于科学家做出的这两种努力，我们都可以在《自然》杂志的早期发展中找到印记。19 世纪后半期，包括参考书目（bibliographical catalogues）、文摘类期刊（abstract journals）、年度报告（jahresberichte）、术语索引（nomenclatural indexes）在内的许多新的出版形式纷纷出现，目标在于使科学研究的文字发表更规范、更有效。这些努力在英国造成的问题就是围绕《自然》杂志的定位问题出现的紧张——是走大众化道路还是走专业化道路。[15]科学共同体一旦形成并取得合法地位，大部分科学家便不再满足于或者不再有耐心面向社会介绍他们的科研成果，他们的学术对话更愿意在同行之间，至少是科学共同体内部展开。这或许是推动《自然》等向专业化期刊（specialized periodical）转型的主要原因。换言之，学术期刊的专业化是科学发展带动的必然趋势。

《自然》早期发展史给我们留下的最后一个启示就是学术期刊的开放性问题。《自然》杂志在竞争激烈的维多利亚英国期刊界的立足离不开 X 俱乐部中几位顶尖科学家的支持，这对于前者来说自然也是一种十分宝贵的财富。然而，作为当时英国各学科领域领军人物的这批顶尖科学家，在支持《自然》的同时也并没有完全摆脱对自己观点学说的私心和偏爱，在与其他学者产生争议时，试图将《自然》当作维护他们学说的领地。值得庆幸的是，《自然》杂志主编洛克耶宁可开罪这些学术大佬也要给予学术对话的参与者以公平表达意见的机会，这对于维护《自然》作为公共平台的地位有着十分重要的意义。当前中国期刊界一直在强调学术期刊的特色化建设，需要期刊人警醒的是，任何对“特色”的强调都会带来对不能体现其特色的作品的排斥。因此过度地强调某种特色，甚至突出某种意识形态特色，必然会破坏学术生态的平衡，扼杀学术的生命力。学术期刊作为学术共同体的一个公共平台，其开放性和包容性还是需要办刊人用心去把握和呵护的。

二 学术交流是研究型文章的旨趣所在

学术期刊出现以后，随着其专业化程度越来越高，作为一个发表平台，其展示的功能很快超越了其交流的功能。与彼此交流相比，学者更注重如何展示他们的学术发现。学术期刊的展示功能不断得以强化的原因不外乎以下几点。首先，将发表作为一种发明“注册”，宣示知识产权的占有，本来就是学术期刊出现之初肩负的两个重要使命之一。其次，随着 18 世纪以来世界现代化进程不断加速，大学等学术机构如雨后春笋般涌现，科学和思想的发明越来越受到重视，不仅科学家本人需要发明的专利和荣誉，科学家所在的学术机构也将学术发表视为其存在价值的证明而持之不懈地予以追求。因此，作为成果展示的学术发表，不仅成了个人学术追求的目标，而且成了岗位竞争、职务晋升乃至学院和大学排名的重要指标。当然，不可否认，展示本身也是一种交流。现代社会的任何发现几乎都是建立在前人研究和探索基础之上的，对新发现的展示不能忽略对别人成果的借鉴，正因为如此，学术引证才成为学术发表的基本规范。一篇优秀的学术文章不应该是一个人或者一个研究团队的自说自话，而应该是在充分参考已有相关研究基础上的新发现和新建树。

一份好的学术期刊是需要好的学术文章来支撑的。专家学者和学术期刊编辑经常会遇到的一个问题是：什么样的文章才算是好文章？很多学者对于如何进行学术论文写作、如何写出好文章阐述了自己的看法。任继愈在《谈学术文章写作》一文中重点强调了文章的学术性。他写道：

> 学术文章，先有“学术”，再谈“文章”，因为文章的支柱是它的学术内容，而不是词藻、结构、章法。旧社会所谓“桐城义法”写不出学术论文，用“马列义法”装点的文章多短命，有的文章连一两年的寿命也没有维持下来，一点也不奇怪，理应如此，因为文章缺少科学性。⑯

文章的学术性或科学性应该是对一篇文章的总体评价，具体体现在哪些方面，任先生在那篇原发于《光明日报》1986 年 12 月 1 日的随笔中并没有给出详细说明。对于这一问题，期刊界比较一致的回答是好选题、新观点、新方法、新材料以及严密的逻辑论证。从笔者经常收到的学术期刊外审意见书中也可以看出，各家学术期刊对论文质量的关注不外乎以上几点。例如，中国社会科学杂志社的外审意见书所列各项分别为：选题价值、学术创见、研究方法、分析论证、文献征引、语言表述和总体评价（《四川大学学报》（哲学社会科学版）效仿《中国社会科学》采用了同样的评价指标）。《美国研究》的评审标准则简化为四项：创新性、逻辑性、学术规范和文献基础。另一家大学学报的评审意见书也开列了四项评价标准：创新性、学术性、规范性和可读性。而由笔者等人联合主编的英文期刊 *Frontiers of History in China*（《中国历史学前沿》）向评审人征询的意见则包括：(1) 您如何评价作品的重要性？(2) 文章是否包含新的或鲜为人知的材料？(3) 文章是否对相关话题有新的理解？ (4) 文章体现的学术性（scholarship）如何（优、良、中、差）？可以看出，国内外学术期刊对于研究型文章的评价标准基本是一致的，那么为什么国内学术发表广受诟病，难以走出去？原因可能有很多，但以笔者的观察，至少有一点是值得注意的，那就是大多文章重展示、轻对话，不能充分参考对所选课题的已有成果，因而对学术界关注的研究难以做出有针对性的贡献，其重要性也就很容易被低估。下面将结合上述各期刊关心的一些评价标准，就中国学术如何“走出去”，与发达国家的学术研究形成对话略抒管见。

首先是选题和创见问题。中国学术界对于学术文章和学术专著选题的评价经常受到现实问题的影响，除了学术价值外还要看选题的现实意义。这一倾向在很大程度上受到各种课题申报中对选题应用价值论证的影响。由于当前学术期刊发表的文章中课题文章占据了多数，对现实问题的关注也成了期刊的一大特色。以至于很多文章在写作风格上出现八股式的雷同：开篇即强调选题对于国家与社会的重大意义；正文却往往与开头强调的问题没有多少关系；结尾则又回到开头的现实关怀。看似形成呼应，其实却像一个身体瘦小的人头戴大帽子脚穿大鞋子，破坏了文章的整体结构。这一套路或轻或重地表现在众多学术文章中，让一些国外学者为之费解。[17]另一方面，笔者也听到国内部分学者对于过去二三十年欧美学术影响下的中国学术研究碎片化的批评，认为造成这种碎片化的根本原因是当下学术研究缺少对历史和现实的整体关怀。由此可见，彼此间存在着认知误差的中外学术群体很难形成顺畅的学术交流。

那么，是不是欧美发达国家的学术研究没有社会关怀，笔者并不这样认为。欧美历史学界从20世纪80年代以来讨论的许多有关帝制晚期中国的话题都或多或少地带有现实关怀和学术政治的影子：从对西方中心论和“冲击－反应模式”的批判、对“资本主义萌芽”问题的反思，到中国社会中是否存在公共领域和民间社会的讨论，再到新清史关注的清朝的治理和清代的疆域等热门话题，背后都隐含着某种政治倾向，只不过这些现实关怀或者政治考量一般不会赤裸裸地表现在论文中，不然就影响到学术的严谨性。

中外学术界普遍认同的选题策略是通过一个较为具体的研究回应一个大的问题，即所谓问题意识。李剑鸣在讨论历史写作时，系统阐释了选题策略中的“以大观小”、“小题大作”和“因小见大”：

> “以大观小”，是指用“大历史”的眼光来看待“小问题”，找到“小问题”在大历史中的确切位置，明了“小问题”对理解“大历史”的意义……“小题大作”，就是下最大的功夫来研究“小问题”，用全部的学力和详尽的材料来探讨“小问题”……“因小见大”，意思是要将“小问题”与本领域的基本问题联系起来，为解答这些基本问题提供知识或思路，并通过若干“小问题”的连缀，最终能够看出“大历史”的一斑。[18]

而要做到以上三点，则需要深厚的学养积累、敏锐的学术洞察和热情的人文关怀。对于大多数学者来说，即便对“大历史”有所领悟，也很难创立前无古人的万世之作，更多的学术发表是通过研究一个具体的问题来切入一个较大的话题，尤其是已经在当前国际学术界成为“时尚”的话题。这就需要对世界范围的研究动态有及时、准确的把握，然后才能参与讨论。总之，合理的选题应该是能够通过具体研究参与正在流行的宏观讨论的问题。

其次，是分析论证和文献征引问题。一篇论证紧凑的文章，一定是围绕一个主题而展开的。这个主题就是英文写作中的“thesis”，是整篇文章一直关注的核心问题。李剑鸣指出：“一项研究总是从提出问题开始，通过回答问题而展开，最后以解决问题而告完成。无论是一篇论文，还是一部巨著，都应当有一个中心问题，否则主题就不明确。”[19]前文已经提到，主题的选择是建立在对相关研究的洞察和把握基础之上的。对相关问题研究现状的精确了解，是开启研究、展开论证的前提。一项课题的申报往往会要求申请人描述相关问题的研究现状，这一做法也被一些学术期刊采用，要求作者在文章开头提供一个学术综述，并将之纳入必须遵守的学术规范。2000 年《历史研究》等 7 家学术期刊联合发表《关于遵守学术规范的联合声明》，声明中提出：“学术研究必须尊重前人研究成果：凡专题研究论文，应就主要的研究内容，概略说明或介绍前人研究的主要成果或研究状况；此种说明或介绍，可以列入正文，亦可采用注释的方式；完全没有此种说明或介绍的来稿，各刊编辑部将不予受理。”翌年《史学月刊》等期刊编辑部也纷纷效法，做出声明：“稿件应遵守学术规范，凡研究性论文，均应有学术史的回顾，在文中或注释中简要说明前人的研究成果和目前的研究状况。完全没有此类文字的稿件，本刊不予受理。”[20]一批权威性期刊将学术综述作为提交论文的前提条件，学者即使不情愿也不得不做出让步。于是，我们就经常看到很多文章在引语部分罗列出数篇与主题相关的研究文章和专著，这一现象已经成为中国式学术文章的特色。应该说，这一要求在中国的特殊学术环境下是不无道理的，可以帮助读者了解已有的研究和遗留的问题。然而，真正意义上的学术交流不能仅限于文章开头的文献罗列，而是要在论证过程中与已有的研究形成对话，甚至不限于对同一课题的研究的对话，对话的范围经常要包括论证中涉及的某些边缘性问题，尤其是著名学者对这些问题提出的重要见解。这就是为什么我们看到欧美学者撰写的研究型文章总是旁征博引、资料丰富的缘故。一篇翔实的研究型文章（solid study），通常要罗列几十种甚至上百种参考文献。珍贵可靠的原始文献固然重要，二手文献的阅读和梳理同样能帮助作者强化问题意识，提炼学术创见。[21]

总之，学术发表的目的除了展示作者的学术发现和见解之外，更应该注重其学术交流作用。现代学术经过数百年的发展，在很多学科门类形成了较为严密的体系，每一步学术进展都是在前人研究基础上形成的，即使对某一问题的初始发现和独立见解也往往是得益于前人对其他问题研究的启发。有意无意地忽视别人有价值的研究，不仅不符合公认的学术规范，也是学风上的瑕疵。

三 学术交流的延伸：跨学科、跨领域对话

前文中讨论的学术对话主要涉及的是某一学科领域内部的对话。现代学科的划分始于早期近代的欧洲，19 世纪上半叶首先在德国大学中与课程设置联系在一起；20 世纪之前学科划分还是比较宽泛的，到 20 世纪才逐渐精细化。尤其是 20 世纪后半期，学科划分越来越细，虽然有助于研究深度的推进，却不利于研究视野的扩展，并桎梏了学术对话的范围，进而遏制了学术想象力和创造力。因此，20 世纪后期欧美一些学者和学术机构在意识到这一问题之后，开始在大学中推动跨学科研究。

跨学科研究只是一个笼统的译法，对应于德语中的 transdisziplinarität 和英语中的 transdisciplinarity，也包括在英语中有所区别的 interdisciplinarity。按照维基百科的解释，transdisciplinarity 关注的是学科间的（between the disciplines）、跨越不同学科的（across the different disciplines）以及超越某单一学科的（beyond each individual discipline）问题。跨学科研究的崛起主要是由于学术研究中问题意识的驱动，意在将不同学科的知识、方法运用于某一问题的解决。[22]首次提出这一术语的是瑞士著名儿童心理学家让·皮亚杰（Jean Piaget），他在 1970 年的一部著作中介绍了跨学科研究方法的运用。

作为一种研究方法，跨学科研究最早可以追溯到笛卡儿。他将代数与几何学这两门古老的学科结合起来发明了解析几何。20 世纪后期以来欧美国家的跨学科研究取得了很大进展，首先表现在跨学科领域的拓展和跨学科机构的建立上。从我们熟悉的人文社科领域就可以看到跨学科研究在过去 30 年的攻城略地，如带有跨学科性质的城市研究、性别角色（gender）与妇女研究、亚太研究、欧盟研究以及各种各样的文化研究等，在很多大学和科研机构设立了研究中心和研究所。有的大学还成立了专门的跨学科研究中心，协调各种跨学科研究。新的跨学科机构的设立带动了相关的学术活动，从而催生出一大批跨学科研究成果，从“百度学术”中就可以搜索出 8 万多篇与“cross-disciplinary studies”相关的学术文章，仅 2012 年以后发表的就有 3 万多篇。由此可见，跨学科研究以及与之相伴随的跨学科对话已经在学术界蔚然成风。

一般认为，人文社会科学领域中的跨学科研究主要包括四个层面：方法交叉、理论借鉴、问题拉动和文化交融。[23]方法交叉和理论借鉴方面的典型例子是历史人类学的发展，如中国学术界20世纪90年代以来形成的岭南学派等，其他如社会史、文化史研究的崛起也与此有关。问题拉动则是现在学术期刊的典型做法，如一些大学学报的三农问题、边疆问题等专题研究栏目，都是循着这一思路。文化交融就是要打破学科和文化边界，相关专题如全球化问题、环境问题等，都是既要运用相关学科的知识、方法、理论，又要兼顾不同区域、国家、民族的文化特征。无论是在哪个层面进行的跨学科研究，都意味着研究者要关注其他相关领域的研究成果，参与本学科、本领域之外的学术对话。

跨学科研究的崛起为综合性学术期刊提供了化劣势为优势的机会，因此也吸引着带有某种程度的综合性特征的期刊编辑的关注，并为其提供足够的发挥空间。美国《亚洲研究杂志》主编华志坚教授在就学术期刊的不同运行模式接受访谈时指出："如果说我在给《亚洲研究杂志》盖上一个特殊的印记的话，毋宁是鼓励发表更多的试图模糊或者跨越某些边界的作品。我一直在运用一种新的风格，如'亚洲研究热点专题'，以将更多的作品吸引到我们的版面，来质疑传统的对于大众的，甚至流行的交流形式与高度专业的交流形式的划分。我们也在试图做更多的工作，让不同领域的亚洲学学者能够互相对话。"[24]过去几年，中国的众多综合性期刊也在纷纷设立跨学科研究专题栏目，为不同学科学者追踪跨学科问题留出优先版面。近年来的数据化、网络化趋势为学术期刊推动跨学科研究提供了更大的灵活性。通过网络专业刊建设，以大学学报为主的综合性期刊不仅部分实现了专业化转型，也为专题化发展提供了广阔空间，创办了《三农问题研究》《区域文化研究》《儒学研究》等跨学科专题刊。专题刊的发行往往有很强的问题导向，在追踪某些重大研究课题上体现了跨学科研究的优势，并鼓励了不同领域学者间的交流与对话。

四　余论

以上所论学术期刊的对话与交流功能，主要是从学术期刊与学术文章的基本功能角度展开的。所谓基本功能，应该是每一期学术期刊和每一篇学术文章都应该具备的功能。从广义的学术对话角度来看，同样应该受到重视和鼓励的还有学术争鸣。或许是出于"和谐"的考虑，近年来中国学者参与的学术争鸣越来越少，至少在正规的学术媒体中鲜见针锋相对的争鸣。作为学术对话的一种特殊形式，争鸣对于学术进步和哲学社会科学繁荣有着不可低估的驱动作用，应该得到所有学术期刊的积极鼓励和有意培养。

---

①参见原祖杰《学术期刊何以引领学术——兼论学术期刊与学术共同体之关系》，《澳门理工学报》2014 年第 1 期。

②朱剑认为："'窗口说'是计划经济模式下为社科期刊的定位。"参见朱剑《徘徊于十字路口：社科期刊的十个两难选择》，《清华大学学报》2007 年第 4 期，第 74 页。

③Philosophical Transaction of the Royal Society, *Wikipedia*, http://en.wikipedia.org/wiki/Philosophical_ Transactions_ of_ the_ Royal_ Society

④早期的《自然》杂志与我们今天所熟悉的《自然》杂志之间存在着明显的距离。加拿大约克大学的梅琳达·鲍德温（Melinda Baldwin）在其文章中对于《自然》杂志自我定位的转变做了较为系统的研究，对于我们观察学术期刊的对话模式颇有启发。见 Melinda Baldwin, "The shifting ground of *Nature*: Establishing an organ of scientific communication in Britain, 1869 - 1900," *History of Science*, Ⅰ (2012).

⑤⑥⑧⑨⑩⑪⑫Melinda Baldwin, "The shifting ground of *Nature*: Establishing an organ of scientific communication in Britain, 1869 - 1900," *History of Science*, Ⅰ (2012), pp. 129, 130, 125, 132 - 133, 134.

⑦⑬⑭Joel S. Schwartz, "Robert Chambers and Thomas Henry Huxley, Science Correspondents: The Popularization and Dissemination of Nineteenth Century Natural Science," *Journal of the History of Biology*, 1999, 32, pp. 344, 343.

⑮Alex Csiszar, "Seriality and the Search for Order: Scientific Print and Its Problems during the Late Nineteenth Century," *History of Science*, XLVIII (2010), pp. 399 - 400.

⑯《谈学术文章的写作》，《任继愈学术文化随笔》，北京：中国青年出版社，1996，第 217 ~ 218 页。

⑰2014 年 6 月 25 日，在《文史哲》编辑部举办的"方法与路径：中国文化如何走出去"学术研讨会暨《文史哲》英文版首发式上，参与《文史哲》英文版编辑工作的孟巍隆（Benjamin Hammer）在发言中曾对中国当下的文风提出上述批评，引发与会人员的激烈争论。

⑱⑲㉑李剑鸣：《历史学家的修养和技艺》，上海：上海三联书店，2007，第 350、351、352 ~ 353 页。

⑳汪维真：《研究性论文之学术史的撰写与学术规范——以史学类论文为中心》，《史学月刊》2003 年第 10 期，第 108 ~ 109 页。

㉒ “Transdisciplinarity”，Wikipedia，http：//en. wikipedia. org/wiki/Transdisciplinary

㉓ “跨学科研究”，百度百科，http：//baike. baidu. com/link？ url = FMEv2CMlMBTPair_TQA0CVw2YtmLmmMLQo5J0 - PdgfMSnuh3j1DgjBqhE0GMb1d7NH3Lu Tu2fPbGjx7ivJhrtq

㉔周薇薇、华志坚：《美国学术期刊的不同运行模式》，《清华大学学报》2015 年第 4 期。

作者原祖杰，四川大学历史文化学院教授，《四川大学学报》常务副主编，《中国历史学前沿》（*Frontiers of History in China*）联合主编，全国高等学校文科学报研究会副理事长。成都　610064

学术本位与华文本位

——论现代视野下华文期刊发展的主体性问题

〔加拿大〕子　夜

[提　要] 华文学术期刊目前面临的问题，基本上是时空两个层面上的，时间上它面临的是学术期刊如何面对现代性的挑战，空间上它面对如何在地缘学术视域中的国际化问题。进一步研究发现，华文学术期刊国际化的问题在相当多的论域中，也是围绕现代性问题派生出来的。因此，在现代视野下将学术本位和华文本位作为构建华文学术期刊的主体性问题，在逻辑上和实体上都可自然纳入国际化的问题。而在现代性和国际化问题上，华文学术期刊由于地域性的原因，所面临的挑战和应对的战略／策略既有共同的一面，也有不同的一面，但基本上最主要的问题就是文明和价值的持守。

[关键词] 华文学术期刊　学术本位　华文本位　现代视野

一　前言

现代性，包括其后所导引出的后现代概念，是人文学科界长期讨论的热门课题。所谓现代性，在不同的学科领域有不同的具体指意。从哲学、史学、文学、社会学等到人类学、经济学等，现代性这一概念都有不同的内涵，但有一个类同轨迹，就是工具理性对价值理性的不同程度解构，也就是对传统的不同程度解构，而这种解构性是建立在技术手段不断演变的基础上。这个共同点，也基本构成了华文学术期刊目前面临的挑战。这种挑战，是直接针对华文学术期刊的主体结构元素。就华文学术期刊这一特定研究对象来说，构成这个特定主体的基本元素就是两个：学术和华文，这是全部问题的出发点。华文学术期刊目前形成本土和海外的两大板块，本文仍采用笔者在《多元语境下的身份和价值取向——论海外华文学术期刊的中国化与国际化关系》一文中的分别，[①]即本土学术期刊包括中国大陆和台湾两大学术主阵，这两大主阵身处的话语背景和表达的基本工具非常类同；海外则是中国大陆和台湾以外的地区，重点地区如东南亚、大洋洲和北美洲。香港和澳门因其特殊的历史变故和目前继续处在向本土逐步转型的动态原因，具有本土和海外的元素，在论述中必须加以具体的糅合或区别。

华文学术期刊目前面临的问题，基本上是时空两个层面上的，即时间上它面临的是学术期刊如何面对现代性的挑战，空间上它面对如何国际化的问题。其实，进一步研究发现，期刊国际化的问题在相当多的论域中，也是围绕一个现代性的问题。因此，本文以“现代视野与学术本位”为研究主题，在逻辑和实体上都自然纳入国际化的问题。而在现代性和国际化问题上，华文学术期刊由于地域性的原因，所面临的挑战和应对的战略/策略既有共同的一面，也有不同的一面。也因此，无论是本土和海外，整体意义上的华文学术期刊，在面对现代性或国际化的挑战时，既有各自的优势，也有各自的困境。有些情况需要具体分析，但总体的学术生态所面临的变异，会迫使华文学术期刊思考一些共同的问题。挑战会逼迫思考并接轨，但从学术期刊本身的特点来说，更严峻的是如何处变不惊，坚守学术本位这一基本的底线。在学术本位问题提出的基础上，正视华文学术期刊的华文本位问题，构成本文所论述的基本点。

二　现代性回归学术本位的必要

毫无疑问，正如现代印刷技术（铅字和胶印机等）的发明导致了学术期刊的问世，以数字化为代表的现代传播技术（计算器和互联网等）的产生和发展，也为学术研究和学术期刊创造了良好的条件，从一个方面促使了学术的多元和繁荣，特别是在学术研究的管理层面和评价系统方面，这种新技术具有划时代的意义。但是，由于电子技术本身的特点（例如它的不断变异性），也对应维持相对稳定性的学术研究提出了挑战。在近年关于学术期刊面临挑战的讨论中，一般都集中在两个方面，一是传播手段变化带来的冲击，二是在国际化过程中学术研究的现代性趋势对传统学术研究方法或论域的挑战。前者是工具素质的挑战，后者则是学术伦理需要回答的问题。这两个方面也基本涉及了华文学术期刊的境遇。

首先，从第一个方面来说，主要是指互联网和电子传播媒介全面进入学术期刊的运转。互联网对人们交往方式和市场运作模式带来极大冲击，电子文件对长期主要靠纸质媒介进行学术研究的期刊形成巨大威胁。这种巨大威胁，主要在于现代性的工具性能以快速和广泛传播为特征，同以相对稳定和需要长时间开发和形成成果的学术研究形成了巨大的反差。现代性的工具性能具有很大的表面性和流动性，传统的学术研究能否与之匹配，能否与之共舞，或者能否与之保持一定的距离，继续自己相对独立却有精英模式的学术王国，这就是无法回避的问题。

从根本上说，电子技术和互联网等都是工具，都可以拿来为学术研究服务，不属于学术价值层面的范畴。现代信息与数字技术促成的新媒介工具，电脑、网络、视频、音频、手机等，以信息传播迅捷、互动、储量巨大与共享性、互用性等特点，使信息在新的传播空间加速流动。学术研究一旦进入期刊发布的阶段，与一般的媒介工具（例如报纸和网站）就几乎是近距离地站在一起。所有的媒介都因新媒体的诞生而出现类信息传播的全球化，因此，当媒介交流一旦出现伦理失范，如文化信息传播失衡、文化认同危机、文化霸权主义和文化虚无主义轮流出现，以及近年来我们大量谈论的话语权的错位等问题，也会使包括中文学术期刊在内的学术期刊面临伦理失范的困境与挑战。失范会导致学术研究的断层或某些鸿沟，例如被某些学者称为的"数字鸿沟"（digital divide），主要指文化传播中文化信息的不平衡，"由于地域、教育、经济和种族差异，不同群体在掌握和运用电脑、网络等数字化技术及分享信息资源方面存在的差异，其实质就是一种因信息落差而引起的知识分隔和贫富分化，亦可称为'信息富有者和信息贫困者之间的鸿沟'"。[②]这是从跨文化角度论述的，但是，如果从更广泛的层面，这个鸿沟会形成同一学术领域内工作者之间的不平等区别。

这种不平等的区别，对学术期刊的致命冲击，从实质上说就是形式对内容的否定，工具对实体的否定，也就是本文所关注的对学术本位的消解。在技术化泡沫的泛滥下，不对称的局面会日趋严重。一个基本原理是，某些情况下技术工具和技术数据的拥有，同相应的学术质素和研究成果并不一定成正比。现今传播手段具有信息量大、传播迅速的特点，在大量被引进学术研究中后，其随带的娱乐性和随意性也会潜移默化地渗入学术研究的殿堂。这是当今许多学术研究成果存在肤浅、浮躁、松散、表面光鲜而内容陈旧问题的原因之一。这不能归罪于电子技术，而是人在处理技术手段与学术价值时出现的浮动。在印刷年代，这种传播手段是几百年不变，但在电子化的时代，技术工具的发展是加速度的，几乎天天在变化，而学术研究的进展是稳定并且是旷日持久的，这两者会形成一定的时间差，而这种时间差又会形成上面提到的“鸿沟”。因为在新媒介下，以往平等的学术研究有可能陷入虚拟化了的“数据库”，例如，“云端”这一媒介库，既会使一部分人在使用资料方面唾手可得，又很有可能使相当一部分研究人员手足无措。这种鸿沟，从学术伦理上来说显然不是公平的。而且，这个论述还不包括语种、民族、国家、体制的差别所带来的陷阱。

从第二个方面说，是以现代性流行的论说方法对传统学术的变更。这种现代性的研究手段是从自然科学引进而来，例如，大量以数字和化验比较作为学术研究逻辑的依据，这种在自然科学研究中本来是传统的司空见惯的，但一旦引入人文社会科学中，无异就是一种异质于传统的现代性现象了。在某些领域的某些论据中，数字的比较是明显必要的，例如，人口、年代、经济、产值、地理等，都需要用诸如数字等量化的统计作为研究的对象。但是，由于人文学科本身的研究对象大都具有高度的概括性和相当的抽象性、流动性，即使是同一类型的个案也具有很大的异质性，尤其历史事件具有某种程度的偶然性，所以并不是全都适合量化统计的。包括量化比较手段和数据至上观念，都是西方现代性的理性主义和工具主义在学术研究中的体现，尤其是现代资本主义市场因素介入人文学术研究，将会导致学术的变形和泡沫现象。作为学术研究成果和交流载体的学术刊物，自然会受到这种变形和泡沫的影响。这仅是现代性工具主义的话语对学术研究的扭曲之一，当然还包括其他类似的工具分析法在人文学术研究中的流行，不一一铺垫。

对这个问题同第一个问题的共同拷问，就是从学术研究到人文学术期刊如何回归学术本位的问题。现代性工具的和大众流行式的方法，固然会造成学术研究表面的繁荣和多样，但具体到每一个领域，学术的含金量将会大幅减少，甚至造成断层。上文提到的学术失范，很多时候就是因学术迁就技术、内容迁就形式、实体迁就数据而造成的。

工具就是工具，手段就是手段，面对新技术的涌现，从事学术研究的人员不能本末倒置。从同一意义上说，电子文件至多增加了学术研究的某种工具，但工具本身不应作为评判学术研究的一个标本。当我们研究华文学术期刊时，必须把它的表达工具和它的研究实体剥离开来。这有点类似马克思所说“批判的武器不能代替武器的批判”，[③]即现代性的工具变革不能取代学术本位。

现代性基本上是工具理性的，对价值理性有一定排斥。学术本位基本上是同流行的、大众的、时尚的工具至上保持相当的距离，或者说，从根本意义上说，学术本位是将研究对象放在第一位或基本层位，而把所有表现这种本位的手段放在从属的和辅助的层位。这是一种本和末的关系。从表面上看，这是个没有任何人可以质疑的问题，但是，当今学术期刊面临现代技术的诱惑或冲击时，往往会身不由己，在时髦的工具泛滥中焦虑不安甚至惊慌失措，忽略了自己本来就具有的学术王国的底气。工具性和主体性问题不是同一层位的问题。从根本上说，学术期刊的基本载体就是学术研究成果发表和交流的平台。当然，这种发表和交流的形式，在现代或许会成为另一种有科学意义的规范甚至成为学术研究的一部分，即使这样，它同样应纳入学术期刊应该遵循的基本规律和构成要素。作为发表学术研究成果或交流的期刊，其长期以来形成的学科分界、论述主题、逻辑分析、既定成果以及鉴定评价标准，主要取决于学术本身的含金量。现代性工具技术或许会给某些研究带来新的帮助，但无法取代学术本身的成果，在人文学科领域更是如此。

从这个意义上说，现代性工具既会为学术研究创造方便，也会在失去控制的过程中造成学术期刊的异化。现代性（甚至后现代性的）工具主义的流行，例如电子媒介所形成的虚拟世界，对期刊的学术本位无疑形成了巨大的泡沫包围。由于传播工具的轻捷和便利，在学术名义下种种粗制滥造的产品，堂而皇之步入原本尊严崇高的科学殿堂，已经是一不可否认的现实。学者已经注意到网络发展带来某种危机：“数字化的网络世界，虽不同于现实物理空间，但并不是虚无，而是具有虚拟性的数字化的全新世界，由于虚拟而更具隐秘性、开放性和快捷性，因而现代信息网络世界给人类的生活、交往、思维方式带来了美好的‘数字化乐园’，但同时，也隐藏着种种杀手和危机”。[④]“学术文章”以批量生产的方式出现，成为当今世界的一大奇观，许多文章材料和观点雷同、重复；不同的文章引用的资料和文献往往同出一处；追求时髦而不问对象地使用量化/数据方法；名为学术成果却大量铺陈介绍其他成果而没有自己的结论；缺乏研究中本身应具备的质疑方法，以避免自己介入真正的研究或实证中去；学术语言的缺乏，例如，将演讲辞文直接植入论文，或者，学术文字的随意性，使用一些不应在学术论文出现的文字（尤其是一些人称或称谓）；现代性的表达方法还大量地泛滥成灾地使用影像图画符号，将极具严格定义的学术语言返祖到原始语焉不详的表述；等等。

电子数据的泛滥会稀释学术的含金量。笔者在上述《多元语境下的身份和价值取向》一文中，就已经表达了现代性中以技术消解学术的担忧："无论何种新技术，包括电子媒体，大量进入作为文化学科的金字塔——学术领域及其刊物，问题是这种进入并不是以学术本身含量进入参与，而是大量地利用信息传播手段的扩展，以信息代替学术研究。信息功能大量地体现在学术领域，有一种潜在的危机，就是当信息不但大量而且形成泡沫时，实际上就是泛信息化，而泛信息化从根本上就会使学术领域消解原先的学院性、独立性、专业性的学术特点，这样当然会解构原先相对稳定的学术论域。一个社会，必须要承认任何一个学术领域都要有自己的学院性，要有自己的金字塔，这种特权性是一个社会必须承担和供养的。泛信息化恰恰稀释了这个。"⑤

学术本位在学术期刊的异化，除了整体的市场环境和学术伦理的变异外，工具至上是更严重的一环。我们经常在讨论纸质媒介的生存趋向问题，也基本上是停留在工具意义上——电子媒介的威胁、网络传播的迅速性和广泛性、上传和传播手段的进化，而这种传播方式造就了某些文化种类的大众化。例如，卡拉 OK 式的参与，这是工具手段给人类文化带来的一个巨大变异。但是，很可能这恰恰是学术期刊所面临的一个问题。学者董天策曾指出，互联网、数字化、卫星通信、光纤通信等新传媒技术的发展，对旧的传媒政策体系提出了新的变革要求。一方面，这些新传媒技术互动和混杂的特质，不仅对原来基于单向传播模式的政策提出了挑战，而且逐渐模糊了各种传媒之间的界限；另一方面，这些新的传媒技术所带来的传媒资源极大丰富，动摇了原有传媒政策基于"资源稀缺"的正当性基础，经济和消费主义的价值被包含进来。⑥

用"资源稀缺"形容学术期刊在社会和文明发展中的地位，有一定的指标意义，它排除了学术的大众性或娱乐性。学术有它自己的特定领域，有一定的场域性的情境规定性，这种规定性是由学术的精英性和经院性所规定的，不能想象有学术的娱乐场所卡拉 OK，任何人都可以高歌一曲。目前，以纸质媒介作为载体的传统学术刊物，其之所以存在的理由，并不仅仅是其传统的表现载体是人们（至少是相当一部分人）阅读习惯的难以改变，而且更重要的，这是迄今最好的学术成果表现方法。造纸术发明之前，人类各种文化形态都已有了表现工具，如戏曲、小说、诗歌、舞蹈、音乐、美术等，但并没有形成学术期刊出版的技术土壤，直至15世纪才有定期的学术刊物出版，这正是得益于纸张的出现。至少到目前为止，电子和影像技术对学术刊物虽造成了巨大冲击，但事实上仍然没有任何可以取代纸质学术刊物的迹象。假设哪一天，电子传媒消灭了所有纸质的新闻报刊和娱乐杂志，但纸质的学术期刊永远会存在。这里，不仅有技术上的原因，而且有学术期刊本身的质素性，这就是学术研究在任何一个社会、任何一个时代都有其不可取代的经院性和精英性，纸质学术期刊有相当意义上的“唯一性”（即不可取代性）。学术研究成果需要长期的检验和辨证，以及在相对特定领域内进行交流，决定了电子媒介无论在辨证、推理、概括、分析方面都无法达到纸质期刊的功能，这还不包括相当一部分研究工作者在阅读和使用习惯上对电子媒介拒斥的原因。

电子媒介从技术上为学术泡沫创造了条件，而纸质学术期刊不仅是媒介手段素质的不同，更有可能是决定学术期刊质量的关键载体，这个问题可能见仁见智，在相当长一个时期内会存在争论，但至少摆脱技术手段的繁荣泡沫，避免陷入本末倒置的境地可能成为一种共识。“无论未来会怎样，相比全媒体出版而言，传统学术期刊首先要做的依然是提供高端内容，提升办刊质量和期刊品牌。数字化只是学术期刊的外在形式，期刊的核心竞争力离不开‘内容为王’，真正重要的在于媒体所传递信息的内容，而不是载体。在这个‘上网不知身在何处’的时代，‘内容为王’会让品牌期刊有了底气，尤其在充满大量无用廉价垃圾信息的互联网上，优质和高端的内容无疑是极具高价等质的稀缺资源。”⑦就学术期刊来说，所谓“内容为王”就是以学术为本，回到学术本位，可能是现代性视野下华文期刊发展需要取得共识的一个主体性问题。

三　华文本位的主体结构与国际化

关于现代技术手段对华文学术期刊挑战的讨论，是近年比较多的一个课题，这导致同国际接轨的许多问题，除了上文已经提到的如何在数字化传播时代找到自己的位置等问题，还包括如何参照国外模式实现期刊的集约化经营和专业化转型，如何建立更合理的期刊评价机制和看待几个主要国际期刊评价工具，如何在与国际学术界展开对话的同时保持主体性，如何构建华文学术期刊的话语体系，等等。本文已经探讨的华文学术期刊的学术本位，是回答这些问题的大前提，但是，多年来在一系列有关华文学术期刊发展趋势的讨论中，对华文本位这个问题，讨论得并不多，而这个问题恰恰是现代性视野下华文期刊发展的另一主体性问题，而且是延续学术本位问题之后必须立即面临的问题。正如本文引言所指出的，就“华文学术期刊”这一特定研究对象来说，构成这个特定主体的基本元素就是“学术”和“华文”，这是全部问题的出发点。中文学术期刊的出现虽然相对较晚，尤其是经过内乱外患之后，近半个世纪才有了明显发展，如包括中国内地、港澳台和海外地区，目前中文学术期刊已有数千种。在这个发展中，中文学术期刊一方面不断吸收世界科学界的各种先进经验和成果，包括媒介手段和传播方法，另一方面，则是以华文为本位，独立地和公平地参与整个世界的学术交流，这种身份的持守，显示了华文本位的不可取代性。我们要面对现代性的挑战，华文本位将是主体性的回答之一。

目前全世界有六分之一人口使用汉语（华文），从这个人口结构数字上并不能解释华文学术期刊的华文本位问题，还要进一步从文明价值及学术价值去思考这个问题。从人类的交流和传播手段看，汉语（华文）有较其他文字和语言相对特殊的质体，在译介和转化过程中有一定的超稳定结构和不可完整译介性，这是许多中文名著无法完全以类似标准译介的原因之一。汉语（华文）的这种特性，虽然在与世界交流方面有一定的难度，但同时，也使中国文明在某种程度上保持了一定的独特性和不可取代性。在这样一个大背景下，我们在讨论华文学术期刊面对的挑战时，才能严肃而认真地提出华文本位这样一个大概念。

当我们泛泛地谈论华文期刊与国际接轨时，往往是以国外期刊系统和标准作为主体对象而加以靠拢。中国改革开放后，为了实现学术期刊与世界“接轨”，做了许多改革尝试，例如，增加英文或其他文种的翻译，或者是全文，或者是摘要，但几十年来的成效并不是很大，中国人文学术的精彩和主体部分并没有因此“走出中国，走向世界”，相当一部分是流于“自说自话”中。反观英美等主要西方国家，他们的学术成果不靠自己主动译成外文去向外推介，而是由他国研究人员主动向自己靠拢和接轨。他们的文明成果显示了一定的底气（甚或是霸气），是作为别人接轨的对象。问题在于，构成人类四大文明起源之一的中国文明，底气并不亚于西方，因此，理所当然地也具有等待他国同自己接轨的对象意义。例如，中国敦煌学术的研究、中国古代考古的研究、中国古代诗词的研究、中国古代戏曲的研究、中国近代一系列具体事件的研究，相当一部分是由外国人独立完成的，而不是由中国对外翻译而达致的。中国自己的研究成果，只要达致一定的学术质量，本身文明因子的独特性足够吸人眼睛，那么，所谓的国际化、接轨，就会逐渐走向“以我为主”，华文本位将作为华人学术期刊的主体性的建构。

在华文本位作为主体性建构的共识下，华人学术期刊就可发展成一个精致的与其他国家并行而且身份独立的学术王国。所谓的国际化和接轨，在文明平等和学术平等面前，就是互为的和对流的，而不是单边的或霸权式的。翻译不是问题的全部，关键是文明因子和学术素质的含量上，在这个前提下，以华文为本位，就会有底气，其他语种，包括英文、法文、西班牙文甚至各种小语种，都会向我们靠拢和接轨。

因此，讨论至此，我们可以清晰地体认到，在西方话语霸权主导百余年后，国际学术界不能是英语的一统天下，在学术本位的前提下，各个学术主体应该相应地置换和统整，也就是说，除了一般意义上的与国际接轨，华文期刊本身也应作为一个让国外期刊接轨的主体对象。这不是普通意义上的公平价值，而是中国文明作为华文学刊的一个身份标记。华文本位的不可取代性，来自中国文明本身的不可取代性。也就是说，当我们讨论华文学术期刊时，华文不仅是一种交流工具，而且是一种文明价值的核心体现。无论是综合性的人文学刊，还是专业和类别性的人文学刊，基本都包含了哲学、史学、文学、经济学、地方学、政治学、社会学、人类学、法学等诸多领域。事实上，正是这诸多领域，构成了中国和世界各国的古代文明和现代文明。不同的文明是不同学术期刊的内容差别，谁也无法取代谁。从这个意义上，语言和文字具有文明标志的基本因子。强调华文本位就是强调中国文明的基本因子（当然，从广泛意义上说，中国文明也包含了与其他文明交流和融合的因子）。正如希腊文明无法离开希腊文字一样，世界所有研究中国文明的人员、机构、期刊，都无法离开华文因子，这就是华文本位的真正意义。

从目前华文学术期刊来看，基本仍以中国文明论域为主，这不仅是中国文字本身的便利，实际上更是文明实质所决定的。作为华文学术期刊的使命，主要的还是立足于中华文明圈。由于地缘文明的原因，海外华文学术期刊可以更多地承担文明交流和互动的工作，本土华文学术期刊在文明交流和互动中更多地可以进行对话（广义的对话）和介绍。同时，在华文本位下对中国文明的探讨，有利于研究数据保存的严格性/继承性。因为，文字的释介，毕竟目前尚未达到准确无误的境地，会使文明交流的原汁性流失，反而，以华文本位作为身份参与文明交流，可以减少真实性的流失。这个问题下文会继续探讨。

与学术本位相应，华文本位将不仅仅是一个语言文字的工具意义问题，中国文字本身的文明含量比重使这个问题具有重要的学术和文化性质。无论是中国内地和港澳台，或海外其他华人主要聚集区，甚至包括欧美发达国家广义上的“文化中国”地区，华文学术期刊的基本论域当以中华文明地域为主，或以中华文化为主体同其他文明进行比较，这一语境规定和文字规定在相当长一个时间内将不会发生变化。华文本位除了汉语文字本身潜含的学术意义外，更重要的，这也是当今学术研究国际化的一个自觉组成部分。如果说，在所谓英语本位国际学术话语的威势下，学术研究需要摆脱单边的、隐性霸权主义的话语和语境，那么，华文学术期刊承担的使命，将具有承前启后和历史定位的意义。而这些问题的核心，就在于以学术本位和华文本位为前提，构建具有中国文化和科学特色的华文学术期刊的话语体系。

四　本位后面的开放境界和价值持守

正如上文所指出的，就华文学术期刊来说，学术本位和华文本位基本构成了其主体性的主要方面，在目前的现实层面，这两个本位可以化解华文学术期刊可能存在的民族虚无主义和价值虚无主义。而从更深层次来说，基本上解决的就是一个“多元化挑战下的价值持守”的问题，这个“价值”的终极持守就是中国文明价值的持守。华文学术期刊在这方面有着无可推诿的历史使命。肯定学术本位和华文本位并不意味着华文学术期刊要固步自封生活在自己的空间中，相反，由于华文学术期刊背靠五千年古国文明，是国际学术界的研究重镇，天然具有开放和交流的资本，在价值持守中保持开放境界是理所当然的。尤其是在目前，中国已经摆脱与世隔绝的局面，进入全球格局。华文学术期刊面临着五四以来从未见过的价值冲突和判断，在维系中国传统价值和融入全球化的磨合中艰难地进行自己的选择。我们不得不承认，在市场利益的驱动下，产品化的要求进入文化领域，在某些方面，中国文明元素可以进入市场和产品领域。以此考虑，在某些环节上，作为流通和宣介的手段，华文学术期刊无法回避市场和商品的考量。但不能本末倒置，而是要清醒地把握学术本位和华文本位，通过构建华文学术期刊的主体性论域，独善其身地保持一种文明守护和传承的自觉。学术期刊流变成时尚传播媒介是一种悲剧。我们在本文中很明显地强调了现代性有可能对价值和传统的解构。人们尤其注意到的是，学术期刊，同其他性质的媒介一样，例如新闻纸（newspaper），都具有必须进入出版物流通市场的环节。甚至有些学术出版物本身就具有新闻报纸的功能。流行文化正在通过各种不同渠道浸渗学术期刊。有学者已经注意到："流行文化的内涵和特征决定了其社会影响力，而流行语作为当下典型的流行文化现象也会给大众和社会带来变革。身为信息源和影响源的大众媒介深入渗透到大众的日常生活中，成为成就流行文化的大功臣。然而在产业化制度下，媒介在流行文化的传播中的角色缺失时有发生，媒介素养与自律的重要性不证自明。在当下媒介发展的环境下，重申媒介的伦理角色是极有必要的。"⑧

本位观念和开放境界并不矛盾。坚持学术本位和华文本位，取决于正确认识和摆正华文学术期刊在国际化大潮中的身份和位置。中国文化长时期在自卑和自大之中来回摇摆，无论是自大还是自卑，共同的问题就是缺少对话。因此，本位和开放的统一途径就是对话。无论是本土的或海外的华文学术期刊，推动对话本身就是一种在多元语境下的价值取向。目前世界的知识传播出现了一系列新的情况，而曾经以造纸术、印刷术推动世界文明进步的华人世界，同样可以期待经过当代新技术、新知识的洗礼，为世界文明对话做出新的贡献。对话当然是不同价值取向的交流和交锋，但对于华文学术期刊来说，在多元语境下，坚持一种价值性的取向，就是坚持学术本位和华文本位，这个主体性问题解决了，才能解决包括如何同国际学术界展开对话、如何在数字化时代找到自己的位置、如何看待一系列不同的学术期刊评价工具等一系列挑战。

华文学术期刊一方面要应对国际化的挑战并与国际接轨，另一方面要防止民族虚无主义的潜伏，保持本身文明和表达方式的主体性，必须找到一条具有共识的沟通渠道。这里，对话各方是身处一个共同体内，各自身份是平等的。美国沙勿略大学教授保罗·尼特在谈到世界文明包括宗教对话时曾指出："我们试图考察的哲学观认为，创造的多样性或者多元性被赋予了更大的统一性的潜能——尽管不能明确说这一潜能将引向何方。多被称为一。但一并没有吞没多。多明确地保持多而成为一，而一由每一个多产生，每一个多都为其它的多作出独特的贡献，因而也为整体作出贡献。这是一个过程，目的在于彼此，因而也就是整体上更加普遍地集中于多。如果个体化被弱化，人格就被强化；如果个体把自己真正的自我看成其他自我的一部分，他就找到了真我。所以，有一种运动，不是走向绝对的或者一元论的同一性，而是走向所谓的'统一的多元论'：构成统一的多元性。或者用简单、更有魅力的话说：这运动走向的是一种真正的对话的共同体，其中每个成员都通过与他人的对话来生存和成为自身。”⑨

所谓统一的多元性基本包括主体性和对话两种主要元素。从广义方面来说，对话就是不同文明之间展开沟通和交流并进行相互之间的借镜或批判的过程，而就具体领域或专业来说，例如，就学术期刊来说，这种对话就是通过代表不同文明研究的学术成果进行展示和交流的过程。同样是哲学领域，华文学术期刊所展示的研究成果，代表了文明对话的一方，这是其他语种期刊所无法做到的。在其他领域，如社会学、历史学、文艺学、人类学等，都是中国文明研究成果的分类殿堂，每一个殿堂都是一个对话场景。这个殿堂，就是华文学术期刊参与世界对话的主体场景。从这个意义上说，构建华文学术期刊的话语体系不是人为的走形式，而是在坚持学术本位和华文本位中自然形成的一种学术语境。现代性处理不好，会对传统和文明主体发生消解效应，但就华文学术期刊来说，这个问题如果处理得好，坚持学术本位和华文本位，不但不会发生很大问题，而且有可能顺势利导地建立起对话系统，并在对话过程中把传统与现代、技术与学术、本土与国际更好地统一和融合。

不卑不亢，既坚持对话又坚持本位（学术本位和华文本位），而且更是一种价值的持守。笔者在前述《多元语境下的身份和价值取向》曾论述过，学术刊物不可能没有自己的特定价值取向，但这种特定价值取向应是广泛的能容纳具有同类质比而彼此能互相吸纳。20 世纪八九十年代后，海外华文学术期刊不约而同地倡导在多元语境下的对话和聆听，许多海外华文学术期刊在选题和版面安排上，导出“对话”作为期刊的主要行为方式。“9·11”恐怖主义袭击发生后，文明冲突从理论估计变成恐怖现实，从而促使学术界更加对文明对话予以重视并持续开展。海外华文学术期刊用不同的方式和方法，进行一系列推展的对话，包括推动象征西方文明的基督教文化与伊斯兰文明的不同信仰进行对话。在这个影响下，海外华文学术期刊扩展了包括基督教领域、伊斯兰教领域、儒家领域、道家领域、佛教领域作为对话的空间。对话成为学术交流甚至扩而大之的文化交流、社会处理的一种理性价值和共处模式。进入 21 世纪以来，对话模式从海外华文学术期刊引入中国本土学术期刊，包括中国内地和港澳台的学术期刊，都积极推动不同文明的对话，这是海内外华文学术期刊对世界文明做出的一个重要贡献。

五　结语

在现代性视野下，不仅华文学术期刊面临着工具理性和传统方法解构的挑战，甚至生存本身的危机，而且几乎所有学术期刊，都有这种威胁。但是，同哲学、社会学、艺术学、伦理学、历史学相比，学术期刊毕竟有它的实体性，同现代社会的基本运作紧密结合在一起，包括在市场经济中相对稳定的位置，所以，有相对大的回旋余地，有一定的自我调整机制，这是从期刊本身而来的天然优势所决定的。面临现代性的挑战，华文学术期刊具有一定的选择决定权，由于背靠中国传统文明的强壮背景和语境，可以将现代性中的建构性内容加以利用和发扬，而将现代性尤其后现代性中的解构性的消极因子尽量减少甚至避免。从人文学科这个层面上，无论做何选择，无论尝试任何变迁，最终的回归就是文明和价值的持守，这是讨论问题的基本出发点。

---

①⑤子夜：《多元语境下的身份和价值取向——论海外华文学术期刊的中国化与国际化关系》，《澳门理工学报》2013年第3期。

②孙春英：《跨文化导论》，北京：北京大学出版社，2008，第140页。

③马克思：《〈黑格尔法哲学批判〉导言》，《马克思恩格斯全集》第1卷，北京：人民出版社，2006，第460页。

④陈定家：《再论互联网与文学艺术的革新》，《中国政法大学学报》2010年第6期。

⑥董天策：《西方传媒政策的范式迁移：一个思想史的考察》，（温哥华）《文化中国》2013年第4期。

⑦徐枫、郭沁：《传统学术期刊的数字化转型：做最好的在线传播》，《澳门理工学报》2013年第1期。

⑧阚文婧：《流行文化中的媒介伦理》，（温哥华）《文化中国》2013年第3期。

⑨保罗·尼特：《宗教对话模式》，王志成译，北京：中国人民大学出版社，2004，第12页。

作者子夜（本名张志业），加拿大文化更新研究中心研究员，加拿大《文化中国》执行主编。

学术出版与《亚洲研究杂志》

〔美〕Jennifer Munger 撰
王娟娟 译　周薇薇 校

[提　要] 初名为《远东季刊》,《亚洲研究杂志》是一份出版了70多年的学术季刊。所刊文章出自六个栏目:研究型论文、亚洲热点专题、趋势与反响、评论文章和书评,以及其他类型的文章。大部分研究型文章是由世界各地的作者主动投稿而来,非杂志约稿。但有些作品诸如"热点专题"和"书评"则基本通过约稿而非投稿。主编们希望发表能够既服务于读者又服务于作者的文章。有两大原因凸显学术期刊对于学术界的重要性:其一是能够为读者展示当前的研究趋势;其二是能够让作者展示其才能——大多数学者要依靠在期刊上发表文章来竞争理想的岗位,提升他们的事业以及获得终身教职。

[关键词]《亚洲研究杂志》　研究型文章　书评　趋势与反响　学术界

本文将以《亚洲研究杂志》为核心,为致力于在英文期刊上发表文章的学者提供切实有用的建议。首先要介绍的是《亚洲研究杂志》及其历史,然后阐述《亚洲研究杂志》与学术界和学术出版业的关系,最后将为希望在《亚洲研究杂志》上发表作品的学者提供参考指南,以及介绍《亚洲研究杂志》编辑部办公室的具体运作情况。为便于理解与实用,本文将以问答形式予以呈现。

《亚洲研究杂志》是一份什么样的刊物

《亚洲研究杂志》是一份学术季刊，拥有70多年的历史，由亚洲研究协会（Association for Asian Studies，AAS）主办。亚洲研究协会是一个学术性、非政治性、非营利性的专业协会，它向所有对亚洲和亚洲研究有兴趣的人开放。亚洲研究协会的办公室位于美国密歇根州安阿伯市。《亚洲研究杂志》编辑部办公室独立于亚洲研究协会办公室，当前位于美国欧文加利福尼亚大学。该校历史系教授华志坚（Jeffrey Wasserstrom）是《亚洲研究杂志》的主编，人类学博士詹妮弗·芒格（Jennifer Munger）是执行主编。此外，编辑部办公室还有一位半工半读的研究生助理人员，他是马修·库姆斯（Matthew Combs）。除编辑部办公室之外，《亚洲研究杂志》还有8名副主编，他们多数是分布于全球的教授；13名书评主编全部来自美国本土（为便于邮寄著作）。以上所列举的所有主编和其联系方式均可见于剑桥期刊在线（Cambridge Journals Online，CJO）上该杂志的网页和编委会网页。①

《亚洲研究杂志》创刊于1941年，初始名为《远东季刊》（尽管《亚洲研究杂志》和《东亚和近太平洋岛屿评论》也含有该名称之意），在包括位于安阿伯市的密歇根大学在内的不同大学的学者和机构的帮助下得以创刊。其创刊经费主要来自克莱蒙特大学图书馆、哥伦比亚大学、科罗拉多大学、韦恩大学、美国学会理事会的中国研究委员会和日本研究委员会，以及一些个人的赞助。它没有任何捐助基金，第一年之后靠订阅费支撑。初期编委会包括2名主编、1名执行主编和16名来自美国各机构的顾问。1956年，《远东季刊》更名为《亚洲研究杂志》。正是亚洲研究协会的个体会员（杂志的订阅者）、通过亚洲研究协会对杂志予以鼎力支持的机构订阅者，以及来自欧文加州大学和密歇根大学等相关机构的一贯支持使得《亚洲研究杂志》发展至今。

《亚洲研究杂志》刊发什么样的作品

《亚洲研究杂志》刊发6种类型的学术作品。

研究型论文　《亚洲研究杂志》的大多数论文是由世界各地的作者主动投稿而来，非杂志约稿。杂志对作者身份并无限制，也不向作者收取任何投稿与刊发费用。《亚洲研究杂志》希望作者的投稿是基于深度研究，并能够为作者本人所属学科和所专长的地理区域之外的学者所接受。《亚洲研究杂志》每年出版4期，大约能够刊发25篇此类文章。研究型论文投稿字数限于10000字（words）以内，包括注释与参考文献。每篇投稿包括内容摘要、作者电子信箱和联系方式、一定的脚注、作者/日期引文格式、参考书目和致谢。编辑部会对黑白或彩色图像以及表格提出要求。亚洲的语言和字体可嵌入文本当中。

亚洲热点专题 这是主题设计部分，通常是由编辑部明确约稿而非作者投稿。一般情况下，此类文章每期刊发1~2篇。由于其多为对过去或当前事件的评论而非全面研究型论文，字数通常可控制在4000字以内。该类文章不包含内容摘要和参考文献，而是用脚注注明资料来源。编辑部可视情况允许文章包含一定的图像。

趋势和反响 这两种类型的稿件篇幅要长于亚洲热点专题类而短于研究类文章。编辑部通常征求相关专题，偶有作者自发投稿，也将要求其重新修改以适应这两种类型文章的要求。有时，趋势类文章中会出现撰写得特别优秀的评论文章，此时编辑部将要求作者扩充内容，有时为了回应当前学术界的一个热点专题又会要求作者删减内容。反响类文章通常聚焦于特定的对象或者已在亚洲研究领域做出重要贡献的学者。趋势类文章使用作者/日期引文格式，反响类文章则使用脚注。

评论文章和书评 偶尔会有一些评论文章和每期45篇或更多的书评。这主要是由我们的书评编辑约稿。当然，并非所有的书评都能得以刊发。书评同样包括作者姓名、联系方式、电子信箱等，一般附在书评的末尾，引用格式使用脚注。

其他类型 每年11月份的《亚洲研究杂志》将刊发亚洲研究协会主席在当年3月份召开的亚洲研究年会上的致辞。从2010年开始刊登年会的圆桌会议议题，这些议题通常由《亚洲研究杂志》的主编们在会前筛选出来。亚洲研究协会主席致辞通常是“大画面”的文章，阐述亚洲研究的现状，而圆桌会议关注的是诸如民主和气候变化等与亚洲相关的专题性问题。首轮圆桌会议围绕“亚洲如何成为一个区域”的讨论在《亚洲研究杂志》刊载后，又在新加坡以专辑的形式出版。

尽管多数投稿和刊发的研究型论文属历史或文化人类学学科，但《亚洲研究杂志》欢迎来自任何学科领域的学者投稿，并努力通过向各学科如地理学、经济学、政治学、艺术学等领域的学者征稿的方式改变学科偏狭的局面，以达到某种平衡。

《亚洲研究杂志》的宗旨

在 1941 年的创刊号上，主编们宣称创设该刊的目的是为了填补时事性观点与事件的发表和不断强化的专业化、学术化出版之间的鸿沟。其目的是双重的：他们希望出版物既服务读者也服务作者。他们希望在亚洲研究领域展现有趣和重要的作品，这将扩大包括来自亚洲地区在内的学者队伍。除了亚洲地区学者的研究成果之外，《亚洲研究杂志》还刊发了很多来自亚洲地区之外学者的成果。这些亚洲地区之外的专家掌握一种或多种亚洲语言，其研究领域主要集中于亚洲。如那些亚洲地区的学者一样，亚洲地区之外的学者也在寻找一个更为广阔的读者论坛。《亚洲研究杂志》主编们的目标是“向普通读者展现有趣和实用的文章，与那些对某一学科或更广的历史、文化、地理、经济学、社会学和政府等学科领域感兴趣的师生一样，读者寻求将远东部分融入上述学科领域以拓展其阅读、研究或训练的视野”。主编们强调潜在的作者应“时刻铭记普通读者的需要”，并能够“通过提供足够的背景资料向读者展示他们贡献的重要性”，并说明其专业化研究与更宽泛的知识与学习之间的联系。[②]

自创刊之日起，《亚洲研究杂志》几乎涵盖亚洲大部分地区——第一期就有研究日本、泰国、中国的文章。尽管早期的很多论文主要集中于政治，但也有其他学科专题，包括探讨马来西亚植物和荷属东印度群岛上伊斯兰教的文章。每期的末尾将刊发一些来自亚洲地区的书评。在第一卷的末尾，主编们还增加了“札记与新闻”栏目，集中刊登学术研究的进展情况、获取原材料、导师的专业兴趣信息等相关新闻。每卷包括一个亚洲研究参考书目，它由亚洲研究协会提供并单独印制。

尽管形式已有所改变，早期《亚洲研究杂志》的很多特色仍得以传承至今。《亚洲研究杂志》继续其创刊时的使命，重视读者的兴趣与需要，以非专业学者的方式展示亚洲研究的成果。

《亚洲研究杂志》与学术界的关系

《亚洲研究杂志》对学术界有重要意义，主要基于两点原因：其一，《亚洲研究杂志》为读者勾勒出一幅亚洲研究领域学者当前研究趋势的俯瞰图。在刊发的文章中可以看到研究专题的新方法、新理论，这些文章本身或部分是更大的图书工程。其二，《亚洲研究杂志》为作者展示其不凡——为了更为吸引人的工作机会、职业的提升、获得终身教职等目标，学者要依赖在期刊上发表的文章。

《亚洲研究杂志》对于学者的职业提升自然是很重要的，但我们对于读者的责任超越了对潜在作者的责任。这意味着即使一篇优秀稿件也不能保证被录用，作者在选择何处投稿时需要考虑这一现实。

《亚洲研究杂志》与大多数学术刊物的不同之处在于，它不与特定的学科或研究领域联系在一起。亚洲作为一个很宽泛的地区，有时其构成都是存在争议的。例如，最近几年亚洲研究协会还投票决定是否将阿富汗作为其研究范围的一部分。同样的问题涉及作者向《亚洲研究杂志》投稿的总体范围和涉及的内容，如能不能刊发关于南美的日裔或生活在日本的南美人方面的投稿，当然这取决于作者如何书写该文章，《亚洲研究杂志》无意排除那些延伸出亚洲地区之外的话题。

由于学科之间是交叉的，从而使亚洲研究涵盖了较大的地理空间。《亚洲研究杂志》的长处是能够将并非正式考察全域的区域和思想合拢到一起。尽管不是做明显的比较，杂志的用意还是想通过发表具有一定质量的作品让作者所属学科或研究领域之外的读者能够产生联想和比较。我们的主编们致力于其描述的“重中之重的原则——一篇文章要在我们这里通得过，至少要很容易地为来自两三个不同学科的学者所理解，并具有吸引研究相邻国家、相近专题和前后时段学者兴趣的潜力”。[③]这意味着很多集中于某一学科的某一争论或问题的优秀文章将会被退稿，作者会被建议另投到更为专业的期刊。这并不意味着我们要回避具体细节，而是意味着作者需要将其专业化知识与更为宽广的框架密切结合以便于读者的介入和理解。因此，框架、格式和语气与论点、数据的表述同样重要，能够决定一篇文章能否被采用。

《亚洲研究杂志》是一份享有国际声誉的刊物，但作者必须自行决定其将作品投稿至该杂志的努力是否能够得到其所任职机构的委员会或雇主的认可，要知道《亚洲研究杂志》不像其他刊物一样仅集中于一个特定的学科、主题或领域。以下指标将有助于作者决定是否向《亚洲研究杂志》投稿。《亚洲研究杂志》已被百科全书引文索引（ABC - CLIO）、艺术和人文科学引文索引（Arts and Humanities Citation Index）、亚洲研究参考书目（Bibliography of Asian Studies）、艺术和人文科学期刊文献数据库（Current Contents/Arts & Humanities）、社会和行为科学期刊文献数据库（Current Contents/Social and Behavioral Sciences）、社会科学期刊引文报告（Journal

Citation Reports/Social Edition)、汉学参考书目（Revue Bibliographique de Sinologie)、社会科学引文索引（Social Sciences Citation Index)、社会学摘要（Sociological Abstracts）等收录和摘要。以上引文索引数据库可以在剑桥期刊在线为《亚洲研究杂志》所制作的网页链接上看到（http://journals.cambridge.org/action/displayMoreInfo?jid=JAS&type=is)。《亚洲研究杂志》的影响因子正持续上升。影响因子可评估一年中某篇文章的平均引用情况。2013年，《亚洲研究杂志》的影响因子是0.742，在63种区域研究期刊中排名第十一位，该结果来自汤姆森－路透网络数据库（前美国科技信息所）的年度《期刊引文报告》。影响因子情况同样可在剑桥期刊在线的网页上看到相关链接（http://journals.cambridge.org/action/displayMoreInfo?jid=JAS&type=if)。2013年，我们的出版商——剑桥大学出版社，将Altmetric加入剑桥期刊在线群。[④]Altmetric通过在线媒体如推特和谷歌的链接方式展示读者对文章的参考情况。

读者如何获取《亚洲研究杂志》

全部已出版的《亚洲研究杂志》均可通过在线数字图书馆JSTOR（http://www.jstor.org）获得。《亚洲研究杂志》在JSTOR拥有一个4年滚动窗口。最近4年的《亚洲研究杂志》可通过剑桥期刊在线获得。当前，《亚洲研究杂志》每期的印数大约为8000册。亚洲研究协会的成员作为会员订阅了《亚洲研究杂志》，一些图书馆也拥有《亚洲研究杂志》的纸质本，但多数订阅是网络版而非纸质本。该刊的纸质本与网络版的内容是相同的，但网络版本中的一些文章拥有彩色图片、录像或其他补充材料。全球大约有3500个机构订购了《亚洲研究杂志》。北美与亚洲地区是最大的机构订阅客户群。澳大利亚、荷兰、马来西亚、英国、印度尼西亚和美国是全文下载《亚洲研究杂志》最多的国家。对于那些既不是亚洲研究协会成员也不是机构订阅者的人群而言，《亚洲研究杂志》在剑桥期刊在线网页上有部分文章是免费的，可供其浏览、下载。总之，2013年，《亚洲研究杂志》在剑桥期刊在线平台的下载量超过9万次，在ProQuest的下载量超过10万次。这一数字较2012年而言呈稳定、大幅度的增长趋势。

作者如何向《亚洲研究杂志》投稿

在向任何期刊投稿之前，作者都应该做一些调研，这不仅适用于

《亚洲研究杂志》，也适用于其他刊物。作者需花时间熟悉《亚洲研究杂志》所刊发的文章类型。作者要仔细关注该刊的指南和政策——所允许的最多字数是多少？是否允许出现照片、方程式、附录？是否有专刊？评审与出版的时间跨度有多大？与作者的需求是否一致？这是向同行展示你的研究并获得反馈的好方法，调研不仅仅涉及内容，也包括内容所适合的期刊。

所有国际出版社的期刊均拥有在线期刊。即使你难以获得在线期刊文章，也可以用多种方法搜索期刊以为你的作品找到一个好归宿。目前，越来越多的杂志已完全网络化。其中很多专业化的文章更适合网络出版。作者要判断一份主流刊物的质量不是一项很大的挑战，而对于那些独立的在线出版物而言，有很多方法可以判定一份刊物是否适合。首先看其是否在某种程度上附属于一所受人尊敬的大学，其次看其编委会成员的构成（有很多人在个人不知情的情况下被放到某个编委会里，如果怀疑其真伪可以通过联系编委来加以确认）。注意有些发表会提出收费要求。可以作为起点的地方是剑桥、牛津、加利福尼亚大学和其他附属于著名出版集团的在线期刊。每个人都有自己的方法搜索感兴趣的期刊。如果你可以接触一家很好的机构图书馆，只要关注一下该图书馆所订阅的期刊就行了。

如果经过考虑，你决定向《亚洲研究杂志》投稿，可以登录剑桥期刊在线上的《亚洲研究杂志》网页（http：//journals. cambridge. org/action/displaySpecailPage?pageId = 5828#Procedure% 20for% 20Manuscript% 20Submission）看到具体的投稿指南。该网络链接还包括样本文章，任何人均可免费获得，包括那些没有订阅《亚洲研究杂志》的个人与机构。如果你有疑问欢迎联系编辑部办公室，办公室信箱是 jas@ journalofasianstudies. org。但编辑部办公室不能仅凭文章的标题或内容摘要评判文章是否适合《亚洲研究杂志》，也不能对投稿做出初步的判断。所有来稿必须通过编辑管理在线数据库投稿。《亚洲研究杂志》不接受作者投来已在其他刊物上刊发过的稿件，也不接受译稿投稿，更不接受一稿多投。如果是其他杂志拒绝发表的文章则可投稿至《亚洲研究杂志》。

《亚洲研究杂志》接受数字图表，但作者有责任厘清这些数字图表的版权，并根据剑桥指南提供高质量的图像，可参见如下链接：https：//journals. cambridge. org/action/stream?pageId = 7848&level = 2&menu = Authors&pageId = 3608。

向《亚洲研究杂志》投稿，作者需在线登录并通过编辑软件（Editorial

Manager）提交其文章（http：//www. editorialmanager. com/jas/）。该链接同样向作者提供了信息，可在该刊的剑桥期刊在线的网页链接上看到编委会成员的名单和每一个编委的联系方式。该链接还可以帮助作者直接联系编辑部办公室，并指导作者和那些审阅稿件的专家如何使用编辑软件（未来编辑部办公室将制作更为人性化的指导方案）。如果你之前向《亚洲研究杂志》投过稿或者之前审阅过《亚洲研究杂志》的稿件，那么系统的数据库已收录了你的信息。如果上述均没有做过，则要求你创建一个名称、密码和个人联系信息，其中最重要的是电子信箱。之后，作者通过点击并回答一系列问题来完成在线投稿。如果你略过一些问题，则论文提交不会成功，所以作者必须确认点击“下一个”（next）而非略过问题至其他页面。操作命令如下：

（1）选择文章类型；当前唯一的选项是“论文”；

（2）输入文章名称；

（3）增加其他作者名字（如果没有其他作者，点击“下一个”）；

（4）粘贴内容摘要（100～150字）；

（5）输入关键词（可选项，即使没有输入关键词也请点击“下一个”）；

（6）选择最能描述你的文章的类别；

（7）回答问题以表明你理解规则，包括论文之前从未用任何语言发表，当前也未投稿至其他刊物，让编辑部明白你如何阅读《亚洲研究杂志》，并能用文字描述该文本，为你的投稿标注参考文献，并确认你理解自己作品中的任何资料受版权保护；

（8）为编辑部办公室撰写一项额外信息（如果没有，点击“下一个”）；

（9）你可接受或反对向审稿人提供信息（如果没有，点击“下一个”）；

（10）粘贴、拖曳或放弃提交文章和任何附加数字图表；

（11）同意提交。

即使你已经提交了稿件，请确认稿件内已包括内容摘要。同时请确认你的名字、联系方式和其他可识别的个人信息没有出现在所提交的文章之中。

提交稿件后，你将被带至一个页面，在这个页面你需要点击“同意创建 PDF 文档”按钮。如果你需要在创建 PDF 文档之前做些修改，你可能需要点击“之前”按钮以进入你希望修改的页面。一旦你点击了“同意创建 PDF 文档”按钮，你将被带至该页面的链接。如果你需要做些修改，点击“编辑提交”按钮。如果该 PDF 文档看起来是正确的，点击“同意提交”按钮。你必须为你提交的文章点击“同意提交”按钮，在同意提交之前你应点击“查看提交”按钮。在你最终同意提交文章之前，系统视文章提交未完成，主编也就无法查看你的文章。

投到《亚洲研究杂志》的稿件会得到怎样处理

作者完成投稿后，主编会阅读文章并决定其是否适合。如果觉得可能采用，主编会将其交给 8 名副主编中的 1 名或多名审阅。日本、韩国、中亚和东南亚地区各有 1 名副主编，中国和南亚各有 2 名。除此之外，还有 2 名不隶属任何特定区域的副主编。副主编们审阅后或者表明投稿不适合（或许他们认为该文章的观点不够新颖，或者忽略了重要的材料），或者建议作者修改后重新投稿，或者提供可以匿名审阅该文章的学者名字与联系方式以便于联系到特定的匿名评审专家。编辑部办公室将审读这些建议。如果是前面两种情况，编辑部将致信作者直接说明，通常会邀请 2 名匿名评审专家审稿。后一种情况是双盲评审——审阅专家不知道作者是谁（这也是作者的名字与联系方式必须在文章中隐去的原因），作者也不知道由哪位专家审阅自己的文章。该程序用于确保审稿专家评阅的是文章的质量，而不是投稿人，从而允许审稿专家在评审文章时坦率直言而无需顾忌有可能冒犯同行。一旦审阅专家将意见反馈至编辑部，主编需要通读全文，并给作者回信。几乎在所有给作者的回信中，主编均会提出修改建议，其中包括评审人的修改意见。由于评审工作本身的特性，一份完整的评审需要花费 6 个月的时间。作者的修改稿通常要返回到之前的评审人处以评估该文章的修改情况。该步骤所花费的时间长短不一，它取决于作者需要多长时间完成修改和需要进行多大程度的修改，但通常比最初的审稿周期要短一些。[⑤]一旦审稿专家认可作者的最终文稿，文章大约需再花费一年的时间才能在《亚洲研究杂志》上发表。

《亚洲研究杂志》对投稿的采用率

下表将提供每种类型投稿的相关数据与百分比，撤稿未计入。[⑥]该数字反映的是最初投稿的日期，这也是为什么有些 2013 年的稿件现在还处在审稿状态。

单位：篇

年份	投稿总数	接受	修改	退稿	评审中
2011	305	27(9%)	2(>1%)	276(90%)	—
2012	312	30(10%)	7(2%)	275(88%)	—
2013	262	22(8%)	8(3%)	229(88%)	3(1%)
2014	302	11(3%)	36(11%)	236(78%)	27(8%)

《亚洲研究杂志》拒绝了大约 90% 的投稿。该刊尽最大努力让作者尽快知晓审稿结果。需要再次强调的是，较高退稿率很大程度上是由于很多优秀的文章因为选题过于偏狭而被拒绝。与创刊时的目标基本一致，《亚洲研究杂志》致力于为读者提供参与性和信息性的文章，以尽可能抓住更多的读者。

①剑桥期刊在线为《亚洲研究杂志》专设的网站是 http：//journals. cambridge. org/action/displayJournal? jid = JAS；亚洲研究协会的编委会网站是 http：//www. editorialmanager. com/jas/

②参见《远东季刊》第 1 期第 1 卷，1941 年。

③参见 http：//journals. cambridge. org/displaySpecialPage? pageId = 5828#Submission% 20Rules% 20Thumb

④Altmetric 是一家位于伦敦的初创公司，专注于分析学术论文在社交媒体、报刊上产生的影响，有着广泛的覆盖面。该公司使用“替代度量”（Altmetrics）技术衡量学术文章的社会影响力；“替代度量”不使用传统的引用次数，而是利用网络上的下载量、社交媒体提及次数，以及在线图书馆的收录量等衡量一篇论文的价值。——译者注

⑤作者经常询问他们是否必须对审稿专家提出的所有意见进行修改。《亚洲研究杂志》的政策是作者必须自行决定如何处理修改意见，但对审阅专家的意见应严肃对待。如果审稿专家没有理解或错误理解了作者的用意，对作者而言更重要的是需做更多的工作使其观点更明确，而非对审稿专家不满。很少有审稿专家做出不恰当的评价或建议，如果一旦出现此种情况，《亚洲研究杂志》将保证提供另一名不同的审稿专家审阅文章。

⑥对一篇文章而言，最为平常的撤稿原因是作者希望《亚洲研究杂志》更快地刊发其作品。每年仅有 2 ~ 3 篇文章遭作者撤稿。

作者 Jennifer Munger，欧文加州大学《亚洲研究杂志》（*Journal of Asian Studies*）执行主编，博士。

译者王娟娟，四川大学《南亚研究季刊》编辑，博士。成都 610064

校订者周薇薇，《中国历史学前沿》（*Frontiers of History in China*）编辑。成都 610064

《华裔学志》及其主编与编辑工作：创刊80周年纪念

〔波〕魏思齐（Zbigniew Wesolowski）

[提　要] 1935 年，德国圣言会士鲍润生在北平辅仁大学创办汉学研究期刊《华裔学志》，华裔学志研究所随即建立。在过去的 80 年中，《华裔学志》及华裔学志研究所经历了中国时期（1935 ~ 1948）、日本时期（1949 ~ 1962）、美国时期（1963 ~ 1971）及德国时期（1972 年至今）四个阶段。与此同时，《华裔学志》亦成为备受国际认可的国际汉学研究期刊之一。华裔学志研究所通过出版《华裔学志丛书》和《华裔选集》，发表英文、德文和法文的研究成果，从不同角度推动中国文化研究。回顾《华裔学志》及华裔学志研究所的迁移变化，梳理《华裔学志》的主编及其编辑工作演变的历史脉络，可以管窥过去 80 年中西文化交流以及西方汉学研究的历史。

[关键词]《华裔学志》　华裔学志研究所　汉学研究　圣言会

1935 年，《华裔学志》第 1 期在北平辅仁大学问世。这是一个重要时刻，同时诞生的还有华裔学志研究所。弹指一挥间，如今《华裔学志》已届“耄耋之年”，依然焕发着青春与活力，因此值得我们透过这份刊物的主编及其编辑工作来回顾其发展历史。除主编工作外，《华裔学志》还有一个特色，即历经了不同的出版地。本文根据 80 年来《华裔学志》与华裔学志研究所的迁移和变化来梳理以下四个阶段的发展轨迹。

一　中国时期（1935～1948）的《华裔学志》及其主编与编辑工作

鲍润生（Franz Xaver Biallas）神父是圣言会[①]的第一位汉学家。[②]他先后在腓特烈·威廉大学及莱比锡大学读书，曾师从著名汉学家佛尔克（Alfred Forke，又名伏尔克）、高延（Jan Jakob Maria de Groot）及孔好古（August Conrady）等人，其中后者是鲍润生的博士论文指导老师。1918 年 12 月，鲍润生荣获哲学博士学位，博士考试的主考科目是汉语，其学位论文题目是《屈原的〈远游〉：导论、文本、译文及阐释》（*K'üh Yüan's 'Fahrt in die Ferne' (Yüan－yu). Einleitung, Text, Übersetzung und Erläuterung*）。1912 年 12 月至 1914 年夏，鲍润生曾在索邦神学院（Sorbonne）跟随著名汉学家伯希和（Paul Pelliot）学习汉学和藏语。

鲍润生的一个伟大贡献，便是在 1935 年创办和发行《华裔学志》，此亦可视为其汉学事业的顶峰。1933 年 4 月圣言会正式接管北平辅仁大学。[③]自同年 6 月起，鲍润生与其他圣言会山东省区的修会弟兄从事接管辅大的工作。当时该校已有一些受过汉学训练的外国人与传教士任职，如另一位圣言会士顾若愚（Hermann Köster，亦名顾成德）。其实自辅仁大学成立以来，许多热衷于中国文化研究的西方汉学家，就以该校为汉学教学和研究的重要场所，并以其英文学术期刊 *Bulletin of Catholic University of Peking*（《辅仁英文学志》）为讨论的平台。该刊自 1926 年出版，而鲍润生从 1933 年起担任发行人。在《辅仁英文学志》最后一期的前言（1934 年第 9 期，第 33 页）中，他解释为何要创办一份新的有关东亚的刊物，也谈及对这份期刊的内容构思。鲍润生着重提出在东亚生活的外国人对当地民俗及其文化，尤其是对中国人民和文化研究的兴趣。当然他作为传教士，也追求把传教、文化以及民族学的知识与研究加以结合。

鲍润生 1935 年在辅仁大学创办的汉学期刊名为 *Monumenta Serica. Journal of Oriental Studies of the Catholic University of Peking*。1955 年后它在日本复刊时，因不再于北京辅仁大学出版，故简名为 *Monumenta Serica. Journal of Oriental Studies*。期刊拉丁文名字的部分 *Monumenta Serica*[④]可直译为“丝域之迹”或“中国之碑”。中文刊名《华裔学志》是由时任辅仁大学校长陈垣所定，其中“华”指中华，“裔”指边缘之地，而合二者之意，即为“中国及周边地区的记录”。《华裔学志》封面题签由北平书法家孙伯恒先生用魏体书写，而封面是 Hans Riediger - Andernach 先生设计的。

鲍润生作为主编（editor），应该有其他学者协助他的设想。《华裔学志》第 1 卷第 1 期（1935）的内页编辑名单上分左右两栏列出了 8 个副编辑（associate editors），左边为 4 名外国学者：比利时圣母圣心会士、蒙古学家田清波（Antoine Mostaert），波罗的海德国人、俄国男爵、汉学家及梵语学者钢和泰（Alexander von Staël - Holstein），德国籍汉学家艾锷风（Gustav Ecke，又名艾克）及谢礼士（Ernst Schierlitz）；[⑤]右边为 4 名中国学者：历史学家陈垣、语言学家沈兼士、历史学家和历史地理学家张星烺、西方语言专家英千里。

第 2 卷第 1 期（1936）的编辑名单上，出现了创办人鲍润生（已故），主编、圣言会士、德国籍人类学家雷冕（Rudolf Rahmann，又译雷曼）及 11 个副编辑，依姓氏字母排序，与第 1 卷的名单比较，新增了 3 名外国学者，即德国籍圣言会士、后来的汉学家范佛（Eugen Feifel ，又名丰浮露），德国汉学家和通古斯学家福华德（Walter Fuchs）及圣言会士、德国籍汉学家顾若愚。[⑥]

1936 年 5 月 28 日鲍润生神父因罹患斑疹伤寒而病故。《华裔学志》创始人及首位主编的猝死令人震惊，对这份刚刚创办的汉学期刊也是很大的打击，不过，鲍润生在临终前，已公开请求顾若愚接替刊物的编辑工作。[⑦]但圣言会总会长葛林德（Josef Grendel）希望辅仁大学圣言会团体的院长和《华裔学志》的主编与发行人能由同一个人担任，所以当雷冕于 1936 年被任命为辅大圣言会团体的院长之后，即同时接任该刊主编一职。鲍润生神父亲手创办、至今已有 80 年历史的《华裔学志》就是他热爱中国的纪念碑。

《华裔学志》第 3 卷第 1 期（1938）呈现出同第 2 卷第 1 期类似的名单，即创始人、主编以及 11 个副编辑。不过副编辑的组成有所变化，钢和泰已于 1937 年去世，新增的副编辑为法国汉学家戴何都（Robert des Rotours），其专长为中国历史，尤其是唐史。[⑧]第 4 卷（1939 ~ 1940）中，新出现的副编辑为圣言会士、奥地利人类学家叶德礼（Matthias Eder），[⑨]因此副编辑共计 12 人。

从第 5 卷（1940）中，可以发现编辑部出现了新的职务，即“执行编辑”（managing editor）和“编辑秘书 / 编辑部秘书长”（editorial secretary）。执行编辑为上文提及的范佛，编辑秘书为汉学家和比较文学家方志浵（Achilles Fang）。[⑩]范佛也是副编辑。第 6 卷（1941）编辑部的构成没有变化。而第7卷（1942）中，顾若愚及谢礼士不再担任副编辑，后者1940年已去世。有两个新的德籍汉学家接替他们的工作，即中国/东方艺术史家罗樾（Max Loehr）[11]和汉学家、《易经》专家韦德明（Hellmut Wilhelm）。[12]自第7卷（1942）至第13卷（1948），编辑部人员构成没有任何变化。

从编辑工作来看，《华裔学志》的中国时期有以下特色：一是创始人及其合作者将这份汉学刊物定位为半年刊，每年3月及10月各出版一期，但由于时局及其他因素，它几乎无法按时出版；二是北平时期，《华裔学志》共有两个主编，即创始人鲍润生（1935年至1936年5月17日）及雷冕（1936～1948）；三是15名副编辑中，有4名中国学者（即陈垣、沈兼士、张星烺和英千里）及比利时学者田清波、法国汉学家戴何都全程（1935～1948），其他9名副编辑均为有德国血统或德国籍的汉学家，任职时间各不相同：钢和泰，1935～1937年；艾锷风，1935～1948年；谢礼士，1935～1940年；范佛，1936～1948年；福华德，1936～1948年；顾若愚，1936～1941年；叶德礼，1938～1948年；罗樾，1942～1948年；韦德明，1942～1948年。此外，编辑部1940～1948年还设有执行编辑（范佛）和编辑秘书（方志浵）。由这份名单，我们就不能不接受李雪涛的判断：当时北平为德国汉学之中心。[13]

圣言会在汉学研究方面的投入相当大，共有5位会士，即鲍润生、顾若愚、雷冕、范佛及叶德礼参与《华裔学志》的编辑工作。该刊前10卷（1935～1945）由魏智（Henri Vetch）[14]出版，之后（1946～1948）由辅仁大学印书局出版。

关于《华裔学志》草创时期的特色，现任编辑巴佩兰（Barbara Hoster）认为有三个方面：中西合作、跨文化关系及传教任务导向。她在主体特色分析中强调以下两点：中国及其邻国；中国与外国的国家、文化和宗教（尤其是犹太教、伊斯兰教及基督宗教在中国）。在汉学研究史上，巴佩兰特别关注三个方面：中国和日本汉学出版品书目；传记与讣闻；刊物简评。[15]其实，对中国时期《华裔学志》及其主编与编辑工作之贡献而言，值得关注的是德国汉学家傅海波（Herbert Franke，又名福赫伯）的说法："要谈到在中国发行的最重要的汉学期刊（自1935年起），非北平天主教辅仁大学的《华裔学志》莫属"。[16]从语言方面来看，《华裔学志》创刊之初即刊登以英文、德文、法文所撰写的文章，当然到目前为止，英文论文的比例较大。

二　日本时期（1949～1962）的《华裔学志》及其主编与编辑工作

《华裔学志》第14卷（1949～1955）于东京问世，其“编者说明”中指出：

> 当5年前（1950年）中共接管北平辅仁大学时，其汉学期刊《华裔学志》也不得不停止出版。不久，负责北平辅仁大学的圣言会决心重新出版《华裔学志》，曾经的撰稿人及朋友闻听此消息，都感到高兴。之后编辑部的成员为了面对新的情况而重新编组，并寻找临时的工作场所。如今《华裔学志》终于准备好重新问世，这也是在远东再次履行1935年由其创始人鲍润生神父所规划的使命。作为在中国研究方面有丰硕成果的国家的新客人，我们希望《华裔学志》将继续为撰稿人和读者贡献此前在中国文化的中心里所享用之益处。

的确，为了让《华裔学志》继续存在，圣言会重新全心全意投入，共有7位会士担任编辑工作：新的主编为卜恩礼（Heinrich Busch），副编辑包括叶德礼、范佛、顾若愚、Eduard Kroker、Johannes Maringer及Gerhard Schreiber，其中后三位为新加入者。[17]

《华裔学志》的日本时期，可以分为东京时期（1949～1956）及南山大学时期（1957～1962）两个阶段。与此前一样，《华裔学志》仍为半年刊。编辑部的地点为东京圣言会研究中心（S. V. D. Research Institute, Tokyo）。由于圣言会已于1949年在名古屋创办南山大学（Nanzan University），故从第15卷第2期（1956）起，《华裔学志》迁至名古屋圣言会研究中心（S. V. D. Research Institute, Nagoya）。在出版方面，《华裔学志》也有新的进展，刊物发行地点除了名古屋圣言会研究中心之外，还有Monumenta Serica, Suite 400, 316 N. Michigan Avenue, Chicago 1, Illinois, U. S. A.

自第17卷（1958）起，《华裔学志》封面不再出现“半年刊”的标示，编辑部成员也有所减少，创始人鲍润生的姓名消失了，主编仍为卜恩礼，而副编辑只有范佛、Gerhard Schreiber及新增的荷兰籍圣言会士斯本德（Harrie Vanderstappen）[18]。

从第18卷（1959）起，除3个圣言会副编辑外，《华裔学志》重新开始出现非圣言会的副编辑：澳洲汉学家 Noel Bernard，德国出生的犹太人、中国通罗文达（Rudoph Loewenthal），比利时籍的蒙古族和女真族史专家司律思（Henry Serruys）及他的弟弟、汉学家司礼义（Paul Serruys），后两者均为圣母圣心会士。[19]第 21 卷（1962）则是在南山大学出版的该刊的最后一卷。

回顾《华裔学志》在日本的 14 年，我们不能不强调，在这迁移和动荡不安的时期，能够出版 8 卷，足以说明圣言会对自己创立的汉学期刊的重视。新任主编卜恩礼使编辑部的工作保持稳定和持续。从刊物的内容来看，日本时期内没有所谓的短篇（miscellaneous）部分，而只有篇幅较长的学位论文（尤其是博士学位论文），其实这也是中国时期的特色，也没有刊物简评（review of reviews）部分。与中国时期相比较，《华裔学志》的副编辑在日本时期更积极地提供自己的学术论文。

三　美国时期（1963～1971）的《华裔学志》及其主编与编辑工作

《华裔学志》第 22 卷第 1 期（1963）于美国洛杉矶加州大学问世，封面上写着："Published by the Monumenta Serica Institute at the University of California at Los Angeles and its Branch Office at Nanzan University in Nagoya, Japan"。据此可知，我们已有位于洛杉矶加州大学的华裔学志研究所，在日本名古屋的南山大学还有研究所的分支。华裔学志研究所设于东方语言学系。当时《华裔学志》的排版及印刷仍在日本："Set and printed by Nippon Oyo Printing Co., LTD., Bunkyo－ku, Tokyo, Japan"。其实，在整个美国洛杉矶时期中，《华裔学志》第 28 卷（1969）及 29 卷（1970～1971）是由 Nichiosha Co., LTD., Hunkyo－ku, Tokyo, Japan 排版和印刷的。

令人惊讶的是，《华裔学志》第 22 卷第 1 期已在洛杉矶加州大学问世，不过读者无法在该期中发现任何"编者说明"类的文字，也难以理解为什么华裔学志研究所又要迁移。其实，应 Richard C. Rudolph 教授的邀请，《华裔学志》于 1962 年底搬到洛杉矶加州大学，编辑部及图书馆在那里成为一个独立的华裔学志研究所和一个"非营利法人团体"。[20]

《华裔学志》第 22 卷第 1 期的内页，仅列明编辑部的成员。主编仍然为卜恩礼，而副编辑中新增了一些学者，中国学者也重新出现在副编辑名单中。由于历史原因，在《华裔学志》的日本时期，中国副编辑未被列名。

除了名古屋南山大学时期已有的7名圣言会与非圣言会的副编辑之外，我们有了新成员：明史专家、耶稣会士陈伦绪（Albert Chan），中国学者蒋复璁（天主教徒，曾留学柏林大学，后任国立中央图书馆馆长及台北故宫博物院院长），方济会士、亚洲传教史学家罗梭（Antonio Sisto Rosso），美国汉学家和东方学家鲁道夫（Richard Rudolph，被誉为“洛杉矶加州大学中国研究之父”），以及哥伦比亚大学中文教授、著名的中国文学翻译先驱王际真（Chi-chen Wang）。在第27卷（1968）的封面上，新增一名副编辑，即汉学家、阿尔泰语系专家和蒙古学家法夸尔（David M. Farquhar，曾在洛杉矶加州大学任教21年）。

回顾《华裔学志》在美国洛杉矶加州大学东亚语言系的8年时间，可以说杂志的编辑工作已恢复正常，因为这期间共出版8卷（第22卷／1963至第29卷／1970～1971），旅美中国学者[21]和美国汉学家、学者也加入了编辑团队，其中有两位洛杉矶加州大学的同仁（Richard Rudolph 和 David M. Farquhar）。从这一时段刊物的内容来看，虽然它在东亚语言系，但只有一期（第26卷／1967）专门探讨语言学，这一期为李方桂（Li Fang-kuei）六十五华诞纪念文集。《华裔学志》继续保持其广泛和丰富的汉学与东方学内容。

四　德国时期（1972年至今）的《华裔学志》及其主编与编辑工作

《华裔学志》自第30卷（1972～1973）起由德国圣奥古斯丁（Sankt Augustin）华裔学志研究所出版，迄今已出版至第63卷第1期（2015）。43年内出版34卷应该称得上稳定的编辑工作。刊物在德国出版之初遇到一些困难，因此时常会两年出版一卷。与美国洛杉矶时期的最后一卷（第29卷）相较，第30卷封面上的编辑部名单仅有一点不同，即在圣言会士Gerhard Schreiber的名字前面加上十字架的符号，意即他已过世（1972年9月12日）。但此次仍有令读者惊讶之事：与华裔学志研究所从日本迁移至美国一样，没有任何文字说明为什么研究所又迁移到了德国。

为何《华裔学志》及其研究所迁至德国圣奥古斯丁？如果我们回顾如下因素，则这一问题并不难回答：（1）圣言会的会祖是德国人杨生神父，虽然随着时间的推移，圣言会越来越成为国际性的传教修会，但当时的会士仍以德国人居多；（2）《华裔学志》及其研究所迁至德国圣奥古斯丁之前的所有3位圣言会主编及6位副编辑都是德国人（斯本德除外）；（3）第二次梵蒂冈大公会议（1962～1965）之后，圣言会德国省拟在圣奥古斯丁建立一个学术与知识方面的使徒工作中心。圣奥古斯丁修道院的历史至今已超过百年（1913年创建）。除神哲学院外，人类学研究所（期刊*Anthropos*创办于1906年，研究所创建于1931年）已于1962年初迁至圣奥古斯丁。其实，华裔学志研究所迁至圣奥古斯丁之后，初为人类学研究所的一部分，1990年代才独立出来。1961年，圣奥古斯丁还有另一个研究所出现，即传教学研究所（das Missionswissenschaftliche Institut）。当时圣奥古斯丁修道院的学术工作条件非常良好。

《华裔学志》第31卷（1974～1975）上的编辑部名单有所变化。主编仍然是卜恩礼，而18个副编辑中，有的已不再出现（如David M. Farquhar和王际真），新的成员更多，有德国汉学家鲍吾刚（Wolfgang Bauer），德国仅有的几位华人教授之一、汉学家乔伟（J. W. Chiao），德国东方学家和汉学家、《华裔学志》第一位女性副编辑Eva Kraft，中国学者C. C. Shih，[22]德国汉学家Hans Steininger，洛杉矶加州大学的中国学者黄秀魂（Shirleen S. Wong）。钦佩中国时期《华裔学志》成绩的德国汉学家傅海波（Herbert Franke，又名福赫伯）此时也成为副编辑。

第33卷（1977～1978）上的编辑部名单中新增加一个位置，即assistant editor（助理编辑），他是佛学家和汉学家、圣言会士弥维礼（Wilhelm K. Müller）。[23]此外，圣言会传教学家、中国基督宗教历史学家、荷兰人柯博识（Jacques Kuepers）也加入了副编辑团队。[24]第34卷（1979～1980）的副编辑名单中增加了德国汉学家施寒微（Helwig Schmidt－Glintzer）。[25]

第35卷（1981～1983）标明主编/编辑（editors）为卜恩礼和弥维礼。第36卷（1984～1985）的主编/编辑增加了波兰汉学家、圣言会士马雷凯（Roman Malek）。[26]副编辑则增加了德国语言学家和外语教学专家、圣言会士孙志文（Arnold Sprenger）。[27]司律思于1983年去世后，副编辑名单中不再出现他的名字。

第37卷（1986～1987）的主编/编辑与上一卷相同，但编辑部名单上增加了“编辑部成员”（editorial staff）：德国籍汉学博士魏道恒（Gerd Wädow）[28]与日本女士Haruko Kuylaars。[29]到了第41卷（1993），编辑部名单有了“革命性”的变化。首先，唯一的主编为马雷凯；其次，编辑委员会

(editorial board) 由以下人员组成：卜恩礼 (editor emeritus / 荣誉退休主编)、弥维礼及魏思齐；[30]第三，编辑部成员除魏道恒和 Haruko Kuylaars 外，增加了德国籍汉学硕士巴佩兰；[31]第四，此前的副编辑变成了顾问 (advisors)。这样的安排，应该在新任主编马雷凯的判断中，更清楚地反映出每一位《华裔学志》的合作者对它的贡献。在第 42 卷 (1994) 的编辑部成员名单中，Haruko Kuylaars 不再出现，因为她已退休。

第 43 卷 (1995) 中，黄秀魂从顾问名单中消失。此后顾问罗文达 (1996) 与鲍吾刚 (1997) 陆续去世。第 47 卷 (1999) 中，主编马雷凯再次调整编辑人员的角色，并有了“编辑部” (editorial office) 的名称，成员包括巴佩兰、新的兼任成员 Elisabeth Kordecki、马雷凯和新的兼任成员 Peter Ramers (圣神会士)[32]及合作成员 (Collaboration) 魏道恒。另一新的名称为“华裔学志研究所成员” (Members of the Monumenta Serica Institute)，其中有 8 位圣言会士：卜恩礼、范佛 (1999 年去世)、Eduard J. Kroker、柯博识、弥维礼、孙志文、魏思齐及斯本德。以上安排使顾问减少至 7 位学者：Noel Bernard、陈伦绪、乔伟、傅海波、鲁道夫、施寒微及司礼义 (1999 年去世)。

第 48 卷 (2000)，在华裔学志研究所成员名单中，增加了圣言会士、北京大学哲学系博士雷立柏 (Leo Leeb)。除了顾问名单中不再出现已故的司礼义外，其他安排与前一卷相同。第 49 卷 (2001) 顾问名单中，增加了时任辅仁大学外语学院院长的比较文学专家、美国本笃会士康士林 (Nicolas Koss)。[33]在编辑部名单中，Eveline Warode[34]取代了 Elisabeth Kordecki 的位置。第 50 卷 (2002) 的华裔学志研究所成员名单中，卜恩礼的姓名前有十字架符号，说明这位对《华裔学志》做出重大贡献的荣誉退休主编已经逝世。第 51 卷 (2003) 的顾问名单中，也有鲁道夫已去世的十字架符号。还有新的现象，即此前的 editor (我们一直翻译为“主编”) 第一次明确地改为 editor-in-chief。第 52 卷 (2004) 的编辑部名单中，魏道恒重新出现。第 53 卷 (2005) 中，编辑部名单移至封二，成员只有巴佩兰和马雷凯。[35]在顾问名单中，有陈伦绪已去世的十字架符号，同时增加了三个新的顾问，即法国国家科学院研究员、宗教学家和道教专家高万桑 (Vincent Goossaert)，中国艺术研究院研究员任大援，以及比利时鲁汶大学汉学系教授、中国基督宗教史专家、耶稣会士钟鸣旦 (Nicolas Standaert)。

第 55 卷 (2007) 的华裔学志研究所成员名单中，Eduard Kroker 和斯本德姓名前都有了十字架符号，而在顾问部分，增加了汉学家、中国社会史专家、普林斯顿大学历史系教授韩书瑞（Susan Naquin）女士。第 58 卷（2010）的华裔学志研究所成员名单中，马雷凯的名字后面标明其为主任（director），这说明在华裔学志研究所，主编工作与主任工作是两个不同的职责，虽然因为人员关系，几乎一直是同一人身兼两职。第 59 卷（2011）是马雷凯主编的最后一卷。因为中风，他无法继续履行主编职责。自第 60 卷（2012）起，本人接掌主编职务，圣言会士顾孝永（Piotr Adamek）接任主任一职，并新增德国慕尼黑大学汉学研究所普塔克（Roderich Ptak，又名谭克）教授和俄罗斯莫斯科大学汉学家郭杰（Konstantin Tertitsky）为顾问。

以上述及了许多名字及不同编辑工作岗位的名称。借由一份汉学期刊的编辑工作，我们也成为中欧文化交流史的见证者，成为西方尤其是德国汉学发展历史的一部分。对于德国时期的《华裔学志》，我们可以通过其三任主编，做出最好的解释。

（1）卜恩礼。《华裔学志》迁至圣奥古斯丁后，卜恩礼于 1972 ~ 1992 年担任主编。其实在日本时期和美国时期，他即已担任主编。一份汉学期刊的编辑工作主要包括两部分，即审稿和校对。卜恩礼主编在编辑工作方面表现出以下美德：耐心、正确性、用功及专门知识。他的学术兴趣是中国哲学史、新儒学及中国基督宗教思想史。1985 年卜恩礼为庆祝研究所 50 周年而写的一篇文章，表明了其对《华裔学志》使命的理解：

> 《华裔学志》的创办者及编辑将此学志理解为一份一般的汉学期刊。这份期刊由于经常登载有关中国传教史的论文而形成某一自己的特征。在编辑部中，中国的专家——基本上作为顾问——一起发挥作用……所有这些事实以及这份期刊在外国提供有关中国及其文化的理解与评价这一点，都是切合用来影响与传教会及教会相对立之中国学者的态度。[36]

（2）马雷凯。1993 ~ 2011 年，马雷凯担任《华裔学志》主编。不可否认的是，华裔学志研究所今天的成就，主要是建立在马雷凯教授的工作和贡献之上。无论是《华裔学志》本身、《华裔学志丛书》（*Monumenta Serica Monograph Series*）[37]和《华裔选集》（*Collectanea Serica*），还是在其他活动方面，马雷凯教授都呈现出他的专业眼光、笔耕不辍地撰写汉学专著以及活泼的教学。例如，马雷凯编辑的《耶稣基督的中国面孔》（*The Chinese Face of Jesus Christ*）丛书预计分为5卷，旨在呈现全面性跨领域研究下耶稣在中国的多重面相和意象。它将结合汉学研究、传教历史、神学、艺术历史和其他层面。不幸的是，2011年初马雷凯教授患病，但他在康复期间，仍在辛勤工作，继续准备许多的出版物和项目。马雷凯主编也让《华裔学志》呈现于数字化的世界，读者通过JSTOR可以在线阅读《华裔学志》，但电子版比纸本期刊要延后5年（http：//www.jstor.org/action/showPublication?journalCode = monumentaserica）。

（3）魏思齐。自2012年至今，本人担任《华裔学志》主编。在第62卷（2014）的“关于出版者变更的说明”中，我阐明了《华裔学志》所面临的挑战。其中也提到，自2015年起，《华裔学志》以及华裔学志研究所的两个丛书，即《华裔学志丛书》和《华裔选集》，将由英国的Maney Publishing（Leeds & London）出版发行。这个合作代表一个希望，即通过与国际出版者合作，提升华裔学志研究所的使命，推动对中国文化全面的学术研究，尤其是为学者提供发表学术成果的平台。同时，我们紧跟时代潮流，勇敢进入21世纪数字化的世界。目前，《华裔学志》2005年以来的电子版借助Maney Publishing得以呈现（www.maneyonline.com/mon）。刊物审稿模式也有较大变化，以前大部分稿件实行内在的同行评审（peer-review），现在则实行外在的同行评审模式。与Maney Publishing合作后另一个有趣的现象是，自2015年以来，《华裔学志》重新变成半年刊。

结　论

以上我们回顾了《华裔学志》及其主编与编辑工作的80年历史。如此，我们特别注意到主编、副编辑（1993年后称“顾问”）及其他编辑工作人员。他们不只属于《华裔学志》及华裔学志研究所的历史，也属于中西方文化交流以及西方汉学研究的历史，尤其是德国汉学研究的历史。通过梳理这一历史脉络，可以窥见，作为一个传教修会，圣言会在其传教活动中，也奉献了大量的人力和财力，为的是使自己更深入地认识中国文化，同时为西方人提供重要的知识。作为圣言会士，我希望我们的会士能够继续保持这种良好的汉学传统，并结出丰硕的果实。我们将以此来庆祝《华裔学志》创刊100周年！

特别值得一提的是，2002年，台湾的辅仁大学为延续辅大在汉学方面的研究，并推动中西文化交流，由辅仁大学外语学院与德国圣奥古斯丁的华裔学志研究所共同设立华裔学志汉学研究中心（Monumenta Serica Sinological Research Center，另名为 Monumenta Serica Taipei Office/辅仁大学外语学院华裔学志分部）。华裔学志汉学研究中心将本着《华裔学志》的编辑们在北平辅仁大学所怀抱的宗旨，继续推动校内外的汉学研究，并通过台湾汉学家在汉学研究方面所做出的努力，加强中西方汉学家之间的沟通与对话。华裔学志汉学研究中心的成立具有历史性意义，标志着圣言会华裔学志研究所与辅仁大学重新建立了密切关系，将共同合作推动辅仁大学的发展，并特别注重推动中西文化交流之宗旨，致力于中国文化与基督信仰之交融。

当然，在回顾《华裔学志》及其编辑工作 80 年时，也应该提及一些有趣的故事，譬如离开远东之后，尤其是在迁至圣奥古斯丁之初，我们编排时怎么把中国字放在文章中，起先我们需要台湾出版机构的帮助，后来发展到自己把汉字贴上去，而到马雷凯教授任主编时，就慢慢开始使用计算机。

另一件重要的事情是，为了让学者更容易使用《华裔学志》中丰富的内容，马雷凯教授编制了索引（*Index to Volumes I – XXXV* [*1935 – 1983*], 1993），本人也出版了《〈华裔学志〉总目汉译》（*Monumenta Serica. Journal of Oriental Studies*，2004）。无论如何，我们需要把前人开创的事业继续下去，做出新的索引（*Index to Volumes XXXVI – LX* [1984 – 2012]）及比较完整的中文索引。

---

①圣言会（拉丁语：Societas Verbi Divini，SVD；英语：Divine Word Missionaries）是一个国际性的天主教传教修会，1875 年由杨生（Arnold Janssen）神父创立，目前有近 6000 名会士分别在 60 多个国家工作。1879 年，圣言会第一批传教士抵达香港，并于 1881 年前往山东西南部传教。中华省是圣言会的第一个传教区。截至 1949 年，圣言会在华管理的传教区遍及山东、河南、甘肃、青海、新疆等省份。此后，在中国大陆的圣言会士大多移往台北及嘉义。关于圣言会在华传教的历史，参见 Fritz Bornemann，*As Wine Poured Out. Blessed Joseph Freinademetz. Missionary in China 1879 – 1908*（Divine Word Missionaries，Rome，1984）；Josef Alt ed.，*Arnold Janssen SVD*，*Letters to China. Vol. I*：*1879 – 1897*（Steyler Verl.，Nettetal，2003）；Heinrich Kroes，*Missionen der Gesellschaft des Göttlichen Wortes in China*，in Steyler Missionschronik，1975，pp. 35 – 43.

②参见 Miroslav Kollár，*Ein Leben im Konflikt*：*Franz Xaver Biallas SVD*（*1878 – 1936*）. *Chinamissionar und Sinologe im Licht seiner Korrespondenz*（Nettetal：Steyler Verlag，2011）， pp. 41 – 61；亦参见 Miroslav Kollár（柯慕安）《鲍润生（F. X. Biallas，1878 – 1936）为华裔学志期刊的创立者——他的生活与事业》，载魏思齐编《有关中国学术性的对话：以〈华裔学志〉为例》，台北县：辅仁大学出版社，2004，第 18 ~ 86 页。

③参见魏思齐《圣言会与北京辅仁大学（1933 ~ 1950）》，载《天主教辅仁大学外语学院——历史、使命、传承》，rc. fl. fju. edu. tw/外语历史典范人物汇整 1020523. pdf；叶乃实等《求真之道——彻悟生命、洞悉万象与知识》，台北县：辅仁大学出版社，2002，第 81 ~ 104 页。

④Serica 系形容词，来自拉丁语名词 Ser，复数 Seres，是指“制造丝绸的地方/民族”。这是古罗马人对中国的称呼，其实他们对中国还有另外一个称谓 Sinae（名词）、Sinica（形容词：中国的）。这些词语的词根阿拉伯语 sin、波斯语 chini 和梵语 cina [– s] 都来自中文的“qin”（秦朝）。今日英文 China 与 Sinology 也是如此。

⑤对于田清波及钢和泰的学术研究，中国学者关注较多，此处不赘。艾锷风是出生于德国的美国汉学家，1923 年来华，专门研究中国建筑物和艺术史，其最有名的著作为 *Chinese Domestic Furniture*（1944）。参见 Pierre Jaquillard，“In Memoriam：Gustav Ecke 1896 – 1971，” *Artibus Asiae*，vol. 34，no. 2/3（1972），pp. 114 – 118；P. Demiéville，“Gustav Ecke，1896 – 1971，” *Journal of the American Oriental Society*，vol. 92，no. 3（1972），p. 470；Laurence Sickman，“In Memoriam：Gustav Ecke（1896 – 1971），” *Archives of Asian Art*，vol. 26，（1972/1973），pp. 6 – 8. 关于谢礼士，参见魏思齐编《根据〈华裔学志〉认识西方汉学家》，新北市：辅仁大学出版社，2011，第 203 ~ 207 页。

⑥雷冕担任《华裔学志》主编至第 13 卷（1948）。关于雷冕，参见 Miroslav Kollár，*Ein Leben im Konflikt*，pp. 833 – 834. 关于范佛，参见魏思齐编《根据〈华裔学志〉认识西方汉学家》，第 209 ~ 224 页。关于福华德，参见 Wolfgang Franke，“Walter Fuchs in memoriam”，*Oriens Extremus*，27/1980，pp. 141 – 150. 关于顾若愚，参见 Josefine Huppertz，“Aus den Anfängen der Monumenta Serica，” in Hermann Köster ed.，*China erlebt und erforscht. Partielle Beitrage zur kritischen Chinakunde*（München：Selbstverlag，1974），pp. 192 – 233.

⑦魏思齐编《有关中国学术性的对话：以〈华裔学志〉为例》，第 72 ~ 73 页。

⑧关于 Robert des Rotours，参见 Donald Holzman & Denis Twitchett，“The Life and Work of Robert des Rotours，” *Tang Studies*，13（1995），pp. 13 – 22.

⑨1940 年，叶德礼在辅仁大学建立人类学博物馆，1942 年又创办人类学期刊 *Folklore Studies.* 关于叶德礼，参见 Rudolf Rahmann，“Obituaries：Matthias Eder SVD（1902 – 1980），” *Anthropos*，vol 75，no. 5/6（1980），pp. 905 – 907.

⑩方志浵（亦为方志彤，本名金淳谟），出生在韩国的一个中国人家庭，哈佛大学学者、汉学家和比较文学家，精通中文、英文、希腊文、拉丁文、德文、法文、意大利文和日文等多种语言。参见魏思齐编《根据〈华裔学志〉认识西方汉学家》，第 343 ~

356 页。

⑪1960～1974 年，罗樾任哈佛大学东方艺术史教授，是研究中国古代青铜器、玉器、绘画的权威之一。参见 Grace Glueck, "Max Loehr, 84, a Leading Scholar in Oriental Art," *The New York Times*, 1988－09－21.

⑫韦德明，基督教传教士卫礼贤之子，1948 年起任美国华盛顿大学教授，1971 年退休。参见魏思齐编《根据〈华裔学志〉认识西方汉学家》，第 297～311 页。

⑬参见李雪涛《误解的对话——德国汉学家的中国记忆》，北京：新星出版社，2012，第 28～31 页。"北平为德国汉学中心"也受到纳粹德国（1933～1945）政治因素的影响。当时很多犹太学者（尤其是德国籍的，其中也有不少汉学家）离开德国，移民到其他国家，特别是美国，也有一些到了中国。参见 Martin Kern, "Die Emigration der Sinologen 1933－1945, Zur ungeschriebenen Geschichte der Verluste," in Helmut Martin / Christiane Hammer eds., *Chinawissenschaften － Deutschsprachige Entwicklungen. Geschichte, Personen, Perspektiven*（Hamburg: Institut für Asienkunde, 1999）, pp. 222－242.

⑭参见雷强《亨利·魏智及其北京法文图书馆》，（台北）《图书信息学刊》第 11 卷第 2 期，2013 年。

⑮参见雷强《亨利·魏智及其北京法文图书馆》。1936～1948 年，《华裔学志》设有"刊物简评"栏（西方期刊及中文、日文期刊）。参见 Barbara Hoster（巴佩兰）〈《华裔学志》及其研究对西方汉学的贡献〉，载魏思齐编《有关中国学术性的对话：以〈华裔学志〉为例》，第 87～131 页。

⑯参见 H. Franke, *Sinologie*, Bern, 1953, p. 15. 翻译根据柯慕安《鲍润生（F. X. Biallas, 1878－1936）为华裔学志期刊的创立者——他的生活与事业》，第 65 页；并参照李雪涛《误解的对话》，第 51 页。

⑰关于卜恩礼，参见魏思齐编《根据〈华裔学志〉认识西方汉学家》，第 451～478 页。关于 Johannes Maringer，参见 H. G. Bandi, "Johannes Maringer SVD（1902－1981），" *Anthropos*, 77（1－2）, 1981: 239－241. 关于 Gerhard Schreiber，参见魏思齐编《根据〈华裔学志〉认识西方汉学家》，第 357～359 页。Schreiber 神父曾在北平辅仁大学学习中文和汉学，1954 年于纽约哥伦比亚大学中文系获得博士学位，之后就积极帮助当时在日本的《华裔学志》，并协助将《华裔学志》编辑部迁移到洛杉矶加州大学。

⑱关于斯本德，参见魏思齐《根据〈华裔学志〉认识西方汉学家》，第 507～526 页。

⑲Noel Bernard 是中国考古和历史专家，目前仍是《华裔学志》的顾问。关于罗文达、司律思及司礼义，参见魏思齐编《根据〈华裔学志〉认识西方汉学家》，第 225～264、361～429、431～450 页。

⑳魏思齐编《根据〈华裔学志〉认识西方汉学家》，第 458～459 页。

㉑这部分特别强调欧洲与美国汉学研究之间的比较："美国汉学界还有一个跟其它

西方国家不同的特征，即中国人本身对美国的汉学/美国的中国研究的重大贡献。自第一位哈佛大学的中国教授戈鲲化（1838－1882），经过陈荣捷（1901－1999）至今的成中英或 Wu Kuangming，正因为有了以上这些美国华侨在美国汉学/中国研究等多方面教学，对收藏与管理图书数据的帮助，才能在美国比其它西方国家有着更丰富的研究。真的很难想象如果没有华裔美国人的贡献，当代美国的汉学/中国研究将为何?”载魏思齐《美国汉学研究的概况》(An Overview of Chinese Studies in the United States of America)，(台北)《汉学研究通讯》总第 102 期，2007 年 5 月。

㉒Dr. C. C. Shih（Ching Ch'eng Shih?）自 1947 起在多伦多大学东亚研究系任教。

㉓弥维礼神父于 1976 年在洛杉矶加州大学获得博士学位，后留学辅仁大学、日本南山大学及北京师范大学等。

㉔柯博识至今仍在台湾辅仁大学服务。

㉕施寒微毕业于哥廷根大学和慕尼黑大学，1973 年获得博士学位，自 1993 年起任沃尔芬比特尔（Wolfenbüttel）奥古斯特公爵图书馆馆长。

㉖关于马雷凯神父，参见魏思齐《波兰汉学研究的过去与现况》(“Polish Sinological Studies: The Past and Present,”《汉学研究集刊》第 13 期，2011 年 12 月）附录 3《马雷凯生平简介》(Roman Malek, S. V. D.)。关于他的著作目录，参见“Roman Malek SVD: Lista publikacji, wykładów i varia (List of Publications, Lectures, and Varia),”载于 *Nurt SVD*, 1（2014)，第 370～437 页。

㉗关于孙志文教授，参见魏思齐主编《孙志文教授著作精选暨感恩专辑》（上、下)，新北市：辅仁大学出版社，2011，尤其是第 47～62 页。孙教授于 2015 年去世。

㉘魏道恒 1982 年至 2004 年在华裔学志研究所工作，现供职于柏林国家图书馆东方部。

㉙日本女士 Haruko Kuylaars1973 年至 1994 年在华裔学志研究所工作。

㉚当时，本人正在攻读汉学博士学位。

㉛巴佩兰已在华裔学志研究所工作 25 年，现继续攻读汉学博士学位，师从顾彬（Wolfgang Kubin）教授，撰写关于苏雪林的博士学位论文。

㉜Peter Ramers 神父现任圣奥古斯丁神哲学院副院长及宗教学教授，他的专长为印度学。

㉝关于康士林，参见“Saint Vincent Benedictine Promoted to Full Professor at Fu Jen Catholic University,” in http://www.saintvincentarchabbey.org/newsmodule/view/id/61。在建立华裔学志汉学研究中心的过程中，康士林院长做出了重要贡献。

㉞Eveline Warode 现任职于圣奥古斯丁的中国中心。

㉟这样的安排可能与 2002 年华裔学志汉学研究中心（另名为“辅仁大学外语学院华裔学志分部”）的成立有关，因此有了 Editorial Office（编辑部）和 Taibei Office（台北分支办公室）两个名称。

㊱这段1985年5月15日的记录请参见 Roman Malek, "Monumenta Serica (1935 - 1985)," in *Verbum SVD* 26 (1985) 3, pp. 261 - 276；参见魏思齐编《根据〈华裔学志〉认识西方汉学家》，第460~461页。

㊲《华裔学志丛书》自1937年开始出版，其创始人为圣言会士雷冕神父。1937~1948年他担任《华裔学志》与《华裔学志丛书》的主编。1935年《华裔学志》创刊号问世，鲍润生神父却猝然辞世。当时的辅仁大学校长暨人类学家雷冕开始担任主编的工作，并得到许多曾支持鲍神父的朋友们的帮助，使《华裔学志》的理念得以延续，并通过《华裔学志丛书》得以扩大。

作者魏思齐（Zbigniew Wesołowski），德国华裔学志研究所（Institut Monumenta Serica）教授，《华裔学志》（*Monumenta Serica*）主编，博士。

《华人研究国际学报》与其全球规划

〔新加坡〕游俊豪

[提　要]《华人研究国际学报》，2009 年 6 月创刊，一年两期，至今出版 13 期。编辑总部设在南洋理工大学中华语言文化中心，编辑与出版单位一直维持国际化的格局，包含新加坡、欧美、中国三地机构的投入。本文呈现该学报在进行全球规划方面的努力，并检阅其面对的挑战。首先，回顾学报出版的缘起与筹建过程，介绍其办刊宗旨与理念。接着，梳理这 5 年来的编辑阵容，以及其所经历的变迁。然后，探讨过去 13 期稿件的类别与内容，并检讨其提升为全球重要学术期刊努力当中需要跨越的障碍。

[关键词]《华人研究国际学报》　华文学术期刊　海外华人研究　华侨华人

《华人研究国际学报》（简称《华人研究》），2015 年 6 月出版了第 7 卷第 1 期，实数为第 13 期。2009 年 6 月创刊迄今，这份学报出版与发行进入第 6 个年头，然从 2004 年酝酿创办算起已有 10 年。编辑总部设在南洋理工大学中华语言文化中心，编辑与出版单位一直维持国际化的格局，包含新加坡、欧美、中国三地机构的投入。新加坡方面是南洋理工大学中华语言文化中心、世界科技出版公司八方文化出版社，欧美先后有英国的曼彻斯特大学中国研究中心、诺丁汉大学华人移民研究中心，中国方面是中国社会科学院海外华人研究中心。前10期的主编是李元瑾、刘宏、曾少聪，第11期开始武斌接替退休的李元瑾，执行编辑是游俊豪。

出版的缘起与宗旨

《华人研究》的酝酿，横跨了东半球与西半球。2004年，刘宏准备从新加坡国立大学前往英国曼彻斯特大学任职的时候，与南洋理工大学中华语言文化中心取得联系，倡议共同创办一份海外华侨华人研究的学术期刊，语文是中文的，面向全球的。创刊的原因之一是秉持了王赓武的意愿，因为这位海外华人研究泰斗认为该领域是时候拥有一份纯中文的国际学术期刊。在那之前，已经有一份英文的 *Journal of Chinese Overseas* 存在，并且一直定期出版。

中华语言文化中心那时的主任李元瑾应承，继而也成功邀请中国社会科学院的曾少聪加入。从2004年至2009年6月创刊号出现，5年无数的电邮来回讨论、数次的当面深入商议，终于落实了《华人研究》的出版宗旨、顾问阵容、审稿制度、编辑作业、发行销售。其间，获得新加坡李氏基金会长期赞助部分出版经费，并且决定由世界科技出版公司八方文化出版社发行，因为其营销网络遍布亚洲与欧美等地。创刊号面世的时候，主编为李元瑾、刘宏、曾少聪，执行编辑为游俊豪。2009年5月，海外华人研究与文献收藏机构国际会议在暨南大学召开，《华人研究》也在会上被隆重推介，与会学者及图书馆员皆给予热切的支持，并提出许多让学报得以进步的意见。

《华人研究》致力于提倡华人研究的原创性、多元性、前沿性。有鉴于海外华人作为命题的多元性，从创刊开始，《华人研究》就欢迎全球各专业领域学者发表学术专论、研究述论。研究对象以世界各地华人为主体，探讨华人个体与群体的现象、他们在居留地的遭遇与处境、在区域与国际的跨界活动、与中国的联系网络等课题。无论是采用人文学科、社会科学，甚至科学与工艺等研究方法，或是综合多种学科的研析途径，凡是有助于促进有关华人研究理论与实证上的探讨、宏观与微观的剖析，均予以审阅及发表机会。学报面向华文世界的学者与读者，并积极引介非华文世界有关海外华人的重要著作及活动，以促进华人研究领域的广度交流和深度钻研。

编辑的阵容与沿革

就主编阵容来说，《华人研究》经历了两个重要阶段，2014 年 6 月第 6 卷第 1 期以前为第一阶段，主编是李元瑾、刘宏、曾少聪，分别代表南洋理工大学中华语言文化中心、英国曼彻斯特大学中国研究中心、中国社会科学院海外华人研究中心。2014 年 6 月以后为第二阶段，主编是刘宏、武斌、曾少聪，分别代表南洋理工大学中华语言文化中心、英国诺丁汉大学华人移民研究中心、中国社会科学院海外华人研究中心。有如此变化，是因为李元瑾在 2013 年从南洋理工大学退休，刘宏在 2011 年从英国回来加入南洋理工大学，而武斌在 2014 年代表诺丁汉大学华人移民研究中心担任主编之一。虽然有两阶段，但主编阵容基本维持新加坡、英国、中国的国际格局。

学术顾问主席为华人研究的权威专家王赓武（新加坡国立大学东亚研究所）。学术顾问团国际化明显，都是各国的顶尖学者：班国瑞（Gregor Benton）（英国卡蒂夫大学）、滨下武志（日本京都大学／广州中山大学）、陈志明（广州中山大学）、郝时远（中国社会科学院）、李亦园（台北中研院）、廖建裕（新加坡东南亚研究所）、潘国驹（新加坡国立大学／南洋理工大学）、王德威（哈佛大学）、萧新煌（台北中研院）、颜清湟（澳洲阿德雷德大学）、周南京（北京大学）。

此外，编辑委员团队的构成也顾及全球：蔡志祥（香港中文大学）、顾长永（高雄中山大学）、黄坚立（新加坡国立大学）、何启良（南方大学学院）、李安山（北京大学）、李明欢（厦门大学）、李元瑾（南洋理工大学）、黎志刚（澳洲昆士兰大学）、廖赤阳（东京武藏野美术大学）、龙登高（清华大学）、钱江（闽江学院新华都商学院）、施蕴玲（日本京都大学）、宋怡明（Michael Szonyi）（哈佛大学）、吴前进（上海社会科学院）、周敏（南洋理工大学）、庄国土（厦门大学）。

稿件的类别与内容

《华人研究》一年两期，设有“学术专论”“研究述论”“活动报告”“书评”四个栏目。每期刊登 3～4 篇学术专论与研究述论、2～4 篇学术活动报告、3～5 篇书评。“学术专论”和“研究述论”公开征稿，文章发表后付上稿酬，并赠送学报 1 册。这两个栏目的文章倘若通过主编初审，将会经过双向匿名审稿过程，邀请至少两位同行专家审稿。“学术专论”文章，须具完整题旨、架构、论述，字数上限为1.5万字（含注释与参考资料）。“研究述论”文章，为进行中或刚完成研究项目的报告，或有关研究新发展、新趋势、新课题的论析，字数上限为8000字（含注释与参考资料）。可以说，《华人研究》迄今出版了13期，获得了各学科学者的投稿，丰富了华人研究领域的面貌，充实了理论的探讨与实证的案例，基本上达到其开放性与开创性的目标，文章分别采取了人文学科、社会学科的研究方法，或者综合多种学科，做出了华侨华人实证与理论上的探讨。

投稿与发表文章的作者，主要来自亚洲、美洲、欧洲、大洋洲，所研究的地理面积更遍及全球。著名学者如王赓武、周敏、颜清湟、王辉耀、李其荣、廖赤阳等，曾经在本刊发表论文。

创刊号于2009年6月出版，达到预期的规模，取得很好的开端。权威专家王赓武发表了历史长论《越洋寻找空间：中国的移民》，知名学者周敏从社会学角度撰写《华人国际移民的历史回顾和社会学分析》。奈仓京子探讨了越南归侨在广东台山华侨农场的情况，李庆新回顾17～19世纪越南会安华人的状况。周兆呈、庄华兴分别报告了新加坡2007年1月～2008年7月、马来西亚2005～2007年的华人研究学术活动。水海刚、梁秉赋分别评论了中文书籍：刘宏主编《海洋亚洲与华人世界之互动》、丘淑玲《理想与现实：南洋大学学生会研究1956～1964》。廖建裕评介了英文著作：Jemma Purdey, *Anti-Chinese Violence in Indonesia*。

第2期再接再厉，顺利在2009年12月出版。重要文章有刘宏的《海外华人研究的谱系：主题的变化与方法的演进》，武斌、王辉耀的《温州海外移民发展及其影响的初步探索》。另外，黄坚立论述了南洋企业家李光前三种形象的建构，徐崇荣呈现有关台湾华侨在澳洲生根与发展的研究。学术活动报告方面，张英龙、利亮时分别汇报了广东2007年1月～2008年12月、台湾2008年4月～2009年5月的华人研究学术活动情况。书评方面，袁丁评廖赤阳、刘宏《错综于市场、社会与国家之间：东亚口岸城市的华商与亚洲区域网络》，廖赤阳评龙登高《跨越市场的障碍：海外华商在国家、制度与文化之间》，王俊秀评Zhou Min, *Contemporary Chinese America: Immigration, Ethnicity and Community Transformation*，刘宏评Gregor Benton and Edmund Terence Gomez, *The Chinese in Britain, 1800-Present: Economy, Transnationalism, Identity*。

2010年6月如期推出第2卷第1期，总第3期。知名学者陈志明和泉州海外交通史博物馆馆长丁毓玲合写《泉州城郊“巴厘华人村”：华侨农场归侨重建的家园》。著名历史学家颜清湟的文章题为《新加坡早期的潮州人与福建人：海外华人权力结构和权力关系的比较研究》。张长虹则从泰国潮剧变迁来探讨华人的文化适应。刘国福论述了中国归侨侨眷权益保护法的合适性和应对策略。李其荣、李小燕、王望波分别汇报了在武汉举办的第四届海外华人与中国发展国际学术研讨会，在新加坡举行的第三届族群、历史与文化亚洲联合论坛，厦门大学南洋研究院举办的国际学术研讨会。书评有黄文斌评郑良树《马来西亚华社文史续论》，何明修评黄庭康《比较霸权：战后新加坡及香港的华文学校政治》，钱江评黄贤强《跨域史学：近代中国与南洋华人研究的新视野》，顾长永评 Leo Suryadinata（ed.），*Ethnic Chinese in Contemporary Indonesia*。

2010 年 12 月号（总第 4 期）发表了李勇《天福宫的领导层、组织与功能（1840～1915）：基于报章资料的研究》、姚丽云《英国高技术移民政策的变迁与华人新移民的回应》。此外，王苍柏的文章观照中国四个城市吸引人才回流的政策。方晓和 Eduardo Rubio Ardanza 合写的文章，探讨北西班牙地区华人的群体特性与社会融合。何启才报道马来西亚新纪元学校主办的第二届马来西亚英殖民时期研究学术交流会，廖建裕和游俊豪汇报在新加坡举办的世界海外华人研究学会第七届国际会议，杨海综述在武汉举行的华创会理论研讨会暨第五届海外人才与中国发展国际会议，刘进评述国际移民与侨乡研究国际学术会议。书评方面，有张锦忠评 Elaine Yee Lin Ho and Julia Kuehn（eds.），*China Abroad：Travels，Subjects，Spaces*，王维评王秀惠《跨国移动的困境：美国华日两族的族群关系 1885～1937》，杨聪荣评张翰璧《东南亚女性移民与台湾客家社会》，周聿娥评李元瑾主编《南大图像：历史河流中的省视》。

总第 5 期，2011 年 6 月出版。著名社会学家阿列汗德罗·波特斯、周敏联合发表《国际移民的跨国主义实践与移民祖籍国的发展：美国墨西哥裔和华裔社团的比较》，陈煜的文章题为《南洋大学校园规划与建筑设计（1953～1980）》，石沧金的文章为《二战时期马来亚华人与印度人政治活动的比较分析》，王华、李爱慧的研究述论为《近十年（2000～2009）SSCI、A&HCI 华侨华人研究文献计量分析》。李其荣评述广州中山大学主办的欧洲华侨华人与当地社会关系国际学术研讨会，章星虹介绍了周敏教授对美国华裔移民族群的理论探讨（2011 年“陈六使中华语言文化教授基金”公开演讲系列)。书评一栏，有曾少聪评颜清湟《海外华人的传统与现代化》，朱崇科评李元瑾编著《东西穿梭、南北往返：林文庆的厦大情缘》，崔贵强评陈仁贵、陈国相、孔莉莎编《情系五一三：1950 年代新加坡华文中学学生运动与政治变革》，李安山评 Robert Chao Romero，*The Chinese in Mexico*，1882 – 1940。

2011 年 12 月，总第 6 期出版。廖赤阳《新华侨文学时期的“日华文学”》，将文学命题放在华人研究范畴里考察。黄坚立《“华侨为革命之母”：赞誉之来历与叙述》，回溯历史的话语。潘婉明《在地 · 跨域 · 身体移动 · 知识传播：马来亚共产党史的再思考》，提供了新视角。马建福记述了 2011 年香港中文大学主办的海外华人研讨会，李其荣、冯吉娜、栗晋梅联合评述在武汉举办的第六届海外人才与中国发展国际学术会议。萧新煌评 Wang Gungwu，*Junzi*：*Scholar – Gentleman in Conversation with Asad-ul Iqbal Latif*，黄庭康评 Xing Zhang，*Preserving Cultural Identity through Education*：*The Schools of the Chinese Community in Calcutta*，*India*，游俊豪评 Glen Peterson，*Overseas Chinese in the People's Republic of China*，程希评廖赤阳主编《大潮涌动：改革开放与留学日本》。

总第 7 期（2012 年 6 月），发表了王春光《中国海外移民的根文化建构研究：以巴黎的温州人为例》、陈衍德《菲律宾华人宗教生活的世俗化：以马尼拉、宿雾、纳卯华人访谈录为研究材料》、黄文车《闽南语歌谣的传播与在地化发展：以新加坡 1970 ~ 1980 年代为观察对象》、李培德《华商跨国网络的形成、延伸和冲突：以胡文虎与陈嘉庚竞争为个案》。郑力人报道在温哥华召开的第五届海外华人研究与文献收藏机构国际会议，李其荣、李兰珺、栗晋梅联合汇报在武汉举行的第七届海外人才与中国发展国际学术研讨会。吴前进评 Liu Hong，*China and the Shaping of Indonesia*，*1949 – 1965*，沈红芳评 Richard T. Chu，*Chinese Merchants of Binondo in the Nineteenth Century*，吴龙云评 Lee Hock Guan and Leo Suryadinata（eds.），*Malaysian Chinese*：*Recent Developments and Prospects*，李培德评 Marjorie Topley，*Cantonese Society in Hong Kong and Singapore*：*Gender*，*Religion*，*Medicine and Money*（edited and introduced by Jean DeBernardi），蔡宏政评 Shirley Hsiao – Li Sun，*Population Policy and Reproduction in Singapore*：*Making Future Citizens*。

总第 8 期（2012 年 12 月），廖赤阳的《当代华人知识分子社团的跨国实践及其理念》，以日本华人教授会议为个案进行探讨。郑莉《日常生活中的国际联系（1950～1990）》，对安溪湖头李氏书信进行解析。杨妍的文章，研究华侨银行的变革如何反映新加坡早期华人银行的发展。石沧金、欧阳班铱探讨了新加坡真空教的发展史。刘国福、杜泽君报道了在北京举行的第四届移民法论坛，章星虹汇报了纪念陈六使逝世四十周年的专题演讲、新书推介暨研讨会活动纪要以及“陈六使中华语言文化教授基金”2012年度学术演讲系列的要点。段立生评张长虹《移民族群艺术及其身份：泰国潮剧研究》，钱江评 Eric Tagliacozzo and Wen – Chin Chang (eds.), *Chinese Circulations: Capital, Commodities, and Networks in Southeast Asia*，向骏评 Julia Maria Schiavone Camacho, *Chinese Mexicans: Transpacific Migration and the Search for a Homeland, 1910 – 1960*，刘晓鹏评 Li Anshan, *A History of Overseas Chinese in Africa to 1911*。

2013年6月出版总第9期。周敏《“亚裔人”、“黄种人”、“名誉白人”?》论析亚裔族群在美国种族分层制度中的社会定位和身份认同，游俊豪《与公民互动》探究中国新移民在新加坡的结构性处境，龙坚的文章总结了新加坡独立前崛起的华商文化资本的积累，朱崇科的文章研究黎紫书的长篇小说实验。李其荣、倪志荣综述了在武汉举办的第八届海外人才与中国发展国际学术研讨会，张应龙报道了有关2012年广东华侨华人研究学术会议。武斌评刘宏《跨界亚洲的理念与实践：中国模式·华人网络·国际关系》，杨聪荣评云昌耀《当代印尼华人的认同：文化、政略与媒体》，张晓威评利亮时《陈六使与南洋大学》，杨妍评方伟晶、陆超明编《华人族裔企业：全球与在地的视野》，陈佩珊评 Shen Huifen, *China's Left – Behind Wives: Families of Migrants from Fujian to Southeast Asia, 1930s – 1950s*。

2013年12月出版总第10期。发表了刘双《留日新华侨：当代中国人移居日本形态及特征分析》、范磊《新加坡的中国新移民：认同困境与治理路径》、宋燕鹏《19世纪上半叶马六甲青云亭亭主领导权的式微与再造尝试》、于涛《俄罗斯华商的生存困境与行动策略：莫斯科实地调查》。水海刚汇报2012年6月～2013年6月福建的有关学术活动，范磊报道在吉隆坡举行的世界海外华人研究学会第八届国际会议。傅士珍评冯品佳《她的传统：华裔美国女性文学》，潮龙起评 Yow Cheun Hoe, *Guangdong and Chinese Diaspora: The Changing Landscape of Qiaoxiang*，刘海铭评 Bernard P. Wong and Tan Chee Beng (eds.), *Chinatowns around the World: Gilded Ghetto, Ethnopolis, and Cultural Diaspora*，李秀娟评 Steven G. Yao, *Foreign Accents:*

Chinese American Verse from Exclusion to Postethnicity，彭慧评 Tracy C. Barrett，*The Chinese Diaspora in South－East Asia*：*The Overseas Chinese in Indochina*。

总第 11 期于 2014 年 6 月出版。陈海忠根据陈四合批局批脚陈顺荣的口述资料，发表了《近代潮汕侨批的历史记忆与乡村社会》。段颖以梅县南口侨乡为例，发表了《社会变迁中的跨国网络与粤东侨乡》。刘良妮的文章，探讨了新西兰的中国跨国移民。王辉耀和苗绿合写的文章，分析海外华侨华人专业社团的新特点与新作用。李轶记述了新加坡主办的海外华人研究的回顾与前瞻：方法、理论、视域国际学术会议。曾玲报道了厦门主办的中华文化的跨境传播：海外华人研究国际学术论坛。张翰璧评沈仪婷《谱写虎标传奇：胡文虎及其创业文化史》，梁秉赋评周兆呈《语言、政治与国家化：南洋大学与新加坡政府关系（1953～1968）》，郑一省、喻良评龙坚《新加坡华商之文化资本的积累与转换》，杨妍评林忠强、庄华兴等编《2012 年第一届马来西亚华人研究双年会论文集》，洪子惠评 Pak Nung Wong，*Post－Colonial Statecraft in South East Asia*：*Sovereignty*，*State Building and the Chinese in the Philippines*。

总第 12 期 2014 年 12 月出版。林瑞恺、陈心洁分析厦门竹坝华侨农场十个归国难侨个案回忆录，发表《东南亚难侨归国后的心理适应》。张玉玲以福清籍华侨的同乡网络为例，发表《在日华侨同乡意识的演变》。陈勇的文章呼吁正视海外华人研究的重要性，拓展中国历史学的国际视野。何妍的文章，是对李华伟的访谈录，记述其在俄亥俄大学邵氏中心 20 年所做出的贡献。李其荣、徐浩亮联合报道在武汉举办的第九届海外人才与中国发展国际学术研讨会，张振江综述了澳洲主办的中国海外非汉裔侨民群体学术会议。利亮时评张翰璧《东南亚客家及其族群产业》，王维评游俊豪《移民轨迹和离散论述：新马华人族群的重层脉络》，韩孝荣评 Yuk Wah Chan（ed.），*The Chinese/Vietnamese Diaspora*：*Revisiting the Boat People*，王纯强评 Caroline S. Hau，*The Chinese Question*：*Ethnicity*，*Nation*，*and Region in and beyond the Philippines*，张秀明评 Chih－Ming Wang，*Transpacific Articulations*：*Student Migration and the Remaking of Asian America*。

总第 13 期 2015 年 6 月出版。石静远《华语语系研究及其对母语观念的重塑》，深刻地探讨了语文作为形构研究的命题。于锦恩《1965 年之前东南亚华校中学国文国语教材考察》，提供了民族化、科学化、现代化的切入视角。曾玲《庙宇、坟山的社群化与新加坡华人移民帮群组织之建构》，兼及对东南亚华人社会结构研究的新思考。徐雨村以马来西亚沙捞越诗巫华人社群的纪念公园为例，探讨文化地景创造与社群历史意识，杨明慧汇报石静远在新加坡所做的《华语语系研究及其对母语观念的重塑》公开演讲的情况，宋承锡报道在韩国仁川举行的东亚华侨华人及 Globality 国际学术大会，廖洪跃记述澳大利亚斯威本科技大学举行的近代中国的慈善实践与海外移民网络（1850～1949）国际学术研讨会。石沧金评鲁虎《新马华人的中国观之研究 1949～1965》，刘国福、薛媛评 James Jiann Hua To，*Qiaowu*：*Extra－Territorial Policies for the Overseas Chinese*，吴燕和评 Chen Yong，*Chop Suey*，*USA*：*The Story of Chinese Food in America*。

障碍的存在与跨越

目前，《华人研究》需要克服两个主要障碍，一个是审稿方面的，另一个是有关发行方面的，以便完善其全球化的规划。

审稿方面，《华人研究》需要增加适合审稿的学者储备量。由于学报注重研究的多元性与前沿性，而且其所收到的稿件也愈益反映了这两方面的趋势，所以有时候很难找到背景与训练切合的审稿者。此外，有的学者没有空档，有的学者需要更为宽裕的时间来审稿，稿件从投稿到刊登的周期较长。发行方面，《华人研究》有必要设法增加订户。按照现在的订户群来看，学术机构与个人读者在全球分布相当平均，散落在亚洲、美洲、欧洲。然而，从销售的数量来看，仍然有很大的提升空间。

《华人研究》在国际格局的维持上，无论是编辑阵容与文章发表方面，都取得不错的成绩。目前，《华人研究》正在准备申请进入“中文社会科学引文索引”（Chinese Social Sciences Citation Index，CSSCI）。若能成功进入，其重要性将得到彰显，并且有助于征得更多的优秀文章，有利于增加订阅的数量，推动其全球性的规划，进而发挥更大的全球影响力。

作者游俊豪，新加坡南洋理工大学中文系助理教授，中华语言文化中心副主任，《华人研究国际学报》执行编辑，博士。新加坡　637721

《清华学报》的百年历史回顾与展望

徐光台

[提　要]《清华学报》是首次以“学报”为名的中文刊物，至今有百年历史，随清华的发展而有多次转折与演变。它始自 1915 年 11 月，清华学校周诒春校长为留美青年学生历练与实习而设的校内师生刊物，以英文与中文轮流出版，在五四运动次年停刊。1924 年清华学校停办高等科，向大学转型过程中，由留美学成返国教师重新起始《清华学报》，借新式标点符号将中英文稿统整，朝学术研究期刊方向发展，仍设“撰著提要”，为具学术倾向学生提供撰述空间。1928 年结束留美旧制清华学校，改名国立清华大学，《清华学报》乃成研究学术期刊。1955 年北京清华大学将复刊的学报改名为《清华大学学报》。台湾新竹清华大学初期缺人文社会系所，梅贻琦校长集海外与台湾学界泰斗校友成立编辑委员会与顾问编辑，以新 1 卷 1 期再度重新起始《清华学报》，成为国际性汉学研究期刊，开启一段新的历史。1983 年 8 月 1 日台湾清华大学成立人文社会学院，编辑委员会开始逐渐由偏重海外转至新竹校内，进一步深化与发挥综合性汉学研究国际期刊的特色。

[关键词] 清华学校　清华大学　《清华学报》　汉学研究

《清华学报》是一历史悠久的学术期刊。笔者担任主编时曾收到一项建议：“《清华学报》原具有国际学术界之声望，这光辉的荣景，应该维持”,[①]因而对学报之发展颇感兴趣，乃做学报的历史回顾与展望。

关于学报于何时创始，过去有两种不同见解。一种认为它于1915年12月创始，②并就学报英文版进行探讨。③依此，学报有百年历史，可与旅美学人在该年于美国创立的《科学》杂志媲美。另一种主张它始自1924年，④至今创刊90年。⑤另一方面，过去对《清华学报》的研究，偏重在1950年以前。1955年北京清华大学将学报改名为《清华大学学报》，该年清华大学在台湾新竹"复校"[1]，由梅贻琦（1889～1962）担任校长，翌年6月《清华学报》复刊，发行新1卷1期，至今似乎未见针对《清华学报》整体历史沿革与其在台湾发展的专门研究。

综言之，《清华学报》的历史有待探讨，引起笔者对下列问题的兴趣：究竟《清华学报》于何时创始的？为何会产生创始年代不一的看法？是否与它所在的历史情境有关？如果二者皆为《清华学报》，其间是否存在什么演变或改变？为何《清华学报》会产生英文版与中文版？在20世纪诡谲多变的历史发展中，《清华学报》经历过哪些不同时期的转变或改变，它在不同时期是否有其各自不同的特色？究竟它是否有段光辉荣景的年代，如有的话，今日是否可能维持？它的历史发展横跨海峡两岸，对华文期刊而言，具有什么历史意义？为了解答上述问题，笔者在先前研究的基础上，基于过去百年来的政治巨变，相关学校与大学的历史发展，以中西学术交流的观点，通过阅读现存《清华学报》与相关资料，将其放回历史脉络来了解《清华学报》的发展。

一　西潮冲击下清华学校与《清华学报》的缘起

过去认为《清华学报》始自1924年，不过1915年清华学校的确出版了《清华学报》，要了解二者间的关联与差别，得先回到西潮冲击下清华发展的历史脉络，了解清华学校与《清华学报》的源起。

1. 清华学校的崛起

20世纪初年八国联军入侵北京，迫使清廷庚子赔款。美国感到甲午战后日本吸引大量中国留学生，为增加其对中国的影响，拟退还部分赔款，1908年与清廷商议设立庚款退赔助学基金，资助中国学生赴美留学，开启清华发展的历史。1909年清廷外务部成立游美学务处，与学部考选留美学生，筹建游美肄业馆，选取学生。9月，择定北京西直门外的清华园为游

[1] 此处引号为编者所加，下同。

美肄业馆用地，为清华发展的起始基地。1911 年初迁入清华园，游美肄业馆改名清华学堂，英文名称为 Tsing Hua Imperial College。

1909 年 6 月，游美学务处首次考选游美学生，录取梅贻琦等 47 名学生赴美。1910 年 8 月，第二次考选胡适等 71 名游美学生。1911 年考选第三批游美学生。三年共派出留美学生 180 名。

1911 年 10 月辛亥革命推翻清朝，翌年民国成立，清华学堂改名清华学校，英文名称改为 Tsing Hua College，仍为留美青年预备学校。课程分中等科与高等科，各为四年美式通才教育。[⑥]高等科毕业后赴美留学。为熟习美国语文、文化与经验，课程以英文与直接用英文教学的现代学科为主，中文学科沦为次要地位。[⑦]教务处下设西文部与中文部，薪资与宿舍方面都存在重视美籍教师的差别待遇。[⑧]人数上最初西文部美籍教师占绝对优势，随着 1920 年代留学生返国，中国教师人数逐年增加，美籍教师人数递减。[⑨]

2. 1915 年肇始的《清华学报》与其性质

1913 年 8 月周诒春（1883～1958）任校长，重视清华校级刊物。1914～1915 年出现《清华周刊》（*The Tsing Hua Weekly*）、《清华年报》（*The TSINGHUAPPER*）、《清华月刊》（*The Tsing Hua Monthly*）与《清华学报》（*The Tsing Hua Journal*）等四份学校主导或支持的刊物。

1913 年夏，清华学校学生会组成，次年 3 月 24 日出版首期《清华周报》，9 月 22 日改名《清华周刊》，[⑩]由学生主导汇集全校新闻与新鲜历史，促进师生感情，先后有诸多学生负责编辑。[⑪]

1914 年，为参加巴拿马国际博览会展览，该年创刊全用英文排印的 *The TSINGHUAPPER*，即《清华年报》或《清华年刊》，为对外介绍清华学校的代表刊物。[⑫]

1915 年春，校内虽有多个学会与刊物，周诒春拟以清华学会来统合全校学术社团，并创办学会的杂志。[⑬]5 月成立清华教师学会，选校长周诒春任会长，接着在 6 月出版 *The Tsing Hua Monthly*，一般称为《清华月刊》，亦称《清华学会月刊》。[⑭]它是中英文合刊，编辑部分英文部与中文部，英文主编为 S. C. Hung（洪锡麒），中文主编为王国钧，各有五位编辑。王国钧《发刊词》明白指出："清华学校之设立所以为国家树人才，吸收西洋文明为强国强种作一预备……此清华学会之所以设立，备为求才学之介绍物……清华学会既为校会，则办理月刊以供吾校及各校作交换智识、联络感情之机关，自天职也。"[⑮]

由于中文与英文表达方式不同，要如何将由右向左直行的中文稿与由左向右横列的英文稿同时收入，是个难题。《清华月刊》将师生的中英文稿各自集中，分开处理。英文稿由末尾向前排版，以阿拉伯数字表页码；中文稿从前向后排版，以中文数字一、二、三表页码。相对于英文有较完整的标点符号，当时现代中文标点符号尚未出现，只有句号与强调用的标号。第 1 期的中文部目录中，刊登每月 1 期，全年 9 期，暑假与年假停版。但只出 1 期，就放暑假，而后未出刊。

或因当时中文与英文稿不易同期并存，1915 年底改以《清华学报》出版。过去认为《清华学报》于 1915 年 12 月创刊，事实上，首期英文版 *Tsing Hua Journal* 出刊时间为 1915 年 11 月。前言提到它是 *The Tsing Hua Monthly* 的延伸，从 11 月至次年 6 月由清华学校教职与学生以英文本与中文本轮流隔期出版，致力于考量现代教育生涯中遇到的智识与科学问题。[16] 12 月出中文版《清华学报》，印证先有英文版，而后才有中文版“清华学报”名称。

由于《清华学报》是首次出现以“学报”为名的中文刊物，[17] 为何将“*Tsing Hua Journal*”译为“清华学报”？以“清华”表达“Tsing Hua”是既有的共识，令人好奇的是，为何会以“学报”来译“Journal”？当时已有《清华周报》或《清华周刊》《清华年报》《清华月刊》等刊物，校长周诒春要的是个代表清华师生学会组织的刊物，推论第四个字可考虑的是“刊”或“报”，第三个字在先前以时间表达“周”“月”或“年”以外，最能表达学会的是“学”，因此可选择的不是“学刊”，就是“学报”。在首本中文版《清华学报》小引阐明宗旨时，四次提到“学报”，显示决定使用“清华学报”为其名称。

3. 学报为学生历练与实习的校内师生刊物

英文版前言提到内容的三大范围：校内演讲、撰述与发生事件的记录；值得传播的课题；将当前中文教育世界的观念以英文来表达。[18] 英文版目录分为清华活动（Tsing Hua Activities）、世界概况（The World at Large）与中文出版介绍（The Chinese Publishing World）三个部分。第三部分后来改为 Progress in China。

首本中文版《清华学报》《小引》提到“学报者，交换知识之渊薮也”。其内涵分为图画、著述、选论、学术、法令摘要（教育法令）、文艺、丛录等，反映它为当时教学多属初中或高中阶段的清华学校的师生提供一个交换知识的综合性内部刊物，[19]而不是今日认为学报是一种集合研究论文的学术研究性刊物。

英文版首期出现编辑部与其组成人员，分教员编辑部、学生编辑部与经理部。教师编辑部三人，其中两人为文学士，一人为文学硕士。学生编辑部有孙克基总编辑，还有张可治、陈列勋与程其保三位中文编辑，以及曹懋德、朱斌魁、朱世昀、曾宏逵、黄勤、谢宝潮等六位英文编辑。

中文版第一期第二号名单除上述以外，还将教员编辑部分为中文掌校兼编辑与英文掌校兼编辑，在三位英文版教员编辑以外，增加了以杨恩湛领衔的五位中文掌校兼编辑。学生编辑部成员相同。以“清华学报职员录”来称呼所有学报成员。从其组织来看，系由初中或高中阶段学生参与的刊物，学生担任总编辑，教员则为英中文掌校兼编辑，显示它是一个让学生历练与实习的校内师生刊物，不是学术研究期刊。

由高中学生负责主编的《清华学报》，出现不少前后不一致之处。譬如，学报中文版首卷第2期，被称为《清华学报》第1期第2号，第2卷起就更正了。英文版的《清华学报》首卷第1期使用的名称为 *Tsing Hua Journal*，首卷第3期改为 *The Tsing Hua Journal*。

学报中文版的封面题书直行的“清华学报”，“曾由周诒春、黎元洪、范源濂、梁启超等人先后题写”，[20]笔者发现第2卷第6期庄蕴宽题写，第3卷第4期赵国材题写，封面题字者的改变反映它是一个让学生历练的校内师生刊物。

综言之，1915年周诒春校长任内为统合校内学会而成立清华学会，该年6月创《清华月刊》为学会刊物，将中文与英文稿并辑，由学生分任中英文主编，以训练学生。或因中英文稿并辑困难，乃另行创立《清华学报》。

1919年4月26日，日本对中国政府提出先前“二十一条”要求的修正条件，清华学生视为国耻。5月号的《清华周刊》封面上印有“毋忘日本二十一条件”，4月发行的第4卷第5期与6月的第7期《清华学报》英文版封面上，都印上“Do Not Forget the Twenty - One Demands”，将此讯息传给海内外清华学子。1919年5月4日发生五四运动后，编辑部拟改组未遂，加上经济困难，学报乃于1920～1923年停刊。[21]

二　1924年重新起始的《清华学报》

1922年起，清华学校改为四三一制，中等科四年，高等科三年，大学一年，开始增添大学课程。1923 年停办中等科，1924 年停办高等科。在转型为大学的过渡期中，1924 年重新起始《清华学报》，朝向学术研究期刊的方向发展。

1919～1924 年，在西潮冲击下，社会文化与清华学校产生两点与《清华学报》有关的重要改变。（1）1919 年 4 月胡适与钱玄同等六位教授提出《请颁行新式标点符号方案》，1920 年 2 月，获得北洋政府教育部颁令，使中文得以标点符号现代化。[22]（2）少壮派教师先后留美学成返回清华学校，使原先以中等教育为主的清华学校，得以朝向清华大学的方向转型。上述两点都反映在 1924 年重新起始的《清华学报》上，产生如封面、宗旨、编辑部启事与组成、编辑等与先前诸多不同之处。

1924 年 6 月重新起始的《清华学报》，首卷第 1 期封面全采排版字体，最上一行从左到右横印着“北京清华学校”，第二行是“清华学报”，第三行为英文名称“*THE TSING HUA JOURNAL*”，将先前分离的中英文版名称结合于一，成为清华师生的半年刊期刊。

以编辑部名义撰写的引言，介绍刊物宗旨主张“求学的态度，应以诚实两字为标准”。首先，《编辑部启事》强调“本报以研究学问为宗旨，选载研究学问的文字”，反映 1915 年起始的《清华学报》之宗旨未聚焦研究学问。其次，“本报文字横行，用新式标点，文体不拘文言白话。”接受源自新文化运动促生的新式中文标点符号与白话文，因此“不拘文言白话”，并采由左至右的横式排列，彻底解决先前中英文稿难以并存的困扰。第三，要求文稿“引用书籍，务须注明著者姓名、书名、卷数、页数、出版机关或地点，及出版年月”，符合今日学术期刊的普遍要求，因为研究是大学的基本任务之一，反映 1924 年重启《清华学报》朝向建立大学的突破。第四，1924 年重新起始的《清华学报》朝向半年刊规划。第五是对外开放问题。相对于 1915 年起始《清华学报》是清华学校师生的刊物，1924 年重始的《清华学报》则欢迎志同道合者投稿，不限于校内师生。第六点涉及学报对投稿的版权，这也是 1915 年起始《清华学报》未触及之处。

虽然首卷第 1 期《清华学报》未列主编与编辑委员，根据现存资料系由陈达（1892～1975）担任总编辑。第 1 卷第 2 期（1924 年 12 月）“本期撰述人略历”，记载“陈达　本校毕业生（民国五年，即 1916 年），哲学博士，本报总编辑”。第 3 卷第 1 期（1926 年 6 月）“本期撰述人略历”，记载

“陈达　美国哥仑比亚大学（Columbia University）哲学博士，本校社会学系教授，本报总编辑”。陈达，浙江省余杭县人。1911年考取清华学校留美预备班，在《清华周刊》发表多篇译文和评论。1916年毕业，赴美留学。1919年任中国学生季报主纂，1923年于哥伦比亚大学获社会学博士学位后，返清华学校任教。1926年创办社会学系，抗日战争时期任国立西南联合大学社会学系主任和清华大学国情普查研究所所长。1948年为第一届中央研究院院士。

在向大学转型的过程中，编辑委员不再有学生参与。第3卷第2期（1926年12月）首次出现编辑部11人：陈达、朱彬元、吴宓、余日宣、孟宪承、陈文波、郑之蕃、刘崇鋐、钱崇澍、王士达、吕琳，其中理科2人，社会科学4人，人文学3人，另2人不详，显示当时《清华学报》文章包括文理与社会科学。

另一方面，学报设“撰著提要”一门，为具学术倾向的学生提供空间，撰写新近出版杂志与专书和文章的提要，编辑部竭力指导校内同学的撰述。首期分文史哲学、史地、数理化、农林博物、政治、经济、社会、教育八类，张荫麟（1905～1942）与贺麟（1902～1992）各有不少条，日后两人皆成为有名的学者。

1926～1928年国民革命军北伐，1928年6月攻克北京。《清华学报》第5卷第1期（1928年6月）封面还是“北京清华学校”，在战事纷扰中，未继续出第2期。1928年8月，南京国民政府任命罗家伦（1897～1969）为清华大学校长，推动包括《清华学报》在内的一系列改革。

三　罗家伦对《清华学报》的改革

1925年清华学校中等科结束，设大学部，从派遣留学转为培养本国人才，始创四年制本科教育，分文、理、法三学院，并成立国学研究院，新旧二制并行。1928年停办国学研究院，结束留美旧制清华学校，改名国立清华大学，《清华学报》改为“研究学术的刊物”。

根据罗家伦记载，其推动校内诸多组织与事务改革，包括《清华学报》在内，“在对于清华校务下一番整顿改革，而使其于中华民族在学术上的独立发展，及新中国的建设上，能够有所贡献和帮助”。[23]经他考察后，提出18项整理意见，其中“第十五，校刊季刊的出版与筹备”。“清华以前原有一种学报，每年二册。现拟改为季刊，使成为一领导思潮，研究学术的刊物，引导一般青年思想，入于正轨。”[24]1929 年 4 月改组学报编辑委员会，准备每年出学报三期，文学哲学一期、自然科学一期、社会科学各一期。[25]整顿造成学报的停顿与准备，致使该年学报未出刊，直到 1930 年 6 月才由国立清华大学出版第 6 卷第 1 期文学哲学号，校长罗家伦名列学报首位编辑委员。第 6 卷第 2 期（1930 年 11 月）自然科学号，第 6 卷第 3 期（1931 年 10 月）社会科学号。从这三期内容与格式来看，学报已转型为纯学术期刊。

1937 年 7 月 7 日卢沟桥事变爆发，日军旋即攻占北平，清华园亦沦陷，[26]《清华学报》出版到第 12 卷第 3 期（1937 年 7 月），被迫中断。北京大学、清华大学、南开大学撤至湖南长沙岳麓山下组成国立长沙临时大学。1938 年 2 月三校师生迁入云南，4 月正式更名为国立西南联合大学，校址为现在的云南师范大学。校务由清华大学校长梅贻琦、北京大学校长蒋梦麟（1886 ~ 1964）和南开大学校长张伯苓（1876 ~ 1951）组成常务委员会共同管理。因蒋梦麟、张伯苓在重庆有要职，就由梅贻琦主导校务。1941 年 4 月，《清华学报》在昆明出版第 13 卷第 1 期，为“大学三十周年纪念号上册”，刊有梅贻琦《大学一解》。抗战胜利后，1946 年 5 月，三校迁回原址复校，1947 年 10 月，《清华学报》在北平复刊出第 14 卷第 1 期，旋即因国共内战而停止出刊。

四　在台湾复刊前期的《清华学报》

1955 年，清华大学在台湾新竹“复校”，梅贻琦担任校长，自此海峡两岸皆有清华大学。该年北京清华大学将学报复刊，改名为《清华大学学报》。翌年 6 月台湾清华大学以新 1 卷第 1 期重新起始《清华学报》，封面“清华学报”四字从印刷体改为手书，似乎出自发行人梅贻琦校长，沿用至今。由于“复校”初重理工，无人文社会系所，梅校长邀海外与台湾学界泰斗成立编辑委员会与顾问编辑，组成清华学报社，次期起设于台北金华街校友会址，显示它是校友会主导的国际性汉学研究期刊，开启一段新的历史。

征稿简章提到“本学报包括论文及书评等项，一切以旧日之清华学报为标准”，最能表达其上承先前《清华学报》的精神。“本学报以学术贡献为重，凡有关中国人文学科及社会科学之纯学术性论文及书评均所欢迎。”这点与其英文名称改为 *Tsing Hua Journal of Chinese Studies* 相符，显示它以汉学为主，也适当地反映编辑委员会与顾问编辑成员皆属人文社会领域。

以新 2 卷第 1 期（1960 年 5 月）为例，7 人编辑委员会：何廉（美、经济)、李田意（美、小说)、柳无忌（美、文学)、浦薛凤（台、政治)、梅贻宝（美、哲学)、杨联陞（美、汉学)、刘崇鋐（台、历史)，其中5人在美，2人在台湾。

顾问编辑28人：王伊同（美、历史)、王际真（美、小说翻译)、李书华（美、物理)、李济（台、人类学)、李方桂（美、语言学)、李卓敏（美、经济)、沈刚伯（台、历史)、何炳棣（美、历史)、房兆楹（美、历史)、洪业（美、历史)、胡适（台、文哲)、施友忠（美、文哲)、袁同礼（美、图书馆学)、陈世骧（美、比较文学)、许烺光（美、人类学)、陈荣捷（美、哲学)、陈受颐（美、汉学)、陈观胜（美、宗教)、裘开明（美、图书馆学)、董作宾（台、考古学)、赵元任（美、语言学)、刘大中（美、经济)、刘子健（美、历史)、邓嗣禹（美、汉学)、蒋彝（美、艺术)、钱存训（美、图书馆学)、萧公权（美、政治思想)、顾敦鍒（台、文史)，其中23人在美，5人在台湾。

1950年代中国大陆经历一连串政治运动，到1970年代后期“文化大革命”结束，这期间难以正面态度处理传统文化与学术。相对的，再度起始的台湾《清华学报》则网罗在美与台湾的人文社会学界泰斗，在当时极为缺乏华文国际性期刊的背景下，成为一枝独秀，在汉学界享有盛誉。

由于编辑委员会主席与执行秘书都在美国，加上编辑委员与顾问编辑绝大多数在美，并在美设集稿处与经理处，显示学报重心在美国。学报之所以会成为国际性的华人名刊，各期的英文稿颇多为其原因之一，其中新3卷第2期与4卷第1期（1963年6月）“经济学论文集”，以及新10卷第1期（1973年6月）全为英文稿。

编辑委员会与顾问编辑间颇重情谊，前后共出了三期庆祝梅贻琦校长七十诞辰与清华结缘五十年。特刊第1号（1959年12月）为一科学论文集，封面印着“庆祝梅贻琦先生七十诞辰　科学论文集”，成为学报的一个异例；新2卷第1期封面上印着“庆祝梅贻琦先生七十诞辰”；新2卷第2期（1960年11月）为“祝梅贻琦先生七秩寿辰专号之三”。胡适先生于1962年2月24日过世，新3卷第1期封面印着“敬悼本刊顾问编辑胡适先生”。在新5卷第1期（1965年7月）与第2期（1966年12月）间，清华学报社出版《庆祝李济先生七十岁论文集》上下两册。新8卷第1、2期合刊（1970年8月）封面印着“政治学专号　萧公权教授七秩寿庆论文集”，新9卷第1、2期合刊（1971年9月）的封面印有“语言学专号　庆祝赵元任先生八十岁论文集”，新10卷第2期（1974年7月）有纪念已故顾问编辑陈世骧先生论文四篇，新14卷第1、2期合刊（1982年12月）的封面印有“语言学专号　庆祝李方桂先生八十岁论文集”等。

在这段光辉的荣景时代，出了不少专集，如新3卷2期与4卷1期经济学论文集，新4卷2期哲学论文集，新7卷第1期文学论文集上，新7卷第2期文学论文集下，新8卷第1、2期合刊政治学专号，新9卷第1、2期合刊语言学专号，新11卷第1、2期合刊中国思想史专号，新14卷第1、2期合刊语言学专号等。

虽然清华大学尚未有专门的人文社会系所，但设有共同学科，教授国文、英文、国父思想与历史等工具性的人文社会科目，这类教师人数随清华院系扩增而增长，不但对工具性的人文社会教育质疑，也开始对学报委由校友会经营，逐渐产生自主性的想法。1979年底，清华学报社改组，原定1979年底出版新12卷第1、2期合刊，增加一名校内教师为校编，到翌年3月问世，附上一纸说明：“本期原订去年出版，因社务改组而稽延，远劳垂询，未能一一奉复，特此致歉！”对照学报封面的资料，发现其最大的变化在将清华学报社由台北校友会址移回新竹校园内。

五　1983年人文社会学院设立后的改变与展望

清华的历史发展，从清华学堂、清华学校到清华大学，其间包括国学研究院的设立与废除，系在西学对中学（或国学）的冲击下发展与演变，《清华学报》内容亦不例外。除了传统文学、历史、儒学、哲学与思想方面的研究外，随着愈来愈多东亚文明下成长者留学美欧，学习西方治学方法，将其用于中国传统学术，使得传统学术日渐受西方学术影响，扩大了汉学研究的范围与意义。另一方面，早在明末耶稣会士利玛窦等入华传入西学，并将中国学术传回西欧，开启近代汉学研究。依此，汉学是与西学交流后的产物。从广义汉学研究来看，早在1930年代或1940年代，《清华学报》编辑委员已有从事汉学研究者。随着在台复刊，网罗在美与在台人文社会学界的泰斗，学报乃成为一本综合性的汉学研究期刊。

随着编辑委员与顾问年龄增长，以及1983年8月1日台湾清华大学成立人文社会学院，在校内人文社会教师自主性意识抬头的情况下，编辑委员会开始逐渐由偏重海外转至新竹校内。新16卷第1、2期合刊（1984年12月），编辑委员中已有校内梅广教授，并担任经理，校编亦为校内教师担任。2002年梅广教授退休时，学报出了两期敬贺他荣退；新32卷第1期（2002年6月）“梅广教授荣退论文集（思想篇）”、第2期（2002年12月）“梅广教授荣退论文集（语言篇）”。

新17卷第1、2期合刊（1985年12月），人文社会学院院长李亦园与柳无忌先生担任共同主席，在9人编辑委员会中还有一位清大教授。1987年台湾废除戒严法，使学术自主空间扩大，该年学报转由人文社会学院负责编辑及发行。翌年新18卷第1期（1988年6月），编辑委员会改组为14人，李亦园院长担任主席，执行秘书为人社院教师，编辑委员会成员多由在台学者组成，校内占绝大多数，先前的编辑委员多转为编辑委员会顾问。而后有段时期皆由院长担任主席，执行秘书负责编务，直到2002年杨儒宾教授出任主编时改为主编制，编审独立作业。另一改变是出版单位由清华学报社改为“国立清华大学”出版，新20卷第1期（1990年6月）改为“国立清华大学”人文社会学院出版，直到2003年起学报在行政上纳入清华出版社，隶属教务处，编审仍旧独立作业。

回归新竹校园后，学报征稿简章对学报的定位有几点清楚的说明。首先表明“清华学报为一国际性学术期刊，园地公开，凡有关中国人文及社会学科之论文及书评，均所欢迎”。其次强调“本学报刊载纯学术之论文及书评，译述之作品不在考虑之列”，并表明“本学报之来稿均经编辑委员会送请专家学者评审，通过后始予刊登”。在传承先前国际性走向上，学报进一步深化与发挥综合性汉学研究国际期刊的一些特色。

譬如，叶企孙从1916年起就在英文版 *The Tsing Hua Journal* 撰写数学史与天文学史文章。[27] 1924年重新起始的《清华学报》，陆续刊登中国数学史文章，对该学科的奠基产生作用。[28] 在台复刊后，人文社会学院历史研究所中设有科技史组，除了延续1924年以来的数学史传统，并扩大到科学史与中西交流史，成为学报的一项特色。在语言研究所成立后，与汉学有关的语言学论文在学报中的角色更为重要，新33卷第1期（2003年6月）为“现代汉语语言学专号”。在道家与道教研究方面，新34卷第2期（2004年12月）为“道教思想比较研究专号”，新36卷第1期（2006年6月）为“丹道专号”，并有一系列具有新意的文章。此外还出过新33卷第2期（2003年12月）“汉学与东亚论专号”，新34卷第1期（2004年6月）为“汉学与文化交流专号”，新35卷第1、2期（2005年6月、2005年12月）皆为“哲学概念史专号”，新40卷第3期（2010年9月）“笔墨之外：中国书法史跨领域研究论文集”，新41卷第1期（2011年3月）“超越文本：物质文化研究新视野论文集”，以及新45卷第1期（2015年3月）“节奏、措辞与姿态——汉字与诗文诠释专辑”。

由于人文社会学院的师资来自各方，加上1987年废除戒严法后，对全球开放，来稿包括中国大陆在内，只要符合综合性汉学研究期刊范围，皆可以中英文投稿。以近4年为例，共388篇投稿，平均年稿97篇，侧重文学、历史、哲学、语言、艺术（见表1）。

表1　2011～2014年投稿总量与领域分布

年份	文学	历史	哲学	语言学	艺术	其他	合计
2011	22(24%)	11(12%)	32(35%)	17(18%)	2(2%)	8(9%)	92
2012	23(26%)	12(13%)	31(34%)	10(11%)	7(8%)	7(8%)	90
2013	30(27%)	20(18%)	25(23%)	17(15%)	2(2%)	16(15%)	110
2014	30(31%)	20(21%)	24(25%)	16(17%)	1(1%)	5(5%)	96

由于论文多为2万至3万字，四年来通过严格的双匿名评审制度，实际刊登总量84篇，一年4期，每期约5篇（见表2）。刊登的84篇论文（其中10篇为英文稿），作者来源分布仍以台湾的比重最高，香港与中国大陆次之（见表3）。刊稿作者中，教授或副教授略高于6成，助理教授、讲师或博硕士生的优良文稿也逼近4成（见表4）。

表2　2011～2014年刊稿总量与领域分布

年份	文学	历史	哲学	语言学	艺术	合计
2011	6(27%)	5(23%)	5(23%)	3(13%)	3(14%)	22
2012	4(20%)	3(15%)	7(35%)	6(30%)	0(0%)	20
2013	6(30%)	6(30%)	6(30%)	2(10%)	0(0%)	20
2014	4(20%)	4(20%)	8(40%)	4(20%)	0(0%)	20

表3　2011～2014年刊稿作者来源分布

年份	台湾	香港	内地	其他	合计
2011	16(73%)	2(9%)	1(4%)	3(14%)	22
2012	17(85%)	1(5%)	1(5%)	1(5%)	20
2013	13(65%)	3(15%)	4(20%)	0(0%)	20
2014	15(75%)	3(15%)	2(10%)	0(0%)	20

表 4　2011～2014 年刊稿作者的学术身份

年份	年轻学者	副教授(含)以上	合计
2011	5(23%)	17(77%)	22
2012	7(35%)	13(65%)	20
2013	11(55%)	9 (45%)	20
2014	7 (35%)	13 (65%)	20

在荣誉方面，《清华学报》获评为语言学门综合类学术期刊（2003～2007）第一名。自 2008 年迄今，又连年获“台湾人文学引文索引核心期刊资料库”（THCI Core）收录。除此之外，还被收入 Historical Abstracts、America：History and Life、Bibliography of Asian Studies、EBSCO、东洋文献类目等国际资料库。

回到 2013 年某校务发展咨询委员提问与建议：“《清华学报》原具有国际学术界之声望，这光辉的荣景，应该维持。”为回答此一建议，笔者将学报放回百年发展的历史脉络中，回顾 1915 年创立的《清华学报》是华人学刊中首个采用“学报”名称者，它的发展系从留美预备的清华学校起始，至今正好百年历史。其间历经两次重新起始与多次转变，这在期刊史上是极为罕见的。

梅贻琦一生从清华学堂首期留美，1914 年学成返清华学校任教，曾参与 1915 年创立的《清华学报》编务。1931～1948 年任清华大学校长。1955 年清华大学在台湾新竹“复校”，他担任校长直到 1962 年过世，为唯一在海峡两岸担任清华大学校长者，也是延续《清华学报》百年历史的关键支持者。在其百年诞辰时，学报新 19 卷第 2 期（1989 年 12 月）出“梅故校长月涵先生百岁冥诞纪念专号”感念其支持。

如今《清华学报》是一综合性汉学研究期刊，以刊登文学、历史、哲学、语言学、艺术等与广义的汉学有关论文为主，欢迎学术上有新意与独特贡献的论文。在进行百年历史回顾后，可了解为何会在台“复校”与复刊后出现一个新的年代。一旦历史条件不再，先前的年代一去不回，唯有努力发展，期能成为国际性综合型汉学研究的领头羊，维持期刊的独特性。

附识　笔者于 2011 年 2 月～2015 年 1 月任台湾《清华学报》主编。本文初稿完成于 2014 年 8 月，获台湾清华大学教务长戴念华、研发处与人文社会研究中心资助。同年10月，笔者前往北京清华大学图书馆特藏室查阅1915～1919年的《清华学报》，获冯立升教授与邓亮先生帮忙，以及特藏室何玉副主任的协助，特此一并致谢。

---

①台湾新竹清华大学2013年校务发展咨询委员会建议。

②王利群等：《〈清华大学学报〉的沿革》，收入舒怀编《书海争源：清华大学出版社成立二十周年纪念文集》，北京：清华大学出版社，2000，第47页；清华大学校史研究室编《清华大学九十年》，北京：清华大学出版社，2001，第14页；黄延复：《水木清华：二三十年代清华校园文化》，桂林：广西师范大学出版社，2001，第42页；姚远、杜文涛：《〈清华学报〉的创刊及其历史意义》，《编辑学报》2006年第2期。

③姚远等：《清华学报英文版的传播与首创》，《清华大学学报》2006年第3期。

④见 http：//zh. wikipedia. org/wiki/% E6% B8% 85% E8% 8F% AF% E5% AD% B8% E5% A0% B1

⑤⑳金富军：《阐发学理　宣传文化——纪念〈清华学报〉创刊90周年》，收入清华大学校史研究室编《清华漫话》，北京：清华大学出版社，2006，第281～284、282页。

⑥⑦⑧⑨苏云峰：《从清华学堂到清华大学（1911～1929）：近代中国高等教育研究》，台北：中研院近代史研究所，1996，第184、183、169～179、146、156、161页。

⑩⑭清华大学校史研究室编《清华大学九十年》，北京：清华大学出版社，2001，第11～12、13～14页。

⑪《会社与清华的出版物》，《清华周刊》（本校十周年纪念号）1924年4月28日。

⑫刘崇鋐：《校中大事记》，《清华月刊》第1期，1915年6月，第42页。

⑬㉑《会社与清华的出版物》，《清华周刊》（本校十周年纪念号），1924年4月28日；姚远等：《清华学报英文版的传播与首创》，《清华大学学报》2006年第3期。

⑮王国钧：《发刊词》，《清华月刊》第1期，1915年5月。

⑯Foreward, *Tsing Hua Journal*, Vol. 1, No. 1, 1915 November, p. 1.

⑰譬如，1920年竺可桢（1890～1974）在南京高等师范学堂创《史地学报》，1927年哈佛燕京学社出版《燕京学报》。

⑱*Tsing Hua Journal*, Vol. 1, No. 1, 1915 November, p. 1.

⑲杨恩湛：《小引》，《清华学报》第1期第2号，1915年。

㉒袁晖、管锡华、岳方遂：《汉语标点符号流变史》，武汉：湖北教育出版社，2002，第332～342页。

㉓㉔罗家伦：《致清华大学董事会报告整理校务之经过及计划》，《国立清华大学校刊》第12期，1928年11月23日。

㉕《对清华大学董事会校务报告》，《国立清华大学校刊》，1929 年 4 月 22 日。

㉖朱育和、陈兆玲主编《日军铁蹄下的清华园》，北京：清华大学出版社，1995。

㉗Yeh Chi - Sun, History of Mathematics in China, *The Tsing Hua Journal*, Vol. 1, No. 5, 1916 March, pp. 70 - 75; Vol. 1, No. 4, 1916 May, pp. 86 - 98; Yeh Chi - Sun, The History of Astronomy in China, *The Tsing Hua Journal*, Vol. 2, No. 3, 1917 Jan., pp. 41 - 45; Vol. 2, No. 5, 1917 March, pp. 72 - 77; Vol. 2, No. 7, 1917 May, pp. 182 - 186.

㉘姚远、冯立升、白欣：《〈清华学报〉与中国数学史学科的奠基》，《西北大学学报》（自然科学版）2007 年第 4 期。

作者徐光台，新竹清华大学通识教育中心暨历史研究所教授，《清华学报》原主编。台湾新竹　300

特色化　高水平　国际化

——综合性人文社科学术期刊发展目标之管见

程郁缀

[提　要] 要促进综合性人文社科学术期刊的发展，应该在特色化、高水平、国际化上下功夫。特色化，就是立足本单位的学科优势，打造有别于他人的前沿专题和特色栏目；高水平，就是大力提倡精品意识，发表创新性的高质量学术成果；国际化，就是坚定学术的自尊和自信，努力到国际舞台上去展示中国学术的风采。

[关键词] 学术期刊　北大学报　特色化　国际化

在中国现行的高校和科研机构的管理体制下，包括高校学报在内的为数不少的综合性人社科学术期刊，尽管因其面目雷同、缺乏特色等缺陷而为人们所诟病，但我以为，综合性人文社科学术期刊，在一个相当长的历史时期内是不可能完全取消的，不可能被其他形式的学术刊物完全取代的。正因为此，对此如何进行特色化建设？如何提高刊物的学术水平？如何在国际化的语境中展露身姿？就成了摆在我们面前的一个十分紧迫而且是长期面临的任务。笔者对中国期刊全局发展关注不够，缺乏整体的、宏观的研究，只能结合我们北大学报的一些做法和自己的一点粗浅思考，谈谈自己的管见。不对之处，敬请博雅方家大正。

一　关于综合性人文社科学术期刊的特色化建设问题

从品评期刊的角度看，一家刊物的特色是期刊编辑创造精神的集中表现，是期刊日益臻于成熟和期刊编辑具有相当水平的重要标志。特色是学术期刊的“身份证”或者说“标识码”。综合性人文社科学术期刊应该努力打造自己的特色，通过自己的特色，在传承文明、积累文化、创新理论、服务教学、扩大交流、资政育人等方面做出独有的贡献。也唯有如此，才能在国际国内学术期刊界占有一席之地，进而获得崇高的地位和良好的声誉。如何努力形成自己的刊物特色，使自己办的综合性人文社科学术期刊在期刊的汪洋大海中成为别具特色的一朵浪花，我们的体会如下。

1. 立足本校的学科优势，服务教学科研和学科建设，努力打造有别于他人、只有自己学校才有的刊物特色。

学术刊物要开门办刊，面向全国、面向全世界学术界，这是毫无疑问的。但期刊要形成自己的特色，办刊者就要因地制宜、因时制宜、因刊制宜、因校制宜，不宜一味地盲目学习、机械模仿，那样难免弄巧成拙，甚至是东施效颦。任何一所学校，都有自己独特的历史和传统，独特的学术风气和学科重点，独特的学术群体和研究领域。期刊要形成自己的个性和特色，就要结合本校的实际，突出本校的特色。我们北大学报的总体构思就是依托北大丰厚的人文社科资源，把创世界一流大学的品牌意识和办刊的精品意识结合起来，把优良的学术传统和现代办刊理念结合起来。学报努力体现北大学术自由、兼容并包的特点，在办刊的指导思想和总体构思上，力求容纳各种不同的学术流派和学术观点；力求坚持一贯的“学术水平面前人人平等”的标准，不赶时髦，不媚流俗，面向前沿，高屋建瓴。

在大的学科方向上，我们坚持主打文史哲。因为北大法学院、经济学院、国际关系学院、教育学院等，都另有自己专业性的正式学术刊物，所以，学报编辑委员会主任厉以宁先生指示我们，北大学报发表论文以文史哲学科为主，主要为文史哲各学科提供发表科研成果的平台，为人文院系学科建设服务。按照这一精神，为了配合学科建设，我们从 2007 年推出了“古典小说前沿问题丛谈”专栏。中国古典小说研究，历来是北京大学中文系学术研究的强项，新中国成立以来在全国同学科中一直雄踞榜首。但近十几年来，随着吴组缃等老一辈学者的退休或去世，中国古典小说研究出现了断档危机。为了重振这一学科，我们从 2007 年起，组织中文系三位教授集中研讨，拿出一个总体计划，每年一个栏目，每一期的栏目围绕古典小说研究领域里的一个主题，每人一篇，形成一个整体，至今已经连续 8 年，8 个栏目、24 篇高水平的论文连续推出，在中国古典小说研究领域里形成了较大影响，同时极大地推动了北大传统的中国古典小说学科建设。另外，我们还开设了“宋史研究”“诗学与诗歌史研究”“科学·历史·哲学”“文学与思想史研究”等栏目，在促进学科建设方面，效果也都良好。

一个学校的学报，无疑是这所学校教学科研的重要组成部分，应该把学报建设作为学校学科建设的系统工程来抓，把办好学报，同教学、科研、学科建设、师资队伍培养结合起来，结合自己学校所有的重点学科、重点研究基地、重点研究项目进行组稿和选题，力求做到举全校优秀的学术之力来办好学报。这就要求包括主编在内的学报全体编辑，熟悉学校的教学科研情况，充分利用好、整合好本校资源。学报与学校其他各部门之间应当相互支持，相互帮助，做到资源共享，互惠互利，共同提高。例如，《北京大学学报》结合校内科研项目和学术活动，开设了“本刊特稿”“教育部人文社会科学重点基地论坛”“新年文化论坛”“儒藏的编纂与研究”“生态文明建设”等栏目，既及时宣传了北大人的最新学术成果，又在全国学术界产生了积极的社会影响。特别是北京大学从2004年开始，创办了“北京论坛”，确立了“文明的和谐与共同繁荣”的总主题，向全世界喊出来“文明和谐”的伟大声音，穿越时空，振聋发聩，已经持续11年。我们积极配合论坛秘书处组织主旨发言，每一年都从主旨发言中选出2~4篇，在北大学报首栏推出，在政界、学术界都产生了重要影响。

2. 期刊的特色化建设，可以在专题化、在以问题为中心的选题策划和专业栏目设置方面下功夫。

学术期刊专业化，是其提升学术质量的一条好途径。创办专业化期刊，并且高质量地办好专业性学术期刊，当然是我们应该倡导和追求的一个美好目标。但专业性期刊与综合性期刊应该并行不悖，共生共荣，不能以此否定彼，也不必以彼否定此，两者关系，必然是长期共存，团结合作。所以特色化建设，不一定要求期刊统统走专业化的路子，那样的话，势必要由横队变为纵队，重新出现新的千刊一面（即全国可能有《文学研究》60家、《哲学研究》70家、《史学研究》50家、《法学研究》80家、《经济学研究》120家，等等），这显然是不足取的；但是，我们完全可以在专题化上下功夫，通过专题化来彰显刊物的特色。

学术专题一般是从问题意识出发的，可以和各层次、各类别的重大科研课题联系在一起的，学科的交叉性和综合性是其基本属性，它既体现某一学科链的必要延伸，又体现多个学科生长点的有效聚合。专题，既是学术期刊重点打造的热点，也是读者热情阅读的看点，同时也是把学术研究推向深入的掘进点。专题研究，既要注重研究历史和现状，又要注重研究在社会历史发展中的地位和作用；既要注重共时态的横向比较，又要注重历时态的历史开掘；既要注重学术理论性，又要注重时代感和现实性。这就要求编辑要有问题意识、前沿意识、策划意识，应围绕刊物特色，根据学术热点问题、前沿问题来策划选题、组织稿件和遴选稿件。在和校内外、国内外优秀学者充分沟通和交流的基础上，发动一些著名学者为学报组稿、约稿，聘请他们担任相关栏目的特约主持人。

举一个选题策划的例子。我们正在策划在北大学报上开展关于中国思想与文化研究范式的讨论。关于这个问题的讨论，在20世纪80年代曾经有过一个热潮，主要集中在中西方思维观念和研究道路的碰撞上。“以西解中”，成为此后的主要研究方式。世纪之交，从比较文学、古代文学到中国哲学，学术界又掀起一轮关于研究范式的讨论热潮，尤其以中国学术合法性为关注焦点，许多论者主张“以中解中”，建构文化自主性。时至今日，随着对于自身传统文化思想的理解愈加深入，方法或范式的研究又有推进的必要。

怎样更为切实地增强传统中国文化的自主性和感知力，怎样以一种内在的、贴合自身理路的方式去感知传统文化，如何置身于传统文化意蕴脉络之内去看待并导出思想的研究方法，这些都已成为亟须关注和讨论的问题。尤其在一些通观文学史和思想史的学者看来，建立一种自身的、独到的、从传统内部生发出来的研究方法和思想范式，在目前这个转型阶段是非常重要的。有鉴于此，我们北大学报积极邀约这些长期关注文化与思想史方面的研究状况，并对方法与范式有自己独到见解的学者，如张祥龙教授、香港中文大学张健教授、新西兰伍晓明教授、北大钱志熙教授和张辉教授等，参加这个讨论。在这个平台上，学者可以从自己经验出发，各抒己见，畅所欲言，以期进一步引发有关方法、范式和道路的深入研讨，有助于中国学术、中国文化的建设。

除选题策划外，特色化建设还应该在专业栏目如何设置上下功夫，力求主次分明，相得益彰。综合类人文社科学报覆盖的学科太宽，因此，求大求全就成了综合性社科期刊的最大忌讳。一所综合性学校或可以学科齐全，但是，一本综合性期刊却不能每个栏目都开设，否则必然使自己的特色大大削弱。因此，必须突出主打栏目、品牌栏目。所发文章所涉及的各学科的论文数量不平衡，这是很正常的现象。一本刊物既要有主打栏目、特色栏目，也要有常规性栏目；栏目设计应该相互配合、相互烘托、相得益彰。这样，每一期刊物才能成为一个有血有肉、有花有叶、有主有次、结构合理的和谐体系。

学术期刊特色化建设的途径是多种多样的，是因刊而异的，是可以在办刊的过程中不断调整的，以上两点仅供参考。

二　高质量的学术成果应该是学术期刊始终不移追求的最高理想和最终目标

综合性人文社科学术期刊，理所当然要坚持正确的人文导向，贯彻双百方针。围绕社会发展的中心，服务民族复兴的大局，始终坚持正确的政治方向和良好的学术导向，严把政治质量和学术质量关，守住底线，守住编辑的责任和学者的良知。尽量多刊载一些研究解决国家或地区经济、社会发展中具有全局性、前瞻性、战略性的重要研究成果，多刊载一些在基础理论方面有创新意义，特别是具有原创性意义的学术成果。这些都是必要的，都是必须始终坚持的。但我始终认为，在期刊建设和发展方面，最要紧的是要紧紧盯住高质量的学术论文，这是学术刊物的命根子！千万不能因为关注这样特色、那样特色，或者如何开门办刊、如何巧设栏目等，而忽略了这个提升刊物学术水平的生命线、命根子。

我们应该牢牢树立中国学术的精品意识，即主要不是追求论文论著数量，而要追求学术上的高质量。我们北京大学 2001 年春天曾经召开过“文革”后唯一的一次全校文科教师大会，主题是“树立北大文科精品意识”。我们认为真正的科学研究从来都是不单纯追求数量，而是以质量取胜，清除赝品，拒绝平庸，追求产出高水平的精品成果。用心血做学问，用生命写文章，历来是中国知识分子为人称道的美德和优良传统，也是我们学术期刊应该坚守的正道和追求的目标。

翻开中华民族的文化史，真正传世的经典要籍，不一定是以数量取胜，而一定是以质量见长。譬如对我们民族思想影响最深远的《论语》，全书只有 20 章、511 条、15925 个字，其博大精深的内涵，永远放射着真理的光芒！其大智慧，不仅属于我们中华民族，也是属于全人类的。如果说西方人信奉基督教，他们有《圣经》；那么，《论语》可以说就是我们东方人的圣经，我们中华民族的圣经。再譬如在 5 万多首唐诗中，诗人张若虚只有两首诗传世，其中一首是五言古风《代答闺梦还》，12 句、60 个字，很一般；但另外一首七言歌行体《春江花月夜》，虽然只有 36 句、252 个字，却千古传唱！任何唐诗选本，都不能不选这一首诗；诗人张若虚也因为这一首诗而名扬后世，永垂不朽。相反，清代康熙皇帝一个人据说就写了 4 万多首诗，但人们却一首也记不得。

当然，数量可观、质量亦高的著作，也是我们应该追求的。如司马迁的《史记》，全书共 130 篇、52.6 万多字；这一部“究天人之际，通古今之变，成一家之言”的伟大著作，在中国历史学上具有划时代的伟大意义，“百代以下，史官不能易其法，学者不能舍其书”（东汉郑樵语）。鲁迅先生则称《史记》是“史家之绝唱，无韵之离骚”。可见，传世之精品，不在于短长之形式，而在于其内涵之深邃、思想之深刻、积淀之厚重、艺术之精湛。

我们北大的汤一介先生，经常为学报撰写高质量的、创新性的学术论文。2014 年，北大学报第一期在“本刊特稿”栏目中，发表了汤先生题为《略论儒家的“以人为本，道行天下”》一文，文章从儒家的道德伦理、政治伦理、经济伦理、社会伦理、天人关系伦理等五个方面，阐述了儒家的“以人为本，道行天下”。这也许是汤先生在世时正式发表的最后一篇学术论文。在论文的结尾处，汤先生满怀感情地写道：“也许人类社会不过是一场悲喜剧，在某些历史枝节问题上可能以喜剧的形式出现，但人类最后在宇宙中消失的时候，它将可能以大悲剧的形式退出了历史舞台。但人活着时，作为儒者则必须抱有理想……对于理想，我们也许常常抱着‘虽不能至，然心向往之’的态度。我想，张载的《西铭》头两句‘民，吾同胞；物，吾与也’说得对，人必须有理想，把‘人’看作‘人’，‘以人为本’这是真正儒者可贵的精神；《西铭》最后两句‘存，吾顺世；没，吾宁也’，说得也很对。人的一生必须对社会尽伦尽职，追求‘道行天下’，在他离开人世的时候可以问心无愧于天地神明。”——汤先生正是这样一位用心血做学问、用生命写文章、问心无愧于天地神明的学术大师！

我们觉得，中国的学术期刊要想有大的发展，要想在特色化建设上有重大突破，就一定要志存高远，要大力提倡精品意识。我们虽然不能企求每一项研究、每一期刊物、每一篇文章都是学术精品，那是很难很难的，甚至是不可能的，但我们应该要求尽量多一些精品学术研究成果。学术水平是学术刊物的生命，学术质量高于一切，任何权威都不能高过质量权威。这是一个十分高远的目标，全国人文社科学术期刊界的同仁，让我们一起努力奋斗，“虽不能至，然心向往之”。

三　关于国际化语境下的学术坚守与创新问题

以前，人们习惯上用“日新月异”来形容飞速发展的社会态势，而在网络化、信息化高速发展的今天，自然科学也好，人文社会科学也好，更是发展迅疾，瞬息万变。信息化、网络化的时代，知识的传播已经大大跨越了空间上的局限，各个国家的学术都不可避免地融入全世界知识的汪洋大海。在国际化语境下，中国的学术如何“走出去”，中国文化如何与世界文化接轨，中国的学术期刊特别是华文期刊如何走向世界，这些都是摆在中国学者和中国办刊人面前的一个十分严肃的问题。

我以为总的原则，还是著名社会学家、我们北大教授费孝通先生所倡导的处理不同文化关系的那十六字箴言：“各美其美，美人之美，美美与共，天下大同。”中国文化是世界文化的一部分，独具自己特色的一部分。文化接轨，可以是文化认同，但不是文化同化——既不同化他民族的文化，也不应被他民族文化同化；而应该是平等交流，友好交融，一起前行，共同繁荣。早在2500年前孔子的学生子夏就曾说过这样一句名言：“四海之内皆兄弟也!”前面谈到的11年前，我们北京大学创办的“北京论坛”，论坛所确定的每一年都围绕的一个总主题，就是“文明的和谐与共同繁荣”!

在这个总的精神、总的指导思想下，下面就国际化语境下的学术坚守与创新、学术期刊的发展与繁荣，谈几点粗浅看法。

1. 坚定中国学术的自信自尊，鼓励中国学者到国际舞台上去展示中国学术的丰硕成果和风采才华。

古代兵书《孙子》中有一句名言：“欲得其中，必求其上；欲得其上，必求上上。”唐太宗在《帝范》中曰：“取法乎上，仅得其中；取法乎中，故为其下。”我们中国学术就是要求其上上，就是要法乎上上；就是要有我们中国学术的自信和自尊。中国的学术期刊，也要自强不息，也要有自己的自信与自尊。别人看不起我们，随他去；我们自己不能看不起自己。譬如语言文字，世界各民族的语言文字都有自己的特点和优点，我总以为汉字乃我中华民族遗产中最伟大的遗产，单音节、方块形的汉字，一点也不比拼音连写的其他文字逊色。非但不逊色，还更有长处，诸如，我们汉字可以组成对联这一全世界独一无二的艺术奇葩；汉字书法是全世界公认的一门艺术，中国瑰丽的书法艺术，极大地丰富了世界艺术宝库！而以汉字为载体的中国文化，更是博大精深，灿烂辉煌。所以我们不能妄自菲薄。

我们要凝聚中国学者的智慧才华，鼓励人们到国际舞台上展示中国学术的风采。中国学者在国际一体化的大潮中应该精诚团结，和衷共济。我们应大力鼓励中国的学术期刊走向世界，不只是英文期刊，也包括华文期刊。中国的办刊人和中国学者，应该到国际舞台上去竞争。把我们中国学者最新的高水平的研究成果，及时介绍和推举到国际学术界去，进一步弘扬中华民族的优秀文化，为人类文明的发展做出更大贡献。

清人陈澹然在《寤言二迁都建藩议》中说过这样一句话："不谋全局者不足谋一域，不谋万世者不足谋一时。"中国的办刊人和中国的学者，正应该有这样的广阔胸襟、恢宏气度和大家风范，有信心、有力量，勇于挺进到国际舞台上去，用我们的一流成果尤其是原创性的成果去堂堂正正、大大方方、胸有成竹、不卑不亢地与世界一流的高手竞争短长，争雄夺冠，去一展中国学术的丰硕成果和中国学者的风采才华，去为中国人扬眉吐气，为中华民族增光添彩！这无疑是一个很高的目标，让我们一起携手努力，奋斗不息！

2. 迈开中国学术的创新步伐，既不重复别人，也不要重复自己。

创新是一个民族的灵魂，也是科学研究的内在要求和本质特点。科学的发展是在不断创新尤其是在原创的基础上不断前进的。在通往真理的大道上每向前迈进一步的价值，要比在前人已经开辟的大道上来回重复一千步的价值还要高千百倍。自然科学是如此，人文社会科学也是如此。明代"公安派"领袖人物袁宏道，在为他的弟弟袁中道的诗序中，说过这样一段发人深省的话："且夫世间之物，雷同则可以不有；可以不有，则虽欲存焉而不能。孤行则必不可无；必不可无，则虽欲废焉而不能。"（《小修诗序》）没有创新，那种重复的、雷同的东西，是没有生命力的，因为别人已经有了。这样的东西，尽管人为地想把它保存下来，那也是无法保存的，岁月的流水会将没有创新的东西，很快冲刷掉的。相反，创新的、独特的、唯一的东西，则是不可缺少的；这种不可缺少的东西，你想人为地废除它，那也是不可能的。

国际化语境下的学术坚守，就是始终不渝地坚守学术创新。一流的学术刊物追求的，正是尽可能多地发表这样的学术创新性的论文。我们哲学社会科学研究的创新、成果的创新，主要体现在新观点、新材料、新方法上。所谓新观点，就是要在吸取前人研究成果的基础上，提出自己新的思想、新的理论，如果能是原创性的思想理论则更加难能可贵。学术的原创性，是伟大思想和杰出学术成就的最高体现！所谓新材料，或者是前人没有发现没有运用过的材料，或者是现实生活中新出现的鲜活的材料，或者对别人已经用过的材料又有自己新的分析。所谓新方法，其本质就是实事求是，与时俱进，符合实际。我们要善于发现新问题，挖掘新材料，勇于提出新观点，构建新体系。一切科学的发展，都是在不断创新尤其是在原创的基础上不断前进的。因此，我们中国学者应该发扬科学的怀疑精神、批判精神、探索精神和开拓精神，通过独立思考和刻苦钻研，敢于发前人之所未发，多出代表中华民族先进文化的传世之作，多出具有学术前瞻性的创新之作和能够填补学术空白的奠基之作。我们应该大力提倡和积极鼓励优秀学者聚精会神地潜心研究，虽然“十年磨一剑”，不一定绝对是好宝剑，但如果“一年磨十剑”，则恐怕不会是好宝剑。

其实，一个优秀的学者，其本质特征就是以学术创新为短暂人生和永恒事业的第一追求。真正一流学者最可贵的品质，我以为就是在学术研究方面努力做到“三个超越”：既要敢于在时间和历史长河纵的方面超越前人，这种超越，标志着一种进步；又要在空间和社会生活横的方面超越他人，这种超越，标志着一种成功；而更难更重要的则是要在精神领域里不断地超越自我，只有这种超越，才标志着人生和学术的最高境界，才是学术研究领域里真正的强者！也只有这样的学者，才能在国际化语境下坚守中国的学术高台，为中华民族的伟大复兴贡献力量！

以上所论述的三个问题，有的扣题紧一点，有的松一点，总的精神，就是想说明承载中国学术内容的中国学术期刊，和创造中国学术成果的中国学者，在大目标一致的前提下，如何突出特色，如何提高水平，如何走向世界。中国的学术期刊方兴未艾，中国的学术期刊办刊人任重道远！面对全球一体化的大势，面对飞速发展的信息化时代，我们唯有埋头苦干，唯有自强不息，唯有团结奋斗！我们坚信：“长风破浪会有时，直挂云帆济沧海！”

作者程郁缀，《北京大学学报》主编，教授，博士生导师，全国高等学校文科学报研究会副理事长。北京　100871

国家话语传播与社科期刊的国际化

杜　敏

[提　要] 国家话语的传播是中国实现国家目标和国家战略的重要问题，也是一种自主而现实的需求。国家话语的传播可在多个环节、多种渠道进行。社科学术期刊是在更高理论层面进行国家话语建构与国家话语传播的重要渠道，社科期刊的国际化则是国家话语快速传播的重要方式。社科期刊国际化应分阶段进行，注重期刊本土作者与刊物语言表达外语化的矛盾、期刊综合化与国外订户专业化的矛盾、信息内容传播与理解上的文化差异等问题的解决。

[关键词] 数字时代　国家话语　社科期刊　国际化

数字化、信息化、全球化的时代语境与中国目前发展的现实需要，凸现了国家发展无法回避和必须解决的重要问题——如何利用数字技术，将国家话语以适当的方式传播到国际社会，以实现国家目标和发展战略。因为中国的发展需要与国际社会进行广泛的沟通与交流并获得必要的理解与支持；需要理论先行，让学术话语在国际社会创造好的语境为中国发展保驾护航。之前，对国家话语的研究与讨论，多在国家软实力提升的话题下进行，并一度成为关注的热点问题。但作为学术期刊人，我们不仅要关注国家软实力及其提升的问题，还要关注国家软实力是如何传播并产生一定影响力的。所以，本文主要从国家话语及其传播的角度，谈谈与之相关的社科期刊国际化的有关问题。

一

当一个国家有意识、有目的地在国际社会展示自己的国家形象时，国家话语的建构与传播就显得必要而重要了。那么，国家话语具有哪些内涵与特征？

1. 国家话语及其特征

“国家话语既是一个国家自我认定的国家形象的展现，又是一个赢得国际认知的传播活动”的重要组成部分。[①]有学者认为，国家话语是一个国家为传播国家信息、塑造国家形象、提升国家软实力，解决国内、国际问题而构建的信息体系；是一个国家体现国家意志、国家价值、国家追求、国家目标的一种信息表现形态。[②]可以说，国家话语是一个国家为树立其国际形象而有意识建构起来的、有国家特色的，并希望广泛传播并取得一定效果的、系统的、动态的信息体系。

国家话语受其建构与传播目的的影响，与话语信息的传播主体、传播的手段、传播的对象、传播的策略等密切相关，呈现出鲜明的特色。

第一，信息内容的广博性。国家话语是一个国家政治、经济、军事、科技、文化、教育、学术、外交等实力的信息呈现，涉及面广，内容丰富多彩，表现错综复杂，承载方式多种多样，呈现出广博、交叉而又有序的状态。但受国际形势变化、国家目标与传播方略的调整等因素的影响，国家话语处于动态的变化与调整中，是一个不断建构的过程。

第二，传播主体的多样性。国家话语作为树立国家形象、实现国家目标的信息系统，需要进行广泛的传播，这必然涉及各类不同的传播主体，可以是代表国家的领导人、外交部的发言人，也可以是官方的各类媒体机构、各级机构的媒介，以及数字时代自媒体的各位传播者。其主体类型多样，身份各有不同。

第三，传播媒介的丰富性。国家话语不仅涉及的信息内容丰富，受传播目的及传播效果的要求，其传播所凭借的媒介样式也各不相同，目前而言，包括传统的广播、电视、电影、期刊、报纸以及网络媒体、移动终端等。各媒介的传播内容、传播对象、传播方式、传播效果存在一定的差异，各有其特色，但都构成国家话语传播的有机部分，都为国家话语传播产生一定的作用。

第四，传播对象的广泛性。国家话语的传播对象广涉国内外，就国际上而言，包括不同国家和地区、不同机构和单位、不同组织与群体；就国内而言，包括不同层次、不同行业、不同类别的广泛的受众。

第五，信息传播的目的性。国家话语是一个国家树立国际形象而与国家意志、国家目标相关联的话语体系，包括政治、法律、思想、道德、艺术、宗教、哲学等不同的内容。这些内容的丰富性及与文化的关联性，使之既具有不同国家人们所共同追求的价值与观点，又具有某一国家自己的意识形态与文化特色。为了传播的可接受性，国家话语在传播时，还要特别注重受众的国别差异、文化差异等，注重传播的目的性与有效性。

2. 中国国家话语建构的自主要求

国家话语在国际传播的作用与特征昭示，国家话语不仅要及时建构，而且要合理建构；不仅要内容丰富多样，而且要采取有效方式进行有针对性的传播。中国正在崛起的大国形象，要获得国际上的广泛认同以实现国家目标，就必须重视国家话语的建构及其有效的传播。

但与当今中国快速发展不相宜的，首先是国家话语的“信息缺失”，即我们还不能有效而充分地使不同国家、不同地区、不同层次的人们及时有效地了解当代中国发展的有关信息与文化变化，常常处于国家话语信息内容有限、信息量不足的状态。其次是传播渠道的“语塞”，即现有的传播媒介数量不足，传播方式落后，传播手段不丰富，难以形成有效的、快速的、为更多国家和地区所接受的传播渠道。再次是影响力上的“失声”，即国家话语难以产生有效影响力而导致别国对中国发展的不理解与曲解，更难以掌握国际上的话语权。现在的这种情形在多年前就被撒切尔夫人言中：“中国不会成为超级大国，因为中国没有那种可以用来推进自己的权力进而消弱我们西方国家的具有国际播撒性的体系学说。今天中国出口的是电视机而不是思想观念。”[③]中国国家话语传播的有限性与中国不断发展的现实形成的巨大反差，促使学者进行深入思考。有人提出“中国发展的第一目标首先是世界化，即表明中国属于世界。中国发展的第二目标是中国化，即成为自己”。“在新的时代条件下找寻到中国的身份和认同”。[④]这是中国现实发展所必然形成也必须形成的认识。但我们认为，中国发展的第一目标国际化与第二目标中国化，二者是不可分割的，犹如一张纸的两面。因为国家话语的建构及其传播，国际化与中国化不仅可以同步进行，也必须同步进行，要以自己的文化特质和创新性的理论体系去建构国家话语体系，要为中国的国家发展创造更大国际空间。作为承载相关信息内容的社科期刊在此背景下的国际化，顺时而为已成为当然。

二

社科期刊以学术研究的方式所承载的大量社科信息内容，既是社会科学研究的内容，又构成国家话语体系的重要组成部分，其前沿性、现实性、学理性、高端性的特点，较为集中地反映了中国知识阶层对国内外各领域社科信息、社科研究以及各种不同理论等成果进行研究与判断后所形成的智力成果。与其他媒介不同的是，学术期刊传播的国家话语涉及国家建设与发展所面对的政治、经济、法律、宗教、教育等不同领域的前沿问题，需要学者以学术研究的方式进行理论与实践的探究，为国际社会不同领域高端知识阶层了解中国、为中国走向国际社会寻找智力上的支持。

社科期刊的国际化，实际上就是建构国家话语的有关信息以前沿性问题、探索性的内容、学理性的表述，通过学术期刊这类媒介方式所进行的一种国际化传播。这种国际化的传播，一方面要求其承载的信息内容的国际化，要求其传播形式的国际化，同时要求其传播效果的国际化。具体而言，社科期刊应处理好这样几个关系。

其一，社科期刊的内容应注重国家话语的建构。目前，中国在当代世界上的话语权因国家话语不系统、缺乏创新、传播不力而未能发挥应有作用，进而失去中国思想文化传播的影响力、感召力。如有学者提出“应当批判当今中国文人文化的自卑及文化失败主义，阐述国际化中的文化冲突与文化共存的问题，进一步质疑西方的‘三争文明’（个体竞争、集团斗争、国家战争），倡导‘三和文明’（家庭和睦、社会和谐、人类和平），强调在不同文化之间相互理解和宽容”，要从新的视角探讨中国的东方文化的理论特质，其当代价值、未来走向，在参与世界知识体系建构的知识生产中，不断推出新的、整体性的思想体系，要“以中国经验和中国元素构建的社会生活理念和生命价值观，成就自己文化形象的整体高度和阔度”，进而在人类文化价值观上拥有影响和引导这个世界前进的文化力量。[⑤]这实际就是强调中国社会科学学者的学术研究，应拥有能影响世界的国家话语权，我们深以为然。社科期刊作为最新研究成果的载体，也应具有使命感与责任感，要选择那些既能与国际社会广泛交流，又适合中国国情，还能代表国家话语的各类信息内容进行传播。这符合要走向国际又具有中国特色的国家话语的传播方略，也是社科期刊国际化的必然要求。

其二，社科期刊应有国际化的话语视野。社科期刊国际化，除了内容上要注重国家话语的建构，还应当充分了解国际学术的主要动向，不仅要对不同国家政治形态、价值观念、思想文化有清晰的认知和中国视角的判断，还要在充分了解对方的基础上建构适合国际传播的国家话语。而在建构国家话语并进行传播的过程中，应当处理好世界范围内普遍存在的以下信息问题。一是霸权主义与和平主义的对立。[⑥]霸权是在现实中存在着的，和平是人们普遍愿意驻守的。在全球化的背景下，强权及霸权者常以他们的实力及话语权制裁他者，带来各种冲突与新矛盾，这其中必然会伤及他者及其自身的利益，所以社科学者需要在国际化视野中寻找新思维、新理论、新战略解决有关的问题。二是不同文明、不同文化之间的冲突与挑战。新的话语体系的建构，无法摆脱历史的束缚。不同文明及文化间的冲突，不同民族精神和既得利益纠缠在一起所形成的不同话语体系的冲突，需要新的智慧去解决，需要社科工作者进行充分的研究，需要社科期刊在国际上将这些新的智慧广泛传播出去，以化解冲突，缩小认识上的差距。三是民族话语与世界普遍话语之间的冲突与对立。如何平衡话语之间的民族性、国家性和世界性问题，是解决区域和世界冲突的关键。[⑦]社科期刊在国家话语建构中应当注重民族、国家的历史以及与全球普遍利益之间的关系问题。四是国家话语与民间话语的矛盾与对立。不同政治集团、不同国家、不同民众之间的利益存在一定的冲突和矛盾，其话语中存在信息的不一致、不对称。社科期刊应对之有一定的认识，防止误判与误传，进而带来相反的传播效果。所以，社科期刊的国际化，应在国际视野下进行信息的把握，应在充分研究的基础上进行稿件的组约。

其三，社科期刊应熟悉国际传播的渠道与模式。在媒介技术论看来，社会的进步取决于媒介的不断发展，媒介是社会持续不断发展的决定性因素。因为任何一种新的媒介，它的信息承载方式新颖，信息量大，信息流动的速度快，信息反馈及时，这些特点使媒介自身就形成了一定的生产力，促使社会快速发展，促使信息广泛流通。而当下新媒介技术的不断更新，新媒介形式的不断出现，使社科期刊的国际传播受到语言、技术、渠道和传效的各种挑战。在此背景下，社科期刊的国际化不仅不能在国家话语建构的内容上“失语”，在传播技术和传播渠道上，也要不断切入和把握，掌握国际期刊的运作模式，熟悉其传播的途径，分析期刊内容产生影响力的有关因素，进而不断提升国际化的纵深程度与影响力的持续产生，真正为国家话语的广泛传播与广泛接受做出自己的努力。

其四，社科期刊应注重传播效果的有效化。国家话语的国际传播，传播方式的选择也是十分重要的，影响着传播的效果。社科学术期刊的国际化，可在遵循国际标准的同时，在编排设计上、在传播的时效性上、在读者接受心理等方面进行有效研究，既要体现中国特征，更要注重海外受众的信息需求、阅读习惯，提升传播的实效。如中国的快速发展，使国外学者及投资者对中国的经济政策、法律制度等十分感兴趣，同时也希望充分了解中国的当代文化和语言。社科期刊在传播相关信息的同时，应针对不同国家的受众需求，有选择地进行信息的投放、内容的编排、传播形式的选择，这样才可取得更好的效果。

可以说，社科期刊走向国际传播领域，这是中国发展的需要，也是有使命感的社科期刊的一种选择。但社科期刊国际化所面临的问题却常常使我们裹足难前，我们需要仔细分析寻找应对的策略与方法，以繁荣社科期刊业的发展，服务国家建设与发展的需求。

三

中国期刊国际化问题在20世纪90年代已被提上日程，并在不同学科领域进行过研究。就自然科学期刊而言，其探讨与研究较多，主要分析了其国际化的历史进程及走势、[8]国际化的要求、国际化的策略与路径等问题。[9]对社科期刊的国际化，目前形成两种不同的见解与认识。一种认为广泛意义上的社科期刊国际化不可行，因为一些期刊尤其是一些小刊、弱刊没有机会实现国际化；一些内容尤其是有关中国地域文化的内容不适合国际化；一些期刊受资金、传播语言、传播渠道、人力资源等因素的制约而无力国际化。[10]一种观点认为，社科期刊国际化是大势所趋，应当注意分析其中的困境与难度，等待适当机会再进行国际化。事实上，社科期刊国际化是自主的一种选择，关键在于如何看待国际化、如何实施国际化。

就当下而言，互联网时代的新媒介技术，为我们提供了信息快速传播的技术平台；中国快速发展的国家硬实力及其在世界上的影响力，为各类媒介的国际化提供了良好的机遇。实现国家话语的国际传播，虽然社科期刊与科技期刊存有差异，但也有相同之处。我们以为期刊国际化有两种不同形式，一是期刊面向世界，一是期刊的国际化。

1. 社科期刊面向世界。就是以本土发展为根本，在强化现有办刊方针的基础上，加强对外传播，争取国外用户认可，获得更多传播影响。就理科学术期刊而言，目前有 100 多种英文刊。其中较好的做法主要有如下几点。其一，面向世界著名期刊检索机构寄送刊物或发布相关信息内容，扩大影响。如进入引文索引 SCI（美国科学引文索引）、EI（工程索引）、科学技术会议索引（ISTP）；英国剑桥大学科学文摘、俄罗斯科技信息所的《俄罗斯文摘》、日本科学技术公司的《科学技术文献速报》、荷兰 Elsevier 出版公司的 Scopus。《地理学报》就有千册样书对外寄送，以便国外学者了解该刊的办刊情况。其二，使用 DOI（Digital Object Unique Identifier，数字对象唯一标识符），便于数字时代学者对论文的检索，提升论文刊发期刊的影响面和影响力。其三，将期刊翻译为英、法、德、俄、日等不同语言进行广泛的介绍与宣传，包括期刊的办刊宗旨、办刊栏目、办刊的影响力、办刊的学术规范等。这为期刊在不同国家的传播、扩大影响力起了很大的作用。其四，加强与海外学者的联系与交流，积极组发海外学者的稿件，通过国际化的约稿、审稿及编稿等流程，加强期刊在国际上的影响力，进而吸引更多优秀的稿件，形成良性循环。其五，充分利用互联网和出版集团，进行海外的发行与传播。许多期刊，主要的编辑工作交由期刊编辑部进行，但期刊的海外发行常与海外出版机构合作进行，借助海外渠道与平台扩大影响力。这些很好的做法，为社科期刊走向国际提供了很好的思路，值得借鉴。社科期刊在传播内容充足、语言表达无碍的情况下，首先，在传播的渠道上，要不断加强与国际上著名索引机构的联系，借助他们的渠道扩大影响力。其中最为常见的有美国社会科学引文索引（SSCI）、艺术与人文科学引文索引（A&HCI）、国际学术会议社会科学引文索引（ISSHP）。其次，组约并刊发海外学者稿件，增强其国际性与影响力。再次，邀请海外学者担任社科期刊编委，有部分海外学者担任期刊审稿专家，借助其学术影响力而产生影响。这些是最易实施的、面向世界的做法。

2. 社科期刊的国际化。有学者认为自然科学期刊的国际化有 6 大指标：信息交流的国际化、编委成员的国际化、编辑工作的规范化、编辑人员的专业化、出版语言的国际化、出版经营的规模化和市场化。[11]这 6 种指标，在一些自然科学的国际期刊得到体现，如《地理学报》《中华医学杂志》《中国药学》《生物化学与生物物理学报》等。但中国社科期刊的特点与传播现状还难以做到以上这 6 点，其中最大的差异就在于科技信息无意识形态特征，而社科期刊所负载的内容受政治性、民族性、文化差异等因素影响，其国际化更应当注重策略与方式。如此，中国社科期刊的国际化进程一直较为缓慢，不仅出版的外文刊数量有限，语种也十分有限，影响力不大。仅以社会科学的英文刊为例，20 世纪 50 ~ 70 年代其数量很少，20 世纪 80 年代以后创办了 9 种，到 20 世纪 90 年代又创办 6 种。2000 年后社科英文刊才不断出现，2000 ~ 2005 年创刊 11 种，2006 ~ 2010 年再增 15 种，如《中国社会科学（英文版）》《现代国际关系（英文版）》《中国与世界经济》《经济学与金融学年刊》《中国经济学人》《中国历史学前沿》《中国哲学前沿》《今日中国文学》《中国比较法学刊》《复旦大学人文社会科学论丛》《文史哲（英文版）》等。尽管不断出现英文期刊，但目前社科期刊英文版的数量仍然十分有限，至于其他语种的学术期刊数量少之又少。因为全球有 44 个国家约 20 亿人在讲英语；27 个国家讲法语、14 个国家通用法语，共约 1.8 亿人使用法语；23 个国家 4 亿人讲西班牙语；22 个国家 2 亿多人讲阿拉伯语；2.4 亿人讲俄语。因此社科期刊的国际化，除了出版英文版，其他语种也不可忽视。

当然，社科期刊国际化面临的主要问题并非数量少，而是创办过程中的这样几个矛盾。

第一，期刊本土作者与刊物语言表达外语化的矛盾。社科期刊不同于自然科学期刊最显著的就在于其承载的信息内容具有本土性、民族性、文化性的特征，这也使其作者多为研究本国问题的学者，其所用语言多为本国语。如何解决本国作者本国语的学术表达与学术期刊国际化外文表达之间的矛盾，是大多数学术期刊面临的首要问题。就目前创办的英文版而言，对这一矛盾主要采用分阶段解决的方式：第一阶段，中文稿件翻译阶段。学术期刊投入大量财力、人力将本国语言的研究成果翻译为英文，邀请外国专家复审、校订稿件，再请英文专家匿名审理稿件，之后引入海外排版系统进行稿件编排与处理，而后再根据情况进行新的选择；第二阶段，与海外机构合作阶段。学术期刊与海外机构进行合作，通过海外机构进行稿件的审理、校对、编排、发行等，如一些学术期刊与施普林格（Springer）或泰勒弗朗西斯（Taylor&Francis）进行合作。这种新的运作模式，消除了部分语言上障碍，减少了学术期刊国际化初期面临的矛盾，各展其长，具有一定的优势，但不是长久之计，仍待时日进行验证。

第二，学术期刊综合化与国外订户专业化的矛盾。中国学术期刊的很大一部分是高校学报，而高校学报最大的特色就是其内容的综合性，涉及所在学校的多个学科及其作者。但学术期刊国际化的受众往往为专业订户，其信息需求往往受所属专业及研究领域的限制。因此这样综合性的学术期刊与专业化的受众需求之间的矛盾就成为学术期刊国际化面临的又一矛盾。为此，不少期刊做出努力：一是创办专业性的国际期刊，如《中国哲学前沿》等系列刊物，就是针对海外受众群体专门创办的专业性期刊，既收录高校学报所发表的文章的翻译稿，又接收专业的英文稿；二是将综合性学术期刊的内容进行重新组合与编排，努力形成某一领域的专业刊，再将之国际化而为外文刊。这些做法能为此问题的解决提供思路，但仍需我们深入思考以解决受众传播的针对性和有效性问题。

第三，信息内容在传播与理解上的文化差异等。国家话语最大的特点就是带有某一国家的民族特色、国家意识、文化特征。这在学术期刊的国际传播中带来了另一显著的矛盾，即内容传播的民族性可能因文化差异、学术差异带来与受众理解上的差异。尤其是某一国家独特的哲学、宗教、历史、文化、习俗等信息内容，往往因理解者的学术背景、文化差异出现难以理解、错误理解、失误理解、不完全理解等状况。如古代赋、比、兴等手法的使用就是《诗经》中非常突出的特色，但对海外学者而言，这种文学手法为什么会出现、又怎样演变就是较难解读的现象，这就要求学术期刊在传播时特别注意此类问题，避免阅读与理解上的失误与差异。

国家话语要建构更要传播，这是社科期刊在当代及今后的重要使命之一，也是中国学术发展的必然要求。社科期刊走向国际进行传播，其路漫漫，但一定会越走越快，因为大家的实践及不断的研究，定会将中国话语更为广泛地传播出去，产生更大的学术影响力和国家话语的感召力。

---

①孙自辉、黄婷、黄亚宁：《国家话语的言语证据策略研究——以〈西藏民主改革50年白皮书〉为例》，《湖北民族学院学报》2012年第2期。

②⑥⑦陈汝东：《论国家话语能力》，《北京大学学报》2011年第5期。

③④⑤王岳川：《生态文化启示与精神价值整体创新》，《江西社会科学》2008年第4期。

⑧赵歆、郑度：《〈地理学报〉中、英文版创刊以来的国际化进展》，《地理学报》2014年第9期；杨俊丽：《我国科技期刊国际化实证研究》，《图书馆界》2012年第6期。

⑨⑪金碧辉：《论中国科技期刊的发展战略》，《山西大学学报》2007年第3期。

⑩师清芳：《人文社科期刊国际化问题的思考》，第九届全国核心期刊与期刊国际化、网络化研讨会会议论文，太原，2011年9月。

作者杜敏，《陕西师范大学学报》编辑部主任、主编，教授，博士生导师，全国高等学校文科学报研究会副理事长。西安 710119

大数据时代华文学术期刊发展的战略选择

李宏弢

[提　要] 大数据时代，海量的非结构或半结构数据及其所要求的快速处理能力，正在颠覆着人们的思想观念、生活方式和生产方式，带来的是思维变革、社会变革和战略资源重组。大数据对传统学术期刊的冲击同样具有颠覆性。信息渠道的变化、传播介质的变化和阅读方式的变化，迫使传统的学术期刊必须转变思想观念、经营模式和传播模式，借力于大数据，树立大数据思维，逐步积累行业大数据，充分挖掘大数据的价值，使得学术期刊完成战略升级，获得发展动力，实现集约化发展、国际化发展和数字化发展。

[关键词] 大数据时代　华文学术期刊　集约化　数字化　国际化

随着计算机技术、数字通信技术的发展，互联网的普及以及云计算的成熟，人类进入了信息社会。与信息社会密切相关的大数据已经并正在改变着我们的生产方式和生活方式。这正如维克托·迈尔－舍恩伯格与肯尼思·库克耶在《大数据时代》开篇引言中所说："大数据开启了一次重大的时代转变。就像望远镜让我们能够感受宇宙，显微镜让我们能够观测微生物一样，大数据正在改变我们的生活以及理解世界的方式，成为新发明和新服务的源泉，而更多的改变正蓄势待发"。[①]就华文学术期刊而言，大数据带来的转变或许将是颠覆性的。这让我们不得不思考，如何改变传统的学术期刊发展、运营模式，以适应大数据时代的变化，促进新的学术生态的形成。

一　大数据：到底给我们带来了什么

当我们还沉浸在互联网、云存储、智能手机、微信微博等互动平台带来的喜悦的时候，“大数据”一词闯入了我们的视野。仿佛一夜间，大数据便成了重要元素，影响着我们的生活和生产的各个领域。“自从我们在中国资本市场第一个发出‘大数据时代即将到来’的声音后，大数据已经成为年度热词。”[2]以学术研究为例，笔者在中国知网以“大数据”跨库搜索全文，相关研究文章的数字分别是：2012 年为 5405 篇，2013 年为 16644 篇，2014 年竟然高达 33545 篇！而 2006～2011 年搜索结果显示，其间对大数据的研究文章并没有太大的起伏，数量在 2629～2953 篇之间。在以“大数据”为关键词进行的搜索中，2012 年为 66 篇，2013 年为 845 篇，2014 年为 2667 篇，而此前的 2003～2011 年，竟然每年不超过 2 篇。这也印证了学者的说法：2012 年是大数据普及之年，2013 年是大数据应用之年，2014～2016 年是大数据效益之年。[3]可见，信息社会，大数据已经无孔不入，那么到底怎样理解大数据，大数据给我们带来了什么？

1. 认识大数据

尽管研究者以及研究机构对大数据（Big Data）的理解莫衷一是，但学界普遍认为大数据具有如下四个特点。

第一，数据规模大（volume）。这应该是大数据区别于传统意义上的数据的最基本特征。根据国际数据公司（IDC）的报告，人类已经正式进入 ZB（10^{21} 字节）时代。该中心的报告还预测 2020 年以前全球数据量仍将保持每年 40% 多的高速增长，大约每两年就翻一番。对此，我们可能没有直观的概念。而一组名为“互联网上一天”的数据告诉我们，一天之中，互联网产生的全部内容可以刻满 1.68 亿张 DVD；发出的邮件有 2940 亿封之多，相当于美国两年的纸质信件数量；发出的社区帖子达 200 万个，相当于《时代》杂志 770 年的文字量。[4]可见，如此大规模的数据是传统意义上的数据所无法比拟的。

第二，数据种类多（variety）。传统意义上的数据基本上都是结构化的数字，如统计人数的数字表格、工资表等，也即我们可以通过数据库或者是简单的编码等技术就能处理的。而大数据则多数是由文本、信息、图片、视频、音频、位置、交易信息、上网喜好等半结构化或非结构化的数据组成。这些庞杂繁多的数据往往无法以结构化的方式进行处理。

第三，处理速度快（velocity）。由于云计算的出现，使得大数据的处理成为可能，并且这种处理是在瞬间完成，速度之快已经用秒来做分界。比如，在 baidu 上搜索“大数据”，会显示百度为您找到相关检索结果多少个，用时多少秒的信息（当然，目前已经不再显示用时多少秒了）。一般来说，显示的搜索时间都在 1 秒之内，如 0. 37 秒、0. 018 秒等。显而易见，大数据的处理速度之快，这也是大数据区别于传统数据的最重要的特征。

第四，价值密度低（value）。一般来说，价值密度的高低与数据总量的大小成反比。数据总量越大，价值密度就越低。尽管大数据价值密度低，但是商业价值高。大数据之所以备受关注，关键还在于其潜在的巨大的商业价值。从海量的大数据中如果能够找寻到数据之间的关联性，并进而为决策提供依据，这将大大缩短工作流程，提高工作效率，更为重要的，不但会提升企业、事业单位的竞争力，还会为社会发展乃至社会管理带来革命性的变化。

以上四个特点都是基于大数据本身而言的。大数据真正发挥作用，还离不开迅速获取有用信息的能力。为什么马云能够成就电商，关键就在于他能够利用大数据，分析其潜在的规律性，并拥有据此做出判断的能力。因此，对大数据的理解，除了包含学界公认的四个特点外，还有一个重要的因素，即迅速获取、甄别信息的能力。

2. 大数据对传统生存方式的颠覆

大数据给我们带来的颠覆性的改变是不言而喻的。最显而易见的变化是，从前我们接受信息的方式比较单一，而今我们接受信息的方式却是多样化的。大数据对传统生存方式的颠覆主要有如下三个方面。

其一，思想观念上的颠覆。大数据带给我们最大的颠覆便是推动了思维创新。人类社会从农耕社会到工业社会，再到信息社会的发展，每一次进步都是思维创新的结果。如果说，技术创新解放了人类的双手，那么大数据的应用还解放了人类的头脑。以海量信息、种类繁多并且强调处理速度为特征的大数据，如今已经成为各行各业发展所离不开的。大数据引发的思维革命改变了我们认知世界的方式，大数据的实用功能使得越来越多的问题可以通过大数据来解决。这使得无论是政府部门、企业事业单位还是个人都被大数据紧密地联系在了一起。大数据的这一功能也推动我们转变思想观念，这种转变要求我们“首先，要分析与某事物相关的所有数据，而不是依靠分析少量的数据样本。其次，我们乐于接受数据的纷繁复杂，而不再追求精确性。最后，我们的思想发生了转变，不再探求难以捉摸的因果关系，转而关注事物的相关关系”。[⑤]大数据时代，样本就是全部数据，从繁多的数据中找到事物的相关性，这种相关性不一定精确，却能够对未来发展进行预测，这才是大数据的核心。这种从因果关系到相关关系的思维变革是大数据的关键所在。

其二，生活方式的颠覆。不断扩张的大数据已经成为社会发展的核心资源，这种资源改变着我们的生活方式，推动了社会变革。如今，我们可以毫不夸张地说，拥有了数据资源，就拥有了创新社会的动力。以现代化的城市建设为例，这里面既包括城市规划，又包括人文环境建设。而利用好城市发展中的经济、政治、人口、教育、公共服务等的大数据，会对提高决策的执行力，提高城市的服务管理水平，构建现代化的治理体系起到积极的作用。又如目前深受欢迎的滴滴打车和快的打车业务，可以掌握什么时候、什么路段是打车的高峰，这样可以有针对性地投放运营车辆，改善拥堵路况，提高城市交通运载能力。再如目前随着智能手机、平板电脑的普及，人们阅读方式、获取信息的方式发生了根本性的改变，可以有针对性地根据人们阅读习惯、阅读兴趣的改变，实现日渐低迷的纸媒业的转型，促进文化事业发展适应大数据时代的变革要求。在政府治理层面，大数据在政府信息公开、舆情调查、公共管理等方面的重要性更为突出。如通过网络热词搜索，能够及时了解公众最近关注的社会热点，提高政府应急能力与处理突发事件的能力，而大数据的强大的预测功能又提升了社会治理能力，促进了社会的进步。

其三，生产方式上的颠覆。大数据开启了信息社会的飞速发展模式。在这个阶段，信息已经改变了存在的方式，从附属于物质和能源中剥离出来，成为独立的资源。掌握和获取信息的能力成为衡量一个企业乃至一个国家实力的标志。而大数据是获取信息的重要途径，并成为战略资源，决定着企业、地区和国家间的竞争与博弈。尤其是各国政府间为争夺信息而不断利用大数据强大的分析预测功能进而实现战略资源重组的目的。“大数据所暗藏的巨大潜力，使其成为新一轮利益角逐的战略高点。近年，围绕大数据建设出台的国家网络安全政策，一边加紧提升抓获、萃取、分析数据的能力，一边借力强化国家安全战略防御。”[⑥]美国在奥巴马上任后，开启了一系列利用大数据作为网络安全战略的核心保障，2012 年 3 月，更是宣布投资 2 亿美元用于“大数据研究发展计划”。在此战略部署下，美国国防部积极进行大数据安全项目研发，来强化其国家安全发展战略。世界上其他发达国家也都逐渐重视大数据相关产业的发展，以加强本国的国家安全。中国政府也看到了大数据作为新兴产业的战略意义，于 2012 年发布的《物联网“十二五”发展规划》《“十二五”国家战略性新兴产业发展规划》中对信息技术等大数据相关产业予以支持，提升新兴产业在国家战略中的地位。

二　学术期刊：进入冰河期?

大数据时代，人们获取信息和传播信息的方式、渠道都发生了根本性的变化。大数据对传媒行业的冲击同样是颠覆性的。2012 年 12 月，美国《新闻周刊》难挺其近 80 年的历史，停出纸媒刊，全面转向电子杂志。这一转型传递给人们的一个信号即是大数据时代，传统纸媒受到网络等的冲击是不争的事实。然而仅过了一年零三个月，《新闻周刊》又高调宣布复刊，复刊后其读者定位为精英客户而非大众，完全是“高大上”路线；它的收入来源也不依赖于广告的投放，而是来源于目标客户的订阅费。其高昂的订阅费已经大大超出了同类期刊的定价，对于普通大众消费群体而言，他们是不会花高价去购买并阅读的，因为网上阅读更加方便快捷。可见，尽管《新闻周刊》逆势而上，但是其性质和功能都发生了变化，已非传统意义上的纸媒刊，它的收藏功能已经取代信息获取和传播功能，成为首要功能。而其他大众传媒如德国比较有影响的《法兰克福论坛报》和《德国金融时报》在两周内相继宣告停刊，也说明大数据时代对传媒行业的颠覆性冲击。这些有着广泛受众的大众传媒在大数据时代下尚且如此，那么受众群体固定、受众面相对窄的学术期刊，又会是怎样的情形呢?

1. 大数据时代信息传播的变化

如前所述，大数据改变了我们的思想方式、生活方式和生产方式，促动了思维变革、社会变革和资源重组。大数据改变了一切。而资本市场、产业界、学术界以及政府的联动，更是推进了大数据时代的快速发展。大数据对传媒业的冲击之所以如此之大，关键在于大数据时代信息传播发生了变化。

变化之一：信息渠道的变化导致了信息传播方式发生了改变。传统媒体时代，书报刊、广播、电视是人们获取信息的主要来源。这种信息传播渠道相对单一。由于掌握的数据资源有限，因此，书报刊传递给人们的信息是从仅有的纸本信息数据样本，或者说主要是经由编辑的经验、推断或其价值选择加工处理而来的。而广播、电视等音频、视频信息获取，属于“广播” +

"接收"模式，这种模式不管是否有人在听广播或者看电视，发射塔总是在发送节目信号，只要打开广播或者电视，就可以收听、收看到节目。但无论是书报刊，还是广播电视，这种获得信息的渠道是单向性的，传统媒体在信息传播中处于主体的地位，而获得信息的人们则处于被动接收信息的状态。人的主观能动性不能充分地被调动和发挥起来。而大数据时代，互联网与智能手机的普及、物联网的发展、云计算的大量使用、社交网络的兴起、电子商务的蓬勃发展等，使得人们获取信息的方式多种多样，并不局限于传统的媒体。微博、微信等平台的开发应用，"自媒体"让每个人都成为信息传播的主体，积极参与这一过程。信息传播渠道从过去单向性的变成交互性的"请求"+"响应"模式。这种模式如果客户端不发出请求，服务器端是不会发送任何数据的。[⑦]这种交互模式充分发挥了获取信息的人的主观能动作用，从过去的被动接收变成我要什么样的信息，人成了信息传播中的主体。

变化之二：传播介质的变化改变了人与世界的关联方式。传统媒体时代，人与世界联系的方式主要通过人际交往以及传统媒体信息传递来了解发生的事件。传统媒体掌控着信源，信源经由传统媒体变成受众接受的信息，这一过程，经历了时空上的对接。也即传统媒体时代人与世界的关联是受到时间和空间的限制的。媒体作为信息的发布者，受众作为信息的接收者，是有着时间上的先后和空间上的距离的。媒体和受众之间并非平等的关系。而大数据时代，新媒体的出现，改变了信息传播过程，信源被传统媒体掌控这一局面被打破，每个人都可能成为信息的发布者，在这当中，传统媒体同样成为受众的一员。交互式信息接收方式突出强调了"平等"的意愿。时间和空间在人与世界的联系上已经不能成为障碍。信源通过直接发布大大缩短了经由传统媒体发布的时间上的限制，处于同一空间维度的人们获得信息的真实度也大大提高。大数据的快速处理能力使得传统媒体在信息动态传播上的功能逐渐弱化并有被新媒体取代之势。新媒体的快速发展，互联网的普及，凸显的是以"我"为中心的认知圈从不被认可到迅速扩大。个体人从传统媒介下的被动的信息接受者变成了新媒体下的信息发布者，极大地调动了人的认知能力，使得人作为社会的主体参与到社会决策当中。

变化之三：阅读媒介的变化导致了服务方式的改变。传统媒体时代，人们的阅读媒介基本上是报纸、期刊和图书，以及作为视听阅读媒介的电视和广播。大数据时代，由于互联网的较强的替代性，使得传统的书报刊阅读方式受到重创，与传统媒介相比，互联网不但承载了传统书报刊的信息内容，而且我们可以像阅读纸本的书报刊一样，网上有电子书、电子期刊、电子报纸，版式和纸本的一模一样，同样可以翻页阅读，所不同的就是互联网阅读更加方便、灵活。而 IPTV、流媒体等网络视频技术的发展，使电视和广播同样受到冲击。网络视频的好处就是受众可以根据自己的需求来选择想要观看的视频。而且网络视频不受时间和空间的限制，真正地让我们可以随时随地想看就看。有学者还据此对中国国民媒介使用变化展开了调查。调查显示，传统媒介的使用率普遍下降。“报纸下降 28.09%，杂志下降 26.33%，图书下降 26.08%，电视下降 17.91%，广播下降 16.05%，光盘型媒介下降 3.67%。手机、电脑、阅读器的使用率增长明显，尤其是手机和笔记本电脑。”[⑧]这种多元化的媒介阅读使得传统媒体的灌输式的服务方式被打破。大数据可以根据一个人的上网嗜好进行数据分析，进而有针对性地推送受众想要阅读的信息。大数据时代使得媒体从传统的大众化的服务转向个性化的服务，这种服务更有针对性并更为精准。

2. 传统媒介遭遇现代技术，学术期刊出现危机

在现代技术面前，传统媒介的生存空间已然受到限制。大数据时代信息技术的飞速发展，交互性的信息接收模式，无限拓展的网络空间，无不对传统的学术期刊进行着冲击。在互联网织就的庞大的体系中，传统纸媒学术期刊犹如在峡谷中行走，危机不言而喻。

危机之一：难以适应目前多渠道的信息来源。传统纸媒以报纸、期刊、图书为传播载体，信息来源较为单一。而信息社会云计算的出现，使得大数据技术被最大限度地开发利用，信息来源已经不局限于书报刊。大数据时代的数字数据代替传统的模拟数据成为主要的信息来源。并且，数字数据正在以每两年多就翻一番的速度增长，而传统的模拟数据却基本没有增长。这让以模拟数据为存储介质的报纸、期刊和图书处于发展的劣势。有研究显示，在 2000 年，数字存储信息占全球信息量的 1/4；其余 3/4 的信息都存储在报纸、胶片、黑胶唱片和盒式磁带等类媒介上。到了 2007 年，只有 7% 是存储在报纸、书籍、图片等媒介上的模拟数据，其余全部是数字数据。[⑨]就学术期刊而言，它作为传统纸媒的重要组成部分，同样也经历着大数据带来的阵痛。传统的学术期刊其运作模式是基于从前的模拟数据而形成的，其流程基本上是来稿、选稿、编稿、发稿的模式。一些办得好的期刊会通过组稿、约稿来提升信息质量。尽管在这一过程中，编辑可以根据相关数据所反映的信息有针对性地组稿、约稿，但在海量的大数据面前，传统学术期刊周期长、反应慢的特性，显然与大数据时代要求的快速处理不协调。面对多渠道的信息来源，传统学术期刊的信息处理、判断能力明显滞后。任何一个领域或者行业，如果没有了迅速反映的能力，就会失去了发展的动力，必然会出现危机。

危机之二：传播介质单一，无法满足时代要求。学术期刊从其诞生之日起，便承载着发布学术信息、传播学术成果、引领学术前沿、促进学术发展的使命。在大数据时代到来之前，由于数据的有限性，传统学术期刊应对有限的数据还是能够承载这一使命的。然而，信息社会的迅速发展，大数据的普遍应用，学术期刊的使命却逐渐弱化。纸媒时代，学术期刊的传播介质仅限于印刷品。这种单一的传播介质在前信息社会并无不妥，相反，印制精美的学术期刊，不但让受众获取信息、汲取知识，更能让受众赏心悦目，同时还可以收藏。但是信息社会的发展，生活节奏的加快，人们获取信息的渴望大大增强，而传统纸媒的信息承载能力、信息传播能力明显落后于新媒体。同时，由于博客空间、微博、微信、专业网站等的蓬勃发展，人们获取信息以及知识的渠道逐渐多元。有些学者在自己的博客空间、微博、微信上发表学术观点，网络的即时性还能够在第一时间获得互动信息，这种传播介质的变化使得信息传播和知识获取处于一种模拟的“面对面”方式，加快了信息流通的速度。而这些是传统学术期刊无法做到的。

危机之三：无法满足受众的个性化信息需求。传统的纸质学术期刊是由不同的文章经过编辑的编排聚合在一起，当我们拿到一本期刊的时候，不但要看这本期刊上刊发的学术文章，还要从整体上看这本期刊传递着怎样的学术诉求，它关注哪些领域的哪些学者的学术观点，期刊的编排体例如何体现编辑的职业素养以及主编的学术思维，等等。我们可以将这种关注看作以“面”为基础的。但是大数据时代智能终端的普及，使得阅读可以随时随地不受限制，人们阅读方式是以“点”为基础的，也即人们会根据自己的需求而进行阅读，如想要看有关大数据的学术文章，只要在相应的数字出版平台搜索大数据，瞬间就会出现大量与之相关的文章。人们关注的是学术文章的本身，对于由哪些文章组成的学术期刊的关注度则明显降低。这种由“面”到“点”的变化，代表着学术期刊读者的学术需求正在趋于个性化。显然，传统的纸质刊难以满足这种个性化的要求。

三 破冰之力：大数据的应用凸显发展优势

如前所述，大数据时代传统的纸质学术期刊已出现生存危机，其优势也不复存在，传统学术期刊何去何从已经成为时代课题。但危机与机遇常相伴而生，不同即在于人们如何去应对。面对学术期刊发展的瓶颈期，需要我们积极应对，去破解这一难题。这就要求我们重新思考学术期刊的本质内涵和学术价值，转变观念，不断调整发展战略，适应已经变化的发展形势。

1. 适应大数据时代的学术期刊不能故步自封

早在20世纪90年代末，由于看到了信息社会的信息传播能力和信息渠道的变化，学术期刊并未“闲着”，已经开始尝试着转型之路。如中国学术期刊光盘版就每年为其成员用户制作学术光盘，虽然这并未改变传统学术期刊的阅读方式和传播方式，但是由于存储介质的改变，使得我们从保存期刊合订本到存储光盘，这是自从学术期刊诞生以来的质的飞跃。信息社会的发展使得一切改变皆有可能。此后，随着计算机的普及、互联网的诞生以及一些大型数字出版平台的出现，为学术期刊的数字化转型提供了可能。学术期刊还建设自有网站，投入采编系统，在线优先出版等，这些积极的探索为的是在时代发展中能够赢得一席之地。但大数据时代的发展瞬息万变，这些措施并不足以应对发展的形势。为此，学术期刊还应该做出如下转变。

其一，思想理念的转变。大数据带来的思想领域的深刻变革使得从前以探求因果关系的思维模式变成了以探求事物之间的相关关系的思维模式，体现在学术期刊上，就是要打破传统的因果关系的信息获取和知识传播模式。长期以来，我们在学术期刊的经营上已经习惯了传统的编稿、发稿等流程，习惯了传统的发稿会，习惯了与作者的电话、短信或者邮件联系，习惯了把编辑作为学术期刊生产中的主体，掌控着学术生产的终端。尽管学术期刊的生产者在生产过程中，也会利用大数据进行相关的选题策划，但是对大数据的应用还处于浅显的层面。这一方面源于大数据发展之快，学术期刊还来不及转换观念，更为重要的是我们还囿于传统的思维模式之中，没有树立起大数据思维模式。大数据时代面对海量的数据、各种各样的信息来源，我们还没有掌握迅速处理这些大数据的能力。而改变往往就在一念之间，只有思想理念发生转变，才会带来相应的实践能力的改变。

其二，经营模式的转变。传统学术期刊基本上是以独立的个体为单位发展起来的。学术期刊的这种自我发展、各自为政，导致个刊的影响力明显不足，缺乏核心竞争力与行业竞争力。而大数据时代，由于改变了思维模式，事物之间的相关关系能够为未来发展做出预判，这种创新的思维模式和全新的分析技术，使得各行业都在不断地调整自己的经营模式，目的在于扩大目标客户群，为自己赢得更大的发展空间。就学术期刊的发展而言，由于大数据技术导致的信息获取和传播途径的改变，传统的期刊编辑部之间的边界越来越模糊，大型学术传播平台的出现使得学术资源脱离了个体的学术期刊而整合与优化，这种资源上的整合与优化实际上是对学术期刊传统经营模式的改变，使得学术期刊形成一个数字传播共同体，个体的学术期刊的信息传播功能发生了改变。从学术期刊个体发展而言，结合大数据技术，通过对读者点击率高、关注点较多的学术问题的数据的分析、整合，发掘表象下内含的学术研究发展规律，进而为学术研究提供客观全面的学术信息，有针对性地为读者推送学术文章，实现学术期刊的转型发展。从行业的发展来看，学术期刊还应该走集约化的联盟之路，这是促使学术期刊提高行业竞争力的有效途径。透过大数据的信息优势以及对未来的预测，我们看到学术期刊的集约化发展能够加快信息传播的速度，提升读者的关注度，继而产生的优势效应还会叠加，扩大影响力，提升行业竞争力。

其三，传播途径的转变。大数据时代使得传统的学术期刊传播途径由“面”向“点”变化，受众更关注获取信息本身而不关注信息的来源。受众接受信息的变化，要求学术期刊顺应时代，实现传播途径的多样化转变。具体说来，在利用原有的纸本传播途径的同时，充分利用数字出版平台、物联网、智能手机、社交软件等技术平台，扩大传播渠道。如可以利用微博平台、微信公众账号发布学术信息、学术期刊刊发的学术文章、作者的学术简介等，与读者之间建立即时互动，进而掌握读者的相关阅读信息，并利用这些信息调整学术期刊的学术信息发布，促进学术期刊的发展。借助新媒体的传播优势，可以实现传统纸媒学术期刊与网络的资源同步，实现了时空上的信息对接。进而，传统学术期刊单向性的信息传播变成了数字时代的交互式信息传播。这使得学术期刊受众的主体性得到了充分发挥，借助数字化的传播方式，学术期刊可以逐步完成向读者的个性化定制，如现在的一些数字出版平台提供了个人学术空间，在这个空间上，可以进行个人学术信息发布、对相关学者进行学术关注、建立学术圈、发起学术讨论等，真正实现传播途径和传播功能的转变。“学术资源和期刊结构重组后的学术期刊传播格局，将在数量和种类上呈几何式递增态势，学术研究成果的传播路径得以全方位拓展。大数据主张开放、共享数据。学术期刊的传播范围将全空间化。未来学术期刊有可能彻底改变读者付费的传统销售模式，在国家财政支持下，所有学术数据将向所有读者免费开放。这有可能改变100多年来形成的学术研究专属于少数学术精英的学术研究专业化、职业化现状。”[10]

2. 大数据是推动学术期刊战略发展的动力

如今，大数据已经作为战略资源成为信息社会的第三大资源。因此，学术期刊要获得新的发展生机，必然要借力于大数据，树立大数据思维，逐步积累行业大数据，充分挖掘大数据的价值，使得学术期刊实现战略升级，获得发展动力。

动力之一：驱动传统学术期刊转型，实现集约化发展。大数据对传统纸媒学术期刊的影响巨大，使得传统纸媒学术期刊的市场萎缩。大数据之所以会对传统学术期刊带来颠覆性的改变，关键在于传统学术期刊掌握的数据资源的有限性。这使得传统的学术期刊很难和新媒体形成抗衡，在新媒体面前，传统学术期刊只能是甘拜下风。同时，由于传统学术期刊不具备数据分析能力，个体经营模式使得其即便掌握了一定量的数据，也很难把这些数据整合起来，快速地获取相应的信息。应对大数据，传统学术期刊除了能力不足，还在于传统的分析工具和分析方法无法对大数据进行有效的处理。大数据所要求的技术架构是传统学术期刊无法实现的。因此，从这个意义上来说，大数据驱动传统学术期刊转型升级，唯此，才能保证学术期刊在大数据浪潮下不被湮没。首先，学术期刊通过学术数据库的整合优势，不断扩充数据占有量，实现数据资产积累。其次，通过行业间的联合、集约发展，吸纳有数据处理能力的企业参与到数据处理和转换中来，积聚力量，实现集约化发展。如最早由入选教育部名刊工程的17家高校综合性期刊联合中国知网学术平台共同打造的“中国高校系列专业刊”，借助知网平台的数据处理能力、网络传播能力，实现了传统纸质刊向数字刊的转型。如今，这一系列专业刊已经有100多家高校学报参与，这种联合发展带来的是多赢效益。经过以上两个过程，学术期刊应用数据进行经营，通过掌握的各种数据，了解受众需求，不断拓展大数据业务在其发展中的应用。

动力之二：优化学术资源配置，实现国际化发展。大数据时代带来社会上各行业的变化，其影响是深入持久的，这直接导致了新形势下的资源重组。大数据之所以会促使资源重组，关键还在于资源的有限性与人类需求无限之间的矛盾，据此，只有对现有资源进行有效的重组与分配，才能不断向人类的发展需求目标靠近。首先，引入优胜劣汰机制，通过优化学术资源，实现学术期刊资源的国内重组。2014 年，国家新闻出版广电总局开展了首批学术期刊认定工作，共有 5756 种学术期刊获得认定，其中社科类学术期刊 2043 种，科技类学术期刊 3713 种。在获得认定的 2043 种社科类学术期刊中，学术质量并非处于同一水平。自然界的竞争法则在优化资源配置上应该被采纳。传统的一校一刊与一院一刊平均分配机制与大数据时代的要求显然相悖。这使得本就紧张的学术资源无法集中优势深度发展。因此，引入学术期刊的优胜劣汰机制极为必要。其次，优化学术资源配置的实质是节约资源，促进学术期刊的长久持续发展。大数据时代，信息获取和传播已经打破了时间和空间的界限，具有了世界性的特征。而传统纸媒学术期刊如果还固守传统的思维方式，必然导致学术期刊走向消亡。于此情形下，只有将现有的学术资源进行整合，集中优势培养学术期刊的核心竞争力，进而在世界范围内提高学术期刊的行业竞争力，完成学术期刊的国际化发展，才是适应大数据发展要求的合理选择。

动力之三：进行个性精准服务，实现数字化发展。传统纸媒学术期刊的学术引领功能是宏观的，对于读者个体而言，由于学术期刊难以掌握其学术需求，这使得学术期刊对读者进行的信息传递具有不确定性，无法为其推送精准的学术需求。这就是说，传统纸媒学术期刊为读者提供的学术信息因为期刊与读者之间的不对等关系而无法精准。但是在大数据时代，这种情况发生了变化，新媒体的广泛应用使网络阅读渐渐成为人们的生活方式，无论你是通过计算机还是智能手机或者是平板电脑进行阅读，只要是通过网络进行的阅读，就会在相应的后台留下痕迹，你的上网记录、搜索了哪类文章、在某一文章上的停留时间、是否反复阅读某一篇文章，不同的读者对相同文章的反应，对哪些内容做了笔记，又或哪些文章被你收进了云存储，等等，这些被后台以数字数据记录的分散信息，经过大数据技术的分析、处理，形成了具有重要内涵和价值的学术信息，传递给学术期刊，使得学术期刊可以对读者开展精准的个性化服务。因此，大数据时代的学术期刊应该兼具宏观引导和微观服务功能，而这才是真正的数字化发展对学术期刊的要求。

总之，应对大数据时代，学术期刊受到前所未有的冲击，但大数据时代又为学术期刊的转型发展带来了机遇。面对挑战和机遇，只有把握好机遇，革新思想观念，转变经营模式和传播模式，充分发挥大数据的优势，完成学术期刊的战略升级，实现学术期刊的集约化发展、国际化发展和数字化发展，才是学术期刊的未来。

---

①⑤⑨〔英〕维克托·迈尔－舍恩伯格、肯尼思·库克耶：《大数据时代：生活、工作与思维的大变革》，盛杨燕、周涛译，杭州：浙江人民出版社，2013，第1、12、29页。

②③赵国栋、易欢欢、糜万军、鄂维南：《大数据时代的历史机遇——产业变革与数据科学》，北京：清华大学出版社，2013，第9、9～10页。

④参见《大数据时代下的大数据到底有多大?》，中国大数据网，http://www.thebigdata.cn/QiTa/8608.html，最后访问日期2015年2月20日。

⑥孟威：《大数据下的国家网络安全战略博弈》，《当代世界》2014年第8期，第66～69页。

⑦关于"广播"＋"接收"模式和"请求"＋"响应"模式，学者有详细的论述。详见赵国栋、易欢欢、糜万军、鄂维南《大数据时代的历史机遇——产业变革与数据科学》，第13～14页。

⑧李新祥：《数字时代我国国民阅读行为嬗变及对策研究》，武汉大学博士学位论文，2013，第166页。

⑩柴英、马婧：《大数据时代学术期刊功能的变革》，《编辑之友》2014年第6期，第28～31页。

作者李宏弢，《求是学刊》副主编，副教授，博士。哈尔滨　150080

走国际化华文学术期刊办刊之路

——兼以《新疆师范大学学报》为例

李建军

[提　要] 华文学术期刊就其类型分布来看，可以分为内圈、中圈和外圈：内圈包括中国内地、香港及澳门特别行政区、台湾地区，中圈包括除此之外的儒家文化圈（含新加坡），外圈是指儒家文化圈之外的国家和地区。华文社科学术期刊的国际化有三条道路可循：绑定复制欧美的办刊模式、沿用华文社科学术期刊现有模式、建构具有世界水准的“中国版”学术期刊模式，但比较而言只有第三种模式行得通。华文学术期刊的国际化不是移植、不是迎合、不是被国际化，而是要树立开放意识、问题意识、品牌意识和责任意识，要立足中国问题，打造具有中国特色、中国风格、中国气派的学术话语，以此为突破口，最终能够建构中国熟悉、其他国家能接受的国际话语发布平台，以提高华文学术期刊的显示度和美誉度。

[关键词] 华文学术期刊　国际化　中国问题　期刊模式　《新疆师范大学学报》

华文学术期刊是世界学术期刊百花园的一枝奇葩，在认识世界、传承文明、创新理论和服务社会方面发挥了不可替代的重要作用。目前华文学术期刊呈现出日益欣欣向荣的景象，走国际化办刊的趋势愈加明显，关于华文学术期刊的各种国际研讨与交流日趋活跃。近期就有中国社会科学杂志社与加拿大文化更新研究中心联合举办的世界华文学术名刊高层论坛、澳门理工学院与中国高等学校文科学报研究会联合举办的华文学术期刊发展趋势国际研讨会。诚如《澳门理工学报》总编辑刘泽生所言："中国的腾飞是世界华文学术期刊发展的强大依托。进入21世纪，海外华人的华文事业正出现新的曙光，为华文学术期刊，尤其是华文人文社会科学学术期刊的发展带来了新的希望。中国文化需要'走出去'，中国的学术期刊更需要'走出去'"。

一　华文学术期刊的类型分布

华文学术期刊，顾名思义就是世界上以华文为传播载体或传播媒介的学术期刊，既包括简体字的华文学术期刊，也包括繁体字的华文学术期刊。

目前汉语受欢迎的程度着实惊人，截至2014年9月底，全球123个国家（包括25个尚未与中国建交的国家）和地区已建立了465所孔子学院和713个孔子课堂，注册学员约300万人，参加汉语水平考试的超过100万人次。孔子学院有力地推动了世界范围"汉语热"的持续升温，全世界学习汉语的人数已超过1亿。如果这种发展势头能够保持下去，加之中国软硬实力的全面提升，在不远的将来，汉语能成为与英语比肩的全球语言也是水到渠成之事。

华文学术期刊分布范围可参照卡奇鲁的语言三圈模式进行描述。根据儒家文化圈的历史分布以及目前的国家主权状况，我们把华文学术期刊类型分布大致分为三个同心圈，即内圈、中圈和外圈。内圈包括中国内地及香港、澳门特别行政区及台湾地区的华文学术期刊。中圈包括除两岸四地之外的儒家文化圈内的华文学术期刊，也包括新加坡华文学术期刊；儒家文化圈指的是文化相近、历史上受中国政治及中华文化影响、过去或现在使用汉字、曾共同使用文言文（日、韩、越称之为"汉文"）作为书面语（并不使用口头语言的汉语官话作为交流媒介）、覆盖东亚及东南亚部分地区的文化区域。外圈是指儒家文化圈之外的其他国家和地区，包括汉学研究较深入的美国、德国、俄罗斯等世界大多数国家的华文学术期刊。内圈是华文学术期刊的大本营，拥有数量最多的学术期刊，涌现出像《中国科学》《科学通报》《中国社会科学》等这样学术旗舰型学术刊物。中圈是华文学术期刊的核心区，因历史上处在一个文化圈，有的国家语言文字中迄今仍使用汉字，是一个特点鲜明的区域。外圈是儒家文化圈之外的国家和地区，涵盖世界五大洲的绝大多数国家，由于中国的和平崛起、世界越来越离不开中国，以华文出版的学术刊物如雨后春笋般涌现，当代中国研究日渐成为显学。

二　华文学术期刊国际化的优选方向

华文社科学术期刊的国际化，是立足本土的国际化还是依附欧美的国际化，实际上面临一个选择的问题。从目前来看，华文社科学术期刊的国际化，笔者认为，大致有三条道路可走：一是绑定复制欧美的办刊模式；二是沿用华文社科学术期刊现有模式；三是建构具有世界水准的“中国版”学术期刊。第二条道路和第三条道路实际上可归为一条道路，第三条道路是对第二条道路的突破和提升。

1. 欧美的办刊模式

欧美发达国家是现代学术的发起人和代言人，是世界学术话语体系的制定者和评判者，拥有几乎占垄断地位的学术话语权和学术期刊，仅仅从 SCI 收录的学术期刊数量来看，欧美发达国家尤其美国占据多数，英文期刊占据大多数。从某种意义上说，欧美发达国家的办刊水平就代表着国际化办刊水平，英文学术期刊的办刊水平就代表着国际化办刊水平。

欧美发达国家办刊模式的专业化、集团化（集约化）、编辑分工层次化的确值得中国借鉴。如总部位于荷兰阿姆斯特丹的爱思唯尔公司致力于为全球 3000 多万名科学家、研究人员、学生、医学以及信息处理的专业人士提供一流的信息产品和革新性的工具，同全球学术界的 7000 名期刊编辑、7 万名编委会成员、20 万名审稿人和 50 万名作者一起紧密协作，每年出版 2000 多种期刊和 2200 种新书，这是期刊集约化、国际化的典范。

中国学术出版是世界学术出版大国，而不是出版强国。2010 年，中国的 SCI 论文数已经位居世界第二位。2013 年度，由中国科学技术信息研究所发布的中国科技论文数据显示，以科学引文索引数据库（SCI）统计，中国作者为第一作者发表的国际论文共 20.41 万篇，其中，82.77% 的论文来自高校。中国学术走向世界，仍有赖于欧美的学术期刊平台，中国学术成果发表对欧美学术期刊平台具有很大的依附性，况且中国学者发表的论文也未引起英语国家尤其是欧美科研人员的重视。正因为中国学者对欧美国际学术期刊的依附性，幻想沿用、复制欧美学术期刊的办刊模式，不仅国情、文化背景不同，语言载体也受到很大的限制，在中国普遍办英文学术期刊，让英语成为中国的学术研究的语言，恐怕行不通，也没有这个必要。就像中国内地和欧美国家拥有不同的学术“铁轨”一样，火车的型号、动力、信号系统不同，驾驶员和调度员所操持的语言也不一样，要想接轨，谈何容易。

2. 华文社科学术期刊既有模式

中国的社科学术期刊有2000多种，这些期刊在认知世界、传承文明、创新理论、资政育人、服务社会中的不可代替的作用，为中国的学术繁荣和发展立下了汗马功劳。但是我们也应看到，由于受计划经济行政化办刊和与欧美国家期刊竞争的不利影响，中国的社科学术期刊还处于较为弱势的地位，期刊的开放度还不够，国际化水平还较低。

无可否认，当前华文社科学术期刊虽然开放度比以前大大增强，走出国门开展合作交流的期刊越来越多，但整体上办刊仍然较为封闭。这种封闭性主要体现在：一是本单位、本地域的作者多，跨区域的、国外的学者少；二是期刊作者多是“单枪匹马”的，与研究团队的内部合作和国外课题的参与、介入程度较低；三是“书斋”成果多，“接地气”政策咨询报告少；四是期刊论文的原创性、创新性较低，研究成果仍处在内循环和不断简单复制、再生产状态，优秀的论文大都跑到外国的SSCI、A&HCI期刊去了；五是期刊主编和编辑的国际视野、国际交往能力还亟须提高；六是编委、审稿人的国际化水准仍有很大提升空间；七是办刊体制和运行机制国际化水平依然较低；八是期刊仍处于各自为战的境地，集约化、集团化水平很低；九是有高显示度和强国际影响力的华文社科学术期刊仍凤毛麟角。

华文社科学术期刊现有的模式已不适应期刊的国际化发展。华文社科学术期刊要不等不靠，打破现有封闭的办刊模式，勇于创新，锐意进取，从自己熟悉的小天地里走出来，多看看天空的深邃、多感受大海的浩荡，以大的视野、大的格局、大的战略去谋划和设计华文社科学术期刊的国际化道路。

3. 建构具有世界水准的“中国版”学术期刊模式

建构具有世界水准的“中国版”学术期刊是华文社科学术期刊国际化的第三条道路。这意味着华文社科学术期刊学术水准是全球性的，期刊作者的专业化程度是世界水准的，期刊主编、编辑的眼光、鉴赏力、合作水平是国际一流的，期刊的装帧设计是超前的，期刊的办刊机制和体制是国际性的。

“中国版”是指具有中国特色、中国风格、中国气派的社科学术期刊。这种“中国版”体现了中国的国际视野、国际气度和国际品格，也同时凸显了中国特色、中国风格、中国气派。“中国版”学术期刊的国际化不是西化，不是美国化，是中国学术的提升和突破，是中国学术话语的成体系的建构和广泛传播。研究中国问题虽有“拿来”或互鉴的必要，但更需中国自己做主，中国学术期刊要有这个自觉和自信，甚至还要有这样的“任性”。

华文社科期刊的国际化不仅仅体现在是否具有普遍性意义的大选题，是否是各个学科的最前沿选题，更主要体现在本土化研究国际化程度上。国际不等于国外，也不是发达国家的指称，国际本包括我们，国际学术亦然。华文社科期刊国际化不是期刊英文化和“SSCI 化”“A&HCI 化”，华文期刊的国际化不能舍近求远，顾此失彼，要走本土化的道路。必须重视研究中国问题、中国经验。因为这是我们最熟悉最了解的，进行深度和重度研究则有可能成为中国的世界话语，或许就能把地方性知识转化为普遍性知识，正所谓越是民族的，也越是世界的。在目前中国问题已日益为世界所关注的大背景下，要增强中国的理论自信、道路自信、制度自信。

王岳川指出，现在有些观念很流行。请外国人吃几个饺子就是保留和传播了中国文化，用汉语分析某个西方哲学的词语就是把握住了哲学的精髓，刊物出个英文版就是走出了国门，在国外发篇文章就是国际影响，等等。我们模仿西方付出了很多，也相当成功，但不能永远模仿下去。

第三条道路顺应世界学术发展的潮流，与国家未来的学术发展战略相契合，代表了广大华文社科界的心声，是中华民族的学术复兴之路，是华文社科学术期刊的优选方向。

三　华文学术期刊国际化应有的几种意识

华文社科学术期刊的国际化，既“等不得”，也“急不得”。随着中国国运的日益昌盛，中华民族的日益复兴，汉语亦会跃升为世界通用语，那时华文学术期刊的国际化问题则会迎刃而解。因为中国的也就是国际的。华文社科学术期刊的国际化不能期待语种英文化，汉语应该先全球化才是正途。在当前，华文社科学术期刊既不能为了尽快国际化，而没有底线和尊严地去盲目迎合、屈从现有的国际学术期刊秩序；也不能因等着汉语成为世界强势语那一天而贻误时机，庸庸碌碌、无所作为。华文社科学术期刊应树立四种意识：开放意识、问题意识、品牌意识、责任意识。

1. 开放意识

一本期刊即是一所大学，甚至比大学还大。一本华文学术期刊不是某个单位的“学术自留地”，而是始终坚持为全人类服务，为一切对哲学社会科学、人文科学、自然科学感兴趣、有需要的作者和读者服务的“公共图书馆”。开放意识是一种现代意识，要具有国际眼光和跨文化的视域，克服狭隘的地域性意识、民族意识和各种偏见，扎扎实实地走国际化办刊道路。华文学术期刊不仅要加强国内学术期刊界的互动与联系，还要加强和国外学术期刊界的沟通与合作；不仅要加强与国外华文学术期刊界的互动与联系，还要加强和国外非华文学术期刊界的沟通与合作；不仅要加强国内高校、科研院所、智库的互动与联系，还要加强和国外高校、科研院所、智库的沟通与合作，主动融入国际学术圈、了解国际学术市场、得到国际学术圈认可，与国际学术期刊交流互鉴；华文学术期刊在办刊中要自觉体现主体性意识，倡导社会科学研究的本土化，尤其是中国和中国问题研究，积极发出中国声音，争取国际学术话语权。

华文学术期刊需积极创造条件，一方面，使栏目编辑多参加国内外的学术交流和研讨，开阔视野，及时掌握国内外学科动态和信息；要鼓励栏目编辑到高校、科研院所兼职，从事与栏目相关的科研工作，在兼职中了解学术前沿热点，洞察学术发展的趋势，把握学科发展的规律，激活编辑的思维，培养思维的批判性、深刻性、创造性。另一方面，选聘知名专家学者到编辑部兼职，参与选题策划和主持栏目。与此同时，积极促进“四个国际化”建设，即编委国际化、作者国际化、理论前沿国际化和传播国际化，倡导并推动国际上新的出版模式——开放存取，实现开放期刊等内容的知识共享，大力提升期刊品质和构建国际化平台，打造具有中国特色、中国风格、中国气派的综合性学术期刊，努力发出中国声音，全方位、宽领域、深层次地提高期刊的显示度。

2. 问题意识

针对华文学术综合性学术期刊普遍存在的文史哲政经法等“学科大拼盘”和“大杂烩”的现象，有志之士提出了以问题研究为中心的办刊思路。近几年来学术期刊也在一直探索以问题研究为中心的办刊模式。当今学术界尤其是学报更多注重学术研究而不是学问的研究。学术研究更多注重理论问题研究，而学问研究更多注重现实重大问题的研究。对于大多数华文学术综合性学术期刊来讲，必须在坚持学术研究的基础上更加注重学问方面的研究，具有前沿意识和提出问题的意识，具有为人类生存与发展重大问题发挥思想库和智囊团的责任和担当。华文学术综合性学术期刊要积极探索由学科综合转向问题综合，每期策划专题研究，成为新型智库的成果发布平台，以提升其解决实际问题的能力，以及在国际学术界的影响力。

在某种程度上，一个期刊的视野、境界和胸怀就体现在对紧要问题、大问题、真问题的敏锐感知和抢抓上，体现在对老问题的新发现上，体现在对看似没有问题的地方的问题发现上，只有这样，在没有道路的地方才能开辟道路。

新疆问题也是中国话语的重要组成部分。新疆的社会稳定和长治久安是中国的紧要问题、大问题、真问题，也是新疆社科学术期刊的紧要问题、大问题、真问题。意识形态问题也是社科学术期刊国际化必须面对而不容回避的问题。新疆社科学术期刊要牢牢把握意识形态领域的话语权和主动权，立品牌，敢亮剑，勇发声。问题是时代的声音，提出问题比解决问题更为重要。开展问题研究既要有学理性的探索，同时也要切实为社会发展服务。

新疆师大学报直面重大现实问题，开辟“长治久安”栏目，发挥了学报主阵地作用，凝神聚力为新疆社会稳定和长治久安建言献策。学报于2014年第1期增设新栏目“治疆方略”，推出了一批精品力作。如胡鞍钢教授的《新疆如何实现社会稳定和长治久安》一文直面新疆社会现实，提出坚持“一体多元”的新疆文化属性，夯实共同的沟通语言，促进充分的社会交往，从而不断增强“三个意识”“四个认同”，是实现新疆社会稳定和长治久安的根本思路。文章一经发表，在党政机关、学术团体内部引起强烈反响。马大正先生的《论百余年来新疆反分裂的几个问题》一文从历史角度对新疆百余年来反分裂问题进行深入剖析，指出新疆社会稳定的毒瘤就是“三股势力”的危害，坚决铲除“三股势力”滋生的土壤、思想根源和来源是实现新疆社会稳定和长治久安的主要抓手。文章针砭时弊，直指要害，反响强烈，分别被《新华文摘》《中国社会科学文摘》《人大复印资料》《高等学校文科学术文摘》全文转摘。刘学谦教授的《中国国家凝聚力的内涵、特点及动力》一文是国家社科基金重点项目“当代中国国家凝聚力研究”的重要成果。该文提出中国国家凝聚力由国家物质凝聚力、国家精神凝聚力、国家政治凝聚力、国家文化凝聚力和国家安全凝聚力构成，提升国家凝聚力是实现民族团结、社会稳定、国家繁荣富强中国梦的重要保证，这对于新疆建构国家凝聚力，从而实现社会稳定和长治久安具有重要指导意义。蒋建华先生的《论中国治边方略》一文，从宏观架构诠释了中国治边方略，理念十分新颖，方法切实可行。该论文被《新华文摘》全文转摘。该栏目的设立直面国家重大理论和现实问题，直面新疆社会发展稳定大局，为党和国家尤其是自治区的社会稳定和长治久安提供了中肯、可行的对策建议。

3. 品牌意识

所谓品牌意识就是指期刊对品牌和品牌建设的基本理念，它是一本期刊的品牌价值观、品牌资源观、品牌权益观、品牌竞争观、品牌发展观、品牌战略观和品牌建设观的综合反映。华文学术期刊需克服国际化过程中的依附意识、被嵌入感或等待观望意识，树立自主意识和自觉意识，扎扎实实地打造自己的学术品牌，树立自己良好的学术期刊形象。

学术形象是学术期刊的标识，是塑造学术期刊品牌和期刊国际化的重要路径。提升学术的品位和厚重感是学术期刊一直努力的方向。鉴于此，《新疆师范大学学报》聘请专业设计人员结合学报的发展理念提前一年进行准备工作，最终于2014年第1期更换了封面设计，更加彰显丝路特色。夕阳下漫天的黄沙留下了一串串骆驼的脚印，这幅画面凸显了新疆西域人文特色。这种脚印的深邃和自然环境的艰巨展示了学报像骆驼那样勇往直前、自强不息的品格。黄沙掩盖不住黎明的曙光，那一抹红色给我们带来了无限的希望，充满了历史的光荣和梦想。艾德莱斯绸的灵动以及丰富的色彩，既融合了新疆多元文化特色，同时也寓意丝绸之路永不闭合，象征学报开放的视野，海纳百川、放眼全球的气量。学报封面采用牛皮纸印刷，历史的厚重感和学术的本真实现了完美融合。

《新疆师范大学学报》还制作了自己的学报标识，凸显期刊的国际化情怀。标识基于学报“全球视野、前沿聚焦、问题探究、丝路情怀”的办刊理念，以开放式圆圈为外形，体现开明包容的“全球视野”；居中的S造型是Silk Road“丝绸之路”、Standard“标准”、Symbol“标志”的浓缩，蕴含“丝路”特色，争做西部“标杆”；书籍型S表征“师大”的大学精神和“大师”追求；图中的“JXNU”为“新疆师范大学学报”的英文缩写；黄、绿、蓝色丝带分别指代沙漠丝绸之路、草原丝绸之路、海上丝绸之路，与“丝绸之路经济带”和“21世纪海上丝绸之路”国家战略主题紧密相扣，契合了“前沿聚焦、问题探究”的办刊思想；图案以蓝色为主色调，凸显学术研究的客观、冷静和深邃。

4. 责任意识

美国社会学家帕金森在他的行为体系理论中，强调文化子系统的功能是维模（latency）。在信息传播中，维模功能促使文化圈对外来文化起到一种选择作用和自我保护作用。当外来文化有利于对原有的文化模式的维护时，便容易被接受，并作为一种新的营养补充到文化肌体之中；而如果外来文化对原有文化模式具有危害或者破坏性时，维模功能便会起到一种守门人的作用，竭力阻止破坏性文化的侵入。

作为学术期刊守门人，不仅要敢于对社会上日益盛行的抄袭、剽窃、注水论文及学术评奖不公等学术腐败现象说不，以净化学术风气；同时在国际化办刊的过程中，中国的人文社科学术期刊一定要树立大局和责任意识，坚持正确的舆论导向。

对于华文学术期刊来讲，变化变革、改革创新没有止境，开放办刊只有进行时没有完成时。华文学术期刊的国际化不是移植、不是迎合、不是被国际化，而是立足中国问题，打造具有中国特色、中国风格、中国气派的学术话语，以此为突破口，最终建构中国熟悉、其他国家能接受的国际学术话语发布平台，以提高华文学术期刊的显示度和美誉度。作为中国的社科学术期刊，要勇做华文学术期刊国际化的探索者，国家新型智库成果的发布者，当代社会舆论和社会风尚的引导者，国家和民族未来的“思想者”。

参考文献

[1] 张小溪：《第三届“世界华文学术名刊高层论坛”在温哥华召开：推动华文学术期刊走向世界》，《中国社会科学报》2014 年 8 月 25 日。

[2]《孔子学院 10 年：建立 465 所孔子学院 713 个孔子课堂》，《人民日报》2015 年 1 月 12 日，第 10 版。

[3] 殷冬水、曾水英：《国际化：社会科学研究的蜕变与革命——关于我国社会科学研究国际化战略的前瞻思考》，《社会科学管理与评论》2013 年第 2 期。

[4] 罗志田：《史学前沿臆说》，《四川大学学报》2008 年第 4 期。

[5] 朱剑：《学术评价、学术期刊与学术国际化——对人文社会科学国际化热潮的冷思考》，《清华大学学报》2009 年第 5 期。

[6]“爱思唯尔”，搜狗百科网站，http：//baike. sogou. com/v7820113. htm

[7] 宗河：《2013 年 SCI 收录论文 82% 来自高校》，《中国教育报》2014 年 10 月 29 日。

[8] 李建军、肖开提：《高校学报的困境、症结与出路》，《编辑之友》2005 年第 6 期。

[9] 李建军、杨帆：《新疆高校社科学报的使命和责任——以〈新疆师范大学学报〉为例》，《新疆新闻出版》2010 年第 3 期。

[10] 刘娟：《以现代文化为引领　以问题研究为中心——〈新疆师范大学学报〉（汉文版）办刊经验谈》，《新疆新闻出版》2014 年第 3 期。
[11] 李建军：《论新时期学报编辑的角色意识》，《西南民族大学学报》2003 年第 9 期。

作者李建军，新疆师范大学学报编辑部主任，《新疆师范大学学报》（哲学社会科学版）主编，教授。乌鲁木齐　830054

期刊发展笔谈

从现代化视域创新人文社科学术期刊

黄颂杰

现代化不仅是近代以来中华民族的梦想，也是当今世界许多国家、地区、民族所追求的目标，是世界发展的潮流、趋势，是时代的主题。人文社会科学及其所属的学术期刊应当从现代化的视域去考察研究中国和世界现代化进程中的种种问题，去开创办刊的新思路。

问题永远是学术研究的起点和动力，学术期刊必须具有强烈的问题意识和导向。现代化所展现的广阔而复杂丰富的问题域正是学术研究和学术期刊创新的源泉。当今世界现代化的重要特点是现代化已经形成了“全球化”的态势和格局。如果说，直至20世纪上半叶现代化运动主要局限于西欧北美，其他国家和地区尤其是亚非拉则沦为现代化国家的殖民地或半殖民地，成为现代化运动的牺牲品，那么，第二次世界大战后、20世纪下半叶至今，欧美国家的殖民体系已经土崩瓦解，现代化运动则席卷世界各大洲，成为全球性的浪潮。迄今为止，各国实现现代化都采取经济市场化的路径，而资本、资源、科技则是市场化必不可少的要素。欧美国家在实现现代化的进程中凭借武力向外侵略扩张，掠夺资源，聚敛财富，拓展市场。这种以牺牲千百万他人的生命血汗和无数自然资源为代价的方式和道路在今天已经行不通了，当今思想理论界热议的“现代性”问题正与此相关。然而，市场化所必需的上述要素依然不可或缺，无论是已经实现了现代化还是正在实现现代化的国家都无例外。当今世界各国、各地区的错综复杂的关系以及无数的冲突、矛盾、纠纷都与现代化的实施相关。

当今世界现代化的另一个重要特点是以公有制为基础的现代化登上历史

舞台并展现强劲势头。几个世纪以来，走在现代化前列的欧美国家都是以私有制为基础的，而中国现代化的经济基础是以公有制为主（多种经济并重）。所有制是社会最基础的部分，不同的所有制派生出不同的社会、经济、政治等一系列制度和不同的意识形态、思想文化观念，相互之间必定发生矛盾冲突。然而，双方又处于同一经济环境之中，遵守共同的规则，有着共同的利害关系，存在着互利双赢的可能。因此，在实现现代化的进程中，合作共赢与对抗冲突乃至兵戎相见两种可能性同时存在。两种不同类型的现代化国家之间的关系错综复杂。从历史久远和实力、经济发达程度来讲，欧美现代化无疑占据优势，然而其弊端和矛盾危机的深刻程度也更突出和严重；中国的现代化还处在初始阶段，在力量、发展程度上远不如前者，而其展现的勃勃生机让前者无法比拟，但迄今中国依然未能避免和克服类似欧美现代化进程中出现的一些矛盾和问题，社会主义现代化的优越性远未充分体现出来。探索这样两种不同类型的现代化道路之间的相互关系以及各自走下去的路径和前景，应是人文社科研究及其学术期刊的最基本的课题和视域。

从现代化视域创新人文社科学术期刊还应当关注各种社会思潮。西方自现代化以来，出现过各种思潮，其中最重要的、从走上现代化道路开始就出现而至今仍然起着重要作用具有重大影响的当属自由主义和 19 世纪中叶诞生并与自由主义相对立的马克思主义，至今它们依然是世界现代化历史进程中两股最强大的思潮。数百年来，自由主义为资本主义现代化论证、辩护、谋划，其中也包括尖锐的批评、抨击；马克思主义则肯定现代化而反对、否定资本主义的制度和道路，提出了社会主义、共产主义的制度、道路和目标。社会主义和资本主义两种不同类型的现代化当然有不同的思想理论，马克思主义和自由主义必须泾渭分明不容混淆，但绝不能因此而蔑视资本主义的现代化、简单否定自由主义的思想理论。马克思主义理论的基础和核心是历史唯物论、历史辩证法，面对现实面向实际，用辩证的眼光观察世界研究问题。社会主义现代化和资本主义现代化是两大历史潮流，在社会、经济、政治乃至文化思想方面既有不同的制度、发展方式、途径、目标，不同的价值观、历史观，同时又有着共同遵循的规则，存在着不可分割的联系。从人文社科学术研究的角度看，自由主义作为资本主义现代化的思想理论，积累了数百年的经验教训，值得我们在坚持马克思主义研究解决社会主义现代化进程中的种种问题时作为重要的参考。民主、自由、平等、公平、正义等，不是某个国家、民族或某种文化、理论学说的专利品，而是人类进入文明社会后逐渐产生形成的思想、概念。它们的含义和意义、内涵和外延，它们的表现和实施，都是具体的、历史的、演化发展的，因不同的空间、时间、地域、人群、文化而具有不同的形态、方式，不是用统一的模式铸造出来的，不能用统一的标准强制推行。它们是否正确、得当、合理、合情、合法，不是凭借权威、权力、强力，归根到底要由人类生存实践的历史来检验。

实践证明，现代化进程中出现的种种问题都与人的素质问题密切相关，上述现代化的诸要素都必须经过人才能发挥作用。如何提高全社会成员尤其是掌权者和管理者的政治、道德、思想、文化、教育水平以及各种素养，是当前实现现代化所面临的重大问题。以公有制为基础的现代化对人的素质、修养、品格、能力等方面的要求，比以私有制为基础的现代化更高，特别是对各级政府官员、管理人员、执掌权力的人员的要求必须更高。权力的运作无疑是贯穿于现代化（尤其是以公有制为基础的现代化）各项事业的核心和关键，与此紧密相关的则是财富和性欲，它们构成当代世界现代化进程中的三大问题。人的素质与社会思潮密切相关。当代中国各种思潮纷纷登场，创新人文社科学术期刊必须十分关注由各种思潮所引发的各种观点。

从现代化的视域创新人文社科学术期刊还要紧跟现代科技革命，与时俱进。由科学技术所引发的工业革命是现代化运动的推进器。以蒸汽机和煤为标志的第一次工业革命（18 世纪 60 年代至 19 世纪 60 年代）带来了第一次现代化浪潮；以内燃机和电为标志的第二次工业革命（19 世纪 60 年代至 20 世纪）带来了第二次现代化浪潮；20 世纪下半叶至今，以计算机和信息为标志的第三次工业革命带来了第三次现代化浪潮。当今世界，电子和网络技术所引发的自然和社会各个领域以及各行各业的变革或转型方兴未艾。传媒方式、手段的革命在世界各国正进行得如火如荼。学术期刊的电子化、数字化和网络化是必然的发展方向，创新学术期刊对此绝不可疏忽，不能掉以轻心，否则将难逃被淘汰的命运。

从现代化视域创新学术期刊绝不意味着只能围绕着现代化问题展开研究和展现成果，而是强调应从现代化的视角看待各种问题，创新学术期刊。澳门处于世界两种类型的现代化、两大思潮和科技革命的交集点，可以充分利用这种特殊条件，从现代化视域开创人文社科研究及其学术期刊的新思路。

作者黄颂杰，复旦大学哲学学院教授、博士生导师，《复旦学报》原主编。上海　200433

学术期刊要关注重大社会现实问题

蔡赤萌

人文社科学术期刊，是展示学术成果、传播学术思想、推动学术积累和学术创新、开展学术评价、促进学术转化的重要平台，同时又是繁荣哲学社会科学事业的重要组成部分。伴随着社会深刻变革与转型发展，社会对学术期刊促进学术转化、服务社会发展的功能需求快速提升。学术期刊在重视基础理论研究的同时，需要密切关注与反映相关领域的重大社会现实问题，聚焦前沿热点、潜在问题及其变化趋势，提升学术研究的现实针对性，推进重大现实问题研究的有效突破。

（1）重大社会现实问题研究是学术研究的应有之义，也是社科学术期刊的基本职责与社会功能之一。理论与实际对接并有效指导实践，是学术研究的重要目标与内涵。学术研究的重要作用，就是要建立起各学科基本的范畴和学理，并以此观察现实世界、把握社会发展大局，在学术传承的基础上进行学术创新，从而为社会发展提供基础性、理论性及应用性的学术成果。与学术研究相对应，社科学术期刊承载着两个基本职责：一是推动学术创新，二是服务社会发展。以问题意识为导向，紧贴社会发展脉搏，关注与发表当前学术前沿课题和热点、难点问题的研究成果，预测发展趋势，既是提升社会学术积累、引导社会研究与创新的重要方式，也是促进学术转化的有效途径。遗憾的是，目前的一些学术研究仍存在象牙塔里“自娱自乐”的倾向，一些学术期刊对现实问题也仍保持着一定疏离，学术期刊的社会功能也因此打上了折扣。从期刊功能职责及社会需求看，社科学术期刊应该注重策划与刊发能对解决经济社会发展的重大问题产生作用的研究成果，所刊发论文也应力求学理研究与对策研究、基础研究与应用研究相结合，从而促进学术研究更好地服务社会发展。

笔者近三十年来一直从事港澳问题的研究，对此体会尤深。目前港澳“一国两制”实践正分别进入第17年和第15年，社会政治与经济正经历着双重转型，港澳社会诉求多元，政经发展面临挑战，社会凝聚共识难度也在增大，产生出许多独特而又重大的新情况、新问题，都是迫切需要解决的现实问题，需要大量有针对性的学术研究成果提供智力支撑。港澳问题研究不仅需要关注“一国两制”实践中的重大理论与现实问题，也需要关注上述现实问题背后涉及的学理、法理问题，需要关注与探索社会各领域发展中的趋势性问题与规律性问题，需要关注社会突发事件背后的深层机理与应对之策。《澳门理工学报》在“港澳研究”栏目中，对相关领域的重大现实问题一直有着不少颇为精彩的论述，例如对澳门经济发展面临的制约及其新变化态势、澳门主导产业博彩业发展面临的问题及如何完善监管等，这些研究成果的刊发，既显示了人文社会科学研究对澳门社会重大问题的最新关注与思考，体现了研究者应有的社会责任与使命，同时也为特区政府施政以及相关领域发展提供了学理研究及对策参考，是学术期刊对本领域、本地学术推进与社会贡献的重要体现。

（2）密切关注并及时引导社会重大现实问题研究，是提升期刊内涵质量与特色品牌的有效途径。保持强烈的现实关怀，突出实践导向，不仅是学术期刊的社会功能，也是学术期刊前沿性与导向性的重要体现，乃至学术期刊开拓创新、优化质量的厚实基础和可靠保障。对社科学术期刊而言，以问题意识为导向、以服务社会发展为职责，就需要持续关注重大社会现实问题研究，持续关注学术热点与前瞻性研究，有针对性地策划选题并引导甚至参与相关研究，而这恰恰是优秀期刊始终保持其前沿性、社会影响力和学术引领力的基础条件，也有助于形成自身的特色优势与领先地位。在现实问题选题策划中，各学术期刊都有较大的发挥空间。各刊可以根据自身的专栏特色与学科专长，既可在现有栏目中增加现实主题的研究文章，也可策划以现实问题研究为导向的新专栏。通过对重大现实问题、前沿性问题的领先性研究，有效保持刊物在同行中的影响力和关注度，也将有助于提升刊物的学术引领功能与学术话语权。

以笔者参与创办的《港澳研究》为例。该刊自2013年创刊以来，紧扣港澳社会现实主题，策划并及时推出了一系列具有重大现实意义的研究论文，在关注和引导“一国两制”和港澳重大现实问题研究上做了若干有益的尝试。例如围绕中央与特区关系以及香港政制发展中的重大分歧，有针对性地刊登了“一国两制”系统论、香港政治的独特性、行政长官“爱国爱港”的基本法律要件、香港行政长官提名委员会的合理性与民主正当性等选题文章；又如及时刊发了一批有关香港本土意识与身份认同、香港社会动态追踪调查、香港核心价值变迁等既有学术深度又有现实意义的学术成果。上述研究均起到较好效果。刊物也在港澳研究领域中形成自身的特色优势与较为权威的学术地位。

（3）学术期刊编辑必须努力提升自身的学术理论素养与敏锐的问题意识，善于有效捕捉并策划重大社会现实问题的选题。受编者个人认知能力或办刊条件的局限，一些学术刊物对重大社会现实问题选题或是不够重视，或是缺乏策划与落实能力，难以及时、有效回应。开展重大社会现实问题研究及选题策划均有较大难度，研究者及编者需要有创新思维和相应的策划能力，需要具备研究与破解现实问题的能力。如果编者游离于研究领域之外，与社会正在发生的重大现实问题缺乏一种有机联系，也较难及时捕捉相关科研信息与研究进展，因而也难以落实相关的选题策划。

一般而言，作为一名学术期刊的编辑，要较好把握重大现实问题选题，需要做好以下几个方面的基础工作。一是对相关领域有较强的理论及政策的把握，尤其要努力提升自身的学术素养，努力成为本学科领域的资深研究者。二是密切跟踪相关领域最新学术动态和实践状况。一个称职的编辑，要尽可能熟悉本领域重大学术问题与潜在敏感问题，并能给予持续的关注，方能及时筛选、策划出好的选题。三是要提高自身的学术研究水平。一位学者型编辑，若能持续保持自身对学术的高度敏锐性，对策划重大社会现实问题选题、组织与凝聚一批高水平的作者队伍会有莫大的帮助。四是要注重知识的横向扩展，培育跨学科、跨领域、复合型的综合能力，以便有效把握和处理交叉学科选题的策划。

从期刊的发展趋势看，一份好的社科学术刊物，需要高度关注重大社会现实问题，需要编者以敏锐的触觉和强烈的参与意识，通过发掘一系列对现实问题有深刻理解和深入研究的佳作，努力提升学术期刊的时代性和现实针对性。而发挥好学术期刊在社会重大现实问题研究中的引领作用，是期刊编者的社会责任，也是打造刊物自身特色优势的有效方式。

作者蔡赤萌，国务院港澳事务办公室港澳研究所研究员，《港澳研究》执行主编。北京　100045

学术期刊媒介融合的现状与路径

杜 敏

以数字为语言的新媒介对传统学术期刊带来巨大的挑战。这种挑战到目前已在技术创新、媒介运行、资金配置、政策支持等多个层面不断展开，使我们无法回避媒介融合这一实在发生并不断快速推进的现实。但包括高校学报在内的学术期刊，其媒介融合的现状与其他领域相比，却是推进缓慢、规模受限、路径不清。这既与学术期刊的性质有关，也受其制度机制影响，还与它固有的办刊方式相关联。改变这种状态，尚需我们多方吸取经验，积极探索路径与方式。

（1）从现实层面说，媒介融合在当下是一种实践先行的状态，不仅出现了媒介融合的多种形式和各种趋势，而且这种融合的状态和趋势已深刻影响了媒介实践者、技术开发者以及媒介使用者，促使他们尝试着不断创新，进而促生更多、更新的媒介。因为融合而成的新媒介以其技术优势、媒介优势、市场优势使人们看到了它旺盛的生命力和美好的发展前景。有的学者曾历数国外电视媒介融合的惨状、报纸融合的艰难，认为新旧“媒介融合犹如带橡皮的铅笔”是少数的，并以手机报为例断言手机报“现在是”“将来也是边缘性产品”，但现实却与这种断言相反。自手机报出现以来，目前已发展成为由电信、网络和传统媒体等多家产业合作打造，通过彩信、WAP网站浏览模式及智能手机APP应用客户端等方式，快速报道新闻、传播信息的新型媒介。手机报非但不是“小众化”的“带橡皮的铅笔”，而是走向了更多的大众。传统的报社非但没有舍弃手机报，而是越来越多地参与其中，形成多层次、多行业的各种手机报。可以说，各种媒介的融合在当前及今后将成为无法阻挡的洪流奔向我们每个人，同样包括学术期刊人。

（2）从理论层面说，媒介融合是多种因素交织产生的一种历史选择和必然，无论历史上还是当下，媒介融合一直都在进行着。一是媒介业自身受到来自同类媒介与不同媒介在市场上竞争的影响，带来媒介不断发展的内在动力。无论纸质媒介还是数字媒介，有线网络还是移动终端，都在寻找新的路径，运用各种方法占据尽可能广阔的市场，激烈时呈现出一种不创新就意味着停顿的和失败的状态。诺基亚的败北及三星数字的异军突起就是明证。二是技术创新为媒介融合提供各种支撑与可能。过往的印刷术为书籍、报纸、期刊等纸质媒介的广泛传播与发行带来了可能；现在的网络技术使各类数字新媒体广泛被大众接收与使用。三是政策上的鼓励与促进，是媒介融合顺畅发展的又一动力。据报道，新年伊始，中国新闻文化促进会就曾举办深化改革推动媒体融合建设，新常态下促进新闻文化发展的学术研讨会。大家一致认为未来出版业将是传统媒体与新兴媒体、内容与技术深度融合的全新业态，媒介融合发展是中国媒介业提升整体实力和核心竞争力的必由之路。

（3）就学术期刊的媒介融合而言，它与传统的报纸、电视的媒体融合既有形式上的不同，也存在效果上的差异，及有动力上的不一。学术期刊普遍存在着媒介融合迫切性不强、媒介融合创新性不足的情况；有的虽认识到了学术期刊需要与网络媒体有机融合，但仅仅只是将纸质媒介内容放置到网上，或者是与网络机构进行简单的加法式合作。当然，这种情形的出现，受多种因素的影响与制约。一是与学术期刊自身的媒介特点相关，如其受众面有限，不以市场赢利为目的，内容选择较为严格，读者有其固有的阅读习惯等。二是与学术期刊的运行机制相关。学术期刊往往分属不同的研究机构和高等院校所有，编辑出版分散，出版规模有限；其媒介运行既受主管、主办单位限制，也受业已形成的系统的、严密的组织体系和行业管理机制的制约。尽管网络技术的应用使学术期刊的出版从管理到技术都有了一定的改变，但仍然很难完全摆脱固有的影响和控制。三是与网络媒介的特点有关。网络媒介的优势在于海量信息的聚合与搜索，在于传播的高速度与超广度，在于信息的交互性使用。但传统学术期刊信息内容的创新性、深刻性、高学术价值在网络媒介上难以彰显其权威性。同样，网络的快速浅阅读方式也使学术期刊与网络媒介的深度融合受到一定限制。如何发挥网络媒介的长处并与学术期刊的优势相结合，这是学术期刊目前在操作上的困顿，也是未来发展路径不清的根本所在。

（4）学术期刊媒介融合之路正在不断拓展，因为期刊界不乏创新思维。目前，对学术期刊的媒介融合已多有探索，有人提出建立全国统一的数字期刊联盟，形成期刊联合运营机构，结束数字期刊与学术期刊各自为政的状态。或者建立学术期刊的托管机制，除保留期刊产权外，将学术期刊人员、业务、财务交给数字期刊进行管理；实行编辑部业务的集约化运行，即将组稿、审稿、排版、校对、发稿、印刷、财务等进行集约化管理。这种建议可以让我们开阔视野，一定程度上符合网络媒介传播的要求，但对学术期刊自身的权益考虑不足。将学术期刊交给数字期刊在一定程度上丢失了学术期刊的独立性与特色性。与大多数学术期刊和中国知网或者同方等网络媒体的合作不同，中国社会科学院则根据自身的科研优势和拥有的学术实力、编辑出版力量，逐步锻造出报纸、期刊、出版社、图书馆、学术网、信息库、学术评价七位一体的学术传播体系。这种立体式、全方位、多媒体的自我整合与发展，是对过往的一种超越与突破，且在一定程度上保持了各类媒介的优势与特色，但这样的整合与做法，是其他一些弱小、散在的学术期刊难以效仿与比肩的。同时，社科院目前所进行的媒介融合，更多是自我媒介的联合运行，也是媒介走向深度融合的中间状态，仍处在不断探索与发展中。但无论如何，我们以为学术期刊与新媒介的融合，首先应有主动融合的意识与观念，这是确保积极探索并进行实践的前提。其次，应明晰学术期刊以及其他媒介的优势与不足，以读者的需求为核心，以传播效果的最佳化为原则，以技术上的支撑为途径，要形成能扬长避短的新媒介。再次，学术期刊的媒介融合，应是一种多途径、开放式的不断探索的过程，可以学习西方的经验，可以进行自主性的新探索。最后，学术期刊的媒介融合，可使信息立体化呈现、多媒介传播、多媒介互生而共荣。如传统学术期刊与网络的结合，扩大了学术期刊传播的速度与广度，虽是一种最常见且价值非对称性的媒介融合，但在一定程度上改变了学术期刊的编辑、发行、反馈等多个方面。现在学术期刊又积极与移动终端结合，使学术期刊不仅可以在平板电脑上阅读，还可以在微信上领略其学术信息，可以扫描二维码进而与学术网上呈现的信息进行互动，带来学术信息多途径传播与信息共享、多方受益的效果。总之，只要积极探索，不懈实践，创新中的学术期刊人，一定会使学术期刊的媒介融合达到一个新的状态与阶段，也会使学术期刊的传播力度、广度以及社会效能进一步提升，产生更大的社会价值以及一定的经济价值。

作者杜敏，《陕西师范大学学报》编辑部主任、主编，教授、博士生导师。西安　710119

学术期刊的定位与数字化发展

袁 康

广义的学术研究可以进一步细分为学术研究、学术交流、学术评价三个方面，而学术期刊就是发表学术研究成果、提供学术交流渠道、开展学术评价的重要平台。从这一视角可以说学术期刊的状况是学术研究状况的显示。另外，虽然学术期刊的状况在根本上取决于学术研究的状况，但是学术期刊的状况也会影响学术研究的状况：学术期刊如果状况良好，就能促进学术研究发展；学术期刊如果处于不良状况，就会对学术研究产生负面影响。

要使学术期刊处于良好的发展状态，首先需要具备的基本条件就是合理定位学术期刊。学术期刊定位涉及两个基本因素：一个是学术期刊的基本理念，一个是学术期刊的基本功能。就其基本理念而言，学术期刊应该坚持以学术为本这一理念；就其基本功能来说，学术期刊应该具有发表学术研究成果、提供学术交流渠道、开展学术评价这三个功能。有了这样的理念和功能，学术期刊必然是并且也只能是为学术研究服务，并且通过这种服务促进学术研究发展，进而实现自身的发展。

然而在中国，由于方方面面的原因，学术期刊面临许多问题，并且以下两个问题是当前最为突出的问题：一是学术期刊没有很好地坚持以学术为本的基本理念，没有很好地成为发表学术研究成果、提供学术交流渠道、进行学术评价的重要平台；二是学术期刊对数字化发展的必然性、重要性缺乏应有的深刻认识和相应举措。

上述问题的产生，首先是与中国社会大环境变化密切相关的。改革开放以来，中国以经济建设为中心，经济总量迅速增长，高等教育正在从精英教育向大众教育转变，从而为学术期刊的发展提供了丰富的人力资源和更好的物质条件。另一方面，这三十多年来的社会转型，中国存在原有的体制机制不适应新的变化，而新的体制机制又不完善甚至没有建立的问题，特别是一些过度泛市场化的政策导向，严重冲击了包括学术规范在内的社会行为准则，而个人私欲和小团体利益的恶性膨胀更是扭曲了现行制度和政策。在这样的社会大环境下，学术期刊很容易偏离以学术为本的基本理念，从发表学术研究成果、提供学术交流渠道、开展学术评价的重要平台演变为复杂的利益交换场。其次，中国的不少学术期刊对数字化发展趋势及其对学术期刊的影响缺乏深刻的认识，更缺少适应数字化发展的具体措施。互联网的出现和数字技术的发展在人类发展史上具有划时代的意义，对学术期刊出版前传统的工作流程和方法，以及出版后传统的发行、阅读和评价，都形成巨大的冲击。在互联网和数字化迅速发展的新时代，作者群、读者群迅速变大，直接依靠互联网和数字化技术的新型评论者、新型编辑者更是越来越多。在这样的新时代，传统学术期刊离互联网和数字化技术越远，其萎缩趋势越明显。在这方面，传统纸质学术期刊发行量日趋萎缩就是一个十分明显的直观现象。

总之，中国的学术期刊现在既有发展的机遇，也有萎缩的危险，在此重要关头，必须做出正确选择，以下几点事关这种选择的正确性和有效性。

第一，学术期刊要回归学术，在任何情况下都要坚持以学术为本的理念。从目前的实际情况看，学术期刊要回归学术，真正以学术为本，需要整治社会大环境。而要整治社会大环境，首先需要有合理的政策导向，并且建立健全相应的制度。

第二，学术期刊要回归学术本位，需要学术期刊自律自强。学术期刊必须有这样一种清醒的认识：与其指责别人，不如反省自己。因为客观地看，现在学术期刊面临的种种问题，其产生的原因有的来自学术期刊外部，有的则来自学术期刊内部。对于自身存在的问题，学术期刊必须深刻反省，并且承担自身的责任。学术期刊应该积极响应繁荣哲学社会科学的号召，保持学术期刊的学术性，捍卫学术期刊的纯洁性。

第三，学术期刊要顺应数字化发展趋势，更好地为学术研究服务，并且通过这种服务提高自身在学术研究中的地位，如果把学术期刊数字化发展理解为传统纸质期刊上网，或既出传统纸质期刊又出新型电子版期刊，那是过于简单的。因为互联网和数字技术的发展，不但形成全新的信息传播方式，而且正在催生新的知识生产方式。这种趋势将随着互联网和数字技术的发展而越来越显著，因此，学术期刊顺应数字化发展趋势，是全方位的，是一场深刻的革命。只有经得起这种革命考验的学术期刊，才能够更好地为学术研究服务，进而提高其在学术研究中的地位，而经不起这种革命考验的学术期刊，必将成为历史的弃儿。

第四，进一步完善学术期刊评价。合理的学术期刊评价既是对学术期刊的激励，也是对学术期刊的制约。然而现有主要的学术期刊评价存在过多的问题，其合理性也受到更多的质疑。究其原因，主要有三。一是社会大环境存在过多的“污染因素”，并且这些“污染因素”或直接或间接“污染”了学术期刊评价。二是从总体上看，主要的学术期刊评价指标体系大多是由图书情报机构研制的，因而存在对学术期刊学术水平缺乏了解的重大缺陷。三是学术期刊编辑对主要的学术期刊评价指标体系的批评是“说得多”，而在建立和完善学术期刊指标体系的实际行动方面则是“做得少”。客观地说，如果进行具体的学术期刊评价指标体系比较的话，比如把全国高等学校文科学报研究会的人文社会科学学报评价指标体系，与北京大学（或南京大学）的图书情报机构建立的学术期刊评价指标体系进行比较，那么或可得出还是北京大学（或南京大学）图书情报机构建立的学术期刊评价指标体系更好的结论。因此，现在学术期刊编辑分析不合理的学术期刊评价，不能把批评行政管理部门在学术期刊管理和学术期刊评价方面的作为不够合理，以及图书情报机构建立的学术期刊评价指标体系不够合理作为重点，而是要把反省自己没有建立更合理的学术期刊评价指标体系作为重点。特别是要真正认识到现在学术期刊评价之所以还不合理，关键不在于行政管理部门“乱作为”，也不在于图书情报机构“越位”，而在于学术期刊编辑“不作为”。只要学术期刊编辑存在这种“不作为”，就不可能有更合理的学术期刊评价。就此而论，学术期刊评价重在建设。学术期刊编辑必须形成真正的学术共同体，并且在此基础上，通过同行评议，建立新的真正具有学术权威性的学术期刊评价指标体系。

需要指出的是，学术期刊虽然在定位和数字化发展方面需要解决的问题很多，但是仍然有一些学术期刊及其编辑坚守学术本位，积极探索互联网时代的数字化发展，并且已经在理论研究和实际编辑工作两个方面都取得了初步成果。随着社会大环境的进一步好转，学术期刊的更好发展是可以期待的。

作者袁康，《高等学校文科学术文摘》副社长。上海　200234

互联网思维与学术期刊变革的思考路向

王浩斌

从根本上说，学术期刊主要有两种功能，这两种功能也是学术期刊存在的意义所在，一是学术信息的社会传播功能，二是学术评价功能。前者是最基本的功能，学术期刊最初以“通讯”为名，表明了在其起源之初所蕴含的学术信息传播功能。后者即学术期刊的学术评价功能是一个演化出来的功能，它是在学术信息传播的基础之上发展起来的，正是由于学术信息（论文）通过学术期刊而广泛传播，在学者群体中产生影响，从而形成一种社会性的舆论，通俗地说，就是所谓的口碑。所谓的学术评价，追根溯源，它在根本上是指这种学者群体中的社会舆论。

作为一种社会舆论的学术评价，是一个模糊的概念，很难进行精确的量化测量。然而，由于国家在科研方面投入了大量资金，由此产生了相应的管理与考核要求；对于管理部门来说，最好的管理考核办法就是应用各种指标进行衡量，由此便可一目了然。因此，产生了对原先比较模糊的学界之社会舆论进行量化分析以采取相应管理办法的客观需求。与此相应，作为社会学研究中定量分析的方法——统计学——则为此提供了一个方法论的基础。有客观需求，有解决方法，二者的结合，极大地促进了量化学术评价方法的兴起。在社会科学研究中可以通过定量分析与统计的方法来对社会舆论（舆情分析）进行精确量化；而所谓的引文分析（CSSCI），只不过是挪用了社会学舆情分析的这种统计方法而已。无论是以学者发表论文的数量还是以论文引用率进行评价，从根本上说，都是适应管理部门量化管理与研究咨询机构统计分析这二者结合与共谋的产物。

由于引文评价的方法论基础是统计学，作为一种统计学的方法，它只能帮助我们了解过去和现在的状况，无法把握未来。从思想发展的历史来看，有许多伟大的作品由于思想过于超前，因而是在作者死后若干年其价值才被人们发现。因此，真正的定性的学术评价必然是历史评价，所谓“千秋功罪，任后人评说”，而引文分析只能是基于统计学的定量分析，绝不可能是定性评价。之所以说真正的学术评价是历史评价，是因为只有从人类文明与历史发展进步的角度出发，才能真正对前人的是非功过做评价，正如解释学所认为的，所有的文本解释都是“历史解释”一样。这就是历史性的体现。这一点体现在学术这个特殊的领域中便表现为，一个学者、一篇学术论文真正的学术贡献，只有通过后来者把握当下学术发展（后来者的学术场域）与回溯历史（学术史梳理）才能发现端倪。基于以上逻辑，我们认为，关于学术期刊之学术评价功能的讨论是一个伪命题，学术评价的问题只能交给学术史，任何人都无法代劳。因此本文只讨论学术期刊的社会传播功能，并从这一点出发来思考学术期刊的变革之路。

从文化传播的角度来看，人类的历史可以分成口传文化、印刷文化和电子文化三个阶段。从生产方式角度来说，学术期刊是印刷文化的产物，最早的学术期刊是与印刷机的发明联系在一起的。印刷机的发明，使人类的知识成果摆脱了手抄本进行传播的方式，可以进行大规模的复制，而工业革命之后的工厂模式则加速了这一进程。当商人们发现出版是一个有利可图的事情之后，便加入了这一行业，促进了出版业的繁荣。总的来看，工业时代的机器（印刷机）＋生产方式（工厂模式）＋商人，构成了传统期刊的产业链条。

随着后工业文明与电子文化时代的来临，特别是网络和数字化的技术出现以后，基于工业文明的期刊产业链被打破。人们可以通过数字系统将媒体聚集在一起，即所谓“混搭”，并且对其进行再次包装，以此来促进新型的协作表达方式。这种方式甚至使传统的学术研究方式也发生变化，传统的读书做卡片的资料收集方法被数字化的信息搜索技术所取代。传统学术研究方式的重点在于收集资料，乾嘉考据学是其典型；而在数字化时代，由于资料海量、文献资源过多，使得资料并不缺乏，缺乏的是分析资料的眼光。在数字化时代，一个新的写作方式、表达方式与传播方式将出现。学术论文的写作不再是学者单独坐在书桌前的思考与奋笔疾书，思想不再是个人独白式的沉思，而是合作、共享，信息与文化会以一种新的方式联系在一起，而且可以重复利用。比如，有些文学作品和影视作品已经出现了集体创作，网友可用接龙的方式创作完成一部文学作品；来自草根的网络写手的影响力正借助互联网而超过传统的知名文学作家。在学术界，由于还有一道学术与学历门槛的存在，从而筑起了一道防波堤，阻挡了草根学人进入学术的殿堂；此外，社会上还存在着学术崇拜与知识崇拜的心理，使得来自草根的网络写手还不能以自己的草根创作颠覆学术权威。不过，文学的圣殿已经被颠覆，学术的圣殿还能存在多久呢？

从信息与知识传播的产权角度来看，在前数字（网络）时代，人类发明了一整套法律规范，用以保护人们的知识创新，如版权、正当使用等。然而，进入数字化时代和网络社会后，这些法律禁令将面临“自动失效”的可悲境遇。网络社会以自己的方式嘲弄那些早已过时的法律禁令。所谓的版权，其本质是知识产权。在前现代社会，知识虽然被贵族所垄断，但知识并不能成为一种财产权。版权是随着出版产业的出现并成为一个赢利的营生而诞生。这种传统的版权概念及其维权方法是建立在印刷术技术的基础之上，它在数字化的时代面临着严峻挑战，人们认为从网上获得和复制信息是一种自由的权利。所谓著作权，则是建立在一次性写作的基础之上，著作权法对著作权的定义是一个完成的作品。那么问题是，通过“剪切、复制、粘贴”所产生的作品是不是著作呢？从学术角度来说，或许可以指责此类作品是抄袭，然而，从创作角度看，这类文本也是一种创新，是一种互文性的、超文本式的创新。所谓的超文本是建立在创造衍生作品的观念基础上，即某个人能够将一篇文章中的部分内容剪切下来，放到另一部作品中，而数字技术则为人们借助他人的作品提供了条件。这种开放性的复制与创新，使得人类总体上会将自己的力量发挥到极致，这从现代学术论文的发表数量不断地膨胀就可以看出来。现代社会的信息爆炸现象，与超文本以及文本复制的学术生产方式是分不开的。此外，文本复制还会给学术研究带来一个问题，即我们永远不知道文本的原来面貌，当我们在复制或者转发文本时，我们并不知道最初的文本源于何处、它是否被人修改过。最为关键的问题是，文本的最初语境已不为我们所知。而对于文本研究来说，文本意义取决于语境，离开了特定的语境，文本的意义将不被我们所了解——通俗地说，离开了特定的语境，必定产生“断章取义”式的理解。这对于我们理解和认识思想史与学术史会产生什么样的影响呢？

从期刊的生产流程来看，传统的期刊制作分成编、印、发三个流程，在网络社会与电子媒介的世界中，编辑变成文本的链接；印刷术已经死亡，它被鼠标轻轻一点的复制功能所取代；发行则被网络上的下载功能所取代，传统的各级书商成为网络中的一个节点（服务器）。在网络时代，真正的原创作品即信息的最初提供者与作品的原创者将很难再挣到钱。挣钱的人变成了信息的集散者——网络平台。这从今天的学术网络平台的运行模式可以看出来，提供信息的作者和学术期刊没有挣到钱，挣大钱的是知网平台（CNKI）。而在传统的版权体系保护下，传统的作家可以挣钱，是因为大规模复制的技术十分复杂，它必然通过专业书商和印刷厂进行合作才能完成，因此，只要把书店和印刷厂管住，就可以管住版权的侵权问题。然而，在网络社会中，大规模复印是一个十分简单而监管又十分困难——因为在网络世界中复制是匿名的，即使想打击盗版，也不知它在哪。因此，原有的版权管理方式已不能适应网络社会的要求。既然复制网络文件的“盗版者”多如牛毛，无法监管，那么政府其实是可以去监管网络平台的。然而，许多网络平台（如谷歌）认为自己并不是那个“盗版者”，只是盗版信息的搜索工具，而谷歌的赢利模式是把“链接”提供给人们——它自己并不提供内容，因而就规避了版权法的监管。其他一些不是搜索引擎的网络平台，也大都是通过协议的方式，把相关的法律责任推给了期刊。

正如淘宝网把中国许多大型商场搞垮了一样，以中国知网为代表的网络平台在挣到大钱的同时，把广大的学术期刊也逼到了面临生死存亡的危机境地。学术期刊最重要的生命力在于其传播功能；然而，在大型数据库中，期刊与作者之间的联系早已被数据库所切断，读者看到的只是数据库中的单篇文章，而无法看到期刊的全貌，这会导致期刊与读者失去联系——这一点是对学术刊物的致命打击。过去由于学术期刊是在体制内生存，对于发行的好坏以及读者评价并不关心，期刊关心的是上级领导的评价，这是体制化生存所造成的路径依赖关系。由于体制决定了期刊不需要关注自己的读者，由于不关注读者需求，因此也就不关注发行。在网络时代，期刊的发行主要是通过网络传播，因此，当网络传播刚刚兴起之时，由于不关注期刊的发行已成为期刊的通病，因而自然而然地忽视了与发行密切相关的网络传播权问题。而以中国知网为代表的大型数据库平台的诞生，它们在获得网络传播权的同时，也切断了期刊与读者之间的联系；它在集中了所有期刊的信息资源时，也不可避免地造成了信息的零散化和碎片化。当学术期刊的完整性被知网数据库解体时、当期刊失去了自己的读者时，也就失去了其存在的价值。当前学术期刊之所以能存在，是依靠学术期刊衍生出来的甚至是异化出来的功能——学术评价功能。为了应对这一挑战，学术期刊应当重构一个新型的传播整体，应当重建与读者的直接联系，更进一步说，是要重新夺回被知网垄断的那些社会关系。在这方面，大型社交网络 Facebook 的经验值得期刊借鉴，因为它就是在一个陌生化的网络世界之中建立起人与人之间的关系。

在以上这种复杂的局面下，期刊应当怎么办，期刊人应当如何看待作者，应当如何理解我们的读者，应当如何理解一个刊物存在的意义，这不仅是每一个期刊人要思考的问题，也是这个时代所提出的问题。只不过，期刊人作为媒体从业人员，在网络传播的时代首当其冲。或许，这是历史给予期刊人的一个机会，让期刊人首先进行这方面的探索。在这里，有两个问题值得关注。一是这种思考要站在时代变革的高度，这一时代变革的广泛与深度可以与 17 世纪的工业革命相比，后者开启了一个新的时代。因此，当我们思考这一问题时，需要有一种历史感，这种历史感可以帮助我们获得一种方向感——尽管这种方向还十分朦胧，但可以指引我们前进。二是期刊的变革是这个互联网时代变革的反映，作为一个时代的变革，绝非易事，更非一朝一夕之功。因此，按照任何一个事先设想的蓝图、任何一个想毕其功于一役的做法，必定会以失败告终。对于一个未知的事业，只能以探索的心态和不怕失败的胸怀来对待。作为探索，失败将是大概率事件，期刊人有幸生逢其时，即使明知面对失败，充满不确定性，也要有大无畏的精神与气概。这或许是一个充满着不确定性的互联网时代最需要的一种精神气质。

作者王浩斌，《南京大学学报》副主编、教授。南京　210093

书报资料中心在期刊数字化发展中的探索

郝　丽

随着数字化时代的到来，传统期刊受到了新阅读方式的冲击。新的阅读方式不可避免地分流了传统期刊的读者。数字化对传统期刊的发展主要造成了以下两方面的影响。其积极影响主要表现在数字技术为传统期刊的出版方式、营销方式及期刊管理等方面的创新提供了便利。一是利用网络平台对期刊进行宣传，不仅降低了营销成本，又扩大了营销覆盖面，有利于达到更好的营销效果，这样的便利和优势是传统营销所不能比拟的。二是数字化使出版方式多元化成为可能。对于像中国人民大学书报资料中心（以下简称“书报资料中心”）这样拥有100多种期刊的学术期刊社而言，利用数字化工具可以根据读者的需要，对出版期刊因人而异进行整合，从而使私人订制成为可能，期刊的价值也将得到进一步的提升。产生的负面影响则主要体现在新阅读方式对传统期刊地位的严重威胁。传统期刊出版方式已经不能适应数字化时代的发展要求，难以满足受众特别是年青一代的个性化需求。美国一些久负盛名的杂志社纷纷进行转型，如时代集团旗下的知名期刊《生活》《时代周刊》等，都已经转向网络平台进行发展，不再出版纸质期刊。

传统期刊社面对数字化的冲击，要积极应对挑战。以书报资料中心为例，传统期刊正在积极探寻数字化转型之路，给期刊业的发展带来了新的曙光。

一是通过专业化公司运作，加快数据库业务的发展。人大“复印报刊资料”是中国人文社会科学界的权威品牌，发展至今，已拥有文献资源总量达700万篇、条，年更新全文数据约3万篇。其转载量（率）被学界和期刊界视为人文社科领域中一个客观公正的评价标准。人大“复印报刊资料”数据库信息系统主要包括人大“复印报刊资料”全文数据库、人大“复印报刊资料”专题目录索引数据库、中文报刊资料摘要数据库、中文报刊资料索引数据库以及专题研究数据库五大系列子产品。数据库内容主要来源于1995年至今国内公开出版的4000多种社科报刊，以及148种专题刊物。自2012年起，人大数媒科技（北京）有限公司（以下简称“人大数媒”）承接书报资料中心“复印报刊资料”数据库信息系统的建设及运营工作，针对高校、公共图书馆、党政机关及企业用户提供专业内容服务，并逐步进行产品优化与完善；通过与出版集团及其他版权内容机构的合作，聚合专业内容资源，充实与壮大自身业务服务能力。目前，人大数媒已与国内400多家知名高校、80多家图书情报行业机构以及近100多家企事业单位建立了良好的客户关系；同时，在国际上也受到广泛认可，期刊发行至世界90多个国家和地区。

二是数字出版平台建设。学者在线是教育部批准书报资料中心立项建设的国家级专业学术数字出版平台，是新闻出版改革发展项目库入库项目。项目建设有两大目标：一是内容建设，二是平台建设。内容建设以创办人文社科数字学术期刊为起点、重点，整合全国学术出版优势资源，打造权威学术出版新品牌，构建国家社科知识总库、中华学者库等大型资源库。平台建设是内容建设的基础设施，借助新技术、新手段，为内容建设提供平台支持。平台系统建设包括“云出版”学术期刊编辑服务平台、全媒体出版发布平台、学者综合服务平台、国家学术新闻中心、中外学者交流互动社区，以及集众学者智慧服务于国计民生的“中华智库”和促进中华学术“走出去”的海外综合学术出版服务平台。

学者在线平台充分利用大数据理念和相关技术，以学者为核心，以服务为先导，为学者提供学术会议、科研项目、学术资讯、学科资源、学术评价、出版、发表等方面的服务，倾力打造一站式学术科研服务平台；以学者社交为桥梁，提供学者间、学者和学术机构之间、学术机构之间的交流服务；以提升中华学术整体实力为目的，为学者提供社会价值实现的平台。学者在线平台注重满足人文社科领域的专家学者多样化学术研究与出版需求，力图打造完善独特的学者及学术机构会员服务体系，更好地服务学者、服务学术。平台致力于成为一个集人文社会科学学术论文发布、学术内容产品全媒体出版和学术服务于一体的大型平台，填补国内为人文社科类学者、机构提供全方位一站式服务的空白。

三是学术科研一站式移动服务平台——壹学者。“壹学者”是国内首个学术科研一站式移动服务平台，该平台通过整合人大“复印报刊资料”50余年的学术内容和学术产业链上的其他优质资源，经过对内容深度加工，形成了丰富的产品功能，实现了对学者用户的全方位服务；平台利用先进的移动互联网技术和传播手段，建立了学术成果与社会需求之间的通道，有效提升了学术内容的传播能力和传播范围；平台秉承以“用户价值为导向”的运营服务模式，在服务于个人用户的同时，满足学术产业链相关单位对学者智力的需求及产品销售需求，带动了学术产业链的整体发展。其设计理念体现在：（1）实时化：壹学者充分发挥移动互联网的优势，将科研依赖 PC 端的樊篱一举打破，使学者能够不受空间地域的限制，随时、随地、随需的多场景进行线上学术活动，让科研方式“活”起来。（2）个性化：壹学者以“服务到学者个人”为宗旨来构建资源、设计产品，为用户提供个性化的服务。如根据用户学科方向个性化推荐学术资讯、期刊和同学科学者动态；为用户提供基于地理位置的个性化会议预告服务，有力地解决了信息庞杂、噪音过多的问题。（3）精细化：壹学者通过对人大“复印报刊资料”内容的深度挖掘和加工，形成了更多的功能，实现了资源价值最大化。如利用人大“复印报刊资料”的索引库，聚合学者历年公开发表的学术论文信息，一键生成学者“学术名片”，方便学者对其进行管理和传播；利用人大“复印报刊资料”索引库和全文库，基于时间序列分析和聚类分析的数据挖掘技术，为学者提供选题大数据分析服务，方便学者对科研选题做出价值判断。（4）社会化：壹学者依托目前用户群最大、活跃度最高的社会化媒体微信，以转发传播完成大众朋友圈与学者学术圈的对接，帮助学者将科研成果“推出去”，使学术更好地走向社会、走向大众，进一步提升学术内容的传播范围和传播能力，实现了学术对社会的价值贡献。（5）产业化：壹学者着力打通学术产业链，通过人大“复印报刊资料”的品牌影响力聚合学者用户，以“用户价值”为导向，将产业链上的其他主体和优质资源“引进来”，为学者和从事学术服务的企业搭建起沟通的桥梁，在为学者提供更多服务的同时，带动整个产业链的发展。壹学者为学者用户提供了阅读、科研、社交、传播等功能，具体来说，阅读功能主要通过“资讯”“图书”“期刊”“论文”板块实现，科研功能主要通过“选题分析”“调研问卷”板块实现，社交功能主要通过“跨界合作”“附近会议”“学者圈”等板块实现，传播功能则通过“图书出版”和“学者名片”板块实现。

对期刊界而言，数字化既是挑战，又是机遇，更是传统期刊发展的必经之路。如何在数字时代既保持自己的特色，同时又能找到有益的突破口实现发展，是我们一直在思考和探索的问题。

作者郝丽，中国人民大学台港澳研究中心副秘书长，副编审。北京 100086

以打造名栏推动名刊建设

郭秀文

根据《教育部高校哲学社会科学学报名栏建设实施方案》的定义，名栏“能够在某一学科或重大问题研究领域推出一批高质量、高品位、代表中国高校哲学社会科学研究水平、能够产生较大影响和社会效益的优秀论文；在队伍建设方面有较大进步；在促进高校学报向特色化、专业化和品牌化方向发展方面有明显成效”。名栏建设是名刊工程的深化和拓展，从2004年到现在，教育部先后分三批建设名栏60多个，对提高中国高校社科学报专业化水平，突出高校社科学报的品牌效应，带动高校社科学报整体质量的提高产生了积极的作用，受到学术界的普遍肯定。由社科院、社科联主办的学术期刊虽然没有名栏建设这一工程，但作为综合类期刊，如何办出特色，同样是大家思考的一个重大问题，通过打造名栏推动名刊建设是不少学术期刊的战略选择。比如《澳门理工学报》（人文社会科学版）就因其“港澳研究”“总编视角”和“名家专论”等栏目而备受学界关注。《学术研究》近年主要打造“马克思哲学的当代理解”和“环境史”等栏目。笔者曾撰《中国期刊对环境史研究的关注》（《中国社会科学报》2009年7月23日）一文，对环境史专栏做过介绍。这一栏目创办已近十年，十年辛苦不寻常，本栏目虽然离名栏还有一定的距离，但是把它打造成名栏是我们的目标。

环境史是20世纪六七十年代发轫于美国的一门新的学科，根据美国学者唐纳德·休斯的说法，环境史“作为一门学科，是对从古至今人类如何与自然界发生关联的研究，作为一种方法，是将生态学的原则运用于历史学”。它使历史学家的视野从对人与人类社会的历史考察延伸到对人与自然之关系的历史探寻，由此构建起人与自然和自然史与社会史相关联的历史叙述模式。因而，环境史在人们一般所熟悉的政治史、经济史、社会史与文化史之后，成为历史编纂和叙述的新类型。环境史的出现具有重大的理论和现实意义。从学科上看，环境史家致力于研究长期以来历史研究中所忽视的环境问题或环境灾害、环境保护等内容，极大地拓展了史学的研究范围。从现实上看，随着工业化、城市化的迅速推进，人们在极大改善物质生活的同时，环境问题也层出不穷，人类的安全和经济的可持续性发展受到前所未有的挑战，这迫使人们对环境问题进行反思。环境史的研究可以为世界各国解决这些现实问题提供思路，因而受到世人的瞩目。

与西方相比，中国环境史的研究起步较晚，从事研究的学者不多，成果也较少，但这个学科的发展潜力巨大。有感于此，我们从2006年起正式开辟了环境史专栏，迄今为止，发表文章已将近50篇。这些文章可以分为三大类。

一是环境史研究的理论与方法。如王利华将“人类生态传统”视为环境史学的一个核心概念，并以此对环境史做出新的界定。至于如何研究环境史，梅雪芹认为，既不能“见人不见物”，也不能“见物不见人”。在介绍外国环境史研究专家情况方面，格非介绍了美国著名环境史学家马丁·麦乐西的观点。贾珺对英国学者伊恩·西蒙斯大尺度环境通史研究的内容、方法和特点进行了阐述。在外国地区环境史研究方面，包茂红、崇明、陆祥分别对拉丁美洲、法国、日本的环境史研究状况做了介绍。这些对外国学者和国家地区环境史研究经验的译介对开拓中国的环境史学无疑具有积极的借鉴意义。在环境史学科内部的分支方面，我们介绍过海洋亚洲环境史、岛屿太平洋环境史、环境政治史及环境灾难史等。

二是环境史视域下的世界文明。在宏观方面，俞金尧对资本主义的发展对全球生态产生的影响进行探讨。他认为，在资本主义经济体制下，不断扩大生产和提高生产力意味着消耗更多的资源，造成更严重的污染。资本无限积累的趋势必然具有不顾一切地去消耗地球资源的冲动，而且不惜污染环境。过去五个世纪的世界历史和马克思主义的理论都证明，资本主义的产生和发展是近代以来全球生态环境不断恶化的主要原因。在微观方面，我们所刊发文章涉及的国家有美国、日本、法国、澳大利亚、荷兰、瑙鲁，论述的对象包括大气污染、飓风、滥用抗生素、采矿活动、气候干旱等环境问题。

三是环境史视域下的中华文明。在这方面，我们共编发过两组文章，即2007年第12期的“生态历史与中华文明”一组7篇和2009年第10期的

“地域环境变迁及其影响”一组5篇。这些文章有的从宏观上探讨问题，比如王川嘉研究气候变迁对中国历史发展的重大影响，李传印、陈得媛研究中国古人的环境意识与中国古代文明的可持续发展之间的关系。有的从微观层面着手，高凯等人论述边关屯戍对汉代发展所起的积极作用和带来的消极影响，王培华探讨元明清时期人们对兴修华北水利的争论，李莉、梁明武论述明清时期东北地区生态环境产生的变化，衷海燕探讨明清时期粤东山区的矿产开发对环境的影响，周琼、李梅围绕云南清代中后期种植玉米、马铃薯对生态环境产生的负面影响展开讨论。

由于我们所刊发的环境史文章对中国环境史学科建设起到了积极的推进作用，因此引起学术界的广泛关注，人大“复印报刊资料”、《新华文摘》等对其中的很多文章进行了复印或转载。为了展现这方面的研究成果，我们于2011年把2006~2010年这一专栏的论文汇编成《环境史：从人与自然的关系叙述历史》一书，由商务印书馆出版。

经营这个栏目时，我们注意做好三项工作。一是了解学术动态，加强策划。环境史作为专门史学术语1999年才正式介绍到中国，我们2006年就创办这一栏目，成为中国最早创立环境史专栏的刊物之一。故而，王利华认为，《学术研究》在推动中国环境史研究起步方面功不可没。二是体现高品位。我们所刊发的论文均经过精挑细选，基本上代表中国环境史研究的水平和最新动向。三是创建作者群。没有作者的支撑，一个栏目就不可能持续发展。目前我们的作者群有三部分人：外国著名学者、国内环境史的领军人物、史学新秀。

环境史专栏深受学术界的好评，我们今后打算继续加强这方面的研究，不断推动环境史学科发展，力争把环境史专栏打造成《学术研究》的一个学术品牌。在作者队伍方面，我们将不断扩大作者范围，邀请海内外多个学科的专家学者撰稿，因为环境史本身具有跨学科的特点，没有其他学科学者的参与，环境史的发展就会受到限制。在选题上，除了继续引进外国的成果外，我们将更加注重用环境史的理论来研究中国的历史问题和现实问题，进而将中外环境史进行比较与会通，为建立中国特色、中国风格的环境史学派做出应有的贡献。

作者郭秀文，《学术研究》副主编，副研究员。广州　510050

学术期刊建设重在内涵式发展

李青果

近几年来，围绕学术期刊发出了各种声音，出现了大讨伐、大辩论，把这个原本平静、低调、小众的行当一下子推到风口浪尖，顿成岌岌可危之势。特别是“转企改制”的声音，曾使人产生中国之大，容不下一个平静的编辑部的感受。现在，各种声音有所消歇，一些激进措施暂时止步，一些加强、促进学术期刊建设的有效措施也开始实施，学术期刊的生态环境有了较为明显的好转，办刊思路较以前也更为明晰。通过讨论和反思，也产生不少思维结晶，留下了诸多进一步探索的空间。我以为，正是在这些声音的包围之下，学术期刊反而要有定力，在压力下挺住，思考问题之所在，甄别哪些是真问题，哪些是伪问题，找到解决问题的办法，努力营造一个适宜的办刊环境，致力于抓好办刊质量建设和内涵式发展。

一是挺住批评的压力。比如，批评学术期刊，尤其是大学学报普遍质量不高、低水平重复、滋生学术不端等，虽然过去了几年，但言犹在耳。这些批评，有些是有道理的，但也有些似是而非。因为如果说学术期刊整体水平不高，那也是由于学术期刊数量与高水平的学术生产之间存在的巨大的剪刀差而形成的。目前中国文科学术期刊数量已达 2000 多家，如果每家每期发文 20 篇，那么全部学术期刊的发文量就是 4 万篇；以双月刊计，全年就是 24 万篇。但是，一个年度的优秀学术成果会有这么多吗？恐怕未必。其实，能有百分之一就很不错了。而之所以产生这么多家学术刊物，并形成泡沫化，这是 20 世纪末由行政主导而产生的，要解决它，可能也还需要以行政的手段，依据学术规律，合情合理地予以处理。然而我们注意到，依托于优秀大学和优秀科研机构的学术刊物，水平普遍较高，这说明高水平的学术刊物是和高水平的学术研究联系在一起的，是对学术研究状况的如实反映，是符合学术生产和学术传播规律的。因此，刊物学术水平的提高，在根本上是依托于学术研究的发展和推进的。从这个角度看，学术繁荣了，发展了，就会提高学术期刊的水平，而学术期刊通过对优秀学术成果进行精心组织、编辑和推广，既加强了自身建设，提高了办刊水平，同时也繁荣了学术。而对于滋生学术不端的批评，也要注意源与流的辨析。学术不端的源头不在学术刊物，而是在学术生产环节和学术成果评价机制层面，没有不端的学术产品，哪来不端的学术期刊。但学术期刊的一个重要责任是，在发表和传播的环节堵住学术不端的出口。我们在这方面做了不少工作，一是严格审查，突出和强调原创性、创新性，要求审稿专家在这方面从严把关；二是每篇送审稿件都使用学术不端检测系统进行检测，发现问题立即予以否决；三是规定责任编辑在用稿建议中注明“经过检测无雷同”的意见，让编辑人员也负起这方面的责任；四是规定作者签署“论文原创性声明”，要求作者对其声明的法律后果负责。这对于杜绝学术不端，净化学术研究环境，保证学术研究成果的原创性是有很大作用的。

二是挺住市场化的压力。近年来对于学术期刊市场化的讨论也很多，把学术期刊推向市场，被视为经营模式改革的一个重要方向。2012 年新闻出版总署甚至下发《关于报刊编辑部体制改革的实施办法》，要求学术期刊出版单位转为企业，把学术期刊整体推向市场。从目前情况看，市场化暂时止步，但它引起我们思考一个问题：市场化是解决学术期刊存在问题的不二选项吗？答案是否定的，不仅是因为学术产品的公益性使它不合乎市场的逻辑，而且其读者的专业性、小众化决定它不可能通过发行量获得营利的空间。当然，发行量大固然好，但学术期刊可以不追求发行量，而主要是追求使用率。使用率从哪里来，根本上是从质量上来，学术水平提高了，对学术研究有推动，被使用的机会自然就高。这是学术研究的基本规律。现在，由于知网等数据库的建立和成熟，纸本发行量的大小已经不是阻碍学术传播的瓶颈。因为在数据库里，除非检索时有选择，已经没有大刊和小刊、专业刊和综合刊、核心期刊和非核心期刊的区别。数据库作为一个无限大的展示平台，每个刊物都在上面获得登台亮相的平等机会。学术期刊发行量、传播力不足的缺陷在数字化检索平台上可以得到有效的弥补，似乎并不需要市场这个推手。这样，学术期刊使用率、影响力的问题，又从发行量的多少转化成学术质量的高低。归根结底，还是学术水平发挥着决定性的作用。

三是理性面对数字化呼声。处于信息化、网络化时代，数字出版是大方向。据称，国际上主要的科技类期刊已完成数字化，国际排名前十的出版社数字化收入占60%，90%的期刊不出纸本，在网上营销，对少数交通不发达地区的读者可以少量印刷。最近，习近平同志也提出大力发展新媒体，新媒体和传统媒体共同发力推动我国文化事业大繁荣大发展。但要注意到，实施数字化出版是一个复杂的系统工程。首先，从目前的国际通例看，它是和市场化经营结合在一起的，没有市场化经营模式，学术期刊的数字化出版便无从谈起；而且，国际上数字化出版，发表文章是需要付费的，因为作者获得了荣誉性利益，但这与我们国内文科的学术生态和对文科学术期刊相关的政策规定是根本抵触的。其次，数字出版需要较大的人力、物力、财力和技术投入，但是，在目前情形下，有哪一所高校或学术机构愿意或能够投入呢？再次，它将彻底改变现有的编辑出版方式，触动现有的体制机制，并触及相关从业人员的切身利益。而从运作形式来看，数字化出版绝非我们学术期刊现有的网络平台，即使现在的知网，也称不上数字化出版，因为数字出版包含的四个要素：科研成果的注册和鉴定、质量控制、传播、长期保存，四个要素中，起码第一和第二项是知网所不具备的。但是，由于知网数据库具备了传播和长期保存的要素，而学术期刊又具备科研成果的注册和鉴定以及质量控制的要素，因此，在当前形势下，学术期刊和知网的联合，抛开赢利不谈，实际上实现了具有中国特色的数字化出版和传播。这种联合，反而贴近了新媒体和传统媒体共同发力的要求。依托于知网等数据库平台，进行推广、传播，供学术研究使用，学术期刊转而可以专注于自身的质量建设和提高学术水平，办出自己的特色。这才是办刊的核心所在。

与时俱进是学术期刊发展的当然要求，但其根本路径是内涵式发展。办刊的形式突破与方式创新需要以学术水平的实质提升为支撑，也以学术建设的加强为目的，否则形式更新，内涵依旧，同样有违改革的初衷。在遵循学术规律的条件下，与市场有限度的结合并非不可行，数字化出版更有可能成为未来的发展方向，但这需要学术期刊以提升质量为目的的深入探索为基础。因此，当前学术期刊面临的批评与压力或得到的支持与建议，在引起深入反思的同时，也可作为一次亟待抓住的机遇，它理应促使学术期刊想方设法，致力于更加注重质量、提升水平，更加彰显特色和可持续的内涵发展。

作者李青果，《中山大学学报》（社会科学版）副主编、副编审，博士。广州　510275

华文学术期刊发展趋势国际研讨会综述

叶娟丽

2015年4月20~24日，华文学术期刊发展趋势国际研讨会在澳门理工学院隆重举行。本次研讨会由澳门理工学院和全国高等学校文科学报研究会联合主办，来自中国内地、台港澳地区及美国、加拿大、德国、新加坡等国家的华文学术期刊界知名主编、专家学者近60人出席了研讨会。会议共收到学术论文41篇。会议代表围绕"华文学术期刊发展趋势"这个大主题，通过大会发言和分组讨论等环节，展开了充分的研讨，并达成多项共识。现简要综述如下。

关于华文学术期刊发展趋势与战略

在当前学术生态发生急剧变化、学术期刊制度环境与技术环境都日益严峻的今天，华文学术期刊，尤其是中国内地学术期刊何去何从，是学术界与学术期刊界都备加关注的话题。张耀铭首先从期刊的公信力着手，分析了目前中国内地学术期刊存在之乱象及其之根源，认为期刊自身与学术生产体制对此乱象都难辞其咎。而治理之策，既有赖于政府管理部门整章建制，又要求期刊道德自律。武京闽也认同是体制因素制约了中国内地高校学术期刊的良性发展，尽管其分析角度略有不同。洪峻峰关注的也是中国内地学术期刊向何处去的问题，他将国家新闻出版广电总局最新的学术期刊改革程序，概括为资质认定—体制改革—质量评估—政策扶持四个环节，而其中的出版单位体制改革以编辑、出版分离和专业化、数字化、集约化发展为基本内容，他认为，对于政府关于学术期刊改革的这一顶层设计，学术期刊界应予以积极回应。而关于政府的改革设计，王浩斌认为，我们必须跳出传统的“市场与国家两分开”的思路，代之以“国家、市场与社会三分开”的逻辑，才能切合学术研究这一种独特的人类生产活动既不可能完全归属于国家，也不可能完全归属于市场管理的特殊属性。汪新红则着重回应了人文社会科学学术期刊改革的现实要求，她认为，当前是数字出版产业发展的最佳时机，无论是国家的产业政策，还是移动互联网技术的迅猛发展，都为学术期刊数字化出版提供了难得的契机，因此学术期刊界应该主动出击，积极应对媒介融合环境下数字出版的新要求。对此，徐枫等通过介绍中文学术期刊“在线优先出版”及其进程，可谓回应了技术革命推动制度创新这一命题。桑海的思考则更加接地气，他在总结部分高校学术期刊自发创建的“中国高校系列专业期刊”四年成绩的基础上提出，学术期刊的本质是学术交流平台，而在网络时代，在线学术平台有望取代印刷媒体时代的传统学术期刊成为主流，中国学术期刊界亟待理论上的创新与实践上的进一步探索。对此，黄颂杰也在一定程度上肯定了“中国高校系列专业期刊”在未来形成自主的学术共同体的前景。游滨着重分析了华文学术期刊对数字化发展趋势的因应之策。周小华关注的则是国际学术传播领域的一种新现象，即由“分众传播”到“个性化传播”，她认为，要真正实现学术信息的“私人定制”，新的建基于学术共同体的信息平台是前提。可以说，在当前技术革命与制度变革的双重压力下，技术革新与制度创新既是华文学术期刊未来的发展趋势，也是我们面向未来的基本战略。

关于学术评价与期刊评价

近年来，随着中国经济迅猛发展，一方面，选拔人才、甄选科研成果成为社会必需；另一方面，经济发展也积累了大量的社会财富，科研投资就成为经济发展回馈社会的一种重要途径。而无论是选拔人才、甄选科研成果，还是选择与评估科研投资项目，都需要大规模的学术评价活动在短时期内与之相配合。正是在这种背景下，近年来学术评价在中国内地成为热词。而期刊作为学术成果的重要载体，期刊评价自然成为学术评价的一个重要组成部分。对于期刊评价与学术评价这个香饽饽，正如仲伟民所说，各种新生的学术评价机构纷纷介入，导致学术评价异化严重，这种异化对人文学科的发展尤其不利。这些评价机构既有专司学术评价的，更有专司期刊评价的。如关于期刊评价，最常见的就是核心期刊目录或者排行榜。高自龙认为，近年来，学术界对核心期刊僭越学术评价功用并导致各种负面影响的批评清算，已基本厘清了核心期刊与学术评价这两个不同问题的混乱纠葛关系。何峻通过回顾《中文核心期刊要目总览》项目的发展历史，在肯定其成绩的同时也承认目前的核心期刊在客观评价学术方面仍然存在不足。为了厘清核心期刊与学术评价的关系，马立钊从学术创新着手，分别探讨了文摘类刊物、核心期刊与来源期刊以及政府部门的评奖评比等所具有的学术评价功能。刘曙光关注的是大数据对学术期刊生存方式与评价方式的重要影响，强调学术期刊的评价应定量与定性并重。陈颖也质疑了当前学术评价与期刊评价中的量化倾向。而王佃启集中关注了以刊评文的所谓学术评价形式的严重危害。应该说，中国内地近些年来从期刊评价到学术评价的乱象，是学者普遍关注的问题。那么，到底应该如何进行期刊评价和学术评价呢？或者说，谁才有资格进行期刊评价与学术评价呢？刘京希通过追问谁是学术期刊质量的最终鉴评者，强调广大读者和作者，才是学术期刊办得成功与否的最终鉴评者。仲伟民也认为，要建立公正的学术评价，必须依托学术共同体。叶娟丽从社会学中“嵌入式自治”等相关理论入手，认为中国学术评价乱象之根源即“强国家弱社会”的总体制度安排。因此，要根治学术评价之乱象，仰仗于需要设计新的制度设计安排。就国家层面而言，在公权嵌入学术评价的同时，需要界定并尊重国家与社会的界限，使政府从学术评价的主角地位上回退到监督者的角色；就社会层面而言，亟须建设强有力的学术共同体，反嵌于国家权力，以保证学术评价乃至学术发展有相对独立自主的空间。对此，崔月琴讨论得更为充分，她认为，学术乃天下之公器，只有将学术回归社会、回归民间，学术按照自身的规律去发展运行，才能形成自主、独立的学术共同体，才能培养学者自觉、自律的学术品德，也才可能有真正科学合理的期刊评价与学术评价。

关于华文社科学术期刊与国际化。

当前，华文学术期刊尤其是华文社科学术期刊，面临着多重挑战。正如加拿大《文化中国》执行主编张志业所言，华文学术期刊面临的挑战是时空两个层面上的，时间上，它面临的是学术期刊如何现代化的问题；空间上，它面临的是学术期刊如何国际化的问题，而现代化的问题归根到底也可以纳入国际化的问题。那么如何应对现代化与国际化对华文期刊的挑战，张志业的策略是文明与价值的持守。对此，杜敏也有同样的论证。她认为，社科期刊的国际化是国家话语快速传播的重要方式，而国家话语的传播是中国实现国家目标和国家战略的重要问题，因此在国际化的过程中，应注重期刊本土作者与刊物语言表达外语化的矛盾、期刊综合化与国外订户专业化的矛盾、信息内容传播与理解上的文化差异等问题的解决。李宏弢则主张，学术期刊的国际化，需要借力于大数据，树立大数据思维。

为了给华文学术期刊走向国际提供借鉴，有些学者重点介绍了境外一些期刊的成功经验。如原祖杰以《自然》杂志为例，提出交流与对话是学术期刊的两个基本功能，强调学术期刊不仅应该以鼓励学术交流为己任，还应该对研究型论文提出参与学术对话的规范要求。Jennifer Munger 则重点介绍了欧文加州大学《亚洲研究杂志》的历史发展与运作情况，力图为华文学术成果的发表提供指南。南洋理工大学的游俊豪专门介绍了《华人研究国际学报》的发展历程及为将其提升为全球重要学术期刊所付出的努力。台湾清华大学徐光台重点介绍了台湾《清华学报》的百年历史及其作为综合性汉学研究国际期刊的特色。关于学术期刊的国际化，不同学者有自己不同的理解。如程郁缀理解的学术期刊国际化，就是坚定学术的自尊和自信，努力到国际舞台上去展示中国学术的风采。而李建军则主张，华文学术期刊的国际化不是移植、不是迎合、不是被国际化，而是要树立开放意识、问题意识、品牌意识和责任意识，要立足中国问题，打造具有中国特色、中国风格、中国气派的学术话语，以此为突破口，最终能够建构中国熟悉、其他国家能接受的国际话语发布平台，以提高华文学术期刊的显示度和美誉度。

尽管在上述问题上代表们由于研究视角、研究方法和研究材料的不同而各有侧重，但在关于本次研讨会的现实与历史意义、关于《澳门理工学报》近年来所取得的令人瞩目的成绩、关于《澳门理工学报》模式的总结与推广等方面，代表们则达成了高度的一致。如刘泽生认为，全球化、数字化、网络化的浪潮正在改变世界。传统的办刊理念、编辑模式、营销策略，正经受着前所未有的冲击。华文学术期刊界需要在与世界同行的交流与合作中相互理解、相互尊重、平等对话、平等合作，需要对其自身未来的发展趋势进行必要的思考。《澳门理工学报》正是基于这样的指导思想在近年来取得了令人瞩目的成绩。朱剑则基于对《澳门理工学报》从 2011 年起的“总编视角”专栏进行实证分析，认为这一专栏的开辟不仅让海内外学术期刊的总编从幕后走向了台前，更聚焦于诸多热点问题，提出了一系列独到的见解。其中，关于学术期刊体制改革和数字化转型这两个学术界、学术期刊界和政府权力部门共同关注的重大问题的研究尤为引人注目，所提出的重要观点也得到了政府有关部门的吸纳，从而在学术期刊体制改革和数字化转型问题上，为推动各方达成共识做出了独特贡献。

与会代表一致认为，在学术期刊技术革命与制度创新任务日益紧迫的今天，召开面向全球的华文学术期刊发展趋势国际研讨会，意义无疑是重大的。而且，基于澳门所处的特殊地理位置以及《澳门理工学报》刘泽生主编的个人魅力，《澳门理工学报》在全球华文学术期刊中的引领作用日益明显。自2011年全新改版后，《澳门理工学报》发展迅速，在中国人民大学“复印报刊资料”2014年度转载学术论文指数排行榜中，转载率及综合指数排名均跃居全国高校学报的第六位，转载量排名也居全国第八位，被称为高校学报中的一匹“黑马”，甚至有人提出了“《澳门理工学报》现象”的说法。也许《澳门理工学报》的经验是不可复制的，如它地处澳门这个中西文化交流要冲，回归以来社会经济繁荣稳定，具有比较宽松良好的社会氛围与人文学术环境；此外，主办单位澳门理工学院理事会对学报清晰定位，并给予全力支持，等等，这些条件中国内地的许多学术期刊是无法企及的。但是，近年来《澳门理工学报》面对挑战所表现出来的改革勇气以及它的诸多运行模式，仍然为华文学术期刊面对未来的挑战提供了宝贵的经验，并必将成为未来华文学术期刊数字化、现代化、国际化发展的重要参考。

作者叶娟丽，武汉大学政治与公共管理学院教授，博士，《武汉大学学报》（人文科学版）常务副主编，全国高等学校文科学报研究会副理事长。武汉　430072

后　记

编辑、出版一部高水平的研讨会论文集是一件富有学术价值而又颇具挑战的事。先是相关的课题立项、联系出版，而后编著互动、审改校订，经过几个月的打磨，终于付梓，令人欣慰。

在本书的编辑出版过程中，澳门理工学院与全国高等学校文科学报研究会高度重视，多次进行了卓有成效的协调工作，为论文集的出版提供了良好的工作条件。论文作者会后认真校订了文稿，确保了文集的学术质量。社会科学文献出版社也给予了充分的配合，高质高效地完成了相关的编辑出版工作。值此论文集即将出版之际，谨向为此付出辛劳的专家学者以及支持、关心本书出版的各界朋友致以深深的敬意。

参加本书具体编辑出版工作的有《澳门理工学报》编辑部的刘泽生、陈志雄、桑海、陈凤娟、李俏红等，本书责任编辑及社会科学文献出版社诸位同仁为本书出版做了大量的工作，在此一并致以衷心的感谢。

刘泽生

2016 年 1 月 1 日

图书在版编目（CIP）数据

总编视角：华文学术期刊发展趋势国际研讨会论文集/李向玉主编.
—北京：社会科学文献出版社，2016.4
ISBN 978-7-5097-8762-5

Ⅰ.①总… Ⅱ.①李… Ⅲ.①中文-学术期刊-国际学术会议-
文集 Ⅳ.①G237.5-53

中国版本图书馆 CIP 数据核字（2016）第 031599 号

总编视角
——华文学术期刊发展趋势国际研讨会论文集

主　　编／李向玉

出 版 人／谢寿光
项目统筹／宋荣欣
责任编辑／徐思彦

出　　版／社会科学文献出版社・近代史编辑室（010）59367256
地址：北京市北三环中路甲 29 号院华龙大厦　邮编：100029
网址：www.ssap.com.cn
发　　行／市场营销中心（010）59367081　59367018
印　　装／三河市东方印刷有限公司

规　　格／开　本：787mm×1092mm　1/16
印　张：34.5　插　页：1　字　数：581 千字
版　　次／2016 年 4 月第 1 版　2016 年 4 月第 1 次印刷
书　　号／ISBN 978-7-5097-8762-5
定　　价／138.00 元

本书如有印装质量问题，请与读者服务中心（010-59367028）联系